LE CONTRAT DE PARTENARIAT PUBLIC-PRIVÉ AU REGARD DE LA THÉORIE GÉNÉRALE DES CONTRATS

Étude de droit camerounais à la lumière du droit français

Collection Etudes Eurafricaines
Dirigée par André Julien Mbem

Le Sahara et la Méditerranée, frontières entre l'Afrique et l'Europe, sont aussi des passerelles par lesquelles, depuis des siècles, au-delà des tragédies et des drames, se rapprochent et se remodèlent ces deux ensembles géographiques et leurs civilisations. La collection « Etudes Eurafricaines » encourage la diffusion d'études historiques et prospectives sur les symbioses dont cette partie du monde est l'antique théâtre.

Déjà parus

J. PETER Simon Gérard et MATARI Hermine, *Les réalités de la violence au sein des organisations. Etudes de cas en milieux scolaire, académique et socio-professionnel*, 2022.
KANE Abdoulaye Bleck, *Les pratiques administratives coloniales dans les communautés religieuses en Afrique occidentale. Le cas du Sénégal (1816-1957)*, 2022.
MAIGA Mariam, *La responsabilité du professionnel de la santé en contexte africain. Etude de droit malien*, 2022.
BERTE Oumar, *La CEDEAO face aux changements anticonstitutionnels de pouvoir en Afrique de l'Ouest*, 2022.
MATABISHI NAMASHUNJU Samuel, *Education au développement durable en République démocratique du Congo. Cadre théorique et approches historique et linguistique*, 2022.
DEMOUSSA Eugénie, *Evolution de la formation des enseignants en Afrique subsaharienne. Etude comparative entre le Sénégal et la France*, 2022.
ADOUM-BAKHIT HAGGAR Hassan, *La Communauté économique et monétaire des Etats de l'Afrique Centrale (CEMAC). Les obstacles à l'intégration en zone CEMAC*, 2022.
Jérémie POGOROWA, *Retours à Ouagadougou d'étudiants burkinabè de Côte d'Ivoire. Projets migratoires et stratégies d'inscription sociale*, 2022.
Guy-Fabrice HOLO, *Les régimes de transition en Afrique subsaharienne francophone. Volume II*, 2022.
Guy-Fabrice HOLO, *Les régimes de transition en Afrique subsaharienne francophone. Volume I*, 2022.
AMBOMO Myriam Sylvie, *L'agir infirmier et la dignité humaine. De la conception à l'opérationnalisation. Cas des hôpitaux camerounais*, 2022.
NTSAME MINTSA Pauline Vanessa, *L'impact du droit français sur les droits de la défense en matière pénale au Gabon*, 2022.

Roxane G. NJANJO SIKE LOBE

LE CONTRAT DE PARTENARIAT PUBLIC-PRIVÉ AU REGARD DE LA THÉORIE GÉNÉRALE DES CONTRATS

Étude de droit camerounais à la lumière du droit français

L'Harmattan

5-7, rue de l'École-Polytechnique, 75005 Paris

http://www.editions-harmattan.fr

ISBN : 978-2-14-029988-9
EAN : 9782140299889

À la mémoire de mon père,

À ma famille,

Celle que j'ai pu construire en France

Et celle qui m'a construite au Cameroun

REMERCIEMENTS

Le parcours de l'inscription en thèse à la soutenance qui a donné lieu au présent ouvrage ne fût pas des plus aisés.

C'est donc avec grand plaisir que je peux ici remercier les personnes qui ont rendu ce chemin moins pénible et moins solitaire.

Mes premiers mots seront pour mon directeur, le Professeur Hugues Kenfack qui, malgré ses nombreuses occupations, a accepté de diriger ce travail, et a rendu cette thèse possible. Qu'il soit ici grandement remercié.

Je tiens également à remercier les membres du jury pour avoir accepté de consacrer leur temps que je sais précieux, à la lecture de ce travail.

Ma gratitude va à mon oncle, monsieur Henri Désiré Modi Koko qui m'a transmis cette passion pour le droit.

Je tiens à exprimer toute ma reconnaissance à Maître Ferdinand Djammen Nzepa, non seulement parce que ses conseils et remarques ont toujours été d'une grande utilité, mais parce que ses encouragements m'ont été d'une aide précieuse pour garder la foi dans l'achèvement de ce travail.

Mes plus profonds remerciements vont à mes parents, lesquels, tout au long de mon cursus, n'ont cessé de me soutenir, de m'encourager et de m'aider. Je mesure aussi les sacrifices qu'ils ont dû consentir pour me faire venir en France et me permettre de réaliser l'ambition que j'avais dès mes premières de faculté à l'université de Douala, de pouvoir obtenir mon doctorat en droit. Qu'ils trouvent dans la réalisation de ce travail, l'aboutissement de leurs efforts ainsi que l'expression de ma plus affectueuse gratitude.

Enfin, je remercie mon cher époux et ma petite fille pour leur soutien quotidien indéfectible.

LISTE DES ABREVIATIONS

AAPC	Avis d'Appel Public à la Concurrence
AJDA	Actualité juridique Droit administratif
Aff.	Affaire
Al.	Alinéa
ARCOP	Autorité de régulation de la commande publique
ARMP	Autorité de Régulation des Marchés Publics
Art.	Article
Ass	Assemblée
AUA	Acte uniforme relatif au droit de l'arbitrage
AUM	Acte uniforme relatif à la médiation
AUPSRVE	Acte uniforme portant organisation des procédures simplifiées de recouvrement et des voies d'exécution
BJCP	Bulletin Juridique des Contrats Publics
Bull Civ.	Bulletin des arrêts de la Cour de cassation des chambres civiles
BO	Build Operate
BOAMP	Bulletin officiel des annonces des marchés publics
BOT	Build Operate Transfer
C/	Contre
CAA	Cour administrative d'appel
CARPA	Contrat d'appui à la réalisation des contrats de partenariat.
CCAG	Cahiers des clauses administratives générales et techniques

CCAP	Les cahiers des clauses administratives particulières
CCP	Code de la commande publique.
CCRA	Comité consultatif de règlement à l'amiable des litiges
C. Civ	Code civil
Cass. Civ	Cour de cassation Chambre civile
CFA	Communauté financière Africaine
CGPPP	Code général de la propriété des personnes publiques
Civ	Cour de cassation, chambre civile
CE	Conseil d'Etat
CEDH	Cour européenne des droits de l'homme
CEMAC	Communauté économique et monétaire de l'Afrique centrale
CGCT	Code général des collectivités territoriales
Chron	Chronique
CJA	Code de justice administrative
CJCE	Cour de Justice de la Communauté Européenne
CJEG	Cahiers juridiques de l'électricité et du gaz
CJUE	Cour de justice de l'union Européenne
Circ.	Circulaire
Coll.	Collection
Concl.	Conclusion
Cons.const	Conseil Constitutionnel
CMP	Code des marchés publics
CPC	Code de procédure civile
Crim.	Cour de cassation, chambre criminelle
Comm.	Commentaire
CRPA	Code des relations entre le public et l'administration

dict.	Dictionnaire
dir	Directive
éd.	édition
EPIC	Établissement public à caractère industriel et commercial
Fasc.	Fascicule
FMI	Fond Monétaire International
GAJA	Grands arrêts de la jurisprudence administrative
Gaz. Pal	Gazette du Palais
GIP	Groupement d'intérêt public
Ibid	Au même endroit
JAL	Journal d'annonce légale
JCP	Jurisclasseur périodique
JDA	Journal du droit administratif
JORF	Journal officiel de la République française
JOUE	Journal officiel de l'Union Européenne
LGDJ	Librairie générale de droit et de jurisprudence
LPA	Les petites affiches
MAPP	Maison d'appui à la réalisation des contrats de partenariat
MAPTAM	Loi de modernisation de l'action publique territoriale et d'affirmation des métropoles
n°	Numéro
NOTRe	Nouvelle organisation Territoriale de la République
Op cit	Œuvre précitée
Obs.	Observation
Ord.	Ordonnance
p.	Page

pp.	Pages
PFI	Private Finance Initiative
PME	Petites et moyennes entreprises
PNUD	Programme des Nations unies pour le développement
PPP	Partenariat public-privé
PUF	Presse universitaire de France
Préc.	Précité
QPC	Question prioritaire de constitutionnalité
RA	Revue administrative
Rec.	Recueil Lebon
req.	requête
RDP	Revue de droit public
RFDA	Revue française de droit administratif
RTD civ	Revue trimestrielle de droit civil
ss.	Suivant
Sect.	Section du contentieux
SEM	Société d'économie mixte
t.	Tome
TA	Tribunal administratif
T. confl.	Tribunal des conflits
T. J	Tribunal Judiciaire
Vol.	Volume

INTRODUCTION GENERALE

« Si la complexité de la vie juridique ainsi que l'unité des notions juridiques et de science du droit ne permettent pas de séparer, en deux modes distincts, le droit public du droit privé, (...) les questions ne se posent et ne se résolvent pas de la même manière lorsqu'elles mettent en cause, avec l'État, (...) l'intérêt public et, entre particuliers, des intérêts purement privés[1].

I. Contexte de l'étude

Au lendemain des indépendances[2], le Cameroun, comme la majorité des pays d'Afrique prend conscience de l'importance de ses ressources naturelles, et entame alors une course vers le développement.

Pour ce faire, le gouvernement camerounais mise sur son principal atout à savoir une population rurale solide bloquée dans un mode de consommation archaïque mais qui, à travers la production du café, du cacao et du coton génère d'importantes devises qui serviront à l'implantation d'autres secteurs d'activités.

Seulement, cette ruée vers le développement n'a pas eu que des effets positifs. L'émergence de nouveaux secteurs d'activités a donné naissance à une nouvelle population cette fois-ci urbaine et intellectuelle. On assiste alors, à une augmentation de la demande d'urbanisation et de scolarisation d'une part, et à une baisse considérable de la productivité[3] d'autre part. Il devient alors plus agréable de consommer les devises travaillées par la paysannerie que d'être paysans.

---

[1] TROTABAS Louis, *Finances publiques*, 3e éd., Paris, *Dalloz,* 1969, pp. 4 et s., spé. p. 473

[2] Le Cameroun, pays d'Afrique centrale, à l'instar de nombreux pays africains francophones obtient son indépendance le 1er janvier 1960 et devient la République du Cameroun.

[3] Yves Patrice Etogo Nyaga, Effets de la Privatisation sur la Productivité des Entreprises Publiques au Cameroun : La productivité est considérée en l'espèce comme le rapport « valeur ajouté /immobilisation brute » (Touna Mama, 1998) in *Journal of Economics and Development Studies September* 2019, Vol. 7, No. 3, p.53.

Face à l'asphyxie du secteur rural, et la demande incessante du secteur urbain, les pouvoirs publics se retrouvent dans l'incapacité de générer de nouvelles devises. C'est ainsi que la crise économique consécutive au second choc pétrolier remettant en cause le rôle et la place de l'État dans la société, pose par la même occasion le principe de l'urgente redécouverte des fonctions de ce dernier notamment, sa reconversion et son désengagement progressif des secteurs productifs[4]. Les autorités publiques cèdent la place à des programmes d'aides internationales au développement et aux privatisations[5] car pour elles, ces programmes sont perçus comme le remède qui ramènera le pays à la croissance[6].

Malheureusement, l'échec des privatisations opérées dans les secteurs de l'eau, de l'électricité, de la santé et de l'éducation relève au monde entier, y compris aux autorités camerounaises les fausses promesses des promoteurs des privatisations[7]. Pour l'État camerounais, tout reste à faire pour sortir de cette situation de sous- développement. Aussi, pour faire face à la crise économique que connaissent de nombreux pays africains dont le Cameroun, la Banque Mondiale, le FMI, et la Banque Africaine d'Aide au Développement répondent invariablement : « *Tournez-vous vers les partenariats public-privé*[8]*!* »

Pour ces organismes, ces partenariats public-privé (PPP) désignent une sorte de coopération entre le secteur public et le secteur privé. Il s'agit d'un outil innovant, permettant aux États de combler leurs déficits en infrastructures, d'améliorer leur technologie ou l'innovation de leurs services en s'appuyant sur l'expertise privée. Par ailleurs, cet outil leur permet non

---

[4] Le procédé contractuel constitue, à côté de l'acte administratif unilatéral, le moyen par excellence pour l'administration d'atteindre de réaliser ses missions d'intérêt général. Il s'agit là d'une conception générique et classique qui permet à la puissance publique d'associer les personnes privées à la mise en œuvre de ses missions régaliennes, ainsi que cela transparaît dans les articles 4 et 5 du Décret n°2004/275 du 24 septembre 2004 portant code des marchés publics. Le législateur national a, lui aussi, précisé le cadre juridique des contrats administratifs, et l'article 3 de la loi n°2006/022 du 29 décembre 2006 portant création, organisation et fonctionnement des tribunaux administratifs de distinguer les contrats conclus sous l'empire du droit public de ceux gouvernés par les règles du droit privé.

[5] Au sens large, la privatisation désigne toute mesure qui qui opère le transfert temporaire au secteur privé d'activités qui jusque-là avaient été exercées par un organisme public ou parapublic. D'inspiration occidentale, il apparait sur la sphère économique, politique, médiatique et juridique Camerounais à partir des années 1989

[6] Voir en ce sens le *Cameroon* Tribune, n°2461, du 29 Aout 1996, p. 3.

[7] Rosa Pavanelli, *in* « Échecs de la privatisation : revenons à l'alternative publique », *EQUAL Times*, 26 mars 2015.

[8] Voir Alain Faujas, « N'ayez pas peur des PPP ! », *Jeune Afrique*, du 22 mars 2018.

seulement d'accélérer les délais de construction, mais aussi de prévision des coûts liés à lamaintenance.

En conséquence, le partenariat public privé facilite une plus grande souplesse de gestion pour la personne publique sans endetter l'État, tout en assurant qu'elle reste en charge de la gestion du service public[9].

Ce concept de PPP ayant séduit les autorités camerounaises, va faire son apparition au Cameroun au début des années 2000[10]. Cependant, le Cameroun, comme la plupart des pays africains, va recourir à ce nouvel outil contractuel sans parfaitement le maîtriser.

En effet, le partenariat public privé a également cette particularité d'être un outil contractuel assez complexe[11] auquel il faut un cadre juridique et règlementaire bien précis. L'État camerounais s'arrimera comme à son habitude à la technique française des partenariats public-privé comme d'un legs colonial[12].

---

[9] Explications tirées de la fiche sur les partenariats public-privé, Dictionnaire économique et financier.

[10] Le Cameroun adoptera sa première loi sur les partenariats public-privé le 29 décembre 2006.

[11] Voir en ce sens *GRELIER WYCKOFF Patricia, Le mémento des contrats complexes de la commande publique : La conception-réalisation : Le partenariat public-privé : BEA, AOT, CP.*, Eyrolles ; 1e édition, 15 mars 2012, p.103.

[12] Comme l'affirme la doctrine nationale, le juge administratif camerounais, à la suite du législateur, ne s'est pas laissé influencer par les trajectoires tracées par le droit positif français. Il a essayé de donner une identité propre à la pratique contractuelle publique au Cameroun. Dans la mise en œuvre du procédé contractuel, l'administration du Cameroun indépendant avait le choix au regard de son histoire entre les systèmes de droit traditionnel, de la Common Law et de droit français. Le Cameroun, par l'ordonnance fixant l'organisation de la cour suprême du 26 août 1972, a choisi le système français qui reconnaît la possibilité pour les collectivités publiques de conclure soit des contrats relevant du droit commun du code civil, soit des contrats de droit public soumis à un ré. Cette option ne conduit pas pour autant à une assimilation complète avec le régime des contrats de l'administration en France et doit prendre en compte l'environnement culturel, et surtout juridique qui fait de la juridiction administrative, un démembrement fonctionnel d'une structure juridictionnelle marquée par la prééminence de l'institution judiciaire : le droit administratif étant dit par un juge de formation et de carrière judiciaires. La distinction entre les contrats administratifs et les contrats prives de l'administration, corollaire du dualisme juridictionnel est complexe si on la rapproche du modèle français mais reste caractérisée par la prédominance de la détermination légale de la compétence juridictionnelle en matière contractuelle, reléguant le juge a un rôle secondaire. Le législateur ayant exclu du contentieux administratif les contrats de l'administration

L'expérience française démontre alors que, les contrats de partenariat public-privé ont été introduits dans son arsenal juridique par l'ordonnance n°2004-559 du 17 juin 2004. Cependant, la volonté étant de les inscrire dans une logique des contrats publics de droit commun à part entière, un projet de loi sera déposé par le ministre de l'Économie et discuté au Sénat[13]. Celui-ci aboutit à l'adoption de la loi du 28 juillet 2008[14].

L'objectif étant un assouplissement des règles procédurales, une série de dispositions à caractère juridique et fiscal seront alors prises pour faciliter le recours à ces contrats prenant en compte la crise financière de 2008. L'outil de ces contrats de partenariat est retravaillé sur certains aspects techniques permettant ainsi aux personnes publiques de conclure des contrats de partenariat tout en finançant elle mêmes une partie de l'équipement dès le départ de l'opération. Seulement, par souci de conformité aux exigences du droit de l'Union Européenne, et dans le cadre de la transposition des directives « marchés publics »[15], le législateur français opérera une nouvelle réforme de ces contrats[16], l'objectif étant une délimitation claire de la catégorie des « marchés publics ». Pour rationaliser et sécuriser le cadre juridique des montages PPP, cette réforme entrée en vigueur au 1er avril 2016 harmonise et unifie les différents montages de PPP sous la forme unique du « Marché de partenariat » rénové[17].

---

conclus implicitement sous l'empire du droit privé, il convient d'observer que la marge du juge est limitée ; la formule de "l'implicite prive" étant douée d'un dynamisme effréné si on constate que le contrat est le principal instrument du commerce juridique de droit privé et que le juge du contentieux administratif au Cameroun est un juge judiciaire ». cf. BIDJA KOTTO (Thomas), Les contrats de l'Administration au Cameroun, Thèse de Doctorat en Droit, Université Paris I Panthéon- Sorbonne, janvier 2000, 2 volumes.

[13] Projet de loi déposé par l'ancienne ministre de l'Économie Christine Lagarde en février 2008 au Sénat et discuté d'avril à juillet 2008 pour aboutir à la loi n° 2008-735 du 28 juillet 2008.

[14] Loi n° 2008-735 du 28 juillet 2008 relative aux contrats de partenariat.

[15] La directive dite « Marchés publics » regroupe la directive 2014/24/UE du 26 février 2014 sur la passation des marchés publics (dite directive « secteurs classiques »), la directive 2014/25/UE du 26 février 2014 relative à la passation de marchés passés par des entités opérant dans les secteurs de l'eau, de l'énergie, des transports et des services postaux (dite directive « secteurs spéciaux »), et la directive 2009/81/CE du 13 juillet 2009 relatives aux marchés de défense et de sécurité qui elle n'a pas été modifiée à l'occasion de la révision des directives « marchés publics ».

[16] Ordonnance n° 2015-899 du 23 juillet 2015 relative aux marchés publics.

[17] Fiche de révision n°10 sur « Les marchés de partenariat », tirée du journal *La Gazette des Communes.*

S'inspirant de cette expérience française, le législateur camerounais adopte à son tour les contrats de partenariat en 2006[18]. Ainsi, c'est la loi n° 2006/012 du 29 décembre 2006 qui fixe le régime général de ces contrats de partenariat. Modifiée tour à tour par le décret de 2008 qui précise les modalités d'application de la loi de 2006[19], ensuite le décret n° 2014/2343/PM du 31juillet 2014 qui modifie et complète certaines dispositions du décret n°2008/0115/PM du 24 janvier 2008.

Le contrat de partenariat public-privé permet donc aux entreprises disposant d'importants moyens technologiques et financiers, de conduire de grands projets en mode *Build Operate* (BO), ce qui suppose de construire et d'exploiter, ou en *Build Operate Transfer* (BOT) à savoir construire les équipements, les exploiter, puis les transférer à la collectivité au bout d'une période définie. Seulement, le droit camerounais ne connaît jusqu'à lors aucune définition juridique du partenariat public-privé. Pour se saisir de cette notion, il faut de nouveau se référer à l'expérience française de laquelle nous apprenons que le partenariat public-privé est « *une forme de coopération entre les autorités publiques et le monde des entreprises qui vise à assurer le financement, la construction, la rénovation, la gestion ou l'entretien d'une infrastructure ou la fourniture d'un service*[20] »

Autrement dit, le PPP est une méthode de financement permettant à une personne publique de se rapprocher de prestataires privés pour financer ou gérer un équipement destiné au service public.

Défini comme tel, et pris sous l'angle de la participation du secteur privé à une mission de service public, le PPP ne semble pas tant étranger au droit Camerounais. Elle s'apparente plus à « redécouverte » en droit camerounais. Ils ne sont pas sans lien avec des modèles contractuels anciens que sont la concession, la délégation de service public, les marchés d'entreprises de travaux publics pour n'en citer que ceux-là.

Cette redécouverte s'explique encore plus au regard de la pratique de ces partenariats public-privé. En effet, la pratique des PPP au Cameroun aura permis au législateur de les distinguer en deux catégories à savoir, les PPP à paiement public et les PPP concessifs.

---

[18] Loi n°2006/012 DU 29 décembre 2006 fixant le régime général des contrats de partenariat.

[19] Décret n° 2008/0115/PM du 24 janvier 2008 précisant les modalités d'application de la loi n° 2006/012 du 29 décembre 2006 fixant le régime général des contrats de partenariat.

[20] cf. Livre vert sur les partenariats public-privé et le droit communautaire des marches publics et les concessions.

Les PPP concessifs sont soumis à la fois au code des marchés publics et à la loi du 29 décembre 2006 fixant le régime général des contrats de partenariats au Cameroun. Ils regroupent des contrats de délégation de service public, de concession de service public, l'affermage et le BOT (*Build Operate Transfer*). Ce sont des contrats par lesquels une personne publique confie pour une période déterminée, l'exécution de travaux ou de gestion d'un service public ou d'intérêt général dont elle a la responsabilité, à un concessionnaire ou délégataire, qui l'exploite à ses risques et périls.

La spécificité de cette forme contractuelle réside dans la rémunération du partenaire. Celle-ci est substantiellement liée au résultat de l'exploitation du service ou de l'ouvrage et provient majoritairement de recettes d'exploitation. Très souvent, elle est perçue directement auprès des usagers.

A côté de ces PPP concessifs, nous retrouvons les PPP à paiement public encore appelés contrat de partenariat. Règlementés par la loi du 29 décembre 2006 fixant le régime général des contrats de partenariats au Cameroun. Ces contrats, comme les PPP concessifs, portent sur une mission globale de service public ou d'intérêt général. Ils se distinguent de la concession par la rémunération due au partenaire privé. Le PPP concessif se définit comme un contrat par lequel, l'État ou un établissement public de l'État confie à un tiers, pour une période déterminée en fonction de la durée d'amortissement des investissements ou des modalités de financement retenues, une mission globale ayant pour objet la construction ou la transformation, l'entretien, la maintenance, l'exploitation ou la gestion d'ouvrages, d'équipements ou de biens immatériels nécessaires au service public, ainsi que tout ou partie de leur financement à l'exception de toute participation au capital[21].

1. État actuel de la pratique du partenariat public privé au Cameroun.

A l'instar de la situation qui prévaut dans les pays développés, les gouvernements des pays Africains doivent faire face à un effet de ciseau entre une demande sociale croissante d'infrastructures et de services publics et la limitation des ressources budgétaires disponibles.

La tension est ici d'autant plus exacerbée car, le besoin en infrastructures est par définition beaucoup plus fort dans un pays en voie de développement et, la capacité des États concernés à lever des fonds sur les marchés de capitaux internationaux est bien plus restreinte ou du moins beaucoup plus coûteuse que pour un pays développé où la viabilité financière n'est pas remise en cause.

---

[21] Voir l'article 1 (2) de la loi n° 2006/012 du 29 décembre 2006 fixant le régime général des contrats de partenariat.

Il semble donc incontestable pour ces États que, compte tenu de ces avantages financiers, le recours au secteur privé au travers des contrats de partenariat public-privé constitue une nécessité pour promouvoir le bien-être de l'intérêt général. Au Cameroun, pays en pleine transition économique, la situation actuelle des PPP aura été correctement exposée par le programme des Nations Unies pour le développement dans son dernier rapport.

En effet, force est de constater que le partenariat public-privé qui pourtant fait ses preuves ailleurs, tarde à décoller au Cameroun. C'est ainsi que dans son rapport de 2020 sur « L'évaluation du financement du développement au Cameroun », le Programme des Nations unies pour le développement (PNUD) relevait que : « *La plupart des grands projets annoncés en grande pompe par le gouvernement pour être réalisés en mode PPP n'ont jamais vu le jour*[22]. »

Par ailleurs, en citant l'inventaire fait par Conseil d'Appui à la Réalisation des Contrats de Partenariat (CARPA) du Cameroun, le PNUD relève que la pratique actuelle en matière de PPP est bien éloignée de l'esprit de la loi n° 2006/012 du 29 décembre 2006 portant régime général des contrats de partenariat, qui recommande de ne faire recours aux PPP que, dans le cadre des projets de grande envergure technique et financière. Il indique dans son rapport que, sur les 21 projets annoncés par le ministère de l'Économie du Cameroun en 2014, seuls quatre sont suivis par le Carpa. Il s'agit notamment de la construction du marché Congo à Douala (Neo Congo Mall), l'exploitation du terminal à conteneurs du port de Kribi, l'exploitation du terminal polyvalent de Kribi et la construction du pipeline pétrolier Limbé-Douala-Yaoundé.

« Ce manque d'intérêt du secteur privé pour les PPP annoncés par le gouvernement témoigne d'une maturation insuffisante de ces projets dont la viabilité et la rentabilité financière ne sont pas toujours certaines. Selon les organisations patronales, les projets proposés par le gouvernement pour être réalisés en mode PPP sont, pour l'essentiel, au Cameroun au stade d'idées de projets[23] *».*

Ainsi, pour le PNUD, le gouvernement camerounais semble donc ne pas afficher une véritable détermination à faire éclore les PPP, et la plupart des administrations semblent avoir une préférence manifeste pour la réalisation des projets de développement par l'endettement et le budget d'investissement public.

---

22 Rapport final du Programme des Nations unies pour le développement portant « étude sur l'évaluation du financement du développement au Cameroun. », Juin 2019, p.139.
23 *Ibid.*

Cette analyse du PNUD sur l'évolution du PPP Cameroun est la même que nous partageons. Aussi, en l'état actuel de la pratique, la réussite de l'implémentation des contrats partenariats public privé repose sur la constitution d'une feuille de route et des recommandations claires.

Notre recherche explore donc cet outil contractuel qu'est le contrat de partenariat, aiguillonnée par notre désir de participer aux débats disciplinaires des mondes économiques et juridiques, mais aussi, par souci de contribuer avant tout à la compréhension de cette notion de « contrat de partenariat public-privé ». Notre ambition nous a amenée à nous intéresser au *contrat de partenariat public privé de droit camerounais, au regard de la théorie générale du contrat et, à* étendre cette étude *à la lumière du droit français.* L'association entre les opérateurs économiques publics (l'État et ses démembrements), et des opérateurs économiques privés a su mettre en éveil notre âme de juriste privatiste. D'autant plus qu'au regard de la nature même de ce contrat qui, du fait d'être conclu par une personne publique ou pour son compte, et qu'il réponde par sa finalité à un but d'intérêt général, se veut être un contrat par essence de droit administratif[24].

Dès lors il nous est apparu opportun de nous de s'intéresser au sort du partenaire de droit privé, et plus précisément à l'équilibre contractuel de cet outil. Aussi, appréhender le contrat de partenariat au regard de la théorie générale du contrat reviendrait pour nous à mesurer la place de l'intérêt économique personnel de chacune des parties à ce contrat, qu'elle soit une personne publique ou encore un partenaire privé. Une telle réflexion mérite d'être menée sous l'angle du droit privé selon lequel, « *le contractant n'est ni fort ni faible ou, plutôt, le traitement de l'opération contractuelle est égal que l'une des parties soit forte ou faible*[25] »

Afin d'y parvenir, il nous semble opportun de préciser les termes de notre sujet (I), d'en ressortir l'intérêt (II), de ressortir la problématique de cette recherche (III), d'apporter quelques précisions concernant la méthode suivie avant que ne soit présenté le plan adopté (IV).

---

[24] Voir Fiches d'orientation Dalloz, contrat administratifs- septembre 2020.

[25] LOISEAU Grégoire « les droits du contractant vulnérable : droit commun », *in* LE GAC-PECH Sophie, Les droit cocontractant vulnérable, 2016, Larcier, P. 125.

II- Précision des termes du sujet : le contrat de partenariat public-privé, la théorie générale du contrat

Préciser les termes du sujet de notre recherche suppose une définition en amont des notions qui le constituent, à savoir le contrat, le partenariat, la théorie générale.

Le mot « *contrat* » vient du latin « C*ontractus* » qui signifie engager une affaire avec. De manière courante, le contrat peut être défini comme une convention entre deux ou plusieurs personnes qui prennent un engagement réciproque[26]. Dans la pratique, il s'agit encore d'un écrit destiné à constater l'accord des parties contractantes[27].

Par ailleurs, l'anthropologie juridique laisse penser que le contrat est au cœur même des relations humaines. Cependant, les mutations qu'il a connu au cours du temps amènent à douter qu'une « essence » contractuelle puisse être découverte derrière ses incarnations successives. A cet égard, une partie de la doctrine contemporaine enseigne qu'il n'est alors possible que d'en donner une définition fonctionnelle et qu'il revient à chacun de retenir une notion qui réponde à ses préoccupations du moment[28].

Cette conception complexe de la définition du contrat est partagée par E. Savaux pour qui « les auteurs qui partent à la recherche d'une définition du contrat se donnent une mission difficile, car le contrat est un acte complexe où viennent se fondre tous les éléments de la vie en société [29] ».

En effet, les nombreuses discussions sur la définition du contrat conduisent toutes à des perceptions différentes. Pour les économistes du droit par exemple, le contrat est un accord destiné à conclure une opération économique comportant le moindre coût transactif et la meilleure distribution des ressources selon des critères d'utilité[30]. Selon les sociologues, « *le contrat serait perçu comme l'un des nombreux types d'accord que les particuliers peuvent conclure : mais, ce n'est pas un instrument strictement nécessaire pour le fonctionnement du marché, attendu que le marché fonctionne sur des*

---

26 Définition tirée du dictionnaire Maxi poche Larousse 2020, p.302.

27 CORNU Gérard, *Vocabulaire juridique,* Paris, *PUF,* 2020, p.256

28 DIANE Galbois-Lehalle, (Sous dir.), *La notion de contrat, esquisse d'une théorie,* Paris, *LGDJ*, 2018, p.33

29 SAVAUX Éric, *La théorie générale du contrat, mythe ou réalité ?* Paris, *LGDJ,*1997, p.271

30 GUIDO Alpa. Le contrat individuel et sa définition. *In : Revue internationale de droit comparé.* Vol. 40, N°2, Avril-juin 1988. p. 332.

« comportements » de nature, de niveau d'intensité, d'expression différentes »[31]. Les pages de Ghestin[32], quant à elles, illustrent bien la définition du contrat en droit français. Le contrat serait alors « *un accord de volonté en vue de produire des effets de droit* ». Auparavant, les rédacteurs du code civil français, le définissaient comme *« une convention par laquelle une ou plusieurs personnes s'obligent, envers une ou plusieurs autres, à donner, à faire ou à ne pas faire quelque chose*[33]*. »*

Par ailleurs, pour préciser l'origine sémantique du mot contrat, on se réfère généralement à la convention. Le mot convention vient du latin *conventio*, dérivé de *convenire* qui signifie venir ensemble, d'où être d'accord. Conclure un contrat, c'est se mettre d'accord sur quelque chose[34]. Cependant, la récente réforme sur les contrats de 2016[35] a permis au législateur français de légèrement modifier cette définition.

Désormais, le contrat est « *un accord de volontés entre deux ou plusieurs personnes destinées à créer, modifier, transmettre ou éteindre des obligations.* » Aussi, dans sa nouvelle rédaction, le terme « *convention »* disparait au profit de celle de « *contrat »*. Ce qui peut être critiquable dans la mesure où une convention n'est pas nécessairement un contrat[36]. Par ailleurs, dans la pratique, on parle souvent indifféremment de contrat ou de convention.[37] Le droit camerounais pour sa part, est resté fidèle à l'ancienne conception française

---

[31]Aujourd'hui on peut retrouver une discussion sur cette perceptive dans « *jurisprudential perspectives on contract* » *symposium,* 17 *valporatio* U.L, Rev P. 614 et s., 1983. Voir aussi REHBINDER, « *status contract and the welfare state* », stan. L. *Rev.*941(1971)

[32] GHESTIN Jacques, traité de droit civil, les obligations, Paris 1983, p.3

[33] Voir ancien article 1101 du code civil français.

[34] CORNU Gérard, *op.cit.,* p.265.

[35] L'ordonnance du 10 février 2016 Portant réforme du droit des contrats, du régime général et de la preuve des obligations.

[36] En effet, le terme convention renvoi à plusieurs notions juridiques différentes, autant en droit privé qu'en droit public. En droit privé par exemple, la convention est définie comme un accord de volontés destinée à produire des effets de droit. Le Code civil reprend la typologie dressée par Pothier selon lequel la convention obligationnelle (ou "obligatoire"), c'est-à-dire celle qui crée des obligations, est le contrat. La convention peut en outre modifier, transmettre (convention réelle) ou éteindre (convention libératoire) des obligations existantes sans avoir pour objet d'en créer des nouvelles. Dans cette dernière hypothèse, la convention ne serait pas un contrat. Voir également E. SAVAUX, *La théorie générale du contrat, mythe ou réalité ?* Préf.J-L. Aubert, LGDJ,1997

[37] CABRILLAC Rémy, *Droit des obligations*, 9 ème éd., Paris, *Dalloz*, 2010, p. 16. ; Comp. avec la notion d'accord : v. GUENZOUI Youssef, *La notion d'accord en droit privé,* Paris, *L.G.D.J*, 2009, 502 p.

du contrat. L'article 1101 du code civil camerounais définit le contrat comme, *« une convention par laquelle une ou plusieurs personnes s'obligent, envers une ou plusieurs autres, à donner, à faire ou à ne pas faire quelque chose*[38]. *»* Autrement dit, il s'agit d'un accord de volontés créant des obligations entre les parties.

Par ailleurs, le régime juridique du contrat diffère en fonction de sa classification. C'est ainsi qu'un contrat conclu entre deux personnes de droit privé, relève du droit commun dès lors qu'il n'est pas soumis aux règles spécifiques y dérogeant. Tandis qu'un contrat impliquant deux personnes publiques est quant à lui soumis aux règles des contrats publics.

La difficulté naîtra alors d'un contrat qui, cette fois, est conclu entre une personne publique et une personne privée. Car l'on sait que les contrats conclus avec une publique contiennent des clauses différentes de celles figurant dans des contrats entre personnes privées. De surcroit, les impératifs de l'action administrative imposent que les contrats impliquant une puissance publique soient soumis à un droit différent impliquant souvent l'application d'un régime exorbitant de droit commun[39] . Ainsi, contrairement à ce qui se passe dans les contrats de droit privé à l'exemple de l'imprévision (c'est-à-dire le rééquilibre financier du contrat en cas d'aléa économique) ne pourra être invoqué d'office dans les contrats publics[40].

S'agissant du partenariat, ce terme est récent et n'est inscrit dans le dictionnaire Larousse que depuis 1987. Il désigne « un système associant des partenaires sociaux ou économiques ». Par partenaire, il faut entendre l'expression anglaise « *Partner* » qui, parait être une altération de l'ancien français « *parsoner* » lequel à son tour vient du bas-latin « partitionaruis » dérivé lui-même de *« partitio »* qui veut dire partage. Ainsi, dans l'expression *« partenariat »,* on peut voir de manière générale un modèle de relation. Il peut s'agir de la relation d'une personne qui a quelque chose en partage avec une ou plusieurs autres personnes, dans ce cas on parle de « *Partner »*[41] , ou encore d'un associé dans le travail ou les affaires qui lui sera un «

---

[38] Cette définition a été reprise par GASTI J., *Nouveau Dictionnaire juridique*, 2e édition, *PUL, AVUDRA,* Douala, 2010, p. 88.

[39] C.E. Sect., 19 janvier 1973, *Société d'exploitation électrique de la rivière du Sant*, A.J.D.A., 1973, p. 358 chron. M.LEGER et M. BOYON ; C.J.E.G., 1973, p. 239 conc. M.ROUGEVIN-BAVILLE, note CARRON ; J.C.P., 1974, II, n°17629 notes A. PELLET ; R.A., 1973, p. 633 note P. AMSELEK ; G.D., p. 350.

[40] DE LAUBADERE André, MODERNE Franck, DELVOLVE Pierre, *Traité théorique et pratique des contrats administratifs*, tome 2, L.G.D.J., 1983, spé. n°1331 et s.

[41] Diderot, *Lettres à Sophie Volland,* t.2, p.159

partenaire»[42], ou simplement du « *Partner* » pour parler d'une personne avec qui l'on a une relation amoureuse.[43]

Cependant, une référence est majoritairement faite à Jean-Marie Bouchard, qui apporte cette nuance originale de concevoir d'emblée la relation entre usagers et intervenant comme une relation de partenariat.

En effet, selon cet auteur, « *le partenariat exige dès lors la reconnaissance des compétences de l'autre, vise le rapport d'égalité et repose sur le partage de décisions. Il s'accompagne d'actions de coopération, ainsi que d'opérations favorisant l'exercice du consensus dans nombre d'applications pratiques*[44]*.* »

Cette conception du partenariat répond parfaitement aux exigences d'une relation entre une personne publique et une personne privée au sein d'un contrat de partenariat.

Ramené à notre sujet de recherche, le contrat de partenariat public privé s'analyse comme l'une des formes de contractualisation des rapports entre le secteur public et le secteur privé aux fins d'une réalisation d'une prestation relevant de l'intérêt général[45].

Le droit camerounais le définit à l'article 2 (2) de la loi du 29 décembre 2006 comme : « u*n contrat par lequel l'État ou l'un de ses démembrements confie à un tiers, pour une période déterminée, en fonction de la durée d'amortissement des investissements ou des modalités de financement retenues, la responsabilité de tout ou partie des phases suivantes d'un projet d'investissement : la conception des ouvrages ou équipements nécessaires au service public, le financement, la transformation des ouvrages ou des équipements, l'entretien ou la maintenance, l'exploitation ou la gestion.*

Le cas échéant, d'autres prestations de services concourant à l'exercice, par la personne publique, de la mission de service public dont elle est chargée, peuvent également être confiées à un tiers dans le cadre d'un contrat de partenariat. »

---

[42] Beaumarchais, *Œuvres,* éd. P.-P. Gudin, [1809], II, 494

[43] Stendhal, *Amour,* p.113

[44] BOUCHARD Jean-Marie, « *Partenariat et recherche de transparence. Des stratégies pour y parvenir* », *in informations sociales,* n°113, 2006, pp. 50-57

[45] NDIAYE Issakha, *Les contrats de partenariat public-privé et le développement des infrastructures au Sénégal,* 2015, coll. Études Africaines, *éd. L'Harmattan*, p. 15.

Bien entendu cette définition du contrat de partenariat est clairement d'inspiration française, puisque que celle-ci se rapproche du modèle du contrat de partenariat français de l'ordonnance du 17 juin 2004.

Une autre définition est cependant apportée en droit français, à la suite de la réforme de 2015, on parle alors désormais de « marché de partenariat » qui, au sens de l'article 1112-1 de la Commande Publique désigne, « un *marché public qui a pour objet de confier à un opérateur économique ou à un groupement d'opérateurs économiques une mission globale ayant pour objet la construction, la transformation, la rénovation, le démantèlement ou la destruction d'ouvrages, d'équipements ou de biens immatériels nécessaires au service public ou à l'exercice d'une mission d'intérêt général et tout ou partie de leur financement. Le titulaire du marché de partenariat assure la maîtrise d'ouvrage de l'opération à réaliser.*

Cette mission globale peut en outre comprendre : tout ou partie de la conception des ouvrages, équipements ou biens immatériels, l'aménagement, l'entretien, la maintenance, la gestion ou l'exploitation d'ouvrages, d'équipements ou de biens immatériels ou une combinaison de ces éléments, la gestion d'une mission de service public ou des prestations de services concourant à l'exercice, par la personne publique, de la mission de service public dont elle est chargée ».

De cette définition, il ressort que l'objet du marché de partenariat de droit français reste distinct par rapport à celui d'un marché public classique, dans la mesure où, le marché de partenariat a pour objet de confier une mission globale à un partenaire privé qui sera choisi, et de faire assurer tout ou partie du financement de l'opération par ce dernier.

S'agissant de la théorie générale du contrat, plusieurs définitions sont enseignées par les civilistes. Selon l'auteur Ph. Malaurie, « *La théorie générale du contrat, partie de la théorie générale des obligations, pose les règles communes à l'ensemble des contrats (...), elle énonce le régime applicable à tout contrat quel qu'il soit*[46]».

Pour G. Cornu, « *la théorie générale des contrats réunie les règles qui sont communes à tous les contrats*[47] ». Selon cet auteur, cette théorie trouve son siège dans le Titre III du Livre III du Code civil où elle regroupe les principes

[46] MALAURIE Philippe, *Droit civil, contrats spéciaux, Les cours de droit*, Paris, 1980, p. 3.

[47] CORNU Gérard, *Regards sur le titre III du livre III du Code civil « Des contrats ou des obligations conventionnelles en général » (Essai de lecture d'un titre du code)*, Cours de DEA droit privé 1976, Les cours de droit, 1976, n° 41.

communs à toutes les conventions, à l'exclusion des règles propres à chacun des contrats nommés aux Titres IV et suivants. Autrement dit, la théorie générale désignerait les règles applicables à tous les contrats, par opposition à celles valant pour chacun des différents types[48].

Cette thèse est également soutenue par Ph. Malaurie et L. Aynes pour qui, « *la théorie générale du contrat ne s'attache [...] pas au particularisme des contrats spéciaux [...], est donc passablement abstraite, ayant pour objet les règles communes à l'ensemble des contrats*[49] »

A l'entendre, la théorie générale du contrat se confond aisément avec le droit commun des contrats. Cette confusion est fortement dénoncée par E. Savaux. Pour qui, la théorie générale est une œuvre de science du droit prenant pour objet d'étude le contrat et le produit de cette étude. Contrairement au droit commun qui lui, rassemble les règles positives applicables à toutes les conventions.

Par conséquent, confondre la théorie générale, œuvre de l'esprit et le droit positif des contrats conduit simplement à l'objectivisation de ce qui en soi n'est qu'une explication théorique. Bien plus encore, assimiler la théorie générale avec le droit positif conduit à occulter la doctrine[50], à qui, il revient de synthétiser et d'ordonner le droit positif des contrats[51]

Cette confusion n'aura pas été tranchée par la doctrine, nous observons donc deux courants de pensée.

Le premier selon lequel, ces deux expressions s'emploient comme des synonymes, ce qui fonde d'après E. Savaux, le « mythe de la positivité » et, le second courant pour lequel, la théorie générale ne désigne qu'une fraction du droit positif regroupant l'ensemble des règles ayant vocation à trancher les difficultés juridiques communes à tous les contrats[52] Nous nous rangerons donc à l'opinion juridique dominante dans laquelle l'expression la théorie

---

[48] SAVAUX Éric, « La notion de théorie générale, son application dans le contrat. Théorie générale du contrat et Théorie générale des contrats spéciaux. », *in les petites affiches, La BaseLextenso*, n°238, Novembre 2012, p.4

[49] MALAURIE Philippe et AYNES Laurent, *Droit civil, Les obligations,* 3e éd. Défrénois, p.157

[50] SAVAUX Éric, *La théorie générale du contrat, mythe ou réalité ? op.cit.*, n° 492, p. 326.

[51] *Ibid.*

[52] Eric Savaux, *La théorie générale du contrat, mythe ou réalité* ? Préf.J-L Aubert, *LGDJ*, 1997, spéc. n°8 et s.

générale réunit l'ensemble des règles qui sont communes à tous les contrats. Et, se confond avec droit commun des contrats[53].

Étudier le contrat de partenariat public privé de droit camerounais au regard de la théorie générale du contrat revient à analyser si les règles positives du contrat de partenariat public privé viennent conforter les principes classiques du droit des contrats.

III - L'intérêt d'une étude du contrat de partenariat au regard de la théorie générale

L'étude du contrat de partenariat au regard de la théorie générale se justifie à plus d'un titre. L. Josserand disait : *« nous vivons de plus en plus contractuellement* [54]». Plus que jamais, cette formule s'avère pertinente tant elle est d'actualité.

En effet, dans notre système économique, le contrat est perçu comme le principal outil de répartition des richesses. A côté des contrats de droit privé réunissant des personnes privées entre elles et, des contrats essentiellement de droit public, la forme classique du contrat de vente cède la place à d'autres formes contractuelles. Nous assistons alors à une diversification du contrat et à sa spécialisation.

Désormais, au sein d'une relation contractuelle nous retrouvons une personne publique et un partenaire privé à l'instar du contrat de partenariat public privé.

Le recours au contrat de partenariat public-privé, outre qu'il permet une globalisation du coût de l'ouvrage sur la durée (en ce qu'il est un moyen d'introduire la technologie et l'innovation du secteur privé afin de proposer des services publics de meilleure qualité grâce à une meilleure efficacité opérationnelle).

Il permet également de compléter les capacités limitées du secteur public pour répondre à la demande croissante en développement des infrastructures, de diversifier l'économie grâce à une meilleure compétitivité du pays au niveau de la simplification de la base des infrastructures, ainsi que stimuler son

---

[53],*Ibid*

[54] JOSSERAND Louis, « Aperçu général des tendances actuelles de la théorie des contrats », *RTD civ.*, 1937,1 spéc.7. Plus général, *Un ordre juridique nouveau ? Dialogues avec L. Josserand,* éd. Mare et Martin, 2014, spéc. p.259 et s.

commerce et son industrie associés au développement des infrastructures[55], il est perçu dans le monde entier comme « un remède miracle ».

Par conséquent, plusieurs travaux se sont penchés sur le montage financier et l'optimisation du recours à ce type de contrat.[56] En revanche, le montage juridique de ce contrat permettant de jauger les risques attachés à sa conclusion n'a jusqu'ici, fait l'objet que de rares analyses[57].

Mieux encore, l'actualité brûlante de ces dernières années sur les PPP et notre curiosité nous auront conduit à nous intéresser de plus près à ce nouvel outil contractuel.

Au Cameroun comme dans la plupart des pays de l'Afrique subsaharienne, les contrats de partenariat public-privé, non seulement permettent de combler le déficit en infrastructures du pays, mais, seraient également un moyen d'attirer des investisseurs directs étrangers, de les orienter vers la construction d'équipements lourds et ainsi, impulser le développement du secteur privé.

Pour y parvenir, il y a intérêt à sécuriser juridiquement cette relation contractuelle afin de garantir la bonne protection des parties.

Pour cela, il importe de rentrer au cœur même de ce contrat, d'y effectuer un « diagnostic complet[58] » afin d'appréhender ses crises et, d'envisager son devenir. Aussi, notre principale contribution à cette recherche serait de pouvoir alerter sur la conclusion de ces contrats et sur son enjeu pour chacune des parties.

---

[55] Voir l'article sur les avantages et risques des PPP sur le site www.ppp.worldbank.org/public-private-partnership/avantages-et-risques-des-ppp .

[56] Voir en ce sens, Organisation de coopération et de développement économiques (OCDE), « les partenariats public-privé, partager les risques et optimiser les ressources », OCDE, 22 juillet 2008, 144 p.

[57] RAPP Lucien, REGOURD Serge (2016), Du *contrat de partenariat au marché de partenariat* Études coordonnées par Sylvain Caylet et Lucie Sourzat., acte de colloques organisé par l'institut de droit de l'espace, des territoires, de la culture et de la communication (25 et 26 septembre 2014) à Université de Toulouse 1 Capitole. v. également, DINIZ Renata, *les partenariats public-privé dans la mondialisation juridique : Les modèles français et brésilien,* thèse de doctorat Université de panthéon- Assas (paris II), 2021, p.497.

[58] Effectuer diagnostic, pour nous consiste à un raisonnement menant à la compréhension du contrat de partenariat, à la détection des risques et difficultés qui entourent ce contrat et à la mise en solutions.

IV - Problématique et justifications d'une étude du contrat de partenariat au regard de la théorie générale du contrat.

1. Justification de l'étude.

Cette étude se justifie à plusieurs égards. Au regard de la nature de ce contrat, le contrat de partenariat est un contrat administratif. En effet, plusieurs critères permettent alors de déterminer le caractère administratif d'un contrat : soit par simple détermination de la loi, c'est-à-dire lorsqu'un projet de loi ou une loi le qualifie comme tel (c 'est le cas par exemple de l'article 6 du code de la commande publique qui qualifie de contrat administratif, tous les contrats relevant de ce code dès lors qu'ils sont conclus par une personne morale de droit public[59]), soit par application des règles dégagées par la jurisprudence[60].

Ainsi, au sens de la jurisprudence, plusieurs critères permettent de déterminer le caractère administratif du contrat. Il peut s'agir d'un critère organique[61], lequel suppose qu'au moins l'une des parties à ce contrat ne soit personne publique. Ce critère souffre cependant des quelques exceptions.

En effet, la jurisprudence a su reconnaître que, la seule présence d'une personne publique dans un contrat ne saurait suffire pour le qualifier de contrat administratif. Cependant, il est opportun de préciser qu'il s'agit d'une présomption d'administrativité qui peut être renversée.

Le tribunal des conflits a d'ailleurs jugé « qu'un contrat conclu entre deux personnes publiques revêt en principe un caractère administratif, impliquant la compétence des juridictions administratives pour connaître des litiges portant sur les manquements aux obligations en découlant, sauf dans les cas où, eu égard à son objet, il ne fait naître entre les parties que des rapports de droit privé [62] ».

---

[59] Voir en ce sens l'article 6 du code de la commande publique Française.

[60] GNIMPIEBA Edouard, « La qualification des contrats administratifs au Cameroun : Leçons d'une évolution jurisprudentielle apparente : Note sous Espèces jointes n°147/04-05/ADD du 31 Août 2005, Um Ntjam François Désiré et Fils c/ Etat du Cameroun (MINEF) et Jugement n°80/2008/CS-CA du 18 juin 2008, Um Ntjam François c/. Etat du Cameroun (MINEPNA).

[61] Le professeur YOLKA Philippe évoque, quant à lui, la notion de critère « personnel » pour caractériser la condition tenant à la présence d'une partie publique au contrat, *in « Le droit des contrats administratifs » LGDJ*, septembre 2013, n°64, p. 49.

[62] Cette solution a été posée par le tribunal des conflits dans son arrêt de principe du 21 mars 1983, *Union des assurances de Paris,* n°02256. Concl. Labetoulle.

Ce caractère administratif du contrat peut également être admis à partir d'un critère matériel. Il s'agit ici de toutes les clauses renvoyant à l'économie générale du contrat, notamment de la présence d'une clause relevant de la volonté de soumettre le contrat au régime spécial des contrats administratifs, c'est le cas des clauses exorbitantes du droit commun[63], ou encore, de la présence d'une activité de service public. Ainsi, le critère d'activité de service public est rempli dès lors que le procédé contractuel constitue une modalité d'exécution du service public. Autrement dit, le contrat conclu entre une personne publique et une personne privée revêt le caractère administratif dès lors que sa conclusion a été nécessaire à l'exécution d'une mission de service public[64].

En somme, le contrat de partenariat public-privé tel que nous l'avons précédemment défini satisfait à ces critères organique et matériel. Nous y relevons la présence d'une personne morale de droit public ou encore une personne publique faisant appel à des prestataires privés pour financer et gérer un équipement assurant ou contribuant au service public. Il compte donc parmi les contrats de droit administratif.

Aussi, il parait logique de faire une étude de ce contrat, non pas au regard de la théorie générale du contrat privé, mais plutôt au regard de la théorie générale du contrat administratif. Seulement, la majorité des travaux en doctrine permettent de montrer que l'élaboration du droit des contrats administratifs s'est inspirée du droit civil[65], et qu'il en est de même de la théorie générale des contrats administratifs[66]. L'auteur J. Waline par exemple, dans un travail comparatiste, démontre que le droit administratif emploie des règles identiques à celles du droit civil et l'autorité judiciaire.

Aussi, à la question de savoir dans quelle mesure les règles de droit administratif s'écartent-elles de celles du droit privé, il répond : « *la notion même du contrat est une notion juridique générale et n'est pas en tant que telle plus une notion civiliste qu'une notion administrativiste. Dès lors, la logique*

---

[63] Voir en ce sens l'arrêt de principe du CE, du 31 juillet 1912, *société des granits porphyroïde de Vosges,* n°30701.concl Blum, D.1916.3 P.35 Rec. Lebon P.909 sous arrêt : JEZE (G), RDP,1914, P.145 Dans lequel il fut dégagé le critère de clause exorbitante du droit commun

[64] Voir l'arrêt CE, sect., 20 avr. 1956, *ministre de l'Agriculture c/ consorts Grimouard,* n° 33961, Lebon

[65] DRAGO Roland, « Paradoxe sur les contrats administratifs », *in* Études offertes à Jacques Flour, t.1, Défrénois,1979, p.151 et s. ; DRAGO Roland, « Le contrat administratif aujourd'hui », Droits 1990, n°12, « Le contrat », p.117 et s.

[66] PEQUIGNOT Georges, *Théorie générale du contrat administratif,* Paris, *Pédone*, 1945.

voudrait qu'à un concept unique corresponde une théorie générale commune aux deux.[67]

Y. Gaudemet enseigne pour sa part, qu'en droit privé comme en droit public « *le vocable est le même et les notions de base sont communes.* [68]» En effet, le droit des marchés publics, n'ignore pas la phrase précontractuelle des négociations similaires à celles des grandes opérations contractuelles civiles ou commerciales[69], les mêmes règles de formation des contrats à distance s'appliquent[70], de même que la notion de cause étrangère retenue en matière d'inexécution du contrat.[71]

Pour d'autres auteurs encore, l'existence de réglementations spéciales s'appliquant spécialement aux contrats administratifs ne saurait suffire pour éradiquer les aspects contractuels intrinsèques, lesquels sont identiques aux contrats conclus sous l'empire du Code civil[72].

Par ailleurs, la doctrine anti-autonomiste appelle à reconnaitre une théorie générale pour tous les contrats. Pour démontrer l'unicité du droit, elle s'emploie à mettre en avant de troublantes similitudes entre droit administratif et droit civil afin d'ébranler le dogme de l'autonomie du droit des contrats administratifs.

Une telle démarche ne peut que susciter notre curiosité. Pour étudier la faisabilité d'une telle entreprise, nous avons entrepris de confronter un contrat de droit administratif aux règles communes des contrats de droit privé. Et, pour ce faire, nous avons opté pour le contrat de partenariat public privé comme objet d'étude.

Ce choix se justifie avant tout par l'originalité de ce contrat car, le contrat de partenariat public privé doit sa création à une demande d'assouplissement

---

[67] WALINE Jean, « La théorie générale du contrat en droit civil et en droit administratif. », *Mélanges J. Ghestin, LGDJ*, 2001, p. 967.
[68] GAUDEMET Yves, « Prolégomènes pour une théorie des obligations en droit administratifs français », *in nonagesimo anno, Mélange en hommage à Jean Gaudemet,* PUF, 1999, P.613 s., spéc. p. 614
[69] DRAGO Roland, « paradoxes sur les contrats administratifs », *in* études offertes à Jacques Flour, t.1, Défrénois,1979, p.151 et s.
[70] CE, 4 avril 1952, *Cie navale des pétroles*, p.211 cité J. Waline, « la théorie du contrat en droit civil et en droit administratif, art. préc., note de bas de page 42.
[71] BUCHER Charles-Édouard, *L'inexécution du contrat de droit privé et du contrat administratif. Étude de droit comparé interne*, Paris, *Dalloz,* 2011, n°146 et s.
[72] DUGUIT Léon, *Traité de droit constitutionnel*, Paris, *ZC édition*, tome III, 1923, p. 403

des règles de la commande publique émanant des personnes publiques et de nombreux acteurs privés.[73]

D'un point de vue pratique, ce nouvel outil contractuel est alors perçu comme un remède aux insuffisances des contrats classiques de droit administratifs, car il déroge aux règles habituelles de la Commande Publique.[74] Néanmoins, le caractère dérogatoire du contrat de partenariat ne l'exclut pas de la catégorie des marchés publics de travaux[75] .

Par conséquent, il présente alors un caractère double. Il est non seulement un contrat à part entière empruntant les caractéristiques que l'on retrouve en droit privé mais, il est également un acte administratif.

Cette position ambivalente du contrat de partenariat public-privé interpelle. Parce que, bien qu'il ait été démontré que les contrats administratifs et particulièrement les marchés publics obéissent principalement aux règles de la théorie générale des contrats en droit privé[76], certains traits saillants du régime général des contrats les opposent tout de même au droit privé.

La personne publique n'est pas un contractant comme les autres, et les contrats qu'elle signe ne respectent pas la règle contractuelle de l'égalité des parties, dont le corollaire réside dans la notion d'engagements synallagmatiques[77] qui, au sens de la théorie générale du droit des obligations, l'obligation de l'un des contractants réside dans la cause de l'autre cocontractant. Alors que la théorie générale du contrat repose sur les principes d'équilibre et d'égalité des parties dans les relations contractuelles, cet équilibre se conçoit différemment dans les contrats administratifs car dans ces derniers, contrairement aux contrats de droit privé, *« l'équilibre et le raisonnable se situent en dehors du contrat et s'expriment dans la contrepartie financière*[78]». Pour emprunter à D. Pouyaud dans ces contrats, « *à un*

[73] Voir en ce sens l'exposé général du projet de loi n° 211 de 2007-2008) relatif aux contrats de partenariat.

[74] En effet, il ressort du projet de loi relatif aux contrats de partenariat public- privé que, La création du contrat de partenariat a répondu à une demande d'assouplissement des règles de la commande publique, venue de nombreux acteurs publics et leurs partenaires privés. (Voir en ce sens le rapport n° 239 (2007-2008) de M. Laurent BÉTEILLE, fait au nom de la commission des lois, déposé le 26 mars 2008.)

[75] Article L1112-1 du code de la commande publique.

[76] DRAGO Roland, « Le contrat administratif aujourd'hui », Droits 1990, n°12, « Le contrat », p.117 et s.

[77] Voir le Code civ., art. 1106, al. 1er.

[78] Pouyaud Dominique, *La nullité des contrats administratifs,* Paris, *LGDJ,* 1991, p. 253, n°342

équilibre fondé sur l'égalité des parties, tend à se substituer un équilibre financier[79]. »

Par ailleurs, les contrats conclus avec une personne publique à l'instar du contrat de partenariat public-privé contiennent des clauses différentes de celles stipulées dans des contrats entre personnes privées. En effet, les impératifs de l'action administrative imposent que les contrats impliquant une puissance publique soient soumis à un droit différent entrainant souvent l'application d'un régime exorbitant de droit commun[80]. L'aspect juridique particulièrement complexe du contrat de partenariat public-privé soulève plusieurs interrogations. Celles-ci émergent à la fois de la littérature et de la pratique. La première question se pose alors de savoir s'il est admis que les contrats administratifs obéissent principalement aux règles de la théorie générale, le régime dérogatoire du contrat de partenariat public privé ne tend-il pas à l'éloigner davantage des exigences cette théorie ?

Les questions de fond posant au préalable des questions de mots, nous nous interrogeons non seulement sur la possibilité pour les parties au contrat de partenariat d'atteindre les objectifs qu'elles se sont fixés malgré des obstacles tels les irrégularités vénielles, les manquements aux obligations contractuelles, ou encore les aléas imprévisibles. Autrement dit, sur l'efficacité du contrat de partenariat public-privé.

Dans ce contrat, force est de constater que l'autorité publique et l'opérateur privé nouent une relation avec un objectif commun, mais aux motivations clairement distinctes. Alors que l'autorité publique cherche à apporter à la collectivité une bonne qualité de service à meilleur coût, l'opérateur privé quant à lui, recherche un profit proportionnel à l'engagement des capitaux investis, à ses compétences, et à sa prise de risques. Est-il donc possible dans un contrat de partenariat public-privé de concilier les intérêts des parties ?

Toutes ces interrogations, nous conduisent à mener une réflexion sur le particularisme du contrat de partenariat public-privé. Celle-ci devra nous permettre d'identifier la spécificité de ce contrat par rapport aux autres contrats de droit commun. Ainsi, autour de cette question centrale, gravitent plusieurs autres qui se superposent et se complètent. Une réponse adéquate à toutes ces interrogations exige une approche méthodique.

---

[79] *Ibid.*

[80] C.E. Sect., 19 janvier 1973, Société d'exploitation électrique de la rivière du Sant, A.J.D.A., 1973, p. 358 chron. M. Leger et M. Boyon ; C.J.E.G., 1973, p. 239 conc. M. Rougevin-Baville, note Carron ; J.C.P., 1974, II, n°17629 notes A. Pellet ; R.A., 1973, p. 633 note P. Amselek ; G.D., p.350.

V - La méthode suivie et plan d'étude.

Monsieur Constantinesco, définissait la méthode comme « *un ensemble de démarches raisonnées suivies pour parvenir au but proposé. C'est un instrument accessoire au service du but.* »[81] Dans le cadre de notre étude, cette méthode consiste à circonscrire au préalable le champ de l'étude du contrat de partenariat public-privé avant de préciser les outils employés. Analyser le contrat de partenariat public-privé au regard de la théorie générale du contrat nous amène à nous intéresser principalement au droit des contrats et plus particulièrement à ses principes fondamentaux que sont la liberté contractuelle et la force obligatoire.

Il serait cependant mal venu de parler d'un contrat de nature administrative, mieux encore d'un marché public en restant hermétique aux textes juridiques et doctrinaux qui le nourrissent, à l'instar du droit de la commande publique. Le droit de la Commande Publique s'entend comme l'ensemble des règles qui régissent les contrats conclus à titre onéreux par un acheteur ou une autorité concédante[82], pour répondre à ses besoins en matière de travaux, de fournitures ou de services, avec un ou plusieurs opérateurs économiques.

Dans sa thèse, le professeur Grégory Kalflèche utilise cette notion de « *commande publique* » pour qualifier la matière *des marchés publics*[83]». Se fondant sur ces différentes matières, notre recherche a porté sur l'étude du contrat de partenariat public-privé au regard de la théorie générale des contrats, avec pour choix de l'étudier en droit camerounais, mais également à la lumière du droit français. Ce choix n'est pas anodin quand on sait que le Cameroun s'est longtemps inspiré de l'expérience française pour se créer son propre droit.

Les textes de lois camerounais tels que le code civil, le code des marchés publics et plus récemment la loi fixant le régime général applicable aux contrats de partenariat public-privé sont sinon totalement, du moins partiellement inspirés des codes français. Par conséquent, faire une étude du contrat de partenariat public-privé à la lumière du droit français ne reviendrait

---

[81] Constantinesco Léontin-Jean, Traité de droit comparé, t.1, introduction au droit comparé., in *Revue internationale de droit comparé*. Vol 24, n°2, Avril-juin 1972. p. 180

[82] pouvoirs adjudicateurs ou entités adjudicatrices.

[83] KALFLECHE Grégory, *Des marchés publics à la commande publique : l'évolution du droit des marchés publics*, Thèse de doctorat, Université paris 2, 2004, vol 2., p. 971. Voir aussi, LLORENS François, « Typologie des contrats de la commande publique », Contrats et marchés publics., Mai 2005, n°5, p. 12.

pas pour nous à comparer ces deux systèmes juridiques car pour reprendre le professeur Köhler, « *la comparaison doit se faire entre deux peuples arrivés au même stade du développement [...]* [84]».

Le Cameroun, pays en voie de développement ne dispose pour l'instant pas d'un cadre règlementaire solide permettant de le comparer au système français. De plus la construction du cadre règlementaire des PPP au Cameroun est similaire à loi française sur les contrats de partenariat de 2004, de sorte qu'il serait plus aisé de ressortir les points de ressemblances que de les différencier. En outre, l'influence du droit français sur le droit camerounais est encore prégnante. Le droit français reste donc perçu sinon comme un modèle, du moins comme un repère essentiel à l'élaboration et à l'amélioration de la pratique du contrat de partenariat public privé au Cameroun.

Notre analyse prendra donc pour modèle d'étude le marché de partenariat de droit français. L'objectif est de tirer des leçons de la mise en œuvre de ce marché en France, mais aussi de son cadre juridique et règlementaire afin de combler l'incomplétude des textes de droit camerounais et améliorer sa pratique. Il ne s'agit pas de greffer au système camerounais le concept français du contrat de partenariat, mais plutôt de comprendre les raisons de la réussite ou des échecs de ces contrats en France, aux fins d'améliorer leur conclusion au Cameroun car, une transposition au Cameroun des partenariats public-privé qui se ferait sous la forme d'une greffe isolée ne pourrait conduire qu'à un rejet si elle ne s'accompagne pas d'évolutions profondes de la gestion publique, permettant de circonscrire les risques liés à ce nouvel outil, de garantir la transparence et la qualité de la décision publique ayant débouché sur son recours.

Plus encore cette étude permettra d'envisager la possibilité d'un équilibre entre les partenaires publics et privés en prenant en compte, dans différents contextes socio- économiques, de régulation, ou de rôle de l'État, la distribution des risques aux entités les mieux à même de les gérer et les mesures à prendre pour réduire les comportements opportunistes des partenaires.

Notre étude s'appuiera principalement sur le droit positif, la jurisprudence et la pratique. Notre analyse partira donc à la fois du code civil, du code de la commande publique, du code des marchés publics, ainsi que leurs textes d'application. Par ailleurs, la jurisprudence utilisée la plupart du temps fera référence au droit français. Le droit des contrats administratifs au Cameroun,

---

[84] KÖLHER Joseph, « De la méthode du droit comparé », congrès international de droit comparé tenu à paris du 31juillet au 4 aout 1900., Procès-verbaux et documents, vol 1., Paris 1905. p. 227.

étant un droit essentiellement écrit[85]. L'intervention du législateur se limite à l'adoption des textes conçus par le pouvoir réglementaire et qui, très souvent, font l'objet de très peu d'amendements[86].

Nous déplorons l'absence d'exemple concret de contrat de partenariat public privé du fait de la confidentialité de ceux-ci. Cependant, nous nous contenterons des clausiers-types, de la doctrine et du retour d'expérience de la pratique de ce contrat. L'objectif final de cette thèse est double. Il consiste d'une part, à appréhender ce contrat afin de parvenir à la formulation des propositions visant à réduire des barrières juridiques qui empêchent jusqu'à lors son expansion au Cameroun, et d'autre part, à contribuer à combler les insuffisances juridiques qui entravent encore la mise en place de ces projets de partenariat et qui expliquent la réticence des législateurs et des investisseurs.

La démarche est donc de le confronter aux principes généraux de la théorie générale du contrat afin d'en ressortir la spécificité. Une spécificité qui est autant théorique, que pratique. Nous partirons pour ce faire, d'une analyse du

[85] Pour certains auteurs, la prédominance du droit écrit s'explique plus par la volonté du législateur d'accompagner la mise en œuvre d'un droit en formation qu'à «la défiance d'un vide favorable au pouvoir normatif de la jurisprudence » (Thomas Bidja NKOTTO Les contrats de l'administration au Cameroun, Lille, Agence nationale de reproduction des thèses, 2000, p. 106). A sa suite le Professeur M. KAMTO a souligné, à propos du Cameroun, l'importance de la source législative dans le droit administratif, qui a pour conséquence d'en faire un droit codifié pour l'essentiel, ce qui n'est pas le cas en France, où le droit administratif est un droit «jurisidit»: Joseph Marie Bipoun-Woum «Recherches sur les aspects actuels de la réception du droit administratif dans les États d'Afrique noire d'expression française : le cas du Cameroun», RJPIC, 1972, n° 3, p. 359. Maurice Kamto, « La fonction administrative contentieuse de la Cour Suprême du Cameroun », in Gérard Conac et J-D.de Gaudusson, Les Cours suprêmes en Afrique, vol 3., Paris, Economica, 1988, p. 40. Voir aussi, M. Bleou, « Le service public dans la jurisprudence de la Chambre administrative de la Cour suprême de Côte d'Ivoire », in Espaces du service public. Mélanges en l'Honneur de Jean du Bois de Gaudusson, Bordeaux, PUB, 2013, p. 45. Sébastien Y. Lath, « Les caractères du droit administratif des États africains de succession française. Vers un droit administratif africain francophone ?», op. Cit. p. 1263 et s. François LLORENS, « Le droit des contrats administratifs est-il un droit essentiellement jurisprudentiel ?», in Mélanges offerts à Max Cluseau, Toulouse, Presses I.E.P., 1985, 1985, p. 377. Fabrice Melleray « Le droit administratif doit-il redevenir jurisprudentiel ? Remarques sur le déclin paradoxal de son caractère jurisprudentiel », AJDA, 2005, n° 12, p. 637-643.

[86] SAMB Seynabou, *Le droit de la commande publique en Afrique noire francophone : contribution à l'étude des mutations du droit des contrats administratifs au Sénégal, au Burkina Faso, en Côte d'Ivoire et au Cameroun,* Thèse de doctorat, Université de Bordeaux, 2015, p.72.

régime juridique du contrat de partenariat public privé qui servira de base à une analyse de la pratique de ce contrat.

Notre étude s'articule donc autour de deux grands axes : Le premier porte sur le contrat de partenariat, un contrat atypique au regard de la théorie générale du contrat (Partie 1), et le deuxième est relatif au contrat de partenariat comme étant une pratique contractuelle à risque (Partie 2).

PREMIÈRE PARTIE

LE CONTRAT DE PARTENARIAT PUBLIC-PRIVÉ : UN CONTRAT ATYPIQUE AU REGARD DE LA THÉORIE GÉNÉRALE DU CONTRAT

Depuis plusieurs décennies, les instances gouvernementales françaises et camerounaises font face à diverses contraintes et exigences incontournables dans le domaine de la gestion et de la prestation des services publics. Face à ces défis, elles ont de plus en plus recours à des partenariats avec des entreprises privées pour réaliser leurs missions.

Le recours à ces entreprises privées est le plus souvent connu sous la dénotation de partenariat public-privé et existe sous plusieurs formes notamment, les marchés publics, les contrats de délégation de service public, les baux emphytéotiques et le contrat de partenariat public-privé qui lui fera l'objet de notre étude.

Le partenariat public-privé est de manière générale, un outil contractuel mettant en relation une personne publique et un partenaire privé qui, d'un commun accord ont accepté d'être soumis à une ou plusieurs obligations juridiques.

Dans le contrat de partenariat public-privé, les obligations à la charge du partenaire privé sont principalement le financement, la construction, la gestion d'un ouvrage de service public, alors que la rémunération incombe à la personne publique.

Il diffère de la délégation du service public dans laquelle une personne morale de droit public confie la gestion d'un service public dont elle a la responsabilité à un délégataire public ou privé, dont la rémunération est substantiellement liée au résultat de l'exploitation du service. Le délégataire dans ce contrat est chargé de construire des ouvrages ou d'acquérir des biens nécessaires au service[87].

Il diffère également de la concession de travaux publics qui est un contrat dans lequel un particulier, ou une société, à la charge d'exécuter un ouvrage

[87] Article L.1411-1 du code général des collectivités territoriales.

public ou d'assurer un service public, à ses frais, avec ou sans subvention, avec ou sans garantie d'intérêts, et que l'on rémunère en lui confiant l'exploitation de l'ouvrage public ou l'exécution du service public avec le droit de percevoir des redevances sur les usagers de l'ouvrage ou sur ceux qui bénéficient du service public[88]. Mais aussi du bail emphytéotique administratif qui permet à une collectivité territoriale propriétaire d'un bien immobilier de le louer à un tiers qui pourra construire un ouvrage sur le domaine public et ensuite le louer à la collectivité propriétaire du terrain.

La différence fondamentale entre ces contrats résulte du mode de rémunération retenu. Pour un marché public, le paiement est intégral, immédiat et effectué par l'acheteur public. Pour une délégation de service public, et la concession la rémunération est tirée de l'exploitation du service[89]

Toutefois, la récente réforme des contrats de partenariat en France a procédé à une unification et à une consolidation des différentes formules contractuelles existantes au profit d'une « *forme unique, générique et transversale* », L'ancien contrat de partenariat et l'ancien bail emphytéotique administratif se transforment en « marché de partenariat ».

De toute évidence, ce contrat partenariat présente des liens étroits avec la théorie générale des contrats, car l'exigence d'une prestation contre une rémunération est le principe de tout contrat synallagmatique tel que prévu par la théorie générale des contrats.

Il convient ainsi de rappeler que la théorie générale désigne au sens large l'ensemble des règles fondamentales applicables à tous contrats. Celle-ci englobe le principe de la liberté contractuelle qui commande aux parties de contracter ou de ne pas contracter, de choisir librement le contenu de leur contrat, mais aussi leur cocontractant, et la force obligatoire qui exige que le contrat légalement formé tienne lieu de loi à ceux qui l'ont fait.

Nous nous s'interrogeons alors sur l'incidence de la théorie générale sur le contrat de partenariat public-privé dont on sait qu'il est en réalité un contrat administratif. Cette incidence nous semble justifiée car à notre tour, nous rentrons dans un débat ancien. En effet, depuis des décennies, certains auteurs prônent l'unicité de la notion contrat, d'autres cependant soutiennent la spécificité du contrat administratif. Nous faisons donc nôtre, l'opinion du professeur M. Ubaud Bergeron pour qui, ce débat doctrinal « *qui repose*

---

[88] CE, 30 mars 1916, Compagnie d'éclairage de Bordeaux, conclusions Chardonnet
[89] Voir en ce sens le guide Manuel des marchés publics (aujourd'hui abrogé), notamment § 2.4.2.

finalement sur l'appréhension propre à chaque auteur de la fonction et de la légitimité du droit administratif, peut toutefois être en partie dépassé puisque l'unité conceptuelle du contrat ne s'oppose pas à des différences de sources et de régime[90] ». Indéniablement, « *les contrats vivent de la seule sève de théorie générale du contrat*[91] ». Cependant, certains éléments dans le contrat de partenariat permettent de le différencier des autres contrats de droit civil. Ce qui justifie son côté atypique. Cette différence fera l'objet de notre étude. Elle s'explique essentiellement par la particularité des régimes juridiques de passation (Titre1) et d'exécution (Titre2) qui est propre au contrat de partenariat public privé.

---

[90] U
BAUD-BERGERON Marion, *Droit des contrats administratifs*, Paris, 2e édition, *LexisNexis*, 2017, p. 30.

[91] CABRILLAC Michel, *Remarques sur la théorie générale du contrat et les créations récentes de la pratique commerciale,* Mélanges G. Marty, 1978, p. 237. V. également, Vasseur Michel, Un nouvel essor du concept contractuel. Les aspects juridiques de l'économie concertée et contractuelle, *RTD civ.* 1964, p.4.

TITRE I

LE PARTICULARISME DU RÉGIME JURIDIQUE DE PASSATION DU CONTRAT DE PARTENARIAT

Comme c'est le cas pour les personnes privées, les personnes publiques s'intéressent de plus en plus au procédé contractuel pour satisfaire leurs besoins en infrastructures. A cet égard, elles effectuent plusieurs actes dont le contrat administratif. Le contrat administratif est par essence un acte conclu entre deux personnes publiques. Mais, celui-ci autorise également une personne publique à contracter avec une personne morale de droit privé à l'exemple du contrat de partenariat public-privé.

Ainsi, contrairement au contrat relevant du droit privé, le partenariat public-privé est soumis à des règles de droit public tant en ce qui concerne sa formation, que son exécution. Il convient donc de s'interroger sur le régime juridique de ce contrat. Analyser le régime juridique d'un contrat suppose de s'intéresser à l'ensemble des règles qui gouvernent cet acte. Il s'agit à la fois des règles relatives à sa formation, mais aussi celles de son exécution.

Le titre premier de cette thèse consacré à l'étude du régime juridique de la passation s'attarde particulièrement sur la formation de ce contrat dont nous pouvons d'emblée dire que celle-ci obéit aux mêmes règles que celles des contrats de droit privé. Ces règles qui supposent que pour être valable, le contrat devra respecter les conditions liées au consentement, à l'objet, la capacité et la cause imposées par la loi.

Toutefois, la formation du contrat de partenariat public privé présente aussi quelques singularités s'agissant notamment du choix du cocontractant et de son contenu. Cette particularité du régime juridique de passation du contrat de partenariat par rapport au contrat de droit privé se révèle au regard de la manifestation singulière de la liberté contractuelle pendant la passation du marché (Chap.1), mais également eu égard de sa singularité dans la phase d'élaboration du contrat. (Chap.2)

CHAPITRE I

LA MANIFESTATION SINGULIÉRE DE LA LIBERTÉ DANS LE PROCESSUS DE PASSATION DU CONTRAT DE PARTENARIAT PUBLIC-PRIVÉ

Parlant de la Liberté, l'auteure Mosse-Bastide écrivait : la « *Liberté, un de ces mots qui s'écrivent avec une majuscule parce qu'il renferme un monde d'émotions*[92] ». La notion de Liberté a depuis plusieurs décennies occupé une place de choix dans la pensée philosophique et juridique. Il s'agit d'une idée qui recouvre une multitude de significations. Montesquieu, parlant de cette liberté constatait déjà la difficulté que suscitait la définition de cette notion. Pour lui, « *il n'y a point de mot qui ait reçu plus de différentes significations [...] que celui de la Liberté* »[93]. En effet, ce concept a fait l'objet de tentatives de définition par plusieurs auteurs. Stuart Mill, par exemple écrivait que : « *la Liberté consiste à faire ce que l'on désire* »[94]. Pour cet auteur, être libre c'est faire ce que l'on veut.

Cette Liberté de « pouvoir faire » ce que l'on veut sans lois et sans contraintes, sans aucune limite, s'apparente à l'état nature dans lequel seule la force devient la limite, seule la puissance fait l'autorité.C'est celle qui conduirait à ce que Thomas Hobbes[95] décrivait dans le *Léviathan* comme un État « *de guerre de tous contre tous* » dans lequel, l'homme est un loup pour l'homme[96]. Cette conception a aujourd'hui cédé la place à une conception civiliste de la liberté qui considère l'État de droit comme un fondement de la politique moderne, afin que l'homme ne soit plus un loup pour l'homme.

---

92 Mossé-Bastide, Rose-Marie. « Introduction - Les sens du mot : liberté », *La Liberté.* Sous la direction de Mossé-Bastide Rose-Marie. Presses Universitaires de France, 1984, p.5

93 Montesquieu « De l'esprit des lois », Éditeur Chatelain, Amsterdam,1749,4 vols.

94 Béal, Christophe. « John Stuart Mill et le paternalisme libéral », *Archives de Philosophie*, vol. 75, no. 2, 2012, pp. 279-290.

95 Thomas Hobbes philosophe anglais (1588-1679).

96 Damon, Julien. « Thomas Hobbes. Le contrat contre la guerre humaine », *100 penseurs de la société.* Sous la direction de Damon Julien. Presses Universitaires de France, 2016, pp. 113-114.

Une autre conception de la liberté, est celle de Jean Jacques Rousseau qui, en expliquant le passage de la liberté naturelle, à la liberté civile disait que « *la liberté consiste moins à faire sa volonté qu'à n'être pas soumis à celle d'autrui ; elle consiste encore à ne pas soumettre la volonté d'autrui à la nôtre*[97] ».

La liberté peut aussi se définir comme l'état d'une personne ou d'un peuple qui ne subit pas de contraintes, de soumissions, de servitudes, exercées par une autre personne par un pouvoir tyrannique ou par une puissance étrangère. Elle s'entend aussi comme l'état d'une personne qui n'est pas soumise à la servitude[98]. Toutefois, la société dans laquelle nous vivons nous impose une certaine conduite à tenir dans les relations que nous entretenions avec les autres (autrui). Nous sommes par là même soumis à un certain nombre de règles.

Montesquieu affirmait à cet égard que « *la liberté consiste principalement à ne pouvoir être forcé à faire une chose que la loi n'ordonne pas ; et on n'est dans cet état que parce qu'on est gouverné par des lois civiles : nous sommes donc libres parce que nous vivons sous des lois civiles*[99] *».* Il s'agit alors de transférer une part de cette liberté individuelle en s'assujettissant aux lois. C'est le sens même de la définition courante de la Liberté tirée de l'article 4 de la Déclaration des Droits de l'Homme et du Citoyen de 1789 d'après lequel : *« La liberté consiste à pouvoir faire tout ce qui ne nuit pas à autrui : ainsi, l'exercice des droits naturels de chaque homme n'a de bornes que celles qui assurent aux membres de la société la jouissance de ces mêmes droits* ».

Chaque individu est donc certes libre, mais cette liberté n'exclut pas un assujettissement à des obligations, d'autant plus si, cet assujettissement prend sa source dans la volonté de celui qui s'engage. Cette idée de liberté inhérente à chaque individu sera celle admise par la doctrine au 19e siècle avec l'adoption du principe de l'autonomie de la volonté. Inspiré de la théorie d' Emmanuel Kant, selon laquelle « *une personne ne peut être soumise à d'autres lois que celles qu'elle se donne à elle-même*[100] », ce principe s'entend comme l'opportunité circonscrite dont dispose tout contractant de choisir, par une volonté créatrice de droit, les dispositions qui régiront ses rapports dans le

[97] ROUSSEAU Jean Jacques, *Du contrat social*, FLAMMARION, 2011, p. 408

[98] Définition tirée du Dictionnaire Maxipoche Larousse, 2020, p.807.

[99] Montesquieu, Esprit *des Lois 1777*, Liv. XXVI. Chap. XX.

[100] KANT Emmanuel, Doctrine du droit, trad. Barni, Paris, 1853, p. 33, cité par GOUNOT Emmanuel, *Le principe de l'autonomie de la volonté en droit privé ; étude critique de l'individualisme juridique,* thèse Dijon, 1912, p. 54, à son tour cité par RANOUIL Véronique, *L'autonomie de la volonté : naissance et évolution d'un concept*, Paris, *PUF,* 1980, p. 57.

cadre de l'acte contractuel[101] autrement dit, l'autonomie de la volonté repose sur le postulat selon lequel, l'homme est libre en ce sens qu'il ne saurait s'obliger que de sa propre et seule volonté.[102]

Ce principe bien que très peu reconnu dans notre ordre juridique (Cameroun), constitue tout de même la source de nombreux principes juridiques. En droit civil par exemple, l'autonomie de la volonté régit le droit des contrats depuis sa formation jusqu'à son exécution[103].

Ainsi, les principes tels que la liberté contractuelle, la force obligatoire, l'effet relatif du contrat, sont des sous principes de cette autonomie de la volonté dont le respect suppose également le respect de la volonté individuelle.[104]

Ramené au contrat, ce dernier est garanti par cette liberté qui, au sens de la doctrine, est perçue comme une liberté inhérente à l'individu. Pour rependre la pensée de Domat, « *Le contrat est libre à toutes les personnes capables des engagements, de se lier par toute sorte de conventions, comme bon leur semble, et de les diversifier selon les différences des affaires de toute nature, et selon la diversité infinie des combinaisons que font dans les affaires les conjectures et les circonstances*[105] »

Longtemps considéré comme un concept relevant uniquement du droit privé, alors même qu'il n'est pas formellement posé dans les codes civils camerounais et français, la liberté contractuelle n'a néanmoins jamais suscité le moindre doute concernant sa teneur.

La professeur Christine Bréchon-Moulènes, écrivait à cet égard que « *la notion abstraite de liberté contractuelle ne correspond à rien. mais, la liberté contractuelle consiste dans le fait que la formation du contrat sera entièrement abandonnée aux deux parties ; elle sera présente à chaque moment, à chaque phase de la formation du contrat : liberté de contracter ou de ne pas contracter, liberté de choisir le type de contrat, liberté de choisir le*

---

[101] FETZE KAMDEM Innocent, « l'autonomie de la volonté dans les contrats internationaux », Les cahiers de droit, Volume 40, numéro 3, 1999, p. 4.

[102] Aurélien Bamdé, « l'autonomie de la volonté » in Droit des contrats, posted 12 septembre 2016.

[103] CARBONNIER Jean, *droit civil, 4, les obligations,* 22e éd., PUF 2000, n°16, p. 53, MALINVAUD, *Droit des obligations*, 8e ed., Litec, 2003, n°70, p. 52.

[104] SACCO Rodolfo, *La liberté contractuelle et la volonté contractuelle*, Revue internationale de droit Comparé, 2007, p. 743 et s.

[105] DOMAT Jean, Traité des lois, 1689 *in* Œuvres de J. Domat : Firmin Didot, 1828, p. 13.

cocontractant, liberté de déterminer le contenu du contrat, liberté de négocier avec le cocontractant pressenti et, surtout, liberté de s'engager par sa seule volonté, car c'est là l'objet du système contractuel[106] ».

Ainsi, la liberté contractuelle consiste à laisser aux parties de choisir de s'engager et les conditions d'exécution de leurs engagements. Cet élan de la doctrine aura par ailleurs permis de remédier à la passivité des juges en la matière.

Dans un premier temps, par une décision du 03 août 1994, visant à faire reconnaitre à la liberté contractuelle une « valeur constitutionnelle », le Conseil Constitutionnel a, pour refuser cette qualification, invoqué pour motif : « *qu'aucune disposition de la constitution ne garantit le principe de liberté contractuelle*[107] ».

Dans un second temps, par une décision du 19 décembre 2000, les juges évolueront sur la question en affirmant désormais que : « *la liberté contractuelle découle de l'article 4 de la déclaration des Droits de l'Homme et du Citoyen*[108] ». C'est dans le prolongement de la doctrine et de cette jurisprudence que, la récente réforme du droit des contrats[109] a inséré la liberté contractuelle dans le code civil.

Ainsi, l'article 1102 du code civil de 2016 dans son alinéa 1er reconnait implicitement la liberté contractuelle comme étant la pierre angulaire du droit des contrats. La liberté contractuelle y est définie comme la liberté de chaque individu de contracter ou de ne pas contracter, de choisir son contractant et de déterminer le contenu et la forme du contrat dans les limites fixées par la loi[110]. Les individus sont par conséquent libres de contracter dès lors que leur convention n'est pas contraire à la loi et aux bonnes moeurs. Cependant, l'accent est également mis l'accord de volonté car, pour qu'il y'ait contrat il faut un accord de volonté. Un contrat est donc « *un accord de volonté entre deux ou plusieurs personnes destinées à créer, modifier, transmettre ou éteindre des obligations* »[111].

---

106 BRECHON-MOULENES Christine, « Liberté contractuelle des personnes publiques », *AJDA*, 1998, p. 643.

107 Décision n° 94-348 sur la loi relative à la protection sociale complémentaire des salariés et portant transposition des directives n° 92/96 des 18 juin et 10 novembre 1992 du conseil des communautés européennes.

108 Décision n° 2000-437 sur la loi de de financement de la sécurité sociale pour 2001.

109 Ordonnance n°2016- 131 du 10 février 2016 portant réforme du droit des contrats, du régime général et de la preuve des obligations.

110 Article 1102 du code civil.

111 Article 1101 du code civil.

En droit public, la question de la liberté contractuelle est quelque peu plus délicate. Aujourd'hui, les personnes publiques utilisent de plus en plus le mode contractuel dans leur action et ceci au détriment de l'acte unilatéral. Celui-ci leur permet de pouvoir négocier sur certains sujets touchant à la vie économique et de ne plus se contenter d'ordonner. Jacqueline Morand-Deviller dans son ouvrage de droit administratif expose la symbolique du contrat : *« libre accord de volontés, le contrat, préféré aux actes d'autorité unilatérale, a une valeur mythique propre à régler harmonieusement les rapports économiques, sociaux et même politiques. L'État et les collectivités territoriales préféreraient le « faire- faire » plutôt que le faire, l'adhésion et la négociation plutôt que la décision autoritaire*[112] *»*.

Cependant la possibilité pour les personnes publiques de recourir au contrat laissait pendante la question de leur liberté contractuelle. Lors de la consécration du principe de la liberté contractuelle des personnes physiques en valeur constitutionnelle, le Conseil d'État (CE) a reconnu à la liberté contractuelle, la valeur de principe général de droit, mais uniquement dans les rapports entre particuliers[113]. Par la suite, la question de son application aux personnes publiques a suscité des interrogations au sein de la doctrine.

Plusieurs thèses selon lesquelles les personnes publiques ne disposent pas de la liberté contractuelle ont par ailleurs été soutenues. C'est le cas de Etienne Picard qui a tenté de démontrer que les personnes publiques ne pouvaient pas posséder des droits fondamentaux compte tenu de leurs spécificités et des objectifs d'intérêt général qu'ils détiennent. Il concluait que : « *Les personnes publiques ne bénéficient, simplement et le cas échéant, que des pouvoirs plus ou moins discrétionnaires d'user du procédé contractuel* [114]».

Mais également le professeur S. Rials, pour qui la liberté contractuelle des personnes publiques n'a pas la même portée que celle des personnes physiques. Le fondement de la liberté contractuelle des personnes physiques est la liberté individuelle et fondamentale. Pourtant, les personnes publiques n'ont rien de fondamental, car elles sont créées par la liberté des personnes physiques. Elles n'ont par conséquent que des compétences.

Au mieux, la personne publique a un pouvoir discrétionnaire, donc une capacité d'agir dans le cadre de compétences données mais qui n'est pas arbitraire car, devant respecter la légalité administrative.

---

[112] MORAND-DEVILLIER Jacqueline, BOURDON Pierre, *Droit administratif*, Paris, *LGDJ*, 15e édition, 2017, p. 471.

[113] CE, 20 janvier 1989, *SA GBA Berry-Loire*, n° 49756, publié au recueil Lebon.

[114] PICARD Etienne, « la liberté contractuelle des personnes publiques constitue- elle un droit fondamental ? », *AJDA*, 1998, p.651.

Toutefois, malgré les différentes thèses sur la question de la liberté contractuelle des personnes publiques, le Conseil d'état, dans son arrêt du 03 août 1994 refuse de reconnaitre à la liberté contractuelle la qualification de valeur constitutionnelle[115]. La justification de ce refus ne manque pas d'intérêt. Certains auteurs ont expliqué la position du juge constitutionnel par le fait que ce dernier ait été en quelque sorte prisonnier de ses propres formules et qu'après avoir, à plusieurs reprises, exclu sans appel la liberté contractuelle du champ des libertés constitutionnelles, il lui était, comme l'explique M. Moderne « *psychologiquement difficile d'aller à Canossa et de reconnaître publiquement son erreur. L'est-il fait, il aurait été taxé d'inconséquence ou d'aveuglement initial...*[116] »

MM. Mathieu et Verpeaux, après avoir rappelé que cette décision se situe dans la logique des décisions antérieures du Conseil d'Etat qui n'avait jamais reconnu valeur constitutionnelle au principe de la liberté contractuelle en tant que tel, ont pu considérer que : « u*ne telle construction jurisprudentielle tend à affecter et à assouplir la structure des droits et libertés fondamentaux*[117]. »

Par la suite, la jurisprudence administrative adopta une autre position. Ainsi, par un arrêt du 20 janvier 1993, le Conseil constitutionnel affirme que : *« la liberté contractuelle des collectivités locales, notamment dans la détermination de la durée des délégations de service public, ne saurait être remise en cause lorsque ceci aurait pour effet de porter atteinte au principe de libre administration des collectives locales* ».

Il reconnaitra alors la liberté contractuelle des collectivités territoriales en se fondant sur le principe de la libre administration des collectivités territoriales. C. Bacoyannis, dans sa thèse consacrée au « *principe constitutionnel de libre administration des collectivité territoriales* »[118] défend

---

[115] Voir, C.C., Déc. n° 94-348 DC du 3 août 1994, Loi relative à la protection sociale complémentaire des salariés et transposition des directives communautaires, Rec., p. 117 ; RFDC, 1994, P. 832, obs. P. Gaïa ; C.C., Déc. n° 97-388 DC du 20 mars 1997, Loi créant les plans d'épargne retraite, Rec., P. 31 ; RFDC., 1997, P. 328, note L. Favoreu ; LPA., 1997, n° 52, P. 5, note A. Sauret ; LPA., 1997 n° 125, P. 10, note B. Mathieu et M. Verpeaux.

[116] MODERNE Franck, « La liberté contractuelle est-elle vraiment et pleinement constitutionnelle ? », *RFDA*, 2006, p. 4 ; V., N. Molfessis, « Les sources constitutionnelles du droit des obligations », in *Le renouvellement des sources du droit des obligations, LGDJ,* 1997, p. 65-109 (particulièrement p. 76).

[117] BERTRAND Mathieu et VERPEAUX Michel, « chronique de jurisprudence constitutionnelle », *LPA,* n°125, 17 octobre 1997, p. 10.

[118] BACOYANNIS Constantinos, *Principe constitutionnel de libre administration des collectivité territoriales,* Paris, *Economica,* 1999.

l'idée selon laquelle la libre administration ne se réduit pas à un simple principe d'organisation mais constitue bien une liberté[119].

La Liberté contractuelle sera ensuite consacrée par la haute juridiction administrative qui lui confèrera la valeur législative notamment dans les arrêts *Société Borg Warner* du 28 janvier 1998 et Cornette *de Saint Cyr* du 27 avril 1998[120]. Cette liberté ne vaudra néanmoins uniquement que pour certaines matières et actions. Et, ses restrictions sont d'interprétation stricte car, le principe de la liberté demeure.

Ayant désormais valeur législative, la liberté contractuelle admise pour les collectivités territoriales vaudra nécessairement pour les autres personnes publiques.[121] Elle est par la suite réaffirmée dans le code de la commande publique française.

En effet, aux termes de l'article 1 de ce code, *« les acheteurs et les autorités concédantes choisissent librement, pour répondre à leurs besoins, d'utiliser leurs propres moyens ou d'avoir recours à un contrat de la commande publique »*.

Le marché de partenariat relevant du code de la commande publique, les personnes publiques qui y sont énumérées bénéficient automatiquement de cette liberté contractuelle.

Au Cameroun, la liberté contractuelle s'inspire profondément des usages français. Si en droit privé elle est implicitement reconnue à l'article 1101 du code civil, le droit administratif, reconnaît lui aussi, et de manière tout aussi implicite la liberté contractuelle des personnes publiques. Ainsi, les personnes publiques sont libres de conclure, et même avec des personnes privées comme c'est cas dans le contrat de partenariat public-privé.

Seulement, cette liberté contractuelle bien qu'inspirée de la théorie générale des contrats se manifeste différemment dans ce contrat. La liberté de contracter des parties (section1) et de choisir le cocontractant y sont relatives (section 2).

---

119 Louis FAVOREU, André ROUX, « La libre administration des collectivités territoriales est-elle une liberté fondamentale ? », *Cahiers du Conseil constitutionnel*, n° 12 (Dossier : Le droit constitutionnel des collectivités territoriales.), Mai 2002.

120 CE, Section, du 28 janvier 1998, 138650, publié au recueil Lebon, et CE, 1 / 4 SSR, du 27 avril 1998, 184473 184557, publié au recueil Lebon.

121 Cons.const, 30 nov. 2006, n°2006-543 DC : Rec. cons. Const 2006, p. 120 ; RFD const. 2007, p. 313 note X. Magnon ; RDP2007, p. 845, note GAHDOUN Pierre-Yves.

Section 1 - La relative liberté de contracter dans le contrat de partenariat

Le principe de la liberté contractuelle tel qu'il découle de l'autonomie de la volonté comporte un volet positif *« la liberté de contracter »* et un volet négatif *« la liberté de ne pas contracter »*[122] selon lequel, chacun est libre de contracter ou de ne pas contracter, de choisir son cocontractant et de déterminer le contenu et la forme du contrat dans les limites fixées par la loi[123].

A l'entendre, en droit privé, la conclusion d'un contrat suppose donc au préalable un accord de volonté entre les parties. Cependant, dans un contrat de partenariat public privé, mettant à relation une personne publique et une personne privée, la volonté des parties suffit- elle pour conclure un contrat ?

Si l'on peut être obligé envers autrui, notamment dans le cas d'une obligation de réparer le dommage causé à autrui[124], en matière contractuelle en revanche, les obligations souscrites par les parties sont volontaires. En effet, le code civil camerounais définit le contrat comme une convention par laquelle une ou plusieurs personnes s'obligent, envers une ou plusieurs autres, à donner, à faire ou à ne pas faire quelque chose[125].

Le contrat est alors le produit d'une rencontre de volonté. Cette rencontre de volonté ou encore cet accord de volonté s'il est perceptible à l'énoncé de l'article 1101 du code civil camerounais, paradoxalement, ce dernier ne comporte aucune disposition y faisant référence. Une lacune auparavant mise en évidence dans le code napoléonien et qui fut comblée par la récente réforme du droit des contrats, et qui mérite d'être accueillie en droit camerounais.

Ainsi, au sens du code civil français, le contrat est un accord de volontés entre deux ou plusieurs personnes destinées à créer, modifier, transmettre ou éteindre des obligations[126], qui se forme par la rencontre d'une offre et d'une acceptation par lesquelles les parties manifestent leur volonté de s'engager[127].

---

[122] CHANTEPIE Gaël & LATINA Mathias, *La réforme du droit des obligations, commentaire théorique et pratique dans l'ordre du code civil*, Paris, *Dalloz*, 2016, p. 82.
[123] Voir en ce sens l'art 1102 du code civil Français.
[124] Article 1382 du Code Civil du code civil Camerounais et, nouvel article 1240 du code civil Français : « Tout fait quelconque de l'homme, qui cause à autrui un dommage, oblige celui par la faute duquel il est arrivé à le réparer ».
[125] Article 1101 du code civil Camerounais.
[126] *Ibid.*
[127] Article 1113 du code civil.

L'offre dont il est question ici, est une proposition de contracter faite par le pollicitant à son destinataire qui devra l'accepter (l'acception).

Pris séparément, l'offre et l'acceptation ne sont que des manifestations unilatérales de volontés dépourvues d'effet obligatoire. Leur rencontre conduit à la création d'un contrat, lui-même générateur d'obligations[128]. Toutefois l'offre soumise à acception devra être ferme et précise. Dans le cas contraire, cette proposition ne constitue alors qu'une invitation à entrer en négociation ou encore à faire une offre[129].

Le contrat ne sera alors conclu que dès qu'il y'aura un accord sur les éléments essentiels. Les parties contractantes pourront par la suite compléter leur contrat par un accord relatif à des points secondaires, sans que leur échec sur ce point ne puisse remettre en cause le contrat d'ores et déjà conclu[130].

En somme, tous les contrats sont le fruit d'une rencontre de l'offre et de l'acceptation, peu importe que leur formation soit instantanée où s'opère dans la durée.

Cette volonté de conclure est différente dans le contrat de partenariat public et privé. La définition de l'offre dans ces contrats renvoie principalement à une invitation à rentrer en négociation par le biais de l'appel d'offre qui, elle-même correspond à une proposition faite par la personne publique, par laquelle elle invite les opérateurs économiques non pas à discuter, mais à lui faire une offre pour un marché envisagé.

Cette procédure ne conduit pas nécessairement à la formation du contrat car elle est généralement suivie d'autres procédures les unes aussi complexes que les autres.

Aussi, la liberté de contracter dans le contrat de partenariat nous paraît relative principalement parce qu'elle est soumise à condition, certaines d'entre elles justifient le recours à lui (§1), d'autres encore sont spécifiques à la qualité des parties (§2).

---

[128] BAMDÉ Aurélien, *L'échange des consentements ou l'offre et l'acceptatio*n, *in* droit des contrats, droit des obligations, janv., 2007.

[129] C'est du moins ce qui ressort de la lecture de l'article 1114 al 1er du code civil qui dispose que « *L'offre, faite à personne déterminée ou indéterminée, comprend les éléments essentiels du contrat envisagé et exprime la volonté de son auteur d'être lié en cas d'acceptation. A défaut, il y a seulement invitation à entrer en négociation* ».

[130] Com., 28 fév. 2006 Cass, n°04-14719.

§1 - Les conditions de recours au contrat de partenariat

Le recours au contrat de partenariat public privé est soumis au respect de conditions de fond et de forme. Les conditions de forme renferment les raisons pouvant conduire à la conclusion du contrat de partenariat et l'obligation de respecter le seuil minimum imposé par la règlementation (A). Les conditions de fond quant à elles, ont plus trait à une évaluation préalable et une étude de soutenabilité budgétaire (B).

A - Les conditions justifiant le recours au contrat de partenariat public privé

Parler des conditions de forme justifiant le recours au contrat de partenariat revient se pencher sur l'intérêt qui anime les personnes publiques, à savoir l'intérêt général et par ailleurs, à s'attarder sur la valeur du marché.

Le motif « d'intérêt général », encore appelé intérêt public, le motif d'intérêt général a toujours représenté « *la pierre angulaire de l'action publique*[131] ». Comme l'explique Max Weber, dès lors que, dans une société, la légitimité du pouvoir repose sur la raison, les citoyens n'acceptent de se soumettre aux décisions des gouvernants que parce qu'ils les jugent conformes à l'intérêt de tous et de chacun[132].

L'intérêt général désigne ce qui est pour le bien public, ou encore à l'avantage de tous[133]. Il a aussi été défini comme la *« capacité des individus à transcender leurs appartenances et leurs intérêts pour exercer la suprême liberté de former ensemble une société politique*[134] *»*. Dans le langage courant, l'intérêt général renvoie très souvent au bien commun public. Mais, au-delà de cette conception idéologique, la notion d'intérêt général se veut également être l'un des fondements du droit public.

En effet, le droit administratif se trouve marqué par l'idée que l'administration a pour mission première la satisfaction de l'intérêt général. A cet égard, il est perçu comme un instrument nécessaire de légitimation de

---

131 Conseil d'État, Rapport public 1999. Jurisprudence et avis de 1998. L'intérêt général, La documentation francaise,1999, p. 245.
132 WEBER Max, *Le savant et le politique*, UGE, 1963, spéc., p. 102 et s.
133 Définition tirée G. CORNU, *op cit.,* p.560.
134 Rapport public du Conseil d'État de 1999.

l'action des pouvoirs publics[135]. C'est donc en se fondant sur le motif d'intérêt général, que le législateur camerounais a pu justifier son recours au contrat de partenariat[136].

Le législateur camerounais s'est donc basé sur le critère de l'urgence qui conditionne le recours au contrat de partenariat, ce dernier suppose la nécessité de rattraper un retard. Il peut s'agir le cas échant, d'un déficit en infrastructures préjudiciable à l'ensemble de la population d'un État.

A l'entendre ainsi, le souci de satisfaire l'intérêt général justifie la décision administrative de l'État. Le législateur camerounais l'a compris, puisque pour définir le critère « d'urgence » dans un contrat de partenariat il emploie à son article 3 (3) du décret du 24 janvier 2008, le motif « *d'intérêt général résultant d'une nécessité socioéconomique* (...) » Malheureusement, le législateur ou même encore la doctrine camerounaise n'apportera pas plus de précision sur cette notion d'intérêt général. Nous contenterons alors pour retenir le critère d'urgence au sens du droit camerounais du motif d'intérêt général nécessaire au recours au contrat de partenariat.

En revanche en droit Français, l'intérêt général, qui subordonne le recours au contrat de partenariat a été bien expliqué par le Conseil Constitutionnel. Par une décision du 26 juin 2003, le Conseil Constitutionnel, après avoir clairement rappelé qu'aucun principe constitutionnel n'interdit de confier à des personnes distinctes la conception et la réalisation d'équipements publics, considère que la séparation de ces différentes missions constitue le droit de la commande publique et doit le rester[137] car, « la *généralisation de telles dérogations serait susceptible de priver de garanties légales les exigences constitutionnelles inhérentes à l'égalité devant la commande publique, à la protection des propriétés publiques et au bon usage des deniers publics* » et que, par conséquent, il serait opportun de « *réserver de semblables dérogations à des situations répondant à des motifs d'intérêt général tels que l'urgence qui s'attache, en raison de circonstances particulières ou locales, à rattraper un retard préjudiciable, ou bien la nécessité de tenir compte des caractéristiques techniques, fonctionnelles ou économiques d'un équipement ou d'un service déterminé.* »

---

[135] V. note CHEVALLIER Jacques, « Réflexions sur l'idéologie de l'intérêt général », *in* CURAPP, Variations autour de l'idéologie de l'intérêt général, vol 1, PUF, 1978, p.12.

[136] Article 3 (3) du décret du 24 janvier 2008, *op.cit.*

[137] Commentaire de Laurent Richer, François, *in Droit des contrats administratifs,* Paris, *LGDJ*, 11e éd, p. 529.

Le Conseil constitutionnel dans cette décision précise que les dérogations reconnues aux contrats de la commande publique ne le sont que de manière exceptionnelle et uniquement pour des projets se justifiant par des motifs d'intérêt général. En conséquence, l'intérêt général justifie une nouvelle fois le recours à ces contrats.

Par ailleurs, le recours au marché de partenariat suppose également l'exigence d'un seuil financier minimal. De manière générale, ce seuil permet de distinguer les différents marchés de la commande publique et peuvent être fixés par voie réglementaire.

Cependant, en droit camerounais, cette exigence n'a pas été expressément formulée. L'article 2 de la loi du 29 décembre 2006[138], ne réservant ce recours qu'aux « *projets d'une très grande envergure technique et financière* ». Ce qui suppose l'exclusion de petits projets d'infrastructures. Aucune autre précision n'a été donnée sur la valeur du marché par le législateur camerounais. Une incomplétude qui pourrait être comblée à la lumière du droit français.

En effet, en droit français, c'est d'abord le décret du 25 mars 2016 qui fixe l'exigence d'un seuil financier pour le recours au marché de partenariat, ce qui a pour conséquence de limiter considérablement le recours au contrat de partenariat dans l'optique de ne le réserver qu'aux projets de grande envergure, mais également à ceux qui se justifient par la situation d'incapacité de la personne publique à financer directement ce projet.

Le code de la commande publique dans son article L2211-5 réitère cette exigence. Il y est précisé que : « *les acheteurs ne peuvent recourir au marché de partenariat que si la valeur de ce marché est supérieure aux seuils fixés par voie réglementaire en fonction de la nature et de l'objet du contrat, des capacités techniques et financières de l'acheteur et de l'intensité du risque encouru* ». Le législateur français a tenu à préciser un seuil de droit commun qui est de « 10 millions d'euros hors taxes[139] » à coté de deux autres seuils prenant en compte l'objet du marché. Ainsi, aux termes de l'article R2211-1 du code de la commande publique, « *Les acheteurs ne peuvent recourir au marché de partenariat que si sa valeur est supérieure à un seuil fixé à :*

1° 2 millions d'euros hors taxes lorsque l'objet principal du marché de partenariat porte sur des biens immatériels, des systèmes d'information ou des

---

[138] La loi n° 2006/012 du 29 décembre 2006 fixant le régime général des contrats de partenariat.

[139] Article R2211-1 (3) du code de la commande publique.

équipements autres que des ouvrages ainsi que lorsque le contrat comporte des objectifs chiffrés de performance énergétique et prévoit que la rémunération du titulaire tient compte de l'atteinte de ces objectifs ;

2° 5 millions d'euros hors taxes lorsque l'objet principal du marché de partenariat porte sur :

a) Des ouvrages d'infrastructure de réseau, notamment dans le domaine de l'énergie, des transports, de l'aménagement urbain et de l'assainissement ;

b) Des ouvrages de bâtiment lorsque la mission confiée au titulaire ne comprend aucun des éléments mentionnés aux 2° et 3° de L. 1112-1 ».

Globalement, en fixant un seuil minimum de recours aux contrats de partenariat, ou en réservant le recours au contrat de partenariat aux seuls projets d'envergure pour ce qui est du Cameroun, le législateur a voulu restreindre considérablement le recours au contrat de partenariat. Une restriction qui porte atteinte principe de liberté contractuelle car, les personnes publiques parties à ce contrat ne sont plus libres de choisir librement la forme de leur contrat.

A côté de ces conditions de forme, des conditions de fond permettent également de ressortir les limites à la liberté de contracter un partenariat public-privé.

B - Les conditions essentielles au recours au contrat de partenariat public-privé

L'inquiétude des divers acteurs nationaux et internationaux de voir le contrat de partenariat se transformer en une « bombe à retardement[140] » ou encore en un « pacte faustien[141]» a poussé les législateurs français et camerounais à exiger avant tout recours au contrat de partenariat à la fois, une évaluation et une étude de soutenabilité budgétaire afin de qu'ils puissent choisir de manière éclairée, le type contractuel qui lui apporte le plus d'avantages. Ce n'est que si ces études sont favorables, c'est à dire, qu'elles répondent aux prévisions budgétaires faites par les personnes publiques, que celles-ci pourront opter pour le contrat de partenariat public privé.

---

[140] Cour des comptes, Les contrats de partenariat : des bombes à retardement ? SUEUR Jean-Pierre, PORTELLI Hugues (Rapp), Rapport d'information du Sénat n°733, fait au nom de la commission des lois, juillet 2014.

[141] Un pacte faustien représente tout accord passé pour un gain à court terme assorti de grands coût à long terme. M. Flinders, « THE Politics of private Partnerships », *British Journal of politics and International Relations*, Vol.7, n°2,2005, p 224.

L'évaluation préalable ou du mode de projet, est une obligation principale du recours au contrat. Intervenant dans la phase précontractuelle, elle consiste à donner à la personne publique tous les éléments nécessaires lui permettant d'opter pour la conclusion d'un contrat de partenariat. Prévue à l'article L2212-1 du code de la commande publique français duquel il ressort que : « *avant de décider de recourir à un marché de partenariat, l'acheteur procède à une évaluation ayant pour objet de comparer les différents modes envisageables de réalisation du projet. Cette évaluation comporte une analyse en coût complet ainsi que tout élément permettant d'éclairer l'acheteur dans le choix du mode de réalisation du proje*t ».

Cette évaluation préalable peut être perçue comme un instrument moderne et efficace de réflexion préparatoire à la prise de décision publique. Elle consiste en une comparaison de toutes les solutions contractuelles alternatives pour la réalisation d'un marché public à partir de laquelle il doit ressortir que le contrat de partenariat est la solution financière la plus favorable à la réalisation au projet de la personne publique.

Ainsi, qu'il s'agisse de sa signature ou encore de sa mise en œuvre, le recours à ce type de convention devra préalablement être justifié.

Cette justification a été clairement formalisée dans l'évaluation préalable dont la procédure est obligatoire en droit français[142] et en droit camerounais[143] dans leurs ordonnances respectives.

L'exigence d'une évaluation préalable du projet comme condition de recours au contrat de partenariat public-privé, nous semble indispensable pour garantir une bonne gestion budgétaire de l'État. Néanmoins, elle ne semble limitée qu'aux seuls marchés de partenariat.

En effet, en droit français, l'obligation d'évaluation préalable, historiquement rattachée aux contrats de partenariat, a tout de même été étendue à l'ensemble des procédures d'investissement public[144], avant de se

---

142 Ordonnance n° 2004-559 du 17 juin 2004 sur les contrats de partenariat en France.

143 La loi 2006/012 du 29 décembre 2006 fixant le régime général des contrats de partenariat au Cameroun.

144 Article 40 de l'ordonnance 2015-899 du 23 juillet 2015 : « Lorsqu'un marché public, autre qu'un marché public de défense ou de sécurité, porte sur des investissements dont le montant hors taxe est égal ou supérieur à un seuil fixé par voie réglementaire, l'acheteur réalise, avant le lancement de la procédure de passation, une évaluation ayant pour objet de comparer les différents modes envisageables de réalisation du projet. Cette évaluation comporte une analyse en coût complet et tout élément permettant d'éclairer l'acheteur dans le choix du mode de réalisation de ce projet ».

voir à nouveau supprimer par l'article 39 II 2e de la loi du 9 décembre 2016 relative à la transparence, à la lutte contre la corruption et à la modernisation de la vie économique[145]. Elle sera réintroduite par le code de la commande publique, mais à l'égard du seul contrat de partenariat public privé.

Selon l'article L2212-1 du code de la commande publique : « *Avant de décider de recourir à un marché de partenariat, l'acheteur procède à une évaluation ayant pour objet de comparer les différents modes envisageables de réalisation du projet. Cette évaluation comporte une analyse en coût complet ainsi que tout élément permettant d'éclairer l'acheteur dans le choix du mode de réalisation du projet* [146]». Elle constitue donc la première étape obligatoire pour recourir à un contrat de partenariat consistant à mettre en évidence le coût total d'un marché.

S'agissant de l'objectif de l'évaluation préalable, la loi française précise que l'évaluation préalable a pour objet de, « *faire apparaître les motifs à caractère économique, financier, juridique et administratif qui conduisent la personne publique à engager la procédure de passation d'un tel contrat. Chaque organisme expert élabore, dans son domaine de compétences, une méthodologie déterminant les critères d'élaboration de cette évaluation dans les conditions fixées par le ministre chargé de l'économie. Cette évaluation comporte une analyse comparative de différentes options, notamment en termes de coût global hors taxes, de partage des risques et de performance, ainsi qu'au regard des préoccupations de développement durable*[147] ».

Au sens de cet article, l'évaluation préalable permet ainsi de garantir la pertinence de la procédure en démontrant que le recours au projet public permet d'offrir à la personne publique la solution alternative la moins couteuse et la plus avantageuse pour atteindre ses objectifs.

C'est de cette conception française de l'évaluation préalable que s'inspire le législateur camerounais. Dans son décret du 24 janvier 2008 il souligne que, le contrat de partenariat ne peut être conclu que si l'évaluation du projet effectuée en vue de son éligibilité au régime des contrats de partenariat démontre, sans préjudice d'autres critères éventuels, son caractère complexe et l'urgence de sa réalisation[148]. Celle-ci permet donc une première

---

[145] Loi n°2016-1691 du 9 décembre 2016 relative à la transparence, à la lutte contre la corruption et à la modernisation de la vie économique.

[146] L'article L2212-1 du code de la commande publique française.

[147] Loi n°2008-735 du 28 juillet 2008, article 2.

[148] L'article 3 du décret n°2008/0115/PM DU 24 janvier précisant les modalités d'application de la loi du 29 décembre 2006 fixant le régime général des contrats de partenariat.

reconstitution du coût total du marché, mais, vise fondamentalement à identifier et justifier la solution organisationnelle la plus adaptée au besoin exprimé par la personne publique, par exemple le choix entre marché public classique, délégation de services publics et contrat de partenariat[149]

En droit français comme en droit camerounais, l'évaluation préalable du projet est nécessaire ou mieux encore, utile pour la personne publique. Cependant, quel est le contenu de cette évaluation ? Le contenu de l'évaluation préalable doit démontrer la particularité du projet au travers de son caractère urgent et complexe. Elle doit également démontrer une analyse comparative en valeur actualisée des différentes options de montages contractuels et institutionnels envisageables pour mettre en œuvre le projet[150]et, une présentation des principaux risques du projet.

Pour ce faire, elle obéit à une procédure bien définie par l'article 4 du décret n°2008/0115/PM du 24 janvier 2008 précisant les modalités d'application de la loi du 29 décembre 2006 fixant le régime général des contrats de partenariat. Cet article dispose que la procédure d'évaluation du projet doit contenir différentes étapes à savoir, l'initiation du projet, l'étude de faisabilité, l'avis du ministre chargé des finances, l'évaluation de l'organisme expert.

Par ailleurs, le recours au contrat de partenariat public privé doit être justifié. Depuis sa création par l'ordonnance du 17 juin 2004 en France, le recours au contrat de partenariat était fondé sur l'existence de trois critères : la complexité du projet, l'urgence, l'efficience économique. Face aux nombreux débats portant sur l'efficacité du contrat de partenariat en France et à la rigidité des conditions de son recours, le droit français a récemment subi une profonde métamorphose qui a conduit à redéfinir ces critères. Désormais, seule la condition de l'efficience du marché est nécessaire pour conclure un marché de partenariat.

Contrairement à la situation qui prévaut en France, la loi camerounaise est restée fidèle aux conditions initiales nécessaires à la passation du contrat de partenariat. Ainsi, les caractères d'urgence et de complexité du projet demeurent indispensables à la réalisation d'un projet sous forme de partenariat au Cameroun.

---

[149] MENARD Claude et OUDOT Jean-Michel, « L'évaluation préalable dans les contrats de partenariat », *Revue française d'administration publique*, n° 130, 2009/2, p. 5

[150] Cf. Article R-2212-6 du code de la commande publique en France.

Il convient donc d'analyser les trois exigences initiales permettant le recours au contrat de partenariat anciennement en France et actuellement au Cameroun. La loi française en la matière ayant été abrogée. Nous évoquerons tout de même la redéfinition des critères alternatifs permettant de conclure un contrat de partenariat par la loi française avec l'adoption d'un critère unique.

Aux termes des alinéas 2 et 3 de l'article 3 du décret camerounais du 24 janvier 2008, le contrat de partenariat ne peut être conclu que si l'évaluation du projet démontre son caractère complexe et urgent. Ceux-ci apparaissent donc comme étant les éléments obligatoires sans lesquels il ne peut y avoir de contrat de partenariat.

S'agissant de la condition de complexité du projet, l'article 6 de l'ordonnance du 29 décembre 2006, exige une l'évaluation préalable démontrant le caractère complexe du projet.

Cet article qui précise que ce critère est rempli lorsque *« la personne publique n'est pas en mesure de définir seule et à l'avance les moyens techniques pouvant répondre à ses besoins ou d'établir le montage financier ou juridique du projet. »*

La personne publique doit être capable de démontrer qu'elle ne peut toute seule, définir et à l'avance les moyens susceptibles de répondre aux besoins auxquels elle fait face au regard de la nature du contrat et de ses capacités internes. Le caractère complexe d'un projet semble très difficile à apprécier. De ce fait, il doit être analysé sous un triple angle, technique, juridique et financier, afin de permettre à la personne publique d'avoir une large marge d'appréciation.

Il faut alors prendre en compte cette subtilité dans un contexte global de la réalisation du projet et au vu des moyens techniques ou personnels dont dispose la personne publique, notamment de l'incapacité pour la personne publique de spécifier les moyens techniques nécessaires à la mise en œuvre de son projet et de son aptitude à choisir la solution la plus adéquate pour répondre à ses besoins, la difficulté à laquelle peut faire face la personne publique lors de la répartition des risques pouvant survenir au cours du contrat ou encore, la complexité financière lorsque, la personne publique n'est pas en mesure de déterminer le meilleur montage financier ou bien encore de structurer son financement.

La jurisprudence camerounaise reste muette en la matière. Mais, le retour d'expérience français nous apprend que cette condition[151] ne saurait être

[151] Caractère complexe du projet.

l'occasion pour la personne publique de se prévaloir de tout élément du projet qui lui semble difficile pour justifier le recours au contrat de partenariat. Le conseil d'État a pu préciser dans l'affaire Commune de Biarritz que la seule invocation de la complexité des procédés techniques à mettre en œuvre ne saurait suffire pour justifier le recours au contrat de partenariat[152]. Et, par ailleurs, pour apprécier la capacité objective de la personne publique à définir seule et à l'avance les moyens techniques permettant de répondre à ses besoins et de déterminer si cette difficulté technique du projet justifiait le recours au contrat de partenariat, il y'avait lieu « *de tenir compte de l'ensemble des études même celles réalisées par un tiers, dont la personne publique dispose déjà à la date à laquelle elle décide de recourir au contrat de partenariat* ».

Le CE admet dans cet arrêt que bien que l'évaluation préalable reflétât l'existence d'éléments complexes, ceux-ci ne permettaient pas d'établir pour autant l'impossibilité dans laquelle se trouvait la commune de Biarritz de définir seule et à l'avance les moyens techniques lui permettant de répondre à ses besoins et par conséquent, la commune ne saurait se fonder sur cette condition de complexité pour recourir au contrat de partenariat.

Le juge français semble s'attacher au caractère exceptionnel de la taille ou des caractéristiques de l'ouvrage à réaliser ou encore au niveau élevé des contraintes techniques ou opérationnelles pesant sur un projet pour justifier le recours au contrat de partenariat. Cette appréciation de la condition de complexité du projet pourrait être accueillie favorablement par le juge camerounais. Bien qu'en droit camerounais, *« l'incapacité objective de la personne publique de définir par elle-même, les moyens aptes à satisfaire ses besoins, ou d'évaluer ce que peut lui offrir en termes de solutions techniques, financières ou juridiques*[153] » suffise à apprécier le caractère complexe du projet, reste encore au juge de vérifier que celle-ci est suffisamment établie.

---

152 Rejetant le motif de complexité : CE, 30 juill. 2014, commune de Biarritz : Rec. CE 2014, tables,737 ; contrats de marchés publ.2014, comm.274, Eckert. - CAA Lyon,2 janv.2014, n° 12LY02827, Conseil régional de l'ordre des architectes d'auvergne et Bouesnard : AJDA 2014, p. 985, obs. G. Chamming's ; Contrats de Marchés publ.2014, comm. 74, obs, G. Eckert (construction d'une piscine municipale).
v. François BRENET, Contrat de partenariat : la condition relative à la complexité du projet précisée par le Conseil d'Etat, note sous CE, 30 juillet 2014, Cne de Biarritz, Dr. adm. 2014, comm. 74.
153 Lecture de l'article 3 du Décret n° 2008/0115 du 24 janvier 2008 précisant les modalités d'application de la loi n°2006/012 du 29 décembre 2006 fixant le régime général des contrats de partenariat.

Cela suppose, de prendre en compte au cours de l'évaluation préalable, non pas les éléments postérieurs au lancement de la procédure, mais l'ensemble des études antérieures au lancement de la procédure de passation du partenariat, afin que certaines difficultés techniques moindres puissent servir pour apprécier le caractère complexe du projet et justifier par-là que la personne publique puisse recourir au contrat de partenariat. A côté du critère de complexité, se trouve celui de l'urgence.

L'urgence peut être définie comme la nécessité d'agir vite[154]. L'article 3 al 3 de la loi camerounaise, l'analyse comme un motif d'intérêt général résultant de la nécessité de rattraper un retard affectant particulièrement la réalisation d'équipements collectifs ou d'accélérer la croissance, dans un secteur ou une zone géographique[155].

Au sens de cet article, la condition d'urgence est donc remplie dès l'instant où, il existe une nécessité de rattraper un retard. Il est donc important pour le juge camerounais, de pouvoir apprécier ce caractère pour tous les projets passés sous la forme du contrat de partenariat.

L'appréciation de cette condition d'urgence avait fait l'objet d'un vaste contentieux en droit français qui mérite d'être rappelé. Pour ce faire, il a fallu se pencher sur la question de savoir si l'urgence en question est la même que celle que nous retrouvons en droit des marchés publics. Auquel cas, elle ne doit pas découler d'une faute ou d'une carence de la personne publique. La réponse fut apportée par le CE dans l'arrêt M. Jean-Pierre Lenoir et syndicat national des entreprises du second œuvre du Bâtiment du 23 juillet 2010.

Le CE considérait alors , « *(...) qu'il n'incombait pas à la cour administrative d'appel de vérifier la circonstance , qui serait sans incidence sur la légalité du recours au contrat de partenariat, que le retard constaté aurait été imputable au département, ni, dès lors, de répondre au moyen tiré de cette circonstance que M. Lenoir et le Syndicat National des entreprises du second œuvre du Bâtiment ne sont par suite, pas fondés à soutenir que l' arrêt attaqué serait pour l'un de ses motifs entaché d'une erreur de droit ou d'une insuffisance de motivation* ». Le C.E dans cette affaire admet que la condition d'urgence peut être vérifiée alors même que le retard à rattraper résulte de la carence de l'administration. Par ailleurs, Philippe DELELIS, en commentant cet arrêt[156] fait ressortir que l'urgence devra être objectivement appréciée, peu

[154] Définition tirée du dictionnaire Maxipoche Larousse, 2020, 1433.
[155] L'article 3 al 3 de la loi du 29 décembre 2006 fixant le régime général des contrats de partenariat.
[156] DELELIS Philippe, *Partenariat public- privé, 10 ans de jurisprudence,* Paris, *Anne Rideau éditions,* collection Portalis, p. 97.

importe que le contrat de partenariat permette de gagner du temps par rapport aux autres procédures de droit commun.

Après avoir relevé cette nuance qui existe entre la notion d'urgence dans le contrat de partenariat et celle contenue dans le code des marchés publics, la jurisprudence française s'adonnera à apprécier la condition « d'urgence » comme un critère de recours au contrat de partenariat. A cet égard, dans un arrêt rendu en formation plénière le 3 avril 2014, la Chambre administrative d'appel de Paris (CAA) s'est prononcée sur le recours intenté par l'association *« Justice dans la cité »* contre le contrat de partenariat relatif au nouveau bâtiment du Tribunal de Grande Instance de Paris (TGI).

Dans cette affaire, l'association « J*ustice dans la cité* », contestait plusieurs points de la délibération ayant conduit à l'attribution du contrat de partenariat (portant sur la construction du nouveau bâtiment du Tribunal de Grande Instance), par l'établissement public du palais de justice de Paris, à la société Bouygues notamment, l'approbation de son contenu et l'autorisation de son directeur général de signer le contrat de partenariat.

La Cour a été amenée à se prononcer tant sur le fond que sur la forme. Concernant le fond, elle devait se prononcer sur les conditions de recours au contrat de partenariat. Après avoir rappelé les dispositions de l'article 2 de l'ordonnance du 17 juin 2004 et la possibilité de recourir au contrat de partenariat lorsqu'il ressort de l'évaluation préalable, les critères de complexité et d'urgence du projet.

Elle estime, s'agissant du recours au contrat de partenariat pour la construction du nouveau bâtiment du TGI de Paris que : « *la dispersion géographique des services du Tribunal de grande instance de Paris sur neuf sites différents, ainsi que la configuration et la vétusté du Palais de justice de l'Ile de la Cité, ne permettent pas un fonctionnement normal de cette juridiction, s'agissant tant des conditions matérielles dans lesquelles les magistrats, les agents du greffe et les avocats sont amenés à y exercer leurs fonctions, que des exigences d'accessibilité, de sûreté et de sécurité des personnes et des biens requises dans les locaux qui lui sont affectés ; que, dès lors, le recours au contrat de partenariat pour la conception et la construction du nouveau palais de justice se trouve justifié par l'urgence qui s'attache à la nécessité de mettre fin à une situation particulièrement grave et préjudiciable à l'intérêt général affectant le bon fonctionnement du service public de la justice à Paris, sans que soient de nature à infirmer cette appréciation, d'une part, l'existence de travaux effectués ces dernières années en vue d'atténuer les difficultés ainsi constatées, ni, d'autre part, la circonstance que d'autres solutions que celle retenue auraient été envisageables pour tenter d'y remédier* ».

En se basant comme elle l'a fait, sur les éléments de commodité, de vétusté, de conditions matérielles de travail des magistrats, greffiers et avocats, pour justifier la condition d'urgence, le juge français apprécie au sens large la définition de la condition d'urgence. Cette condition d'urgence en droit camerounais n'a, à notre connaissance pas encore fait l'objet d'un contentieux. De sorte que, les éléments permettant son appréciation restent pour l'heure inconnus.

Dans tous les cas, il demeure que, le caractère « urgent » d'un projet devra être prouvé. La personne publique ne pourra pas se contenter de l'invoquer pour justifier le recours au contrat de partenariat. Il lui reviendra de démontrer objectivement l'existence d'un retard grave et préjudiciable, sous-entendu pour les besoins collectifs à satisfaire d'infrastructures ou d'équipements publics et à la nécessité de les combler[157].

En somme, le recours au contrat de partenariat public privé en droit camerounais, doit être justifié. A cet égard, la personne publique devra démontrer le caractère urgent et complexe de son projet.

Cependant, il est important de souligner que ces conditions ne sont ni hiérarchisées, ni cumulatives, ni exclusives l'une de l'autre[158] car, un projet complexe peut également s'avérer urgent[159]. En France, ces critères de recours

---

[157] BRAIBANT Guy et *al., Les grands arrêts de la jurisprudence administrative*, Paris, Dalloz, 2017, en ligne sur www.lgdj.fr. CONSEIL D'ETAT, Le contrat, mode d'action publique et de production des normes, EDCE n° 59, La Documentation Française, 2008.

[158] GUERRERO Isabelle, Pissaloux Jean-Luc. VII. Contribution des contrats de PPP à la modernisation du secteur public local : phénomène de mode, cosmétique ou révolution culturelle ? In : *Annuaire des collectivités locales*. Tome 28, 2008. Où en est la gestion locale ? p.109.

[159] L'exemple du contrat de partenariat mis en œuvre pour la rénovation du zoo de Vincennes le prouve, puisqu'en l'espèce, cette rénovation présente à la fois un caractère urgent (en raison des problèmes de vétusté et d'insécurité existants) et un caractère complexe à la fois au plan juridique (en raison de la multiplicité des normes applicables et des questions relatives aux droits réels) et au plan technique (eu égard à l'exiguïté du site et à l'obligation de reconstruire à l'identique, notamment les faux rochers), Guerrero Isabelle, Pissaloux Jean-Luc VII, op cit p.109.

ont été jugés trop rigoureux et ont fait l'objet d'une reforme conduisant à adoption d'un critère unique.

Cette réforme n'est pas sans importance car, c'est pour se conformer aux exigences du droit de l'Union Européenne que la France, par ordonnance n°2015-899 du 23 juillet 2015 relative aux marchés publics, a intégré le contrat de partenariat à la catégorie des marchés publics jusque-là soumis aux conditions d'urgence, de complexité et d'efficience économique.

Cette réforme a pour conséquence principale de reconnaître le contrat de partenariat comme un marché public. A cet effet, le contrat de partenariat est rebaptisé en marché de partenariat dont on trouve d'ailleurs une définition à l'article L1112-1 du code la commande publique.

Au sens duquel, le marché de partenariat est : « *un marché public qui a pour objet de confier à un opérateur économique ou à un groupement d'opérateurs économiques une mission globale ayant pour objet la construction, la transformation, la rénovation, le démantèlement ou la destruction d'ouvrages, d'équipements ou de biens immatériels nécessaires au service public ou à l'exercice d'une mission d'intérêt général et tout ou partie de leur financement. Le titulaire du marché de partenariat assure la maîtrise d'ouvrage de l'opération à réaliser.*

Cette mission globale peut en outre comprendre :

1° Tout ou partie de la conception des ouvrages, équipements ou biens immatériels ;
2° L'aménagement, l'entretien, la maintenance, la gestion ou l'exploitation d'ouvrages, d'équipements ou de biens immatériels ou une combinaison de ces éléments ;
3° La gestion d'une mission de service public ou des prestations de services concourant à l'exercice, par la personne publique, de la mission de service public dont elle est chargée ».

Par ailleurs, elle a également eu pour conséquence d'élargir l'objet du marché de partenariat. L'évaluation préalable s'est vue renforcée, et les conditions de son recours redéfinies. Désormais, seul le critère du bilan favorable pourra être retenu.

Dorénavant en droit français, l'acheteur doit établir que le recours au marché de partenariat se justifie par l'offre la plus favorable au regard des autres formes contractuelles et par conséquent l'outil le mieux adapté au projet et dont la valeur du marché ne dépasse pas le seuil fixé par voie règlementaire.

L'article L2211-6 du code de la commande dispose que : « *La procédure de passation d'un marché de partenariat ne peut être engagée que si l'acheteur démontre que, compte tenu des caractéristiques du projet envisagé, des exigences de service public ou de la mission d'intérêt général dont l'acheteur est chargé, ou des insuffisances et difficultés observées dans la réalisation de projets comparables, le recours à un tel contrat présente* ***un bilan plus favorable****, notamment sur le plan financier, que celui des autres modes de réalisation du projet. Le critère du paiement différé ne saurait à lui seul constituer un avantage* ».

Contrairement aux anciennes dispositions de loi n°2008-735 du 28 juillet 2008 relative aux contrats de partenariat qui fixait comme conditions l'urgence, la complexité et l'efficience économique, à présent, le recours au contrat ou marché de partenariat n'aura pour seule exigence que la production d'un bilan favorable.

Au sens de l'article R 2211-3 et R 2211-4 du code de la commande publique pour établir ce bilan, l'acheteur doit tenir compte de ses capacités à conduire le projet, des caractéristiques, du coût et de la complexité de celui-ci, des objectifs poursuivis ainsi que, le cas échéant, des exigences du service public ou de la mission d'intérêt général dont il est chargé.

En outre, la personne publique doit justifier que ce bilan est plus favorable que celui des autres modes contractuels et permet de mieux réaliser son projet.

Il procèdera pour ce faire, à une appréciation globale des avantages et des inconvénients du recours à un marché de partenariat, compte tenu notamment de l'étendue du transfert de la maîtrise d'ouvrage du projet au titulaire de ce marché, du périmètre des missions susceptibles d'être confiées au titulaire, des modalités de partage de risques entre l'acheteur et le titulaire, du coût global du projet compte tenu notamment de la structure de financement envisagée.

A côté de l'exigence d'une évaluation préalable comme condition de forme du recours au contrat ou marché de partenariat public privé, il existe une autre exigence, celle d'une étude de soutenabilité budgétaire. La soutenabilité budgétaire est une étude qui consiste à évaluer l'incidence du contrat sur les finances publiques, et la disponibilité des crédits[160]. Autrement dit, le projet n'est soutenable que si les personnes publiques sont capables de rester

---

[160] BEZANÇON Xavier, COSSALTER Philippe, DE LAURIÈRE Jacques Fournier et CUCCHIARINI Christian, *Guide de la commande publique : marchés publics, concessions*, Antony, *Éditions Le Moniteur*, 2017, p.141.

solvables, c'est-à-dire de conserver des marges de manœuvre budgétaires suffisantes pour honorer ses engagements.

Cette étude est obligatoire avant tout recours au contrat de partenariat du fait de sa longue durée et de la complexité de son montage financier. L'exigence d'une étude de soutenabilité budgétaire a d'abord été émise par l'ordonnance du 23 juillet 2015[161] avant d'être reprise par la suite dans le code de la commande publique.

L'article 2212-3 du CCP dispose désormais qu'« *avant de décider de recourir à un marché de partenariat, l'acheteur réalise une étude de soutenabilité budgétaire qui apprécie notamment les conséquences du contrat sur les finances publiques et la disponibilité des crédits.* » Autrement dit, l'étude de soutenabilité budgétaire doit faire apparaître clairement les conséquences du projet sur la situation financière actuelle de la collectivité ou encore de l'établissement public, mais également sur les exercices suivants.

Cette étude doit porter sur l'appréciation quantifiée de l'impact du contrat sur les comptes de la collectivité ou de l'établissement, ainsi que des entités publiques qui lui sont liées mais, implique également de mesurer l'ensemble des recettes et dépenses inhérentes au projet, d'en déterminer le solde sous la forme d'un flux net de dépenses, et de rapprocher cette grandeur des perspectives budgétaires de la ou des entités concernées[162].

Elle devra obligatoirement faire ressortir cinq principaux éléments à savoir : le coût prévisionnel global du contrat en moyenne annuelle ; l'indication de la part que ce coût représente par rapport à la capacité d'autofinancement annuelle de l'acheteur et son effet sur sa situation financière ; l'impact du contrat sur l'évolution des dépenses obligatoires de l'acheteur, ses conséquences sur son endettement et ses engagements hors bilan ainsi qu'une analyse des coûts résultant d'une rupture anticipée du contrat[163] .

Par ailleurs, la procédure de l'étude de soutenabilité budgétaire doit soumise pour avis, au service de l'État compétent[164]. Pour les projets de

---

[161] Lecture de l'article 74 al 2 de l'ordonnance du 23 juillet 2015 aux termes duquel, « L'acheteur réalise également une étude de soutenabilité budgétaire qui apprécie notamment les conséquences du contrat sur les finances publiques et la disponibilité des crédits ».

[162] Lecture faite du Blog des finances locales *« Lois de finances et politiques nationales/Marchés de partenariat : l'étude de soutenabilité budgétaire »*.

[163] Cf, l'Article R2212-9 du code de la commande publique.

[164] Article L2212-4 code de la commande publique.

marchés de partenariat de l'État et ses collectivités territoriales, la saisine d'un organisme expert pour l'évaluation du mode de réalisation du projet est obligatoire. Cet organisme expert chargé de l'économie doit rendre son opinion sur l'évaluation du mode de réalisation du projet[165]

L'organisme expert évalue la structuration juridique et financière du projet ainsi que la répartition et les modalités de maitrise de ses principaux risques et ceci au regard de l'optimisation du cout global de l'opération[166]. Sa décision doit être rendue dans un délai maximum de six semaines à compter la saisine de la mission d'appui, effectuée par voie électronique ou par courrier.

A défaut, il est réputé favorable. Concernant les projets de l'État et de ses établissements publics, cet avis est rendu après l'examen du projet par le comité consultatif assistant la mission d'appui dans l'exercice de ses missions.

Outre l'appréciation de l'organisme expert, celle du ministre chargé du budget est également nécessaire. Ce dernier émet une appréciation motivée sur l'étude de soutenabilité budgétaire. Il dispose d'un délai de six semaines suivant sa saisine pour rendre sa décision. Passé ce délai, celle-ci sera réputé favorable[167].

Au Cameroun, la sollicitation des avis et autorisations préalables est nécessaire avant le lancement de la procédure de sélection du partenaire privé et la passation du contrat de partenariat. La procédure s'apparente à l'étude de soutenabilité budgétaire en France. Les appréciations des organismes experts sont rendues au cours de la phase d'étude de faisabilité du projet encore appelée phase de maturation du projet. Celle-ci porte sur la mise en place d'un dossier de faisabilité montrant l'intérêt économique et social du projet, son montage technique, financier et juridique, le coût global du projet, les technologies existantes, la liste des potentiels partenaires qualifiés[168].

---

165 Article R2212-7 du code de la commande publique : « l'organisme expert, placé auprès du ministre chargé de l'économie, rend un avis sur l'évaluation du mode de réalisation du projet dans un délai de six semaines suivant sa saisine. A défaut, son avis est réputé favorable. ».

166 Article Décret n° 2016-522 du 27 avril 2016 relatif à la mission d'appui au financement des infrastructures.

167 Article R2212-10 du code de la commande publique : « *Le ministre chargé du budget, auquel l'évaluation du mode de réalisation du projet est communiquée, émet un avis motivé sur l'étude de soutenabilité budgétaire. Il se prononce dans un délai de six semaines suivant sa saisine. A défaut, son avis est réputé favorable.* ».

168 L'article 6 du décret n°2008/0115/PM du 24 janvier 2008 précisant les modalités d'application de la loi n°2006/012 du 29 décembre 2006 fixant régime général des contrats de partenariat.

Ce dossier de faisabilité du projet sera préparé par l'administration publique. Il doit comprendre une note de synthèse des avis des administrations techniques compétentes notamment du ministre en charge de l'administration territoriale, et doit être soumis au ministre des Finances pour avis conformément à la loi[169].

Le ministre en charge des finances dispose par la suite d'un délai de trente (30) jours à compter de la date de réception du dossier pour transmettre son avis à l'administration publique initiatrice du projet[170]. Il doit exposer son point de vue sur la cohérence des engagements financiers avec la disponibilité des crédits et leur impact sur les finances publiques.

Après son passage par devant le ministre chargé des finances, le dossier de faisabilité assorti de l'avis du ministre doit être soumis à l'organisme expert pour examen. L'analyse faite par l'organisme expert donne lieu à la rédaction d'un rapport d'évaluation. De plus, l'administration initiatrice du projet associe l'organisme expert au montage du dossier de faisabilité du projet, elle reste tenue de soumettre ledit dossier à l'organisme expert pour examen[171].

Après avis favorable de l'organisme expert et du ministre chargé du budget, sur l'évaluation préalable, la procédure de passation du contrat de partenariat peut être poursuivie. Elle consiste au choix du cocontractant de la personne publique.

La mise en place d'une étude de soutenabilité budgétaire comme condition de recours au marché de partenariat entraine une plus grande sélectivité des projets. Les personnes publiques ne pourront plus recourir à des montages PPP librement, elles doivent au préalable justifier leur capacité financière.

Cependant, l'obligation de soumission à une étude de soutenabilité budgétaire des projets de partenariat publics privés envisagés par les collectivités territoriales suscite quelques interrogations. En France ou encore au Cameroun, les articles 72 de la Constitution françaises[172] et 55 al 2 de la loi

---

[169] L'article 7 du décret n°2008/0115/PM du 24 janvier 2008 précisant les modalités d'application de la loi n°2006/012 du 29 décembre 2006 fixant régime général des contrats de partenariat.

[170] Article 8 du décret n°2008/0115/PM du 24 janvier 2008 précisant les modalités d'application de la loi n°2006/012 du 29 décembre 2006 fixant régime général des contrats de partenariat .

[171] Article 9 du décret du 24 janvier 2008 précisant les modalités d'application de la loi n°2006/012 du 29 décembre 2006 fixant régime général des contrats de partenariat.

[172] Article 72 de la Constitution française de 1958.

du 18 janvier 1996 portant révision de la Constitution au Cameroun[173] précisent que les collectivités territoriales *« s'administrent librement »*, et *« ont vocation à prendre les décisions pour l'ensemble des compétences qui peuvent le mieux être mise en œuvre à leur échelon ».*

De même, le Conseil Constitutionnel français après avoir réaffirmé ce principe de libre administration des collectivités à l'occasion de la loi relative à la prévention de la corruption et à la transparence des procédures publiques, a également tenu à préciser que, bien que la liberté contractuelle n'ait pas une valeur constitutionnelle, sa méconnaissance pouvait être invoquée si elle conduisait à porter atteinte aux « *garanties légales des exigences à caractère constitutionnel* » au rang desquels figure la libre administration des collectivités[174].

Une telle obligation de soumission des projets envisagés par les collectivités territoriales à une étude de soutenabilité budgétaire ne heurterait-elle pas le principe de libre administration de ces collectivités ?

Bien que nous puissions y voir une tendance au renforcement de la tutelle de l'Etat[175], pour certains auteurs, la compatibilité de l'avis du ministère avec le principe de libre administration des collectivités territoriales « *ne parait guère douteuse, dès lors qu'il ne s'agit que d'avis simples*[176] ». En effet, les avis afférents à l'étude de soutenabilité budgétaire seront transmis à l'acheteur qui prendra la décision de recourir au contrat de partenariat ou pas. La collectivité territoriale garde la capacité de décider de recourir au contrat de partenariat.

---

[173] Article 55 al 2 de la loi n°96/06 du 18 janvier 1996 Portant révision de la Constitution du 02 juin 1972, modifiée et complétée par la loi n°2008/001 du 14 avril 2008.

[174] C. const., 20 janv. 1993, déc. n°92-316 DC, loi *n° 93-122 du 29 janvier 1993 relative à la prévention de la corruption et à la transparence de la vie économique et des procédures publiques*, dite loi Sapin.

[175] BRACONNIER Stéphane, « Les règles d'attribution des contrats », *RFDA,* 2016, p. 252, Pour qui, cette obligation « fait ressurgir une forme de contrôle de l'opportunité budgétaire », mais également, HOEPFFNER Hélène, qui juge « cette forme de tutelle sur les collectivités territoriales (...) étonnantes au regard des principes de liberté contractuelle et de libre administration » (*droit des contrats administratifs, Dalloz, 2016, p. 243*).

[176] MULLER Etienne, « les modifications apportées au régime des marchés de partenariat », *contrats et marchés publics,* octobre 2015, p. 58. L'auteur défend qu'il en serait autrement s'il s'agit d'un avis conforme, comme a pu l'établir le Conseil constitutionnel dans une décision du 17 mars 2011, déc. n°10-107 QPC, *syndicat mixte chargé de la gestion du contrat urbain de cohésion sociale de l'agglomération de Papeete.*

De notre point de vue, bien que les avis des organismes experts ne soient que consultatifs, il n'en demeure pas moins qu'il serait difficile pour les autorités publiques de signer un contrat en dépit d'un avis favorable[177]. Celles-ci se trouvent donc liées de manière implicite à cette obligation.

En somme, même si cette condition s'explique du fait de la mise en jeu des deniers publics, il n'empêche qu'elle constitue avec l'évaluation préalable, un frein à la liberté contractuelle des personnes publiques dans le contrat.

La relativité de la liberté contractuelle dans le contrat de partenariat se manifeste non seulement au regard des conditions de recours à ce contrat, mais également au regard de la spécificité des acteurs de ce contrat.

§2 - La spécificité des parties au contrat de partenariat

Tout contrat naît de la rencontre de deux personnes ayant l'aptitude à contracter[178], à savoir les personnes publiques entre elles, notamment le contrat de droit public ou des personnes privées entre elles dans le cadre d'un contrat de droit privé.

Le contrat de partenariat lui, relève de la catégorie des contrats réunissant les personnes publiques et privées au sein d'un même contrat dès lors que, la personne privée ou le partenaire privé possède la capacité nécessaire et que la personne publique est compétente pour conclure un tel contrat. Il est important de rappeler que l'aptitude à contracter en droit privé recouvre deux notions juridiques.

En effet, lorsque la partie contractante passe un contrat pour son propre compte, c'est sa capacité qui est à rechercher pour que le contrat soit valide. La capacité s'entend comme l'aptitude juridique tenant à la personne de l'intéressé[179]. Les parties devront donc posséder la capacité suffisante pour conclure un contrat.

---

177 Comme l'explique LICHÈRE François, même si, on imagine assez bien qu'il leur sera assez difficile – d'un point de vue politique d'aller à leur encontre » *(in,* « Contrat de partenariat : pour qui sonne le glas ? », *AJDA,* 2015, p. 417).

178 MARTY Gabriel et RAYNAUD Pierre, *Les obligations*, 2e édition Tome 1, Les sources, Sirey, 1988, p. 82.

179 *Idem.*

Cependant, dans certains cas, une partie peut contracter pour le compte d'autrui, dans cette hypothèse, ce qui est recherché, c'est le pouvoir de représentation.

La représentation ici se définit comme un procédé juridique par lequel une personne agit pour le compte et au nom d'une autre de sorte que l'acte accompli par le représentant produise directement des effets sur le représenté[180]. C'est donc en la personne du représentant que s'apprécie le pouvoir, condition essentielle à la validité du contrat. Ce pouvoir en droit administratif relève de la compétence de la personne publique[181]. C'est ce que Gaston Jèze définit comme « *le pouvoir de faire des actes juridiques*[182] ».

Ce pouvoir se rapproche fortement de ce qui prévaut dans les contrats administratifs et dans le contrat de partenariat public privé car, pour être valablement formé, le contrat de partenariat suppose que l'on soit en présence des autorités publiques compétentes (A) et d'un partenaire privé ou opérateur économique (B).

A - Les autorités publiques contractantes

En se référant à la notion même de partenariat public-privé, nous notons d'office l'association d'un partenaire public et d'un partenaire privé. Ainsi, le contrat de partenariat nécessite la présence d'une personne publique et d'un prestataire privé. C'est cette mixité qui fait l'une des spécificités de ce contrat et qui la distingue des contrats privés entre deux personnes privées ou encore publics entre deux personnes morales de droit public.

Dans ce paragraphe consacré aux autorités contractantes, il faudra s'intéresser à la question des personnes publiques qui, pour la réalisation de leur projet d'infrastructures, sont habilitées à passer ce type de contrat. A cet effet, la conception française quant à l'origine des parties au contrat de partenariat se relève plus ancienne et très explicite. Dans le cadre de notre analyse nous attarderons donc un plus sur cette conception française.

---

[180] MARTY Gabriel et RAYNAUD Pierre, *Les obligations, op.cit..*, p. 86.

[181] La compétence s'entend comme l'ensemble des pouvoirs et devoirs attribués et imposés à un agent pour lui permettre de remplir sa fonction (Gérard Cornu, vocabulaire juridique).

[182] JÈZE Gaston, « Essai de théorie générale de la compétence pour l'accomplissement des actes juridiques en droit publics Français », *R.D.P.,* 1923, p.58 et s.

En effet, à l'origine, l'ordonnance n°2004-559 du 17 juin 2004 dans sa rédaction initiale ne réservait le recours au contrat de partenariat public privé qu'à l'État ou un établissement public de l'État[183].

Toutefois, les évolutions en la matière[184], et aussi le mouvement initié par l'article 34 de la loi n°2014-1653 du 29 décembre 2014 de programmation des finances publiques pour les années 2014 à 2019 auront réussi à restreindre, sur le plan organique, la possibilité ouverte à certaines entités dépendant de l'État de recourir aux marchés de partenariat[185].

Désormais, en droit français, la conclusion du contrat de partenariat est autorisée à une certaine catégorie de personnes publiques. En effet, il ressort de l'article L2211-1 al 1er du code de la commande publique que : « *Tout acheteur est autorisé à conclure un marché de partenariat, à l'exception des acheteurs mentionnés au second alinéa.* »

Autrement dit, il existe une catégorie de personnes morales de droit public incapables de recourir au contrat de partenariat. Cette catégorie de personnes morales qualifiées d' « acheteurs non autorisés » entre autres, sont les organismes, autres que l'État, relevant de la catégorie des administrations publiques centrales[186], mais également, les établissements publics de santé et

[183] Article 1 de l'ordonnance n° 2004-559 du 17 juin 2004 définissant le contrat de partenariat.

[184] Voir en ce sens la loi n°2009-179 du 17 février 2009 qui reviendra sur cette position en étendant le champ d'application de l'ordonnance de 2004 à certains pouvoirs et entités adjudicateurs soumis à l'ordonnance du 6 juin 2005 relative aux marchés passés par certaines personnes de droit public et des personnes privées non soumises au code des marchés publics. Mais aussi Loi n° 2008-735 du 28 juillet 2008 sur les contrats de partenariat.

[185] BRACONNIER Stéphane, *Précis du droit de la commande publique, Marchés publics-concessions,* Paris, 6ème édition, *Le moniteur,* 2019, p. 151.

[186] Article 12 al 1 de la loi du 28 décembre 2010 de programmation des finances publiques pour les années 2011 à 2014 « *Nonobstant toute disposition contraire des textes qui leur sont applicables, ne peuvent contracter auprès d'un établissement de crédit un emprunt dont le terme est supérieur à douze mois, ni émettre un titre de créance dont le terme excède cette durée les organismes français relevant de la catégorie des administrations publiques centrales, au sens du règlement (CE) n° 2223/96 du Conseil du 25 juin 1996 relatif au système européen des comptes nationaux et régionaux dans la Communauté, autres que l'Etat, la Caisse d'amortissement de la dette sociale, la Caisse de la dette publique et la Société de prises de participation de l'Etat. Un arrêté conjoint du ministre chargé de l'économie et du ministre chargé du budget établit la liste des organismes auxquels s'applique cette interdiction.* ».

les structures de coopération sanitaire dotées de la personnalité morale publique.[187]

Néanmoins, le code de la commande publique laisse toutefois à l'État la possibilité de conclure pour un marché de partenariat pour le compte de ces acheteurs sous réserve que « *le ministère de tutelle ait procédé à l'instruction du projet et que l'opération soit soutenable au regard de ses conséquences sur les finances publiques et sur la situation financière de la personne publique* [188] ».

En droit camerounais, la notion d'autorité publique contractante se retrouve explicitement à l'article 2 para 2 de la loi du 26 décembre 2006 fixant le régime général des contrats de partenariat. C'est cet article qui tout en définissant le contrat de partenariat, identifie les parties habilitées à le conclure.

Cet article dispose que : « *le contrat de partenariat est un contrat par lequel* ***l'État ou l'un de ses démembrements*** *confie à un tiers, pour une période déterminée, en fonction de la durée d'amortissement des investissements ou des modalités de financements retenues, la responsabilité de tout ou partie des phases suivantes d'un projet d'investissement : La conception des ouvrages ou équipements nécessaires au service public ; le financement ; la construction ; la transformation des ouvrages ou équipements ; l'entretien ou la maintenance; l'exploitation ou la gestion* ».

Ainsi, le droit camerounais, contrairement au droit français, ne fait pas de distinction entre les acheteurs autorisés et ceux non autorisés. Ici à la fois l'État, ou l'un de ses démembrements est apte à conclure un contrat avec un opérateur économique.

« Acheteur autorisé » en France ou encore « État et l'un de ses démembrements » au Cameroun, le contrat de partenariat suppose pour être formé, la mise en relation d'une personne publique et un opérateur économique. Cette personne publique peut être soit un acheteur public ou encore un acheteur privé. L'acheteur public ou encore la personne morale de droit public en droit français, se définit comme une entité abstraite à laquelle on reconnait une personnalité juridique, dotée de droits et d'obligations[189] et généralement soumise au droit public, principalement au droit administratif[190].

---

[187] L'article L2211-1 al 2 du code de la commande publique.
[188] Article L2211-3 du code de la commande publique.
[189] Définition de la personne morale tirée de GUINCHARD Serge et *al.* (Sous dir.), *Lexique des termes juridiques,* Paris, *Dalloz,* 2020-2021, p.776.
[190] Article L.6 du code de la commande publique.

Bien que la règlementation camerounaise n'utilise pas expressément l'expression « personne morale de droit public », mais plutôt la personne publique, ces deux expressions étant synonymes, nous avons cependant fait le choix, dans un souci de clarté d'employer l'expression personne morale de droit public pour englober l'État et ses démembrements utilisée en droit camerounais.

Ainsi, il convient de distinguer parmi ces personnes morales de droit public, l'État, les collectivités territoriales, les établissements publics, les groupements d'intérêts public pour ne citer que celles-là. L'État se définit comme l'institutionnalisation de la société politique en une personne morale de droit public, exerçant son autorité sur un territoire et sur une population, titulaire de la souveraineté et bénéficiant d'une reconnaissance internationale.

A cet effet, il se veut être le garant du bien-être et de l'intérêt général. Pour bien accomplir sa mission, il est amené à passer plusieurs types de contrats.

De ce fait, l'idée que l'État puisse avoir recours aux contrats ne fait désormais plus l'objet de débat, car les personnes publiques et notamment l'État disposent désormais d'attributs de la personnalité morale au rang desquels figure la capacité de contracter.

Toutefois, parce que la personne publique est une personne morale, elle agit dans le strict cadre de sa compétence. Par conséquent, la signature d'un contrat de partenariat ne peut être valide que si elle faite par un agent habilité à signer ce type de contrat[191].

Il faut donc s'assurer que cette dernière dispose des attributs et de la compétence nécessaires à la signature du contrat de partenariat. En droit français, il est fréquent que la loi ou le règlement désigne expressément la personne habilitée à signer des conventions[192]

Au Cameroun, l'article 19 de la loi du 29 décembre 2006 dispose que : « *Les modalités de désignation de la personne habilité à signer les contrats de partenariat, au nom de l'État ou de l'un de ses démembrements, sont fixées par décret.* ».

---

191 UBAUD BERGERON Marion, *op.cit.*, p. 70.

192 F. ROLIN « Habilitation à contracter », *in Contrats publics,* Mélanges en l'honneur du professeur M. Guibal, *Presses de la faculté de droit de Montpellier*, 2006, Vol. 1, p. 187.

Cependant, au-delà de la désignation expresse de l'autorité habilitée à signer le contrat de partenariat, la signature de ce contrat par la personne publique devra respecter certaines règles de compétence. Celle-ci peut être matérielle, temporelle, ou encore territoriale.

Ainsi, l'autorité habilitée doit être compétente au jour de la signature du contrat. C'est la compétence temporelle ou *compétence rationae temporis*. Celle-ci se justifie dans le cas d'un remaniement au sein d'un gouvernement. A cet effet, il faut s'assurer que la personne désignée est toujours compétente. Elle peut être attribuée soit au ministre territorialement compétent, soit au préfet.

La compétence matérielle jouera lorsqu'il faut vérifier le champ de compétence matérielle de la personne publique. Par ailleurs, l'État bénéficie d'une compétence matérielle générale n'étant soumis à aucun principe de spécialité de sa compétence[193]. Ainsi, les contrats que conclut l'État peuvent matériellement porter sur tout objet, hormis les domaines dans lesquels il lui est interdit d'exercer sa compétence par la voie contractuelle.

S'agissant de la compétence territoriale ou *compétence rationae loci*, elle suppose que la signature du contrat soit faite par l'autorité territorialement compétente. Seulement, cette hypothèse trouve du mal à s'appliquer en pratique, car elle s'oppose à ce que l'État puisse conclure un contrat relevant de la compétence d'une commune.

Par ailleurs, il est également admis que plusieurs personnes publiques peuvent se regrouper en vue de conclure un contrat de partenariat portant sur un projet relevant simultanément de leur compétence. Dans ce cas, elles désignent dans le cadre de leur convention de groupement, un mandataire aux fins de les représenter et de signer le contrat en leurs lieu et place. Cette possibilité a été reconnue en droit français à l'article 2211-4 du code de la commande publique qui dispose à cet égard que : *« Lorsque la réalisation d'un projet relève simultanément de la compétence de plusieurs acheteurs, ces derniers peuvent désigner par convention celui d'entre eux qui réalisera l'évaluation préalable, conduira la procédure de passation et, éventuellement, signera le contrat et en suivra l'exécution. Le cas échéant, cette convention précise les conditions de ce transfert de compétences et en fixe le terme »*.

De ce fait, il est tout aussi possible que le partenaire public, notamment l'État, soit représenté au contrat par un ou plusieurs ministres sectoriellement compétents. Cependant si la compétence de la personne publique, signataire

[193] UBAUD BERGERON Marion, *op.cit.*, p.64

d'un contrat de partenariat est certes nécessaire à la validité de celui-ci, son incompétence n'entraine pas toujours la nullité du contrat de partenariat.

En effet, il ressort d'un jugement du Tribunal administratif de Paris, *Unsa-Education et autres*, du 12 mars 2008[194]dans lequel l'Unsa-Education demandait au juge administratif d'annuler la décision du ministre de la Jeunesse et des Sports de signer un contrat de partenariat conclu pour la rénovation et la modernisation de l'Institut National du Sport et de l'éducation Physique (Insep), mais également d'enjoindre au ministre de saisir le juge des contrats d'une demande d'annulation du contrat en cause.

Le juge administratif avait estimé que « *Considérant qu'il ressort tant du calendrier d'exécution des travaux dans la perspective de la préparation des jeux olympiques de 2012, que de l'importance d'une part des études préparatoires déjà réalisées et d'autre part des sommes à investir dans la réalisation du programme et des conséquences financières auxquelles s'exposerait l'État en cas de résolution du contrat, qu'une telle résolution porterait une grave atteinte à l'intérêt général qu'eu égard à la nature des vices dont est entachée la décision de signer ledit contrat, il n'y a lieu que d'enjoindre au ministre de la jeunesse et des sports de rechercher la signature un avenant au contrat y associant l'INSEP, et de soumettre la signature de cet avenant à l'avis des comités techniques paritaires intéressés* ».

Au sens de cette décision, compte tenu du coût financier qu'engendre la résolution d'un contrat du fait de l'incompétence de l'autorité ayant signé un contrat de partenariat, et pour des motifs d'intérêt général, la personne publique (l'acheteur) dispose, de la possibilité de régulariser son incompétence par avenant au dit contrat. Par conséquent, l'incompétence de la personne publique n'entraîne pas la nullité du contrat de partenariat. Les collectivités territoriales désignent une entité de droit public correspondant à des groupements humains, géographiquement localisés sur une portion déterminée du territoire national, auxquels l'État a, en vertu du principe de la décentralisation, conféré la personnalité juridique et le pouvoir de s'administrer par des autorités élues[195]. Les collectivités territoriales disposent d'une autonomie juridique et patrimoniale. A cet effet, elles peuvent exercer leur compétence par voie contractuelle. Toutefois, il convient de revenir sur l'historique des collectivités territoriales afin de mieux cerner leur compétence. Les collectivités territoriales apparaissent dans la Constitution française de 1946. Mais depuis la révision constitutionnelle de 2003, celles-ci

---

194 TA Paris, *UNSA Éducation* du 12 mars 2008, n° 0702363.

195 GUINCHARD Serge et *al.* (Sous dir.), *Lexique des termes juridiques,* Paris, *Dalloz,* 2020-2021, p.196.

comprennent, les communes, les départements de métropole et DOM, les régions de métropole et les ROM, ainsi que les collectivités d'Outre-Mer à statut particulier déterminé par la loi.

Ces collectivités territoriales étant des personnes morales, devraient, à l'instar de l'État, bénéficier d'une compétence générale matérielle leur accordant une capacité d'intervention générale ; celle-ci suppose que chaque collectivité bénéficie d'une capacité étendue pour justifier ses décisions et ses domaines d'intervention sans que ceux-ci soient limités dans une énumération de compétences. Mais cette clause générale de compétence n'est reconnue que depuis la loi MAPTAM[196]du 27 janvier 2014 au profit des départements et des régions.

Cependant, la nouvelle loi dite « la loi NOTRe[197] » du 7 août 2015 viendra supprimer cette clause de compétence générale pour les départements et les régions, en y substituant des compétences précises confiées par la loi à ces deux collectivités. Ainsi, depuis la loi NOTRe, la clause générale de compétence concerne uniquement les communes.

Les collectivités territoriales disposent ainsi de plusieurs modalités d'action pour l'exercice de leurs missions de service public parmi lesquelles figure le recours au privé par voie contractuelle. Ces collectivités territoriales ont donc depuis plusieurs années nouées des relations contractuelles avec des entreprises ou des groupes d'entreprises chargés de fournir aux collectivités publiques et aux citoyens des biens et services.

Le contrat de partenariat apparaît comme un mécanisme d'application globale permettant à toutes entités publiques et notamment les collectivités territoriales, premiers acteurs de la commande publique et de l'investissement public, de pratiquer un partenariat public privé. Il complète le droit de la commande publique et permet ainsi aux collectivités territoriales de remplir leur mission[198]. Au Cameroun, ces collectivités territoriales sont reconnues à l'art 4 de la loi n° 2004/017 du 22 juillet 2004 portant orientation de la décentralisation qui les définit comme, des personnes morales de droit public. Elles jouissent de l'autonomie administrative et financière pour la gestion des

[196] La loi du 27 janvier 2014 de modernisation de l'action publique territoriale et d'affirmation des métropoles (MAPTAM).

[197] La loi du 7 août 2015 portant nouvelle organisation territoriale de la République (NOTRe).

[198] Les contrats de partenariat, partnership contrats : [textes en vigueur au 20 mars 2013] publié par la Direction des affaires juridiques du ministère de l'Économie et des finances Paris : Direction de l'information légale et administrative, 2013 - (Les éditions des journaux officiels n° 1010), p.114.

intérêts régionaux et locaux. A ce titre, les conseils des collectivités territoriales ont pour mission de promouvoir le développement économique, social, sanitaire, éducatif, culturel et sportif de ces collectivités[199].

Ces collectivités territoriales s'administrent librement par des conseils élus, dans les conditions fixées par la loi et disposent d'exécutifs élus au sein des conseils visés à l'alinéa 2, sous réserve de dérogation fixée par la loi. La loi camerounaise reconnaît ainsi l'autonomie juridique et patrimoniale des collectivités locales. L'article 18 de cette même loi dispose que : « *les collectivités territoriales peuvent, en tant que besoin, s'associer sous forme contractuelle pour la réalisation d'objectifs ou de projets d'utilité publique : avec l'État* :

- avec une ou plusieurs personnes morales de droit public créées sous l'autorité ou moyennant la participation de l'État ;
- avec une ou plusieurs organisation(s) de la société civile. »

Les collectivités territoriales disposent donc de la capacité d'exercer leurs compétences par voie contractuelle et sont par conséquent aptes à conclure des contrats de partenariat public-privé. Outre cette capacité, reste encore à identifier l'autorité compétente pour signer un contrat de partenariat.

Ainsi, au sein les collectivités territoriales, que l'on se place sous l'angle de la loi française ou sous celui de la loi camerounaise, c'est l'exécutif qui détient une telle compétence. Il peut donc s'agir du maire, du président du conseil départemental, ou encore du président du conseil régional.

Il convient également de relever qu'en ce qui concerne les collectivités territoriales, la personne habilitée à signer le contrat de partenariat n'est pas nécessairement celle qui détient le pouvoir exclusif du choix du cocontractant. Dans certains cas de figure cette décision est prise par un organe collégial.

L'établissement est une entité de droit public, autre qu'une collectivité territoriale, dotée de la personnalité juridique et chargée de la gestion d'une activité de service public dans le cadre limité de sa spécialité[200]. Il existe deux types d'établissements publics, en fonction de la nature de leur activité : L'établissement public à caractère industriel et commercial (EPIC) ; et l'établissement public administratif. (EPA)

---

[199] Voir l'art 4 al 1 de la loi n° 2004/017 du 22 juillet 2004 portant orientation de la décentralisation qui les définit comme, des personnes morales de droit public.
[200] GUINCHARD Serge et *al.*, (Sous dir.), *op.cit.*, p.450.

Ces établissements publics ont pour but de remplir les missions d'intérêt général et leurs missions sont variées notamment, l'enseignement (écoles), la culture, l'économie (Caisse des Dépôts et Consignations) et la santé.

Ces établissements possèdent des biens propres, ainsi qu'un budget indépendant et autonome. Ils disposent également d'une assemblée délibérante encore appelé conseil d'administration qui prend des décisions de manière autonome. On retrouve généralement au sein de cette assemblée délibérante les collectivités territoriales, les représentants des usagers et du personnel.

A l'exclusion des organismes relevant de la catégorie des administrations publiques centrales dont la liste est établie par l'arrêté mentionné à l'article 12 alinéa I de la loi du 28 décembre 2010[201], ainsi que des établissements publics de santé et des structures de coopération sanitaire dotées de la personnalité morale publique, c'est cette autonomie des établissements publics qui leur donne la capacité de conclure des contrats.

Cette possibilité de conclure un contrat de partenariat a par ailleurs déjà été évoquée à l'article 1 par la loi française du 28 juillet 2008 relative aux contrats de partenariat[202]. Ainsi, cet article dispose que le contrat de partenariat peut être conclu par l'État ou par un établissement public de l'État[203].

Toutefois, au sein de l'établissement public territorial, la désignation de l'autorité compétence pour signer un contrat est prévue aux statuts. Le plus souvent, cette compétence est attribuée au président de l'établissement public. Ainsi, nous distinguons parmi les personnes morales de droit public, l'État, les collectivités territoriales, les établissements publics mais également le groupement d'intérêt général. Un groupement d'intérêt public est une personne morale de droit public pouvant constituer à la fois des personnes

---

[201] Loi n° 2010-1645 du 28 décembre 2010 de programmation des finances publiques pour les années 2011 à 2014 (1).

[202] l'article 1 par la loi française n° 2008-735 du 28 juillet 2008 « *Les contrats de partenariat sont des contrats administratifs par lesquels l'Etat ou un* ***établissement public de l'Etat*** *confie à un tiers, pour une période déterminée en fonction de la durée d'amortissement des investissements ou des modalités de financement retenues, une mission globale relative au financement d'investissements immatériels, d'ouvrages ou d'équipements nécessaires au service public, à la construction ou transformation des ouvrages ou équipements, ainsi qu'à leur entretien, leur maintenance, leur exploitation ou leur gestion, et, le cas échéant, à d'autres prestations de services concourant à l'exercice, par la personne publique, de la mission de service public dont elle est chargée* »..

[203] *Ibid.*

morales de droit public et souvent des personnes morales de droit privé en vue d'exercer ensemble des activités à but non lucratif dans des secteurs prévus par les textes (…)[204].

Créés en 1982 pour les seuls besoins du secteur de la recherche, leur essor dans de nombreux domaines de l'action publique, notamment l'environnement, la santé et la justice a montré le succès de cette forme de collaboration.[205]. Le groupement d'intérêt public permet ainsi à des partenaires publics et privés de mettre en commun des moyens pour la mise en œuvre de missions d'intérêt général.

Ils rejoignent ainsi, comme l'État, les collectivités territoriales et les établissements publics, les acteurs du contrat de partenariat public avec néanmoins cette particularité d'être considéré à la fois comme une personne morale de droit public mais également une personne morale de droit privé.

L'acheteur dans le contrat de partenariat peut également être une personne morale de droit privé au sens de l'article L1211-2 du code de la commande publique : *« Un marché de partenariat peut être conclut pour la réalisation d'une opération répondant aux besoins d'une autre personne morale de droit public ou privé pour l'exercice de ses missions. »*

Cet article reconnait la qualité d'acheteur aux personnes morales de droit privé poursuivant une mission d'intérêt général et financées principalement sur fonds publics[206]. Selon l'Insee les personnes morales de droit privé les plus courantes sont, les entreprises, les sociétés civiles, les groupements d'intérêt économique et les associations [207]. Certaines d'entre elles sont chargées de la gestion d'un service public et peuvent par conséquent conclure des marchés de partenariat.

Toutefois au sens du code de la commande publique, ces acheteurs privés doivent nécessairement être des personnes morales de droit privé qui ont été créées pour satisfaire spécifiquement des besoins d'intérêt général ayant un caractère autre qu'industriel ou commercial et dont *« soit l'activité est financée majoritairement par un pouvoir adjudicateur; soit la gestion est soumise à un contrôle par un pouvoir adjudicateur ; soit encore l'organe*

---

[204] Définition tirée de GUINCHARD Serge et *al.* (Sous dir.), *Lexique des termes juridiques,* Paris, *Dalloz,* 2020-2021, p 525.
[205] Voir Guide relatif aux GIP, *direction des affaires juridiques*, sur le site web Economie.gouv.fr.
[206] Voir en ce sens l'article L1211-1 du code de la commande publique.
[207] https://www.insee.fr/fr/metadonnees/definition/c1251.

d'administration, de direction ou de surveillance est composé de membres dont plus de la moitié sont désignés par un pouvoir adjudicateur[208] ».

Sont également intégrés dans cette définition les organismes de droit privé qui ont été constitués par des pouvoirs adjudicateurs dans l'objectif de réaliser certaines activités en commun[209].

B - L'opérateur économique

Le partenaire privé dans un contrat de partenariat public privé est l'une des parties contractantes. Il peut s'agir d'une entreprise privée, d'un groupe d'entreprises, ou d'une alliance du public et du privé telle que la société d'économie mixte (il s'agit d'une personne morale de droit privé constituée sous la forme d'une société anonyme de droit commercial et présentant la particularité d'avoir un capital social partagé entre un actionnariat public et un autre privé).

La Société d'économie mixte (SEM) par exemple, peut être constituée dès lors que l'État, les collectivités territoriales ou d'autres personnes publiques se sont entendus pour mettre en place une société privée pour mener à bien leur mission d'intérêt général.

La revue Dalloz d'Août 2016 sur les sociétés d'économie mixte nous éclaire quelques peu à ce sujet. Il en ressort que : *« Le capital de la SEM est majoritairement détenu par une ou plusieurs personnes publiques (à savoir l'État, une collectivité territoriale ou tout autre établissement public). Cette participation majoritaire publique est plafonnée à 85 % du capital depuis la loi du 2 janvier 2002. Au moins une personne privée doit participer au capital de la SEM, sachant qu'il peut s'agir d'une autre SEM.*

Lorsque l'État détient la totalité du capital d'une société, il n'y a plus économie mixte, mais société d'État ou société nationale. Il est interdit, en

---

[208] L'article L.1211-1 (2) du code de la commande publique. Cette définition recouvre l'ancienne notion « d'organisme de droit public » employée par le code des marchés publics de 2006 et l'ordonnance n° 2005-649 du 6 juin 2005. Le terme de « droit public » était en effet source de confusion dès lors que le droit de l'Union européenne considère que les qualifications nationales sont inopérantes pour apprécier la nature d'un organisme au regard du droit des marchés publics : CJUE, 12 décembre 2002, Universale-Bau AG, Aff. C-470/99.
[209] L'article L.1211-1 du Code de la commande publique.

principe, aux collectivités territoriales de créer des sociétés sans le concours d'au moins un actionnaire privé.

Si certaines sociétés du secteur public sont investies d'une mission de service public, la SEM est toujours inspirée par un motif d'intérêt général. Une SEM peut donc réaliser des opérations d'aménagement, la construction ou l'exploitation de services publics à caractère industriel ou commercial ou de toute autre activité d'intérêt général[210] *».*

Nous retiendrons que pour être qualifié SEM, la participation d'au moins une personne privée au capital est nécessaire, *« les communes, les départements, les régions et leurs groupements peuvent, dans le cadre des compétences qui leur sont reconnues par la loi, créer des sociétés d'économie mixte locales qui les associent à une ou plusieurs personnes privées et, éventuellement, à d'autres personnes publiques pour réaliser des opérations d'aménagement, de construction, pour exploiter des services publics à caractère industriel ou commercial, ou pour toute autre activité d'intérêt général ; lorsque l'objet de sociétés d'économie mixte locales inclut plusieurs activités, celles-ci doivent être complémentaires*[211] *».* Elles sont considérées comme des sociétés anonymes et relèvent à cet effet des règles de droit privé.

Ainsi, au sens de l'article L1521-1 du code général des collectivités territoriales, une SEM a pour objet de réaliser des opérations d'aménagement, de construction ou d'exploitation de services publics à caractère industriel, commercial ou encore toute autre activité d'intérêt général.

Elles sont en outre capables de réaliser des opérations de conception, réalisation, entretien ou maintenance ainsi que, le cas échéant, de financement d'équipements hospitaliers ou médico-sociaux pour les besoins d'un établissement de santé, d'un établissement social ou médico-social ou d'un groupement de coopération sanitaire[212].

Il peut par conséquent lui être confiée, pour une période déterminée une mission globale ayant pour objet la construction, la transformation, la rénovation, le démantèlement ou la destruction d'ouvrages, d'équipements ou de biens immatériels nécessaires au service public ou à l'exercice d'une mission d'intérêt général et tout ou partie de leur financement.[213]

---

[210] Cf. Revue Dalloz, fiche d'orientation, « *Société d'économie mixte* » - *Aout 2020*
[211] Voir en ce sens l'article L1521-1 du Code général des collectivités territoriales.
[212] *Ibid.*
[213] Conformément à l'article L1112-1 du Code de la commande publique.

Est-il possible à ce stade de notre réflexion de déduire que toutes les personnes morales relevant du droit privé sont aptes à passer un contrat de partenariat ? La réponse à cette interrogation, mérite que nous nous attardions sur l'aptitude du partenaire privé à conclure un contrat de partenariat. Ce qui nous permet de faire ressortir comme en droit public, les possibles cas d'incapacités.

En droit privé, cette capacité de contracter a été admise par le code civil mais, uniquement au profit de la personne physique. En effet, en droit des sociétés, la capacité des personnes morales est rattachée à l'objet social. Bien que cela n'ait pas été expressément prévu dans le code de commerce, la société est engagée par les actes de ses dirigeants, lesquels doivent agir dans la limite de l'objet social.

Il a fallu attendre la réforme du droit des contrats pour que soit véritablement consacré à l'alinéa 2 de l'article 1145 du code civil, le fondement et les limites de la capacité des personnes morales. Aussi, l'article 1145 alinéa 2 dispose que : « la capacité des personnes morales est limitée par les règles applicables à chacune d'entre elles ».

Ce texte soulève toutefois des difficultés d'interprétation. En effet, cette disposition avait institué un principe profondément novateur, celui de la capacité des personnes morales qui était « *limitée aux actes utiles à la réalisation de leur objet tels que définis par leurs statuts et aux actes qui leur sont accessoires, dans le respect des règles applicables à chacune d'entre elles »* et qui a par la suite été supprimée par le législateur.

Or, rédigée comme telle, cette formulation semble très restrictive. L'exigence du législateur de limiter cette capacité aux « actes utiles » et « actes accessoires » ne cadre pas avec les notions jusqu'ici utilisées en matière de capacité des personnes morales car, cette capacité se limitait simplement à leur objet social.

Désormais il semble impossible, au premier abord, d'expliquer précisément et sans la moindre réserve ce que signifie exactement une « capacité limitée »[214] Cependant, depuis longtemps, il est de principe que les personnes physiques et les personnes morales doivent jouir de leur capacité juridique pour conclure des contrats, cette capacité de jouissance et d'exercice se veut être générale pour les personnes physiques. Seulement, pour la personne morale, elle est limitée à la poursuite de son objet social.

---

[214] VIUDES Philippe, « Actualité : Nouvelles interrogations sur la capacité juridique des associations »., *Juriséditions,* mai 2018.

Ramenée à la conclusion d'un contrat de partenariat public-privé, dont le but premier est la satisfaction de l'intérêt général, la personne morale partie à un tel contrat apparait comme une entité juridique dont la mission est de défendre cet intérêt collectif. Ainsi, la capacité juridique qui lui est attribuée sera déterminée en fonction de cet intérêt collectif[215].

Dans le contrat de partenariat, la capacité de l'opérateur économique s'appréciera sur deux points à savoir, sa capacité à soumissionner, qui revient à vérifier que le partenaire privé dispose de sa capacité juridique et n'est frappé d'aucun motif d'exclusion des procédures, et la capacité d'exécution du contrat, celle-ci supposant une capacité financière.

La capacité de soumissionner désigne au sens large l'aptitude définie par la loi qu'ont les candidats de conclure un marché. Au sens de l'article 4 du code de la commande publique, « *les contrats de la commande publique ne peuvent être attribués à des opérateurs économiques ayant fait l'objet des mesures d'exclusion définies par le présent code* ». Ainsi pour pouvoir soumissionner à un marché de partenariat, le candidat ne devra pas avoir fait l'objet d'une quelconque mesure d'exclusion.

Cette exigence du code de la commande publique n'est, en quelque sorte, qu'une conséquence des directives « marchés publics » de 2014[216] qui énumèrent les différents motifs d'exclusion de l'opérateur économique et dont la cette liste n'est pas limitative[217]. En effet, la Cour de justice a considéré que les États membres avaient la faculté de prévoir d'autres exclusions visant à garantir la transparence, l'égalité de traitement des soumissionnaires, à condition que ces mesures d'exclusion soient proportionnées aux objectifs d'égalité de traitement et de transparence.[218]

---

[215] ROCHFELD Judith, *Les grandes notions du droit privé*, Paris, 1ère éd., *PUF,* 2011, pp. 81-87.
[216] Directive n°2014/24/UE, et Directive n°2014/25/UE, article 80.
[217] BRACONNIER Stéphane, *op.cit.*, p. 214.
[218] Voir à propos des causes d'exclusion contenues dans la directive 93/37/CEE : CJCE 16 décembre 2008, Michaniki AE c/Ethniko Symvoulio Radiotileorasis,Ypourgos, aff.C-213 /07, *contrats et marchés publics* 2009,comm.35, note W.Zimmer ; CJUE, 15 juillet 2010, WISAG, Produktionservice GmbH ;aff.C-74/09 : à propos des motifs d'exclusion figurant dans la directive2004/18/CE :CJUE, 18 décembre 2014, Generali-Providencia Biztosito Zrt, aff.C-470/13, *contrats et marchés publics*, 2015, comm.35, note W. Zimmer ;CJUE, 22 octobre 2015. Impressia Edilux Srl. ; aff.C-425/14, *contrats et marchés publics*, 2015, comm.278, note W. Zimmer.

Le code de la commande publique, conformément aux directives « marchés publics », distingue deux catégories d'exclusions. Celles qui sont de plein droit, de celles laissées à l'appréciation de l'acheteur. Les premières sont contenues aux articles L2141-1 à L2141-6 du code de la commande publique, et sont similaires aux interdictions de soumissionner contenues l'article 11 la loi du 29 décembre 2006 au Cameroun. Globalement, ne peuvent entre autres soumissionner à un contrat de partenariat, les personnes morales dont les dirigeants ont fait l'objet, depuis moins de cinq ans, d'une condamnation définitive, pour crime ou délit ; les personnes morales en état de liquidation judiciaire ou admise au redressement judiciaire ou ayant fait l'objet de procédures équivalentes régies par un droit étranger.

L'article 11 de la loi camerounaise du 29 décembre 2006, précise également que seront également exclues, les personnes morales qui, au 31 décembre de l'année précèdent celle au cours de laquelle a lieu le lancement de la procédure, ne se sont pas acquittées de leurs obligations fiscales et sociales.

Pour ce qui est des clauses laissées à l'appréciation de l'acheteur, la règlementation camerounaise ne les distingue pas. Cette distinction est donc être plus perceptible au regard du droit français et plus précisément aux articles L2141-7 et suivant du code de la commande publique.

Ainsi, le code de la commande publique prévoit par exemple, *« d'exclure de la procédure de passation d'un marché les personnes qui, au cours des trois années précédentes, ont dû verser des dommages et intérêts, ont été sanctionnées par une résiliation ou ont fait l'objet d'une sanction comparable du fait d'un manquement grave ou persistant à leurs obligations contractuelles lors de l'exécution d'un contrat de la commande publique antérieur. »*

L'acheteur peut exclure de la procédure de passation d'un marché les personnes à l'égard desquelles il dispose d'éléments suffisamment probants ou constituant un faisceau d'indices graves, sérieux et concordants pour en déduire qu'elles ont conclu une entente avec d'autres opérateurs économiques en vue de fausser la concurrence[219].

Lorsque le candidat n'est frappé d'aucune de ces interdictions, il peut soumissionner au marché de partenariat. Seulement, une autre condition rentre en jeu, celle relative à sa capacité financière. L'opérateur doit également

[219] Article L2141-9 du code de la commande publique.

justifier d'une la capacité financière ou encore de la capacité d'exécution suffisante.

La capacité financière fait partie des capacités du candidat qui tendent à déterminer si ses moyens économiques et financier sont suffisants pour exécuter correctement le marché[220]. Au sens de l'article 2142-1 du code de la commande publique : « *L'acheteur ne peut imposer aux candidats des conditions de participation à la procédure de passation autres que celles propres à garantir qu'ils disposent de l'aptitude à exercer l'activité professionnelle, de la capacité économique et financière ou des capacités techniques et professionnelles nécessaires à l'exécution du marché.*

Ces conditions sont liées et proportionnées à l'objet du marché ou à ses conditions d'exécution. »

L'acheteur peut donc vérifier au titre de la capacité professionnelle que l'opérateur est bien inscrit sur un registre professionnel[221], mais également que « *les opérateurs économiques possèdent les ressources humaines et techniques et l'expérience nécessaires pour exécuter le marché en assurant un niveau de qualité approprié (...)*[222] ».

Il est également susceptible d'exiger que les opérateurs économiques disposent d'un niveau d'expérience suffisant, démontré par des références adéquates provenant de marchés exécutés antérieurement. Cependant, l'absence de références relatives à l'exécution de marchés de même nature ne peut justifier, à elle seule, l'élimination d'un candidat[223].

Au titre de la capacité économique et financière, « l'acheteur peut notamment exiger que les opérateurs économiques réalisent un chiffre d'affaires annuel minimal, notamment dans le domaine concerné par le marché[224]. » Ainsi, toutes ces conditions peuvent néanmoins être érigées en critères de choix du cocontractant dans le cadre d'un marché /contrat de partenariat.

Il est important de souligner cette particularité du statut de l'opérateur économique au Cameroun. En effet, la législation camerounaise autorise la conclusion d'un contrat de partenariat entre deux personnes publiques. L'article 2 de la loi du 29 décembre 2006 fixant le régime général des contrats de partenariat se veut clair à ce sujet : *« Le contrat régit dans le cadre des*

---

220 Definition tirée du site www.marché-public.fr .

221 Voir article R2142-5 du code de la commande publique.

222 Voir article R2142-13 du code de la commande publique.

223 Article R2142-14 du code de la commande publique.

224 Voir article R2142-6 du code de la commande publique.

projets de très grande envergure technique et financière, les relations de partenariat entre : les personnes publiques et une ou plusieurs autres personnes publiques ; les personnes publiques et une ou plusieurs personnes privées ».

A notre avis, le choix laissé à la personne publique de contracter avec une autre personne publique un partenariat public-privé, bien que différent de l'idée même du contrat de partenariat public-privé, n'est pas anodin. Celui-ci se justifie principalement au regard de la situation économique de ce pays. En effet, au Cameroun, la courbe du déficit budgétaire et son besoin de plus en plus grandissant en infrastructures poussent ses dirigeants à adopter une stratégie visant à attirer plus d'investisseurs étrangers. C'est donc certainement dans le but susciter une large attractivité, que le législateur camerounais a choisi de rompre avec la définition « mère » du partenariat public-privé en admettant un partenariat public-public. L'idée ici est de permettre la conclusion d'un contrat de partenariat non seulement avec des opérateurs économiques internes et internationaux, mais également un partenariat entre deux personnes morales de droit public.

Section 2 - Le choix du cocontractant de la personne publique, une liberté en trompe-l'œil

La liberté de choisir son cocontractant est logiquement liée à la volonté de contracter. Elle s'établit dès lors que la partie au contrat a exprimé sa volonté de s'engager dans une relation contractuelle. Ainsi, en vertu du principe de la liberté contractuelle, la partie au contrat est donc libre de choisir la personne avec laquelle elle souhaite contracter[225]. A cet égard, s'interrogeant sur la liberté laissée au cocontractant de choisir son cocontractant, la chambre commerciale de la Cour de cassation, dans un arrêt du 7 avril 1988 avait décidé que : *« le concédant a le droit de contracter avec le cocontractant de son choix, sans être tenu de motiver sa décision ni de communiquer les critères selon lesquels ce choix est exercé*[226] ».

Nous retenons de cet arrêt qu'en droit privé, nul ne peut être obligé de contracter, mais surtout, nul ne saurait être tenu de contracter avec une personne qu'elle n'a pas voulue. La liberté de choisir son cocontractant y est donc clairement reconnue. Bien qu'ayant été clairement consacré en droit

[225] Voir l'article 1102 du code civil.

[226] Cour de Cassation, Chambre commerciale, du 7 avril 1998, 96-13.219, Publié au bulletin.

privé, le choix du cocontractant n'est pas toujours libre. En effet, pour être réelle, cette liberté suppose qu'aucune restriction ne puisse la limiter ou encore la supprimer.

En droit du travail par exemple, il est de de principe que l'employeur est libre d'embaucher le candidat de son choix. Cependant, la législation fixe des limites à la liberté de sélection et d'embauche des candidats, afin d'assurer le respect du principe d'égalité devant l'emploi[227]. Ce qui participe à remettre en cause ce principe. Ramenée au contrat de partenariat qui est un contrat relevant des marchés publics, la personne publique (État ou collectivité territoriale) sera sensible à *l'intuitu personae* et à la possibilité existante entre les parties de négocier le contrat. La personne publique doit, dans le cadre de ce contrat de partenariat, justifier le choix de son contractant. Cette liberté de choisir son cocontractant apparait alors moins évidente qu'en droit privé. En effet, dans le cadre des marchés publics qu'elles passent et pour des raisons de protection des deniers publics, le choix du cocontractant de la personne publique est soumis à une série de procédures de nature à restreindre leur liberté contractuelle. Les auteurs du *traité du traité de droit administratif* soulignent d'ailleurs que : « *La formation des contrats administratifs comporte, en ce qui concerne le choix du cocontractant, des éléments importants de particularisme. Ce particularisme consiste dans une certaine restriction de la liberté contractuelle. Les collectivités publiques ne bénéficient pas toujours de la liberté de choisir leurs cocontractants ; elles sont dans certains cas tenues d'employer les modes de conclusion du contrat qui excluent cette liberté. Cette exclusion de la liberté de choisir le cocontractant est essentiellement fondée sur la préoccupation de protéger les intérêts financiers de l'administration*[228] »

Ainsi, la liberté de choisir le cocontractant de la personne publique est soumis à une procédure de sélection des candidats au contrat de partenariat lui permettant de choisir la personne la plus apte à satisfaire ses besoins. Aussi, la liberté contractuelle reconnue à la personne publique à laquelle figure celle de choisir le contractant dans un contrat de partenariat se trouve assujettie à des règles spéciales relevant de la commande publique.

Il s'agit principalement du respect des principes fondamentaux de la commande publique (§1), mais également de la conformité de ce choix à la procédure légale de sélection du cocontractant. (§2).

---

[227] Voir l'article L.2241 et s. du Code du travail.

[228] DE LAUBADERE Andrés et *al.*, *Traité des contrats administratifs*, Paris, *LGDJ*, 1983, t.1, p. 581.

§1 - Le choix du cocontractant, une stricte obéissance aux principes fondamentaux de la commande publique

L'un des composants essentiels de la définition de la liberté contractuelle est que chacun est libre de choisir son cocontractant[229]. Seulement, dans bien des secteurs, l'encadrement de ce choix par le législateur est perçu comme une atteinte à la liberté de contracter en ce qu'il réduit le champ d'expression de cette volonté. Car, comme il a été dit plus haut, pour continuer de parler de liberté de contracter, il semble nécessaire que les restrictions qui pourraient limiter ce choix ne puissent ni le supprimer ou encore le modifier[230].

Dans le cadre du contrat de partenariat par exemple, l'acheteur personne publique ne pourra pas directement choisir son cocontractant, car plusieurs principes guident ce choix. L'analyse de la réglementation législative et réglementaire ainsi que communautaire en la matière, révèle que le choix du cocontractant doit respecter certaines règles et principes.[231] Il s'agit notamment, des principes d'égalité de traitement, de liberté d'accès, et de transparence de procédure.

Instaurés pour permettre d'assurer l'efficacité de la commande publique, les principes fondamentaux de la commande publique sont des principes opposables à tout marché, quelle que soit sa nature ou encore son montant. Ils se retrouvent dans tous les marchés relevant de la commande publique tant en droit camerounais, qu'en droit français.

Ainsi, l'article L.3 du code de la commande publique dispose que : « les acheteurs et les autorités concédantes respectent le principe d'égalité de traitement des candidats à l'attribution d'un contrat de la commande publique. Ils mettent en œuvre les principes de liberté d'accès et de transparence des procédures, dans les conditions définies dans le présent code. » Ce sont ces mêmes principes qui guident le choix du cocontractant au Cameroun en matière de partenariat public-privé[232], leur objectif principal et essentiel étant la protection et la bonne utilisation des deniers publics[233].

---

229 Article 1102 du code civil.

230 Voir paragraphe 120 de la section 2.

231 RICHER Laurent, *Droit des contrats administratifs*, Paris, *LGDJ,* 8ème éd., 2012, p. 469 et s.

232 L'article 8 al. 1 de la loi du 2006/012 du 29 décembre 2006 fixant le régime général des contrats de partenariat duquel il ressort que : « *la passation d'un contrat de partenariat est soumise aux principes de liberté d'accès, d'égalité de traitement des candidats, d'objectivité de procédure, de concurrence et de transparence* ».

233 *Ibid.,* Article L3 du code de la commande publique.

L'expression de ces grands principes de la commande publique se traduira fondamentalement par une obligation de publicité et de mise en concurrence dans le contrat de partenariat (A), mais également par la mise en œuvre du principe d'égalité de traitement des candidats et de transparence dans la procédure. (B)

A- L'obligation de publicité et de la mise en concurrence : des obstacles à la liberté de choix du cocontractant

La liberté d'accès à la commande publique suppose que l'acheteur puisse permettre à tout opérateur économique intéressé par un marché public, de se porter candidat quels que soient leur taille et leur statut.

Ainsi, le juge administratif a, à plusieurs occasions, invoqué la méconnaissance des principes généraux de la commande publique[234] pour sanctionner les clauses qui, par leur exigence particulière en matière de capacité, de garanties professionnelles et financières ou encore de spécifications techniques écartent un certain nombre de candidats[235].

Cette liberté d'accès à la commande publique recouvre à la fois les mesures de publicité et la mise en concurrence. Ces deux procédures méritent d'être analysées conjointement, car il existe une interdépendance entre elles. En effet, la procédure de mise en concurrence est être difficile à établir sans publicité.

La publicité est l'un des principes fondamentaux de la commande publique permettant l'accès à l'ensemble des candidats désireux de se voir attribuer un marché public. Elle favorise la diversité des offres et permet à la l'acheteur d'accroître ses chances d'obtenir l'offre la plus avantageuse.

Afin de susciter la plus large concurrence, les acheteurs procèdent à une publicité préalable à l'attribution du marché dans les conditions et sous réserve d'exceptions définies par décret en Conseil d'État, selon l'objet du marché, de la valeur estimée hors taxe du besoin ou de l'acheteur concerné[236].

---

234 Voir en ce sens CAA Lyon, 15 déc. 2001, Association Lyonnais [CANOL], req. n°11LY00578.

235 BEZENCON Xavier, COSSALTER Philippe, De LAURIERE Jacques Fournier et CUCCHIARINI Christian, *op.cit.,* p. 41.

236 L'article L2131-1 du code de la commande publique.

Ces mesures de publicité varient en fonction de l'acheteur (l'État, les collectivités territoriales, les établissements publics) et devront être fonction du montant estimé du besoin à satisfaire[237].

Par ailleurs, elles interviennent dans les phases de la passation du marché public. Il peut s'agir d'une pré-information lors la phase de projet du marché, d'une information au stade de la réalisation du projet et une post-information lors de l'attribution du marché.

En droit camerounais, les mesures de publicité et de mise en concurrence sont prévues par la loi relative au contrat de partenariat[238] Cependant, la principale faiblesse de cette règlementation réside dans la mise en œuvre de cette procédure de publicité qui y est quasi inexistante. Une incomplétude qui est de nature à fausser le principe de la transparence. Néanmoins, en se référant au code des marchés publics, et en assimilant le contrat de partenariat à un marché public, il résulte que l'avis d'appel d'offre émis par l'acheteur devra être publié au journal des marchés publics de l'organisme chargé de la régulation des marchés publics dans un délai de 24 heures à compter de sa réception. Et sa publication dans les autres organes à grands tirages ne pourra être utilisée qu'en sus.[239]

L'avis d'appel d'offre se contente également de prévoir l'insertion des informations liées aux décisions d'attribution du marché et aux annulations d'appels d'offres dans un journal habilité à recevoir des annonces légales, à la diligence du président de la commission des marchés compétente[240] sans préciser les différentes étapes encadrant cette publicité.

C'est donc vers le droit français qu'il faudra se tourner pour distinguer les différentes étapes qui encadrent la procédure de publicité dans tous les contrats relevant de la commande publique et dans le contrat de partenariat en particulier. Nous y distinguons alors une phase de pré-information, d'information et une phase dite post-information.

La phase de pré-information est celle au cours de laquelle l'acheteur fait connaître son intention de passer un marché. Cette intention devra faire l'objet

---

237 Voir l'article R 2131-12 et R 2131-13 du Code de la commande publique.

238 Article 8, du décret n°2008/0115/PM DU 24 JANVIER 2008 précisant les modalités d'application de la loi n° 2006/012 du 29 décembre 2006 fixant régime général des contrats de partenariat.

239 Article 88 du Code des marchés publics.

240 NKOU SONGUE Félix, *Marché publics au Cameroun : entre recherche d'efficacité et pesanteurs systémiques,* Mémoire, Université de Strasbourg et École nationale de l'administration publique (ENA), mai 2014, p. 12.

d'un avis de pré-information, conformément aux dispositions de l'article R2131-1 du code de la commande publique[241].

Cet avis devra de façon générale faire référence aux travaux et aux différents services qui feront l'objet de ce marché, la procédure d'appel d'offre qui sera applicable et les délais de publication de cet avis[242].

Ainsi, le code de la commande publique mentionne une durée maximale de cet avis de pré-information qui est de douze mois à compter de sa date de transmission[243]. Si celle-ci est facultative dans le cadre d'un marché public, elle a au moins pour avantage de réduire les délais de réception de candidatures ou encore d'offres dans certaines procédures formalisées.

La publicité permet également l'information des opérateurs économiques intéressés par la passation d'un marché public. Elle constitue en outre le gage du libre jeu de la concurrence et de la transparence des procédures. Antérieurement encadrée par l'article 40 du code des marchés publics de 2006[244], ensuite par les articles 33 et suivants du décret du 25 mars 2016[245], ces dispositions viennent préciser par les modalités de publicité.

Désormais, la publicité peut être effectuée par plusieurs moyens. Soit par une publication au Bulletin Officiel d'annonce des Marches Publics (BOAMP), soit la parution dans un journal habilité à recevoir des annonces légales (JAL), soit par une publication au Journal officiel de l'Union Européenne (JOUE).

Le support de publicité utilisé permet d'avoir une indication sur le montant du besoin de l'acheteur. Le code de la commande publique français n'est pas très explicite à ce sujet. Il n'énumère que les supports de publicité pour les marchés passés selon les procédures formalisées sans toutefois fixer des seuils.

---

241 Article R2131-1 du code de la commande publique : « *L'acheteur peut faire connaître son intention de passer un marché par la publication, pour le pouvoir adjudicateur, d'un avis de pré information, ou, pour l'entité adjudicatrice, d'un avis périodique indicatif.*
Ces avis sont établis conformément aux modèles fixés par le règlement de la Commission européenne établissant les formulaires standard pour la publication d'avis dans le cadre de la passation de marchés. »
242 Voir en ce sens l'article R2131-4 du Code de la commande publique.
243 Article R2131-6 « *La durée maximale de validité des avis mentionnés à l'article R. 2131-4 qui constituent un appel à la concurrence est de douze mois à compter de la date de transmission de l'avis pour publication* ».
244 Code des marchés publics en France.
245 Décret n° 2016-360 du 25 mars 2016 relatif aux marchés publics.

Cependant, si l'acheteur publie uniquement sur son site internet ou dans un journal qui n'a pas le statut de journal d'annonces légales, ce montant est forcément inférieur à 90 000 € HT. Une offre supérieure ne peut être acceptée. En revanche, la publicité au BOAMP ou dans un JAL devient obligatoire lorsque ce montant varie entre 90 000 € à 5 349 999,99 € HT et, à partir de 5 350 000 €, la publicité devra être faite au BOAMP et au JOUE[246].

En somme, pour l'Etat et ses établissements publics, la publication devra être faite au BOAMP et au JOUE, les autres acheteurs publiant leur avis au journal officiel de l'union Européenne (JOUE)[247]. La post-information est la dernière phase de publicité. Elle consiste en la publication d'un avis d'attribution du marché. Le nouveau code de la commande publique n'a pas apporté de précisions concernant la publication de cet avis d'attribution du marché. Il y est mentionné que l'acheteur rend public le choix de l'offre retenue, dans les conditions et sous réserve des exceptions prévues par décret en Conseil d'État[248].

L'article 104 du décret susmentionné précise que, lorsque les marchés publics répondent à un besoin d'un montant égal ou supérieur aux seuils européens, l'avis d'attribution du marché public doit être publié au Journal officiel de la République française.

L'acheteur dispose d'un délai maximal de trente jours à compter de la signature du marché public, pour faire publier l'avis d'attribution dans le bulletin officiel des annonces des marchés publics et au Journal officiel de l'Union européenne pour l'état, ses établissements publics autres qu'à caractère industriel et commercial, les collectivités territoriales, leurs établissements publics et leurs groupements. Pour les autres acheteurs, l'avis est publié au Journal officiel de l'Union européenne.

Cet avis est établi conformément au modèle fixé par le règlement de la Commission européenne établissant les formulaires standard pour la

---

[246] Informations prises sur le site https://www.boamp.fr/.

[247] Article R2131-16 *« Pour les marchés passés selon une des procédures formalisées énumérées aux articles R. 2124-2 à R. 2124-6 :*
1° L'Etat, ses établissements publics autres qu'à caractère industriel et commercial, les collectivités territoriales, leurs établissements publics et leurs groupements publient un avis de marché dans le Bulletin officiel des annonces des marchés publics et au Journal officiel de l'Union européenne ;
2° Les autres acheteurs publient un avis de marché au Journal officiel de l'Union européenne. ».

[248] Article L2183-1 du Code de la commande publique.

publication d'avis dans le cadre de la passation de marchés publics. Ainsi, lorsque l'appel à la concurrence a été effectué sous la forme d'un avis de pré-information ou d'un avis périodique indicatif et que l'acheteur a décidé de ne pas attribuer de nouveaux marchés publics au cours de la période couverte par celui-ci, l'avis d'attribution le mentionne expressément.

La procédure de mise en concurrence dans les marchés publics, tout comme la procédure de publicité, constitue l'expression même des principes d'égalité de traitement, de liberté d'accès aux marchés publics et de transparence des procédures. A cet effet, le pouvoir adjudicateur doit nécessairement mettre à la connaissance de tous opérateurs économiques intéressés un avis de passation d'un ou plusieurs marchés. Il s'agit de l'avis d'appel public à la concurrence (AAPC).

L'avis d'appel à la concurrence est donc un document d'information initial qui marque le lancement de la procédure de marché en respectant le principe de mise en concurrence. Il doit comporter l'ensemble des informations permettant au potentiel candidat de savoir s'il est ou pas intéressé par le marché et si sa société dispose des capacités techniques et financières d'y répondre. Ce document comporte en outre les modalités du choix de l'offre, les caractéristiques du marché, et les conditions pour y participer.

Tout comme pour le principe de publicité, la procédure de concurrence et plus précisément les modalités de publication des avis et leurs mentions sont réglementées. Elles peuvent être publiées selon le cas, de façon électronique au BOAMP, au JOUE, dans un JAL, dans une publication spécialisée ou sur le portail acheteur du pouvoir adjudicateur ou de l'entité adjudicatrice[249].

En droit camerounais, cette procédure bien que n'étant pas formulée dans l'ordonnance relative au contrat de partenariat a longuement été détaillée à l'article 86 et suivant du code des marchés. Par ailleurs, compte tenu de leur particularité, certains marchés passés sous la loi française ne nécessitent ni publicité ni mise en concurrence. Il s'agit en particulier, des marchés publics qui répondent à un besoin dont la valeur estimée est inférieure à 40 000 euros HT[250] . Ces seuils de mise en concurrence sont déterminés au niveau européen, et transposés ensuite au niveau national (français). Ils font l'objet d'une vérification, voire d'une révision par la commission européenne tous les deux ans.[251] Cette vérification permet ainsi d'adapter ces seuils aux

---

[249] Voir la fiche sur *l'avis d'appel à concurrence* sur le site : Marchés-public.fr

[250] Voir la fiche sur *Mise en concurrence dans les marchés publics et procédure, sur le site http://www.marche-public.fr*.

[251] Voir l'article 6 de la directive 2014/24/UE du Parlement européen qui précise la révision des seuils et de la liste des autorités publiques centrales.

fluctuations monétaires et toutes les modifications pouvant être apportées doivent être faites par voie de règlement [252].

Ainsi, Jusqu'au 10 juillet 2021 inclus, les acheteurs pouvaient conclure un marché de travaux sans publicité ni mise en concurrence préalables pour répondre à un besoin dont la valeur estimée est inférieure à 70 000 euros hors taxes[253].

Une telle révision serait la bienvenue en droit camerounais. En matière de marchés publics, les procédures de mise en concurrence dites « procédures formalisées » peuvent être de plusieurs ordres.

Elles ont été prévues par l'ordonnance du 23 juillet 2015, puis reprises à l'article L2124-1 du code de la commande publique, aux termes duquel :*« Lorsque la valeur estimée hors taxe du besoin est égale ou supérieure aux seuils européens mentionnés dans un avis qui figure en annexe au présent code, l'acheteur passe son marché selon l'une des procédures formalisées définies par le présent chapitre, dans les conditions et selon les modalités fixées par décret en Conseil d'état* ».

Ces procédures comprennent : l'appel d'offre, la procédure concurrentielle avec négociation et le dialogue compétitif. La procédure d'appel d'offre est celle « par laquelle l'acheteur choisit l'offre économiquement la plus avantageuse, sans négociation, sur la base de critères objectifs préalablement portés à la connaissance des candidats[254] ».

Elle peut être ouverte ou restreinte. Lorsque l'appel d'offre est ouvert, tout opérateur économique intéressé par le marché peut y soumissionner. En revanche, lors des appels d'offres restreints, seuls les candidats sélectionnés par l'acheteur sont autorisés à soumissionner[255]. Que nous soyons en droit français ou encore camerounais, l'acheteur reste toutefois libre de choisir l'une de ces deux formes.

La procédure avec négociation est celle par laquelle l'acheteur négocie les conditions du marché avec un ou plusieurs opérateurs économiques. Le code de la commande publique, prévoit les conditions de recours à cette procédure ainsi que ses limites. Alors que les entités adjudicatrices peuvent librement

---

[252] UBAUD BERGERON Marion, *op.cit.,* p.259.

[253] Article 1 du Décret n° 2020-893 du 22 juillet 2020 portant relèvement temporaire du seuil de dispense de procédure pour les marchés publics de travaux et de fourniture de denrées alimentaires.

[254] Voir en ce sens l'article L2124-2, R2124-2 du Code de la commande publique.

[255] Voir en ce sens l'article L2124-2 du code de la commande publique.

avoir recours à cette procédure[256], pour les pouvoirs adjudicateurs, cette procédure plus est encadrée.

Ainsi, le pouvoir adjudicateur ne peut passer ses marchés selon la procédure avec négociation que lorsque le « besoin » ne peut être satisfait sans adapter des solutions immédiatement disponibles.

Par conséquent, lorsque ce « besoin » consiste en une solution innovante ou encore lorsque le marché comporte des prestations de conception, il ne peut être attribué sans négociation préalable, compte tenu des circonstances particulières liées à sa nature, à sa complexité ou au montage juridique et financier, en raison des risques qui s'y rattachent ou bien encore du fait que le pouvoir adjudicateur n'est pas en mesure de définir les spécifications techniques avec une précision suffisante en se référant à une norme, une évaluation technique européenne, une spécification technique commune ou un référentiel technique[257].

Toutefois, dès lors qu'elle est autorisée, le pouvoir adjudicateur devra indiquer dans les documents de la consultation les exigences minimales que doivent respecter les offres[258]. Par exemple, le délai minimal de réception des candidatures, qui est de trente jours à compter de la date d'envoi de l'avis de marché ou, lorsque l'appel à la concurrence est effectué au moyen d'un avis de pré-information, à compter de la date d'envoi de l'invitation à confirmer l'intérêt.

En cas d'urgence dûment justifiée, le pouvoir adjudicateur peut fixer arbitrairement un délai de réception des candidatures. Ce délai ne doit cependant pas être inférieur à quinze jours à compter de la date d'envoi de l'avis d'appel à la concurrence ou de l'invitation à confirmer l'intérêt[259]. Il est de trente jours et est le même pour les offres initiales. L'échéance ne commence à courir qu'à compter de la date d'envoi de l'invitation à soumissionner[260].

Le code de la commande publique admet cependant quelques dérogations. Il peut être ramené à dix jours si le pouvoir adjudicateur a publié un avis de pré information qui n'a pas été utilisé comme avis d'appel à la concurrence et lorsque cet avis remplit certaines conditions légales[261]. Par ailleurs, la date limite de réception des offres peut également être fixée par tout pouvoir

---

[256] Article 2124-4 du Code de la commande publique.
[257] Voir en ce sens l'article L. 2121-3 du CCP.
[258] Article R2161-13 du CCP.
[259] Article R. 2161-12 du CCP.
[260] Article R2161-14 du CCP.
[261] L'article R2161-15 du CCP y apporte plus de précisions.

adjudicateur autre que les autorités publiques centrales (la liste figure à l'annexe 2 du code de la commande publique) avec l'accord de tous les candidats sélectionnés. En cas désaccord entre les candidats, le pouvoir adjudicateur, fixe un délai qui ne peut être inférieur à dix jours à compter de la date d'envoi de l'invitation à soumissionner[262].

Le pouvoir adjudicateur négocie ensuite avec tous les soumissionnaires leurs offres initiales et ultérieures, à l'exception des offres finales. Il peut toutefois attribuer le marché sur la base des offres initiales sans négociation, à condition d'avoir indiqué dans l'avis de marché ou dans l'invitation à confirmer l'intérêt qu'il se réserve la possibilité de le faire.

Dans la phase finale de négociation, le nombre d'offres restant à négocier doit être suffisant pour assurer une concurrence réelle, pour autant qu'il y ait un nombre suffisant d'offres remplissant les conditions requises[263]. L'acheteur doit également tenir informer par écrit tous les soumissionnaires dont les offres ont été retenues de tous les changements apportés aux spécifications techniques ou aux autres documents de la consultation, à l'exception de ceux qui définissent les exigences minimales. A la suite de ces changements, le pouvoir adjudicateur accorde aux soumissionnaires un délai suffisant et identique pour leur permettre de modifier leurs offres et, le cas échéant, de les présenter à nouveau[264]. Lorsqu'il entend conclure les négociations, l'acheteur en informe les soumissionnaires restant en lice et fixe une date limite commune pour la présentation d'éventuelles offres nouvelles ou révisées.

La procédure de dialogue compétitif est celle par laquelle, « l'acheteur dialogue avec les candidats admis à participer à la procédure en vue de définir ou développer les solutions de nature à répondre à ses besoins et sur la base desquelles ces candidats sont invités à remettre une offre[265]». Il s'agit d'une procédure spécifique régie par les articles R2161-24 et suivants du code de la commande publique dont, le recours demeure soumis à des formalités spécifiques dérogeant au droit commun des marchés public[266].

Cette procédure est semblable à celle prévue dans l'appel d'offre. L'acheteur définit ses besoins et ses exigences dans l'avis de marché et, le cas échéant, dans un programme fonctionnel ou un projet partiellement défini. Les modalités du dialogue, les critères d'attribution et un calendrier indicatif sont précisés dans l'avis de marché ou dans un autre document de la consultation,

---

262 Article R2161-16 du CCP.
263 Article R2161-18 du CCP.
264 Article R2161-19 du CCP.
265 Article L. 2124-4 du Code de la commande publique.
266 UBAUD BERGERON Marion, *op.cit.,* p. 267.

les candidats disposent ainsi d'un délai de trente jours à compter de la date d'envoi de l'avis de marché pour envoyer leurs candidatures[267].

Conformément à l'article R2161-25 du CCP « *le dialogue peut se dérouler en phases successives de manière à réduire le nombre de solutions à discuter, en appliquant les critères d'attribution définis dans l'avis de marché ou dans un autre document de la consultation*[268] ». Ainsi, l'acheteur entame avec les candidats sélectionnés, un dialogue pouvant porter sur tous les aspects du marché[269]. Cependant, il n'est pas obligé de discuter sur tous les aspects de l'offre[270].

B – L'égalité de traitement des candidats et la transparence des procédures

La liberté de traitement des candidats et la transparence des procédures sont les deux autres principes qui gouvernent la commande publique. L'égalité de traitement des candidats s'inspire de l'article 6 de la Déclaration Universelle des droits de l'homme et du citoyen en vertu duquel tous les hommes sont égaux devant la loi. Cet article prône l'égalité des tous les citoyens et s'applique fortement en matière contractuelle et notamment dans le cadre de la passation d'un marché public.

Le commissaire du gouvernement Romieu dans ses célèbres conclusions écrivait que :

« *Le soumissionnaire évincé a le droit de demander l'annulation de l'adjudication pour inobservation des règles fondamentales, même si elles sont édictées dans l'intérêt de l'administration, du moment où une inégalité a été créée entre les concurrents*[271] ».

A sa suite, le CE a jugé que « *les règles de concurrence et d'égalité sont les substances de l'adjudication*[272] ».

---

[267] Article R2161-25 du code de la commande publique.
[268] Article R2161-27 du CCP.
[269] Voir en ce sens l'article Article R2161-26 du CCP.
[270] TA, Strasbourg, ord., 16 mai 2013, *sté Aastra c/Communauté urbaine de Strasbourg*, Contrats et marchés publics, 2013, n°214, note W. Zimmer.
[271] Concl. Sur CE, 30 mars 1906, Ballande, rec. p. 281.
[272] Cf. CE, 9 juillet 1948, Bourgade, Rec. Lebon p. 314.

La mise en œuvre du principe de l'égalité des traitements se traduit par l'obligation de respecter l'égalité des candidats à tous les stades de la procédure. Les candidats à un marché relevant de la commande publique devront donc bénéficier d'un même traitement ; recevoir les mêmes informations sur le marché et, concourir selon les mêmes règles de procédure.

Ce principe d'égalité de traitement interdit notamment toute discrimination et ce, à tous les stades de la procédure, à savoir, la rédaction du cahier des charges ; celle-ci se doit d'être objective et ne peut en aucun cas orienter le choix de l'acheteur, ou encore contenir des dispositions de nature à favoriser des concurrents[273]

Par ailleurs, toutes les offres arrivées dans le délai demandé doivent être examinées, quelle que soit la nationalité ou l'implantation du candidat[274]. L'égalité de traitement des candidats suppose également une information équivalente, ou « égalité d'information[275] ». Ce qui revient à dire que lorsqu'un candidat pose une question complémentaire, la réponse qui lui sera apportée devra être transmise à tous les autres candidats.

Ainsi, sous l'empire de l'ancien code de marché public, « *au cours du dialogue, chaque candidat est entendu dans des conditions d'égalité. Le pouvoir adjudicateur ne peut donner à certains candidats des informations susceptibles de les avantager par rapport à d'autres. Il ne peut révéler aux autres candidats des solutions proposées ou des informations confidentielles communiquées par un candidat dans le cadre de la discussion, sans l'accord de celui-ci*[276] ».

Cette obligation de confidentialité est strictement reprise dans le code de la commande publique[277]. L'acheteur doit prendre les mesures appropriées

---

273 CE,11 septembre 2006, Commune de Saran, req. n° 257545. Le juge considérait alors que la commune, en reprenant au titre des exigences posées par le règlement de la consultation les normes et caractéristiques de la marque pavée Quartzo, avait porté atteinte au principe d'égalité entre les candidats.

274 Voir sur le site www.BOAMP.fr , plus précisément, Définition et principes d'un marché public du 30 janvier 2018.

275 BRACONNIER Stéphane, *op.cit.*, p. 359.

276 Voir l'article 67 du code des marchés publics de 2006.

277 Article L2132-1 du CCP « *L'acheteur ne peut communiquer les informations confidentielles dont il a eu connaissance lors de la procédure de passation, telles que celles dont la divulgation violerait le secret des affaires, ou celles dont la communication pourrait nuire à une concurrence loyale entre les opérateurs économiques, telle que la communication en cours de consultation du montant total ou du prix détaillé des offres.*

pour que la concurrence ne soit pas faussée par la participation à la procédure de passation du marché public d'un opérateur économique qui a eu accès, du fait de sa participation préalable directe ou indirecte à la préparation de cette procédure, à des informations ignorées des autres candidats ou soumissionnaires[278]. Ainsi, l'exclusion d'un candidat de la procédure d'attribution d'un marché public, au motif que celui-ci a précédemment exécuté des prestations pour le pouvoir adjudicateur, ne saurait être fondée que s'il est établi qu'à cette occasion le candidat a recueilli des informations susceptibles de l'avantager par rapport aux autres candidats et de porter atteinte à l'égalité de traitement entre les candidats[279].

Le Conseil d'état a pu souligner l'importance du principe de l'égalité de traitement des candidats dans l'affaire *société Jean - louis Bernard consultants.* Il avait à trancher la question de savoir si le principe de liberté de la concurrence fait obstacle à ce qu'un marché soit attribué à un établissement public administratif qui a un statut différent de celui des entreprises du secteur concurrentiel ?

Dans son avis, le Conseil d'état a défini une sorte de mode d'emploi, à l'attention des établissements publics administratifs selon lequel, « *pour que soient respectés tant les exigences de l'égal accès aux marchés publics que le principe de liberté de la concurrence qui découle notamment de l'ordonnance du 1er décembre 1986, l'attribution d'un marché public ou d'une délégation de service public à un établissement administratif suppose, d'une part, que le prix proposé par cet établissement public administratif soit déterminé en prenant en compte l'ensemble des coûts directs et indirects concourant à la formation du prix de la prestation objet du contrat, d'autre part, que cet établissement public n'ait pas bénéficié, pour déterminer le prix qu'il a proposé, d'un avantage découlant des ressources ou des moyens qui lui sont attribués au titre de sa mission de service public et enfin qu'il puisse, si nécessaire, en justifier par ses documents comptables ou tout autre moyen d'information approprié* »[280].

Toutefois, l'acheteur peut demander aux opérateurs économiques de consentir à ce que certaines informations confidentielles qu'ils ont fournies, précisément désignées, puissent être divulguées.
L'acheteur peut imposer aux opérateurs économiques des exigences visant à protéger la confidentialité des informations qu'il communique dans le cadre de la procédure de passation d'un marché. »

[278] V. Article R2111-2 du code de la commande publique. V. également, LENOIR Julien, Les principes fondamentaux de la commande publique, 27 mars 2019.

[279] CE 29 juillet 1998, *Garde des Sceaux c/Sté Genicorp*, req. n° 177952.

[280] Section du contentieux, 7ème et 5ème sous-section réunie, sur le rapport de la 7ème sous-section

Au sens de cet avis, la personne publique candidate à une procédure de passation d'un marché public ne peut tirer avantage de son statut d'autorité publique pour fausser le libre jeu de la concurrence.

A côté des deux procédures susmentionnées il en existe un troisième, celui de la transparence des procédures. Cette obligation de transparence occupe une place importante dans la passation du contrat de partenariat.

Le principe de transparence a pour corollaire du principe de non-discrimination. Ce principe suppose la garantie d'un degré de publicité adéquat permettant à son tour de préserver le libre jeu de la concurrence et assurer le contrôle de l'impartialité des procédures.

Il s'agit d'une procédure par laquelle l'acheteur assure à tous les candidats de bonnes mesures de publicité, une conservation de tous les documents ayant abouti à la sélection du candidat et à son offre, mais aussi la justification du choix du titulaire du marché et la motivation du rejet des autres candidatures.

La Cour de Justice de l'Union Européenne a eu l'occasion de rappeler l'obligation de respecter les principes fondamentaux de la commande publique dans l'arrêt *Telaustria et Telefonadress.*

Elle a relevé, s'agissant des marchés passés en concession, que même si ceux-ci sont exclus du champ des directives, les entités adjudicatrices qui les ont conclus sont tenues de respecter les règles fondamentales du traité en général et le principe de non-discrimination en raison de la nationalité en particulier.

Ce principe impliquant une obligation de transparence permettant au pouvoir adjudicateur de s'assurer du respect dudit principe[281]. Dans cette même lancée, le code de la commande publique pose l'obligation de mise à disposition des données essentielles par l'acheteur sur son profil d'acheteur. Notamment l'obligation de conservation des documents. A cet effet, l'article du L2196-2 de CCP précise que, « *dans des conditions et sous réserve des exceptions prévues par voie réglementaire, l'acheteur rend accessibles sous un format ouvert et librement réutilisable les données essentielles du marché, hormis celles dont la divulgation méconnaîtrait les dispositions de l'article L. 2132-1 ou serait contraire à l'ordre public* ».

Séance du 16 octobre 2000, lecture du 8 novembre 2000, n° 222208 – Société Jean-Louis Bernard consultants.

[281] CJCE, 7 décembre 2000, affaire C-324/98, Telaustria et Telefonadress.

L'acheteur offre, sur son profil d'acheteur, un accès libre, direct et complet aux données essentielles des marchés répondant à un besoin dont la valeur est égale ou supérieure à 40 000 euros hors taxes.

Ces données essentielles peuvent nécessairement porter sur la procédure de passation du marché, le contenu du contrat, ou encore sur l'exécution du marché, notamment lorsqu'il y a lieu, sur sa modification[282].

Ainsi, le respect de ces principes lors de la passation du contrat de partenariat, supprime toute flexibilité du choix du contractant. Cette liberté du choix du cocontractant est encore plus restreinte car, en plus d'obéir à des principes fondamentaux de la commande publique, se veut soumis à des règles légales.

§2 - Le choix du cocontractant, une subordination à des règles légales de sélection des candidats

La liberté contractuelle renferme la liberté de choisir son cocontractant. En effet, de la même façon qu'un individu est libre de contracter, tout individu a également le droit de choisir la personne avec laquelle elle va établir une relation juridique[283].

Cette liberté implique la liberté pour le concédant de traiter avec le cocontractant de son choix, sans être tenu de motiver, ni de communiquer les critères selon lesquels ce choix est exercé[284].

Si cette liberté est très élargie en droit privé, celle-ci n'est pas absolue. Elle se trouve limitée par la loi et l'ordre public. De sorte que le concédant ne pourra fonder sa sélection sur n'importe quel critère. En droit public, elle est soumise à des règles de procédures permettant de garantir la libre concurrence.

Ces différentes règles légales régissent la sélection du partenaire privé dans un contrat de partenariat public privé. Au Cameroun, l'article 13 du décret du 24 janvier 2008 dispose que : *« La sélection du cocontractant de la personne publique dans le cadre de projets éligibles au régime des contrats de*

---

[282] Article R2196-1 du Code de la commande publique.

[283] Article 1102 du Code civil.

[284] Com.7avril.1998 : Bull. civ. IV, n°126, voir également, Cass. Civ 1ère, 6 mai 2010, n°09-66-969.

partenariat, comporte des étapes suivantes : l'appel public à manifestation d'intérêt, l'appel d'offres restreint, la présentation, le dialogue de pré qualification, l'adjudication, la notification des résultats, la signature du contrat ».

Au sens de ce décret, nous distinguons sept (07) étapes conduisant à la sélection du cocontractant de la personne publique dans un contrat de partenariat public privé.

Dans le cadre de notre analyse, ces étapes seront regroupées en deux phases. Une phase précontractuelle(A) et la phase d'attribution du marché. (B)

A- La phase précontractuelle du contrat de partenariat public privé

La phase précontractuelle d'un contrat correspond au processus aboutissant à un accord entre les parties à ce contrat. De manière générale en droit privé, cette phase correspond bien souvent à « la phase préliminaire où les clauses du contrat sont étudiées et discutées[285] ».

C'est cette phase qui permet à chacune des parties de mieux connaître les intentions de l'autre. À ce stade aucun contrat n'est formé et bien souvent l'offre de contracter n'est pas prête à être acceptée en l'état.

Selon Jacques Ghestin, « *entre l'initiative que constitue l'entrée en pourparlers ou l'offre, et la conclusion d'un contrat, se situe souvent une période précontractuelle qui peut être parfois de longue durée. Il s'agit de la période des pourparlers dont la consultation peut servir à l'interprétation du contrat* [286]»

En effet, à l'exception des petits contrats, il est très rare de voir un contrat dont la conclusion n'a pas été précédée d'une étape plus ou moins longue de négociation.

On distingue souvent dans cette phase, une invitation à entrer en pourparlers, les pourparlers à proprement dits, ensuite l'émission de l'offre. Si dans certains contrats elle oblige les parties, comme c'est le cas des promesses

---

[285] CARBONNIER Jean, *Droit civil, T.4, les obligations,* Paris, *PUF,* 2000, p. 85.
[286] GHESTIN Jacques, *Traité de droit civil*, t. II, *Les obligations, le contrat*. In : *Revue internationale de droit comparé*. Vol. 32 N°3, Juillet-septembre 1980. pp. 661-662.

unilatérales[287] et les promesses synallagmatiques[288], le principe de la liberté contractuelle qui gouverne les contrats rend libre l'initiative, le déroulement et la rupture des relations précontractuelles[289].

Dans le contrat de partenariat, le principe de la liberté d'accès à la commande publique exige de l'acheteur qu'il informe l'ensemble des candidats de son projet de marché. Durant cette phase précontractuelle, l'acheteur est donc amené à présenter son projet aux potentiels candidats, afin de procéder à la sélection des candidatures dans le respect des principes fondamentaux de la commande publique. Cette étape regroupe une étape préliminaire dite « invitation à soumissionner » et une étape de présélection des candidatures.

L'invitation à soumissionner est une étape indispensable dans le processus de sélection du candidat. Elle participe du respect du principe de mise en concurrence imposé par le code de la commande publique. Nous pouvons donc dire que, dans les marchés publics et dans le contrat de partenariat, la liberté de choix du cocontractant se trouve amoindrie par cette obligation de mise en concurrence. Celle-ci impose à l'acheteur, initiateur du projet, d'élaborer au préalable un dossier consultatif visant à lancer un appel à concurrence et dont la conformité devra être soumise à validation par l'organisme expert qui devra émettre un avis de « non-objection [290]». Ce n'est qu'une fois le dossier de consultation validé, que l'administration publique pourra procéder à l'appel public à manifestation d'intérêt, ainsi qu'à l'appel d'offre restreint.

Cet appel public à manifestation d'intérêt est un mode de présélection des candidats qui seront invités à soumissionner lors de futures procédures de passation d'un marché public. En droit français, lorsque l'acheteur lance un appel à manifestation d'intérêt, il invite les candidats à montrer leur intérêt

---

[287] Voir l'article 1124 du code civil. Aux termes duquel « *La promesse unilatérale est le contrat par lequel une partie, le promettant, accorde à l'autre, le bénéficiaire, le droit d'opter pour la conclusion d'un contrat dont les éléments essentiels sont déterminés, et pour la formation duquel ne manque que le consentement du bénéficiaire.*
La révocation de la promesse pendant le temps laissé au bénéficiaire pour opter n'empêche pas la formation du contrat promis ».
[288] Dans les promesses synallagmatiques, l'accord des deux parties suffit à les lier. L'acte qui sera signé ultérieurement ne sera en réalité un acte d'exécution dressé pour des raisons probatoires. C'est le cas notamment de la promesse de vente qui vaut vente conformément à l'article 1589 du Code civil.
[289] Article 1112 du Code civil.
[290] Article 16 al 2 du décret 2008 sus cité.

pour le marché identifié dans un avis de pré-information valant avis de publicité. Une fois l'acheteur prêt à engager la procédure de sélection, il demandera aux candidats ayant démontré leur volonté de la confirmer par la remise d'une candidature. Étant entendu que seuls les candidats ayant manifesté leur désir de soumissionner dans les conditions requises par l'avis de pré-information peuvent participer à la procédure de passation du marché considéré. Ces avis peuvent être publiés soit à l'OPUE (Office des publications de l'Union européenne), soit sur le profil d'acheteur[291] et ont une validité de maximale de (12) douze mois[292].

En droit camerounais, cette procédure peut être lancée pour la réalisation d'un projet d'infrastructure, d'équipement, ou de fourniture de service en contrat de partenariat[293]. Elle fait l'objet d'une large diffusion conformément aux principes de la liberté d'accès, de traitement des candidats et de l'objectivité des procédures.

En lançant un appel à manifestation d'intérêt, la personne publique invite donc les opérateurs économiques à exprimer leur volonté pour le marché identifié dans l'avis assorti d'une fiche technique du projet à réaliser. Cette procédure vise à retenir cinq (05) candidats en vue de l'appel d'offre restreint.

La durée légale de validité de l'invitation à soumissionner n'a pas été précisée par le législateur camerounais. Néanmoins, elle devra être mentionnée arbitrairement par la personne publique dans son avis[294]. Ainsi, les acheteurs, à l'exception de certaines autorités publiques centrales de droit français [295] peuvent utiliser ces avis « *pour lancer un appel à la concurrence dans le cadre d'une procédure d'appel d'offres restreint ou d'une procédure avec négociation*[296] ».

A condition que ceux-ci fassent référence spécifiquement aux travaux, aux fournitures ou aux services qui feront l'objet du marché à passer, qu'ils mentionnent que ce marché sera passé selon une procédure d'appel d'offres restreint ou une procédure avec négociation sans publication ultérieure d'un

---

[291] Article R. 2131-2 du CCP.

[292] Article R2131-9 du CCP qui dispose que *« l'avis mentionné à l'article R. 2131-7 peut avoir une durée de validité supérieure à douze mois. »*

[293] Article 15 du décret 2008 sus cité.

[294] Article 17 (4) du Décret Camerounais du 24janvier 2008 qui dispose que *« l'avis d'appel à manifestation d'intérêt fixe le délai et la forme de cette manifestation d'intérêt. »*.

[295] Voir l'annexe 2 du CCP concernant l'avis relatif aux seuils de procédure et à la liste des autorités publiques centrales en droit de la commande publique - NOR : ECOM1831821V.

[296] Article R2131-4 du CCP.

avis d'appel à la concurrence et invitent les opérateurs économiques intéressés à manifester leur intérêt et qu'il ait été envoyé pour publication entre trente-cinq jours et douze mois avant la date d'envoi de l'invitation à le confirmer.

En droit camerounais, cette étape[297] est une procédure préalable à d'appel d'offre restreint. Ainsi, quinze à trente jours après le délai d'expiration de l'avis de manifestation d'intérêt par l'administration publique initiatrice du projet et uniquement sur la base de la liste des opérateurs économiques ayant manifesté leur intérêt[298].

L'appel d'offres est l'une procédure de droit commun de passation d'un marché. Il s'agit d'une procédure par laquelle l'autorité contractante choisit, sans négociation avec les candidats, l'offre économiquement la plus avantageuse, évaluée sur la base de critères objectifs préalablement portés à la connaissance des candidats et exprimés en termes monétaires[299]. Elle peut être ouverte ou encore restreinte.

L'appel d'offre est dit « ouvert » lorsque tout intéressé peut soumettre son offre. On parle d'appel d'offre « restreint » lorsque seuls peuvent remettre des offres, les candidats que l'autorité contractante a décidé de consulter. Le nombre et la qualité de candidats admis à soumissionner assurent une concurrence réelle. Il est ensuite procédé comme en matière d'appel d'offres ouvert[300].

En droit camerounais, l'appel d'offre est principalement utilisé dans le cadre de travaux ou équipements spécifiques de grande importance ou complexes[301] . Les acheteurs sont libres de choisir entre l'une et l'autre de ces procédures. Néanmoins, dans cadre du contrat de partenariat public-privé, le législateur camerounais à opter pour la procédure d'appel d'offre restreint. Ce choix s'explique certainement au regard de la complexité de ce contrat.

---

297 L'appel à manifestation d'intérêt.

298 L'article 18 du Décret n° 2008/0115 du 24 janvier 2008 précisant les modalités d'application de la loi n°2006/012 du 29 décembre 2006 fixant le régime général des contrats de partenariat.

299 STRADY Fabrice, *Rédiger et instruire un appel d'offres,* Paris, *Le Moniteur,* 2017, Voir aussi CHARREL, Nicolas, *Code pratique des marchés publics*, Paris, *Le Moniteur,* 2017, p.613 également DUCRET, S., *Lexique pratique des marchés publics,* Paris, *Éd. Du Puits Fleurs,* 2016, Voir en plus, « Procédure d'appel d'offres au sens de l'ordonnance n° 2015-899 du 23 juillet 2015 relative aux marchés publics », en ligne sur www.marchepublic.fr.

300 MUKONDE MUSULAY Pascal, « Contrat de partenariat public-privé, Options innovantes de financement des infrastructures publiques en Afrique subsaharienne », *Globethics.net Africain Law*, n° 5, 2018, p. 36.

301 Article 13 du Code des marchés publics.

Au terme de la procédure d'appel à manifestation d'intérêt, l'administration publique retient cinq candidats en vue de la procédure d'appel d'offre. Elle fixe l'ensemble des règles de mise en concurrence et celles nécessaires à composition du dossier de candidature. Toutefois, la personne publique peut, à l'appui du dossier de candidature et dans la mesure où cela est nécessaire, vérifier ou apprécier les capacités du candidat et le cas échéant, lui demander la transmission des documents nécessaires à l'appréciation de sa candidature[302].

Afin de respecter la procédure de mise en concurrence lors de la procédure du lancement de la procédure d'appel d'offre restreint, la personne publique doit préciser dans l'avis d'appel de mise en concurrence encore appelé « règlement de consultation », l'ensemble des renseignements et documents que doit produire le candidat et le cas échéant, le nombre de candidats qui seront admis à présenter une offre et à participer au dialogue de pré qualification.

Le modèle français de passation du marché de partenariat obéit quant à lui aux mêmes règles de procédures que celles relatives aux autres marchés de la commande publique. Aussi, lorsque la valeur estimée hors taxe du besoin est égale ou supérieure aux seuils européens, l'acheteur passera son marché selon l'une des procédures dites « formalisées ». Il s'agit notamment de l'appel d'offres, de la procédure avec négociation et le dialogue compétitif[303].

Le nouveau code de la commande publique n'a cependant pas donné plus d'indication concernant le choix de la procédure applicable au marché de partenariat. Antérieurement, l'article 26 du décret du 25 mars 2016 relatif aux marchés publics prévoyait une liberté de choix. Au sens de cet article, lorsque la valeur estimée du besoin est égale ou supérieure aux seuils européens mentionnés à l'article 42 de l'ordonnance du 23 juillet 2015, les entités adjudicatrices passent leurs marchés publics selon l'une des procédures formalisées suivantes qu'elles choisissent librement à savoir, l'appel d'offres, la procédure négociée avec mise en concurrence préalable ou le dialogue compétitif[304].

Par ailleurs l'article L1414-5 du CGCT avait apporté plus de précisions concernant le choix de la procédure de passation du contrat de partenariat. En effet, il ressort de cet article que : *« Les contrats de partenariat peuvent être*

[302] Article 20 du Décret du 24 janvier 2008.
[303] Article L2124-1 du code de la commande publique.
[304] Article 26 du Décret du 25 mars 2016 relatif aux marchés publics.

passés selon les procédures du dialogue compétitif, de l'appel d'offres ou selon une procédure négociée.

Si, compte tenu de la complexité du projet et quel que soit le critère d'éligibilité retenu en application de l'article L. 1414-2 pour fonder le recours au contrat de partenariat, la personne publique est objectivement dans l'impossibilité de définir seule et à l'avance les moyens techniques pouvant répondre à ses besoins ou d'établir le montage financier ou juridique du projet, elle peut recourir au dialogue compétitif dans les conditions prévues à l'article L. 1414 -7. Elle indique le choix de la procédure dans l'avis de publicité.

Si tel n'est pas le cas, elle indique que les candidats admis présenteront une offre selon la procédure d'appel d'offres prévue à l'article L. 1414-8 ou selon la procédure négociée prévue à l'article L. 1414-8-1 ».

A la lecture de cet article, et compte tenu de la complexité du montage juridique et financier de cet outil contractuel, le dialogue compétitif apparait comme la procédure la plus adaptée pour ce contrat. L'ensemble de ces différentes étapes dit « phase préliminaire » aboutit à la phase de présélection du candidat au marché.

Cette phase (de présélection) est la deuxième étape de la procédure de sélection du cocontractant dans le contrat de partenariat. Elle intervient à l'expiration du délai de l'avis d'appel à concurrence. La personne publique initiatrice du projet après avoir reçu les dossiers, les confie à une commission spéciale des contrats créée à cet effet et qui se charge d'analyser l'ensemble des dossiers de candidature. C'est cette commission qui procédera à une présélection des candidats en vue d'un dialogue de pré qualification.

Au sens du décret camerounais du 24 janvier 2008, l'analyse des candidatures est faite par la commission spéciale. Il s'agit d'une commission *ad hoc* créée par arrêté du premier ministre. Elle constitue la troisième étape de la procédure de sélection. Instaurée sept jours avant le dépouillement, elle est présidée par une personnalité choisie expressément par le ministre.

Les autres membres sont des experts issus des effectifs de l'organisme expert (Conseil d'appui à la réalisation du contrat de partenariat), de l'administration, et des autres administrations ayant les capacités techniques nécessaires à cette analyse[305]. Celle-ci consiste donc à une vérification par la commission des informations transmises par les candidats, laquelle dresse

[305] Article 22 du décret du 24 janvier 2008 au Cameroun.

ensuite un procès-verbal des délibérations et rédige un rapport de présélection présentant les résultats de son analyse par ordre de mérite.

Ce rapport est par la suite, transmis à l'autorité détentrice du pouvoir d'adjudication, à charge pour elle de publier les noms des candidats présélectionnés. Elle dispose alors d'un délai de 10 jours pour notifier aux candidats les résultats de la présélection. Par ailleurs, elle dispose de ce même délai pour informer par lettre avec accusé de réception les candidats dont les offres n'ont pas été retenues[306].

Cette notification des candidats présélectionnés prend la forme de lettre d'invitation au dialogue de pré qualification. Le dialogue de pré qualification, est la quatrième étape de sélection du candidat, elle consiste en une concertation entre la personne publique et le ou les candidats présélectionnés et permet de définir les moyens techniques ainsi que les montages juridiques et financiers nécessaires à la réalisation du projet.

Ce dialogue est conduit par la personne publique initiatrice du projet en liaison avec le comité d'experts et vise à classer par ordre de mérite les candidats disposant de la compétence nécessaire pour répondre aux mieux aux exigences de la personne publique.

Au cours de cette procédure, chaque candidat est entendu dans le respect strict de l'égalité des candidats. Aucune information susceptible d'avantager l'un des candidats ne doit être transmise par l'administration. Par conséquent, elle ne doit pas communiquer aux autres candidats les solutions proposées par l'un d'eux dans le cadre de la discussion sans l'accord préalable de ce dernier.

Durant cette étape, la personne publique peut être amenée à modifier la consistance de son projet. Elle doit alors assumer la compensation des surcoûts des études engendrées par les études supplémentaires pour les candidats qui ont été par la suite disqualifiés.

Cette compensation s'élève à trente pour cent des charges d'études du projet et est fixée par un arrêté de l'organisme expert[307]. La complexité du contrat de partenariat peut laisser dubitatif quant à la capacité de la personne publique à définir seule et à l'avance les moyens techniques répondant à ses besoins ou encore pour lesquels elle n'est pas en mesure d'établir le montage juridique ou financier. De sorte que le dialogue de pré qualification pourrait faire courir à la personne publique un « risque d'opportunisme ».

---

[306] L'article 24 du Décret du 24 janvier 2008 au Cameroun.

[307] Article 26 du Décret du 24 janvier 2008 au Cameroun.

En effet, l'opérateur économique étant plus expérimenté, pourrait conduire ce dialogue dans son propre intérêt au détriment de la personne publique. Le législateur camerounais, afin de sécuriser au mieux cet outil contractuel, peut revoir le mode de sélection du candidat en s'inspirant fortement de la procédure du « dialogue compétitif » en France car, par rapport à la pratique camerounaise de l'appel d'offres, le dialogue compétitif a l'avantage de conférer une vision plus complète et comparative des solutions techniques, financières ou juridiques que le marché peut offrir puisque, les offres ne seront pas dès le début, enfermées dans des spécifications techniques trop précises.

Le dialogue compétitif déjà énoncé plus haut est une procédure par laquelle l'acheteur dialogue avec les candidats admis à y participer en vue de définir ou développer les solutions de nature à répondre à ses besoins et sur la base desquelles ces candidats sont invités à remettre une offre. Elle consiste au sens des articles R2161-27 et R2161-28 du CCP, en un échange se déroulant en des phases successives de manière à réduire le nombre de solutions à discuter, tout en appliquant les critères d'attribution définis dans l'avis de marché ou dans un autre document de la consultation. L'acheteur indique à cet effet, dans les documents de la consultation, s'il fera usage de cette possibilité.

Dans la phase finale de dialogue, le nombre de solutions restant à discuter doit être suffisant pour assurer une concurrence réelle, pour autant qu'il y ait un nombre suffisant de solutions remplissant les conditions requises. L'acheteur poursuit le dialogue jusqu'à ce qu'il soit en mesure d'identifier la ou les solutions qui sont susceptibles de répondre à ses besoins. Lorsqu'il estime que le dialogue est arrivé à son terme, l'acheteur en informe les participants restant en lice et les invite à présenter leur offre finale sur la base de la ou des solutions qu'ils ont présentées et spécifiées au cours du dialogue. Il vérifie que les offres finales comprennent tous les éléments requis et nécessaires pour la réalisation du projet[308].

Le dialogue compétitif apparait donc comme une recommandation pour la sélection des candidats au marché de partenariat en droit français, sans qu'il ne soit nécessaire de procéder à un appel d'offre restreint. Par ailleurs, pour revenir à la procédure de sélection des candidats en droit camerounais, tous les candidats doivent suivre les mêmes règles procédurales susmentionnées et, une fois arrivé au terme du dialogue, ils seront invités à déposer leurs offres finales. Ce délai de dépôt est fixé à 20 jours par la loi camerounaise[309]. A l'issu de ce délai, la commission spéciale procède au dépouillement des candidatures

[308] Voir les articles R2161-27 et R2161-28 du CCP.
[309] Article 27 du Décret du 24 janvier 2008 au Cameroun.

et rédige un rapport qu'elle soumettra à la personne publique initiatrice du projet qui procèdera à l'attribution du marché.

B - L'attribution du marché

L'attribution du marché est la dernière étape de sélection des candidats au marché. Elle consiste pour la personne publique à choisir l'offre qu'elle considère comme la plus avantageuse. Cette attribution obéit à deux procédures. La personne publique doit tout d'abord procéder à la notification des résultats aux candidats, et ensuite à la signature du contrat de lui-même. La notification des résultats se fait à la suite du rapport de pré qualification de la commission spéciale des contrats de partenariat. C'est dès la réception de ce rapport que l'administration initiatrice du projet peut annoncer officiellement le nom du candidat qui se verra attribuer le marché.

Cependant, conformément l'article 30 du décret du 24 janvier 2008 sus cité, par respect du principe d'égalité de traitement des candidats, la personne publique devra informer le candidat sélectionné, mais également, les autres candidats de ce que leur offre n'a pas été retenue. À la suite de cette notification, interviendra l'étape de signature. La signature du contrat scelle l'accord entre l'acheteur et le titulaire du marché. Cependant, dans le contrat de partenariat cette signature n'est pas totalement libre.

Ce qui revient à dire que la personne publique, dès lors qu'elle a connaissance de nom du candidat ayant remporté le marché, ne procède pas immédiatement à la signature du contrat. Il reste encore à engager des négociations avec l'attributaire du marché. La personne publique dispose alors d'un délai de dix (10) jours pour engager ces négociations[310]. Durant cette étape, l'acheteur se fait assister par l'organisme expert (le CARPA).

La fin de la négociation doit être consignée dans un rapport soumis à l'appréciation de l'organisme expert. Ce n'est qu'après une décision de « non-objection » que la personne publique peut signer le contrat de partenariat. Pour les marchés de partenariat conclus par l'Etat pour le compte des acheteurs non autorisés, ce sont les autorités administratives compétentes qui autorisent la

[310] Voir article 31 du Décret N°2014/2343/PM du 31 juillet 2014 modifiant et complétant certaines dispositions du décret n°2008/0115/PM du 24 janvier 2008 précisant les modalités d'application de la loi n°2006/012 du 29 décembre 2006 fixant le régime général des contrats de partenariat au Cameroun.

signature des marchés de partenariat de l'Etat et de ses établissements publics, dans des conditions fixées par voie réglementaire[311]. Pour les collectivités territoriales et les établissements publics locaux, c'est l'assemblée délibérante de la collectivité territoriale ou l'organe délibérant de l'établissement public local qui autorise la signature du marché de partenariat par l'organe exécutif[312]

Pour ce qui est des autres acheteurs, c'est l'organe décisionnel qui autorise la signature du marché de partenariat[313].

Une fois signés, les marchés de partenariat et leurs annexes sont communiqués à l'organisme expert mentionné à l'article L. 2212-2 du CCP. Les informations et documents communiqués ne sont utilisés qu'à des fins de recensement et d'analyse économique.

311 Article L2223-1 du CCP.
312 Article L2223-2 du CCP.
313 Article L2223-3 du CCP.

Conclusion du chapitre 1

Les implications de la liberté contractuelle lors de la formation du contrat de partenariat public-privé confirment ce que laissait présager l'étude d'un contrat administratif.

La formation du contrat de partenariat public-privé, diffère de celle d'un contrat de droit privé. Alors qu'en droit privé, cette liberté est laissée aux parties qui choisissent leur cocontractant et déterminent seules le contenu de leur contrat, dans le contrat de partenariat, dans la limite prévue par la loi, celle liberté est strictement encadrée.

La progression des principes de la commande publique est généralement perçue comme une restriction à la liberté contractuelle. C'est d'ailleurs le point de vue adopté par les décideurs publics qui ont considéré la rigueur de ces procédures comme une entrave à la liberté de choix du cocontractant.

Cependant, l'ensemble des procédures qui entourent la formation d'un contrat de partenariat ne conduit pas à la négation du principe de la liberté contractuelle dans ce contrat. Car, quand bien même son implication dans un contrat de partenariat public-privé serait différente de celle d'un contrat privé, elle reste tout de même présente à toutes les étapes de formation de ce contrat.

Par ailleurs, le maniement des deniers publics impose une certaine rigueur dans les choix contractants de la personne publique. De ce fait, la liberté de contracter ou de ne pas contracter, ainsi que la liberté de choisir son cocontractant y sont perçues autrement. Mais, il n'en demeure pas moins vrai que l'accord de volonté des parties tel qu'énoncé dans la théorie générale du contrat reste la sève de tout contrat et du contrat de partenariat également.

En somme, l'on peut dire que les principes fondamentaux de la commande publique, à l'exemple de la mise en concurrence, qui permettent une multiplication des offres nécessaires à une comparaison pertinente, n'ont pour but que de permettre un « choix éclairé » de la personne publique.

Loin de constituer une restriction de la liberté contractuelle, elle peut également être perçue comme un moyen efficace de l'exercice de cette liberté.

CHAPITRE II

L'EXERCICE PARTIELLE DE LA LIBERTÉ CONTRACTUELLE DANS L'ELABORATION DU CONTRAT DE PARTENARIAT

Le principe de la liberté contractuelle autorise les parties à choisir librement de contracter ou de ne pas le faire, à choisir leur cocontractant, mais également à définir les termes par lesquels elles souhaitent s'engager. Définir les termes du contrat revient à préciser son contenu. Si les parties sont libres de définir le contenu de leur contrat, il reste que cette liberté s'exerce *« dans les limites fixées par la loi*[314] ».

Il convient en premier lieu de rappeler que *« les contrats obligent non seulement à ce qui y est exprimé, mais encore à toutes les suites que leur donnent l'équité, l'usage ou la loi*[315] ». Autrement dit, le contrat se présente comme un creuset qui se remplit de ce que les parties ont exprimé, mais aussi des prescriptions (impératives ou supplétives) posées par la loi, l'usage ou l'équité[316].

La validité d'un contrat repose sur un contenu licite. A cet égard, les parties à un contrat doivent définir entre elles le contenu de leur contrat, afin de déterminer ce à quoi elles s'engagent, mais aussi pourquoi elles s'engagent. L'article 1128 du code civil précise d'ailleurs que, sont nécessaires à la validité du contrat « *le consentement des parties, leur capacité de contracter et un contenu licite et certain* ».

La capacité et le consentement des parties ont déjà fait l'objet d'un développement dans le chapitre précédent. À présent, il ne reste plus qu'à s'intéresser à la notion de contenu du contrat. La pratique contractuelle a bien souvent employé l'expression « contenu du contrat » en référence à toutes les clauses qui y figurent. L'emploi de cette notion est inexistant en droit

---

[314] Article 1102, alinéa 1er, du Code civil.

[315] Article 1194 du Code civil.

[316] GRIMALD Cyril, *Les limites à la libre détermination du contenu du contrat dans le nouveau droit des contrats*, *obligations/Contrats*, Paris, *Lextenso*, 2016, p.6.

camerounais. En droit français en revanche, elle est d'apparition récente. C'est l'œuvre du législateur de 2016, qui a choisi dans la réforme des contrats, de regrouper la notion de « cause » et « objet » sous le vocable de « contenu » du contrat qui, renvoie à l'ensemble des droits et obligations pour lesquelles les parties contractent.

Toutefois, le changement opéré par l'ordonnance du 10 février 2016 n'aura pas suffi à faire disparaître l'emploi de la notion « d'objet », car le code civil continue de l'évoquer dans certaines de ses dispositions[317]. Le droit civil camerounais quant à lui, reste fidèle à cette notion « d'objet » du contrat hérité du code civil français et en fait d'ailleurs l'une des conditions de validité du contrat[318].

En droit administratif, la professeure Marion Ubaud-Bergeron parlant de la liberté contractuelle en droit administratif, considère que : *« Cette liberté est prégnante en droit administratif »*. Par conséquent, *« l'étendue exacte des besoins à satisfaire, les caractéristiques de l'ouvrage à construire ou d'un matériau ou produit à livrer, les exigences liées à une prestation de service au profit de la personne publique ou des usagers, ainsi que le prix, pour en rester sur les éléments essentiels du contrat, sont en principe fixés par les parties[319] »*.

Elle affirme ainsi de manière très explicite la liberté contractuelle dans les contrats administratifs et met l'accent sur la liberté qu'ont les parties à déterminer les éléments essentiels de leur contrat. Toutefois en pratique, force est de constater que c'est la personne publique qui fixe les clauses contractuelles auxquelles le cocontractant peut ou non adhérer. Ici, la marge de manœuvre du cocontractant n'est perceptible que lorsqu'il s'agit de déterminer les clauses financières. Bien plus encore, la liberté contractuelle des parties en droit administratif n'est pas illimitée. La loi et le juge imposent aux personnes publiques certaines obligations et interdictions dans la rédaction du contenu de leur contrat.

Ainsi, nous verrons que dans le contrat de partenariat public-privé, la détermination du contenu du contrat est très encadrée, notamment s'agissant

---

[317] Article 1163 du code civil : « l 'obligation a pour objet une prestation présente ou future.
Celle-ci doit être possible et déterminée ou déterminable.
La prestation est déterminable lorsqu'elle peut être déduite du contrat ou par référence aux usages ou aux relations antérieures des parties, sans qu'un nouvel accord des parties soit nécessaire. »
[318] Article 1108 du Code civil.
[319] UBAUD BERGERON Marion, *op.cit.*, p. 61.

de son objet qui doit être clairement défini (Section1), et de la conformité de son contenu à l'ordre public (Section2).

Section 1 - La place relative de la liberté dans la détermination du contenu du contrat

Conformément au principe de la liberté contractuelle, les parties au contrat de partenariat déterminent librement les droits et obligations auxquels elles s'engagent. Cette liberté suppose la détermination de l'objet du contrat, à savoir ce sur quoi portera leur contrat. Car, le contenu du contrat de partenariat dépend en particulier de son objet, de la nature de l'opération projetée et du financement du projet.

L'exigence d'un contenu valide dans le contrat administratif a été repris par la jurisprudence dans l'arrêt commune de Béziers du 29 décembre 2009 dans lequel il avait été demandé au juge de trancher d'un litige relatif à l'exécution du contrat entre les parties, portant sur la validité de ce contrat.

Le juge avait alors considéré que, « *dans le cas seulement où il constate une irrégularité invoquée par une partie ou relevée d'office par lui, tenant au caractère illicite du contenu du contrat ou à un vice d'une particulière gravité relative notamment aux conditions dans lesquelles les parties ont donné leur consentement, il doit écarter le contrat et ne peut régler le litige sur le terrain contractuel*[320] ».

En statuant comme il l'a fait, le législateur français a permis dans cette affaire d'affirmer le caractère obligatoire du contenu licite dans le contrat administratif. Cependant, si l'admission d'un contenu licite dans le contrat administratif et même privé ne fait plus aucun doute, la question de l'étendue de ce contenu subsiste.

Alors qu'aucune définition concrète de la notion de contenu du contrat administratif n'a été jusqu'à lors donnée, en droit civil, en revanche, l'expression de « contenu » renvoie à l'objet de l'obligation, à la contrepartie et au but[321].

---

[320] CE, Ass., 28 décembre 2009, Commune de Béziers (Béziers I), requête numéro 304802, rec. p. 509.

[321] LACHIÈZE Christophe, *Droits des contrats*, Paris, *éd. Ellipses,* 2020, p .119.

L'objet de l'obligation s'entend comme une « prestation [322] » ou encore comme ce qui est dû par le débiteur. Cette prestation peut être présente ou future. Et, pour être valable, elle devra répondre à quatre exigences. Il ressort alors de l'article 1163 du code civil que, la prestation doit tout d'abord, exister, être possible, et être déterminée ou déterminable. Le juge français met l'accent sur la licéité du contenu du marché public. Par exemple, pour justifier la résiliation d'une convention, il évoquera « *le contenu illicite de contrat* »[323]. En droit privé comme en droit public, le contenu du contrat doit renfermer suffisamment d'informations permettant sa compréhension et permettant aux parties d'avoir connaissance de leurs droits et obligations (§2), mais aussi de cerner facilement l'objet du contrat dans lequel elles se sont engagées (§1).

§1 - L'objet du contrat de partenariat, une exigence légale

La détermination du contenu du contrat de partenariat, tout comme celui de la plupart des autres contrats de la commande publique, passe par la détermination de son objet car, ce n'est qu'une fois que les parties auront décidé ce sur quoi portera leur contrat, qu'elles pourront envisager ensemble les autres clauses dudit contrat. Conformément au principe de la liberté contractuelle, la détermination de cet objet exige qu'il soit libre.

Cependant, la notion d'« objet du contrat » dans le code de la commande publique diffère quelque peu du droit privé. Alors qu'en droit privé, elle est qualificative de la nature de l'obligation à naître dans le contrat, « *le contrat est (...) destiné à créer, modifier, transmettre ou éteindre des obligations* », en droit de la commande publique, l'objet permet de qualifier la nature même du contrat.

Par conséquent, si en droit privé la seule licéité de l'objet suffit, en droit public, la convention entre les parties ne peut être considéré comme un marché

[322] La prestation se définie comme ce qui doit être fourni ou accompli (dict. Le Robert poche, 2020, p.571).
[323] CE, ass, déc. 2009, cne de Béziers, il a été jugé que : « lorsqu'il est saisi, par une partie au contrat, d'un litige relatif à son exécution. Il lui incombe alors, en principe, de faire application du contrat, eu égard, là encore, à l'exigence de loyauté des relations contractuelles. Toutefois, le juge ne peut régler le litige sur le terrain contractuel et doit écarter l'application du contrat lorsqu'il constate, le cas échéant d'office, le caractère illicite de son contenu ou l'existence d'un vice d'une particulière gravité tenant aux conditions dans lesquelles les parties ont donné leur consentement. ».

ou un contrat de partenariat que si celle-ci répond à un objet bien précis définit dans le code de la commande publique. Il convient donc dans le cadre de notre étude de s'intéresser à la notion d' « objet » (A) et à son caractère certain dans le contrat de partenariat (B).

A - La notion d'objet dans le contrat de partenariat

La détermination du contenu du contrat de partenariat comme celui de la plupart des autres contrats de la commande publique passe par la détermination de son objet. Ce n'est qu'une fois que les parties auront décidé ce sur quoi portera leur contrat qu'elles pourront envisager ensemble les autres clauses de leur contrat.

Si en droit privé la notion d'objet du contrat s'entend comme « *une chose qu'une partie s'oblige à donner, ou qu'une partie s'oblige à faire ou à ne pas faire*[324] », celle-ci ne revêt pas la même qualification en droit des marchés publics. Elle va donc avoir une fonction qualificative de l'obligation qui va naître du contrat en droit privé. En revanche en droit public, elle permet la qualification du contrat lui-même.

L'objet du contrat de partenariat apparait donc comme un élément déterminant de la qualification juridique du contrat. C'est au travers de cet l'objet qu'il est possible de classer les différents types de marché public. Pour les marchés de travaux par exemple, cette catégorie de marchés est définie à l'article L1111-2 du code de la commande publique comme des marchés qui ont pour objet, « *soit l'exécution, soit la conception et l'exécution de travaux dont la liste figure dans un avis annexé au présent code : soit la réalisation, soit la conception et la réalisation, par quelque moyen que ce soit, d'un ouvrage répondant aux exigences fixées par l'acheteur qui, exerce une influence déterminante sur sa nature ou sa conception* ».

C'est cette classification des marchés de travaux qui a d'ailleurs influencé la définition du marché de partenariat.

L'article L1112-1 du CCP définit le marché de partenariat comme : « *Un marché public qui a pour objet de confier à un opérateur économique ou à un groupement d'opérateurs économiques une mission globale ayant pour objet*

---

[324] Article 1126 du code civil Camerounais, cette définition de la notion d'objet était la même en droit français. Celle-ci renvoie désormais à l'article 1163 du code civil Français.

la construction, la transformation, la rénovation, le démantèlement ou la destruction d'ouvrages, d'équipements ou de biens immatériels nécessaires au service public ou à l'exercice d'une mission d'intérêt général et tout ou partie de leur financement. »

Le titulaire du marché de partenariat assure donc la maîtrise d'ouvrage de l'opération à réaliser. Cette mission globale peut en outre comprendre : *« Tout ou partie de la conception des ouvrages, équipements ou biens immatériels ; L'aménagement, l'entretien, la maintenance, la gestion ou l'exploitation d'ouvrages, d'équipements ou de biens immatériels ou une combinaison de ces éléments ;*

La gestion d'une mission de service public ou des prestations de services concourant à l'exercice, par la personne publique, de la mission de service public dont elle est chargée[325]. »

La lecture conjointe des deux articles permet de déduire que le marché de partenariat relève des marchés de travaux, dont l'objet ne peut porter que sur les deux cas de figures énoncés à l'article L1112-1 du code suscité. Au Cameroun, l'objet du contrat de partenariat n'est pas défini de la même façon. Selon l'article 1er paragraphes 2 et 3 de la loi du 29 décembre 2006 : *« Le contrat de partenariat est un contrat par lequel l'Etat ou l'un de ses démembrements confie à un tiers, pour une période déterminée, en fonction de la durée d'amortissement des investissements ou des modalités de financements retenues, la responsabilité de tout ou partie des phases suivantes d'un projet d'investissement : La conception des ouvrages ou équipements nécessaires au service public ; le financement, la construction, la transformation des ouvrages ou équipements, l'entretien ou la maintenance, l'exploitation ou la gestion.*

Le cas échéant, d'autre prestations de services concourant à l'exercice, par la personne publique, de la mission de service public dont elle est chargée, peuvent également être confiées à un tiers dans le cadre d'un contrat de partenariat.[326] *».*

Il y'a encore quelques années, nous observions une grande similitude avec l'objet du contrat de partenariat en France. Mais pour donner suite aux récentes réformes du code de la commande publique, l'objet de ce contrat

---

[325] L'article L1112-1 du CCP.

[326] L'article 1 de la loi n° 2006/012 du 29 décembre 2006 fixant le régime général des contrats de partenariat.

aujourd'hui appelé « *marché de partenariat* » a été revisité. Désormais, et conformément à l'article précité[327], le marché de partenariat a pour objet « *de confier à un opérateur économique ou à un groupement d'opérateurs économiques une mission globale* ». Cependant, en droit français, afin de répondre aux mieux aux besoins de la personne publique, il est possible de moduler les missions du titulaire du marché, notamment les missions principales obligatoires et les missions complémentaires relatives à son objet[328].

En effet, le nouveau code de la commande publique a rendu les missions de maintenance, d'entretien et de gestion facultatives et non plus obligatoires. Au Cameroun en revanche, celles-ci restent bien distinctes et obligatoires. En somme, la notion d'objet dans le contrat de partenariat va s'éloigner de sa définition civiliste pour recouvrir des champs particuliers de la commande publique ayant trait plus à la détermination des règles de publicité et de mises en concurrence préalables, un domaine évidement étranger au code civil[329].

B- Le caractère certain de l'objet du contrat de partenariat

Le caractère de l'objet du contrat est bien contenu en droit privé. Posé à l'article 1128 du code civil français et 1108 du code civil camerounais, il est perçu comme l'une des quatre conditions de validité du contrat. Ainsi, le contrat de partenariat doit être certain. Cet élément pourrait trouver une équivalence dans l'obligation de la définition préalable du besoin en matière de marchés publics.

En effet, la question de l'objet certain du contrat est également une obligation en matière de marchés publics, puisque le contrat doit être écrit et que la procédure de passation va imposer une définition préalable du besoin de sorte à avoir une description précise des travaux, fournitures ou services qui seront l'objet du contrat[330]. Ainsi, le contenu du contrat, selon que l'on se

---

[327] Cf. paragraphe 168.

[328] Article L. 1112-1 du Code de la commande publique.

[329] LEHOUX François, « La pénétration des notions civilistes d'objet et de cause du contrat dans le contentieux des marchés publics », *Contrats Publics*, n°169, octobre 2016, p. 40.

[330] CE,1 juin 2011, Commune de Saint-Benoit, n°345649. Dans cette affaire, le juge rappelle que « le pouvoir adjudicateur doit définir ses besoins avec suffisamment de précision pour permettre aux candidats de présenter une offre adaptée aux prestations

place en droit administratif ou en droit privé, englobe l'objet et la cause. Ces deux notions sont des conditions de validité du contrat et renvoient automatiquement au contenu du contrat. En effet, *« la notion de contenu apparaît être au moins en partie synonyme des notions d'objet et de cause*[331] *»*.

Par conséquent, la validité du contrat de partenariat repose sur la licéité de son contenu notamment, un objet certain et une cause licite.

Cette équivalence entre la notion de « contenu » et « objet et cause » a été relevée dans l'arrêt de la CAA Nantes du 22 octobre 2010, *Ville de Quimper*[332].

Dans cette affaire, le juge administratif saisi d'un litige portant sur une disposition du contrat aux termes de laquelle la commune s'engage à modifier la règlementation d'urbanisme qui, pourtant, relève de son pouvoir de décision unilatérale, a estimé que, *ce « contrat administratif était fondé sur une cause illicite en raison de son objet et qu'il est entaché de nullité pour ce motif »*. Et qu'en conséquence, « *une telle irrégularité tenant au caractère illicite du contenu du contrat, est de nature à entraîner l'annulation du contrat* »

Cet arrêt permet donc de considérer comme cela a été fait en droit privé, la notion de « contenu » comme un vocable englobant les notions « de cause et d'objet ».

Ainsi, nous retiendrons pour notre analyse que l'existence d'un contenu licite suppose un objet certain et licite. D'ailleurs, la jurisprudence en la matière, sans avoir proprement défini la licéité de l'objet, y fait référence[333].

L'objet du marché doit donc être licite sous peine de la nullité du contrat. C'est la position adoptée par le Conseil d'Etat le 15 mars 2019 qui estimait alors que : *« Lorsqu'il constate l'existence de vices entachant la validité du contrat, d'en apprécier l'importance et les conséquences. Ainsi, (...), il lui revient de prononcer, (...), après avoir vérifié que sa décision ne portera pas*

---

attendues, compte tenu des moyens nécessaires pour les réaliser. Pour permettre l'élaboration de l'offre et pour en déterminer le prix, les candidats doivent disposer, notamment dans le cadre d'une procédure de passation formalisée ne permettant pas de négociation avec le pouvoir adjudicateur, d'informations relatives à la date d'achèvement du marché. Si le pouvoir adjudicateur entend laisser aux candidats la faculté de proposer eux-mêmes une date précise d'achèvement, il lui revient alors d'encadrer cette faculté.

[331] LEHOUX François, *op.cit.* p. 2.

[332] CAA Nantes, 22 octobre 2010, Ville de Quimper, req. n° 09NT01108.

[333] Voir en ce sens : CE, 10 juill. 2013, Cne de Vias : rec. CE 2013, tables, P.695, CE, 9 juil. 2015, Football Club des girondins de Bordeaux.

une atteinte excessive à l'intérêt général, soit la résiliation du contrat, soit, si le contrat a un contenu illicite ou s'il se trouve affecté d'un vice de consentement ou de tout autre vice d'une particulière gravité que le juge doit ainsi relever d'office, l'annulation totale ou partielle de celui-ci (...) [334]».

Ainsi, dès lors qu'il est constaté que l'objet du contrat est illicite, il peut constituer un motif d'annulation du contrat. L'objet du contrat de partenariat ayant été posé, il convient de s'intéresser à la rédaction des autres dispositions du contrat de partenariat.

§2 - La relativité de la liberté contractuelle dans la rédaction des dispositions du contrat de partenariat

A l'instar de la liberté de choix du cocontractant, les parties au contrat sont libres d'élaborer les clauses de leur contrat. Cependant, pour ce qui est des marchés publics, cette opération de rédaction des clauses contractuelles est soumise à une réglementation restrictive[335].

Le professeur Christophe Guettier souligne à cet effet que : « *les règles qui s'imposent aux collectivités publiques lors de la rédaction de leurs contrats sont nombreuses et s'ajoutent les unes aux autres (même si, s'agissant des collectivités locales, celles-ci ont acquis depuis le début des années 1980 une liberté dont elles ne disposaient pas dans la rédaction de leurs contrats du fait que les lois de la décentralisation ont mis fin aux contrats et clauses types qui s'imposaient aux collectivités locales)*[336]*. Il y a en ce domaine une sorte de sédimentation successive des règles de fond applicables qui résultent des textes divers il est vrai qu'aucun de ces textes ne précisent réellement le contenu de ces clauses contractuelles, mais ils en définissent l'objet et en imposent l'inclusion, très certainement à peine de nullité, même s'ils ne le mentionnent pas toujours expressément*[337] »

---

334 CE, 7ème - 2ème chambres réunies, 15 mars 2019, req n° 413584, Publié au recueil Lebon.

335 Ce constat est fait par les défenseurs de la liberté contractuelle des personnes publiques. Voir dans ce sens, GUETTIER Christophe, *op.cit.*, p. 167 et s. Voir aussi MAHOUACHI Mohamed, *op.cit.*, p. 409 et s. Voir également RICHER Laurent, *op.cit.*, p. 213 et s.

336 MAUGÜE Christine, « Les variations de la liberté contractuelle dans les contrats administratifs », *AJDA*, 1998, p. 696.

337 GUETTIER Christophe, *op.cit.*, p. 167.

En cela, l'opération de rédaction des clauses contractuelles des contrats de droit public constitue une limite à liberté contractuelle, car elle est soumise à des exigences. Si certaines d'entre elles peuvent être décidées d'un commun accord entre les parties (A), force est cependant de constater que de plus en plus, en pratique, la rédaction de ces dispositions subit l'influence de documents mis en place par la personne publique (B).

A - La part de liberté accordée aux parties dans la rédaction des clauses

Dans un contrat de partenariat, les parties, décident entre elles de la rédaction de certaines clauses. Il s'agit entre autres des clauses financières du contrat et des clauses liées à l'exécution. Les clauses financières regroupent l'ensemble des clauses ayant trait au volet financier du projet. Ainsi, le contrat de partenariat devra nécessairement comporter des clauses relatives au financement du projet, et aux pénalités pouvant affecter ce contrat.

Concernant le financement de projet, généralement en France les marchés de partenariat donnent lieu à des subventions et autres participations financières. Les modalités et l'échéancier de versement de ces subventions et autres participations financières peuvent être adaptés à la durée du contrat[338].

La personne publique est donc autorisée à participer au financement d'investissements, notamment dans le cadre d'une participation minoritaire au capital du titulaire lorsque celui-ci est constitué en société dédiée à la réalisation du projet[339].

Cette participation de la personne publique au financement de l'investissement inconnue du droit camerounais n'est pas une nouveauté du code de la commande publique française. Le retour d'expérience française encouragera certainement le législateur camerounais à règlementer ce mode de financement pour les contrats de partenariat.

Ainsi, en droit français, l'article 80.III de l'ordonnance de 2015 en avait déjà fait référence[340]. Mais, celle-ci avait suscité des interrogations principalement quant à la répartition des risques, les conflits d'intérêt pour

[338] Article L2213-5 du code de la commande publique.
[339] Article 2213-6 du Code de la commande publique.
[340] Ordonnance n° 2015-899 du 23 juillet 2015, art. 80.III.

n'en citer que ceux-là. La solution a été apportée par le nouveau code de la commande publique qui précise en son article L2213-7 que : *« Le marché de partenariat devra fixer les conditions dans lesquelles l'actionnariat du titulaire, lorsque celui-ci est constitué en société dédiée à la réalisation du projet, peut être modifié. Il prévoit notamment les modalités d'information de l'acheteur et, le cas échéant, les modalités de partage de la plus-value de cession des titres.*

Dans ce cas, les statuts de cette société de projet précisent la répartition des risques entre les actionnaires ainsi que les mesures prises afin de prévenir les conflits d'intérêt ».

La participation de la personne publique au capital d'investissement n'est cependant pas le seul mode de financement des investissements qui peut lui être autorisé. Le financement peut également se traduire par le versement de sommes avant la réalisation des investissements, qui viendront à due concurrence, limiter l'effort et le coût d'investissement du partenaire privé. Cette disposition doit cependant être mentionnée dans le contrat. La clause relative à la durée est une des clauses essentielles du contrat. Celle-ci sert à déterminer la période pendant laquelle un contrat est susceptible de produire des effets. Les parties à ce contrat disposent en principe de la liberté de déterminer la durée de leur contrat. Cette liberté s'exprime finalement assez peu car, en la matière, les textes imposent les critères de détermination de cette durée et l'obligation de retenir une durée globale ferme.

La loi peut préciser les modalités d'appréciation de la durée d'un contrat ou encore fixer sa durée maximale. C'est le cas notamment des baux emphytéotiques administratifs qui ont une durée de quatre-vingt-dix-neuf ans[341], ou encore de la concession dans le domaine de l'eau en France dont la durée est fixée à vingt ans[342].

Ainsi, une clause relative à la durée du contrat doit être contenue dans le contrat. Cette exigence est posée à l'article 5 de la loi n°2006/012 du 29 décembre 2006 fixant régime général des contrats de partenariat au Cameroun. Toutefois, aucune disposition ne prévoit de précisions quant à la durée du contrat de partenariat. Elle n'est donc pas limitée par les textes.

L'article 2 al 2 de la loi n°2006/012 du 29 décembre 2008 au Cameroun prévoit tout de même que la durée du contrat de partenariat doit être

---

[341] CGCT, article 1311-2 (renvoyant à l'article 451-1 du Code rural et de la pêche maritime).

[342] Article L 3114- 8 du Code de la commande publique.

déterminée en fonction de la durée d'amortissement des investissements ou des modalités de financement retenues. C'est également ce que retient l'article L2213-2 du code la commande publique française. Ainsi, « *La durée du marché de partenariat est déterminée en fonction de la durée d'amortissement des investissements ou des modalités de financement retenues* ».

Cette conception de la durée répond à la logique des contrats de partenariat qui correspond à une longue durée qui couvrent nécessairement, tout à la fois, des prestations de construction et d'entretien/maintenance, ainsi que des prestations de financement[343]. La doctrine française ne reste pas muette face à la détermination de cette durée des contrats. Les auteurs N. Symchowicz et Phillipe Proot apportent une analyse à ce manque de précision et à la rédaction des dispositions relatives à la durée du contrat de partenariat faite par le législateur[344] que nous reprendrons afin de mieux comprendre cette imprécision.

Selon ces derniers, une telle rédaction avait pour objet de laisser entre les mains de l'administration une grande liberté quant à la détermination de la durée du contrat. Ainsi, la seule référence à la durée d'amortissement des investissements, a permis une interprétation un peu absolutiste du texte qui consiste à imposer une durée minimale aux contrats de partenariat correspondant à une durée d'amortissement des investissement pris en charge par le titulaire du contrat. Même si l'on sait que la notion d'amortissement peut avoir un sens et une portée différents selon qu'une approche financière, comptable, et fiscale ou technique[345] ait été retenue comme cela a été jugé en matière de convention de délégation de service public[346].

---

343 VANDEPOORTER Alexandre, « Durée des contrats de partenariat », *Contrats Publics*, n°150, janvier 2015, p. 37.

344 SYMCHOWICZ Nil et Phillipe PROOT, *Partenariat public-privé et montages contractuels complexes,* Paris, *éd. Le Moniteur,* 2012, pp. 404-405.

345 POUYAUD Dominique, « Concurrence, transparence et libre administration. A propos de la décision du conseil constitutionnel n°92-316 du 20 janvier 1993 », *RFDA*, 1993, p. 906.

346 CE,11 Aout 2009, *société Maison Comba*, req. n°303517, *Rec.* CE, P.833 ; *BJCP,* 2009/67, P.470, concl B. Dacosta, obs.C.M. ; JCP A, n°2261, note P. Le Bouedec, *AJDA,* 2010, p. 954, note P. Subra de Bieusses : la durée normale d'amortissement, des installations peut être la durée normalement attendue pour que le délégataire puisse couvrir ses charges d'exploitation et d'investissement, compte tenu des contraintes d'exploitation liées à la nature du service et des exigences du délégant, ainsi que de la prévision des tarifs payés par les usagers, que cette durée coïncide ou non avec la durée de l'amortissement comptable des investissements ;
CE,8 février 2010, *commune de Chartres*, req. n°323158 ; BJCP,201/70, p. 208, concl. B. Dacosta, note R.S, voir également CE juillet 2012, communauté d'agglomération

De même, la référence « *aux modalités de financement retenues* » confère une liberté accrue aux parties permettant le cas échéant de fixer une durée contractuelle plus courte que celle liée à l'amortissement des investissements, quitte à verser au partenaire une indemnité de fin de contrat qui prendra en compte la valeur résiduelle des investissements ou, de manière générale, l'ensemble des financiers liés au dénouement du contrat ou encore la prise en charge par la personne publique des dettes souscrites par le partenaire privé.

Ainsi, lorsqu'il y'a cofinancement par exemple, la fixation de la durée ne dépend pas de l'assiette globale des investissements, mais uniquement de ceux qu'assume le partenaire privé. Cependant, plusieurs mécanismes peuvent être prévus pour déterminer la durée du contrat. Il peut s'agir d'une durée globale du contrat à compter de sa date d'entrée en vigueur ou encore d'une durée globale égale à la durée prévisionnelle de réalisation de la conception et de la construction, à laquelle s'ajoute une période d'exploitation fixe, à compter de la date effective d'achèvement de l'ouvrage ou des ouvrages.

Cette durée du contrat doit cependant être également prévue à l'avis d'appel à concurrence en droit français[347], et dans l'avis d'appel d'offre restreint en droit camerounais[348] Il revient ainsi au juge d'exercer un contrôle limité à l'erreur manifeste d'appréciation de la détermination de la durée du contrat. Les pénalités sont définies comme une somme forfaitaire due par l'une des parties en cas de non-respect de ses obligations contractuelles.

Généralement employées dans les marchés privés en cas de non-respect des délais d'exécution, les clauses de pénalités lorsqu'elles sont stipulées librement par les parties qui conviennent des modalités de leur application. Les parties peuvent toutefois s'inspirer de la norme Afnor NF P 03-001[349], applicable aux marchés privés qui comporte des clauses types relatives aux délais d'exécution et au montant des pénalités de retard.

Il y est prévu qu' « *en cas de retard d'exécution, il est appliqué, après mise en demeure, une pénalité journalière de 1/3000e du montant HT du marché. Le montant des pénalités est plafonné à 5 % du montant du marché.*[350] »

---

de chartres, métropole (CACM), req.352417 : légalité d'une durée inférieure à celle de l'amortissement des investissements réalisés.

347 Cf, Clausier -Type MAPP.

348 Clausier -Type CARPA.

349 NF P03-001 octobre 2017 en France.

350 Article 9 de norme Afnor NF P 03-001.

La pratique démontre que dans la plupart des marchés publics, cette clause de pénalités est établie au profit de la personne publique.

Cependant, aucune disposition du code de la commande publique en France, ne les prévoient expressément.

En conséquence, la personne publique doit accorder une attention particulière à sa rédaction leurs modalités d'application.

Car en plus de constituer une sanction contractuelle ayant pour effet de garantir le respect des obligations contractuelles entre les parties, la clause de pénalités vise généralement à inciter le partenaire privé à respecter ses engagements. Elle ne sera cependant évoquée que si elle a été expressément mentionnée dans le contrat.

Généralement prévue en cas de non-respect des objectifs de performance ou encore en cas de non-respect des délais d'exécution, celle-ci revêt très souvent la forme d'une sanction pécuniaire, à savoir une somme forfaitaire ou encore un pourcentage retenu sur le montant dû par la personne publique[351] qui n'est applicable qu'en cas méconnaissance des obligations contractuelles par le cocontractant privé ou par l'un de ses sous-traitants.

Par ailleurs, le partenaire privé, pour échapper à ces pénalités, doit justifier que le non-respect du délai d'exécution du contrat tient à des modifications importantes apportées par la personne publique. Il reviendra alors que juge de vérifier en cas de litige que, cette condition est bien remplie[352] et le cas échéant, décidera de la part de responsabilité de chaque partie et réduire le montant de ces pénalités[353]

---

351 MAJZA Béatrice et CAMOUS David-André, *L'essentiel des contrats de partenariat public privé*, Paris, *éd. Ellipses*, 2013, p.114

352 CE, 15 novembre 2012, n°350867, considérant 5.

353 CAA Nantes, 19 septembre 2014, SNC Entreprises Morillon Corvol Courbot, n°12NT03032.

CE, 29 déc. 2008, OPHLM de Puteaux, n° 296930 et CE, 19 juillet 2017, Centre hospitalier de psychiatrie de l'enfant et de l'adolescent, n° 392707 : « Si, lorsqu'il est saisi d'un litige entre les parties à un marché public, le juge du contrat doit, en principe, appliquer les clauses relatives aux pénalités dont sont convenues les parties en signant le contrat, il peut, à titre exceptionnel, saisi de conclusions en ce sens par une partie, modérer ou augmenter les pénalités de retard résultant du contrat si elles atteignent un montant manifestement excessif ou dérisoire, eu égard au montant du marché et compte tenu de l'ampleur du retard constaté dans l'exécution des prestations ».

Toutefois, une exigence de proportionnalité est faite à la personne publique. Celle-ci lui interdit de demander à son contractant des pénalités supérieures au préjudice qu'elle a subi[354].

Cette solution a été employée plusieurs reprises dans la jurisprudence administrative lors de litiges relatifs à une clause contractuelle ayant pour objet les pénalités de retard lors de l'exécution d'un marché public. Le Conseil d'Etat a considéré que :

« Le juge du contrat doit, en principe, appliquer les clauses relatives aux pénalités dont sont convenues les parties en signant le contrat, il peut, à titre exceptionnel, saisi de conclusions en ce sens par une partie, modérer ou augmenter les pénalités de retard résultant du contrat si elles atteignent un montant manifestement excessif ou dérisoire, eu égard au montant du marché et compte tenu de l'ampleur du retard constaté dans l'exécution des prestations[355] » Le Conseil d'Etat dans cette affaire précise clairement la nécessité d'une pénalité proportionnelle au préjudice subi par la personne publique.

Cette solution s'inspire des dispositions du code civil relatives à la réparation d'un préjudice pour inexécution du contrat. En effet, l'article 1231-5 du code civil dispose :

« Lorsque le contrat stipule que celui qui manquera de l'exécuter paiera une certaine somme à titre de dommages et intérêts, il ne peut être alloué à l'autre partie une somme plus forte ni moindre.

Néanmoins, le juge peut, même d'office, modérer ou augmenter la pénalité ainsi convenue si elle est manifestement excessive ou dérisoire.

Lorsque l'engagement a été exécuté en partie, la pénalité convenue peut être diminuée par le juge, même d'office, à proportion de l'intérêt que

---

354 CE, 29 déc. 2008, OPHLM de Puteaux, n° 296930 et CE, 19 juillet 2017, Centre hospitalier de psychiatrie de l'enfant et de l'adolescent, n° 392707 : « *Si, lorsqu'il est saisi d'un litige entre les parties à un marché public, le juge du contrat doit, en principe, appliquer les clauses relatives aux pénalités dont sont convenues les parties en signant le contrat, il peut, à titre exceptionnel, saisi de conclusions en ce sens par une partie, modérer ou augmenter les pénalités de retard résultant du contrat si elles atteignent un montant manifestement excessif ou dérisoire, eu égard au montant du marché et compte tenu de l'ampleur du retard constaté dans l'exécution des prestations* ».

355 CE, 19 juillet 2017, Centre hospitalier de psychiatrie de l'enfant et de l'adolescent, n° 392707.

l'exécution partielle a procuré au créancier, sans préjudice de l'application de l'alinéa précédent.

Toute stipulation contraire aux deux alinéas précédents est réputée non écrite. »

Au sens de cet article, la somme allouée en réparation du préjudice ne devra être ni plus forte, ni moindre et que, le juge adaptera cette somme en fonction des intérêts en cause dans le contrat. Au Cameroun, ces pénalités sont applicables pendant toute l'exécution du contrat. Celles-ci manifestent le pouvoir sanctionnateur de la personne publique et sont destinées à amener la personne publique à se substituer à son cocontractant défaillant.[356]

Conformément à l'article 5 de la loi 2006 le paiement de ces pénalités ne doit pas s'effectuer sans respect de la procédure contradictoire. Le partenaire privé dispose d'un délai préalablement déterminé dans le contrat pour apporter ses observations au décompte de pénalités que la personne publique entend lui appliquer. Ce paiement doit être fait sur la base du décompte arrêté entre les parties à l'issu ce délai.

Le clausier type relatif au contrat de partenariat au Cameroun prévoit à titre indicatif que *: « le paiement par le partenaire privé des pénalités arrêtées doit intervenir – avec copie au CARPA – dans un délai de quarante-cinq (45) jours à compter de la notification de la demande de paiement. Le dépassement de ce délai est productif d'intérêts moratoires au taux légal en vigueur*[357] *»*. Ces pénalités ne sont cependant pas la seule épée de Damoclès dont dispose la personne publique pour obtenir l'exécution du contrat. A côté de celle-ci, on retrouve également les sanctions non pécuniaires comme la mise en régie, qui feront l'objet d'une prochaine étude.

➢ Les clauses relatives à l'exécution du contrat.

Qu'il soit soumis à la loi camerounaise ou encore en française, le contrat de partenariat public-privé comporte l'ensemble des dispositions relatives à son exécution.

A cet effet, l'article L2213-3 al 1 du CCP précise que : *« lorsque l'acheteur confie tout ou partie de la conception des ouvrages au titulaire, les conditions*

---

[356] Le jugement n°72 du 29 juin 1989 de la CS/CA FOUDA ETAMA c/ Etat du Cameroun, CS/CA du 27 juillet 2000 : les ETABLISSEMENTS LE PAYSAN c/ Etat du Cameroun.

[357] Article 51.5.2 du clausier Type PPP au Cameroun.

d'exécution du marché doivent comprendre l'obligation d'identifier une équipe de maîtrise d'œuvre chargée de la conception des ouvrages et du suivi de leur réalisation. »

Le contrat doit par conséquent mentionner les dispositions relatives à la désignation d'une équipe d'ouvrages. A côté de cette condition, nous pouvons également citer d'autres dispositions pouvant être contenues dans le contrat de partenariat. Il s'agit notamment, du recours au sous-traitant, des clauses de suivi d'exécution du marché, des clauses relatives aux modifications intervenant en cours d'exécution et celle relatives à la fin du contrat. Cette obligation est la même en droit camerounais[358].

Ainsi, s'agissant des dispositions relatives à la désignation d'une équipe d'ouvrages, le contenu du contrat de partenariat devra mentionner l'équipe qui aura été chargée par le partenaire privé de la conception de l'ouvrage. Cependant lorsque la personne publique assume une partie de ce contrat, elle peut faire appel elle-même à une équipe de maitrise d'œuvre[359].

Une équipe de maitrise d'œuvre ou encore maître d'œuvre désigne toute personne ou groupement de personne de droit privé chargé de réaliser un ouvrage ou des travaux immobiliers pour le compte du maitre d'ouvrage[360].

Le maître d'œuvre a pour mission de répondre aux besoins architectural, économique et technique de l'acheteur et le cas échéant, la conception des ouvrages, et le suivi de leur réalisation. Dans un contrat de partenariat public privé, celle-ci reste tout de même sous la responsabilité du partenaire privé. Dans le contrat de partenariat, comme dans la plupart des marchés publics, le titulaire du marché a la possibilité de recourir à un sous-traitant dans le cadre de l'exécution de son contrat. Celle -ci fera l'objet d'une étude ultérieure.

Concernant les dispositions relatives au suivi de l'exécution, au regard de la durée du contrat de partenariat qui est très longue, il semble important d'organiser le suivi de l'exécution de ce marché. Pour ce faire, le contrat doit prévoir une clause relative à des rencontres périodiques entre les parties à

---

[358] Conformément à l'article 13 de la loi n°2006/012 du 29 décembre 2006, lorsque tout ou partie de la conception des ouvrages, équipements est confiée au Partenaire, parmi les conditions d'exécution du contrat retenues par la Personne Publique, figure l'obligation d'identifier une équipe de maîtrise d'œuvre chargée de la conception des ouvrages, équipements et du suivi de leur réalisation.

[359] Articles 13 de la loi Camerounaise n°2006/012 du 29 décembre 2006 et L2213-3 al 1 du Code de la commande publique Française.

[360] GUINCHARD Serge et *al.*, (sous dir.), *op.cit.*, 2020-2021, p. 655.

savoir les « réunions de suivi » obligatoires en précisant la périodicité, et des réunions en cas d'urgence.

Quant aux conditions relatives aux modifications du contrat et sa fin, les modifications du contrat peuvent intervenir en cours d'exécution du contrat de partenariat en raison de sa longue durée. Les législateurs camerounais et français ont pris le soin d'organiser la possibilité pour les parties de stipuler cette clause dans le contrat.

Ces modifications peuvent affecter une ou plusieurs clauses dans le contrat de partenariat, comme les prestations à exécuter, le financement du marché, le calendrier d'exécution pour n'en citer que celles-là. Elles se retrouvent généralement sous la forme de « clause de réexamen » et doivent être prévues au contrat initial.

Cependant, toute modification intervenant en cours d'exécution du contrat ne doit avoir, ni pour objet, ni pour effet de substituer au contrat principal un autre contrat, soit parce que son économie s'en trouverait bouleversée, soit parce que son objet ne serait plus le même.

La fin du contrat de partenariat quant à elle, peut être anticipée ou encore à terme, et doit faire l'objet d'une clause. C'est elle qui permet aux parties de fixer les conditions de résiliation du contrat et les conséquences de cette fin sur biens de ce contrat. Ainsi, en vertu de l'article 5 de la loi du 29 décembre 2006 fixant régime général des contrats de partenariat au Cameroun, le contrat doit contenir des clauses relatives aux conditions dans lesquelles il est procédé à sa résiliation.

Ces clauses doivent être réfléchies et rédigées soigneusement entre les parties, ce qui n'est pas le cas en pratique. Les autorités publiques se fient de plus en plus à la rédaction issue des clausiers-types et des cahiers de clauses administratives générales (CCAG).

B - L'influence des cahiers de clauses administratives générales dans la rédaction du contrat

Vers une uniformisation des clauses du contrat de partenariat ? s'interroger sur l'uniformisation des clauses relatives au contrat de partenariat public-privé dans notre étude s'explique par le fait que l'on observe de plus en plus dans la pratique, que les parties au contrat de partenariat ont recours à des outils d'aide à la rédaction de leurs clauses contractuelles.

Au Cameroun, cet outil encore appelé clausier-type partenariat public-privé, a été mis en place par la commission d'appui à la réalisation des contrats de partenariat (CARPA) et en France par la mission d'appui à la réalisation du contrat de partenariat (MAPP) qui, en novembre 2011 a édicté un clausier-type servant d'ossature à la rédaction des contrats de partenariat.

Par ailleurs, en France ou encore au Cameroun, il existe des cahiers de clauses administratives générales[361]. Ceux-ci sont considérés comme des « *documents facultatifs mais incontournables, au service d'un achat public performant et vertueux*[362] ».

Ce sont des documents qui fixent l'ensemble des aspects contractuels applicables à chaque catégorie de marché à savoir, conditions d'exécution des prestations, de règlement, de vérification des prestations, de présentation des sous-traitants, délais, pénalités, conditions générales[363].

Leur influence est telle que l'article R2112-2 du CCP[364] dispose que les clauses du marché pourront être déterminées en référence au CCAG. Celui-ci reste néanmoins facultatif.

Si les parties décident d'y recourir, il aura une portée contractuelle, mais les parties au peuvent y déroger.

En ce sens, l'article R2112-3 du CCP dispose que : *« lorsque le marché fait référence à des documents généraux, il comporte, le cas échéant, l'indication des articles de ces documents auxquels il déroge ».*

---

361 Voir en ce sens le Cahiers des Clauses Administratives Générales 2009/2014 en France et le Cahiers des Clauses Administratives Générales applicable aux marchés publics au Cameroun.

362 Voir la réforme des cahiers des clauses administratives et générales (CCAG) 2021, publié par le ministère de l'économie des finances et de la relance, p. 5.

363 Définition tirée du site Marchés-publics. http://www.marche-public.fr/Marches-publics/Textes/CCAG/CCAG-Generalites.htm.

364 Article R2112-2 du CCP.
« Les clauses du marché peuvent être déterminées par référence à des documents généraux tels que :
1° Les cahiers des clauses administratives générales, qui fixent les stipulations de nature administrative applicables à une catégorie de marchés ;
2° Les cahiers des clauses techniques générales, qui fixent les stipulations de nature technique applicables à toutes les prestations d'une même nature.
Les cahiers des clauses administratives générales et les cahiers des clauses techniques générales sont approuvés par arrêté du ministre chargé de l'économie et des ministres intéressés. ».

Il est certes laissé une possibilité aux parties au contrat de déroger en tout ou en partie aux clauses du CCAG[365].

Il reste cependant évident qu'en pratique, pour passer les marchés ou contrats de partenariat, l'Etat et ses démembrements ou encore les collectivités territoriales s'appuient sur les CCAG et /ou le clausier-type.

En effet, ceux-ci constituent pour les acheteurs inexpérimentés un cadre sécuritaire, qu'ils imposent aux cocontractants, biaisant de ce fait le jeu de la négociation et de la libre détermination du contenu de leur contrat.

Ainsi, pour répondre à la question posée en amont, le recours accru à ces différents outils (le clausier-type lui-même inspiré du CCAG) conduit sans doute à une uniformisation de la rédaction des clauses du contrat de partenariat.

Les contrats sont de plus en plus calqués les uns sur les autres sans que ne soit pris en compte le contexte économique de chacun d'eux.

Ce qui a pour conséquence restreindre considérablement la liberté contractuelle.

De manière générale, que nous soyons en droit privé et ou encore en droit public, la liberté contractuelle qui permet aux parties de choisir librement leur cocontractant et les conditions dans lesquelles elles souhaitent s'engager n'est pas totale dans les contrats de droit administratif, et le contrat de partenariat public-privé en particulier.

Une telle restriction se justifie certainement par le fait qu'une liberté totale de rédaction des clauses contractuelles conduit à un déséquilibre contractuel dans lequel la partie la plus puissance économiquement impose sa volonté à l'autre.

Ainsi, pour préserver cet équilibre contractuel, le législateur a soumis l'élaboration de ces clauses à des exigences d'ordre public.

---

[365] CE, 31 juill.1996, *Canac* : Rec. CE, 1996, p.333 : cette obligation d'indiquer les stipulations auxquelles les parties entendent déroger n'est toutefois pas prescrite à peine de nullité.

Section 2 - L'exigence de conformité à l'ordre public lors l'élaboration du contenu du contrat de partenariat

Ch. Maugüé écrivait, « *les règles qui s'imposent aux collectivités publiques lors de la rédaction de leurs contrats sont nombreuses et s'ajoutent les unes aux autres*[366] ». Ainsi, la liberté contractuelle qui gouverne la passation du contrat et l'élaboration de son contenu se trouve restreinte par l'intervention de la loi ou encore du juge. A cet égard, l'ensemble des clauses contractuelles choisies par les parties sont soumises à une exigence de conformité à l'ordre public.

L'ordre public dont il est question ici est une notion qui revêt une multitude de définitions. Son contenu varie donc en fonctions des régimes politiques et sa définition se distingue en droit interne, de celle qui est faite en droit international.

En droit civil, il se définit comme le caractère des règles juridiques qui s'imposent dans les rapports sociaux pour des raisons de moralités ou de sécurité impératives[367]. Mais également comme un ensemble des règles obligatoires qui touchent à l'organisation de la nation, à l'économie, à la morale, à la santé, à la sécurité, à la paix publique, aux droits et aux libertés essentielles de chaque individu[368]. Ces règles s'imposent donc également aux contrats.

A ce propos, les codificateurs du code civil de 1804 qui, pourtant épris de libéralisme[369], ont inscrit à l'article 6 dudit code qu': *« on ne peut déroger, par des conventions particulières, aux lois qui intéressent l'ordre public et les bonnes mœurs ».*

En droit international, l'ordre public s'entend comme une notion particulariste d'un Etat ayant pour effet de rejeter toutes règles qui entrainerait la naissance d'une situation contraire aux principes fondamentaux du droit national[370]. La liberté contractuelle dont disposent les parties pour déterminer le contenu du contrat de partenariat qui les lie se trouve alors limitée par un ensemble de règles, spécialement des dispositions légales impératives que les

---

366 MAUGÜÉ Christine, *op.cit.,* p. 694.
367 GUINCHARD Serge et *al.,* (sous dir.), *op.cit.,* p. 741.
368 BRAUDO Serge, *Dictionnaire juridique en ligne de droit privé. https://www.dictionnaire-juridique.com/serge-braudo.php.*
369 BÉNABENT Alain, *Droit civil les Obligations,* Paris, 19ème éd., *Montchrestien,* 2021, p. 97.
370 GUINCHARD Serge et *al.,* (sous dir.), *op.cit.,* 2020-2021, p. 741.

parties au contrat doivent respecter, mais aussi des règles d'ordre public. Ainsi, l'on peut dire que le principe de la liberté contractuelle en droit privé se trouve limité non seulement à l'ordre public, mais également à la loi impérative. Pour reprendre G. Rouhette, « *bien que la liberté soit le principe et la loi impérative ou prohibitive la singularité exceptionnelle, la loi est une restriction normale et permanente à l'activité contractuelle*[371]». Par conséquent, au-delà des dispositions contractuelles qui reflètent la volonté des parties, la loi constitue une garantie de l'égalité des parties au contrat.

A cet effet, l'article 1102 al 1 du code civil, énonce clairement que la liberté contractuelle n'est valable que dans les limites fixées par la loi. Ce qui signifie que toute disposition qui serait contraire à la loi, même si elle est l'expression de la volonté des parties serait illicite.

Les parties au contrat se heurtent à des restrictions légales à toutes les étapes de la liberté contractuelle à savoir, dans la liberté de contracter ou de ne pas contracter, cette liberté généralement encadrée par des règles légales et par certains contrats imposés ou interdits[372] . Dans la liberté de choisir son cocontractant au regard de l'ensemble des règles visant à limiter le libre choix du cocontractant[373] et, dans celle qui consiste à déterminer le contenu du contrat à l'exemple des mentions obligatoires dans le contrat.

Mais, cette liberté se heurte également à l'ordre public . L'article 1162 du code civil dispose que : « *Le contrat ne peut déroger à l'ordre public ni par ses stipulations, ni par son but, que ce dernier ait été connu ou non par toutes les parties.* »

Le contrat de partenariat public-privé qui est un contrat administratif ne déroge pas à cette règle car, l'ordre public n'y est pas étranger[374]. Georges Pequignot écrit dans sa thèse que « *la liste des règles d'ordre public qui existent au sein du contrat administratif est autrement plus importante que celle que l'on pourrait dresser pour les contrats de droit privé*[375] », puisque, « *le rôle que joue l'ordre public y est encore plus capital, car la règle générale*

---

[371] ROUHETTE Georges, « La force obligatoire du contrat. Rapport français », dans TALLON Denis et HARRIS Donald (sous dir.), Le *contrat aujourd'hui : comparaisons franco-anglaises*, Paris, *LGDJ.*, 1987, p. 27 et s.
[372] Voir par exemple le contrat d'assurance automobile (C. Ass., art. L. 211-1).
[373] Voir par exemple, l'ensemble des règles de mise en concurrence.
[374] Voir la thèse de POUYAUD Dominique, *La nullité des contrats administratifs : l'ordre public est à la fois « face »et « dans » le contrat administratif*, Paris, *LGDJ*, 1991, p. 183.
[375] PEQUIGNOT Georges, *Théorie générale du droit administratif*, Paris, *A. Pédone*, 1945, p. 239

d'activité du droit public est la réalisation de l'intérêt public, son objectif principal d'assurer l'ordre public[376] ».

Par conséquent, le juge sera amené à analyser la licéité de l'objet pour censurer le contrat pour violation à l'ordre public et aux bonnes mœurs.[377] La recherche de la satisfaction de l'intérêt général qui prévaut dans ces contrats constitue une limite permanente aux pouvoirs des personnes publiques. C'est cet intérêt général qui s'impose aux parties dans le contrat. C'est lui également qui interdit aux parties certaines clauses dites illicites (§2) et qui en impose d'autres, notamment les clauses impératives (§1) objet de notre étude.

§1 - Les stipulations obligatoires dans le contrat de partenariat public-privé

Les clauses impératives regroupent l'ensemble des règles qui doivent obligatoirement être mentionnées dans un contrat. Ainsi, afin de garantir l'efficacité du contrat de partenariat public-privé au Cameroun, la loi du 29 décembre 2006, prévoit un ensemble de clauses obligatoires devant nécessairement être contenues dans le contrat de partenariat. Ce sont ces mêmes clauses que nous retrouvons dans code de la commande publique. Il s'agit des clauses nécessaires aux parties cocontractantes, (A) et celles renvoyant à l'intérêt général (B).

A - Les clauses nécessaires aux parties à un contrat de partenariat public-privé

Parler de clauses nécessaires aux parties revient à énumérer les différentes mentions obligatoires au contrat. Bien que cela soit inhabituel, le législateur a pris la peine de lister l'ensemble des clauses obligatoires au contrat de partenariat. Il s'agira entre autres des clauses relatives à la rémunération du cocontractant, au partage des risques, aux objectifs de performance et aux clauses relatives au règlement des litiges. La rémunération du cocontractant

---

376 MAULAURIE Philippe, *L'ordre public et le contrat,* Reims, *éd. Matot-Braine*, 1953, p. 8.

377 CE, 9 juill.2015, FC Girondins de bordeaux, n°375542. BJCP n°103, P.414, concl. B. Bourgeois-Machureau.

correspond à une somme d'argent payée en échange d'un travail. Aussi bien en droit français qu'en droit camerounais, la rémunération du partenaire est l'un des critères permettant à la personne publique d'opter pour le contrat de partenariat pour la réalisation de leur projet. En effet, la particularité du contrat de partenariat tient du fait que, le partenaire privé a en charge le préfinancement total ou partiel de la construction, la maintenance ou la gestion de l'ouvrage nécessaire au service public. La personne publique ne versera alors son premier loyer qu'à la réception de l'ouvrage. La lecture de l'article L2213-8 du code de la commande publique révèle que : *« La rémunération du titulaire fait l'objet d'un paiement par l'acheteur à compter de l'achèvement des missions principales obligatoires mentionnées au premier alinéa de l'article L. 1112-1 et pendant toute la durée du contrat. »*

Cette rémunération est liée à des objectifs de performance assignés au titulaire pour chaque phase du contrat. Ainsi, les loyers versés par la personne publique dès la réception des ouvrages constituent la rémunération du partenaire privé.

Selon l'article L2213-9 du CCP : *« le contrat détermine les conditions dans lesquelles les revenus issus de l'exercice d'activités annexes ou de la valorisation du domaine par le titulaire viennent diminuer le montant de la rémunération versée par l'acheteur ».*

Cet article rejoint dans le fond la rédaction de l'article 5 issu de la loi sur les contrats de partenariat public-privé au Cameroun qui reconnait également la rémunération du partenaire privé comme une clause obligatoire au le contrat de partenariat public-privé[378]. Perçue comme un paiement différé, cette rémunération du partenaire privé prend en compte le coût d'investissement, de fonctionnement et de financements[379].Les objectifs de performance supposent au préalable de comprendre la notion de performance. Étymologiquement, cette notion provient d'une part de l'anglais

---

[378] L'article 5 loi n° 2006/012 du 29 décembre 2006 fixant le régime général des contrats de partenariat précise que le contrat de partenariat devra contenir des clauses relatives a : « (…) ; *la rémunération du cocontractant, aux conditions dans lesquelles sont pris en compte et distingués, pour son calcul, les coûts d'investissement, de fonctionnement et de financement et, le cas échéant, les recettes que le cocontractant peut être autorisé à se procurer en exploitant les ouvrages ou les équipements pour répondre à d'autres besoins que ceux de la personne publique contractante, aux motifs et modalités de ses variations pendant la durée du contrat et aux modalités de paiement, notamment aux conditions dans lesquelles, chaque année, les sommes dues par la personne publique à son cocontractant et celles dont celui-ci est redevable au titre de pénalités ou de sanctions font l'objet d'une compensation* ».

[379] MAJZA Béatrice et CAMOUS David-André, *op.cit.*, p. 97.

« *performance* », dérivé de « *to perform* » (réaliser, accomplir) et d'autre part de l'ancien français « *parformer* »[380]. Il n'existe pas de définition précise de cette notion de performance mais, indistinctement, plusieurs définitions sont employées en vue d'établir de manière précise ce concept. Selon les économistes, la performance se définit comme le moyen d'atteindre un objectif en liant efficacité et efficience.

C'est « *la capacité à réaliser ses objectifs (...), qui se réfère au ratio output/imput, l'accroissement de cette dernière provient de la maximisation de l'utilisation des ressources qui passe par l'augmentation de la production sans l'accroissement des coûts ou de la délivrance d'un niveau de production ou de service donné en réduisant les dotations factorielles*[381]. »

De manière générale, la performance renvoie à la capacité de mener une action pour obtenir des résultats conformément à des objectifs préalablement fixés, en infériorisant le coût de ressources et des processus mis en œuvre.

Si cette notion est sémantiquement éloignée de la sphère juridique, il n'en reste pas moins que les objectifs de performance tels que perçus dans les marchés publics comprennent plusieurs domaines, à savoir la qualité des prestations de services, la qualité des ouvrages, équipements ou biens immatériels. En outre, l'article L2213-8 al 2 du CCP, rend obligatoire ces objectifs de performance car c'est d'eux que dépendent la rémunération du partenaire privé. La notion de « qualité » quant à elle employée est difficile à définir car elle peut avoir plusieurs sens.

Littéralement, la qualité est perçue comme « *l'aspect, la manière d'être bonne ou mauvaise à quelque chose*[382] ». Selon la norme expérimentale Afnor X 50-109, la qualité d´un produit ou d´un service est l´aptitude à satisfaire les besoins, exprimés ou potentiels, des utilisateurs[383].

Dans les marchés publics, cette qualité relève de l'exigence faite par la personne publique à l'opérateur privé de répondre au mieux à ses besoins. Dans ce cas de figure, c'est la personne publique qui est à l'origine de l'exigence de la qualité dans le marché public. L'exigence d'une qualité de service renvoie le cas échéant à la qualité intrinsèque des services proposés

---

380 Définition tirée du Dictionnaire Larousse Maxipoche, nouvelle édition 2020, p.1031

381 DESMEURAUX Alain, *Introduction à la gestion des entreprises*, Paris, *Armand Colin,* 1997, p138.

382 Dictionnaire Larousse Maxipoche, nouvelle édition 2020, p.1138

383 Définition issue du texte de la norme expérimentale Afnor X 50-109.

par le partenaire privé et donc à son aptitude à satisfaire au mieux les besoins de son cocontractant.

La qualité des ouvrages évoque un engagement sur un niveau de qualité donné. Il s'agit entre autres d'un critère de performance indispensable dans le contrat de partenariat public privé. Pour reprendre les termes de Me N. Issakha, il s'agit « *d'un critère de performance quasi-naturel en matière de partenariat public privé*[384]. »

La qualité des ouvrages et des équipements est donc contenue au préalable dans les documents d'appel d'offres et s'impose au titulaire du marché. Par exemple, la construction, le financement et l'exploitation d'un pont nécessitent comme critères de qualité la solidité et l'étanchéité.

Par conséquent, une vérification du niveau de qualité des ouvrages et équipements est donc systématiquement faite par la personne publique à la fin des travaux. Celle-ci lui permet de s'assurer par le biais d'un ensemble de tests, du bon fonctionnement et des conditions normales d'utilisation de ses ouvrages.

L'article 5 de loi fixant le régime des contrats de partenariat au Cameroun prévoit à cet effet que, le contrat de partenariat doit contenir un ensemble de clauses permettant à la personne publique de veiller au respect des objectifs de performances et les dispositions applicables en cas de manquement par la personne privée de ces exigences.

Le législateur camerounais, n'a pas été plus explicite dans la rédaction de cette disposition. Aucune précision sur les objectifs de performance n'a été apporté, ce qui s'explique par le fait les objectifs de performance sont propres chaque contrat, et varie en fonction de son objet.

En France, il faut se pencher sur l'article 11 de l'Ordonnance n° 2004-559 du 17 juin 2004 sur les contrats de partenariat[385] pour retrouver les exigences relatives aux objectifs de performance, car le nouveau du code de la

[384] NDIAYE Issakha, *op.cit.*, p. 145.

[385] Voir l'article 11- C) de l'ordonnance n° 2004-559 du 17 juin 2004 sur les contrats de partenariat qui dispose qu'« un contrat de partenariat comporte nécessairement des clauses relatives :
(...)Aux objectifs de performance assignés au cocontractant, notamment en ce qui concerne la qualité des prestations de services, la qualité des ouvrages et équipements, les conditions dans lesquelles ils sont mis à la disposition de la personne publique, et, le cas échéant, leur niveau de fréquentation. ».

commande publique ne fait quant à lui aucune mention de celle-ci en ce qui concerne les marchés de partenariat. Néanmoins, ces objectifs feront varier la rémunération du partenaire privé. Par conséquent, une sous-performance entraînera des pénalités ou encore une diminution du loyer versé par la personne publique. *A contrario,* une surperformance conduit à une augmentation de la rémunération du partenaire. A notre avis, les objectifs de performance imposés par la personne publique doivent être justifiés et raisonnables. La personne publique veillera à ne pas définir des objectifs de performance trop élevés. Car des objectifs de performances trop élevés auraient répercussion tant sur les redevances dues par les usagers que sur la rémunération du partenaire privé.

Au-delà des clauses financières et celles relatives aux parties, d'autres clauses devront être mentionnées dans le contrat de partenariat, car elles sont aussi importantes que les deux premières. Il s'agit des clauses relatives au partage des risques entre les parties, à la fin anticipée du contrat, aux avenants, au règlement des litiges, à l'obligation de réserver une part du marché au PME. Ces clauses bien connues du droit français, occupent également une place de choix dans le contenu du contrat de partenariat au Cameroun.

La clause relative au partage des risques est propre au contrat de partenariat. Au Cameroun comme en France, une attention particulière doit être accordée à sa rédaction.

Selon les articles L2213-1 al 2 du code de la commande publique et 5-2 de la loi du 29 décembre 2006, le contrat de partenariat contient des clauses relatives aux conditions dans lesquelles est établi le partage des risques entre la personne publique (acheteur) et son cocontractant (titulaire du marché).

C'est de cette clause que découle l'une des particularités du contrat de partenariat, car elle autorise l'optimisation du partage des risques. La notion de risque renvoie à cet évènement incertain pouvant causer un dommage[386]. L'analyse de ce risque est propre à chaque projet. Elle consiste en une évaluation de l'ensemble des risques de toute nature encourus par les parties. Le but est de les recenser afin de mieux les répartir entre les parties.

Pour reprendre les termes de Laurent Richer, *« l'idée générale est que chaque risque doit être imputé à la partie qui est le mieux à même de l'assumer*[387] ». La clause relative au partage de risques est obligatoire dans le contrat de partenariat. La logique de ce partage de risques tend à la recherche

---

[386] GUINCHARD Serge et *al.*, (sous dir.), *op.cit.*, 2020-2021, p. *946.*

[387] RICHER Laurent, *Droit des contrats administratifs,* Paris, *L.G.D.J,* 11e éd., 2020, p. 549.

d'un équilibre dans le contrat et surtout de parvenir à un meilleur rendement du contrat.

La clause relative à la part réservée aux PME est une innovation du droit français. C'est depuis l'ordonnance du 23 juillet 2015 et actuellement le code de la commande publique qu'une obligation est faite au titulaire du marché de s'engager à confier aux PME une part de l'exécution du projet. Cette part est fixée par le code de la commande publique. Au regard de l'article R2213-5 du CCP : « *la part minimale que le titulaire s'engage à confier, directement ou indirectement, à des petites et moyennes entreprises ou à des artisans mentionnés à l'article R. 2151-13 est fixée à 10 % du montant prévisionnel du marché de partenariat hors coût de financement, sauf lorsque la* structure économique du secteur concerné ne le permet pas ».

Cette part est donc initialement de 10% du montant prévisionnel. Toutefois, le titulaire du marché a la possibilité de confier une part plus importante aux PME. Ce fut le cas dans le cadre du projet Sud-Europe-Atlantique portant sur la construction de ligne ferroviaire à grande vitesse entre Tours et Bordeaux dans lequel la part des PME dans ce marché s'élevait alors à 25%[388].

La réservation d'une part minimale de marché au profit des PME n'est cependant pas obligatoire pour les contrats de partenariat public-privé conclus au Cameroun. La seule exigence faite par le législateur réside dans les obligations de transfert de technologie et l'emploi de la main d'œuvre camerounaise[389].

L'adoption récente de la loi du 16 juillet 2015, sur la promotion des PME au Cameroun ayant pour objet d'accorder plus d'avantages aux PME, peut être considérée comme un pas vers l'introduction de ceux-ci dans les marchés publics et doit pouvoir s'étendre au partenariat public-privé à l'exemple de ce qui prévaut en France.

La clause de modification autorise les parties soumises à un contrat d'une durée assez longue à le modifier. Ces adaptations sont faites soit par l'acheteur (personne publique), soit par le titulaire du marché (partenaire privé) dès lors qu'elles sont mentionnées au contrat. La loi camerounaise dispose à cet effet que, le contrat de partenariat doit prévoir : « *les conditions dans lesquelles il peut être procédé, par avenant ou, faute d'accord, par une décision*

---

[388] Site internet https://www.vinci.com/vinci.nsf/fr/item/ppp-05.htm, du groupe Vinci « les PPP seraient une menace pour les PME.

[389] Article 5 de la loi n° 2006/012 du 29 décembre 2006 fixant le régime général des contrats de partenariat.

unilatérale de la personne publique, à la modification de certains aspects du contrat ou à sa résiliation, notamment pour tenir compte de l'évolution des besoins de la personne publique, d'innovations technologiques ou de modifications dans les conditions de financement obtenues par le cocontractant[390] ».

Le code de la commande publique français pour sa part n'apporte pas plus de précisions sur l'obligation de consigner dans le contrat une clause de modification. Cela ne veut pas pour autant dire qu'il méconnaît cette obligation car, les anciens articles 11 de l'ordonnance n° 2004-559 et L. 1414-12 du code général des collectivités territoriales y avaient fait référence et rejoignaient les dispositions de l'article 5 de la disposition camerounaise à ce sujet.

Cependant, il est à préciser que toute modification contractuelle, lorsqu'elle émane de la personne publique, pour un motif d'intérêt général, contraint cette dernière à indemniser le partenaire privé[391].

La clause relative au règlement des litiges est également une clause obligatoire au contrat de partenariat. En application de l'article 5 de la loi du 29 décembre 2006 au Cameroun, le contrat de partenariat doit contenir des clauses relatives aux modalités de prévention et de règlement des litiges et aux conditions dans lesquelles il est, le cas échéant, fait recours à l'arbitrage avec application de la loi camerounaise.

Le recours à l'arbitrage pour le règlement des litiges liés à l'exécution du marché de partenariat est également prévu par la loi française[392]. Les parties prévoient la nomination d'un ou plusieurs experts indépendants pour les aider à régler à l'amiable leurs litiges.

L'analyse des clausiers-types sur les contrats de partenariat en France et au Cameroun démontre que les parties, à défaut de la désignation d'un expert unique, procèdent à la désignation d'un comité composé d'un représentant de la personne publique et d'un représentant de la personne privée ou encore, optent pour une clause d'arbitrage, avec renvoi à un règlement d'arbitrage[393].

---

[390] *Ibid.*

[391] Voir en ce sens CE 10 janvier 1902 Compagnie nouvelle du gaz de Déville-lès-Rouen n° 94624,
Gaja sur la mutabilité des contrats administratifs.

[392] Article L2236-1 du code de la commande publique :
« *Les parties peuvent recourir à l'arbitrage pour le règlement des litiges relatifs à l'exécution des marchés de partenariat, avec application de la loi française* ».

[393] Voir respectivement les articles 60 et 66 des clausiers- Type Camerounais et Français.

Au Cameroun, afin de minimiser les coûts en cas d'arbitrage, les parties pourront opter pour un centre d'arbitrage local surtout pour les projets de moindre envergure (inférieurs à 5 milliards F CFA) à l'instar du Centre d'Arbitrage du GICAM[394]. Ainsi, en cas d'échec de la procédure de règlement aimable, le recours au juge est présenté comme l'ultime solution. La compétence est reconnue le cas échéant le juge administratif. Les conditions relatives à fin d'un contrat, qu'il soit anticipé ou non, sont-elles aussi obligatoirement prévues par le contrat ?

Il ressort de l'article 5 de la loi du 29 décembre 2006 fixant régime général des contrats de partenariat, que le contrat de partenariat devra obligatoirement contenir des clauses relatives aux conditions dans lesquelles il est procédé à la résiliation du contrat.

Le code de la commande publique français a prévu des dispositions relatives à l'indemnisation en cas d'annulation ou de résiliation du marché de partenariat.

Cependant, il faut se référer aux anciens l'article 11 (j) de l'ordonnance n° 2004-559[395] et à l'article L. 1414-12 (j), du code général des collectivités territoriales, dont les dispositions sont similaires à l'article 5 de la loi camerounaise pour avoir plus de précisions sur l'obligation des parties d'insérer dans leur contrat, une clause relative à sa fin et notamment aux effets de cette fin.

Au sens de l'article 5 de la loi camerounaise, le contrat de partenariat doit prévoir :

« Les clauses relatives aux conditions dans lesquelles, en cas de défaillance du Partenaire, la continuité du service public est assurée, notamment lorsque la résiliation du Contrat est prononcée.

Par ailleurs, il doit prévoir, en vertu du même article, les clauses relatives aux conséquences de la fin, anticipée ou non, du contrat, notamment en ce qui concerne la propriété des ouvrages, équipements ou biens immatériels ».

Il en est de même des clauses de cession du contrat qui devront nécessairement être initialement prévues au contrat et faire l'objet d'un consentement des deux parties. Une seconde catégorie de clauses obligatoires

---

394 Clausier-Type CARPA Cameroun.

395 L'ordonnance n° 2004-559 du 17 juin 2004 relative aux contrats de partenariat en France.

au contrat existe, il s'agit de celles nécessaires à la réalisation de l'intérêt général.

B - Les clauses nécessaires à la réalisation de l'intérêt général.

Certaines clauses contenues dans le contrat de partenariat, même si elles émanent des parties, visent le plus souvent à la satisfaction de l'intérêt général.

Il s'agit entre autres des clauses relatives à l'occupation du domaine public, de l'obligation de continuité du service public en cas de fin anticipée du contrat, et des modalités de contrôle dont dispose la personne publique.

La clause relative à la préservation du domaine public a pour objet de garantir le respect de l'affectation des ouvrages, équipements ou biens immatériels au service public dont la personne publique contractante est chargée et le respect des exigences du service public[396]

L'ouvrage ou les ouvrages objets du contrat sont et demeurent affectés au service public auquel ils sont destinés. Le partenaire s'engage à respecter et à faire respecter, par tout tiers intervenant pour son compte, les exigences du service public auquel l'ouvrage ou les ouvrages sont affectés[397].

A l'instar des principes d'égalité, de mutabilité et d'accessibilité,[398] le principe de continuité de service est un principe fondamental du droit public, qui s'inspire à la fois le droit constitutionnel au travers de la continuité de l'Etat[399] et qui trouve également ses effets dans les principes du droit administratif tels, la théorie des circonstances exceptionnelles[400] et le principe

---

[396] Voir l'ancien article l'article 11 e) de l'Ordonnance n° 2004-559 et article L. 1414-12 e) du Code général des collectivités territoriales.

[397] Clausier-type contrat de partenariat public-privé en France.

[398] Encore appelées « Lois Rolland », ces principes constituent les principes fondamentaux du service public (ROLLAND Louis, *Précis de droit administratif*, Paris, *Dalloz*, 2e éd., 1928).

[399] Le *principe de continuité de l'Etat* est un principe à valeur constitutionnel (article 5 de la constitution Française) selon lequel un gouvernement doit honorer les engagements pris par le gouvernement qui l'a précédé.

[400] La théorie des circonstances exceptionnelles est celle selon laquelle, sous le contrôle du juge et, lorsque les événements l'exigent et pour assurer la continuité des services publics, l'administration est autorisée à ne pas respecter la légalité ordinaire. (CE, « *heyriès* » du 28 juin 1918, 63412, publié au recueil Lebon).

de l'inaliénabilité du domaine public[401]. Reconnu comme principe à valeur constitutionnelle par le Conseil d'Etat par une décision du 25 juillet 1979 relative au droit de grève à la radio et à la télévision[402], il repose sur la nécessité de répondre de manière continue aux besoins d'intérêt général. Ainsi, en vertu de ce principe, les personnes publiques ou privées ayant en charge la gestion d'un service public assurent cette mission de manière continue et permanente sans heurts, sans à-coups, sans arrêts[403].

En matière contractuelle, le principe de la continuité du service public suppose que lorsque le service public est confié à un partenaire privé, des mesures spéciales à l'exemple d'une indemnité d'imprévision, sont prises pour permettre au partenaire privé, d'assurer la continuité du service public malgré les bouleversements importants qui pourraient survenir pendant l'exécution du contrat.

Au sens des lois française et camerounaise, le contrat de partenariat doit contenir les clauses relatives aux conditions dans lesquelles, en cas de défaillance du partenaire, la continuité du service public est assurée, notamment lorsque la résiliation du contrat est prononcée. Par ailleurs, il doit prévoir, en vertu du même article, des clauses relatives aux conséquences de la fin, anticipée ou non, du contrat, notamment en ce qui concerne la propriété des ouvrages, équipements ou biens immatériels[404].

D'une manière générale, le partenaire public prend toutes les mesures utiles permettant de faciliter le passage progressif à un nouveau mode d'exploitation. Cependant, cette disposition doit expressément être mentionnée dans le contrat de partenariat.

En droit administratif, le pouvoir de contrôle est le pouvoir détenu par l'administration. Celui-ci lui permet de vérifier en cours d'exécution que le cocontractant exécute les dispositions du contrat. Ce contrôle porte sur les ouvrages et travaux réalisés, les fournitures livrées, les services effectués, le respect des règles de sécurité et le personnel employé.

---

[401] Le principe de l'inaliénabilité du domaine public signifie qu'aucune dépendance du domaine public ne peut faire l'objet d'une aliénation qu'elle soit volontaire ou forcée (L3111-1 du Code général de la propriété des personnes publiques).

[402] Décision 79-105 DC - 25 juillet 1979 - Loi modifiant les dispositions de la loi n° 74-696 du 7 août 1974 relatives à la continuité du service public de la radio et de la télévision en cas de cessation concertée du travail - Non-conformité partielle.

[403] CHEVALLIER Jacques, *Le service public,* Paris, *PUF,* 1991, p. 27.

[404] Voir l'article 5 de la loi de 2006, fixant le régime général des contrats de partenariat et les anciens articles l'article 11 j) de l'Ordonnance n° 2004-559/article L. 1414-12 j) du Code général des collectivités territoriales.

A titre d'exemple, le CCAG applicable aux marchés publics de travaux reconnaît un pouvoir général de surveillance à travers la vérification quantitative[405] et qualitative[406] des matériaux et produits. Dans le contrat de partenariat, cette prérogative est reconnue à l'acheteur (personne publique) et est nécessairement mentionnée dans le contrat de partenariat.

Le contrat contient obligatoirement les modalités suivant lesquelles s'effectuent ce contrôle lors de l'exécution du contrat, principalement en ce qui concerne les objectifs de performance, de sous-traitance d'une partie du marché et les autres obligations incombant au partenaire privé.

Toutefois, même en cas d'absence au contrat, cette obligation de contrôle existe à l'égard de l'acheteur.[407] Par conséquent, tout manquement du partenaire privé à une de ces obligations pourra entraîner des sanctions. Une clause relative à ces sanctions doit également être insérée au contrat.

§2 - Les stipulations prohibées au contrat de partenariat.

Afin de prévenir l'excès découlant d'une totale liberté contractuelle, et dans un souci de préserver l'intérêt des parties et l'intérêt général, certains textes interdissent une catégorie de stipulations contractuelles.

Ces clauses interdites sont généralement qualifiées d'illicites, car elles sont prises en violation des règles d'ordre public imposées par la loi et la jurisprudence et affectent la validité du contrat.

Ces clauses peuvent donc être relevées d'office par le juge comme c'est le cas dans l'arrêt *Communauté De Communes Du Queyras,* dans lequel le Conseil d'Etat, saisi d'un litige portant sur la licité d'une clause de crédit-bail portant sur le transfert de propriété d'une dépendance du domaine public, a estimé que cette clause était illicite car elle est contraire au principe d'inaliénabilité du domaine public[408].

---

405 Article 25 du Cahier des clauses administratives générales applicables aux marchés publics Marchés de travaux.
406 Article 24 du Cahier des clauses administratives générales applicables aux marchés publics Marchés de travaux.
407 CE, 22 février 1952, Société pour l'exploitation des procédés Ingrand, Rec. p. 130.
408 CE, 4 Mai 2011 « Communauté De Communes Du Queyras ».

Ainsi, lorsqu'un litige porte sur une clause jugée illicite, celui-ci se règle sur la base contractuelle et la clause illicite est simplement écartée du contrat. Mais, lorsqu'elle forme avec le contrat un tout indivisible, l'annulation du contrat est prononcée soit à la demande des tiers[409] ou encore des parties elles même[410].

Ramenées au contrat de partenariat public privé, ces règles illicites sont similaires à la plupart des clauses présentes dans les contrats administratifs, à savoir celles qui se rapportent aux parties (A) et celles relatives à l'intérêt général. (B)

A - Les clauses relatives aux parties.

Il s'agit des clauses qui affectent directement les parties dans le contrat et pouvant leur causer préjudice à savoir les clauses de renonciations et les clauses constitutives de libéralité.

Certaines clauses de renonciation sont prohibées en droit administratif et s'étendent également aux contrats de partenariat public privé. Par exemple, toute clause par laquelle le partenaire privé renonce à sa rémunération est interdite dans le contrat de partenariat[411].

En effet, la rémunération représente la contrepartie nécessaire à la validité du contrat comme nous l'avons dit plus haut, elle ne doit ni être illusoire, ni dérisoire. De même, toute clause par laquelle la personne publique renonce à exercer toute action en responsabilité à l'égard du partenaire qu'elle rémunère est également interdite[412].

Par ailleurs, dans le contrat administratif, toute clause par laquelle la personne publique renonce à ses droits et privilèges, à l'instar de son pouvoir de résiliation unilatérale ou de modification, est également prohibée[413].

---

[409] CE Ass 4 avr.2014, Dpt du Tarn et Garonne, n°358994.

[410] CE, Ass 28 dec.2009, Cne de Béziers, n°304802.

[411] UBAUD BERGERON Marion, *op.cit.,* p. 295.

[412] CE, 28 janvier 1998, SOCIÉTÉ BORG WARNER, req n° 138650, publié au recueil Lebon.

[413] CE, 6 mai 1985, Assoc, Eurolat : Rec. CE 1985, P.141 ; RFDA, 1986, P.21, concl B. Genevois ; ADJA 1985, P.620, note E. Fatôme et J. Moreau, CE, 1er oct. 2013, *sté espace habitat construction, Req. n° 349099 aux Tables.*

Il en est de même de sa faculté de mise en régie[414] ou encore de la renonciation par le cocontractant au paiement de ses intérêts moratoires[415]

Les clauses constitutives d'une libéralité sont également interdites. Bien connu du droit civil, la libéralité est l'acte par lequel une personne dispose à titre gratuit de tout ou partie de ses biens ou de ses droits au profit d'une autre personne[416].

Si cette notion ne pose aucun problème en droit civil, elle est plus problématique lorsqu'elle touche aux personnes publiques. La jurisprudence administrative a longtemps posé le principe de l'interdiction pour les personnes publiques de consentir aux libéralités.

Ce principe a été affirmé pour la première fois dans l'arrêt *Compagnie des chemins de fer du nord et de l'est* rendu par le Conseil d'Etat le 17 mars 1893[417], et repris par la suite par le Conseil Constitutionnel au considérant 58 de sa décision du 26 juin 1986 sur la loi autorisant le gouvernement à prendre diverses mesures d'ordre économique et social aux termes duquel : « *Considérant que la Constitution s'oppose à ce que des biens ou des entreprises faisant partie de patrimoines publics soient cédés à des personnes poursuivant des fins d'intérêt privé pour des prix inférieurs à leur valeur ; que cette règle découle du principe d'égalité invoqué par les députés auteurs de la saisine ; qu'elle ne trouve pas moins un fondement dans les dispositions de la Déclaration des Droits de l'Homme de 1789 relatives au droit de propriété et à la protection qui lui est due ; que cette protection ne concerne pas seulement la propriété privée des particuliers mais aussi, à un titre égal, la propriété de l'État et des autres personnes publiques*[418] »

En droit public, contrairement aux libéralités consenties en droit privé, le Conseil Constitutionnel énonce clairement l'interdiction de toute cession gratuite entre les personnes publiques. Par conséquent, toute clause contractuelle par laquelle la personne publique accorde des libéralités à son cocontractant est interdite.

Ce principe est réaffirmé dans la jurisprudence administrative. Ainsi, dans un arrêt du Conseil d'Etat du 22 juin 2012, il a été jugé comme

---

414 CE, Assemblée, 09 Nov. 2016, 388806, sté *Fosmax,* Publié au recueil Lebon.
415 CE, 17 oct. 2003, *Min. intérieur C/ syn. le Beausset et a : Rec. CE, 2003, P.411* ; RJEP 2004, p. 95.
416 Article 893 du Code civil.
417 CE, 17 mars 1893, *Chemins de fer de l'est*, D. 1894, p. 119, concl. Romieu.
418 Décision n° 86-207 DC du 26 juin 1986 sur la loi autorisant le Gouvernement à prendre diverses mesures d'ordre économique et social.

disproportionnée, l'indemnité à verser par la personne publique dans le cadre d'un contrat de mise à disposition de six sapeurs-pompiers en cas de non-renouvellement.

En effet, cette indemnité correspondait à cinq fois le montant forfaitaire annuel prévu par le contrat, soit les recettes perçues par la personne publique si l'exécution du contrat s'était poursuivie normalement sans que ne soit décomptées les charges afférentes à cette exécution. Le conseil d'Etat a de ce fait estimé qu': *« En vertu de l'interdiction faite aux personnes publiques de consentir des libéralités, un contrat administratif ne peut légalement prévoir une indemnité de résiliation ou de non-renouvellement qui serait, au détriment de la personne publique, manifestement disproportionnée au montant du préjudice subi par le cocontractant du fait de cette résiliation ou de ce non-renouvellement*[419] *»*.

Ainsi, toute clause prévoyant une indemnité de résiliation supérieure au préjudice subi par le cocontractant de la personne publique, serait illicite. Le juge pourra par conséquent sanctionner une transaction ou encore une sentence arbitrale[420].

B - Les clauses contraires à l'intérêt général

Ces clauses concernent pour l'essentiel des clauses incompatibles avec les principes la domanialité publique. Il s'agit de celles qui affectent les principes d'inaliénabilité et d'imprescriptibilité du domaine public.

Ainsi, contrairement à ce qui prévaut dans le domaine privé, le domaine public est régi par le principe d'inaliénabilité et d'imprescriptibilité auquel les personnes publiques sont soumises à un strict respect, conformément à l'article L3111-1 du code général de la propriété des personnes publiques selon lequel : « *Les biens des personnes publiques mentionnées à l'article L. 1, qui relèvent du domaine public, sont inaliénables et imprescriptible.* ».

Le principe d'inaliénabilité vise à protéger l'affectation des biens publics. Par conséquent, il est interdit à la personne publique de vendre les biens relevant du domaine public. Et, pour reprendre l'idée de Proudhon, « *la*

---

419 CE, 22 juin 2012, req n°348676.
420 CE, ass, 9 nov. 2016, Société *Fosmax* n° 388806.

personne publique n'est pas propriétaire du domaine public, elle n'en est que la gardienne. »[421]

Ainsi, toute convention octroyant des droits réels à un occupant privatif du domaine public est nulle. Cette interdiction a été consacrée de façon plus explicite par la jurisprudence du Conseil d'Etat.

Le juge administratif dans l'affaire *Association Eurolat C/ Crédit Foncier de France* considère qu'une convention octroyant des droits réels à une personne privée occupant un domaine public était incompatible avec les principes de la domanialité publique[422].

Elle vaut également même en présence d'une autorisation d'occupation du domaine public. Cette autorisation ne doit en aucun cas conférer des droits réels à la personne publique[423]. A côté du principe d'inaliénabilité du domaine public, l'on retrouve le principe d'imprescriptibilité.

Ces deux principes sont étroitement liés, car ils visent tous deux la protection des biens de la personne publique. L'imprescriptibilité est perçue comme une conséquence ou un complément[424]de leur aliénabilité.

Ainsi, « *elle fait obstacle à ce que les personnes publiques soient dépossédées, à leur insu, de certaines dépendances de leur domaine public, et les protège contre leur propre négligence*[425] ».

---

[421] PROUDHON Jean Baptiste Victor, *Traité du domaine public,* Dijon, 1833, T. 1, p. 267.

[422] CE, 6 mai 1985, Association Eurolat c./ Crédit Foncier de France.

[423] GROSDIDIER Jean, « L'attribution de droits réels aux occupants du domaine public : une reformulation a-propriétariste », *Les Annales de droit*, 7 | 2015, pp. 111-136.

[424] Les deux principes sont parfois réunis pour fonder l'indisponibilité du domaine public. « De fait, l'inaliénabilité protège essentiellement le domaine public contre la gestion des autorités domaniales ; l'imprescriptibilité contre les prétentions des tiers » (Jean-François Giacuzzo, « Fasc. 406-10 : Domaine public. Protection juridique », Jurisclasseur Administratif, 15 mai 2017, § 63).

[425] CHAPUS René, *Droit administratif général,* Tome 2, Paris, 14ème éd., *Montchrestien,* 2000, p. 419.

Conclusion du chapitre 2

L'étude de l'exercice de la liberté contractuelle dans la passation du contrat de partenariat répond à l'interrogation sur la particularité du régime juridique de passation de ce contrat. La présence de l'Etat, personne morale dans le contrat de partenariat, rend difficile la conception de l'autonomie de la volonté car, jusqu'ici, l'autonomie de la volonté ne concernait que l'individu personne physique.

La mise en œuvre de l'autonomie de la volonté semble donc moins nébuleuse en droit civil qu'en droit public. L'étude détaillée de la passation du contrat de partenariat public-privé a permis de comprendre que bien qu'on ait à faire à un contrat administratif, du fait de la présence d'une personne publique, la « liberté de contracter ou de ne pas contracter », de « choisir son cocontractant » s'applique tout aussi bien.

Néanmoins, l'enjeu que représente le contrat de partenariat public-privé, tout comme les autres contrats de la commande publique, notamment le maniement des deniers publics et l'obligation de satisfaire l'intérêt général, suppose une prise de décision consciencieuse. C'est cette exigence qui justifie à notre sens le panel de procédures qui entourent ce contrat.

La prohibition de certaines clauses dans le contrat de partenariat est de nature à préserver aux mieux les intérêts, non seulement de la personne publique, mais des deux parties à ce contrat. Ainsi, même si celles-ci tendent à restreindre quelque peu la liberté contractuelle, il n'en reste pas moins que cette liberté demeure. L'accord de volonté une nécessité pour pouvoir recourir à ce mode contractuel.

Alors qu'en droit privé cet accord de volonté doit être éclairé et libre pour être valide, dans le contrat de partenariat, il réussit à trouver son équivalent dans la mise en concurrence. Celle-ci permet au travers de la publicité, l'égalité de traitement des candidats à la personne publique d'opérer un choix objectif. De ce fait, ces prérogatives peuvent être considérées, non pas comme une limite à la liberté contractuelle, mais comme des garde-fous permettant à la personne publique de rendre un choix « éclairé », car la décision de contracter aura force contraignante.

CONCLUSION TITRE I

Ce titre a été l'occasion de faire ressortir le particularisme de la procédure de passation du contrat de partenariat public-privé. Nous avons pu déduire de cette analyse que le contrat de partenariat est avant tout réservé aux projets de grande envergure. Le maniement des deniers public au sein de ce contrat suppose une gestion utile et éclairée. Ce qui a pour conséquence de restreindre quelque peu la liberté contractuelle de ces acteurs.

En effet, le recours à ce contrat est subordonné au respect de conditions de fond et de forme (une évaluation préalable et une étude de soutenabilité budgétaire) auxquelles s'adossent des critères de sélection du cocontractant bien précis. Le choix du cocontractant dans ce contrat répond par ailleurs aux exigences des différents principes de la commande publique que sont la publicité, la mise en concurrence, l'égalité de traitement des candidats et la transparence des procédures.

Au-delà de ces différentes conditions, l'exercice de la liberté contractuelle se trouve également limitée dans l'élaboration du contrat du fait de la soumission de certaines clauses aux contraintes légales et d'ordre public. En outre, les cahiers de charges et des clausiers types s'ils sont de plus en plus utilisés comme support à l'élaboration du contrat de partenariat par les personnes publiques, cet usage tend également à restreindre la liberté contractuelle.

Néanmoins, après avoir analysé la complexité du régime de passation du contrat de partenariat public privé, nous arrivons à la conclusion que, l'ensemble d'obligations et de conditions qui l'entoure ne conduit pas irrémédiablement à la négation de la liberté contractuelle. L'énorme enjeu que représente ce contrat pour les personnes publiques, les opérateurs économiques et la nécessité de satisfaire au mieux l'intérêt général méritent que cette liberté contractuelle y soit encadrée de la sorte car, une fois signé le contrat a force obligatoire.

TITRE II

LE PARTICULARISME DU RÉGIME JURIDIQUE D'ÉXÉCUTION DU CONTRAT DE PARTENARIAT.

Interrogé sur l'exécution des contrats de l'administration, Gaston Jèze[426] soutient que : « *Le principe fondamental qui domine l'exécution des contrats de l'administration est celui-là même qui domine le droit moderne, c'est le respect de la parole donnée. Les parties contractantes sont obligées d'exécuter leurs obligations respectives de bonne foi dans les conditions où elles ont été stipulées. Ce principe (...) est capital* »[427].

Pour cet auteur, le respect de la parole donnée et l'obligation d'exécuter de bonne foi le contrat constituent les fondements même de la force obligatoire dans le contrat en droit public comme en droit privé. Par ailleurs, la disposition de l'article 1134 du code civil camerounais [428] selon laquelle *« les conventions légalement formées tiennent lieu de loi à ceux qui les ont faites (...) »* trouve également à s'appliquer aux contrats administratifs.

Il en découle que les parties qui se sont engagées se doivent d'exécuter les obligations telles que convenues dans ce contrat. Le contrat de partenariat est un marché public qui a pour objet de confier à un opérateur économique ou à un groupement d'opérateurs économiques une mission globale ayant pour objet la construction, la transformation, la rénovation, le démantèlement ou la destruction d'ouvrages, d'équipements ou de biens immatériels nécessaires au service public ou à l'exercice d'une mission d'intérêt général et tout ou partie de leur financement[429].

---

[426] GASTON Jèze, juriste de la première moitié du XXe siècle.

[427] GASTON Jèze, *Les principes généraux de droit administratif*, tome III, Paris, *Dalloz*, 2011, p. 180.

[428] L'article 1103 du code civil français « *les contrats légalement formés tiennent lieu de loi à ceux qui les ont faits* ».

[429] Définition tirée du Code de la commande publique française ; voir également l'article 2(2) de la loi du 29 décembre 2006 au Cameroun dont la définition diffère quelque peu de la loi française notamment concernant les missions du titulaire. Au

Il est donc au sens du droit civil, destiné à créer, modifier, transmettre ou éteindre des obligations[430] ou, pour rester fidèle à la définition camerounaise du contrat, une convention par laquelle une ou plusieurs personnes s'obligent envers une ou plusieurs autres, à donner, à faire ou à ne pas faire quelque chose[431].

Le cocontractant de la personne publique qui s'engage dans un contrat de partenariat public-privé, demeure par conséquent soumis à ces différentes missions.

Toutefois, la présence d'une personne publique dont on sait qu'elle dispose de prérogatives de puissance publique, n'est-elle pas de nature à remettre en cause cette force obligatoire dans ce type de contrat ? Autrement dit, le contrat de partenariat a-t-il force obligatoire à l'égard des parties ?

Apporter une réponse à cette question est tout l'intérêt de ce second titre. Nous pouvons d'ores et déjà dire que concilier l'existence des privilèges administratifs avec la notion même du contrat est une tâche ardue. La présence dans le contrat partenariat des clauses exorbitantes de droit commun est de nature à rendre son exécution spécifique. Néanmoins, dès lors qu'il est formé, le contrat a force obligatoire à l'égard des parties. J. Domat[432] s'inspirant de trois textes romains très anciens[433] tirés du Digest[434], écrit à ce propos que :

---

sens de cette loi, *« Le contrat de partenariat est un contrat par lequel, l'Etat ou l'un de ses démembrements confie à un tiers, pour une période déterminée en fonction de la durée d'amortissement des investissements, ou des modalités de financement retenues, la responsabilité de tout ou partie des phases suivantes d'un projet d'investissement :*
-la conception des ouvrages ou des équipements nécessaires au service public – le financement- la transformation des ouvrages ou des équipements ; - l'entretien ou la maintenance – l'exploitation ou la gestion. ».

[430] Voir l'article 1101 du Code civil Français.

[431] Voir l'article 1101 du Code civil Camerounais dont la rédaction est similaire à celle de l'ancienne définition du contrat en droit Français.

[432] DOMAT Jean, juriste, auteur d'un Droit public, de superbes Harangues, il est surtout connu pour son grand livre Les lois civiles dans leur ordre naturel. (Marie-France Renoux-ZAGAMÉ, « Jean *Domat : un auteur au Grand siècle ».*

[433] « *Hoc servabitur, quod initio convenit, legem enim contractus dedit* » ou la clause pénale assurera ce qui a été convenu au début, car elle fait la loi du contrat.), « *Contractus legem ex conventione accipiunt » (L. 1, § 6, depositi)*, pour, les contrats reçoivent leur loi des conventions. Et; «quid *tam congrum fidei humanac, quam ea quae inter eos placuerunt servare?*» Rien n'est plus conforme à la bonne foi humaine que de maintenir ce qui a été fait entre les contractants.

[434] Les trois textes étaient tirés du **Digest (Digesta)**, ou **Pandect (Pandectae)**, faisait partie de la grande collection de lois romaines connue sous le nom de Corpus Iuris

« Les conventions étant formées, tout ce qui a été convenu tient lieu de loi à ceux qui les ont faites, et elles ne peuvent être révoquées que de leur consentement commun, ou par les autres voies (...) »[435].

Ce détour vers la citation de Domat nous permet de constater que la force obligatoire du contrat n'est rien d'autre qu'un principe ancien ancré dans l'ère du temps. En effet, au 17e siècle déjà, il se disait déjà que « *le principal effet de chaque contrat c'est l'obligation*[436]... ». Autrement dit, les parties qui s'engagent dans un contrat acceptent de se soumettre à des obligations qu'elles doivent respecter.

Ainsi, l'accord des volontés conduisant à la formation du contrat a un effet direct, celui de créer un lien ayant force obligatoire pour les contractants. Dans le même élan, s'inspirant de cette doctrine ancienne, le législateur privé dote la convention de la même force que la loi. La convention devient ainsi la loi des parties. On le reconnaît habituellement sous l'expression de « convention-loi[437] » puis, à la suite de la récente réforme des contrats en France sous le vocable de « contrat-loi [438]».

Cette préférence pour la notion « contrat » au lieu de « convention » avait plus ou moins été expliquée par le professeur L. Aynes, *dans Cahiers de droit constitutionnel n°17.*

D'après lui, *« en principe, « convention » et « contrat » ne sont pas synonymes : la convention est le genre ; elle est un accord de volontés destiné à produire un effet de droit. Le contrat est une espèce de convention : l'effet de droit qu'il produit est la création d'obligations. Mais une convention peut*

Civilis. Le Digest a été publié en 533 après JC sous la direction du questeur impérial Tribonian. Il a rassemblé les écrits des grands juristes romains tels qu'Ulpien et les édits en vigueur. Elle constituait à la fois la loi actuelle de l'époque et un tournant dans le droit romain : la jurisprudence parfois contradictoire du passé était désormais incorporée dans un système juridique ordonné.

[435] DOMAT Jean, REMY Joseph, Œuvres *complètes de J. Domat*, Paris, *Firmin Didot Père et Fils [etc.]*, 1828-1830, p. 130.

[436] HELO F., *La jurisprudence française*, *E. Loyson*, t.2, 1665, p. 122.

[437] Article 1134 al 1 « les conventions légalement formées tiennent lieux de lois à ceux qui les ont faites ».

[438] Article 1103 du code civil Français *« les contrats légalement formés tiennent lieu de loi à ceux qui les ont faits ».*

Contrairement à la France, le Cameroun continue d'employer le vocable « convention », dans son article 1134 al 1 ce legs colonial de 1804 qui se trouve désormais inadapté, car la pratique courante préfère employer le mot « contrat » ce qui devrait pouvoir conduire à une réforme du code civil Camerounais.

produire d'autres effets de droit, par exemple un transfert (convention translative : ex. : vente ou cession de créance), la création d'un groupement (ex. : pacte social ou association), la collation d'un pouvoir (ex : mandat), l'extinction d'une obligation (ex. : remise de dette, novation...). L'article 1134 du code civil vise les conventions en général, et pas seulement le contrat. Cependant, la plupart des conventions comportent la création d'obligations, même si ce n'est pas leur objectif principal (ex. : la vente est essentiellement translative ; mais elle fait aussi naître des obligations à la charge du vendeur et de l'acheteur). Dans le langage courant, on utilise souvent le mot « contrat » pour celui de « convention ». À l'égard de la force obligatoire, qui est l'objet de cet article, la distinction n'a guère d'importance. C'est pourquoi il arrivera que « convention » soit pris pour « contrat » et réciproquement[439] ».

Bien qu'à l'égard de la force obligatoire, la distinction entre le contrat et la convention n'a guère d'importance[440], cette réforme française contribue à aborder l'effet obligatoire du contrat de manière plus explicite.

Le contrat est donc la loi des parties. Aussi, selon l'article 1103 du code civil, *« les contrats légalement formés tiennent lieu de loi à ceux qui les ont faits »*. Le code civil camerounais en son article 1134, reste attaché à l'ancienne formulation française selon laquelle ce sont les *conventions* qui tiennent lieux de loi aux parties[441], à condition qu'elles soient valablement formées[442]. La force obligatoire dans le droit civil camerounais, s'impose donc également aux parties. Ces dispositions du code civil français et camerounais appellent plusieurs remarques :

Tout d'abord Saint Thomas d'Aquin[443] pour qui « *c'est en vertu de l'honnêteté que dans toutes ses promesses, l'homme est lié à l'homme*[444] ».

---

[439] AYNES Laurent, « Le contrat, loi des parties », Dossier Contrat et loi des parties, *Cahiers de droit constitutionnel,* n°17, mars 2005.
[440] *Ibid.*
[441] Article 1134 al 1 du code civil Camerounais.
Contrairement à la France, le Cameroun continue d'employer le vocable « convention », dans son article 1134 al 1 ce legs colonial de 1804 se trouve pourtant désormais inadapté, car la pratique courante préfère employer le mot « contrat » ce qui devrait pouvoir laisser entrevoir une réforme du code civil Camerounais.
[442] Arrêt n°62 du 23 mai 1972.Bull.des arrêt de la CS du Cameroun oriental, n°26, p. 3562.
[443] D'AQUIN Thomas, L'un des principaux maitres de la philosophie scolastique et de la théologie. (1226-1274).
[444] D.MAZEAUD, BOFFA Romain et BLANC Nathalie, *Dictionnaire du contrat,* Paris, *Dalloz,* 2018, p.597.

Pour cet auteur, c'est vertu de la morale et la bonne foi que le contrat tire sa force obligatoire.

Pour Loysel[445], « *on lie les bœufs par les cornes et les hommes par la parole ; autant vaut une simple promesse ou une convenance que les stipulations du droit romain*[446] ».

Selon ce célèbre adage[447], depuis plusieurs civilisations, les hommes ont toujours eu à cœur le respect de leur l'honneur et sont tenus par leur conscience. Manquer à la parole donnée était alors considéré comme commettre un péché.

Par conséquent, l'homme s'engage dès qu'il donne sa parole et doit la respecter. C'est cette idée que soutenaient également Domat et Pothier. Pour Domat, « *les conventions s'accomplissent par le consentement mutuel donné et arrêté réciproquement. Ainsi la vente est accomplie par le seul consentement, quoique la marchandise ne soit pas délivrée, ni le prix payé* [448]. Autrement dit, pour cet auteur « *le consentement fait la convention* [449] ».

Quant à Pothier, il divise les contrats entre « *ceux qui se forment par le seul consentement des parties, et qui, pour cela, sont appelés consensuels (...) et ceux où il est nécessaire qu'il intervienne quelque chose, outre le consentement*[450] », qui sont les contrats réels et quelques contrats solennels[451]. Toutefois, selon lui, l'essence de la convention consiste dans le consentement. En somme, ces deux jurisconsultes définissent la convention par seule référence au consentement[452]. Si le contrat est obligatoire, ce n'est pas parce

---

445 LOYSEL Antoine, est un jurisconsulte resté célèbre parmi les juristes pour avoir collecté les principes généraux de l'ancien droit coutumier français.

446 LOISEL Antoine, *Institutes coutumières ou manuel de plusieurs et diverses règles, sentences, et proverbes, tant anciens que modernes, du droit coutumier et plus ordinaire de la France*, Paris, 1611, rééd. *M. Reulos, Sirey,* 1935, n° 342 (III, I, II).

447 L'histoire de cet adage est complexe et passionnante, car le brocard trouve ses origines dans des formules à l'opposé du principe consensualiste. Voir, SAUTEL Gérard et BOULET-SAUTEL Marguerithe, « *Verba ligant homines, taurorum cornua funes* », *in Mélanges P. Petot*, Paris, *LGDJ,* 1959, p. 507-517.

448 DOMAT Jean, *Les lois civiles dans leur ordre naturel, le droit public, et legum delectus,* Partie 1, Liv. 1, I, I, 8.

449 *Ibid.*

450 POTHIER Robert Joseph, *Traité des obligations*, Paris, *Dalloz,* 2011, p. 10.

451 Le contrat de mariage, de donation, de lettre de change et de constitution de rente. Voir, POTHIER Robert Joseph, *op.cit.,* p.10.

452 « Les conventions sont les engagements qui se forment par le consentement mutuel de deux ou plusieurs personnes qui se font entre eux une loi d'exécuter ce qu'ils promettent » (DOMAT Jean, *Les lois civiles dans leur ordre naturel, le droit public,*

que l'Homme serait libre, mais parce qu'il lui appartient de respecter la parole donnée. Une autre partie de la doctrine ne voit plus en l'autonomie de la volonté un fondement de la force obligatoire du contrat. M. Laurent et Boyer, par exemple affirment que : « *l'autonomie de la volonté est un mythe périmé* [453]»

Pour cette partie de la doctrine, l'accord de volonté seule ne suffit pas pour donner au contrat sa force obligatoire. Selon Jacques Ghestin, « *c'est le droit positif qui confère au contrat sa force obligatoire, l'accord de volonté, n'intervenant alors que comme une procédure spécifique de création d'effets de droit*[454] ».

Il considère que c'est le droit qui confère au contrat sa force obligatoire, par conséquent « *la force obligatoire ne vient donc pas de la promesse, mais de la valeur que le droit attribue à la promesse (…)*[455] ». Tout individu est donc libre de s'engager ou de ne pas le faire, lorsqu'il choisit librement de s'engager, il perd du même coup sa liberté.

A cet égard, Jacques Flour affirme alors que, *« la liberté susceptible d'être reconnue à chacun est de se lier ou non ; elle n'est pas de se lier et de se délier*[456] ». En somme, nous pouvons dire en empruntant à la doctrine de Ghestin que « contracter ce n'est pas seulement vouloir, c'est aussi employer un instrument forgé par le droit[457] ».

Tout comme en droit privé, le droit administratif reconnaît le principe de la force obligatoire. Cette reconnaissance a donné lieu à un débat au sein de la

---

et legum delectus, Partie 1, Liv. 1, initio) ; « Une convention (…) est le consentement de deux ou de plusieurs personnes, pour former entre elles quelque engagement, ou pour en résoudre un précédent, ou pour le modifier » (POTHIER Robert Joseph, *op.cit.*,p.2.)

453 BOYER Laurent, STARCK Boris et ROLAND Henri, *Droit civil des obligations,* Paris, *Lexis Nexis/Litec,* t.2, 1998, p. 8

454 GHESTIN Jacques, « Le contrat en tant qu'échange économique », *Revue d'économie industrielle,* n°92, 2 et 3e trimestre 2000, p. 87.

455 TERRÉ François, SIMLER Philippe et LEQUETTE Yves, *Droit civil : Les obligations*, 10e éd., Paris, *Dalloz,* 2009, p. 33. V.

456 AUBERT Jean-Luc, FLOUR Jacques et SAVAUX Éric, *Droit civil : les obligations, Vol.1, L'acte juridique,* 13e éd. T.1, Paris, *Sirey,* 2008, n° 500, p.411.

457 Cf. Jacques GHESTIN, « l'utile et le juste dans le contrat », D.1982, chron. PP.4 et 5, les développements figurants sous les propositions suivantes : « le contrat n'est qu'un instrument que le droit sanctionne parce qu'il permet des opérations socialement utiles » ; « le contrat est tout d'abord l'instrument indispensables des prévisions individuelles » et « le contrat est aussi l'instrument privilégié de la liberté et de la responsabilité des individus ».

doctrine, notamment au regard des prérogatives de puissance publique reconnues à la personne publique et leur incidence dans une relation contractuelle[458], d'autant plus qu'il n'existe actuellement aucun fondement textuel de ce principe en droit administratif. Pourtant, la force obligatoire est bien présente dans les contrats administratifs. Elle y est considérée « *comme inhérente à la notion de contrat*[459] ».

Cependant, la force obligatoire du contrat administratif se manifeste sans référence au code civil. Le juge, pour rendre ses décisions, se borne à faire application du contrat, car il lui reconnait une force obligatoire sans pour autant lui donner de fondement textuel spécifique[460].

A titre d'exemple, dans l'arrêt *Compagnie d'Éclairage de Bordeaux* du 30 mars 1916, le Conseil d'État, sans faire application de l'ancien article 1134 du code civil, a simplement rappelé qu'« *en principe, le contrat de concession règle d'une façon définitive jusqu'à son expiration, les obligations respectives du concessionnaire et du concédant (..)*[461] ». Plus récemment encore, dans la jurisprudence *Breton,* le juge administratif a montré sa volonté de reconnaitre la portée de la force obligatoire à l'égard des contrats des personnes publiques sans pour autant faire une application directe du code civil[462].

La force obligatoire s'analyse comme « *un principe élémentaire d'application tout à fait générale*[463] ». Toutefois, elle ne saurait se manifester de la même manière dans les relations qu'entretiennent les personnes privées et dans celles conclues par une personne publique dans le cadre d'un service public. En effet, les clauses exorbitantes de droit commun qui caractérisent les contrats conclus avec la personne publique et qui ne se retrouvent pas en

---

[458] Voir en ce sens J. L'HUILIER., *Les contrats administratifs tiennent-ils lieu de loi à l'Administration ?* DP 1953, 1, p. 87.

[459] GLASER Emmanuel, concl. Sur, CE, ass., 28 déc. 2009, Béziers I, *RFDA,* 2010, spéc. p. 512.

[460] UBAUD Bergeron Marion, *op.cit.,* p. 311.

[461] CE, arrêt du 13 mars 1916, *Compagnie d'éclairage de bordeaux*, n°59928.

[462] Il est possible de constater, à la lecture de son considérant, cette distanciation manifeste du juge administratif vis-à-vis du code civil. Ainsi « *(...) aux termes de l'article 1314 du code civil, « les conventions légalement formées tiennent lieux de lois à ceux qui les ont faites », que l'article 121-1 du code de travail dispose que le contrat de travail est soumis aux règles de droit commun. Il peut y être constaté dans les formes qu'ils convient aux parties de les adopter. » ; que le principe général dont s'inspire ces dispositions implique que toute modification des termes d'un contrat de travail recueil recueille l'accord à la fois de l'employeur et du salarié (...)* ». Voir également UBAUD-BERGERON Marion, *op.cit.,* p. 311.

[463] GASTON Jèze, « le régime juridique des marchés de services publics », *Revue du droit Public,* 1918, p. 219.

droit privé, révèlent d'office le caractère particulier du régime d'exécution de ces contrats.

Ces clauses exorbitantes se retrouvent également dans les contrats de partenariat public-privé. Aussi, l'étude du régime juridique d'exécution de ce contrat est l'occasion d'analyser la manifestation de la force obligatoire au travers des obligations qu'il fait naitre à l'égard des parties (Chap1), mais également les conséquences de la méconnaissance de ce principe dans le contrat, (l'inexécution du contrat), notamment les moyens juridiques, permettant d'obtenir l'exécution du contrat (Chap2).

CHAPITRE I

LE DÉSÉQUILIBRE MANIFESTE DANS L'EXÉCUTION DU CONTRAT DE PARTENARIAT

En droit public comme en droit privé, les parties qui ont consenti à un contrat sont tenues par un certain nombre d'obligations qu'elles se doivent d'exécuter. Le contrat devient alors à leur égard, obligatoire et toute inexécution engage la responsabilité du cocontractant défaillant. Autrement dit, lorsque l'une des parties au contrat ne respecte pas son engagement, elle encourt des sanctions pour inexécution.

En droit civil, la question des sanctions pour inexécution du contrat a été abordée en France comme au Cameroun[464]. Cependant, contrairement à la législation française qui a su regrouper dans une section bien précise du code civil [465] les sanctions en cas d'inexécution d'un contrat, plus précisément à l'article 1217, à savoir, l'exécution forcée en nature de l'obligation, la réduction du prix, ou encore une résolution du contrat avec réparation des conséquences de l'inexécution par la partie défaillante.

La réforme du droit des contrats en France renforce donc l'éventail des sanctions[466], mais également de leur domaine d'application car désormais, l'accent n'est plus mis sur les seuls contrats synallagmatiques[467], mais sur tous les contrats. En droit camerounais en revanche, la question de l'inexécution du contrat est abordée de manière très dispersée dans le code civil. Seul un

---

[464] Ces sanctions ont respectivement été abordées dans les codes civils Français et Camerounais.

[465] En effet le nouveau code civil issu de la réforme de 2016, prévoit désormais à son titre III intitulé « Des sources d'obligations », une section V relative à l'inexécution du contrat. (Articles 1217 à 1231-7).

[466] TISSEYRE Sandrine (2016) *La fin du contrat : l'éventail élargi des sanctions. In* : *Quel renouveau pour le droit des contrats ? : une réforme entre tradition et modernité,* Actes du colloque, Pau le 20 mai 2016 Larribau-Terneyre, Virginie et Pellé, Sébastien (eds.), Pau, *Presses de l'Université de Pau et des Pays de l'Adour,* Series "Droit en mouvement, 5", p. 187.

[467] BUFFELAN-LANORE Yvaine et LARRIBAU-TERNEYRE Virginie, *Droit* civi*l. Les obligations,* Paris, 16ème éd., *Dalloz,* 2018, p. 594.

paragraphe relatif à la condition résolutoire nous renseigne sur les sanctions en cas d'inexécution[468].

Ce texte laisse entrevoir les différents moyens dont dispose le cocontractant pour obtenir l'exécution du contrat au Cameroun notamment, la résolution judiciaire, l'exécution forcée et le paiement de dommages et intérêts[469].

Contrairement à ce qui prévaut dans les contrats de droit privé, en droit administratif, si les parties sont respectivement soumises à des obligations qu'elles doivent exécuter, le cocontractant de l'administration ou encore le partenaire privé dans un contrat de partenariat, ne dispose pas des mêmes moyens que la personne publique pour obtenir l'exécution du contrat en cas de défaillance de l'une des parties. Cette situation nous amène d'ailleurs à nous poser la question de savoir, pour reprendre Marion Ubaud-Bergeron[470], si le véritable déséquilibre du contrat administratif ne se trouve pas dans les moyens dont disposent les parties pour obtenir l'exécution du contrat.

L'analyse qui suit est l'occasion de démontrer qu'en effet, il existe une disparité évidente des garanties d'exécution accordées aux parties dans ce contrat. Il s'agit pour nous d'analyser les remèdes non juridictionnels à l'inexécution dont dispose les parties et le pouvoir de sanction envisageable (Section1), sans toutefois exclure les hypothèses dans lesquelles l'inexécution du contrat serait indépendante de la volonté des parties. C'est le cas des aléas qui surviennent pendant le contrat empêchant ainsi son exécution, ainsi que les conséquences qui en découlent (Section 2).

Section 1 - La disparité des garanties d'exécution accordées aux parties dans le contrat de partenariat

De manière générale l'inexécution d'un contrat par une partie l'expose à des sanctions telles que la résiliation, la résolution, l'exécution forcée pour n'en citer que celles-là.

---

[468] Aux termes de l'article 1184 du code civil camerounais : « La condition résolutoire est toujours sous tendue dans les contrats synallagmatiques, pour les cas où l'une des deux parties ne satisfera point à son engagement »

[469] Voir l'article 1184 al 2 du code civil Camerounais.

[470] UBAUD BERGERON Marion, *op.cit.*, p. 356.

Cependant, la finalité première d'un contrat étant la satisfaction des intérêts de chacune des parties, même en cas d'inexécution, ce qui doit être recherché, c'est le maintien de la relation contractuelle[471].

Les obligations de l'acheteur, tout comme celles du partenaire privé, comportent des mécanismes de sanctions. Ceux-ci ont certes des points communs, mais dans le contrat de partenariat public-privé, c'est leurs différences qui sont frappantes. Les parties à ce contrat ne disposent pas de mêmes moyens non juridictionnels pour obtenir l'exécution du contrat (§1). De plus, il existe une disparité de sanctions entre les parties au marché (§2).

§1 - La disparité de moyens non juridictionnels d'exécution reconnus aux parties

En vue d'obtenir l'exécution du contrat, les parties disposent de divers moyens. Cependant, on relève une disparité entre les moyens accordés à la personne publique et ceux accordés à son cocontractant. Alors que la personne publique possède des pouvoirs de contrôle et de surveillance pour contraindre son cocontractant à exécuter son contrat (A), la personne privée elle se trouve démunie et ne saurait invoquer l'exception d'inexécution (B).

A -Les prérogatives reconnues à la personne publique lors de l'exécution du contrat de partenariat

La personne publique ou l'acheteur qui constate l'inexécution du contrat peut, en vue d'obtenir son exécution, user des privilèges qui lui sont reconnus. Il s'agit du pourvoir de contrôle et de surveillance.

Ces pouvoirs permettent à l'acheteur de vérifier l'exécution des prestations faites par le titulaire du marché, de demander des renseignements, mais aussi d'exiger de lui qu'il se conforme à ses obligations. Le pouvoir de contrôle, eu égard aux prérogatives de puissance publique qui lui sont reconnues, la personne publique ou l'acheteur a la possibilité d'effectuer des contrôles à tout moment de l'exécution du contrat.

---

471 BUFFELAN-LANORE Yvaine et LARRIBAU-TERNEYRE Virginie, *op.cit.*, p. 594.

Ce pouvoir doit nécessairement être prévu au contrat. Mais, en cas de silence, il s'exerce d'office[472]. Le législateur camerounais a su aménager le pouvoir de contrôle de la personne publique dans le contrat de partenariat. Il comporte nécessairement une clause relative aux « *modalités de contrôle et de suivi par la personne publique de l'exécution du contrat, notamment du respect des objectifs de performance, ainsi que des conditions dans lesquelles le cocontractant fait appel à d'autres entreprises pour l'exécution du contrat, et notamment des conditions dans lesquelles il respecte son engagement d'attribuer une partie du contrat aux petites et moyennes entreprises et à des artisans*[473] ».

Ainsi, l'acheteur a le droit de contrôler sur pièces et sur place, le respect des engagements contractuels du partenaire privé, ainsi que les informations qui lui sont communiquées.

Il peut diligenter tous moyens à cette fin. Le partenaire privé devra lui fournir l'ensemble des rapports, documents et informations en sa possession concernant l'exécution du contrat et ce, conformément aux stipulations du contrat.

De plus, l'acheteur doit également le soumettre au contrôle qu'effectue l'organisme expert (CARPA)[474] dont l'une des missions principales est le contrôle et le suivi de l'exécution du contrat de partenariat. En cas de non-respect de cette obligation, le partenaire privé s'expose à des sanctions.

Toutefois, les contrôles organisés par l'organisme expert et l'acheteur public n'aura en aucun cas pour effet de dégager le partenaire privé de sa responsabilité et ne confère, par la même occasion, pas à l'acheteur la qualité de maître d'ouvrage.

En droit français, le contrôle et le suivi de l'exécution du marché de partenariat sont organisés aux articles L2234-1 à L2234-3 du code de la commande publique.

Ainsi, « *l'acheteur exerce un contrôle sur l'exécution du marché de partenariat. Ce contrôle intervient, au minimum, en cours et à la fin de*

---

[472] CE, 22 fevr.1952, société pour l'exploitation des procédés Ingrand : Lebon, p. 130.

[473] Article 5 de la loi du 29 décembre 2006 portant régime général des contrats de partenariat au Cameroun.

[474] Voir en ce sens l'article 3 du décret n°2008/035 du 23 janvier 2008 portant organisation et fonctionnement du CARPA.

chacune des phases d'exécution des missions prévues par le contrat et donne lieu à un compte rendu [475]».

Ce contrôle porte principalement sur la qualité des ouvrages construits et leur conformité au programme fonctionnel prévu dans le contrat, sur les coûts et délais définitifs de l'ouvrage construit et du plan de financement retenu, pour ce qui est de la phase de construction[476].

En phase d'exploitation, il s'appuie sur la qualité, le respect des objectifs de performance et le niveau de coût des prestations de service offertes par le titulaire[477].

Le contrôle mené en fin d'exécution est basé sur les coûts définitifs du projet en construction et en exploitation, sur la qualité de l'exécution des prestations de service prévues dans le contrat, sur le respect des objectifs de performance ainsi que sur l'évaluation de l'état de l'ouvrage en fin de contrat et de sa valeur patrimoniale[478]. Le titulaire du marché dresse par conséquent un rapport annuel permettant le suivi d'exécution du marché. Ce rapport devra être adressé dans les quarante-huit (48) jours suivant l'anniversaire de la signature du contrat à l'acheteur[479].

B - L'impossibilité pour le partenaire privé d'invoquer *l'« exceptio non adimpleti contractus »* dans le contrat de partenariat public-privé

Mise en œuvre par la jurisprudence française vers le 19e siècle[480], l'exception d'inexécution contractuelle, est une mesure comminatoire qui consiste pour une partie, à suspendre l'exécution de son obligation jusqu'à ce

---

475 Article L2234-2 du Code de la commande publique.

476 Article R2234-5 du Code de la commande publique.

477 Article R2234-6 du code de la commande publique « *En phase d'exploitation des ouvrages ou du service public, le contrôle mentionné à l'article L. 2234-2 porte notamment sur la qualité, le respect des objectifs de performance et le niveau de coût des prestations de service offertes par le titulaire.* ».

478 Article R2234-7 du Code de la commande publique.

479 Article L2234-1 du code de la commande publique : « *Le titulaire du marché de partenariat établit un rapport annuel permettant d'en suivre l'exécution. Ce rapport est adressé, chaque année, à l'acheteur dans les quarante-cinq jours suivant la date anniversaire de la signature du contrat.* ».

480 PILLEBOUT Jean-François, *Recherches sur l'exception d'inexécution,* Paris, *L.G.D.J.,* 1971, p. 4.

que l'autre partie exécute la sienne[481]. Restée longtemps en berne car, les décisions qui en ressortaient étaient souvent contestées[482], c'est à l'aide des thèses rédigées par Saleilles et Cassin, que l'exception d'inexécution est devenue une notion autonome utilisée de plus en plus dans les matières diverses[483]. Elle est reconnue par la doctrine au 20e siècle comme un principe à portée générale[484]. En droit camerounais, ce mécanisme fait l'objet d'application particulière sans qu'il n'en soit dégagé un fondement ou un régime autonome. Une lacune qui mérite d'être corrigée par le législateur à la lumière du droit français.

Depuis sa réforme de 2016 sur les contrats, le code civil français consacre deux articles relatifs à l'exception d'inexécution en distinguant selon qu'elle est avérée ou à venir[485].

L'exception d'inexécution est avérée lorsque l'inexécution est suffisamment grave. Aussi, pour qu'une partie puisse valablement refuser d'exécuter son obligation alors même que celle-ci est exigible, il faut que l'autre cocontractant n'ait pas exécuté la sienne. Le législateur français précise par ailleurs que cette inexécution doit être d'une gravité suffisante pour que l'exception d'inexécution puisse être invoquée[486]. Par conséquent, il revient au juge déterminer « *si l'inexécution de ses obligations par l'une des parties à un contrat synallagmatique est de nature à affranchir l'autre de ses obligations corrélatives*[487] ».

C'est du moins ce que suggère le rapport remis au Président de la République française[488], selon lequel, l'exception d'inexécution ne peut être opposée « *comme moyen de pression sur le débiteur que de façon proportionnée* », autrement dit, la gravité de l'inexécution doit être appréciée

---

481 François Clément, « Présentation des articles 1219 à 1220 de la nouvelle sous-section 1 "L'exception d'inexécution" », *La réforme du droit des contrats présentée par l'IEJ de Paris 1.*

482 GHESTIN Jacques « L'exception d'inexécution. Rapport français » *in Les sanctions de l'inexécution des obligations contractuelles. Étude de droit comparé* (sous dir.), Bruxelles et Paris, *Bruyant,* 2001, p. 4

483 *Ibid.*

484 *Ibid.*

485 Voir en ce sens les articles 1219 et 1220 du Code civil français.

486 Article 1219 du code civil « *une partie peut refuser d'exécuter son obligation alors même que celle-ci est exigible, si l'autre n'exécute pas la sienne et si cette inexécution est suffisamment grave* ».

487 Com. 25 oct. 1977, n° 76-13.220, P IV, n° 243.

488 Rapport au Président de la République relatif à l'ordonnance n° 2016-131 du 10 février 2016 portant réforme du droit des contrats, du régime général et de la preuve des obligations.

de façon relative en procédant à un contrôle de proportionnalité entre cette gravité et l'importance de l'obligation que l'autre partie refuse d'exécuter en représailles[489]. En conséquence, une inexécution mineure ne saurait entrainer une exception d'inexécution[490].

L'exception d'inexécution peut également être à venir. Il s'agit là d'une réaction à un simple risque d'inexécution. L'article 1220 du code civil permet alors au créancier d'une obligation, avant tout commencement d'exécution du contrat, de suspendre l'exécution de sa prestation s'il est d'ores et déjà manifeste que le débiteur ne s'exécutera pas[491].

Ce texte ne se limite pas là, il ajoute deux conditions complémentaires. D'une part, l'inexécution à venir doit engendrer des conséquences suffisamment graves pour justifier le refus d'exécuter (ce qui suggère là aussi un contrôle de proportionnalité[492]), et celle-ci n'est valable, qu'en cas de simple risque d'inexécution[493].

D'autre part, la suspension doit être notifiée au débiteur dans les meilleurs délais.

Toutefois, invoquer l'exception d'inexécution n'est pas sans risque, particulièrement lorsqu'il s'agit de se prévaloir dans les termes de l'article 1220 d'une inexécution à venir.

En effet, si aucune autorisation judiciaire ne doit être sollicitée *a priori*, le juge peut intervenir *a posteriori* pour contrôler que la partie avait de bonnes raisons de suspendre l'exécution de ses obligations. Si l'une des parties suspendait l'exécution de ses obligations à tort, elle serait susceptible d'être elle-même sanctionnée, courant le risque que le contrat soit résolu à ses torts si l'autre partie rapportait la preuve que l'exception d'inexécution était

---

489 FRANÇOIS Clément, « Présentation des articles 1219 à 1220 de la nouvelle sous-section 1 "L'exception d'inexécution" », *La réforme du droit des contrats présentée par l'IEJ de Paris 1*, www.https://iej.univ-paris1.fr/openaccess/reforme-contrats/titre3/stitre1/chap4/sect5/ssect1-exception-inexecution/ [Consulté le 28/03/2019].

490 Civ. 3e, 26 mai 2010, no 09-15.729, NP.

491 Article 1220 du code civil « *Une partie peut suspendre l'exécution de son obligation dès lors qu'il est manifeste que son cocontractant ne s'exécutera pas à l'échéance et que les conséquences de cette inexécution sont suffisamment graves pour elle. Cette suspension doit être notifiée dans les meilleurs délais.* ».

492 Conformément à l'article 1219 du code civil.

493 Cette condition n'est pas en tant que telle une nouveauté car divers textes antérieurs à la reforme reconnaissaient déjà une telle possibilité V. par exemple, les articles 1613 et 1653 du Code civil.

injustifiée[494]. En droit administratif, les sanctions unilatérales sont exclues[495]. En vertu du caractère d'intérêt général attaché à ces contrats, le cocontractant de l'administration ne peut opposer à l'administration une exception d'inexécution. Il se doit de poursuivre ses obligations quand bien même la personne publique n'aurait pas exécuté les siennes[496].

En effet, alors que les fautes du cocontractant autorisent la personne publique à ne pas exécuter les siennes, lorsque la violation du contrat émane de l'administration, le cocontractant ne peut que saisir le juge.

Néanmoins, comme le relève François Llorens, « *on ne peut...pas dire que l'exception d'inexécution est inopposable à l'administration. Elle est au contraire possible. Mais la jurisprudence ne l'admet que dans des circonstances tout à fait exceptionnelles où l'obligation d'exécuter strictement le contrat aurait pour conséquence, soit de bouleverser la situation du cocontractant, soit de compromettre la bonne exécution de l'ouvrage*[497] ».

C'est ainsi que, la jurisprudence administrative a admis comme valide une clause contractuelle permettant au cocontractant d'invoquer l'exception d'inexécution[498]. Dans une décision relativement ancienne, elle a reconnu le droit pour un entrepreneur de suspendre l'exécution des travaux dans l'hypothèse d'une insuffisance des plans établis par l'administration[499]. Une hypothèse qui relève d'ailleurs presque plus de l'impossibilité d'exécuter que d'une réponse à l'inexécution par la personne publique de ses propres obligations. Le cocontractant ne pouvait que solliciter la résiliation auprès du juge et dans des circonstances très spécifiques, telles que la faute grave de la

---

[494] BLOCH Cyril et *al.,* (sous dir.), *Droit de la responsabilité et des contrats. Régimes d'indemnisation,* Paris, *Dalloz,* 2020.

[495] RICHER Laurent et LICHÈRE François, *Droit des contrats administratifs,* Paris, 11ème éd., *L.G.D.J,* 2019, p. 262.

[496] CE, 7 janvier 1976, ville d'Amiens, Rec. 11, CAA, Bordeaux 29 juillet 2010, n°10BX00071, Sté logistique Grand Sud-Ouest, Ctts MP 2010, comm.352.

[497] LLORENS François, *Contrat d'entreprise et marché de travaux publics : Contribution à la comparaison entre contrat de droit privé et contrat administratif,* Paris, *LGDJ,* 1981, p. 433.

[498] CAA Nancy, 14 octobre 2010, Société *European Institute of Management*, req. n° 09NC01149, Ctts et MP 2011, comm 14, obs F. Llorens.

[499] CE 8 novembre 1940 Commune de Maussane, req. n° 60257 : Rec. CE p. 205 : « Considérant que, si le sieur Chardin a pu légitimement arrêter les travaux le 23 septembre 1933, en raison du vice du projet nécessitant de nouvelles instructions de la part des ingénieurs, ces instructions lui ont été données par l'ordre de service du 6 avril 1934 ».

personne publique[500] ou l'hypothèse rarissime de force majeure administrative[501].

A ce propos, une partie de la doctrine considère que cette jurisprudence n'a de réelle raison d'être que dans les contrats nécessaires à la continuité du service public ou à la satisfaction de besoins d'intérêt général de la collectivité publique, et qu'elle pourrait en conséquence évoluer. La prohibition de l'exception d'inexécution n'étant pas d'ordre public, il apparaissait ainsi que « *l'exception d'inexécution peut [...] bénéficier au cocontractant si un texte ou les stipulations du contrat lui donne cette faculté, ce qui signifie clairement que le principe d'exclusion n'est pas d'ordre public, même dans les contrats nécessaires au fonctionnement des services publics*[502]».Cette contractualisation de l'exception d'inexécution a été encadrée ultérieurement par le Conseil d'Etat dans l'arrêt *Grenke Location du 8 octobre 2014*[503], dans lequel le juge a accordé la possibilité aux parties à un contrat administratif de prévoir les conditions auxquelles le cocontractant de la personne publique peut résilier le contrat en cas de méconnaissance par cette dernière de ses obligations contractuelles.

Il a jugé plus précisément que « *le cocontractant lié à une personne publique par un contrat administratif est tenu d'en assurer l'exécution, sauf en cas de force majeure, et ne peut notamment pas se prévaloir des manquements ou défaillances de l'administration pour se soustraire à ses propres obligations contractuelles ou prendre l'initiative de résilier unilatéralement le contrat ; qu'il est toutefois loisible aux parties de prévoir dans un contrat qui n'a pas pour objet l'exécution même du service public les conditions auxquelles le cocontractant de la personne publique peut résilier le contrat en cas de méconnaissance par cette dernière de ses obligations contractuelles ; que, cependant, le cocontractant ne peut procéder à la résiliation sans avoir mis à même, au préalable, la personne publique de s'opposer à la rupture des relations contractuelles pour un motif d'intérêt général, tiré notamment des exigences du service public ; que lorsqu'un motif*

500 Permettant de prononcer la résiliation à ses torts (CE 12 mars 1999 SA Méribel 92, req. n° 176694).
501 CE 14 juin 2000 Commune de Staffelfelden, req. n° 184722 : Rec. CE p. 227, BJCP p. 435, concl. Bergeal.
502 TERNEYRE P., Plaidoyer pour l'exception d'inexécution dans les contrats administratifs, *Mélanges Labetoulle*, Paris, *Dalloz*, 2007, p. 803. Voir aussi RICHER Laurent, *op.cit.*, 2014, pp. 243-244.
503 CE, 8 oct. 2014, n° 370644, *Sté Grenke location* : Contrats Marchés. publ. 2014, repère 11, F.L. et P.S-C. et comm. 329, note G. Eckert ; AJDA 2015, p. 396, note F. Melleray ; BJCP 2015, n° 98, p. 3, concl. G. Pellissier ; Dr. adm. 2015, comm. 12, note F. Brenet ; RFDA 2015, p. 47, Ch. Pros-Phalippon.

d'intérêt général lui est opposé, le cocontractant doit poursuivre l'exécution du contrat ; qu'un manquement de sa part à cette obligation est de nature à entraîner la résiliation du contrat à ses torts exclusifs ; qu'il est toutefois loisible au cocontractant de contester devant le juge le motif d'intérêt général qui lui est opposé afin d'obtenir la résiliation du contrat[504] ».

Il ne s'agit pas concrètement d'une exception d'inexécution du contrat, mais d'une faculté de résiliation unilatérale ouverte au cocontractant. En effet, l'arrêt mentionne seulement la résiliation unilatérale et non la possibilité pour le cocontractant de suspendre temporairement l'exécution de ses obligations. De plus il est précisé que, cette possibilité n'est ouverte que si le contrat « n'a pas pour objet l'exécution même d'un service public[505] ».

Cela signifie, pour reprendre les termes de Hélène Hoepffner, que « *les seuls contrats qui ne contribuent qu'indirectement au fonctionnement du service public (marché de fournitures, convention domaniale ou concession d'aménagement*[506]*) peuvent prévoir une clause résolutoire, à l'exclusion d'une mission de service public (marché de service public et de partenariat.)*[507] ».

L'exception d'inexécution ne pourra être admise dans ces contrats administratifs que lorsqu'elle est prévue contractuellement par les parties. Lorsque le contrat ne prévoit pas une telle possibilité dans ses clauses, il est impossible pour le cocontractant de l'administration de se prévaloir d'une quelconque exception d'inexécution[508].

Le contrat de partenariat, ayant pour objet l'exécution d'un service public, il ne rentre pas dans cette catégorie de contrat. Par conséquent, *« le cocontractant lié à une personne publique par un contrat administratif est tenu d'en assurer l'exécution, sauf en cas de force majeure, et ne peut notamment pas se prévaloir des manquements ou défaillances de l'administration pour se soustraire à ses propres obligations contractuelles ou prendre l'initiative de résilier unilatéralement le contrat*[509] ».

---

504 *Ibid.*
505 *Ibid.*
506 CAA Douai, 4 fév. 2016, n° 15DA01296, CMP, comm .109, G. Eckert.
507 HOEPFFNER Hélène, *op.cit.,* p. 352.
508 AMILHAT Mathias, « La notion de contrat administratif et son régime : quelques évolutions », *JDA,* 2018, chronique contrats publics 03 ; Art. 229. http://www.journal-du-droit-administratif.fr/la-notion-de-contrat-administratif-et-son-regime-quelques-evolutions/.
509 CE, 19 juill. 2016, *Sté Schaerer Mayfield France,* n° 399178, ContratsMarchés publ. 2017, comm. 238, obs. H. Hoepffner.

Les objectifs d'intérêt général dans un contrat de partenariat justifient la continuité du service public même en cas de défaillance de la personne publique[510] lorsqu'il tire son fondement de l'objet de service public du contrat. Ce principe ne connait aucune exception[511]. L'exception d'inexécution n'y est donc pas admise.

A côté de la disparité de moyens d'exécution reconnus aux diverses parties au contrat de partenariat, nous notons également une disparité de sanctions pour inexécution du contrat entre elles.

§2- La disparité des sanctions d'inexécution entre les parties dans le contrat de partenariat

En plus de posséder un pouvoir de contrôle et de surveillance, du fait de ses prérogatives de puissance publique, la personne publique possède également un pouvoir de sanction lui permettant de décider seule de la résiliation du contrat en cas de manquement grave. Elle peut également décider de sanctions proportionnelles dans d'autres cas.

Alors qu'en droit privé les sanctions applicables en cas d'inexécution, sont les mêmes pour toutes les parties au contrat (exception d'inexécution, exécution forcée en nature, réduction de prix, résolution et réparation des conséquences de l'inexécution[512]), il en est autrement concernant les contrats administratifs et plus précisément le contrat de partenariat public-privé où les parties ne disposent pas des mêmes catégories de sanctions.

Les sanctions prises par la personne qui constate l'inexécution du contrat devront faire l'objet d'une mise en demeure préalable lorsque, celle-ci est mentionnée au contrat. Cette mise en demeure devra indiquer au cocontractant fautif les causes de sa défaillance et lui permettre de pouvoir y remédier dans un délai raisonnable. Ainsi la personne publique procède soit à la résiliation, à la mise en régie, ou encore, elle peut exiger des pénalités financières (A).

---

[510] CE, 18 juin 1982, *Sté sud pacifique navigation* : Rec. CE 1982, tables, P.667 : « le concessionnaire d'un service public doit, sauf impossibilité, en assurer le fonctionnement et n'est pas en droit d'en suspendre l'exécution en raison des difficultés qui peuvent s'élever entre lui et la collectivité publique concédant ».

[511] AMILHAT Mathias, *op.cit.*. http://www.journal-du-droit-administratif.fr/la-notion-de-contrat-administratif-et-son-regime-quelques-evolutions/.

[512] Voir l'article 1217 du code civil Français.

Le partenaire privé qui, en revanche, constate l'inexécution du contrat, ne pourra se prévaloir que de la réparation des conséquences de cette inexécution (B).

A - Le pouvoir de sanction, une prérogative de la personne publique

Dans un contrat de partenariat public-privé, la personne publique qui constate l'inexécution des obligations contractuelles dues par le partenaire privé, peut prendre à son encontre plusieurs sanctions prévues au contrat. De plus, les prérogatives de puissance publique reconnues à la personne publique lui permettent, même en cas de silence du contrat, de décider de sa résiliation[513] ou encore de sa résolution mais, d'autres sanctions coercitives, et pécuniaires s'offrent également à elle.

Lorsqu'il constate la faute grave du cocontractant, l'acheteur décide, soit de la résolution du contrat, soit de sa résiliation. En cas de résolution pure et simple la personne publique devra malgré tout, payer au cocontractant les prestations qui ont été exécutées[514].

La résiliation du contrat quant à elle, peut être faite unilatéralement par l'acheteur, mais également par son cocontractant en cas de méconnaissance par ce dernier de ses obligations contractuelles dès lors que le contrat ne porte pas sur l'exécution d'un service public. A cet égard, il informe celui-ci de son intention de résilier le contrat. Cependant, l'acheteur peut s'opposer à cette rupture des relations contractuelles pour un motif d'intérêt général[515]. Le code de la commande publique française traite de plusieurs hypothèses de résiliation d'un marché[516]:

La force majeure à laquelle fait face l'acheteur ou l'autorité concédante[517], la faute d'une gravité suffisante du cocontractant notamment lorsque le

[513] Voir en ce sens l'article 6 du code de la commande publique, voir également l'article 5 de la loi Camerounaise du 29 décembre 2006 relative aux contrats de partenariat au Cameroun.
[514] GODFRIN Philippe et DEGOFFE Michel, *Droit administratifs des biens : domaine, travaux et expropriation,* Paris, 10ème éd., *Dalloz,* p. 268.
[515] CAA Nancy, 2 avril 2015, *société Grenke Location,* n° 14NC01885.
[516] Aux articles 2195-2 à 2195-6 du CCP
[517] Article L2195-5 du CCP, Voir également l'arrêt du CE, 7 juin 1939, « Picho »

marché est un contrat administratif[518], l'hypothèse dans laquelle un motif d'intérêt général conduit l'acheteur ou l'autorité concédante à mettre fin au contrat[519], l'exécution du contrat ne peut être poursuivie sans une modification illicite de celui-ci[520], le cas de condamnation par la Cour de Justice de l'Union Européenne en raison d'un manquement grave aux obligations prévues par le droit européen[521] et enfin, lorsque le titulaire se trouve placé, en cours d'exécution, dans l'un des cas d'interdiction de soumissionner[522] L'acheteur « *peut, en tout état de cause et, en vertu des règles générales applicables aux contrats administratifs, mettre fin avant terme aux marchés publics, sous réserve des droits à indemnités des intéressés*[523] ». Toute disposition contractuelle privant l'acheteur de ce droit est déclarée nulle[524].

En droit camerounais, la résiliation à l'initiative de la personne publique peut intervenir à tout moment de l'exécution du contrat, soit pour faute grave du cocontractant, soit pour des motifs d'intérêt général[525]. Elle est tenue de notifier au partenaire privé une lettre de résiliation mentionnant la date effective de la résiliation.

L'article 37 du décret du 24 janvier 2008 prévoit que la personne publique est fondée à prendre des sanctions à l'encontre du cocontractant fautif[526]. Il

---

518 Article L2195-3 r du CCP « Lorsque *le marché est un contrat administratif, l'acheteur peut le résilier : En cas de faute d'une gravité suffisante du cocontractant Pour un motif d'intérêt général, conformément aux dispositions du 5° de l'article L. 6.* »

519 *Ibid.*

520 Article L2195-6 du CCP « *L'acheteur peut résilier le marché lorsque l'exécution du contrat ne peut être poursuivie sans une modification contraire aux dispositions prévues au chapitre IV du présent titre* ».

521 *Article L2195-5 du CCP « Lorsqu'un marché n'aurait pas dû être attribué à un opérateur économique en raison d'un manquement grave aux obligations prévues par le droit de l'Union européenne en matière de marchés qui a été reconnu par la Cour de justice de l'Union européenne dans le cadre de la procédure prévue à l'article 258 du Traité sur le fonctionnement de l'Union européenne, l'acheteur peut le résilier.* ».

522 Article L2195-4 al 1 et 2 du CCP « *Lorsque le titulaire est, au cours de l'exécution du marché, placé dans l'un des cas d'exclusion mentionné aux articles L. 2141-1 à L. 2141-11, il informe sans délai l'acheteur de ce changement de situation. L'acheteur peut alors résilier le marché pour ce motif* ».

523 CE, Ass., 2 mai 1958, Distillerie de Magnac-Laval, Rec. p. 246.

524 CE, 6 mai 1985, *Association Eurolat c/ Crédit foncier de France*, n° 41589 et n° 41699.

525 Article 39 du décret camerounais n°2008/0115/PM du 24 janvier 2008.

526 V. Le jugement n°72 du 29 juin 1989 de la CS/CA FOUDA ETAMA c/ Etat du Cameroun, CS/CA du 27 juillet 2000 : les ETABLISSEMENTS LE PAYSAN c/ Etat du Cameroun.

énumère également les différentes situations dans lesquelles la personne publique est fondée à résilier un contrat à savoir, lorsque le partenaire a volontairement dissimulé ou manipulé les informations ayant déterminé sa sélection, et en cas de non-respect des clauses du contrat par le partenaire privé. Ces clauses peuvent faire l'objet d'une tentative de règlement à l'amiable[527].

Au sens du décret suscité, le cocontractant de la personne publique qui constate l'inexécution du contrat, peut saisir le juge compétent pour demander la résiliation du contrat.

Il existe d'autres remèdes à l'inexécution du contrat de partenariat : les sanctions coercitives. Elles visent à « *obtenir la réalisation du contrat par l'emploi de moyens de contrainte destinés à surmonter la défaillance du cocontractant* »[528]. Prévu uniquement pour les marchés des travaux, et de prestations qui, par leur nature ne peuvent souffrir aucun retard, la mise en régie est désormais possible pour tous les contrats administratifs, car les pouvoirs coercitifs « *sont inhérents à tout contrat passé pour l'exécution d'un service public* »[529].

Ainsi, la personne publique qui constate l'inexécution du contrat par son cocontractant se substitue à ce dernier à ses frais et risques. Cette sanction prend la forme d'une mise en régie[530]. Ainsi, après un délai de quinze jours à compter de la date de notification de la mise en demeure[531] et après que plusieurs demandes restées infructueuses, la personne publique peut évincer le titulaire initial et disposer de tout ou partie de ses moyens physiques et humains pour poursuivre les travaux.

Cette mise en régie se rapproche fortement d'une sanction bien connue du droit privé qui est l'exécution forcée en nature prévue à l'article 1222 du code civil[532] au sens duquel, le créancier peut dans un délai et à un coût raisonnable, faire exécuter lui-même l'obligation ou encore sur autorisation préalable du

---

527 Article 37 (2) du décret n°2008/0115/PM du 24 janvier 2008 : « le cas de non-respect des clauses du contrat visé à l'alinéa1 ci-dessus peuvent, le cas échéant, faire l'objet d'une tentative de règlement à l'amiable. ».

528 DE LAUBADERE André, MODERNE Franck et DELVOLVÉ Pierre, *op.cit.*

529 CE 6 mai 1985, OPHLM d'Avignon c/M. Guichgard, RDP 1985, p. 1706.

530 CAA de Nantes, 3ème Chambre, 31 octobre 2013, 12NT01444, Inédit au recueil Lebon.

531 Art 49-1 du CCAG- Travaux.

532 Voir également l'article 1144 du code civil au Cameroun. « *Le créancier peut aussi en cas d'inexécution être autorisé à exécuter lui-même l'obligation aux dépens du débiteur.* ».

juge, détruire ce qui a été fait en violation de celle-ci. Il pourra demander au débiteur le remboursement des sommes engagées à cette fin.

La mise en œuvre de cette sanction telle qu'énoncée par le code civil est enfermée dans le respect d'un délai et d'un coût raisonnables. À la différence du coût manifestement déraisonnable de l'article 1221 du code civil[533], il faut que le coût soit raisonnable. Alors que la limite à l'exécution forcée en nature par le débiteur ne devrait être admise que de manière exceptionnelle.

Il faudra contrôler que le délai et le coût de l'exécution par un tiers demeurent raisonnables, ce qui devrait en limiter l'emploi. En cas de défaillance du cocontractant dans l'exécution de ses prestations, la personne publique pourra le dessaisir jusqu'à ce qu'il soit en mesure de reprendre les travaux[534].

Cette mise en régie peut être partielle, voire totale[535]. Elle peut être prononcée même en l'absence de stipulations contractuelles la prévoyant expressément. C'est la position de la jurisprudence administrative.

Pour le Conseil d'Etat, « *La mise en régie, destinée à surmonter l'inertie, les manquements ou la mauvaise foi du cocontractant lorsqu'ils entravent l'exécution d'un marché de travaux publics, peut être prononcée même en l'absence de toute stipulation du contrat le prévoyant expressément, en raison de l'intérêt général qui s'attache à l'achèvement d'un ouvrage public*[536] ».

Cependant, la plupart du temps, elle est organisée par le CCAG auquel le contrat fait référence. La loi camerounaise prévoit également des sanctions coercitives pour remédier à certaines défaillances du cocontractant dans le cadre d'un contrat de partenariat.

---

[533] Article 1221 du code civil « *Le créancier d'une obligation peut, après mise en demeure, en poursuivre l'exécution en nature sauf si cette exécution est impossible ou s'il existe une disproportion manifeste entre son coût pour le débiteur de bonne foi et son intérêt pour le créancier.* ».

[534] CE, 23 janv. 1981, *Cne Aunay-sur-Odon*, n° 06760 06806 06807, Rec. CE 1981, p. 25.

[535] CAA Nancy, 6 mai 2004, *Cne Henriville c/ Entreprise Alfred Koenig*, n° 98NC00713.

[536] CE, Assemblée, 09 novembre 2016, n° 388806, sté *Fosmax,* Publié au recueil Lebon.

L'article 40 du décret de 2008[537] dispose qu': « *en cas de résiliation du contrat, la personne publique prend des mesures pour assurer la continuité du service public ou des travaux. Elle peut, à cet égard, faire appel au candidat le mieux classé à l'issue du dialogue de pré qualification ou alors assurer la continuité des travaux en régie* ».

La réglementation camerounaise autorise donc la personne publique à prendre des mesures coercitives permettant de remédier à l'inexécution du contrat soit, en attribuant le contrat à un autre partenaire, ou alors en faisant une mise en régie, cette seconde option étant la plus utilisée.

L'article 52 du Clausier-type camerounais prévoit d'ailleurs la mise de la mise en régie en cas d'inexécution. Ainsi, le partenaire public peut faire exécuter toute obligation qui incombe au partenaire privé par un tiers ou ses propres services aux frais et risques du partenaire privé en cas de manquements graves ou répétés du partenaire privé[538] .

Pour ce faire, celle-ci est précédée d'une mise en demeure par lettre recommandée avec accusé de réception, précisant l'ensemble des manquements constatés, restée sans effet à l'expiration d'un délai imparti qui ne saurait être inférieur à 30 jours[539]. Cependant, la mise en régie du contrat ne doit pas être perçue comme une forme de résiliation du contrat, car elle n'a pas pour effet de rompre le lien contractuel entre les parties[540].

B - Les sanctions financières communes aux parties au contrat de partenariat

Pour se prémunir de l'inexécution de leur contrat, les parties ont mis en place des sanctions pécuniaires. Ces sanctions sont communes aux deux parties car, elles équivalent au versement d'une somme d'argent par la partie qui aura manqué à son obligation contractuelle. Mais, ces sanctions se distinguent selon qu'elles émanent de la personne publique ou du partenaire privé.

---

[537] Décret n°2008/0115/PM du 24 janvier 2008 précisant les modalités d'application de la loi n°2006/012 du 29 décembre 2006 fixant le régime général des contrats de partenariat.
[538] Lecture de l'article 52.1 du clausier -type CARPA -Cameroun.
[539] Lecture de l'article 52.2 du clausier -type CARPA -Cameroun.
[540] CAA Nancy, 19 avr. 2016, n° 14NC01618, *Sté Demathieu et Bard* : JurisData n° 2016-010046 note de François LLORENS.

Lorsque ces sanctions sont prononcées par l'administration, elles revêtent le caractère d'une pénalité et a une finalité punitive. Dès lors qu'elle émanera du partenaire privé, elle prendra alors la forme d'une indemnisation ayant une finalité réparatrice.

Nous distinguons alors deux catégories de sanctions permettant aux parties d'obtenir l'une et l'autre l'exécution du marché à savoir, les pénalités et les dommages et intérêts. Ces deux catégories de sanctions peuvent être perçues comme équivalentes, car ayant pour finalité commune de mettre à la charge du cocontractant fautif une obligation de somme d'argent[541], même si leurs régimes juridiques sont différents.

Les pénalités prononcées par la personne publique sont considérées comme des sanctions pécuniaires, civiles ou administratives. Elles sanctionnent la défaillance d'une personne dans l'exécution d'une obligation[542]. Dans le contrat de partenariat, ces pénalités ne sont reconnues qu'au profit de la personne publique, et ont pour but de garantir la bonne exécution du marché par son cocontractant.

Elles ont à cet effet une finalité punitive et dissuasive ce qui les rapprochent fortement de la « clause pénale » dans les contrats de droit privé. Ces clauses pénales de droit privé sont des sanctions insérées au contrat et applicables en cas de manquement de l'une des parties à son obligation.

Pour reprendre les mots de D. Mazeaud, la clause pénale « *stimule la diligence du débiteur et assure ainsi, l'exécution de l'obligation initiale par la menace de l'exécution d'une peine*[543] ». Énoncée à l'article 1231-5 al 1er du code civil, « *lorsque le contrat stipule que celui qui manquera de l'exécuter paiera une certaine somme à titre de dommages et intérêts, il ne peut être alloué à l'autre partie une somme plus forte ni moindre.*

Néanmoins, le juge peut, même d'office, modérer ou augmenter la pénalité ainsi convenue si elle est manifestement excessive ou dérisoire. »

Au sens de cet article, le montant de dommages et intérêts convenu entre les parties est dû indépendamment du préjudice effectif. Cependant, les parties doivent nécessairement le prévoir dans le contrat. Cette clause à vocation

---

541 HOEPFFNER Hélène, *op.cit.*, p. 333.

542 BISSARDON Sébastien, *Guide du langage juridique, vocabulaire, pièges et difficultés*, Paris, *LexisNexis/Litec*, 2013, p.541.

543 MAZEAU Dénis, La *notion de clause pénale*, thèse de doctorat, Bibliothèque de droit privé, Paris, *LGDJ*, 1992, p.7.

dissuasive s'applique du seul fait de l'inexécution sans qu'il ait nécessité de prouver le préjudice du créancier[544].

Par ailleurs, la modération des pénalités par le juge reste tout de même une manière de limiter l'indépendance du montant de la clause à l'égard du préjudice réellement subi par le créancier de l'obligation inexécutée[545]. Cette disposition du code civil n'a pas toujours été bien accueillie en droit administratif, le juge administratif ayant longtemps refusé d'augmenter ou de diminuer les pénalités prévues au contrat. En effet, le juge administratif considérait que les clauses de pénalités ne pouvaient se voir appliquer le même régime que les clauses pénales de droit civil[546]. Prenant le contrepied du juge administratif, le Conseil d'État a fini par adopter les dispositions du code civil, en émettant cependant quelques réserves. En effet, dès lors qu'il est saisi dans ce sens, et qu'il est établi que les pénalités atteignent un montant manifestement excessif ou dérisoire, eu égard au montant du marché, le juge pourra décider de leur modulation[547]. Ce n'est qu'en 2017 que le juge administratif a véritablement rédigé une « *grille* » de la modulation des pénalités de retard et a comblé les insuffisances de la jurisprudence antérieure.

---

[544] Civ., 3e, du 12 janvier 1994, n°91-19.540.

[545] Voir en ce sens le commentaire fait de l'article 1231 du code civil à la Revue Dalloz.fr

[546] Voir dans ce sens l'arrêt du CE, 24 novembre 2006, société Group 4 Falck n° 275412 où il a été jugé que : «Considérant d'une part, qu'eu égard au caractère forfaitaire de la pénalité de retard prévue par l'article 19.2 du cahier des clauses administratives particulières applicables au marché en litige, la nullité de la clause relative aux prestations de nettoyage est sans incidence sur le montant de la pénalité de retard due par la société requérante et mise à sa charge par le jugement attaqué du tribunal administratif de Marseille ; que, par ailleurs, la SOCIETE GROUP 4 FALK SECURITE ne saurait utilement demander, sur le fondement des dispositions de l'article 1152 du code civil, la réduction du montant journalier des pénalités de retard contractuellement fixées et au paiement desquelles le tribunal administratif de Marseille l'a condamnée, par le jugement attaqué, à hauteur de 20 580,62 euros (…) ».

[547] Voir en ce sens l'arrêt du CE, 29 décembre 2008, *OPHLM de Puteaux C.SARL SERBOIS,* req n°296930 : « Considérant par ailleurs qu'il est loisible au juge administratif, saisi de conclusions en ce sens, de modérer ou d'augmenter les pénalités de retard résultant du contrat, par application des principes dont s'inspire l'article 1152 du code civil, si ces pénalités atteignent un montant manifestement excessif ou dérisoire eu égard au montant du marché ; qu'après avoir estimé que le montant des pénalités de retard appliquées par l'office, lesquelles s'élevaient à 147 637 euros, soit 56,2 % du montant global du marché, était manifestement excessif, la cour administrative d'appel n'a pas commis d'erreur de droit en retenant une méthode de calcul fondée sur l'application d'une pénalité unique pour tous les ordres de service émis à la même date, aboutissant à des pénalités d'un montant de 63 264 euros (…) ».

Par décision du 19 juillet 2017, *Centre hospitalier interdépartemental de psychiatrie de l'enfant et de l'adolescent,* le Conseil *d'État* apporte quelques éclaircissements à la jurisprudence administrative.

Tout d'abord, il précise la définition des pénalités de retard et du régime qu'elles suivent. Ainsi, « *les pénalités de retard prévues par les clauses d'un marché public ont pour objet de réparer forfaitairement le préjudice qu'est susceptible de causer au pouvoir adjudicateur le non-respect, par le titulaire du marché, des délais d'exécution contractuellement prévus. Elles sont applicables au seul motif qu'un retard dans l'exécution du marché est constaté et alors même que le pouvoir adjudicateur n'aurait subi aucun préjudice ou que le montant des pénalités mises à la charge du titulaire du marché qui résulte de leur application serait supérieur au préjudice subi* ».

Ainsi, les pénalités de retard telles que fixées dans le contrat sont exigibles par le pouvoir adjudicateur à partir du moment où il constate un retard dans l'exécution du marché, même si ce retard ne lui porte pas préjudice ou que le calcul du préjudice subi est inférieur au montant des pénalités[548].

Par ailleurs, le juge administratif a mis l'accent sur les conditions dans lesquelles le juge étudie et fait droit à la demande de modulation :« *(...) si, lorsqu'il est saisi d'un litige entre les parties à un marché public, le juge du contrat doit, en principe, appliquer les clauses relatives aux pénalités dont sont convenues les parties en signant le contrat, il peut, à titre exceptionnel, saisi de conclusions en ce sens par une partie, modérer ou augmenter les pénalités de retard résultant du contrat si elles atteignent un montant manifestement excessif ou dérisoire, eu égard au montant du marché et compte tenu de l'ampleur du retard constaté dans l'exécution des prestations* ».

Au sens de cette jurisprudence, par principe, les pénalités fixées dans le contrat sont appliquées. Exceptionnellement, seulement s'il est saisi d'une demande de modulation soit par le titulaire, soit par le pouvoir adjudicateur, alors il peut y faire droit à la condition que ce montant soit particulièrement excessif ou dérisoire. L'apport majeur de cette décision est que le juge précise comment il apprécie le caractère dérisoire ou excessif des pénalités. Ainsi, contrairement au juge judiciaire à qui il est reconnu la possibilité de se saisir d'office d'une modulation de pénalité, la saisine du juge administratif devra être faite par la partie lésée.

---

548 FRÖLICH Laurent, « La modulation des pénalités de retard par le juge administratif », *Actualité juridique du village*, www.https://village-justice.com/ .

Au Cameroun, c'est en se fondant sur l'article 5 de la loi du 29 décembre 2006, que la personne publique pourra mettre à la charge du partenaire privé des pénalités.

Au sens de cet article, « le contrat doit obligatoirement comporter des clauses relatives aux sanctions et pénalités applicables en cas de manquement du partenaire privé à ses obligations, notamment en cas de non-respect des objectifs de performance ».

Le contrat devra par conséquent contenir toutes les modalités de calcul relatives à ces pénalités[549]. Toutefois, une attention particulière devra être accordée à la rédaction de celle-ci, plus précisément sur les modalités de calcul des pénalités et aux délais d'exécution car, cette précision dans la rédaction, conditionne une application prévisible, efficace et sécurisée des pénalités[550].

En France, par exemple, dans un souci de préserver les rédacteurs du contrat, l'article 20 du CCAG travaux dresse un clausier-type des pénalités pouvant être applicable au cocontractant de l'acheteur.

Cependant, les situations justifiant la mise en œuvre des pénalités restent entièrement soumises à la liberté contractuelle des parties, la plus répandue dans la plupart des contrats étant la pénalité de retard.

Le clausier-type sur les contrats de partenariat au Cameroun nous renseigne quant à lui sur des situations pouvant donner lieu à des pénalités à savoir, le non-respect par le partenaire privé de ses engagements en matière de recours à des PME et à des artisans, le retard dans la remise de documents ou de remise de documents incomplets, le retard dans la réalisation des modifications, la non-atteinte des engagements de performances pour n'en citer que celles-là.

Ainsi, en cas de manquement, la personne publique applique des pénalités sans qu'il soit nécessaire de saisir le juge, cela, par simple édiction d'une décision unilatérale après mise en demeure. Cependant, ces pénalités sont libératoires de tous dommages et intérêts envers le partenaire public pour des manquements qu'elles sanctionnent. Le partenaire privé pourra toujours contester ces pénalités, lorsqu'il estime que la faute ne lui est pas imputable[551].

---

[549] Voir jugement n°72/cour suprême- chambre administrative 29 juin 1989, FOUDA ETAMA c/ Etat du Cameroun. obs. Salomon BILONG.
[550] Voir la fiche de DAJ sur, « *les pénalités dans les marchés publics* », *DAJ*, Avril 2019, p. 1.
[551] CE, 14 mai 2008, *collectivité territoriale de corse*, n°281312.

Les dommages et intérêts ont pour but de réparer le dommage causé du fait de l'inexécution du contrat par l'une des parties. En droit des contrats privés, le paiement des dommages et intérêts est encadrée aux articles 1231-1 du code civil français et 1147 du code civil camerounais : « *Le débiteur est condamné, s'il y a lieu, au paiement de dommages et intérêts soit à raison de l'inexécution de l'obligation, soit à raison du retard dans l'exécution, s'il ne justifie pas que l'exécution a été empêchée par la force majeure.* »

Le cocontractant, qui aura manqué à son obligation sera tenu de réparer le préjudice né de cette inexécution[552]. A cet effet, la réparation intervient de différentes manières : en nature, ce qui revient à exiger que les choses soit remisent dans l'état dans laquelle elles devraient se trouver en cas d'exécution totale et parfaite du contrat. Cette exécution forcée en nature se rapproche fortement des sanctions coercitives que l'on retrouve dans les contrats de droits publics ; en argent, dans le cas d'un paiement de dommages et intérêts du fait de l'inexécution soit totale ou partielle du marché par l'acheteur ou la personne publique.

En droit public, l'indemnisation du cocontractant est perçue comme une limite au pouvoir exorbitant dont dispose la personne publique. Le partenaire privé peut se voir octroyer une indemnisation dans plusieurs hypothèses notamment en cas de modification, de résiliation ou encore d'annulation du contrat. En effet, la Cour Européenne des Droits de l'Homme (CEDH) reconnaissait déjà à « *tout État, un pouvoir souverain pour modifier, voire résilier, moyennant compensation, un contrat conclu avec des particuliers*[553]».

Fort de cela, il est précisé à l'article L2235-1 du code de la commande publique qu': « *En cas d'annulation ou de résiliation du contrat par le juge, faisant suite au recours d'un tiers, le titulaire du marché de partenariat peut prétendre à l'indemnisation des dépenses qu'il a engagées conformément au contrat dès lors qu'elles ont été utiles à l'acheteur* ». Ainsi, la volonté de préserver les parties au contrat de partenariat des conséquences graves d'une résiliation ou d'une annulation du contrat a conduit le législateur à prévoir l'indemnisation du partenaire privé.

S'agissant de l'annulation du contrat par exemple, celle-ci est réputée n'avoir fait naître aucun lien entre les parties. Par conséquent, la personne

---

[552] Cour suprême, arrêt n°34/cc du 22 novembre 2001 Aff. SNEC c/ Me Deffo (en l'espèce la société des eaux su Cameroun avait été poursuivie et a vu sa responsabilité engagée pour absence de fourniture d'eau dans le cabinet de Me Deffo).
[553] CEDH, 9 décembre 1994, *Raffineries grecques Stran et Stratis Andreadis c/ Grèce*, n° 13427/87.

publique ne saurait être tenue d'exécuter ses obligations même si elle constate un commencement d'exécution ou encore l'achèvement des travaux de la part de son cocontractant. Dans cette hypothèse le partenaire privé n'aura droit à aucun règlement.

En revanche, en se fondant sur le principe de l'enrichissement sans cause, le titulaire du marché est admis à demander une indemnisation pour l'ensemble des dépenses qu'il a utilement engagées pour l'acheteur[554], mais également des frais liés au financement du marché. La seule condition étant que figurent dans les annexes du marché de partenariat, « les principales caractéristiques des financements à mettre en place pour les besoins de l'exécution du marché ».

La jurisprudence administrative a longtemps fait une appréciation stricte[555] de la notion de « dépenses utiles » en n'admettant pas « *les frais liés au financement* » comme étant des dépenses utiles susceptibles d'être indemnisées. Ainsi, l'ordonnance « marchés publics[556] », et par la suite le nouveau code de la commande publique ont permis, pour reprendre les termes de Braconnier, de « *remettre en cause cette appréciation en posant le principe général de l'indemnisation du titulaire du marché en cas d'annulation ou de résiliation et en insérant les frais liés au financement dans l'assiette des dépenses utiles indemnisables*[557] ».

---

[554] BRACONNIER Stéphane, *Précis du droit de la commande publique : Marchés publics – Concessions,* Paris, 5ème éd, *Le Moniteur,* 2017, p. 508. Voir aussi CS/ CA, jugement N°139/04-05 du 25 juillet 2005, société SOTRACOMEC C/ Etat du Cameroun (METPS).

[555] BRACONNIER Stéphane, *op.cit.,* p. 508.

[556] Voir l'article 39-9e de la loi n°2016-16 du 9 décembre 2016 : « L'article 89 est ainsi rédigé :

« Art. 89.-I.-*En cas d'annulation, de résolution ou de résiliation du contrat par le juge, faisant suite au recours d'un tiers, le titulaire du marché de partenariat peut prétendre à l'indemnisation des dépenses qu'il a engagées conformément au contrat dès lors qu'elles ont été utiles à l'acheteur. Peuvent figurer parmi ces dépenses, s'il y a lieu, les frais liés au financement mis en place dans le cadre de l'exécution du contrat, y compris, le cas échéant, les coûts pour le titulaire afférent aux instruments de financement et résultant de la fin anticipée du contrat.*

« *II. La prise en compte des frais liés au financement est subordonnée à la mention, dans les annexes du marché de partenariat, des principales caractéristiques des financements à mettre en place pour les besoins de l'exécution du marché.*

« *III. Lorsqu'une clause du contrat du marché de partenariat fixe les modalités d'indemnisation du titulaire en cas d'annulation, de résolution ou de résiliation du contrat par le juge, elle est réputée divisible des autres stipulations du contrat.* ».

[557] BRACONNIER Stéphane, *op.cit.,* p. 508.

Nous pouvons ainsi lire à l'article L2235-2 du code de la commande publique que : « *Parmi les dépenses mentionnées à l'article L. 2235-1 figurent, s'il y a lieu, les frais liés au financement mis en place dans le cadre de l'exécution du contrat, y compris, le cas échéant, les coûts pour le titulaire afférent aux instruments de financement et résultant de la fin anticipée du contrat.*

La *prise en compte des frais liés au financement est subordonnée à la mention, dans les annexes au marché de partenariat, des principales caractéristiques des financements à mettre en place pour les besoins* de *l'exécution du marché.* »

Eu égard à la liberté contractuelle qui gouverne ce contrat, les parties aménagent l'étendue des modalités d'indemnisation. Elles conviennent également d'une indemnisation inférieure au préjudice subi par le cocontractant de l'administration ou encore d'une absence totale d'indemnisation.

La jurisprudence administrative précise qu'une clause particulière contenue dans un contrat administratif pourrait écarter tout droit à indemnisation du cocontractant.

Le Conseil d'Etat, dans l'arrêt *société AB Trans* du 19 décembre 2012[558], a jugé que : « *si les principes généraux applicables aux contrats administratifs permettent aux personnes publiques, sans qu'aucune disposition législative ou réglementaire, non plus qu'aucune stipulation contractuelle ne le prévoient, de résilier un contrat pour un motif d'intérêt général, sous réserve de l'indemnisation du préjudice éventuellement subi par le cocontractant, ces mêmes principes ne s'opposent pas à ce que des stipulations contractuelles écartent, comme en l'espèce, tout droit à indemnisation en cas de résiliation du contrat par la personne publique(...)* ».

La licéité d'une clause d'indemnisation reste tout de même soumise à certaines conditions. Il s'agit entre autres de l'étendue et les modalités de l'indemnisation qui doit être déterminée par les parties.

L'étendue et les modalités d'indemnisation est décidée d'un commun accord entre les parties. Elles fixent la méthode de calcul permettant de chiffrer l'indemnité du partenaire privé en cas de résiliation ou d'annulation du contrat.

---

[558] Le CE, *société AB Trans*, du 19 décembre 2012, n° 350341, inédit ; Dr. adm. 2013, comm. 42, obs. Colson ; Contrats et Marchés publics 2013, comm. 29, note G. Eckert ; v. également CE, 10 décembre 1982, Loiselot, Rec., tables, p. 631.

Le Conseil d'Etat a eu l'occasion de réaffirmer le principe de la liberté contractuelle des parties en admettant tout d'abord que : « *l'étendue et les modalités de cette indemnisation peuvent être déterminées par les stipulations du contrat*[559] ». Ceci témoigne une fois de plus de « *la tendance du juge administratif à accorder une place croissante à la volonté des parties dans la détermination de leurs droits et obligations respectifs*[560]». Mais également que : « *l'étendue et les modalités de cette indemnisation peuvent être déterminées par les stipulations du contrat*[561] »

De plus dans un souci de garantir, les intérêts des préteurs dans cette forme contractuelle, le législateur français a posé le principe de la divisibilité de ces clauses. On peut donc lire à l'article L2235-3 du code de la commande publique que :

« *Lorsqu'une clause du marché de partenariat fixe les modalités d'indemnisation du titulaire en cas d'annulation ou de résiliation du contrat par le juge, elle est réputée divisible des autres stipulations du contrat* ». Ainsi, ces clauses indemnitaires sont divisibles du reste du contrat et lui survivent en cas d'annulation ou de résiliation.

Toutefois, l'indemnisation doit être proportionnée. Le Conseil d'Etat, dans l'arrêt du 4 mai 2011, a fixé une limite à la clause indemnitaire. Ainsi, la liberté de déterminer l'étendue et les modalités d'indemnisation est consentie aux parties *« sous réserve qu'il n'en résulte pas, au détriment d'une personne publique, une disproportion manifeste entre l'indemnité ainsi fixée et le montant du préjudice résultant, pour le concessionnaire, des dépenses qu'il a exposées et du gain dont il a été privé. » Ici, seule, « la disproportion manifeste » est interdite*[562]. En ce sens, la cour administrative d'appel de Versailles a jugé que les stipulations contractuelles peuvent prévoir « *le versement au cocontractant d'une indemnité pouvant excéder le montant [du] préjudice* », qu'il revient au juge de contrôler s'il n'existe pas une « *disproportion manifeste* » entre l'indemnité ainsi fixée et le préjudice résultant

---

[559] CE, 4 mai 2011, Chambre de commerce et d'industrie de Nîmes, n° 334280, Rec. p. 205.

[560] LLORENS François et SOLER-COUTEAUX Pierre, « De l'exception d'inexécution et de quelques tendances du droit des contrats administratifs », *Contrats Marchés publics,* n°12, 2014, p.12.

[561] CE, 4 mai 2011, Chambre de commerce et d'industrie de Nîmes, n° 334280, Rec. p. 205.

[562] SEUROT Laurent, « Précisions sur les modalités d'indemnisation du cocontractant en cas de résiliation anticipée du contrat pour motif d'intérêt général », note sous CE, 3 mars 2017, Société Leasecom, n° 382446, à publier aux tables du Recueil Lebon.

pour le cocontractant des dépenses qu'il a réalisées et du gain qu'il a manqué[563].

Cette interdiction de prévoir le versement d'une indemnité disproportionnée au préjudice subi a pour fondement l'interdiction faite aux personnes publiques de consentir à des libéralités qui, ne s'appliquant pas aux personnes privées, rien ne s'oppose à ce que ces stipulations prévoient une indemnisation inférieure au montant du préjudice subi par le cocontractant privé de l'administration[564].

En somme, les différentes garanties accordées à la personne publique en cas d'inexécution du contrat et le désarmement dont fait preuve le partenaire privé, dénote un certain déséquilibre. L'indemnisation, lorsqu'elle est bien aménagée par les parties et au regard du contrôle exercé par les juges, reste cependant le moyen de *« rétablir un équilibre économique injustement rompu, ce qu'exige l'équité, tout en évitant de donner une prime à l'illégalité, ainsi*

Outre les moyens dont disposent les parties pour obtenir l'exécution du marché, il existe des situations dans lesquelles l'inexécution du contrat ne peut être reprochée au cocontractant.

Ainsi, la responsabilité des parties peut être engagée même en l'absence de faute. Cette absence de faute n'a cependant pas un effet exonératoire et peut engager la responsabilité des parties sur le fondement dans la solidarité contractuelle.

Bien connu pour être un contrat complexe et de longue durée, le contrat de partenariat public-privé peut à tout moment être confronté à des aléas qui lui sont extérieurs.

L'on distingue deux catégories d'aléas contractuels. Certains ouvrent droit au rétablissement d'un équilibre contractuel, moyennant la poursuite de l'exécution du contrat[565] (Ss1), et d'autres justifient l'inexécution du marché (Ss2).

---

563 CAA Versailles, 7 mars 2006, Commune de Draveil, n° 04VE01381, Rec. p. 591 ; AJDA 2006, p. 1044, concl. P. Besse ; Dr. adm. 2006, comm. 74, note A. Alonso Garcia).

564 Voir. CE, 4 mai 2011, Chambre de commerce et d'industrie de Nîmes, préc.

565 SYMCHOWICZ Nil, « l'introuvable droit au maintien de l'équilibre financier dans les contrats administratifs », *Mélanges Laurent Richer,* Paris, *LGDJ,* 2013, p. 463. Voir aussi TRIGON Sandrine, *L'équilibre standard du droit des contrats administratifs,* thèse, Université de Lyon, 2006, Voir également, VIDAL Laurent,

Section 2 - L'incidence des faits extérieurs sur l'exécution du contrat

§1- Les aléas contractuels justifiant la poursuite d'un contrat de partenariat

La notion d'aléa contractuel se définit communément comme un événement imprévisible pouvant affecter un contrat.

Cependant, aucune définition de cette notion n'a été donnée par le code civil.

Elle y est juste envisagée de manière indirecte et extrêmement circonscrite au travers de la catégorie des contrats aléatoires.

Ainsi, on peut lire à l'article 1964 du code civil Camerounais que : « *le contrat aléatoire est une convention réciproque dont les effets, quant aux avantages et aux pertes, soit pour toutes les parties, soit pour l'une ou plusieurs d'entre elles, dépendent d'un événement incertain*[566] »

De cet article nous avons pu dégager la structure de cette notion « d'aléa » que nous pouvons définir synthétiquement comme étant « *un élément de hasard, d'incertitude qui, introduit dans l'économie d'une opération, une chance de gain ou de perte pour les intéressés*[567] *».*

Nous nous s'intéresserons dans un premier temps aux différents aléas permettant la poursuite de l'exécution du marché (A) et ensuite aux conséquences juridiques découlant de ces aléas (B).

L'équilibre financier du contrat dans la jurisprudence administrative, Bruxelles, *Bruyant,* 2005.

[566] cet article a été abrogé en droit français et redéfinie à l'article 1108 du code civil désormais , un contrat « *est aléatoire lorsque les parties acceptent de faire dépendre les effets du contrat, quant aux avantages et aux pertes qui en résulteront, d'un événement incertain.* »

[567] CORNU Gérard, *op.cit.,* 1999, p. 1.

A - Les différents aléas au contrat de partenariat

Encore appelés aléas techniques, ils se distinguent en deux catégories, les sujétions imprévues et les travaux supplémentaires. Ces aléas ont pour effet d'entraîner la modification du contrat, dès lors que leur caractère imprévisible peut être démontré.

S'agissant des sujétions imprévues, elles peuvent être définies comme « *des difficultés matérielles rencontrées lors de l'exécution du marché, présentant un caractère exceptionnel, imprévisible, lors de la conclusion du contrat et dont la cause est extérieure aux parties*[568] ».

Elles ont pour conséquences d'entraîner l'utilisation de moyens plus onéreux ou encore d'obliger à effectuer des travaux supplémentaires indispensables qui restent de même nature que ceux prévus par le contrat[569]. Ainsi pour être qualifiés de sujétions imprévues, plusieurs conditions cumulatives doivent être réunies.

Le fait générateur de celui-ci doit être un aléa technique ou matériel[570] et revêtir un caractère imprévisible et exceptionnel[571]. C'est le cas par exemple des conditions climatiques exceptionnelles, ou de l'état du sol dont les parties n'avaient pas connaissance lors de la conclusion du contrat.

En outre, il ressort de la jurisprudence administrative que les sujétions imprévues pour être valables, devront également être extérieures aux parties. La cour administrative d'appel de Nantes, dans un arrêt du 14 septembre 2012, pose cette condition s'agissant d'un marché de travaux portant sur la construction d'un tunnel sous-marin. La société demandait l'indemnisation du surcoût des travaux liés à la présence d'un sol argileux non détecté avant le commencement des travaux.

Commentant cet arrêt de la cour administrative d'appel, Marion Ubaud-Bergeron écrit que « *la rencontre d'une géologie différente de celle envisagée est ici exclusivement imputable à la société, puisque le maître d'ouvrage avait alerté les candidats des incertitudes liées à la nature des sols, et que l'entreprise n'avait alors ni demandé à ce dernier de procéder à une étude*

---

568 CE, 30 juill.2003, *Cne de Lens*, n°223445, BJCP n°31/2003, P.462, Concl. D. Piveteau.
569 CE, 22 déc. 1976, Depussé : Rec. CE 1976, p. 575.
570 HOEPFFNER Hélène, *op.cit.*, p. 415.
571 Voir l'arrêt du CE, 1er juillet 2015, *Régie des eaux du canal de Belletrud*, n° 383613.

complémentaire, ni fait elle-même cette étude pour s'en assurer, obligation qui lui incombait en sa qualité de constructeur : elle ne saurait dès lors prétendre à une indemnisation pour sujétions techniques imprévues, lesquelles doivent être imprévisibles, exceptionnelles mais également extérieures aux parties[572] ».

Au sens de cette jurisprudence, le caractère imprévisible, exceptionnel et son extériorité aux parties est nécessaire pour qualifier les difficultés matérielles survenues en cours d'exécution du marché de « sujétions imprévues » En plus de ces critères, ces sujétions imprévues doivent bouleverser l'économie du contrat[573].

Eu égard à ces critères, le titulaire d'un marché qui constate des sujétions techniques imprévues durant l'exécution du marché, n'est pas tenu de les signaler à la personne publique, ni d'en faire une constatation immédiate[574].

A cet effet, en l'absence de clause particulière mentionnée au cahier des clauses administratives particulières, aucune disposition du cahier des clauses administratives générales applicables aux marchés publics de travaux ne subordonne la recevabilité d'une demande de paiement de sujétions imprévues survenues en cours d'exécution du marché à leur signalisation préalable ainsi qu'à leur constatation immédiate[575]. Concernant les travaux supplémentaires. Du fait de la longue durée du marché de partenariat, le titulaire n'est pas à l'abri d'une demande de modification de son contrat en cours d'exécution.

Il en est ainsi lorsque la modification est au préalable autorisé dans le contrat initial, lorsque les modifications sont rendues nécessaires par des circonstances imprévues, mais également lorsque des travaux supplémentaires sont devenus nécessaires[576] à la réalisation de l'ouvrage. Ainsi, le titulaire du

---

[572] CAA Nantes, 19 sept. 2014, n° 12NT03032, SNC EMCC : JurisData n° 2014-027854, contrats et Marchés publics n° 12, Décembre 2014, comm. 341.

[573] CAA, Bordeaux, 6e chambre, 11 juin 2014 - n° 12BX010245.

[574] CAA Bordeaux, 11 juin 2014, n° 12BX01024, Sté SBTPC : JurisData n° 2014-016402, obs., Marion Ubaud-Bergeron, Contrats et Marchés publics n° 8-9, Août 2014, comm. 226.

[575] CAA Bordeaux, 11 juin 2014, n° 12BX01024, *Sté SBTPC* : JurisData n° 2014-016402.

[576] L'article R. 2194-2 du code de la commande publique que :
« *Le marché peut être modifié lorsque, sous réserve de la limite fixée à l'article R. 2194-3, des travaux, fournitures ou services supplémentaires, quel que soit leur montant, sont devenus nécessaires et ne figuraient pas dans le marché initial, à la condition qu'un changement de titulaire soit impossible pour des raisons économiques ou techniques tenant notamment à des exigences d'interchangeabilité ou*

marché se doit d'exécuter des travaux supplémentaires qui lui sont prescrits. Cependant, des critères permettent de distinguer les travaux supplémentaires susceptibles d'être indemnisés. Il s'agit de ceux qui ne sont pas prévus au contrat initial, mais indispensables à la réalisation de l'ouvrage[577], ils doivent en outre faire l'objet d'une demande d'ordre et service écrite[578].

La loi camerounaise, en plus des sujétions imprévues, et des travaux supplémentaires, reconnaît comme évènements extérieurs au contrat les aléas administratifs et juridictionnels. Les aléas administratifs et juridictionnels concernent notamment les recours contentieux contre le contrat ou contre ses actes détachables, le retrait du contrat pour nullité, et la non-obtention des autorisations administratives purgée de tout recours.

Toutes ces hypothèses entrainent des conséquences juridiques tant à l'égard des parties ais aussi du contrat lui-même.

B -Les conséquences juridiques des aléas au contrat de partenariat

Les sujétions imprévues, les travaux supplémentaires, et les aléas administratifs et juridictionnels sont des aléas qui n'entraînent pas inéluctablement l'inexécution du contrat. Ainsi, dans le cas de sujétions imprévues et de travaux supplémentaires, le partenaire privé a droit à un équilibre financier et se fera indemniser par la personne publique du préjudice qu'il aura subi. C'est du moins ce qui ressort de l'article L2194-3 du code de la commande publique aux termes duquel : *« Les prestations supplémentaires ou modificatives demandées par l'acheteur au titulaire d'un marché public de travaux qui sont nécessaires au bon achèvement de l'ouvrage et ont une incidence financière sur le marché public font l'objet d'une contrepartie permettant une juste rémunération du titulaire du contrat »*.

Cependant, la jurisprudence administrative a été plus stricte en la matière, S'agissant du préjudice financier subi par le titulaire du fait de ces sujétions

---

d'interopérabilité avec les équipements, services ou installations existants achetés dans le cadre du marché initial. ».

577 CAA Marseille, 3 octobre 2016, *société Cabra* BTP, req. n° 15MA03092.

578 Article 14-1 du CCAG Travaux 2009 « *Le présent article concerne les prestations supplémentaires ou modificatives, dont la réalisation est nécessaire au bon achèvement de l'ouvrage, qui sont notifiées par ordre de service et pour lesquelles le marché n'a pas prévu de prix.* ».

imprévues, il doit être à la fois certain et direct. Le préjudice direct a été jugé par la cour administrative d'appel de Marseille, du 3 mai 2006, la cour ayant alors estimé que : « *la société Nicoletti, aux droits de laquelle se trouve actuellement la société Carillion Btp, s'est heurtée, dans l'exécution du marché de travaux de confortement et de drainage du tunnel du Tende, à des sujétions techniques imprévues ; qu'il a indemnisé cette société en réparation de frais jugés directement liés à ces sujétions mais a écarté comme ne constituant pas un préjudice direct, la demande indemnitaire qui lui avait été présentée au titre du paiement d'heures supplémentaires (...)* ».

Un préjudice est direct dès lors qu'il existe un lien de causalité entre le dommage et la faute. Sont par conséquent exclus les dommages intervenus par ricochet.

Le préjudice doit également être certain. C'est le critère retenu par une jurisprudence plus récente, de la cour administrative d'appel de Douai du 24 mai 2017, la cour considérant que : « *la SAS PNSA soutient avoir subi une perte en industrie dès lors qu'elle n'a pu amortir ses coûts fixes globaux, ainsi que les coûts particuliers inhérents à la prolongation de la présence du chef de chantier, pendant la durée contractuelle initialement prévue ; que, toutefois, les calculs théoriques sur lequel elle se fonde pour évaluer les préjudices qu'elle invoque à ces titres, en se basant, d'une part, sur une " perte de productivité du chef de chantier " évaluée sans justification à 20%, d'autre part, sur la part que représentait, au cours des années 2007 à 2009, le total de ses frais généraux globaux par rapport à son chiffre d'affaires global, ne sont pas de nature à lui permettre, à eux seuls, d'établir la réalité des préjudices qu'elle aurait effectivement subis à l'occasion du marché en cause ; qu'en outre et en tout état de cause, elle n'établit pas avoir été dans l'impossibilité d'engager sur d'autres opérations, durant la période de décalage de son chantier, ses moyens humains, notamment ses personnels d'encadrement, et ses matériels non utilisés et d'amortir ainsi ses frais de structure ; que ces conclusions tendant à la condamnation de l'OPAC de la ville du Havre au versement des sommes de 3 398.54 euros et de 37 331.49 euros hors taxes à ces titres doivent, par suite, être rejetées* ».

Néanmoins, le titulaire qui poursuit l'exécution du marché malgré les sujétions imprévues a droit à une indemnisation pour le préjudice subi. Sauf si l'évènement est « *tel que la situation juridique née du marché se soit trouvée complément modifiée*[579] », et dans ce cas-là, le titulaire se trouve déchargé de ses obligations.

---

[579] CE, 29 avril 1949, Soc. *Les entrepôts frigorifiques lyonnais*, rec.190.

S'agissant des travaux supplémentaires, il est de principe que le titulaire du marché doit se limiter à exécuter les travaux prévus dans son contrat. Toutefois, le maître d'ouvrage doit de payer à l'entrepreneur le montant des travaux supplémentaires non prévus au contrat, dès lors que ceux-ci ont un caractère indispensable[580].

Le juge administratif français et, plus tard, le législateur camerounais, ont respectivement posé ce principe à l'occasion d'une espèce du CE du 14 mai 1970, Administration Générale de l'Assistance Publique de Paris et des dispositions des articles 72 et suivants du Décret n°2004/275 du 24 septembre 2004 portant code des marchés publics au Cameroun.

Cette position fut celle adoptée dans l'arrêt du CE, *société Poulingue*, du 20 décembre 2017, concernant l'indemnisation des travaux supplémentaires. En effet, « *l'entrepreneur a le droit d'être indemnisé du coût des travaux supplémentaires indispensables à la réalisation d'un ouvrage dans les règles de l'art* ».

Le Conseil d'Etat estimait également que, le maître d'ouvrage était fondé à appeler le maître d'œuvre en garantie dans certaines situations. Il distingue ainsi deux cas de figure, à savoir : « *lorsque la nécessité de procéder à ces travaux n'est apparue que postérieurement à la passation du marché, en raison d'une mauvaise évaluation initiale par le maître d'œuvre, qu'il établit qu'il aurait renoncé à son projet de construction ou modifié celui-ci s'il en avait été avisé en temps utile.* »

Et, « *en raison d'une faute du maître d'œuvre dans la conception de l'ouvrage ou dans le suivi de travaux, le montant de l'ensemble des travaux qui ont été indispensables à la réalisation de l'ouvrage dans les règles de l'art est supérieur au coût qui aurait dû être celui de l'ouvrage si le maître d'œuvre n'avait commis aucune faute, à hauteur de la différence entre ces deux montants*[581] ».

---

580 CE sect.17 oct. 1975, *commune de canari*, rec. 516. (Cette décision du conseil d'Etat viendra taire les précédentes contradictions existantes entre les jurisprudences dans lesquelles certaines approuvaient les demandes d'indemnisation des seuls « travaux indispensables » tandis que d'autres estimaient sur le fondement de l'enrichissement sans cause que les travaux supplémentaires devaient être indemnisés dès lors qu'ils étaient utiles. Le Conseil d'Etat, abandonna la théorie de l'enrichissement sans cause pour n'indemniser que les seuls travaux supplémentaires indispensables.).

581 CE 20 décembre 2017, *Société Poulingue*, req. n° 401747

Toutefois, les travaux supplémentaires doivent lui être prescrits par écrit et aucune indemnisation ne peut être admise si l'acheteur s'est opposé expressément à la réalisation de ces travaux[582]. Le tribunal administratif de Paris, dans l'affaire *société Hitec* du 23 juin 2016, appelé à statuer sur une demande d'indemnisation de travaux supplémentaires, a adopté une position visant à protéger le titulaire du marché, en précisant qu' « *Il est constant que les travaux (...) n'étaient pas prévus dans le marché conclu par la société Hitec et n'ont fait l'objet d'aucun avenant écrit, ni d'aucun ordre de service écrit. Il résulte toutefois de l'instruction et il n'est pas contesté par le ministre de la défense, que ces travaux ont été faits à la demande du maître d'œuvre, et qu'ils ont été utiles pour remédier aux dommages causés par des infiltrations d'eau. Compte tenu de l'imprudence que la société Hitec a commise en acceptant de les exécuter sur une simple demande du maître d'œuvre, il serait fait une juste appréciation, dans les circonstances de l'affaire, de l'indemnité à laquelle elle peut prétendre en condamnant l'Etat à lui verser la somme de 10 000 euros*[583] ».

Ainsi, l'absence d'écrit n'est pas de nature à priver complètement le titulaire de son indemnisation, dès lors, qu'il est démontré que les travaux ont été faits à la demande de l'acheteur et qu'ils ont été utiles pour l'exécution de l'ouvrage.

En droit camerounais, lorsque les aléas administratifs et juridictionnels énoncés plus haut freinent l'exécution du contrat, la personne publique peut décider, soit de poursuivre l'exécution du contrat. Dans ce cas de figure, elle assume l'intégralité des conséquences directes et indirectes de sa décision de poursuite ou d'annulation éventuelle du contrat, mais aussi l'indemnisation du partenaire privé dans l'hypothèse où le recours prospère et a pour conséquence d'entraîner l'annulation définitive de l'acte attaqué, empêchant d'une manière définitive l'exécution du contrat, ou de ses actes détachables[584], soit de suspendre le contrat, dans ce cas de figure, les délais d'exécution peuvent être prolongés d'une durée égale à celle durant laquelle l'événement considéré a fait obstacle à l'exécution du contrat. Néanmoins, la personne publique conserve le pouvoir soit unilatéralement, ou après concertation avec le partenaire privé, mettre fin à la suspension de l'exécution du contrat. Elle peut en outre demander la résiliation du contrat, les aléas justifiant irrémédiablement l'inexécution du contrat.

---

[582] CE, 2 juillet 1982, *Soc. Routière colas,* rec. 261.
[583] TA Paris, 3e section, 1e chambre, *société Hitec*, 23 juin 2016, n° 1405335.
[584] C'est ce qui ressort de l'article 15-1 du clausier type CARPA.

§2 - Les aléas justifiant l'inexécution du contrat

Les aléas justifiant l'inexécution du contrat de partenariat s'entendent comme un ensemble d'évènements qui, bien qu'extérieurs au contrat empêchent sa bonne exécution (A). Cependant, ces aléas étant indépendants de la volonté des parties, leurs conséquences juridiques doivent être voulues contractuellement par elles (B).

A – Les différents types d'aléas

De manière générale, la notion d'alea dans le contrat se définit comme un évènement susceptible d'avoir une incidence sur un équilibre contractuel. Plus précisément, l'aléas est un évènement de réalisation ou de date incertaine dont les parties à une convention acceptent de faire dépendre le montant de tout ou partie de leurs prestations réciproques, de telle sorte qu'il soit impossible de savoir, avant complète exécution s'il y'aura un bénéficiaire ou qui le sera[585]. Il se caractérise par le fait qu'il ne peut être mesuré ou apprécié que par rapport à la probabilité de sa survenance ou de son importance. Ainsi, certains événements extérieurs au contrat justifient son inexécution par les parties. C'est le cas notamment de la force majeure, et de l'imprévision et du fait de prince.

La force majeure suppose un fait extérieur, imprévisible et irrésistible[586], qui empêcherait une partie au contrat d'exécuter correctement ses obligations. La notion de force majeure a longtemps été évoquée en droit civil sans toutefois être définie[587]. Elle n'était donc faite que de considérations jurisprudentielles ; « *C'est au juge, qu'il revient d'apprécier s'il y a eu cas de force majeure, et c'est le juge qui a défini les conditions de la force majeure*[588] ».

---

[585] CORNU Gérard, *op. cit.,* 2018, p.54.

[586] Par Dimitri SEDDIKI. « Le cas de force majeure : un événement extérieur, imprévisible, irrésistible et... incontournable. » commentaire de l'arret Cassation, Commerciale 16 septembre 2014, n°13-20.306., Village de la justice. https://www.village-justice.com/articles/cas-force-majeure-evenement,17963.html. Voir également ANTONMATTEI Paul-Henri, *Contribution à l'étude de la force majeure*, Paris, *LGDJ,* 1992.

[587] Voir l'ancien article 1148 du Code civil.

[588] CANS Chantal, PONTIER Jean-Marie, TOURE Thierry, *Traité de droit des risques naturels,* Paris, *Éditions Le Moniteur,* 2014, p. 650

Ainsi, le juge judiciaire a tout d'abord admis que, la force majeure ne saurait être retenue que si elle satisfait aux critères d'irrésistibilité et d'imprévisibilité[589]. Par la suite, la Cour de Cassation, dans un arrêt du 16 mai 2012, est revenue sur ces critères, en admettant en plus des deux critères précédemment retenus, le critère « d'extériorité ». Selon elle, la force majeure « s'entend de la survenance d'un évènement **extérieur, imprévisible** lors de la conclusion du contrat et **irrésistible** lors de son exécution[590] ».

Désormais, la réforme des contrats de 2016 aura permis au législateur d'apporter une définition explicite à la force majeure, on peut désormais lire à l'article 1218 du code civil que : *« Il y a force majeure en matière contractuelle lorsqu'un événement échappant au contrôle du débiteur, qui ne pouvait être raisonnablement prévu lors de la conclusion du contrat et dont les effets ne peuvent être évités par des mesures appropriées, empêche l'exécution de son obligation par le débiteur. »*

Cette définition de la force majeure change de celle donnée par la jurisprudence antérieure. La force majeure nécessite que deux conditions cumulatives soient présentes. L'imprévisibilité et l'irrésistibilité. L'événement doit échapper au contrôle du débiteur, il ne peut être raisonnablement prévu lors de la conclusion du contrat et, ses effets ne peuvent être évités par des mesures appropriées.

La troisième condition relative à l'extériorité n'a, quant à elle, pas été reprise par l'ordonnance de 2016. Devrait-il en déduire que le fait que l'évènement constitutif de la force majeure résulte de la cause étrangère aux contractants n'est plus obligatoire ?

Une partie de la doctrine semble considérer la mention être « incontrôlable par le débiteur » contenue dans le nouvel article 1218 du code civil correspond à l'exigence d'extériorité dégagée antérieurement par la jurisprudence. Une approche que nous partageons également car, ce qui est incontrôlable pour le débiteur est nécessairement en dehors de sa maitrise, par conséquent extérieur[591]. Pour d'autres auteurs, il s'agit simplement d'un nouveau critère indépendant du caractère « extérieur » ou « intérieur » de l'évènement[592].

---

[589] C. Cass Assemblée plénière, 14 avr. 2006, no 02-11168, M. X contre Consorts Z et Cour de cassation Assemblée plénière, 14 avr. 2006, n° 04-18902, M. X contre RATP : ces arrêts auront posé comme critères de qualification de la force majeure l'irrésistibilité et l'imprévisibilité.

[590] Cass. Soc., 16 mai 2012, n° 10-17.726.

[591] AYNÈS Laurent, MALAURIE Philippe et STOFFEL-MUNCK Philippe, *Droit des obligations*, *op.cit.,* 2020 p.545

[592] Jourdain, *RTD civ.* 1994, 873.

Dans le contrat de partenariat public-privé ou encore dans les contrats administratifs, la force majeure est également présente. Bien que la nécessité du critère de l'imprévisibilité ait pu être remise en cause par la doctrine, pour le professeur Benoit, la force majeure *« est un fait, non point imprévisible, mais contre lequel l'auteur du fait dommageable ne pouvait rien ; c'est un fait imparable*[593] ».

Le juge administratif, tout comme le juge judiciaire, a construit la notion de « force majeure » sans toujours expliciter précisément la méthode, sinon les conditions, lui permettant ici de l'identifier et là, de ne pas la découvrir[594] .

La force majeure trouve tout de même à s'appliquer à tous les domaines contractuels, bien qu'elle fasse l'objet d'une appréciation différente en fonction des juridictions.

En droit administratif, la règle est identique même si le juge pour apprécier la force obligatoire ne se fonde pas directement sur les dispositions du code civil[595].

A cet égard, la force majeure en droit privé ou en droit public est une cause exonératoire de responsabilité contractuelle, qui dès lors qu'elle réunit les critères d'imprévisibilité et d'irrésistibilité conduit à rompre le lien d'imputabilité entre la faute et le dommage[596].

Ainsi, la force majeure peut être retenue dès lors que l'exécution du marché devient absolument impossible, de manière temporaire ou définitive[597]. Mais, en pratique, le juge administratif n'appliquera le cas de force majeure que de manière exceptionnelle[598].

Il semble plus strict à reconnaître l'existence d'un cas de force majeure lorsqu'il est invoqué par le partenaire privé pour s'exonérer de ses obligations,

---

[593] BÉBOIT Francis-Paul, « Le cas fortuit dans la jurisprudence administrative », *JCP,* 1956, I, p. 1328.
[594] ARBOUSSET Hervé, « *Mais oui, la reconnaissance d'un cas de force majeure est toujours possible : la preuve.* », *in le JAC, Centre Européen de recherche sur le Risque, le Droit des Accidents Collectifs et des Catastrophes EA,* n°3992. http://www.jac.cerdacc.uha.fr/mais-oui-la-reconnaissance-dun-cas-de-force-majeure-est-toujours-possible-la-preuve-h-arbousset/.
[595] Voir les conclusion, Tardieu sur CE, 29 janv. 1909, *Cie des messageries maritimes* : DP 1910, 3, p. 89.
[596] HOEPFFNER Hélène, « Exécution du contrat administratif – Droits et obligations du cocontractant », *JCA,* fasc.777.
[597] CE, 7 août 1926, Bouxin : Lebon, p. 891.
[598] *Ibid.*

mais admet toutefois que l'administration puisse se défaire des siennes dès lors qu'il est constaté la disparition de l'objet[599] ou de la cause du contrat.

La jurisprudence administrative ajoute à la définition civiliste de la force majeure une acception propre aux contrats administratifs, qui découle de la mise en œuvre de la théorie de l'imprévision. C'est la force majeure administrative. Celle-ci se distingue quelque peu de la force majeure bien connu du droit privé. Ainsi, lorsque des circonstances les circonstances imprévisibles, entrainant un bouleversement de l'économie du contrat rendent son exécution possible mais excessivement coûteuse, la théorie de « la force majeure administrative » trouve à s'appliquer.

Cette position est celle adoptée par le Conseil d'Etat dans l'arrêt Compagnie *des tramways de Cherbourg* du 9 décembre 1932[600] où il a été jugé que : *« dans le cas où les conditions économiques nouvelles ont créé une situation définitive qui ne permet plus au concessionnaire d'équilibrer ses dépenses avec les ressources dont il dispose, le concédant ne saurait être tenu d'assurer aux frais des contribuables, et contrairement aux prévisions essentielles du contrat, le fonctionnement d'un service qui a cessé d'être viable ; que, dans cette hypothèse, la situation nouvelle ainsi créée constitue un cas de force majeure (...)* ».

Josse dans ses conclusions en 1932, considérait à cet égard qu'en cas d'imprévision entraînant un bouleversement définitif du contrat, celui-ci est résilié pour force majeure administrative[601]. La force majeure administrative diffère donc de la force majeure classique en ce qu'elle a pour objet de sortir le cocontractant d'un contrat devenu manifestement inéquitable en cours d'exécution[602].

La théorie de l'imprévision est l'une des plus anciennes connues du droit administratif, Elle trouve son origine dans le célèbre arrêt du Conseil d'Etat *« compagnie générale du gaz de Bordeaux »*, du 30 mars 1916[603].

Ainsi, s'inspirant des règles de droit civil, les juges administratifs ont longtemps estimé que, même lorsque le contrat était gravement déséquilibré, par l'effet d'un changement des circonstances économiques imprévisibles,

---

[599] Voir CE, 24 avr. 1968, *Cie navigation Denis frères* : Lebon, p. 257.
[600] CE, 9 décembre 1932, Compagnie *des tramways de Cherbourg*, Cl. JOSSE, 1932.
[601] HOEPFFNER Hélène, *Code de la commande publique - Exécution des marchés publics* - Étude par Hélène HOEPFFNER, *Contrats et Marchés publics*, n° 1, Janvier 2019, dossier 7.
[602] CE, 7 octobre 1998, *société OTH Méditerranée SA*, req. n°156653.
[603] Rec. P.125 concl. Chardenet, RDP 1916, P. 206, Concl. Chardenet, note G. Jèze, P.388, S 1916.3.17, note M. Hauriou.

celui-ci devait rester intangible et respecter la volonté des parties[604]. C'est, par soucis d'assurer la continuité du service public et d'échapper à la rigueur des solutions du code civil, qui n'envisagent que la résolution du contrat assortie de dommages et intérêts en cas d'inexécution du contrat par l'une des parties[605] que, le Conseil d'Etat pose la théorie de l'imprévision.

Selon cette théorie, et pour reprendre les mots Christophe Lajoye, « *la personne publique contractante, a l'obligation d'aider financièrement le cocontractant à exécuter son obligation quand un évènement imprévisible et ne résultant pas de la volonté des parties a entrainé le bouleversement de l'économie du marché ce qui menace son exécution.*[606] » La théorie de l'imprévision impose à la personne publique d'accorder au partenaire privé une indemnisation lorsque celui-ci fait face à un événement imprévisible qui bouleverse l'économie du marché. Cette position du juge administratif est longtemps rentrée en opposition avec celle des juges judiciaires et constituait d'ailleurs l'une des principales divergences entre le droit public et le droit privé. L'idée d'équilibre contractuel qui animait la doctrine en droit privé a conduit à l'admission en France de la théorie de l'imprévision. Ainsi, nous pouvons désormais lire à l'article 1195 al 1er du code civil que : *« Si un changement de circonstances imprévisible lors de la conclusion du contrat rend l'exécution excessivement onéreuse pour une partie qui n'avait pas accepté d'en assumer* le *risque, celle-ci peut demander une renégociation du contrat à son cocontractant. Elle continue à exécuter ses obligations durant la renégociation* »

Cet article consacre désormais, la possibilité que le contrat soit adapté ou révisé par le juge, mais également offre la possibilité à la partie qui se sent lésée d'en faire la demande. Une évolution du droit français tend à mettre en exergue le solidarisme et la loyauté contractuelle, et pourrait être pour le droit civil Camerounais une véritable inspiration. Le droit civil camerounais qui, lui, ne reconnait pas la théorie de l'imprévision, et encore moins la possibilité pour juge de pouvoir réviser le contrat, car celle-ci dérogerait au principe de la force obligatoire du contrat et par la même occasion à l'article 1134 du code civil.

---

604 Voir en ce sens, l'arrêt, Cass. civ., du 6 mars 1876, *« Canal de Craponne »*, dans lequel la cour de cassation avait refusé de réévaluer le montant d'une redevance due pour l'entretien d'un canal d'arrosage qui avait contractuellement été fixé. La cour estimera que, « *(...), dans aucun cas, il n'appartient aux tribunaux, quelque équitable que puisse leur paraître leur décision, de prendre en considération le temps et les circonstances pour modifier les conventions des parties et substituer des clauses nouvelles à celles qui ont été librement acceptées par les contractants. »*.

605 HOEPFFNER Hélène, *op.cit.*, p. 412.

606 LAJOYE Christophe, *op.cit.*, p. 385.

Selon lequel, *« en application de ce texte, les juges ne peuvent sous prétexte de l'équité ou pour tout autre motif, modifier, les conventions légalement formées entre les parties. »*

Néanmoins, le droit administratif camerounais, comme le droit français, reconnait la théorie de l'imprévision. Celle-ci s'appliquant notamment aux marchés publics et au contrat de partenariat.

Cependant, pour être retenue, celle-ci devra réunir certaines conditions à savoir : l'évènement doit être imprévisibilité, extérieur aux parties, et entrainer un bouleversement de l'économie générale du marché. La proximité de ces critères avec l'hypothèse de la force majeure administrative est évidente, pourtant ces deux notions ne se confondent pas nécessairement.

L'évènement doit être imprévisible. Ainsi, l'évènement doit être méconnu et imprévisible au moment de la conclusion du contrat. Le Conseil d'Etat a estimé dans l'arrêt *« Bernard »* que, si le contrat de livraison de fioul a été conclue à un moment où le conflit au Proche Orient s'annonçait déjà, les variations de indices de prix qui en résultent ne seraient pas imprévisibles, et le fournisseur peut par conséquent l'invoquer pour justifier l'inexécution du contrat [607].

Ainsi, le caractère d'imprévisibilité s'apprécie au regard des circonstances de l'espèce. Il peut s'agir d'évènements variés : économiques (dévaluation) ou naturels (séisme) par exemple. Le juge administratif fait preuve de fermeté et ne se satisfait pas d'une grande difficulté à prévoir un événement pour le qualifier d'imprévisible.

Le Conseil d'Etat, l'a souligné dans l'arrêt *soc. Campénon Bernard*, du 31 janvier 1997 eu selon lui, *« en se fondant sur ce que les difficultés exceptionnelles rencontrées dans l'exécution d'un grand ouvrage n'ouvrent pas droit à l'application de la théorie des sujétions imprévues si elles étaient prévisibles lors de la conclusion du marché, et qu'il en va ainsi même lorsque le caractère novateur des choix technologiques retenus rend cette prévision plus difficile, la cour administrative d'appel n'a pas commis d'erreur de droit »*

L'évènement doit être extérieur aux parties ; il peut résulter d'un état de guerre, d'un cataclysme naturel[608] ou encore d'une mesure administrative prise par une personne publique autre que celle partie au contrat.[609] Il ne doit

---

[607] CE, 29 avril 1981, *Bernard*, CJEG 1982, P.9, concl. Franc.

[608] LAJOYE Christophe, *op.cit.*, p. 386.

[609] CE, 15 juillet 1949, *Ville d'Elbeuf*, Rec. p. 358.

en aucun cas émaner d'une partie au contrat. Le juge doit s'assurer, pour retenir l'imprévision, que les parties au contrat ont mis en œuvre toutes les mesures dont elles disposent pour limiter la survenance de cet événement.

Le Conseil d'Etat, pour refuser la demande d'indemnisation au titre des sujétions imprévues, a considéré qu' « *en estimant que les difficultés exceptionnelles rencontrées lors de la réalisation des fondations et des superstructures du "Pont de Brotonne", d'une part, trouvaient leur origine dans des choix technologiques proposés par l'entreprise et acceptés par le maître d'ouvrage, et n'étaient ainsi pas extérieures à la volonté des parties, d'autre part, n'étaient pas la conséquence des insuffisances relevées par l'expert dans l'avant-projet servant de base à l'appel d'offres, la Cour s'est livrée à une appréciation souveraine des faits qui n'est entachée d'aucune dénaturation, et dont elle a pu légalement déduire que les difficultés exceptionnelles sus décrites ne donnaient pas lieu à indemnité au titre des sujétions imprévues*»[610].

L'évènement doit également entraîner un bouleversement de l'équilibre économique du contrat. Cet événement imprévisible doit cependant être temporaire, sinon il peut être requalifié en cas de force majeure. C'est là que réside toute la différence entre la théorie de l'imprévision et la force majeure, l'une n'étant que temporaire et irrésistible et l'autre définitive. En effet, selon le juge administratif, *« au cas où des circonstances imprévisibles ont eu pour effet de bouleverser le contrat et que les conditions économiques nouvelles ont en outre créé une situation définitive qui ne permet plus au concessionnaire d'équilibrer ses dépenses avec les ressources dont il dispose, la situation nouvelle ainsi créée constitue un cas de force majeure et autorise à ce titre le concessionnaire, comme d'ailleurs le concédant, à défaut d'un accord amiable sur une orientation nouvelle à donner à l'exploitation, à demander au juge la résiliation de la concession, avec indemnité s'il y a lieu, et en tenant compte tant des stipulations du contrat que de toutes les circonstances de l'affaire*[611] ».

En pratique, la théorie de l'imprévision, ne trouve véritablement à s'appliquer que lorsque les parties au contrat n'ont pas prévu de mécanismes leur permettant de se prémunir de tout évènement pouvant entraîner le bouleversement des conditions du contrat[612]. Or, l'on retrouve habituellement dans les contrats de telles clauses. C'est le cas par exemple des clauses de variation de prix ou d'indexation.

---

610 CE, 5 / 3 SSR, du 31 janvier 1997, 119430, mentionné aux tables du recueil Lebon.
611 CE, 9 décembre 1932, n° 89655, Compagnie de tramways de Cherbourg.
612 UBAUD BERGERON Marion, *op.cit.*, p. 358.

Le fait du prince se perçoit comme une des prérogatives exorbitantes de droit commun se justifiant par l'intérêt général. Ainsi, l'acheteur au contrat de partenariat lorsqu'il s'agit d'une personne publique, pourra dans le cadre de ses prérogatives de puissance publique, prendre une décision ayant pour effet de bouleverser l'équilibre économique du contrat. Par ailleurs, son cocontractant bénéficie en contrepartie d'un droit au rétablissement de cet équilibre, par conséquent à une compensation.

B - Les effets contractuels des aléas

La force majeure, les sujétions techniques imprévues et la théorie de l'imprévision et le fait de prince, lorsqu'ils surviennent dans un contrat, entrainent des conséquences tant à l'égard des parties, que du contrat lui-même. Ainsi, selon que l'évènement imprévisible est temporaire ou définitif, il produit des effets différents.

En droit civil, ces effets sont énoncés à l'article 1218 al 2 du code civil. Il y est admis que, dès lors qu'un évènement imprévisible échappe au contrôle d'une partie au contrat, celle pourra invoquer un cas de force majeure pour justifier l'inexécution totale ou partielle de son contrat. Selon que l'évènement est temporaire ou définitif, il produit des effets à l'égard des parties et du contrat.

Ainsi, aux termes de cet article, « *si l'empêchement est temporaire, l'exécution de l'obligation est suspendue, à moins que le retard qui en résulterait ne justifie la résolution du contrat. Si l'empêchement est définitif, le contrat est résolu de plein droit et les parties sont libérées de leurs obligations dans les conditions prévues aux articles 1351 et 1351-1* ».

C'est en cela qu'elle constitue une clause exonératoire de responsabilité. Si, le cas de force majeure est temporaire, il a un effet suspensif à l'égard des parties. Pendant cette période, le cocontractant ne reste pas tenu d'exécuter ses obligations contractuelles et aucune demande d'indemnité pour retard d'exécution ne lui est demandée.

Dès lors que l'évènement est irrésistible, il entraine alors la résiliation du contrat. Les parties seront libérés de plein droit leurs obligations. Il en est de même si le retard constaté lors de la suspension du contrat justifie sa résolution.

Les conséquences d'un cas de force majeure dans le cadre d'un contrat de partenariat ne sont pas, en soi, différentes de celles de droit privé. Le code de la commande publique à l'article L2195-2 dispose que : *« L'acheteur peut résilier le marché en cas de force majeure »*.

A cet égard, lorsque la force majeure est constatée de manière définitive, le titulaire du marché obtient la résiliation pure et simple du contrat. Cette exception à l'obligation d'exécuter le contrat a aussi été admise par la jurisprudence administrative.

Le Conseil d'État a eu l'occasion de juger que le cocontractant, lié à une personne publique par un contrat administratif, est tenu d'en assurer l'exécution, sauf en cas de force majeure[613]. Le raisonnement *a contrario* de cette décision conduit à affirmer, comme c'est le cas en droit privé, que seule la force majeure est de nature à libérer le cocontractant de ses obligations.

Dans le même élan, le Conseil d'État, dans l'arrêt *Compagnie des Messageries Maritimes,* admet la possibilité pour le titulaire du marché de prétendre à une exonération des pénalités de retard mis à la charge du titulaire en cas de force majeure.

Il estime que « *la Compagnie des Messageries Maritimes est fondée à soutenir que la grève des états-majors a constitué pour elle le cas de force majeure prévu par l'article 35 de son cahier des charges, et à demander à être exonérée des amendes mises à sa charge pour inexécution de son service ; qu'il y a lieu dès lors de condamner l'Etat à lui rembourser la somme de 64.900 francs, représentant le montant de ces amendes, et à lui payer les intérêts de ladite somme à partir du jour où le prélèvement en a été indûment effectué(...)*[614] ».

Ainsi, lorsque la force majeure a retardé l'exécution du marché sans autant la rendre impossible, le titulaire du marché peut demander l'exonération des pénalités de retard pour la fraction imputable à la force majeure.

Seulement, contrairement à la force majeure classique qui constitue une cause exonératoire de responsabilité, lorsque le titulaire du marché a poursuivi son exécution malgré l'évènement imprévisible qui de plus, a bouleversé l'économie du marché, Il est admis à demander une indemnisation soit en se

---

[613] Cette position du CE, a été repris plus dans l'arrêt du 08 octobre 2014, *Société Grenke Location*, req n° 370644.

[614] CE, 29 janv. 1909, *compagnie des messageries maritimes et A* : REC.CE 1909, P111, concl. Tardieu.

fondant sur la force majeure administrative ou encore la théorie de l'imprévision.

Cette indemnisation suppose un déficit d'exploitation, qui soit la conséquence directe de l'évènement imprévisible, indépendant de l'action du cocontractant de l'administration, et ayant entrainé un bouleversement de l'économie du marché[615] .

Ainsi, « *même si un marché public a été conclu à prix forfaitaire, son titulaire a droit à être indemnisé pour les dépenses exposées en raison de sujétions imprévues, c'est-à-dire de sujétions présentant un caractère exceptionnel et imprévisible et dont la cause est extérieure aux parties, si ces sujétions ont eu pour effet de bouleverser l'économie générale du marché*[616] ».

L'indemnisation de l'imprévision est fixée soit d'un commun accord entre les parties, soit par le juge. Par exemple, le clausier-type des contrats de partenariat au Cameroun prévoit en cas d'imprévision| une indemnité supportée par les parties à hauteur de 90% par le partenaire public et 10% par le partenaire privé[617]. Elle n'a pas pour objet de rétablir la situation financière du partenaire privé comme elle était avant la survenance d'événements imprévus, mais simplement d'apporter une compensation des pertes subies. Cette indemnisation dite « partielle » du partenaire privé constitue le fondement même de l'imprévision, à savoir la continuité du contrat. Cependant, lorsqu'il devient impossible de rétablir l'équilibre du contrat du fait du caractère définitif de l'imprévision, l'évènement est requalifié en cas de force majeure et entraîne par-là, la résiliation du contrat.

[615] CE, 7ème - 2ème chambres réunies, 21 octobre 2019, req n° 419155.

[616] Conseil d'Etat, 1 juillet 2015, *Régie des eaux du Canal de Belletrud* n° 383613

[617] Voir article 12-1 du clausier Type CARPA-Cameroun. « En cas de survenance d'un événement présentant les caractéristiques de l'Imprévision, les conséquences directes et indirectes sont supportées par les Parties à hauteur de 90% par le Partenaire Public et 10% par le Partenaire Privé. ».

Conclusion du Chapitre 1

L'exécution du contrat de partenariat public-privé, révèle l'inégalité manifeste qui existe entre la personne publique et le partenaire privé dans les contrats administratifs et le contrat de partenariat en particulier.

Ainsi, alors qu'en droit privé il est de principe qu'une partie peut se prévaloir de l'inexécution de ses obligations contractuelles par son cocontractant pour refuser d'exécuter la sienne, en droit administratif, seuls certains contrats le permettent, notamment ceux n'ayant pas pour objet l'exécution d'un service public. Dans le cadre du contrat de partenariat public-privé, le cocontractant privé ne peut se prévaloir de cette inexécution pour refuser la sienne. Il s'exposerait alors des sanctions. Celles-ci peuvent être résolutoires ou encore coercitives. Cependant, la loi prévoit, pour protéger le cocontractant privé, une indemnité en cas d'inexécution des obligations contractuelles par l'acheteur. Néanmoins, l'inexécution du contrat de partenariat par l'une ou l'autre des parties peut se justifier par des faits extérieurs, la force majeure, le fait de prince etc. Dans cette hypothèse, les parties auront alors droit à une compensation des pertes subies.

Aussi, si l'on a coutume de dire que les prérogatives de puissances publiques reconnues à la personne publique partie à ces contrats sont de nature à rendre plus déséquilibrée la relation contractuelle, force est de constater qu'en pratique, s'il ne fait aucun doute que le contrat de partenariat est construit autour des prérogatives de puissances publique de l'administration, toutefois, le respect des attentes légitimes des parties demeure une considération prégnante. Bien plus encore, la pratique dévoile que, dans un souci d'attirer le partenaire privé, la personne publique fait très peu recours à ces prérogatives.

CHAPITRE II

LA MANIFESTATION DE LA FORCE OBLIGATOIRE DANS L'EXÉCUTION DU CONTRAT DE PARTENARIAT PUBLIC-PRIVÉ

Un contrat a pour principal but de produire des effets de droit. Il s'agit d'une condition nécessaire pour donner aux volontés leur pleine signification[618]. Le principe de la force obligatoire qui regroupe l'ensemble du droit des contrats s'entend comme un principe en vertu duquel toutes les obligations voulues par les parties s'imposent à elles et doivent être exécutées par elles[619].

L'article 1134 du code civil camerounais, confère d'ailleurs à la volonté contractuelle une force équivalente à une force de loi à l'égard des parties[620]. Ainsi, parlant du principe de la force obligatoire du contrat, Jean- Luc Aubert écrivait : « *la force obligatoire du contrat ne se limite pas à cet effet ponctuel créateur d'obligations : le contrat engage de façon globale celui qui le souscrit*[621] ».

En droit privé, ce principe résulte d'un accord de volonté. Ce n'est que parce que les parties ont donné leur consentement par le biais de la liberté contractuelle qu'elles seront engagées et que le contrat a force obligatoire[622]. Elles sont donc tenues à l'exécution du contrat, et doivent en supporter ces effets.

Ramené au contrat de partenariat public-privé, ce principe n'est pas absolu. L'existence en droit administratif de plusieurs techniques permettant la mutabilité du contrat, à savoir le pouvoir de modification et de résiliation unilatérale, rentre en contradiction avec le principe de la force obligatoire. Toutefois, si dans le contrat de partenariat, la force obligatoire est marquée

---

618 VIANDIER V.A., *« La complaisance »*, J.C.P, 1980, I.2987, n°16 et s.

619 MAZEAUD Denis, BOFFA Romain et BLANC Nathalie, *Dictionnaire du contrat,* Paris, *Dalloz,* 2018, p.597

620 Voir également l'article 1103 du Code civil français.

621 AUBERT J-L., *Le contrat*, coll. Connaissance du droit paris, Paris, *Dalloz*,1996, p. 96.

622 DOMAT Jean, *op.cit.,*

par les obligations respectives des parties (Section1), la réalité économique et la complexité de ce contrat participent du déclin de plus en plus progressif de celle-ci (Section2).

Section 1 – Les obligations des parties au contrat de partenariat public-privé

Le contrat de partenariat met à la charge des parties un certain nombre d'obligations qu'elles doivent réciproquement exécuter conformément au principe de la force obligatoire[623].

Cette section relative aux obligations des parties au contrat de partenariat public-privé porte sur les obligations incombant au titulaire du marché (§1), et sur celles relatives à la personne publique (§2).

§1 - Les obligations incombant à l'opérateur privé dans le contrat de partenariat

Les obligations du cocontractant de la personne publique dans le contrat de partenariat découlent généralement de la nature des missions qui lui sont confiées. Conformément à l'article 1129 al 1er du code civil camerounais, *« il faut que l'obligation ait pour objet une chose au moins déterminée quant à son espèce*[624] *»*.

Dans le contrat de partenariat, ces prestations regroupent la conception des ouvrages ou équipements nécessaires au service public, le financement, la transformation des ouvrages ou des équipements, l'entretien ou la maintenance, l'exploitation ou la gestion[625]. Ces missions sont similaires à celles employées par l'ordonnance française de 2004 relative aux contrats de partenariat[626]. Seulement, la nouvelle définition du marché de partenariat en France, diffère légèrement de celle du contrat de partenariat au Cameroun du

---

[623] Article 1134 du code civil Camerounais et 1103 du Code civil en France.
[624] Voir le nouvel article 1163 du code civil français.
[625] Article 2 (2) de la loi n° 2006/012 du 29 décembre 2006 fixant le régime général des contrats de partenariat public privé.
[626] Ordonnance n° 2004-559 du 17 juin 2004 sur les contrats de partenariat.

fait de la nature des prestations confiées au titulaire du marché. En effet, contrairement au droit camerounais où les missions confiées au titulaire du marché sont obligatoires[627], dans le contrat de partenariat de droit français, il est possible de les moduler en rendant facultatives les missions d'entretien, de maintenance, de gestion et exploitation[628].

Aussi, au travers des missions qu'il se verra confier, qu'il soit soumis à la loi française ou encore camerounaise, le titulaire du marché est tenu au respect de ses engagements contractuels, à la fois ceux qui sont formalisés par le contrat (A), mais également ceux que son exécution implique, à savoir le respect des normes, ou encore le délai d'exécution (B).

A -L'obligation d'exécuter personnellement le contrat de partenariat

L'obligation d'exécution personnelle dans le contrat de partenariat suppose que la partie qui s'est engagée dans le contrat se doit de l'exécuter matériellement, sauf stipulation contraire. Cette obligation s'oppose à la cession du contrat ou encore à la sous-traitance en l'absence de l'accord de la personne publique[629].

Le contrat administratif étant réputé conclu *intuitu personae*[630], l'une de ces principales incidences étant l'exécution personnelle par le titulaire. Par conséquent, dans un contrat de partenariat public-privé, le titulaire du marché peut se voir confier des missions de conception, de financement, d'entretien, de maintenance ou encore de gestion d'un service public, selon la loi camerounaise[631], ou encore la construction, transformation, rénovation, le démantèlement ou la destruction d'ouvrages, d'équipements ou de biens immatériels conformément au code de la commande publique français [632].

Cependant, les missions du titulaire du marché de partenariat en France se trouvent moins étendues, que celles du titulaire en droit camerounais, puisqu'ici la personne publique peut choisir de passer un marché de

[627] Article 2 de la loi camerounaise relative aux contrats de partenariat.
[628] Article 67 de l'ordonnance n°2015-899 du 23 juillet 2015.
[629] UBAUD BERGERON Marion, *op.cit.*, p. 328.
[630] GAUDEMET Yves, *Droit administratif*, Paris, *L.G.D.J*, 23ème éd., 2020, p. 652.
[631] Voir l'article 2 de la loi camerounaise du 29 décembre 2006 relative aux contrats de partenariat.
[632] Article L1112-1 Code de la commande publique.

partenariat dans le seul but de financer et construire un équipement ou un ouvrage et se charger elle-même de la gestion et de la maintenance.

Cette participation de la personne publique au marché de partenariat nous semble justifiée par la nécessité de réduire le montant total du marché sur le long terme. Encore faut-il que la personne publique puisse disposer de moyens techniques pour assurer la gestion et la maintenance de l'ouvrage comme aurait pu le faire le titulaire du marché.

Elle ne dédouane toutefois pas le titulaire de l'exécution des missions « obligatoires » prévues au contrat. L'article L2213-3 du code de la commande publique dispose que :*« Lorsque l'acheteur confie tout ou partie de la conception des ouvrages au titulaire, les conditions d'exécution du marché doivent comprendre l'obligation d'identifier une équipe de maîtrise d'œuvre chargée de la conception des ouvrages et du suivi de leur réalisation*[633]... ».

Autrement dit, le titulaire du marché doit disposer de tous les moyens matériels et humains nécessaires à l'exécution du marché dont il a la charge. Comme dans les contrats de droit de privé, les contrats de droit administratif sont soumis à une obligation d'exécution personnelle du marché par son titulaire. Le cocontractant qui s'est engagé devra l'exécuter matériellement, sauf en cas de stipulation contraire prévu au contrat.

C'est le sens même de *l'intuitu personae* du contrat administratif, une conception beaucoup plus large[634] que celle du droit privé. Elle renvoie à l'idée vague de la considération de la relation établie entre les cocontractants[635]. Celle-ci repose sur la confiance réciproque pouvant exister entre la personne publique et le partenaire privé.

Ainsi, l'obligation d'exécution personnelle du contrat ne saurait avoir les mêmes conséquences en droit privé qu'en droit administratif. Dans le contrat de partenariat public-privé par exemple, elle est assouplie par l'obligation faite au titulaire du marché de prévoir une part de l'exécution du contrat aux petites et moyennes entreprises (PME).

---

633 Voir également l'article 13 de la loi camerounaise du 29 décembre 2006 relative aux contrats de partenariat.

634 Cette conception est plus stricte en droit privé. La notion *d'intitu personnae* renvoie aux contrats conclus en considération de la personne c'est-à-dire que la qualité de la personne constitue un élément essentiel à la conclusion du contrat (HOUTCIEFF D., « Contribution à l'étude de l'*intitu personnae », RTD civ*. 2003, p.3 et s.

635 UBAUD BERGERON Marion, *op.cit.,* p. 62.

Conformément à l'article L2213-14 du CCP : « *Le marché de partenariat prévoit la part minimale de l'exécution du contrat que le titulaire s'engage à confier à des petites et moyennes entreprises ou à des artisans. Cette part minimale est établie dans des conditions fixées par voie réglementaire.*[636] ».

Le titulaire du marché de partenariat a donc l'obligation de réserver une part de l'exécution du marché aux PME. Cette obligation vaut également pour les contrats de partenariat soumis à loi camerounaise[637].

Cette limite ne dispense toutefois pas le titulaire du contrat ou du marché de partenariat, d'exécuter une part du marché car, *l'intuitu personae* impose au titulaire l'exécution d'au moins une partie du marché. L'admission des tiers ne saurait justifier le manquement du titulaire à son obligation d'exécution du marché et, tout manquement à celle-ci engagerait sa responsabilité auprès de l'acheteur.

A côté de l'exécution personnelle du marché, le titulaire est également soumis à une obligation de respecter les délais d'exécution et les stipulations techniques.

B - Le respect du délai d'exécution et des stipulations techniques

Le titulaire d'un contrat de partenariat est soumis à des délais d'exécution du marché et des stipulations techniques qu'il devra respecter.

Le titulaire du marché doit respecter les délais d'exécution du marché qui lui sont impartis. Ces délais d'exécution sont très souvent confondus avec la durée du contrat et méritent pourtant d'être distingués. Pour ce faire, nous nous baserons sur les définitions plus explicites de ces deux notions tirées du code de la commande publique et du CCAG[638] français.

Concernant la durée du marché, elle est la période de validité des engagements contractuels au cours de laquelle le titulaire du marché exécute

---

636 Article L2213-14 du Code de la commande publique.
637 Voir l'art 5 de la loi fixant le régime général les contrats de partenariat.
638 En matière de travaux, le cahier de clauses administratives générales est établi par arrêté du 8 septembre 2009, portant approbation des clauses administratives générales applicables aux marchés publics.

les prestations ou les travaux objet du marché. Au sens de l'article L. 2112-5 du CCP, cette durée est définie en tenant compte de *« la nature des prestations et de la nécessité d'une remise en concurrence périodique, dans des conditions prévues par décret en Conseil d'Etat, sous réserve des dispositions du présent livre relatives à la durée maximale de certains marchés.* » Dans le cadre du marché de partenariat, cette durée est déterminée en fonction de la durée d'amortissement des investissements ou des modalités de financement retenues[639]. Il appartient à l'acheteur qui souhaite y faire référence de choisir celle qui est la mieux adaptée à ses prestations.

Les CCAG de travaux, donnent une définition plus précise du délai d'exécution à savoir, « *le délai imparti pour la réalisation des travaux incombant au titulaire, y compris le repliement des installations de chantier et la remise en état des terrains et des lieux*[640] ».

Ainsi, contrairement à la durée qui s'étend de la signature à la fin la vie du contrat, le délai commence à courir à partir de la notification du contrat[641]. Le délai d'exécution ne concerne quant à lui, que la réalisation des travaux.

Il s'agit de la période pendant laquelle le titulaire est tenu d'exécuter le marché. Ce délai doit en principe être stipulé dans le contrat ou à défaut dans un calendrier convenu entre les parties. Elles doivent y déterminer avec précision sa date départ, et son échéance.

La jurisprudence est constante à ce sujet. Aussi dans sa décision *Commune de Saint Benoit* du 1er juin 2011, le Conseil d'État a estimé que : *« La nature et l'étendue des besoins à satisfaire doivent être déterminés avec précision avant tout appel à la concurrence. Si le pouvoir adjudicateur entend laisser aux candidats la faculté de proposer eux-mêmes une date précise d'achèvement, il lui revient alors d'encadrer cette faculté, en fixant par exemple une date butoir ou une fourchette de dates possibles pour l'échéance du marché, sans que, compte tenu des critères de sélection des offres, il en résulte une incertitude telle qu'elle ne permette pas aux candidats de présenter utilement une offre*[642] ».

Généralement, ce délai d'exécution commence à courir à partir de la notification du marché à son titulaire sauf, stipulation contraire du contrat. Dans cette hypothèse, le délai d'exécution débute à partir du moment où la

---

639 Article L. 2213-2 du Code de la commande publique.
640 Article 19 CCAG Travaux 2009.
641 Voir R2182-4 al 2 du Code de la commande publique.
642 CE, 1 juin 2011, n° 345649, recueil Lebon, mais aussi CE 4 févr. 2009 *Communauté urbaine d'Arras*, req. n° 312411.

personne publique, maître d'ouvrage, a donné l'ordre à l'entrepreneur de débuter les travaux[643].

L'article 38 CCAG camerounais fixe la fin du délai d'exécution à compter de la réception provisoire des travaux[644]. Il prévoit également un décompte des délais d'exécution. Ainsi, lorsque le délai est fixé en jours, il s'entend en jours calendaires. Lorsqu'il est fixé en mois, il est compté de quantième à quantième.

Par conséquent, lorsque le dernier jour d'un délai est un samedi, un dimanche ou un jour férié ou chômé, le délai est prolongé jusqu'à la fin du premier jour ouvrable qui suit. Ce délai est calculé pour un travail exécuté de jour pendant les jours ouvrables et aux heures normales de travail.

L'entrepreneur ne peut exécuter ou poursuivre les travaux en dehors de ces jours et heures, sans avoir reçu l'accord préalable du chef de service du marché. Ce délai prend en compte les interruptions de chantier dues aux saisons de pluies traversées au cours des travaux, la période d'installation de l'entreprise et le temps nécessaire aux études, ainsi que le délai que se réserve le chef de service du marché et le maître d'œuvre pour approuver le projet d'exécution. L'achèvement de l'ensemble des travaux sera constaté par la réception provisoire.

Toutefois, si le marché ne prévoit aucun délai d'exécution d'un ouvrage, l'acheteur peut se prévaloir d'une mise à disposition de l'ouvrage dans « *un délai raisonnable* ».

Cette solution est celle qui a été adoptée par le Conseil d'État dans l'affaire *Société Orme*[645] dans laquelle il a considéré que « *le silence du protocole d'accord ne pouvait être regardé comme permettant à la CCI de retarder pendant une durée indéfinie l'exécution de l'engagement qu'elle avait contracté* ».

Le cocontractant de la personne publique ne pourra se prévaloir du silence du contrat concernant la détermination du délai de réalisation pour manquer à ses obligations. Néanmoins, lorsque le retard affectant le début d'exécution

---

643 LAJOYE Christophe, *Droit des marchés publics*, 6e éd, *Gualino,* 2017, p. 361.
644 Article 38.1 du Cahier des clauses administratives générales applicables au Cameroun. « *(...) Sauf stipulation contraire du CCAP, le délai d'exécution des prestations court à compter de la date de notification à l'entrepreneur de l'ordre de service de démarrer les prestations. Il prend fin à la réception provisoire des travaux sous réserve des dispositions de l'article 67 ci-dessous.* ».
645 CE, 4 juillet 2014, Société Orme, n°371633.

d'une prestation est imputable à la personne publique, le non-respect des délais n'entraine aucune sanction à l'égard du titulaire. Et même, une extension de délai pourra être accordée au titulaire si le retard dans l'exécution de ses obligations contractuelles est dû à une cause exonératoire[646]. L'article 18.2. du CCAG des travaux en France énonce les cas où le report des travaux peut être justifié.

Ainsi, une prolongation du délai de réalisation de l'ensemble des travaux ou d'une ou plusieurs tranches de travaux ou le report du début des travaux peut être justifié par :

« - un changement du montant des travaux ou une modification de l'importance de certaines natures d'ouvrages ;

- une substitution d'ouvrages différents aux ouvrages initialement prévus ;

- une rencontre de difficultés imprévues au cours du chantier ;

- un ajournement de travaux décidé par le représentant du pouvoir adjudicateur ;

- un retard dans l'exécution d'opérations préliminaires qui sont à la charge du maître de l'ouvrage ou de travaux préalables qui font l'objet d'un autre marché [647] *».*

Dans le cas d'intempéries, entraînant un arrêt de travail sur les chantiers, les délais d'exécution des travaux sont prolongés.

Cette prolongation est notifiée au titulaire par un ordre de service qui en précise la durée. La durée étant égale au nombre de journées réellement constatées au cours desquelles le travail a été arrêté du fait des intempéries, en défalquant, s'il y a lieu, le nombre de journées d'intempéries prévisibles indiqué dans les documents particuliers du marché. Les samedis, dimanches et jours fériés ou chômés compris dans la période d'intempéries sont quant à eux, ajoutés pour le calcul de la prolongation du délai d'exécution.

Dans le cas d'autres phénomènes naturels entravant l'exécution des travaux, si les documents particuliers du marché prévoient la prolongation du délai d'exécution en fonction de critères qu'il définit, cette prolongation de délai est notifiée au titulaire en récapitulant les constatations faites.

---

646 Clausier Type contrat de partenariat, MAPP.
647 Article 18.2 du nouveau CCAG Travaux 2021.

Au Cameroun, cette prolongation ne peut intervenir qu'en cas de modifications de l'envergure des prestations et d'interruption des prestations initiées par le maître d'ouvrage, en cas de retard dans les obligations du maître d'ouvrage de mise à disposition de terrains, de report du démarrage des prestations ou de toute autre circonstance imputable au maître d'ouvrage. La latitude est laissée au titulaire du marché qui estime, pour une raison quelconque ou encore à la suite de travaux supplémentaires, qu'il est en droit de demander une prolongation d'en faire la demande[648].

Aussi, conformément à l'article 39 du CCAG au Cameroun, cette demande doit être faite par écrit au maître d'ouvrage ou à l'acheteur et contenir un mémoire justificatif détaillé et complet[649].

L'entrepreneur dispose d'un délai de trente jours calendaires à compter du démarrage des prestations ou de l'apparition desdites circonstances et, en tout état de cause au plus tard vingt un jours avant la fin contractuelle des travaux pour lui faire parvenir sa demande. La prolongation des délais d'exécution qui fait l'objet d'un avenant au contrat est obligatoirement notifiée par écrit[650].

En tout état de cause, le contrat prévoit, une date au-delà de laquelle, qu'il s'agisse du retard fautif du titulaire, de la survenance d'une cause exonératoire, ou pour quelque cause que ce soit, les délais d'exécution ne pourront plus être prolongés.

Le respect des stipulations techniques suppose que le titulaire du marché respecte les prescriptions contenues dans le contrat à savoir, l'exécution intégrale du marché et la conformité de l'ouvrage aux attentes de l'acheteur.

Le titulaire du marché se trouve donc doublement obligé. Il doit respecter les engagements tenant à la nature de la prestation matérielle à réaliser, et le montant des sommes initialement prévues pour l'exécution du marché. La conformité des engagements du titulaire s'apprécie au niveau de la qualité des matériaux utilisés, des dimensions et configurations des ouvrages[651]. Cela étant, le juge déclare l'exécution conforme de l'ouvrage en appréciant la substance exacte de l'obligation et en la confrontant avec des situations de fait[652].

---

648 Article 39-1-1du CCAG au Cameroun.

649 Article 39 du CCAG travaux au Cameroun.

650 *Ibid.*

651 LAJOYE Christophe, *Droit des marchés publics*, 6e éd, *Gualino*, p. 363.

652 UBAUD BERGERON Marion, *op.cit., p.340*

Par conséquent, le cocontractant doit réaliser un travail ou un ouvrage conforme aux prescriptions du contrat, mais, également aux règles de l'art, sinon, il verra sa responsabilité contractuelle engagée[653], à la fois durant l'exécution du contrat, mais aussi après son terme.

Le titulaire d'un marché de partenariat lors de son exécution, est alors soumis à une obligation de résultat. L'obligation de résultat, faut le rappeler, est une conception civiliste ancienne qui existait déjà au temps des jurisconsultes romains[654], mais dont la paternité revient à Demogue[655] qui l'employa la première fois pour distinguer la nature de l'obligation contractuelle pouvant peser sur le débiteur.
Selon lui : « *l'obligation qui peut peser sur un débiteur n'est pas toujours de même nature. Ce peut être une obligation de résultat ou une obligation de moyen*[656] ».

A cet égard, le débiteur d'une obligation peut dans certains cas « *s'être engagé à faire tout ce qui est possible en vue d'un résultat qui reste incertain*[657] » ; il s'agit donc d'une obligation de moyen et dans d'autres cas, il s'engage à un résultat déterminé : c'est ce que l'on appelle l'obligation de résultat.

Cette obligation de résultat s'applique valablement dans le contrat de partenariat public-privé. Elle est celle par laquelle le titulaire s'engage à atteindre un résultat précis et vérifiable. Il suffit à la personne publique de constater qu'il n'a pas atteint les objectifs prévus au contrat pour voir sa responsabilité engagée.

Le titulaire reste toutefois libre de rapporter la preuve qu'il n'est pas responsable du non-respect de ses obligations contractuelles. Ainsi, il serait sécurisant pour l'acheteur, hormis les cas où l'obligation de résultat découle de l'objet même du contrat, de le prévoir dans le contrat ou encore dans le cahier des charges.

A côté de cette obligation de résultat, le titulaire du marché reste également soumis à un devoir de conseil envers la personne publique[658]. Cette obligation

---

[653] CE,7 fevr.1986, n°51268.
[654] BÉLISSENT Jean, *Contribution à l'analyse de la distinction des obligations de moyens et des obligations de résultat,* Paris, *LGDJ,* 2001, p. 14
[655] DEMOGUE R., « Traité des obligations en général », Paris, *éd. Rousseau*, 2006, Tome V, n°1237, pp.536-544.
[656] DEMOGUE René, *op.cit.*, p. 538.
[657] PEQUOT Yves, Obligations, Répertoire de droit civil, Dalloz, 2014, n° 44.
[658] LAJOYE Christophe, *op.cit.,* p. 363.

est tacite et ne nécessite pas d'avoir été expressément stipulée dans le contrat[659].

La jurisprudence administrative considère le titulaire du marché, soumis à un devoir de conseil à l'égard de l'acheteur du seul fait de sa qualité de non expert. Par exemple, il a été jugé que l'entrepreneur est tenu d'avertir la personne publique sur le danger d'effectuer des fouilles près d'un mur[660].

De même, lorsque des défauts affectant l'ouvrage public apparaissent en cours d'exécution, le titulaire du marché a l'obligation de les signaler à la personne publique au moment de la réception de l'ouvrage.

Ainsi, pour le Conseil d'État, la responsabilité du maître d'œuvre se trouve engagée vis-à-vis du maître d'ouvrage en cas de manquement à son obligation de conseil[661].

Le respect des stipulations techniques qui pèse sur le partenaire privé dans un contrat ou un marché de partenariat, englobera la conformité des matériaux utilisés, la qualité de services, le respect des prescriptions de l'acheteur et, l'exigence d'une obligation de conseil et de résultat. La jurisprudence civile reconnaît également ce devoir de conseil à l'égard du vendeur professionnel. Elle oblige ce dernier à se renseigner sur les besoins de son client pour s'acquitter de son obligation[662].

Par ailleurs, la réforme du droit des contrats en France issue de l'ordonnance du 10 février 2016, et applicable aux contrats conclus à compter du 1er octobre 2016, a créé le nouvel article 1112-1 du code civil, consacrant ainsi le devoir précontractuel d'information qui avait été dégagé par la jurisprudence. Cet article impose à toute partie ayant connaissance d'une information déterminante pour son cocontractant de l'en informer[663]

L'exécution du devoir de conseil permet à l'acheteur d'apprécier et d'accepter les risques en connaissance de cause, exonérant ainsi le vendeur de la responsabilité des dommages causés par la décision finalement prise. Tout comme le titulaire du marché, l'acheteur (personne publique) dans un contrat de partenariat est également soumis à de obligations qu'il se doit de respecter.

---

659 *Ibid.*

660 CE, 2 octobre 1968, *ministre de l'Équipement C/ commune de la chapelle-vieille-foret et société auxiliaire de génie civil,* Rec. p. 471.

661 CE, 7ème - 2ème chambres réunies, 19 avril 2017, 397126, Inédit au recueil Lebon.

662 Voir en ce sens, C. Cass., du 17 janvier 2018, n°16-27-016.

663 https://www.argusdelassurance.com/reglementation/jurisprudence/le-devoir-de-conseil-des-exigences-toujours-accrues.128227.

§2 - Les obligations de la personne publique.

Le principe de la force obligatoire des contrats met à la charge de la personne publique « *l'acheteur* » des obligations. Que l'on soit soumis à la loi camerounaise ou à la loi française, la personne publique reste tenue à l'exécution du contrat de partenariat public-privé. Ces obligations sont de nature pécuniaire (A) et non pécuniaire (B).

A - L'obligation pécuniaire

Dans le contrat de partenariat public-privé, la personne publique est soumise à une obligation de rémunération, mais également au paiement des avances et des acomptes lorsque celles-ci ont été prévues au contrat.

L'obligation de rémunération du titulaire du marché ou encore du partenaire privé constitue la contrepartie qui lui est due, à la suite de l'exécution du contrat. Ce mécanisme est semblable à celui du contrat onéreux connu en droit privé[664].

La doctrine civiliste a une conception très large de la notion de « contrat onéreux ». Celle-ci englobe tous les contrats dont chacune des parties entend retirer un avantage équivalent à celui qu'elle consent à son contractant.

Le mécanisme du contrat de partenariat procède de la manière suivante : les parties au contrat s'accordent sur la chose et sur le prix. C'est cet accord qui sera par la suite matérialisé par un acte d'engagement dans lequel le partenaire le partenaire privé (titulaire du marché) s'engagera à exécuter une prestation et en contrepartie, la personne publique (acheteur) à le rémunérer.

Le contrat de partenariat peut de ce fait être considéré comme un contrat onéreux. L'acheteur a l'obligation de payer le prix convenu dans le marché. Cependant, contrairement à ce qui prévaut dans les autres contrats de la commande publique, le contrat de partenariat public-privé répond à des modalités de rémunération assez originales.

Alors que dans un contrat classique, la rémunération intervient à la fin de la prestation dans le contrat de partenariat public-privé celle-ci intervient pendant toute la durée du contrat.

---

[664] Article 1107 du code civil dispose : « *le contrat est à titre onéreux lorsque chacune des parties reçoit de l'autre un avantage en contrepartie de celui qu'elle procure* ».

A cet égard, l'article L2213-8 du code de la commande publique dispose que : *« La rémunération du titulaire fait l'objet d'un paiement par l'acheteur à compter de l'achèvement des missions principales obligatoires mentionnées au premier alinéa de l'article L. 1112-1 et pendant toute la durée du contrat. Cette rémunération est liée à des objectifs de performance assignés au titulaire pour chaque phase du contrat »*

De cette définition, nous pouvons en déduire que la particularité de la rémunération du titulaire du marché de partenariat tient en trois (03) éléments essentiels :

Tout d'abord, elle intervient à compter de l'achèvement des missions principales obligatoires. Ce qui suppose que le titulaire du marché ne touche son premier loyer qu'à l'achèvement de son ouvrage.

Elle est également étalée sur toute la durée du contrat. Le contrat de partenariat étant un contrat conclu pour une longue durée[665], cette rémunération correspond au temps d'amortissement de l'investissement ou encore au mode de financement[666]. Elle va de la période de signature du contrat jusqu'à la complète restitution de l'ouvrage à la personne publique.

Elle prend en compte l'ensemble des conséquences financières des différentes missions qui lui sont assignées pendant toute cette période.

Ainsi, le titulaire du marché dans ce cas de figure n'est pas entièrement rémunéré à la réception de l'ouvrage mais, fait l'objet de paiement tout au long de son contrat généralement sous forme de loyers, ce qui était jusqu'alors inenvisageable avec les autres contrats de la commande publique.

Aux termes de l'article L2191-5 du code de la commande publique *« tout paiement différé est interdit dans les marchés passés par l'Etat, ses établissements publics, les collectivités territoriales, leurs établissements publics et leurs groupements »*. Seul le contrat de partenariat a été conçu pour permettre un paiement public différé.

Par ailleurs, le calcul de la rémunération est fait sur la base d'un certain nombre d'éléments bien identifiés au préalable dans le contrat.

---

665 MELLERAY Fabrice et BRENET François, *op.cit.*, p. 123.

666 L'article 2 de la loi Camerounaise de 2008 fait mention de cette *durée d'amortissement et des modalités de financement* dans sa définition du contrat de partenariat ce qui permet également d'établir la période pendant laquelle ce contrat court.

Nous pouvons distinguer des loyers liés aux coûts d'investissement, qui couvrent l'ensemble des dépenses relatives à la conception, la construction de l'ouvrage, et peut également couvrir tous les autres frais de financement liés à l'investissement (par exemple des taxes, des impôts, dont le titulaire a dû s'acquitter, des loyers liés aux coûts d'exploitation de l'ouvrage et son fonctionnement ou sa maintenance).

Il s'agit ici de l'ensemble des couts afférents à l'aménagement, l'entretien, la maintenance, la gestion ou l'exploitation d'ouvrages, d'équipements ou de biens immatériels ou une combinaison de ces éléments, à la gestion d'une mission de service public ou des prestations de services concourant à l'exercice, par la personne publique, de la mission de service public dont elle est chargée[667].

Ainsi, les éléments à prendre en compte pour le calcul de la rémunération du titulaire du marché ont été bien établis en droit français. Au sens de l'article R2213-1 du code de la commande publique : *« Pour le calcul de la rémunération du titulaire, le marché de partenariat précise les conditions dans lesquelles sont pris en compte et identifiés :*

1° Les coûts d'investissement, notamment les coûts d'étude et de conception, les coûts de construction, les coûts annexes à la construction et les frais financiers intercalaires ;

2° Les coûts de fonctionnement, notamment les coûts d'entretien, de maintenance et de renouvellement des ouvrages et des équipements ;
3° Les coûts de financement ;

4° Le cas échéant, les revenus issus de l'exercice d'activités annexes ou de la valorisation du domaine ».

« *Désormais, les parties ne pourront plus se contenter d'insérer dans leur contrat, une simple clause relative aux recettes annexes, et aux revenus issus de la valorisation du domaine. Elles devront faire preuve d'une plus grande précision en indiquant la clé de répartition du produit des recettes annexes et revenus générés par l'exploitation du domaine*[668] ».

---

[667] Voir en ce sens les missions énumérées aux 2 et 3iement de l'article L1112-1 du Code de la commande publique en France.
[668] BRENET François, « marchés de partenariat de l'ordonnance du 23 juillet 2015 : un nouveau départ pour les partenariats public privé ? », *Dr. Adm.*2015, dossier 3.

Les précisions qu'apporte le code de la commande publique Française ne sont pas inexistantes en droit camerounais. Bien que la loi camerounaise[669] ne prévoit pas d'articles spécifiques relatifs au calcul de cette rémunération, la lecture de l'article 5 de la loi de 29 décembre 2006[670] sur le contenu du contrat de partenariat précise tout de même la nécessité de prévoir dans ce contrat et ce, relativement à la rémunération du titulaire du marché, les conditions dans lesquelles sont pris en compte pour son calcul, les coûts d'investissement, de fonctionnement et de financement et, le cas échéant, les recettes que le cocontractant peut être autorisé à se procurer en exploitant les ouvrages.

La lecture du clausier-type des contrats de partenariat au Cameroun[671] apporte certaines précisions sur le calcul de cette rémunération. Au sens de ce texte, le partenaire privé est rémunéré par le partenaire public en contrepartie de l'exécution du présent contrat, par le paiement d'une rémunération versée sous forme de loyers à compter de la date effective d'achèvement de l'ouvrage. La rémunération se décompose en trois termes :

-Rémunération financière : qui désigne la part de la rémunération intégrant les amortissements des investissements, charges financières liées au financement de ces investissements, rémunération des fonds propres et quasi-fonds propres et paiement de l'impôt sur les sociétés et contributions annexes ;

- Rémunération exploitation-maintenance : qui est la part de la rémunération intégrant l'ensemble des coûts d'exploitation-maintenance, tels qu'ils sont supportés par le partenaire privé au titre du contrat ;

- Rémunération GER (Gros Entretien et Renouvellement) : qui correspond à la part de la rémunération intégrant l'ensemble des coûts GER tels qu'ils sont supportés par le partenaire privé au titre du contrat ;

- Rémunération frais de gestion : qui désigne la part de la rémunération intégrant l'ensemble des frais de gestion du partenaire privé (SPV), celle-ci ne s'appliquant qu'en cas de création d'une société dédiée ;

En plus d'être échelonnée dans le temps, la rémunération du titulaire du marché est également être liée à des objectifs de performance préalablement contenus dans le contrat de partenariat.

---

[669] Référence faite au cadre juridique et règlementaire des PPP au Cameroun.
[670] Article 5 de la loi de 29 décembre 2006 relative au contrat de partenariat ;
[671] Article 34 du clausier-type CARPA Cameroun.

Ainsi, le principal objectif d'un contrat de partenariat étant l'amélioration du service rendu aux usagers, la rémunération du titulaire du marché prendra nécessairement en compte les résultats obtenus en la matière. Cependant, les objectifs de performance dont dépend la rémunération du titulaire du marché, suscitent quelques interrogations notamment la question de savoir sur quoi portent ces objectifs de performance et comment ceux-ci sont fixés entre les parties ? La réponse à ces interrogations est donnée par la loi du 29 décembre 2006 fixant le régime général des contrats de partenariat au Cameroun et par l'article 1414-12 du CGCT[672] français aujourd'hui abrogé[673].

En effet, le contrat de partenariat peut assigner des objectifs de performance au cocontractant notamment en ce qui concerne la qualité de services, la qualité des ouvrages et des équipements, les conditions dans lesquelles ils sont mis à la disposition de la personne publique et, le cas échéant, leur niveau de fréquentation[674].

Le code de la commande publique aujourd'hui en vigueur en France ne fait quant à lui aucune mention du champ d'application des objectifs de performance dont le contrat de partenariat serait susceptible d'assigner au cocontractant. Nous pouvons en déduire que celui-ci est propre à chaque contrat.

Pour ce qui est de la fixation de ces objectifs de performance, la pratique contractuelle révèle qu'une matrice de performance peut être contenue dans le contrat et doit être respectée par le titulaire du marché. Lorsqu'elle est respectée, elle est sans incidence sur sa rémunération.

Dans le cas contraire, le contrat prévoit des pénalités de retard. L'article R2213-3 du CCP précise à cet égard que : *« Le marché de partenariat peut prévoir les conditions dans lesquelles, chaque année, les sommes dues par l'acheteur au titulaire et celles dont celui-ci est redevable au titre de pénalités ou de sanctions font l'objet d'une compensation »*.

---

672 Selon l'article L1414-12 du CGCT : « *Un contrat de partenariat comporte nécessairement des clauses relatives*

c) Aux objectifs de performance assignés au cocontractant, notamment en ce qui concerne la qualité des prestations de services, la qualité des ouvrages, équipements ou biens immatériels, les conditions dans lesquelles ils sont mis à la disposition de la personne publique et, le cas échéant, leur niveau de fréquentation ».

673 L'article 1414-12 du CGCT fut abrogé par l'ordonnance n°2015-899 du 23 juillet 2015 - art. 101.

674 Article 5 de la loi du 29 décembre 2006 fixant le régime général des contrats de partenariat au Cameroun.

Ainsi, dans le cas où les objectifs prévus ont été dépassés par le cocontractant, il peut se voir octroyer des bonus à adjoindre à sa rémunération.

L'article R2213-4 du CCP dispose que « le marché de partenariat prévoit les modalités d'ajustement de la rémunération du titulaire en cas de modification des conditions de financement non prévue dans le plan de financement initialement retenu dans le contrat ».

Ils peuvent donner lieu à des versements à titre d'avances et d'acomptes[675] qui doivent également être pris en compte dans le calcul de la rémunération.

B - Les obligations non pécuniaires

A côté des obligations pécuniaires qui pèsent sur elle, la personne publique est également soumise à d'autres obligations qui devront être mentionnées dans le contrat. La liberté contractuelle qui règne dans ce contrat permet aux parties de librement déterminer leurs obligations. Ainsi, les obligations non pécuniaires comprises dans le contrat peuvent varier d'un contrat à un autre.

Le Cameroun par exemple, a mis sur pied un clausier-type contrat de partenariat ayant pour objet de guider les parties dans la rédaction de leurs clauses. Celui-ci aborde certaines obligations non pécuniaires de l'acheteur à l'instar de l'obligation faite à l'acheteur de mettre à disposition de son cocontractant de la documentation.

Ainsi, la personne publique a l'obligation de « communiquer gratuitement au Partenaire Privé, l'ensemble des documents en sa possession relatifs aux terrains, et/ des autres Biens.

Sauf causes exonératoires, le Partenaire Privé ne saurait se prévaloir, vis-à-vis du Partenaire Public, du caractère erroné ou incomplet de ces documents et plus généralement de tous les documents, études et schémas de toute nature qui lui ont été communiqués ou qui pourraient lui être transmis en cours d'exécution du Contrat[676]. »

---

[675] Voir l'article L2232-1 du code la commande publique en France aux termes duquel : « Par dérogation aux dispositions de l'article L. 2213-8, les marchés de partenariat peuvent donner lieu à des versements à titre d'avances et d'acomptes. ».
[676] Article 17.1.1 du clausier type 2016, CARPA au Cameroun.

Il en est de même de « l'ensemble des biens qui auront été énumérés en annexe du contrat devra être mis à la disposition du titulaire du marché à compter de l'entrée en vigueur du contrat et pendant toute la durée du contrat [677] ».

Cette obligation est semblable à l'obligation de collaboration dans les contrats synallagmatiques qui impliquent d'informer son cocontractant, de l'assister, voire de renégocier le contrat[678]. Cette clause du clausier-type camerounais est la même que celle qui avait été proposée par la MAPP le 18 novembre 2011[679] aujourd'hui obsolète.

La personne publique dans un contrat de partenariat pourra également être soumise à une obligation d'obtenir des autorisations nécessaires à l'exécution du marché.

Bien que dans la plupart des cas cette obligation incombe au titulaire du marché[680], il est à noter que, dans certains projets, l'acheteur peut décider de prendre en charge certaines autorisations administratives.

Il en est ainsi lorsque, les autorisations portent sur des installations classées pour la protection de l'environnement, d'urbanisme, d'environnement, de police administrative[681]. Il est cependant indispensable que la répartition de cette obligation soit mentionnée au contrat.

---

677 Article 17.1.2 du clausier type 2016, CARPA au Cameroun.

678 COCHET F., « chap1 : force obligatoire du contrat », *Le contrat.* Sous la direction de Grenoble, 2020, pp 153-171.

679 Article 20 sur la mise à disposition des terrains et des ouvrages, il y ressort que :
« *20.1.1 Mise à disposition de la documentation*
La Personne Publique a communiqué gratuitement au Partenaire l'ensemble des documents en sa possession relatifs aux Terrains et/ou aux Ouvrages Existants.
Sauf Causes Exonératoires, le Partenaire ne saurait se prévaloir, vis-à-vis de la Personne Publique, du caractère erroné ou incomplet de ces documents et plus généralement de tous les documents, études et schémas de toute nature qui lui ont été communiqués ou qui pourraient lui être transmis en cours d'exécution du Contrat.
20.1.2 Mise à disposition des Terrains
Les Terrains, tels que figurant à l'Annexe 16 et nécessaires à l'exécution du Contrat sont mis à disposition du Partenaire à compter [.] [À compléter] pour toute la durée du Contrat.
20.1.3 Mise à disposition des Ouvrages Existants
Les Ouvrages Existants nécessaires à l'exécution du Contrat et figurant sur la liste faisant l'objet de l'Annexe 16 sont mis à disposition du Partenaire à compter [.] [À compléter] pour toute la durée du Contrat. ».

680 Clausier Type MAPP, 08 novembre 2011.

681 Exemple tiré de l'ouvrage d'UBAUD BERGERON Marion, *op.cit.*, p. 353.

Au-delà des obligations que fait naître le contrat à l'égard des parties, le contrat de partenariat public privé produit également des effets, à la fois à l'égard des parties mais aussi des tiers.

Section 2 - Le déclin de la force obligatoire dans le contrat de partenariat public-privé

Il est de principe que *« les conventions légalement formées tiennent lieu de loi a ceux qui les ont faites* [682]*»*. Ainsi les parties sont tenues au contrat parce qu'elles l'ont voulu. Par conséquent, les obligations qui en découlent devront être exécutées de bonne foi.

Par ailleurs, au nom de la sécurité normative et contractuelle, cette convention doit être intangible du début à la fin des travaux.

Cependant, la durée assez longue et la complexité du contrat de partenariat l'exposent aux meurtrissures du temps. De sorte qu'il apparait nécessaire pour la survie de ce contrat, qu'il se conforme à des exigences nouvelles. Celles-ci passent par l'admission des tiers au contrat (§1), mais aussi par l'effectivité de la mutabilité du contrat (§2).

§1 - L'admission des tiers au contrat de partenariat public privé

Le contrat de partenariat conclu entre deux parties produit à leur égard de nombreux effets. Parmi lesquels l'effet relatif. Ce principe n'est rien d'autre que la conséquence de l'autonomie de la volonté et, plus précisément de la liberté contractuelle. Il suppose que les tiers soient exclus de toute action en responsabilité car, celle-ci incombe aux seules parties qui ont exprimé leur volonté d'être liées par le contrat.

En droit civil français, l'effet relatif du contrat est consacré à l'article 1199 al 1er au terme duquel : *« le contrat ne crée d'obligation qu'entre les parties »*. Il faut comprendre que le contrat ne saurait créer des obligations à l'égard des

---

[682] Article 1134 du Code civil camerounais et 1103 du code civil français.

tiers. Le second alinéa dispose que : *« les tiers ne peuvent ni demander l'exécution du contrat ni se voir contraints de l'exécuter. Sous réserve des dispositions de la présente section et de celle des chapitre III et IV »*

Au Cameroun, l'effet relatif du contrat est consacré à l'article 1165 du code civil qui dispose que « *Les conventions n'ont d'effet qu'entre les parties contractantes, elles ne nuisent point aux tiers et ne leur profitent que dans le cas prévu par l'article 1121* ».

La rédaction de l'article 1165 du code civil camerounais est la même que l'on retrouvait dans la rédaction antérieure de l'article 1165 du code civil français. Le législateur français a, depuis la réforme du droit des contrats de 2016, modifié cet article[683].

Mais, une lecture attentive de ces deux textes amène à constater que le principe reste le même, à savoir que, nul ne peut être contraint par un contrat auquel il n'a pas souscrit.

Toutefois, il convient de se poser la question de savoir si ce principe bien ancré en droit privé s'applique également en droit administratif, notamment en droit du contrat de partenariat public-privé, et plus précisément au regard de la portée de l'effet relatif dans le contrat de partenariat (A), et de ses contraintes (B).

A - La portée de l'effet relatif dans le contrat de partenariat

Le principe de l'effet relatif repose sur l'idée selon laquelle, le contrat voulu entre les parties n'a d'effet qu'à leur égard, il ne peut nuire ni profiter aux tiers. C'est le sens même de l'adage *« Res inter alios acta aliis neque nocere neque prodesse potest*[684] *»*

En droit français et camerounais, ce sont les articles 1199 et 1165 du code civil qui énoncent ce principe : « *le contrat ne crée d'obligations qu'entre les parties. Les tiers ne peuvent ni demander l'exécution du contrat ni se voir*

---

[683] Article 1165 du code civil Français : « les conventions n'ont d'effet qu'entre les parties contractantes, elles ne nuisent point aux tiers et ne leur profitent que dans le cas prévu par l'article 1121 ».

[684] La chose convenue entre les uns, ne profite, ni ne nuit aux autres.

contraints de l'exécuter ». Il convient de préciser que le tiers dans un contrat de partenariat représente les seules personnes complétement étrangères au contrat.

En sont donc exclus, les tiers qui se sont substitués au cocontractant en cas de cession, ou encore ceux qui subrogent l'une des parties au contrat dans ses droits, mais également les concurrents évincés qui gravitent autour de la sphère contractuelle. Ces derniers étant considérés comme *« des tiers intéressés, soit parce qu'ils sont un maillon de contrat ou membre d'un groupe de contrat lui permettant de faire valoir des droits ayant une origine contractuelle, soit parce que le contrat produit à leur égard des effets* [685] ».

Cependant, la question de savoir si la portée de ce principe est la même en droit administratif qu'en droit privé demeure. La doctrine est divisée sur ce point. Ainsi, André de Laubadère estime que le principe de l'effet relatif constitue un de ces principes généraux du droit commun contractuel qui sont certainement valables pour les contrats administratifs comme pour les contrats civils[686].

M. Georges Pequignot ne partage pas cette conception de la relativité du contrat. Pour lui, « *Il est de l'essence des contrats administratifs de produire des effets à l'égard des tiers, parce que l'administration n'a pas stipulé dans un intérêt égoïste, mais animée par un but de service publique en vue de l'intérêt général (...), l'administration peut donc faire naitre des charges sur la tête des particuliers par rapport au contrat*[687]».

Cette position de M. Georges Pequignot ne semble pas très convaincante pour André Laubadère, car les charges auxquelles il fait référence devraient être perçues comme « *des charges que la loi impose et non comme des obligations qu'un contrat fait naitre à l'égard des tiers*[688] *»*.

Les divergences d'opinion entre ces deux auteurs susciteront également l'intérêt de la jurisprudence administrative qui, contribue également à répondre à cette préoccupation en reconnaissant explicitement l'effet relatif du contrat de partenariat. En effet, le Conseil d'État, dans sa décision du 11 juillet 2011, *Gilles,* après avoir rappelé la compétence du juge administratif pour connaitre des litiges nés de l'exécution de ce contrat ayant pour objet

---

685 HOEPFFNER Hélène, *Droits des contrats administratifs,* Paris, *Dalloz,* 2016, p. 359.

686 DE LAUBADERE André, *Traité théorique et pratique des contrats administratifs,* Paris, *LGDJ* ,1956 Tome II, N°423 à 891, p. 86.

687 PEQUIGNOT Georges, *Théorie générale du contrat administratif,* Paris, *éd. A. Pédone,* 1945.

688 DE LAUBADERE André, *op.cit.,* p. 88.

l'occupation d'une dépendance du domaine public de la ville, relève que : « *Les tiers à un contrat administratif, hormis les clauses réglementaires, ne peuvent en principe se prévaloir des stipulations de ce contrat*[689] ». Dans cette affaire, la haute juridiction réaffirme que le principe de l'effet relatif du contrat à toute sa place dans les contrats administratifs. Cette position de la jurisprudence est celle que nous retenons également et qui nous permet d'affirmer, mais avec réserve, l'opposabilité du contrat de partenariat au tiers.

Le contrat de partenariat étant un contrat synallagmatique, les parties y ayant souscrit, se sont fixées mutuellement des obligations qu'elles se doivent de respecter et dont le tiers ne saurait en être débiteur ou encore créancier.

Cependant, l'effet relatif du contrat à l'égard des tiers dans le contrat de partenariat public-privé est moins absolu qu'en droit privé car, le contrat administratif reste animé par un but de service public en vue de satisfaire l'intérêt général.

Il est donc possible qu'il puisse faire naître des obligations à l'égard des tiers. C'est le cas par exemple du contrat de partenariat dans lequel le tiers peut se prévaloir du contrat dans certaines situations, par exemple dans le cadre d'une sous-traitance.

B - La sous-traitance, une atténuation à l'effet relatif du contrat de partenariat.

La sous-traitance constitue une atténuation au principe de l'effet relatif des contrats, mais également à l'obligation d'exécution personnelle du contrat. En France, la sous-traitance a été instituée par la loi du 31 décembre 1975[690]. Au sens de cette loi, un entrepreneur peut confier à un sous-traitant « tout ou partie de l'exécution du contrat d'entreprise ou du marché public conclu avec le maître de l'ouvrage ».

Les évolutions en la matière[691] ont conduit à interdire que soit sous-traité un marché public. Encadrée par le code de la commande publique, la sous-

---

[689] Voir CE, sect., 11 juill. 2011, n° 339409, Gilles : Juris Data n° 2011-014032, et le commentaire de Gabriel ECKERT.

[690] La loi n° 75-1334 du 31 décembre 1975.

[691] Voir l'article 6 de la loi du 11 décembre 2001 selon lequel, la sous-traitance ne peut concerner qu'« une partie du marché public conclu avec le maître de l'ouvrage », par la suite, l'article 112 du Code des marchés publics qui n'autorisait les titulaires de

traitance concerne particulièrement les marchés de travaux, de marchés de services et de fournitures comportant des services ou des travaux de pose ou d'installation[692].

Elle est définie à l'article L2193-2 du code de la commande publique comme étant : *« L'opération par laquelle un opérateur économique confie par un sous-traité, et sous sa responsabilité, à une autre personne appelée sous-traitant, l'exécution d'une partie des prestations du marché conclu avec l'acheteur »*.

La sous-traitance n'est alors admise qu'en cas d'exécution partielle du marché, et l'acheteur est en droit d'exiger que les « tâches essentielles[693] » soient exécutées par le titulaire du marché[694]. De plus, elle suppose que le contrat conclu en sous-traitance soit de la même nature que le contrat principal.

A cet égard, n'est pas qualifiée de sous-traitante une entreprise qui fournit les éléments de construction au titulaire d'un marché de travaux. Dans cette hypothèse nous sommes dans un contrat de vente et il s'agit plutôt d'un fournisseur.[695]

Toutefois, la réglementation relative à la sous-traitance des marchés publics ne s'applique pas aux marchés de partenariat qui lui, fait l'objet d'une règlementation spécifique.

Le Conseil d'Etat avait admis qu'en application la loi du 31 décembre 1975, les entreprises chargées par le titulaire d'un contrat de partenariat de réaliser des travaux auront en principe, « *la qualité, non de sous-traitants de la personne publique, mais d'entrepreneurs principaux* [696]».

---

marchés publics qu'à sous-traiter l'exécution de « certaines parties de leurs marchés » et l'article 62 de l'ordonnance du 23 juillet 2015(complété par D. n° 2016-360, 25 mars 2016, art. 133.

692 Article L2193-1 du Code de la commande publique.

693 La notion de « *tâches essentielles* » dépend de l'objet du marché et donne lieu à une appréciation casuistique (Nicolas CHARREL, code commenté de la commande publique, 2e éd Moniteur 2020, p.1546).

694 Article L2193-3 du code de la commande publique « *Le titulaire d'un marché peut, sous sa responsabilité, sous-traiter l'exécution d'une partie des prestations de son marché, dans les conditions fixées par le présent chapitre.*
Toutefois, l'acheteur peut exiger que certaines tâches essentielles du marché soient effectuées directement par le titulaire. ».

695 LICHÈRE François et RICHER Laurent, *op.cit.*, p. 458.

696 Voir CE, 29 octobre 2004, union nationale des syndicats français d'architecte, req. n°269814.

La sous-traitance y était implicitement rejetée. Par ailleurs, l'article 4 de la loi de 1975 ne réserve la sous-traitance que pour les marchés passés par les entreprises publiques qui ne sont pas des acheteurs soumis au code de la commande publique.

Et aujourd'hui encore, aucune réelle référence n'est faite à la sous-traitance dans le contrat de partenariat dans le code de la commande publique. Dans le contrat de partenariat public privé, l'idée d'une sous-traitance n'est pas inexistante. Le législateur, pour promouvoir les PME, leur a réservé une place dans l'exécution du marché.

Aux termes de l'article L2213-14 du code de la commande publique, nous pouvons que : « *le marché de partenariat prévoit la part minimale de l'exécution du contrat que le titulaire s'engage à confier à des petites et moyennes entreprises ou à des artisans. Cette part minimale est établie dans des conditions fixées par voie réglementaire* ».

Elle est fixée à « à 10 % du montant prévisionnel du marché de partenariat hors coût de financement, sauf lorsque la structure économique du secteur concerné ne le permet pas[697] . A la lecture de cet article, il ressort une l'obligation pour le titulaire de réserver une part d'exécution dudit marché aux PME. Cette condition est obligatoire et la sélection ou le choix du titulaire du marché est tributaire de sa capacité à respecter cette disposition.

Dans ce marché, c'est le titulaire privé qui assume pendant toute la durée du contrat la qualité de maître d'ouvrage. Ainsi, contrairement aux autres contrats administratifs, les dispositions du code de la commande publique ne s'appliquent pas au marché de partenariat en lui-même, mais aux marchés principaux passés entre le partenaire privé maître d'ouvrage et ses entrepreneurs.

Par conséquent, ils ne bénéficient pas d'un paiement direct. Sauf cas rarissimes où c'est une personne publique ou une entreprise publique qui est titulaire du contrat de partenariat[698]

Néanmoins, les PME ou sous-traitants, dans le cadre d'un marché de partenariat, peut exiger le paiement des prestations qu'il a réalisées dans un délai de trente jours conformément à l'article R.2232-1[699] du code de la

[697] Voir l'article R2213-5 du Code la commande publique en France.

[698] HOEPFFNER Hélène, *Exécution du contrat administratif– Droits et obligations du cocontractant*, J.C.A, septembre 2016.

[699] Article R.2232-1 du code de la commande publique aux termes duquel, En application de l'article L. 2232-7, le délai de paiement applicable aux prestations

commande publique. Pour garantir le paiement du sous-traitant, le législateur français impose une obligation pour le titulaire du marché de prévoir un cautionnement dès lors que, le sous-traitant en fait la demande[700].

Au Cameroun, l'exécution d'une partie du contrat de partenariat peut être sous-traitée. La sous-traitance est prévue dans le code des marchés publics. Cependant, n'y figure pas une définition claire de celle-ci. Une réglementation plus ancienne du 24 septembre 2004[701] a néanmoins défini le marché sous-traité. Ainsi, les marchés sous-traités sont des contrats par lesquels le titulaire d'un marché cède à des tiers l'exécution d'une partie de ce marché[702].

Le Cameroun s'est également doté d'un cadre spécifique du recours à la sous-traitance pour l'exécution des contrats de partenariat public-privé en particulier. La lecture de la circulaire n°002/PM du 15 février 2012[703], nous renseigne sur la procédure que doit suivre la partie qui souhaite faire appel à un sous-traitant. Le titulaire du marché peut donc recourir à la sous-traitance lors de la passation du contrat de partenariat et tout au long de son exécution, à condition de l'avoir préalablement déclaré à l'acheteur et d'avoir obtenu l'acceptation du sous-traitant et l'agrément de ses conditions de paiement.

Ainsi, lorsqu'il est fait appel à un sous-traitant dans le cadre d'un contrat de partenariat public-privé au Cameroun, le dossier d'appel d'offre restreint fixant les règles de concurrence devra préciser les modalités de prise en compte du recours à la sous-traitance dès l'évaluation de l'offre, ainsi que la part de marché réservée aux PME qui doit par la suite être mentionnée dans le contrat.

---

exécutées par des petites et moyennes entreprises ou des artisans au sens de l'article R. 2151-13 est celui qui s'impose à l'acheteur en application de la section 2 du chapitre II du titre IX du livre Ier de la présente partie.

700 L2232-6 du code de la commande publique :
« Le titulaire constitue, à la demande de tout prestataire auquel il est fait appel pour l'exécution du contrat, un cautionnement auprès d'un organisme financier afin de garantir au prestataire qui en fait la demande le paiement des sommes dues. ».

701 Décret n°2004/275 du 24 septembre 2004 portant Code des marchés publics au Cameroun.

702 Article 63-2 du décret du 24 septembre 2004 : « *Les marchés sous-traités sont des contrats par lesquels le titulaire d'un marché cède à des tiers l'exécution d'une partie de ce marché* ».

703 La circulaire n° 002/PM du 15 février 2012 portant instructions relatives aux modalités de promotion de la sous-traitance en matière de contrats de partenariat et de contrats négociés dans le cadre de l'application des autres régimes d'incitation à l'investissement.

Il y est également précisé que, seules les PME inscrites au fichier national des PME et dont au moins 51% du capital est détenu par les nationaux, peuvent se voir attribuer la sous-traitance de ces marchés. Afin de garantir le paiement prestations réalisées en sous-traitance, le titulaire du marché faisant appel à des sous-traitants devra obligatoirement constituer une caution leur garantissant le paiement de leurs prestations au fur et à mesure de l'avancement de la réalisation de leurs travaux[704].

Dans le cadre de l'exécution du contrat, le cocontractant est tenu de communiquer à l'administration compétente, pour information, le nom et l'adresse de l'entreprise bénéficiaire de la sous-traitance ainsi qu'une copie du contrat de sous-traitance concerné[705].

Le clausier-type partenariat public-privé au Cameroun et même en France précise que, sauf en cas d'urgence, le partenaire privé ne peut avoir recours aux prestataires sans en avoir préalablement informé la personne publique. Ici, le raisonnement *a contrario* laisse donc penser que l'urgence constituerait une limite à l'obligation d'information du titulaire du marché de la décision de recourir aux sous-traitants.

Cette disposition est à prendre avec réserve, car si l'urgence peut justifier que l'acheteur soit informé tardivement du recours à un sous-traitant, elle ne doit en aucun cas dispenser le titulaire de la sollicitation d'un agrément et de son obligation d'information vis-à-vis de l'acheteur. Il n'existe pas de relations contractuelles entre l'acheteur et le sous-traitant, le contrat qui le lie au titulaire du marché est généralement qualifié de contrat de droit privé. Au Cameroun, aucune mention n'est faite ni dans le code des marchés publics, encore moins dans la circulaire sus citée, du paiement du sous-traitant. Seul le CCAG relatif aux travaux mentionne ce paiement en son article 54.3. Aux termes de cette disposition : « Le CCAP pourra prévoir le paiement séparé et direct de chaque sous-traitant nommément désigné sous réserve que soient indiquées, de manière précise, la nature et la valeur des prestations à exécuter par l'entrepreneur et par chacun des sous-traitants nommément désignés. Les paiements ci-dessous évoqués sont soumis aux formalités de constitution de garanties arrêtées au CCAP ». Au sens de cet article, le paiement du sous-traitant est soumis à des conditions particulières : il doit être mentionné de manière claire et précise dans cahier des clauses administratives particulières, et des garanties de ce paiement doivent être données au maitre d'ouvrage.

---

[704] Article 5 de la loi du 29 décembre 2006 relative au contrat de partenariat au Cameroun.

[705] Voir en ce sens la circulaire n° 002/PM du 15 février 2012, po cit, plus précisément sur l'information de l'administration.

Concrètement le contrat doit prévoir la possibilité pour la personne publique de payer directement le sous-traitant, toutefois le titulaire du marché est tenu de fournir des garanties y afférentes[706].

Ces garanties si elles n'ont pas été expressément mentionnées, elles semblent être celles prévues au code des marchés publics notamment les cautionnements personnelle ou solidaire, les hypothèques légales, la garantie d'un établissement bancaire ou agréé de premier rang[707] De ce qui précède, la règlementation camerounaise est très restrictive quant au paiement du sous-traitant. L'aménagement du régime du paiement du sous-traitant n'est possible qu'au moment de conclusion du contrat.

La lecture des clausiers-types français et camerounais nous apprend que, non seulement les prestataires auxquels le partenaire a recours pour l'exécution de ses obligations au titre du contrat, sont sous son entière responsabilité, mais également que les conséquences financières de l'insolvabilité des prestataires auxquels le partenaire a recours pour l'exécution de ses obligations contractuelles sont également à la charge du partenaire[708]. La personne publique se dégage donc entièrement de toute action directe à son endroit. La situation du sous-traitant s'annonce donc précaire et semble être abandonnée à l'entreprise principale qui peut décider ou non de payer le sous-traitant. Un problème de justice contractuelle auquel seule une réforme peut répondre.

En attendant, il convient d'attirer une attention particulière du cocontractant de la personne publique sur cette modalité et s'assurer de la mise en place des sûretés personnelles ou réelles relativement aux paiements exigés[709]. L'admission des tiers à un contrat de partenariat n'est cependant pas

[706] BAHOKEN Lesmont Valeri, « Le maître d'ouvrage et le contrat de sous-traitance dans les marchés publics de travaux au Cameroun », *Juridical Tribune,* Volume 5, Issue 2, December 2015, p. 193.
[707] Voir Art. 67 et s. du Code des Marchés Publics.

[708] C'est le sens même des Articles 7 clausier-type MAPP en France, et 6 du contrat-type CARPA Cameroun.
[709] Il est important de préciser que par principe, les seules sûretés que peut fournir le sous-traitant sont celles prévues dans le droit OHADA. Ainsi, aux termes de l'article 4 de l'Acte uniforme OHADA portant sur les sûretés : « *Les sûretés personnelles, au sens du présent Acte uniforme, consistent en l'engagement d'une personne de répondre de l'obligation du débiteur principal en cas de défaillance de celui-ci ou à première demande du bénéficiaire de la garantie. Sauf disposition contraire du présent Acte Uniforme, les seules sûretés réelles valablement constituées sont celles qui sont régies par cet Acte. Elles consistent soit dans le droit du créancier de se faire payer par préférence sur le prix de réalisation d'un bien affecté à la garantie de*

la seule cause du déclin de la force obligatoire dans le contrat de partenariat. En effet, du fait de sa complexité et sa durée assez longue, certains aspects de ce contrat peuvent être amenés à changer.

Cette mutation bien que souvent nécessaire, n'est malheureusement pas en adéquation avec la force obligatoire qui régit ce contrat et n'aura pour seule conséquence que de la fragiliser.

§2 - L'effectivité du principe de mutabilité dans le contrat de partenariat

L'exécution du contrat de partenariat est de longue durée, car le contrat de partenariat public-privé est généralement conclu pour une période de 20 à 30 ans au moins.

Pour reprendre les termes de Sophie Pignon, « *en tant que contrat complexe et de longue durée, le contrat de partenariat doit permettre la mutabilité jusqu'à son terme afin d'évaluer au mieux les intérêts du service public aux besoins duquel il est indissociablement lié* [710] ». Cette nécessaire évolution du contrat de partenariat public-privé a longtemps été admise par le texte fondateur du contrat de partenariat en France[711] et à l'article 5 de la loi camerounaise fixant le régime général du contrat de partenariat.

Ainsi, le contrat peut tout au long de son existence, subir des modifications relatives à son contenu (A), et mieux encore, il autorise la modification de l'identité du titulaire du marché par voie de cession (B).

A - La modification du contenu du contrat de partenariat public-privé

En vertu du principe de la liberté contractuelle, les parties sont libres de déterminer le contenu de leur contrat. C'est cette même faculté qui les autorise

---

l'obligation de son débiteur, soit dans le droit de recouvrer la libre disposition d'un bien dont il est propriétaire à titre de garantie de cette obligation ... ».

710 PIGNON Sophie, « L'évolutivité du contrat de partenariat public-privé : un atout pour les projets publics », les petites affiches, 10 juin 2008, p.11.

711 Article 11 de l'ordonnance du 17 juin 2004.

à modifier librement son contenu en fonction de la durée et de leurs besoins tout au long de l'exécution du marché.

Ce pouvoir de modifier le contrat a été admis en droit privé par l'article 1194 du code civil en vertu duquel : « *Le contrat ne peut être modifié ou révoqué que par le consentement mutuel des parties ou par des causes que la loi autorise* ».

Selon cet article, les parties peuvent donc modifier à tout moment leur contrat. Néanmoins, cette modification doit être faite d'un commun accord entre les parties, et doit avoir été initialement prévue au contrat sous forme de clause de réexamen. Cette possibilité de modifier le contrat de partenariat est également admise par la loi camerounaise[712].

Aux termes de l'article 5 de cette loi, le contrat doit comporter des clauses relatives aux conditions dans lesquelles il peut être procédé à la modification de certains de ses aspects, ceci pour tenir compte de l'évolution des besoins de la personne publique, des innovations technologiques ou des modifications dans les conditions de financement obtenues par le partenaire[713].

Selon ce texte, certains aspects du contrat de partenariat peuvent être modifiés, soit par avenant, soit par décision unilatérale de la personne publique faute d'accord entre les parties. Cette disposition est plus souple que celle de l'article 130 du code des marchés publics qui n'autorise la modification d'un marché public que par voie d'avenant[714].

L'avenant au contrat se définit comme un contrat écrit constatant l'accord de volonté des parties au marché et portant modification d'une ou plusieurs clauses de ce dernier[715]. Il ne peut être conclut que par écrit et suppose un accord de volonté des parties préalablement prévu dans le contrat. Autrement dit l'accord des parties et le respect des conditions de validité d'un avenant suffisent pour obtenir la modification du contrat.

Ce même texte précise qu'en cas de désaccord entre les parties, l'acheteur peut toujours procéder à une modification unilatérale du contrat.

Cette disposition de la loi camerounaise nous semble insuffisante. Aucune précision relative à l'équilibre contractuel n'a été émise par le législateur

---

712 La loi n° 2006/012 du 29 décembre 2006 fixant le régime général des contrats de partenariat.

713 Article 5 de la loi n° 2006/012 du 29 décembre 2006 fixant le régime général des contrats de partenariat au Cameroun.

714 Article 130 du code des marchés publics au Cameroun.

715 LAJOYE Christophe, droit des marchés publics, *op.cit.*, p. 390.

camerounais, alors que la modification du contrat, quelle qu'en soit sa teneur, ne doit pas dénaturer le contrat initial. L'équilibre général du marché initial demeure intangible. La conclusion d'avenants ne pouvant être considérée comme un mode normal de gestion des contrats[716].

Cette position est celle partagée par le législateur français qui s'est voulu plus explicite lors de la rédaction de son article relatif à la modification du marché. L'article 6 al 4 du CCP dispose que : « *l'autorité contractante peut modifier unilatéralement le contrat dans les conditions prévues par le présent code, sans en bouleverser l'équilibre. Le cocontractant a droit à une indemnisation, sous réserve des stipulations du contrat*[717] ».

Par ailleurs, cet article ajoute que l'acheteur peut user de son pouvoir de modifier unilatéralement le contrat. Ce pouvoir est donc détenu par la personne publique même sans stipulation contractuelle. Cependant, la personne publique ne peut exercer ce pouvoir qu'en cas de motif d'intérêt général, et il ne saurait modifier substantiellement le contrat initial.[718] Aujourd'hui, le législateur français n'emploie plus la notion « d'avenant » comme voie permettant de modifier le contrat, contrairement à l'ancien article 20 du code des marchés publics qui disposait « *qu'en cas de sujétions techniques imprévues, ne résultant pas du fait des parties, un avenant ou une décision de poursuivre [pouvait], intervenir quel que soit le montant de la modification en résultant* ».

Cette notion a disparu avec l'adoption du nouveau code de la commande publique.[719] Les notions « d'avenant » ou encore de « décision de poursuivre » ont cédé la place à un ensemble d'autres hypothèses dans lesquelles une modification peut être admise en cours d'exécution d'un marché.

L'article L2194-1 du CCP dispose à cet égard que : « *Un marché peut être modifié sans nouvelle procédure de mise en concurrence dans les conditions prévues par voie réglementaire, lorsque :*

---

[716] TA Strasbourg, 26 septembre 2000, préfet de la Moselle c/ District rural de Cattenom, sté Edmond Schnitzler, Contrats et marchés publics 2001, comm. n°10, obs. F. Olivier.

[717] Le Code de la commande publique prévoit à son article 6 al 4 que « *l'autorité contractante peut modifier unilatéralement le contrat dans les conditions prévues par le présent code, sans en bouleverser l'équilibre. Le cocontractant a droit à une indemnisation, sous réserve des stipulations du contrat* ».

[718] CE, arrêt du 17 février 1978, *Compagnie Française des entreprises* n° 99436.

[719] Le nouveau code de la commande publique en France est issu de l'ordonnance n°2018-1074 du 26 novembre 2018 et du décret n°2018-1075 du 3 décembre 2018 abrogeant ainsi le Code des marchés publics.

Les modifications ont été prévues dans les documents contractuels initiaux;
Des travaux, fournitures ou services supplémentaires sont devenus nécessaires;
Les modifications sont rendues nécessaires par des circonstances imprévues;
Un nouveau titulaire se substitue au titulaire initial du marché;
Les modifications ne sont pas substantielles ;
Les modifications sont de faible montant.

Qu'elles soient apportées par voie conventionnelle ou, lorsqu'il s'agit d'un contrat administratif, par l'acheteur unilatéralement, de telles modifications ne peuvent changer la nature globale du marché. »

Il ressort de cet article que la modification est admise mais, à des conditions règlementaires bien précises. Celles-ci ne concerneront que les clauses contractuelles prévues au contrat initial[720] ne pouvant être admises que lorsque les travaux supplémentaires sont devenus nécessaires[721], à savoir en cas de circonstances imprévues que même un acheteur diligent n'aurait pu prévoir, mais aussi en cas de changement du titulaire du marché[722] , et enfin lorsque les modifications ne sont pas substantielles[723] et sont de faibles montants[724].

Une modification est dite substantielle lorsqu'elle introduit des conditions qui, si elles avaient été incluses dans la procédure de passation initiale, auraient attiré davantage d'opérateurs économiques ou permis l'admission d'autres opérateurs économiques ou permis le choix d'une offre autre que celle retenue. Encore faut-il qu'au moins une des conditions suivantes soit remplie :

---

[720] Article R2194-1 du CCP aux termes duquel : « *Le marché peut être modifié lorsque les modifications, quel que soit leur montant, ont été prévues dans les documents contractuels initiaux sous la forme de clauses de réexamen, dont des clauses de variation du prix ou d'options claires, précises et sans équivoque.* »
Ces clauses indiquent le champ d'application et la nature des modifications ou options envisageables ainsi que les conditions dans lesquelles il peut en être fait usage.
[721] Article R2194-2 du CCP qui dispose que : « *Le marché peut être modifié lorsque, sous réserve de la limite fixée à l'article R. 2194-3, des travaux, fournitures ou services supplémentaires, quel que soit leur montant, sont devenus nécessaires et ne figuraient pas dans le marché initial, à la condition qu'un changement de titulaire soit impossible pour des raisons économiques ou techniques tenant notamment à des exigences d'interchangeabilité ou d'interopérabilité avec les équipements, services ou installations existants achetés dans le cadre du marché initial.* ».
[722] Voir les articles R2194-5 à R2194-6 du CPP.
[723] Les articles R2194-7 du CPP.
[724] Les articles R2194-8 du CPP.

- Elle modifie l'équilibre économique du marché en faveur du titulaire d'une manière qui n'était pas prévue dans le marché initial ;

- Elle modifie considérablement l'objet du marché ;

- Elle a pour effet de remplacer le titulaire initial par un nouveau titulaire.

Le montant est dit faible lorsqu'il est inférieur de 15 % du montant du marché initial[725]. Seulement, de telles modifications ne doivent pas changer la « *nature globale du marché*[726] ».

La nature globale du marché pourrait être appréciée plus ou moins largement, suivant notamment qu'on la considère comme recouvrant uniquement la perte de la qualification de concession (ou de marché), ou comme étant plus large[727]. Dans son arrêt du 15 novembre 2017, le Conseil d'État semble privilégier une interprétation relativement large de cette notion. En effet, il considère que la réduction du périmètre de la concession constitue un changement de la nature globale du contrat[728].

Toutefois, les notions de « modifications substantielles » et de « nature globale du marché » employées par le code de la commande publique ne se distinguent pas des critères de « changement de l'objet du contrat » et du « bouleversement de l'économie du contrat » utilisés par la jurisprudence, ils n'ont fait que les remplacer[729]. La modification du contrat de partenariat peut émaner de chacune des parties. Les références aux clausiers-types français et camerounais ont pu nous guider sur les différentes étapes de modification du contrat selon qu'elle est à l'initiative de l'acheteur ou du titulaire du marché.

De prime à bord, les étapes de modification telles que rédigées dans ces deux pays sont quasi identiques. Toutefois, la réforme de la commande publique et le remplacement de la MAPP par in INFRA, rendent obsolète le

---

725 Ce pourcentage est fixé par rapport aux seuils européens figurant sur *l'avis relatif aux seuils de procédure et à la liste des autorités publiques centrales en droit de la commande publique.*

726 *Article L2194-1 al 2 du CCP : « Qu'elles soient apportées par voie conventionnelle ou, lorsqu'il s'agit d'un contrat administratif, par l'acheteur unilatéralement, de telles modifications ne peuvent changer la nature globale du marché. ».*

727 TERRAUX Marion et LAYRISSE Astrid, « La notion de modification substantielle post réforme de la commande publique », *Contrats Publics* – n°183 - Janvier 2018, p. 38.

728 CE 15 novembre 2017, Commune d'Aix-en-Provence, req. n° 409728.

729 Voir dans ce sens les explications de HOEPFFNER Hélène, « les modifications des contrats de la commande publique », *RFDA,* n° 2, 2016, p. 280.

clausier-type rédigé par la MAPP en France de sorte que nous ne saurions baser notre analyse sur ce texte.

La modification du contrat faite à la demande de l'acheteur ou du titulaire ne fait l'objet d'aucune mention dans le code de la commande. Seule y figure la modification unilatérale par l'acheteur. Par conséquent dans le cadre de notre étude, nous nous s'appuierons uniquement sur le clausier-type CARPA du Cameroun encore utilisé à ce jour[730], en déplorant cependant qu'aucune disposition légale ne vienne appuyer la rédaction de ces clauses.

Ainsi, la clause 32.1 du clausier-type CARPA Cameroun prévoit que pour obtenir la modification du contrat, la personne publique doit au préalable envoyer une demande de modification au partenaire privé dans un délai convenu entre les parties.

Suite à la réception de la demande, le partenaire établit et remet à l'acheteur une étude d'impact sommaire comportant obligatoirement un avis motivé des avantages et inconvénients que présente la modification envisagée sur les plans technique, fonctionnel et architectural, une estimation sommaire de l'impact financier sur les revenus du partenaire privé, plus précisément dans le cas d'un contrat de partenariat concessif, une estimation sommaire de l'impact financier sur la rémunération en cas de contrat de partenariat à paiement public et des coûts de mise en place de la modification, et enfin, un devis estimatif correspondant aux coûts de réalisation par le partenaire privé d'une étude d'impact détaillée[731].

Après avoir pris connaissance de l'étude de l'impact sommaire, si l'acheteur maintient sa demande, l'acheteur demande au partenaire privé d'établir une étude plus détaillée de celle-ci, dans un délai prenant en compte l'ampleur des difficultés techniques de la modification demandée.

Cette étude comprendra impérativement les éléments suivants : un descriptif détaillé de la Modification et le coût poste par poste de ladite modification. Il convient de préciser que les frais liés à la réalisation, ces études sommaires et détaillées seront à la charge du partenaire public, principalement dans le cas d'un contrat de partenariat à paiement public. En cas de désaccord sur le chiffrage, il est fait appel à un expert indépendant dans les conditions qui auront préalablement été fixées dans le contrat.

---

[730] Il convient de préciser que le clausier type CARPA est un document conçu par cet organisme (CARPA) et qui sert d'ossature à la rédaction des contrats de partenariat public privé.

[731] Voir l'article 31.2.1 du Contrat type CARPA Cameroun 2016.

De plus, toutes les conséquences financières et même celles en termes de délais sont supportées par les parties conformément aux dispositions prévues dans leur contrat en la matière[732].

En revanche, les conséquences financières d'une modification dont le coût est inférieur au montant prévu par les parties lors de la rédaction du contrat sont intégralement mises à la charge du partenaire privé.

La décision de modifier unilatéralement le contrat de partenariat intervient généralement en cas d'échec de négociations entre les parties. Dans ces cas-là, la personne publique use alors de sa prérogative de puissance publique. L'exercice de cette prérogative de puissance publique est très ancien. La jurisprudence administrative y a maintes fois fait recours.

En droit français, c'est d'abord dans l'arrêt *Compagnie Nouvelle du gaz de Déville-Lès-Rouen*[733] que le conseil d'Etat a pour la première fois reconnu de manière implicite le principe de la mutabilité du contrat.

Dans cette affaire dite de « la *querelle de gaz et de l'électricité* », la commune avait concédé à une compagnie le privilège exclusif de l'éclairage au gaz. Avec l'arrivée de l'éclairage à l'électricité, la commune sollicitait de cette compagnie un service d'éclairage par électricité.

Face à son refus, elle s'adressa directement à une autre compagnie. Il a été jugé par une interprétation constructive de l'intention des parties que, le privilège exclusif accordé à la compagnie vaut tout moyen d'éclairage, mais que devant le refus de la compagnie d'assurer le service par électricité, la commune pouvait s'adresser à un tiers[734].

Le Conseil d'Etat, dans ce cas d'espèce a admis la possibilité pour une collectivité concédante de demander à son concessionnaire la modification des conditions d'exécution du service concédé.

Par la suite, l'arrêt *Compagnie Générale Française des tramways* est venu admettre de manière plus explicite, le pouvoir de modification unilatérale de la personne publique indépendamment de l'intention des parties, en se fondant sur les dispositions d'un règlement d'administration publique relatif aux chemins de fer.

---

[732] Voir l'article 31.2.4 du Contrat type CARPA Cameroun 2016.

[733] CE, 10 janv.1902, *Compagnie nouvelle du gaz de Déville-Lès-Rouen* Rec,5 ; S.1902.3.17, note Hauriou.

[734] BRAIBANT Guy et *al.*, *op.cit.*, p .118.

Le Conseil d'État dans cette affaire, a reconnu le droit à la personne publique en l'occurrence le préfet, de modifier le nombre et les heures de départ des trains et d'instaurer ainsi un service qui n'est plus celui prévu initialement dans le cahier des charges[735].

Cette décision du Conseil d'Etat n'a pas fait l'unanimité au sein de la doctrine. Les professeurs Benoit et Huillier ont fait valoir que le CE se référait à la police des chemins de fer pour fonder le pouvoir du préfet et que, cette décision ne devait pas être vue comme ayant consacré un pouvoir général de l'administration contractante[736].

Les professeurs Laurent Richer et François Lichère quant à eux, ne partageaient pas cette analyse de Benoit et Huillier[737]. Pour eux, faire valoir qu'une décision rendue en référence à un texte extérieur au contrat, ne peut être considéré comme consacrant le pouvoir de modification unilatérale à portée générale n'est pas suffisant ; or « *un pouvoir extérieur au contrat, mais qui s'applique à lui existe toujours ; c'est le pouvoir de modification unilatérale de service*[738]*, dont le pouvoir de modification peut être considéré comme une application* ».

C'est à l'occasion de l'arrêt *Union des Transports Urbains et Régionaux* rendu, non pas dans le cadre d'un litige contractuel, mais dans celui d'un recours pour excès de pouvoir contre un décret relatif aux modalités d'exploitation des services de transport public d'intérêt local, que sera affirmé sans ambiguïté le pouvoir de modification unilatérale dans les contrats administratifs[739].

Le Conseil d'État rappellera dans cette affaire le pouvoir de l'autorité organisatrice du service public de transport d' « *apporter unilatéralement des modifications à la consistance des services et à leurs modalités d'exploitation* » en « *application des règles générales applicables aux contrats administratifs*[740] ». Le pouvoir de modification unilatérale se veut

---

735 DEROUESNÉ Ève et STEFANINI-COSTE Anna, « L'usage du pouvoir de modification unilatérale dans le cadre des marchés publics », *contrats publics,* janv. 2018.
736 LICHÈRE François et RICHER Laurent, *op.cit.,* p. 251.
737 *Ibid.*
738 Cf, concl. GÉNÉVOIS Maurice, *RFDA*, 1984, p. 39.
739 UBAUD BERGERON Marion, *op.cit.,* p. 370.
740 CE, 2 février 1983, *union des transports urbains et régionaux*, Rec.33 ; RD publ.1984.212, note J-M Auby ; RFDA 1984, P.45, note Llorens.

donc être un « *élément de la théorie générale des contrats administratifs* [741]». Dans la plupart des contrats administratifs, la présence de l'Etat se traduit souvent par l'exercice de ce pouvoir de modification unilatérale. Ainsi, même lorsqu'il n'a pas été expressément prévu dans le contrat, la personne publique garde tout de même le privilège de pouvoir en bénéficier. C'est en cela que la modification unilatérale dans les contrats administratifs diffère de celle du droit privé qui, elle a un fondement contractuel[742] en ce sens que les parties doivent l'avoir prévu lors de la rédaction de leurs clauses.

Cependant, la modification unilatérale du contrat par la personne publique n'est pas sans limite. Le législateur français a prévu à l'égard du cocontractant de la personne publique, un droit au maintien de l'équilibre financier du contrat[743] à défaut duquel la situation du cocontractant deviendrait précaire[744]

Dans l'hypothèse où la mise en œuvre d'une modification entraîne une diminution globale du coût des prestations du partenaire, l'économie qui en résulte doit être partagée entre les parties selon une clé de répartition mentionnée au contrat[745].

La réglementation camerounaise sur les contrats de partenariat ne mentionne pas l'indemnisation du cocontractant en cas de modification du contrat. Néanmoins, la pratique y fait référence[746]. Elle s'inspire de la jurisprudence française et de sa doctrine.

C'est le cas de l'avis rendu par Léon Blum à la lumière de l'arrêt *Compagnie Générale Française de Tramways* dans lequel il rappelait qu' « *il était évident que les besoins auxquels un service public de cette nature doit satisfaire et, par suite, les nécessités de son exploitation n'ont pas un caractère invariable... L'Etat ne peut se désintéresser du service public du transport une fois concédé..., [il] interviendra donc nécessairement pour imposer le cas échéant, au concessionnaire, une prestation supérieure à celle qui était prévue strictement..., en usant non plus des pouvoirs que lui confère*

---

[741] GÉNÉVOIS Maurice, concl. Sur CE sect. 9 déc.1983, SA *d'étude, de participation et de développement*, *RFDA* 1984, n° 0, p. 39.
[742] MESTRE Jacques, *Les principales clauses des contrats d'affaires,* vol 3, Paris, *LGDJ,* coll. les intégrales, 2e éd., p. 944.
[743] Article L2194-2 du code de la commande publique : « *Lorsque l'acheteur apporte unilatéralement une modification à un contrat administratif soumis au présent livre, le cocontractant a droit au maintien de l'équilibre financier du contrat, conformément aux dispositions du 4° de l'article L. 6.* »
[744] Lire dans ce sens L'HUILIER Jean, *op.cit.*, p. 87 et s.
[745] Clausier Type CARPA Cameroun.
[746] Clausier type CARPA.

la convention, mais du pouvoir qui lui appartient en tant que puissance publique[747] ». S'inspirant de cet avis, le juge camerounais prend en compte la satisfaction de l'intérêt général dont est garante la personne publique pour l'autoriser à modifier unilatéralement le contrat en posant toutefois l'exigence que cette modification soit l'exercice du pouvoir de conditionner par l'intérêt et les besoins de services[748].

Bien que, la règlementation en vigueur sur les contrats de partenariat public-privé n'y fasse pas spécialement mention, et que le contentieux en la matière reste vide, le souci de préserver l'équilibre du contrat implique qu'une modification unilatérale du contrat ouvre nécessairement droit à une indemnisation du partenaire privé[749].

Cette limite au pouvoir de modification unilatérale que constitue l'indemnisation doit inspirer le législateur camerounais à l'heure où le besoin d'une réforme en la matière se fait de plus en plus sentir. Les parties à un contrat modifié restent toutefois tenues d'exécuter les obligations qui en découlent comme c'est le cas dans un contrat initial. Le non-respect de ces obligations pourrait être constitutif d'une faute et justifier la résiliation du contrat [750].

Le contrat administratif et le contrat de partenariat en particulier étant conclus en vue de pourvoir aux besoins du service public qui, au fil du temps, sont évolutifs. Il est donc opportun de ne pas figer les prestations des parties de peur d'entraver la mutation du service public et conduire à long terme au déclin du principe de continuité du service public, sachant que le pouvoir de

---

[747]CE, 21 mars 1910, Cie générale française des Tramways, Lebon p.216, concl. Blum.

[748] Voir dans ce sens le jugement n°132/04-05, du 27 juillet 2005, *Entreprise Camerounaise de construction et de nettoyage (ECCN) C/ Etat du Cameroun (MINMAP).*

[749] CE, sect. 27 octobre 1978, ville de Saint-Malo, rec. 401.

[750] Lire dans ce sens la décision du CE, *syndicat intercommunal des transports publics de cannes 27 octobre 2010, 318617* selon laquelle : « la société Azur Pullman Voyages a continué à assurer la desserte de la ligne des transports dont elle avait la charge, dans les conditions prévues par la convention du 8 novembre 1996 en refusant de prendre en compte la nouvelle organisation du service public des transports fixé par le syndicat et notamment les nouvelles modalités de billetterie alors qu'elle était tenue d'exécuter cette convention telle que modifiée unilatéralement par la personne publique ; que la société, qui n'établit pas que les modifications ainsi décidée par le STIP auraient conduit à bouleverser l'économie du contrat, a, dans les circonstances de l'espèce, commis une faute de nature à justifier la résiliation de la convention prononcée par délibération du comité syndical du STIP du 6 décembre 1999. ».

modification unilatérale se fonde nécessairement sur les principes de mutabilité et de continuité de service d'intérêt général et de service public[751].

Les parties étant libres de rédiger elles-mêmes leurs clauses contractuelles, elles peuvent prévoir les cas de modification du marché de partenariat à l'initiative du titulaire du marché.

En effet, une lecture attentive du clausier-type français rédigé par la MAPP, et celui du Cameroun, nous renseigne sur la modification du contrat de partenariat à l'initiative du titulaire.

Ainsi, préalablement à sa mise en œuvre, la demande de modification doit être transmise à l'acheteur accompagnée d'un mémoire détaillé justifiant la proposition sur les plans technique, fonctionnel et architectural en précisant les modalités de mise en œuvre envisagées, les coûts de mise en place de la modification, l'impact financier sur les loyers, sur les prestations d'exploitation-maintenance, sur la répartition des risques ainsi que sur le calendrier[752]. L'acheteur dispose d'un délai pour approuver cette proposition ou la refuser, y formuler des observations ou encore poser des conditions pour la réalisation de cette modification. Étant entendu que, l'acheteur n'engage pas sa responsabilité en cas d'approbation. A l'issue de ce délai, la proposition de modification est réputée non acceptée.

En revanche, si l'acheteur formule des observations ou pose des conditions, le titulaire du marché dispose à son tour d'un délai pour tenir compte des observations ou conditions posées par la personne publique et transmettre une proposition modifiée à la personne publique à la suite de quoi, cette dernière accepte ou refuse cette proposition modifiée. Le défaut de réponse du partenaire public vaut refus de la modification.

Le désaccord sur le chiffrage et les conséquences contractuelles de la modification nécessite tout de même l'avis d'un expert indépendant choisi par les parties.

L'ensemble des modifications apportées au contrat et supportées par l'acheteur est financé soit directement par l'acheteur, soit par un financement bancaire apporté par le titulaire du marché.

Ces modifications doivent être exécutées dans les délais convenus par les parties sous peine de pénalités. Néanmoins, les conséquences financières en termes de délais seront quant à elles supportées par les parties.

---

[751] GNIMPIEBA TONNANG Edouard, (sous dir.), *les grandes décisions annotées de la juridiction administrative du Cameroun,* Yaoundé, *L'Harmattan,* 2017, p. 693.
[752] L'article 31.3 du clausier-type au Cameroun.

B - La modification de l'identité du titulaire : cession du contrat de partenariat

La cession en droit civil est la transmission d'un droit ou d'une chose à une personne[753].

Pendant longtemps, à la question de savoir s'il est possible de céder un contrat, la réponse de la doctrine a été négative[754]. Plusieurs raisons ont été avancées.

Le Professeur Marc Billiau a énoncé que « *le contrat ne peut survivre au retrait de l'un des contractants au cours de sa période d'exécution parce qu'il est difficilement réductible à une simple valeur patrimoniale active ou passive ; il n'est pas (que) l'addition d'une dette et d'une créance. Quoi qu'on en dise, il reste un lien entre deux ou plusieurs personnes. Le "remplacement" de l'un des contractants dans le rapport d'obligation primitif ne peut ainsi conduire à une substitution pure et simple. C'est que la qualité de partie n'est pas cessible parce qu'elle n'est pas interchangeable quand bien même le contrat ne serait pas conclu en considération de la personne. De façon plus abstraite, la qualité de partie n'est pas dans le commerce juridique, car l'homme lui-même n'est pas un bien*[755] ». La position de cet auteur, selon laquelle le contrat, tout comme la dette, n'a pas de valeur patrimoniale, peut néanmoins être combattue, dans la mesure où il a été admis que le contrat constitue « *une subtile alchimie entre des éléments subjectifs et objectifs*[756] ». Autrement dit, il peut être entendu comme un lien et comme un bien[757].

---

[753] PUIGELIER Catherine, « Cession », *in Dictionnaire juridique,* Bruxelles, 3e éd., *Bruyant,* 2020, p.185.

[754] Les premières études sur la cession du contrat ont fait l'objet de critique comme le rappelle J-G RAFFRAY dans sa thèse sur : *Les substitutions des contractants en cours d'exécution du contrat,* soutenue devant la faculté de droit de Montpellier en 1977.

[755] BILLIAU Marc, « Cession du contrat ou « délégation » de contrat ? (Étude du régime juridique de la prétendue « Cession conventionnelle du contrat », *JCP,* n°17, 27 avril 1994, doctr.3758.

[756] JAMIN Christophe, « Cession de contrat et consentement du cédé », *Dalloz,* 1995, p. 131 ; Voir « Contrat », *in* ALLAND Dénis, RIALS Stéphane (sous la dir.), *Dictionnaire de la culture juridique,* Paris, *PUF*, 2003, spéc. pp. 277-28 1. Voir également FLOUR Jacques, AUBERT Jean-Luc et SAVAUX Éric, *op.cit.,* p. 413 ; FRANÇOIS Jérôme, Traité de droit civi*l, t. 4 « Les obligations. Régime général »,* Paris, 3ème éd., *Economica,* 2013, spéc. n° 3, p. 3 ; JEULAND Emmanuel, « Cession de contrat », *Rép. civ., Dalloz,* n°18, 2010.

[757] COLLIOT Julie, *op.cit.,* p. 35.

Une autre raison a été de dire que la cession du contrat est simplement contraire au principe de la force obligatoire du contrat et de l'effet relatif interdisant ainsi aux contractants de se délier sans le consentement de l'autre[758]. Une justification fragile car, il est soutenu que la force obligatoire postule la continuation du contrat avec un tiers, plutôt que sa résiliation[759]. Toutefois, la réforme du droit des contrats ne laisse place à aucun doute. La cession du contrat est une faculté offerte à tous les cocontractants pour tous les contrats[760]. Aux termes de L'article 1216 al 1er du code civil, *« un contractant, le cédant, peut céder sa qualité de partie au contrat à un tiers, le cessionnaire, avec l'accord de son cocontractant, le cédé ».*

La cession peut donc être définie comme une opération permettant à une partie, le cédant, de transférer avec l'accord du cédé, tout ou partie de ses droits et obligations, sans en modifier fondamentalement les éléments essentiels, à un tiers, le cessionnaire, qui se substitue à lui[761].

Pour M. Christian Larroumet, il s'agit d'une « *opération juridique à trois personnes* [762] ». En outre, *« la cession de contrat permet à un contractant de transmettre à un tiers, non seulement économiquement, mais, encore juridiquement, l'ensemble de sa position résultant du contrat, sous réserve d'une adhésion du cocontractant*[763]».

Admise depuis longtemps en droit administratif, par le Conseil d'État qui y avait fait expressément état dès la fin du 19e siècle[764] et qui l'avait réaffirmée

---

[758] Conformément à l'article 1103 du code civil français.

[759] AYNÈS Laurent, « La circulation du contrat », *LPA*, 5 mai 2000, n° spécial « Le contrat : questions d'actualités » p. 62 ; D. HOUTCIEFF, « Changement de débiteur, changement de contractant », in V. FORTI, L. Andreu (sous la dir.), *Le nouveau régime général des obligations*, Dalloz, coll. « Thèmes et commentaires », 2016, spéc. n°21, p 119 ; COLLIOT Julie. La cession de contrat consacrée par le Code civil. In : *Revue juridique de l'Ouest*, 2016-4. p. 36.

[760] Comme le souligne Monsieur le Professeur AYNÈS Laurent, « *L'incessibilité devient, symétriquement, exceptionnelle » in* « La cession de contrat », *Droit et Patrimoine*, n° 260, 1er juillet 2016.

[761] BRENET François, « la cession du contrat ». Jurisclasseur Contrats et Marchés publics, fascicule n°16.

[762] Intitulé retenu par LARROUMET Christian, pour le titre de sa thèse, « les opérations juridiques à trois personnes en droit privé », *Thèse,* Université de Bordeaux, 1968.

[763] LARROUMET Christian, *Les opérations juridiques à trois personnes en droit privé, Thèse,* Université de Bordeaux, 1968, p. 177.

[764] Il convient de relever l'arrêt CE, 18 déc. 1862, Bonnafous : Lebon, p. 828, qui fait état de la « substitution » d'un contrat sur un autre, concernant le rôle du cédé dans le

dans un Avis du 8 juin 2000 en lui donnant une définition très proche de la conception civiliste selon laquelle , « *la cession d'un marché ou d'une délégation de service public doit s'entendre de la reprise pure et simple, par le concessionnaire qui constitue son nouveau titulaire, de l'ensemble des droits et obligations résultant du précédent contrat* [765] ».

Ainsi, le remplacement d'une partie par un tiers au cours de l'exécution du contrat qui caractérise la cession en droit privé est reprise en droit administratif. La définition de la cession repose à la fois sur la notion de tiers et celle de reprise.

Cette notion de cession de contrat en droit administratif a été définie à maintes reprises par la doctrine. A titre d'exemple, nous pouvons citer J. Montmerle qui définit la cession d'un marché comme *« l'opération par laquelle le titulaire d'un marché se substitue à un tiers qui prend ses lieu et place et qui devient directement débiteur envers l'administration des obligations souscrites par ce titulaire, en même temps que bénéficiaire des droits prévus en faveur de ce dernier*[766] ».

Mais également Laurent Richer, pour qui « *la cession du contrat du droit administratif correspond à la situation dans laquelle un cocontractant est substitué à un autre avec l'agrément de la collectivité publique (cédée), mais sans qu'un nouveau contrat ne soit conclu entre le cédé et le cessionnaire*[767] ».

De ces différentes définitions, nous retenons, de manière distincte, que la cession se caractérise par une substitution du cocontractant, laquelle devra être soumise à l'accord du contractant et ne devra entrainer aucune modification substantielle du contrat initial.

En droit civil, l'article 1216 du code civil se veut très précis à ce sujet. Ce ne sont pas les obligations contractuelles ni les effets du contrat qui sont

---

contrat, la position du juge est assez claire « le requérant ne justifie d'aucun acte de l'Administration qui l'ait accepté comme substitué au titulaire desdits marchés » ; voir également la thèse de NOGUELLOU Rozen, *La transmission des obligations en droit administratif*, Paris, *LGDJ,* 2004, p. 65.

765 Voir en ce sens l'avis n° 141654 du 8 juin 2000.

766 J. MONTMERLE, « cession et sous-traité en matière de marché de travaux publics », AJT 1951, P.53 ; voir également Hélène HOEFFNER., La cession de contrat : histoire d'une rencontre manquée entre les droits public et privé des contrats In BJCP Bulletin Juridique des Contrats Publics - N°109 - 01/11/2016 P. 401-410.

767 Laurent RICHER, « délégations de service public : leur cession est-elle compatible avec la loi sapin ? » MTPB, 3 mars 2000, p. 78.

cédés[768], mais « la qualité des parties » au contrat[769]. La qualité des parties selon le professeur Laurent. Aynès, comprend « *l'exercice des prérogatives contractuelles (droit de demander la nullité, d'exercer la résiliation, d'invoquer une clause résolutoire, d'exercer un agrément, de fixer unilatéralement le prix, de demander et d'accepter la révision, de céder le contrat, etc.) et la soumission aux devoirs contractuels, en particulier celui d'exécuter le contrat de bonne foi*[770] ».

Ainsi, la cession d'un contrat est donc « *une substitution de personne dans la position contractuelle* [771] » car elle permet le remplacement d'une partie par un tiers.

D'ailleurs pour le professeur Laurent Aynès, « *plutôt que d'une "cession" du contrat, il s'agit de la succession d'un tiers à une partie dans le lien contractuel*[772] ».

Le nouveau code de la commande publique en France revient également sur la substitution d'un nouveau titulaire du marché.

L'article R2194-6 dispose alors que, le marché peut être modifié lorsqu'un nouveau titulaire se substitue au titulaire initial du marché, dans le cas d'une cession du marché mais à certaines conditions, à savoir que « *cette cession n'entraîne pas d'autres modifications substantielles et ne soit pas effectuée dans le but de soustraire le marché aux obligations de publicité et de mise en concurrence. Le nouveau titulaire doit remplir les conditions qui avaient été fixées par l'acheteur pour la participation à la procédure de passation du marché initial*[773] ».

---

[768] Comme avait pu le défendre une partie de la doctrine. Voir notamment : BILLIAU Marc, « *Le point sur la cession conventionnelle du contrat », LPA, 6 mai 1998, n° 54,* p. 46.

[769] Article 1216 nouveau du Code civil.

[770] AYNÈS Laurent, « La cession de contrat », *Droit et Patrimoine*, n° 260, 1er juillet 2016, p.40.

[771] DESHAYES Olivier, GENICON Thomas et LAITHIER Yves-Marie, *Réforme du droit des contrats, du régime général et de la preuve des obligations, Commentaire article par article,* Paris, *LexisNexis,* 2018, p. 462.

[772] AYNÈS Laurent, « La cession de contrat », Droit et Patrimoine, n° 249, 1er juillet 2015.

[773] Article R2194-6-2° du CCP, « *Dans le cas d'une cession du marché, à la suite d'une opération de restructuration du titulaire initial, à condition que cette cession n'entraîne pas d'autres modifications substantielles et ne soit pas effectuée dans le but de soustraire le marché aux obligations de publicité et de mise en concurrence. Le nouveau titulaire doit remplir les conditions qui avaient été fixées par l'acheteur pour la participation à la procédure de passation du marché initial* ».

En conséquence, le contrat administratif en général et plus précisément le contrat de partenariat, pose l'exigence de « l'intangibilité des éléments essentiels du contrat ». C'est-à-dire que certains éléments du contrat ne peuvent être modifiés, à l'exemple, du prix, de la durée et de la nature des prestations car, ils considérés comme substantiels.

Pour reprendre l'avis du Conseil d'État du 8 juin 2000 sur cette question, la cession du marché *« ne saurait être assortie d'une remise en cause des éléments essentiels de ce contrat, tels que la durée, le prix, la nature des prestations et, s'agissant de concessions, le prix demandé aux usagers*[774] *».*

La jurisprudence et la doctrine se sont interrogées sur la question de savoir si le changement de titulaire d'un contrat devait être considéré comme une modification d'un élément substantiel car, il faut tout de même relever que , dans l'hypothèse où les modifications apportées au contrat seraient substantielles, le contrat emporte novation, c'est-à-dire son extinction totale et son remplacement par un nouveau contrat[775] qui doit être soumise à une nouvelle procédure de mise en concurrence.

Etienne Fatôme soutenait à cet effet que *« la raison d'être d'une mesure de publicité et de mise en concurrence est d'encadrer le choix par l'administration de ses cocontractants et donc de faire en sorte que ce choix ne puisse intervenir qu'au terme d'un processus très précis. Dès lors il apparait logique de considérer que le changement de titulaire d'un contrat soumis à une obligation de mise en concurrence ne peut être opéré par un simple avenant, mais implique la mise en œuvre d'une nouvelle procédure de passation, et donc la passation d'un nouveau contrat*[776] *».*

Ainsi, dans le cas d'une cession d'un contrat administratif correspondant à la situation dans laquelle un cocontractant est substitué à un autre[777], la Cour de Justice des Communautés Européennes estime clairement à l'arrêt *Pressetext Nachrichtenagentur GmbH* que « *la substitution d'un nouveau cocontractant à celui auquel le pouvoir adjudicateur avait initialement attribué le marché doit être considérée comme constituant un changement de l'un des termes essentiels du marché public concerné* [778] ».

---

[774] Voir en ce sens CE, avis, sect. fin., 8 juin 2000, n° 364803.
[775] La novation est envisagée aux *articles 1271 à 1281 du Code civil.*
[776] FATÔME Etienne, « Les avenants », *AJDA,* 1998, p. 763.
[777] RICHER Laurent, *op.cit.,* p.78
[778] CJCE, 19 juin 2008, Aff. C-454-06, pressetext Nachrichtenagentur GmbH : AJDA 2008, p. 2008, note de J-D. Dreyfus.

Le juge communautaire semble avoir restreint le champ d'application de la cession en retenant que l'identité du cocontractant constitue un élément essentiel du contrat passé avec un pouvoir adjudicateur.

La règlementation française actuelle autorise la cession du contrat, elle permet ainsi la mutabilité du contrat, elle énonce les deux cas de figures dans lesquels un nouveau titulaire du marché peut régulièrement remplacer le titulaire initial[779].

D'une part, « *en application d'une clause de réexamen ou d'une option claire, précise et sans équivoque, indiquant le champ d'application et la nature des modifications ou options envisageables ainsi que les conditions dans lesquelles il peut en être fait usage*[780] ». D'autre part, « *dans le cas d'une cession du marché, à la suite d'une opération de restructuration du titulaire initial, à condition que cette cession n'entraîne pas d'autres modifications substantielles et ne soit pas effectuée dans le but de soustraire le marché aux obligations de publicité et de mise en concurrence*[781] ».

Dans ce second cas de figure, l'idée d'une novation du contrat en cas de changement du titulaire est implicitement admise. Elle n'est mise en échec que si la cession n'entraîne pas d'autres modifications et ne vise pas à contourner les obligations de publicité et de mise en concurrence. Ainsi, la substitution du cocontractant non prévu initialement au contrat s'apparente à une modification du contrat initial. Dès lors, la cession y afférente s'apparente à un nouveau marché.

Au Cameroun, la cession partielle ou totale du contrat de partenariat peut être faite sous le contrôle de la personne publique[782]. Elle peut émaner soit de la personne publique, ou du partenaire privé.

Lorsqu'elle émane de la personne publique, le partenaire privé peut accepter la possibilité de céder le contrat au profit de toute autre personne morale de droit public, dès lors que le cessionnaire présente une situation financière et un statut juridique présentant des garanties techniques et financières au moins équivalentes à celles au vu desquelles le contrat initial a été signé.[783]

---

[779] L'article R 2194-6 du Code de la commande publique.

[780] PROOT Philippe, « Modifications des contrats en cours d'exécution », *Contrats Publics,* n°183, Janvier 2018, p. 33.

[781] Article R2194-6 du Code de la commande publique.

[782] Voir en ce sens l'article 5 de la loi n°2006/012 du 29 décembre 2006.

[783] Voir en ce sens la clause 7 du clausier Type CARPA-Cameroun.

Lorsqu'elle est à l'initiative du titulaire, la cession du contrat fait l'objet d'une demande d'autorisation expresse et préalable à la personne publique[784]. En effet, sans l'accord de l'administration, la cession ne peut être considérée comme avoir eu lieu et avoir produit des effets[785].

Le législateur camerounais dans ce cas de figure, s'est fortement inspiré de la jurisprudence administrative française *« Compagnie Départementale des Eaux* [786]». Dans cette affaire, le Conseil d'Etat avait accepté qu'un tiers puisse se substituer au cocontractant de l'administration sous réserve de l'obtention d'une autorisation expresse de la part de cette dernière[787].

Cette obligation de subordonner la cession du contrat à une demande d'autorisation n'a pas été précisée par les nouveaux textes, contrairement au code civil qui énonce clairement la nécessité de cet accord qui peut « *être donné par avance, notamment dans le contrat conclu entre les futurs cédant et cédé, auquel cas la cession produit effet à l'égard du cédé lorsque le contrat conclu entre le cédant et le cessionnaire lui est notifié ou lorsqu'il en prend acte*[788] ».

Toutefois, il est de principe que les marchés publics ne peuvent être cédés sans l'autorisation de l'acheteur public et le défaut de demande d'autorisation entrainerait la nullité absolue de la cession[789].

Par ailleurs, le pouvoir adjudicateur peut valablement refuser la cession d'un marché pour un motif tenant, notamment, aux garanties professionnelles et financières que peut présenter le nouveau titulaire du contrat pour assurer la bonne fin du marché[790].

Il doit faire connaître sa décision dans un délai fixé au contrat. A défaut, son silence vaut acceptation si cette mention est prévue au contrat[791].

---

784 *Ibid.*

785 CAA Bordeaux 13 juillet 2010.

786 CE, « Compagnie départementale des eaux et services municipaux C/ ville de Langres », 20 janvier 1905, Rec. CE. P 54 concl. de ROMIEU.

787 BRIAND Serge, *Délégations de service public,* Paris, *Litec,* 2000, p. 54.

788 Article 1216 du code civil.

789 CE,5 janv 1951, commune de Lesparrou, *Lebon,* p.3 ; TA Versailles, 17 avril 2000, société d'aménagement des monts ; BJCP, 2000, n°14, p. 79.

790 CE, avis, sect. fin., 8 juin 2000, n° 364803.

791 S'il est de principe que le « silence de l'administration vaut acception » au sens de loi n°2013-1005 du 12 novembre 2013 habilitant le Gouvernement à simplifier les relations entre l'administration et les citoyens) exclus les marchés publics. Toutefois,

En somme, en cas de cession du marché de partenariat, le cessionnaire est alors entièrement subrogé au partenaire privé dans les droits et obligations résultant du contrat cédé et s'engage à reprendre intégralement l'exécution de toutes les obligations découlant de celui-ci.

Nous pouvons donc dire sans risque de nous tromper, que le contrat de partenariat fait partir de cet ensemble de contrats administratifs qui admet le « principe de la mutabilité du contrat » et, par conséquent, rentre en opposition directe avec le principe de l'effet relatif des contrats issu de la théorie générale des contrats.

---

comme le rappelle l'étude du Conseil d'Etat sur " l'application du nouveau principe "silence de l'administration vaut acceptation"" adoptée par l'assemblée générale plénière le 30 janvier 2014. Dans ses conclusions sous la décision du 23 janvier 2012, Département des Bouches-du-Rhône, le rapporteur public du Conseil d'Etat, N. Boulouis, indiquait ainsi que la loi du 12 avril 2000 a été conçue "comme devant s'appliquer aux administrés ou aux citoyens mais pas aux cocontractants, le contrat ayant seule vocation à déterminer la règle à appliquer".

Conclusion du chapitre 2

Parler de la manifestation de la force obligatoire dans le contrat de partenariat public-privé, revient à établir que le contrat de partenariat crée à l'égard des parties des obligations. Ces obligations qui, varient certes d'un contrat à un autre, mais dont on ne décèle pas de différence fondamentale d'avec les autres contrats de droit commun, la règle contractuelle étant que l'une des parties exécute le contrat en contrepartie d'une rémunération.

La particularité de ce contrat est le paiement différé du partenaire privé. Ce qui est en strictement interdit dans les marchés publics. De plus, comme dans la plupart des contrats, le contrat de partenariat produit un effet relatif à l'effet des parties. Certes, on observe un déclin de l'effet relatif avec l'admission de la sous-traitance, mais il n'en reste pas moins que les parties restent soumises à l'exécution des obligations essentielles.

Nous aurions pu dire, au regard du déclin de la force obligatoire dans ce contrat, du paiement différé du cocontractant et l'admission d'une mutation en cours d'exécution ou encore le changement du cocontractant par le biais de la cession, que le contrat de partenariat déroge au principe de la force obligatoire inspiré de la théorie générale.

Cependant, les questions de savoir si les parties sont tenues d'exécuter les obligations qu'elles ont voulues et celles des conséquences de l'inexécution de ce contrat demeurent. Pour y répondre, il convient donc d'envisager la portée de cette force obligatoire dans l'exécution du contrat de partenariat.

Conclusion du titre II

Ressortir la spécificité du contrat de partenariat au regard de la théorie générale du contrat nous a conduit à l'envisager au regard de ses régimes de passation et d'exécution car, la force obligatoire qui gouverne l'exécution de ce contrat est un des piliers du droit des obligations.

S'il ne peut être totalement remis en cause dans le contrat de partenariat public privé, néanmoins l'admission des tiers au contrat, et l'effectivité du principe de mutabilité participent à affaiblir ce principe. Par ailleurs, la disparité des garanties accordées aux parties lors de l'exécution du contrat et la prise en compte des faits extérieurs pour justifier de l'inexécution du contrat de partenariat, participe à se délier de l'usage selon lequel « *le contrat tient lieu de loi à ceux qui l'ont fait* ».

En somme, le constat du déclin de la force obligatoire ne devrait pas conduire à nier son existence au sein du contrat de partenariat public-privé, car, d'une part, il reste constant que les parties s'obligent réciproquement à exécuter les obligations qu'elles ont elles-mêmes voulues et, d'autre part, les faits extérieurs qui nuisent à l'exécution du contrat, mais aussi la présence de prérogatives de puissance publique se heurtent ici à l'exigence d'un équilibre financier auquel sont tenues les parties du fait de leur contrat[792] . Nous ne saurions donc dire au regard de ce qui précède, que le contrat a cessé d'être la loi des parties.

[792] Loi n°2015-49 du 27 novembre 2015, relative aux contrats de partenariat public-privé, art 62.

Conclusion Première Partie

Appréhender le contrat de partenariat public-privé au regard de la théorie générale du contrat suppose que nous abordions la spécificité de ce contrat. En effet, le contrat de partenariat public-privé, bien qu'il soit avant tout un contrat, ne répond pas entièrement aux exigences de la théorie générale car, il s'est construit autour des considérations différentes de celle d'un contrat classique.

Force est donc de constater que, dans le contrat de partenariat public-privé, les principes fondamentaux que sont la liberté contractuelle et la force obligatoire se manifestent de façon singulière. La liberté de contracter ici, se heurte à des conditions légales de fond et de forme.

Le principe de la force obligatoire quant à lui, s'y trouve en plein déclin car, la présence d'une personne morale de droit public dans ce contrat, du fait de ses prérogatives de puissance publique, le rend déséquilibré à l'égard de l'autre partie. Même si en pratique, les pouvoirs publics, pour convaincre les investisseurs de conclure des marchés avec eux, ont généralement tendance à laisser de côté les prérogatives qui leurs sont reconnues. Par ailleurs, l'utilisation de leurs pouvoirs dans le cadre d'un marché est encadrée de sorte qu'ils ne puissent s'en servir de que de manière exceptionnelle. Une situation qui amène à s'interroger sur la conciliation des intérêts des parties dans ce contrat.

En effet, les retours d'expérience ont permis de mettre en évidence de nombreuses difficultés liées à la pratique de ce contrat. De même, les approches empruntées au droit français permettront de se prémunir des risques émanant de celui-ci.

De toute évidence, il semble que concilier les intérêts des parties à ce contrat ne soit pas une chose aisée. Par conséquent, il devient opportun d'inviter les pouvoirs publics à maitriser cet outil contractuel car, si le contrat de partenariat public-privé a la particularité d'être un contrat atypique au regard de la théorie générale du contrat, il a également cette réputation d'être un contrat à risque (partie II).

DEUXIEME PARTIE

LE CONTRAT DE PARTENARIAT PUBLIC-PRIVÉ : UNE PRATIQUE CONTRACTUELLE RISQUÉE

« Les États africains doivent se doter d'outils indispensables à l'évaluation des risques budgétaires liés à la mise en œuvre des projets PPP ». Telle est la principale recommandation issue du séminaire de formation conjointement organisé les 02 et 03 novembre 2017 à Ouagadougou par le ministère de l'économie, des finances et du développement du Burkina Faso et le Fonds Monétaire International[793]. Cette recommandation met le curseur sur la nécessité de prévenir les risques liés à la pratique du contrat de partenariat en Afrique.

En effet, selon que l'on se trouve au Cameroun ou encore en France, le contrat de partenariat public-privé a, depuis longtemps, été perçu comme un outil contractuel innovant, permettant à la personne publique de combler efficacement son déficit en infrastructures grâce à la participation des opérateurs privés[794].

D'ailleurs, la doctrine française ne tarissait pas d'éloges sur les contrats de partenariat, auxquels elle n'hésitait pas à conseiller d'y recourir. M-H. des Esgaulx, rapporteur pour avis, lors d'une séance de travail portant sur la discussion du projet de loi, adopté par le Sénat, relatif aux contrats de partenariat déclarait concernant ces contrats que : « *Les contrats de partenariat sont un levier de croissance apte à nous aider à rattraper notre retard en matière d'investissements. Ils nous offrent une chance formidable de moderniser notre commande publique en privilégiant l'efficacité économique et le développement durable. En cohérence avec la révision générale des politiques publiques, ils se fondent sur une obligation de résultat. Les personnes publiques renoncent à l'idée de prendre en charge l'ensemble*

[793] OUEDRAOGO Seni Mahamadou, « La promotion des contrats de partenariat public privé par le biais des aides-publiques dans l'espace UEMOA », article consulté le 16 février 2020, sur www.http://afrilex.u-bordeaux.fr/

[794] ONANA ETOUNDI Félix, « Cameroun : Contrat de partenariat, un sésame pour les projets d'investissement », *All Africa* du 3 Avril 2008. https://fr.allafrica.com/stories/200804030748.html

d'un projet en déléguant lorsque c'est souhaitable. En bref, les partenariats public-privé ouvrent la voie d'une économie compétitive et innovante. A contrario, certaines procédures traditionnelles telles que la maîtrise d'ouvrage publique entraînaient souvent un surcoût et des difficultés liées à la maintenance ou aux délais de livraison[795] ».

De même, l'ancien président français Nicolas Sarkozy dans l'une de ses correspondances à son premier ministre déclarait que : « *le partenariat public-privé offre très souvent la possibilité d'accélérer l'investissement et permet d'en partager les risques de manière optimale entre les partenaires. Il permet de mobiliser le financement privé sur la réalisation de grands projets d'utilité nationale. Le développement de cette procédure apparaît donc indissociable de l'effort à entreprendre en France pour le développement durable et l'économie de la connaissance* [796]».

Cet enthousiasme pour le partenariat public-privé était également partagé par l'ancien ministre Jean Claude Gayssot qui, lors d'une table ronde, ne manqua pas de vanter les avantages des partenariats public-privé en ce que : *« le PPP permet de conduire plusieurs projets en même temps, que les impératifs financiers auraient sinon contraint à réaliser l'un après l'autre. Une telle accélération des investissements publics autorise une meilleure réponse du service public*[797] *».*

Le contrat de partenariat procure l'avantage économique considérable qui réside dans le fait qu'il peut être entièrement financé par l'opérateur économique. De sorte que, la personne publique qui y recourt n'a plus à se préoccuper du financement du projet.

De ce fait, nombreux sont les gouvernements africains qui voient dans cet outil contractuel une solution miracle au développement des infrastructures dans leurs États. Certains auteurs tels que Andrew Alli et ses co-auteurs présentent d'ailleurs le partenariat public-privé comme un modèle « *d'investissement intelligent en Afrique*[798] ». Cependant, le recours au contrat

---

[795] Voir le Compte rendu analytique officiel, de la séance du mercredi 25 JUIN 2008, de l'Assemblée nationale, 2ème séance, 206ème séance de la session sous la présidence de M. Marc-Philippe Daubresse, Vice-Président.
,www.lemoniteur.fr/actualite/etat_collectivites/exclusif_nicolas_sarkozy_demande_loi/D70ADB12A.htm.
[797] Voir www.jpconseil.fr « *PARTENARIAT PUBLIC PRIVE : POURQUOI PAS* ? », p. 5.
[798] *Alli, A. et al. (2013) Handshake, 'Smart investing in Africa', IFC's quaterly journal on public private partnerships, issue#11, Africa ppps, international finance coorporation, world bank group,* pp. 26-29.

de partenariat ne fait pas toujours fait l'unanimité au sein de la doctrine. Certains le perçoivent comme un « *boulet que l'Etat traîne à son pied* ». Pour d'autres encore il s'agit « *bombe à retardement*[799] ». François Hollande ancien président français, interrogé sur les PPP, considérait que « *le PPP est devenu un outil qui favorise la vie à crédit et le surendettement, et à ce titre, c'est un système qui a déjà dérapé* [800] ».

Si le recours au contrat de partenariat n'est pas apprécié de tous au sein de la place économique et politique du fait du gros risque financier qu'il représente, pour de nombreux économistes, il reste et, pour reprendre les mots de Marc Teyssier d'Orfeuil, « *une solution parmi d'autres, un outil supplémentaire dans la boîte à outil de la commande publique à manier avec précaution, mais s'il est bien compris et bien utilisé il pourrait être très utile*[801] ».

Ces mots de Marc Orfeuil inspirent la deuxième partie de cette thèse. En intitulant cette partie, « le contrat de partenariat, une pratique contractuelle risquée », nous entendons démontrer que le contrat de partenariat est un outil contractuel atypique, qui, lorsqu'il n'est pas bien maîtrisé, son efficacité et son utilité peuvent être remis en cause car, le contrat de partenariat est un contrat en marge des exigences dogmatiques de la théorie générale, notamment au regard de la particularité des régimes juridiques de passation et d'exécution de ce contrat et plus précisément, des obligations et droits de chacune des parties au contrat de partenariat.

Ainsi, dans le contrat de partenariat public-privé, le partenaire privé n'est pas soumis aux mêmes obligations et ne dispose pas des mêmes droits que la personne publique contractante, laquelle possède au demeurant, des prérogatives de puissance publique. En cela, le contrat de partenariat public-privé se distingue des autres contrats de droit commun, ce qui justifie son côté atypique, non dénué cependant de risques.

Le recours de plus en plus accru à ce mode contractuel fait directement écho aux critiques émises par un certain nombre de praticiens[802] quant à l'efficacité de ce contrat. Ceux-ci mettent en évidence les difficultés liées à la

---

[799] Voir en ce sens le Rapport d'information de MM. Jean-Pierre Sueur et Hugues Portelli, fait au nom de la commission des lois, n° 733 (2013-2014) - 16 juillet 2014.

[800] Propos tenus par François HOLLANDE, interrogé sur les PPP lors d'une interview dans la revue « L'Architecture d'aujourd'hui », en mars 2012.

[801] Interview de Marc Teyssier d'Orfeuil, Délégué général du Club PPP, parue dans La Tribune Afrique le 6 juin 2018.

[802] Voir en ce sens le rapport parlementaire de Sueur et Portelli fait au nom de la commission des lois et déposé le 16 juillet 2014.

pratique du contrat de partenariat tant en France qu'au Cameroun. Ainsi, certains auteurs invitent à la plus grande prudence dans l'utilisation de ce mode contractuel.

Peter Ulrich et Florian Wettstein considèrent s'agissant du recours au contrat de partenariat que, *« (...) vouloir résoudre les goulots d'étranglement du secteur public en faisant jouer les intérêts privés, c'est bien souvent introduire le loup dans la bergerie*[803] *»*.

Le recours au contrat de partenariat ne doit pas être perçu comme une solution miracle car, dans sa relation avec le partenaire privé, le cocontractant peut faire face à de nombreuses difficultés qui, si elles ne sont pas surmontées, transformeront rapidement ce « miracle » en un « mirage ». D'ailleurs, le large contentieux en la matière ne peut que renforcer le sentiment que ce nouvel outil contractuel ne permet pas entièrement de concilier les intérêts des parties.

Choisir de présenter ce contrat de partenariat comme un contrat atypique, et démontrer par la suite, que sa pratique risquée nous permet de tirer la sonnette d'alarme et inviter les acteurs économiques et publics, non pas à se méfier de ces contrats, mais à plus de prudence dans son utilisation.

Il s'agira pour nous, de faire ressortir les difficultés qui se rapportent à la mise en pratique de ce contrat notamment, les difficultés inhérentes à la passation et à l'exécution du contrat (titre1), mais également, au travers du large contentieux de la passation et de l'exécution auquel peuvent se trouver confrontées les parties à ce contrat (Titre 2).

---

803 ULRICH Peter et WESTTSTEIN Florian « Le concept de « partenariat public-privé » est-il bien posé ? La coresponsabilité de l'économie privée en politique de développement », *Annuaire suisse de politique de développement,* 24-2, 2005, p. 43-55.

TITRE I

LES DIFFICULTÉS INHÉRENTES À LA PRATIQUE DU CONTRAT DE PARTENARIAT PUBLIC-PRIVÉ

Les études menées sur le contrat de partenariat depuis plusieurs années n'auront servi, pour la plupart, qu'à démontrer la nécessité d'optimiser le recours à ce contrat[804]. Ainsi, depuis leur création, ces contrats n'ont cessé d'être l'objet de vives critiques. Perçus comme une dépendance de l'Etat vis-à-vis des opérateurs économiques et de favoriser par la même occasion l'endettement public, ils ont souvent été qualifiés de « bombes à retardement[805] » ou encore de « contrat à haut risques[806] » par certains observateurs.

Fortes de cela, la plupart des études menées pour rétablir la réputation de ce contrat et apporter une réponse aux questions des difficultés du contrat de partenariat et d'optimisation de son recours se sont multipliées. Malheureusement, elles se bornent à une évaluation des avantages du partenariat public-privé, leurs insuffisances, ainsi que les risques financiers qu'ils comportent tant pour l'État que pour les collectivités locales. Ces études aboutissent généralement à la conclusion que les difficultés qui surviennent dans ce contrat relèvent pour la plupart d'un cadre déclaré inadapté ou encore d'un cadre juridique obsolète.

Or, le contrat de partenariat est avant tout une relation contractuelle et, dans ce contrat comme dans les autres contrats de droit commun, le principe de la force obligatoire fonde ce contrat. Son succès passe avant tout par l'obligation qu'ont les parties d'exécuter leurs obligations contractuelles. Encore faut-il qu'elles puissent surmonter les difficultés pouvant apparaitre dans ce contrat.

---

804 Voir en ce sens L'économie de l'initiative de financement privé, Oxford Review of Economic Policy, volume 13, numéro 4, décembre 1997, pages 53–66.

805 En juillet 2014, Rapport d'information de MM. Jean-Pierre SUEUR et Hugues PORTELLI, fait au nom de la commission des lois n° 733 (2013-2014) mettaient déjà en garde contre l'utilisation de ces partenariats public-privé : « *Il s'avère que la personne publique qui engage un tel contrat de partenariat (en particulier les collectivités territoriales) se contente d'analyser les enjeux immédiats sans apprécier l'ensemble des risques sur toute la durée du contrat. L'insuffisance de la prise en compte des enjeux financiers liés à un contrat de partenariat s'apparente à une « bombe à retardement » pour les générations futures* ».

806 HOEPFFNER Hélène, *op.cit.*, 2019, p. 144.

A cet égard, les parties doivent donc être attentives au traitement contractuel des difficultés pouvant apparaitre. Celles-ci peuvent subvenir soit lors passation, ou encore en cours d'exécution du contrat. Aussi, dans le cadre de notre thèse, une analyse intrinsèque des difficultés de ce contrat (Chap1), mènera nécessairement à une meilleure gestion de celles-ci (Chap2), seule condition pour aboutir à un contrat « gagnant-gagnant » quel que soit la performance de leur cadre juridique.

CHAPITRE I

LA TYPOLOGIE DES DIFFICULTÈS DE PASSATION ET D'EXÉCUTION DU CONTRAT DE PARTENARIAT

Le contrat de partenariat est un marché public qui a pour objet de confier à un opérateur économique ou à un groupement d'opérateurs économiques, une mission globale ayant pour objet la construction, la transformation, la rénovation, le démantèlement ou la destruction d'ouvrages, d'équipements ou de biens immatériels nécessaires au service public ou à l'exercice d'une mission d'intérêt général et tout ou partie de leur financement. Le titulaire du marché de partenariat assure la maîtrise d'ouvrage de l'opération à réaliser. Pour être efficace, ce contrat devra nécessairement reposer sur une relation équilibrée.

Par équilibre, il ne s'agit pas d'une équivalence au niveau des prestations et de contrepartie mais, d'une relation contractuelle permettant de concilier au mieux les intérêts de chacune des parties.

Cependant, la pratique de ce contrat fait ressortir de nombreuses difficultés qui peuvent être d'ordre financier, juridique ou technique lesquelles, lorsqu'elles surviennent, empêchent la bonne réalisation des projets.

Selon Saussier, les raisons qui font que pour certains PPP, les promesses espérées ne se réalisent pas *in fine*, sont diverses : mauvais projet à l'origine, manque de concurrence, choix contractuels inadéquats, suivi de la relation ex post défaillants menant à trop peu ou trop de renégociations[807]. Il précisera par ailleurs que « *toutes les étapes d'un PPP (choix du projet, évaluation préalable, dialogue compétitif, choix contractuels, suivi du contrat, adaptation de la relation contractuelle) sont cruciales et doivent être pensées rationnellement*[808] ». Pour cet auteur, c'est la clé du succès d'un contrat de partenariat. Au Cameroun, la tendance est la même. D. Bondoma Yokono, président du Conseil d'Appui à la Réalisation des partenariats public-privés au Cameroun (CARPA), interrogé sur les difficultés dans l'implantation des

[807] Voir en ce sens l'éclairage de Stéphane Saussier, du 16 février 2012 Les PPP, une aubaine ou une malédiction pour l'État ? in Décision- Achats.fr.
[808] *Ibid.*

projets en PPP au Cameroun, soulignait que celles-ci étaient de plusieurs ordres : juridique, technique et opérationnel[809]. Il relève la complexité du champ d'application du régime des contrats de partenariat, mais également la multiplicité des textes avec la coexistence des lois sectorielles dont l'enchevêtrement ne favorise pas toujours une optimisation des effets de la loi sur le contrat de partenariat.

Sur le plan technique et opérationnel, il soulève le manque de préparation de projets par les personnes publiques et la difficulté à gérer les offres spontanées. Il semble donc que la pratique du contrat de partenariat public-privé ne se fait pas sans heurts.

Il devient donc opportun d'analyser ces difficultés afin d'y apporter une solution, et remédier par là-même à l'insécurité qui plane autour de ce contrat.

Cependant, nous avons choisi dans cette thèse de n'aborder que le volet juridique des difficultés que présente ce contrat. Nous ne nous intéresserons pas au montage financier du contrat, et encore moins à l'aspect technique de ces projets.

Seules les difficultés pouvant subvenir entre les parties dès le lancement des appels d'offre et durant toute la vie du contrat, feront l'objet de la présente étude.

Section 1 - Les difficultés liées à la passation du contrat de partenariat

De nombreuses difficultés peuvent émaner de la pratique du contrat de partenariat au Cameroun comme mode de financement de l'ouvrage public. Cependant, nous ne ferons pas une analyse complète de tous ces problèmes car la liste serait exhaustive.

Par conséquent, nous nous limiterons à une analyse des difficultés auxquelles peuvent faire face les parties lors de la passation du contrat de partenariat, à savoir, les difficultés liées au cadre juridique du contrat de partenariat public (§1) et de manière plus concrète, nous aborderons la problématique de la répartition du risque dans ce contrat (§2).

---

809 Lecture de l'interview de M. Dieudonné BONDOMA YOKONO, Cameroun Tribune – Economie, « on a besoin d'avoir des projets d'une plus grande dimension. ».

§1 - Les difficultés liées au cadre juridique du contrat de partenariat public-privé

Depuis son apparition, en France ou encore au Cameroun, le contrat de partenariat a longtemps été considéré comme l'outil privilégié de financement des infrastructures. S'il a suscité autre fois de la passion, de nos jours la mauvaise réputation qui précède cet outil contractuel a laissé place à la peur et la crispation des pouvoirs publics. La Cour européenne des comptes, dans son rapport, relevait que cet outil contractuel démontre les insuffisances car, *« le cadre institutionnel et juridique n'est pas encore adapté aux projets en partenariat public-privé soutenus par l'UE*[810] ».

Elle préconisait dès lors que la réussite de la mise en œuvre d'un contrat de partenariat ne peut être garantie qu'au moyen d'un cadre juridique et institutionnel solide. S'inspirant de telle recommandation, il nous semble alors opportun de nous pencher sur le cadre règlementaire de la pratique des PPP au Cameroun afin de procéder à une analyse des insuffisances du cadre juridique (A), pour mettre en exergue l'environnement incertain dans lequel évoluent les parties à ce contrat (B).

A - Les différentes insuffisances du cadre juridique du contrat de partenariat.

La réussite du contrat de partenariat nécessite un cadre juridique comportant des normes claires, devant être respectées par tous les acteurs au dit contrat. Cependant, force est de constater que les personnes publiques ne disposent pas toujours d'un cadre juridique fiable, ce qui rend difficile la maîtrise des procédures de passation du marché. Ces insuffisances se distinguent selon que l'on soit au Cameroun ou en France.

Par ailleurs, la récente réforme de la loi sur les partenariats public-privé en France[811] et l'instauration d'un code de la commande publique en avril 2019

---

[810] Rapport spécial de la cour des comptes européennes « Les partenariats public-privé dans l'UE : de multiples insuffisances et des avantages limités » 2018., n°9, p. 61.

[811] L'ordonnance du 23 juillet 2015 relative aux marchés publics réforme en profondeur les dispositions régissant les marchés publics et les contrats de partenariat public-privé (« PPP »).

a permis de combler quelque peu ces insuffisances en unifiant leurs régimes juridiques, tout en durcissant les conditions pour y recourir marquant ainsi une évolution du cadre juridique PPP. Cependant, la mise en pratique assez récente de ce texte ne permet pas d'avoir à l'heure actuelle du recul sur les insuffisances qui en découlent.

En revanche, au Cameroun, le problème reste entier. La dernière réforme en la matière issue du décret du 31 juillet 2014 modifiant le régime juridique des contrats de partenariat, n'a pas permis de stabiliser le cadre juridique des PPP[812], notamment au regard des difficultés liées au champ d'application du régime, à la procédure de passation du marché et celle liées au régime financier et comptable du contrat. Ainsi, cette analyse permettra non seulement, de relever ces difficultés, mais de s'inspirer de la réforme française, afin de corriger certaines de ces insuffisances.

1 - Les difficultés liées au champ d'application du régime du contrat de partenariat au Cameroun.

Dès leur apparition, les contrats de partenariat au Cameroun ont été régis par la loi du 29 décembre 2006 fixant leur régime juridique. Cette loi a été modifiée et complétée tour à tour par le décret du 24 janvier 2008 précisant les modalités d'application de cette loi, et celui du 31 juillet 2014 modifiant et complétant certaines dispositions du décret de 2008[813]. Malgré ces nombreuses modifications, opacité et incomplétude se font sentir quant à son champ d'application. Plusieurs difficultés en ressortent, à l'instar de l'opacité de la notion de « grande envergure », l'absence d'évaluation préalable des projets, la non-admission des EPA et des SEM comme étant des partenaires publics, et la multiplicité des textes relatifs aux partenariats public-privé pour n'en citer que celles-là. S'agissant de l'opacité de la notion de « grande envergure », l'article 2 al 1er de la loi de 2006 relative au contrat de partenariat au Cameroun dispose que :

« Le contrat de partenariat régit, dans le cadre des projets d'une très grande envergure technique et financière, les relations de partenariat entre :

- Les personnes publiques et une ou plusieurs autres personnes publiques ;

- Les personnes publiques et une ou plusieurs personnes privées ».

---

812 Décret n °2014/ 2343 /PM du 31 juillet 2014 modifiant le Décret n° 2008 /0115 /PM au Cameroun.

813 Décret n° 2008/0115/PM du 24 janvier 2008 précisant les modalités d'application de la loi n° 2006/012 du 29 décembre 2006 au Cameroun.

Au sens de cet article, le législateur camerounais a souhaité limiter le contrat de partenariat aux seuls projets de « grande envergure financière et technique ».

Cependant, le fait qu'aucune précision supplémentaire ne soit apportée à cette disposition suscite des interrogations quant à l'appréciation de cette notion. S'agit-il de projets complexes ? Sont-ils ouverts à tous les acheteurs ? Sont-ils soumis à un montant bien précis ?

La lecture de la réglementation française à ce sujet, notamment l'article R2211-1 du CCP, nous renseigne quant à elle, sur les seuils à partir desquels il est possible pour un acheteur ou des acheteurs de recourir au marché de partenariat. Ce seuil est fixé à :

Deux millions d'euros hors taxes lorsque l'objet principal du marché de partenariat porte sur des biens immatériels, des systèmes d'information ou des équipements autres que des ouvrages ainsi que lorsque le contrat comporte des objectifs chiffrés de performance énergétique et prévoit que la rémunération du titulaire tient compte de l'atteinte de ces objectifs.

Il est fixé à cinq millions d'euros lorsque l'objet principal du marché de partenariat porte sur des infrastructures de réseau, ou sur des ouvrages de bâtiment et enfin de dix millions d'euros hors taxes lorsque l'objet principal du marché de partenariat porte sur certaines prestations ou des ouvrages[814] .

Une rédaction aussi explicite que celle de l'article R2211-1 du CCP, permettrait une meilleure compréhension des projets éligibles au contrat de partenariat au Cameroun.

L'absence d'évaluation préalable des projets constitue également une carence liée au champ d'application du contrat de partenariat. En droit français, la procédure de passation d'un marché de partenariat ne peut être engagée que si l'acheteur démontre que *« compte tenu des caractéristiques du projet envisagé, des exigences de service public ou de la mission d'intérêt général dont l'acheteur est chargé, ou des insuffisances et difficultés observées dans la réalisation de projets comparables, le recours à un tel contrat présente un bilan plus favorable, notamment sur le plan financier, que celui des autres modes de réalisation du projet. Le critère du paiement différé ne saurait à lui seul constituer un avantage. Les modalités d'établissement de ce bilan sont fixées par décret en Conseil d'Etat[815] ».*

[814] Article R2211-1 du Code de la commande publique.
[815] Article L2211-6 du Code de la commande publique Française.

Ce texte ainsi rédigé permet de s'assurer que le choix du marché de partenariat est le plus avantageux au regard des autres contrats de la commande publique et contribue à la bonne gestion des deniers publics. En droit camerounais, aucun texte relatif au contrat de partenariat ne prévoit une évaluation préalable du projet dit de « très grande envergure », de sorte que l'on ne saurait apprécier au regard des autres outils contractuels, lequel produit le plus de valeur ajoutée pour sa réalisation.

Il apparaît donc opportun pour le législateur camerounais de déterminer le seuil financier à partir duquel tout recours à un projet de très grande envergure devra nécessairement être précédé de la réalisation de l'évaluation du mode de réalisation du projet par l'organisme compétent à cet effet afin, non seulement de comparer les différents modes de réalisation du projet, mais aussi de procéder à une analyse du coût complet nécessaire à la réalisation du projet.

En s'inspirant de la procédure française en la matière, la personne publique au Cameroun pourra apprécier l'opportunité du recours à ce contrat en s'appuyant sur des éléments tels que : *l'étendue du transfert de la maîtrise d'ouvrage du projet au titulaire de ce marché ; périmètre des missions susceptibles d'être confiées au titulaire, les modalités de partage de risques entre l'acheteur et le titulaire, mais aussi coût global du projet compte tenu notamment de la structure de financement envisagée*[816].

Le refus des EPA et des SEM comme des partenaires publics. L'article 5 (1) de la loi camerounaise de 2008[817] reconnaît aux seules administrations publiques (collectivités territoriales ou établissements publics), la qualité d'initiateurs des projets de partenariat.

Cependant, en pratique, il semblerait normal d'étendre la qualité de partenaire public aux Établissements Publics Administratifs et aux Sociétés d'Économie Mixte[818], car leur capital est majoritairement détenu par une ou plusieurs personnes publiques, à savoir l'État, une collectivité territoriale ou

---

[816] Article R2211-4 du Code de la Commande publique Française.

[817] Article 5.- (1) n° 2008/0115/PM du 24 janvier 2008 précisant les modalités d'application de la loi n° 2006/012 du 29 décembre 2006 fixant régime général des contrats de partenariat.
« *L'initiation des projets éligibles au régime des Contrats de Partenariat relève des administrations publiques, des collectivités territoriales décentralisées et des établissements publics.* ».

[818] Voir en ce sens le Plan stratégique pour le développement des partenariat public-privé au Cameroun, p. 18.

un établissement public exerçant les missions traditionnelles de souveraineté ou encore d'action sociale qui elles ont déjà la qualité de partenaires publics. Rien ne justifierait par conséquent l'exclusion des EPA et des SEM.

La multiplicité des textes relatifs aux partenariats public-privé affaiblie également le cadre juridique du contrat de partenariat. En effet, la règlementation camerounaise sur PPP regorge de nombreux textes : les uns sur la délégation de services publics, les autres sur les concessions, mais qui pourtant, n'organisent pas de façon détaillée et complète ces procédures.

A titre d'exemple, la loi du 14 décembre 2011 régissant le secteur de l'électricité au Cameroun[819] qui, en son article 5 admet et définit la concession dans ce secteur sans toutefois donner de manière explicite son contenu juridique.

Il en est de même des textes qui régissent le secteur maritime[820], hydraulique[821] et des transports. Il devient dès lors important pour le Cameroun de systématiser toutes les formes de partenariat public-privé qui existent de part et d'autre des textes sectoriels dans un seul et même régime.

Comme c'est le cas de la règlementation française qui a su rassembler l'ensemble des textes relatifs aux marchés publics et aux concessions en un seul texte appelé « code de la commande publique ».

Ce code de la commande publique regroupe et organise les règles relatives aux différents contrats de la commande publique qui s'analysent, au sens du droit de l'Union européenne, comme des marchés publics et des contrats de concession, tout en distinguant le marché public classique du marché de partenariat.

Ainsi, dans un souci de simplification et de clarté, il est nécessaire pour le législateur camerounais de regrouper l'ensemble de ces textes en un seul, celui du contrat de partenariat public-privé qui à ce jour, semble être le plus complet pour ce qui est des règles de procédure, d'exécution du contrat et même du contentieux.

D'autant plus que, la règlementation actuelle sur les partenariats public-privé englobe la concession dans la forme de partenariat public privé dit « concessif ».

---

[819] Loi n° 2011/022 du 14 décembre 2011 régissant le secteur de l'électricité au Cameroun.

[820] Loi n°2000/2 du 17 avril 2000 relative aux espaces maritimes.

[821] La loi n°98/005 du 14 avril 1998 portant régime de l'eau au Cameroun.

2 - Les difficultés liées à la procédure de passation du contrat

A côté des difficultés relatives au champ d'application du régime du contrat de partenariat, s'ajoutent celles relatives à la procédure de passation du contrat, à savoir l'ambiguïté de la notion d'avis de soutenabilité budgétaire, l'incomplétude des dispositions relatives à la procédure de passation du contrat. Concernant l'ambigüité de la notion d'avis de soutenabilité budgétaire, cette notion est organisée à l'article 8 du décret du 31 juillet 2014[822]. Au sens de cet article, l'avis de soutenabilité budgétaire *consiste à apprécier la capacité de la personne publique à assumer les engagements financiers à long ou à court terme induit par le projet.*

Il est émis par le ministre en charge des finances et fait ressortir les éléments tels que : « *le niveau maximum d'investissement, la structure du financement, notamment la part souhaitée en fonds propres du partenaire privé, le montant maximum de l'emprunt, le montant maximum de l'apport en investissement de l'Administration publique, la forme de cette participation (subvention, emprunt direct, prêt rétrocédé), les conditions d'emprunt, notamment le taux d'intérêt, la période de grâce et la durée du remboursement, la part éventuelle de l'administration publique et les créanciers (garanties)* ».

Seulement, la rédaction de cet article semble pour le moins, assez ambiguë et mérite d'être clarifiée.

Tout d'abord, le CARPA s'interroge sur l'opportunité d'un tel avis dans le cadre des projets dans lesquels la personne publique ne prend quasiment aucun engagement financier, la totalité du risque commercial étant supportée par le partenaire privé[823]. C'est le cas par exemple, des projets générant des capacités d'autofinancement ou encore cash-flows pour le remboursement de la dette. Il ressort de l'alinéa 4 de l'article 8 de ce décret[824] que : « *Lorsque le*

[822] Il s'agit du Décret n°2014/2343/PM du 31 Juillet 2014 modifiant et complétant certaines dispositions du décret n°2008/0115/PM du 24 janvier 2008 précisant les modalités d'application de la loi n°2006/012 du 29 décembre 2006 fixant le régime général des contrats de partenariat.

[823] Voir en ce sens le Plan stratégique pour le développement des partenariats public-privé au Cameroun, p. 19.

[824] Décret n°2014/2343/PM du 31 Juillet 2014, modifiant et complétant certaines dispositions du décret n°2008/0115/PM du 24 janvier 2008 précisant les modalités d'application de la loi n°2006/012 du 29 décembre 2006 fixant le régime général des contrats de partenariat.

projet est soumis par une Collectivité Territoriale Décentralisée et dont le montant est inférieur ou égal à cent (100) millions de FCFA, le ministre chargé des finances peut confier l'appréciation de sa soutenabilité budgétaire à un groupe de travail dont il fixe la composition et le fonctionnement par décision. Un responsable régional de ministère chargé de l'économie en est membre d'office[825] ». Tel que rédigé, cet alinéa amène à s'interroger sur les projets des collectivités territoriales qui, au sens de l'article 55-2 de la constitution camerounaise[826] , en plus de disposer d'une autonomie financière pour la gestion des intérêts locaux, s'administrent librement. Bien plus encore, l'alinéa 5 de cet article qui dispose que : *« le ministre en charge des finances dispose d'un délai de trente (30) jours à compter de la date de réception du dossier pour transmettre son avis à l'Administration publique initiatrice du projet* [827]».

Quid du silence du ministre chargé des finances au-delà du délai de 30 jours. Son silence vaut-il acceptation ou refus ?

Contrairement au droit français où la réglementation en la matière prévoit que le ministre du budget dispose d'un délai de six semaines suivant sa saisine pour donner son avis sur la soutenabilité budgétaire du projet *« à défaut, son avis est réputé favorable*[828] », la loi camerounaise quant à elle reste muette. Le silence du ministre chargé des finances au-delà du délai de 30 jours suivant sa saisine n'aura pour seule conséquence que de ralentir la procédure de passation du marché. Aucune précision n'est apportée quant aux

[825] Voir article 8 al 4 du décret n°2014/2343/PM DU 31 juillet 2014 modifiant et complétant certaines dispositions du décret n°2008/0115/PM du 24 janvier 2008 précisant les modalités d'application de la loi n°2006/012 du 29 décembre 2006 fixant le régime général des contrats de partenariat.

[826] Article 55 al 2 de la constitution Camerounaise. « *Les collectivités territoriales décentralisées sont des personnes morales de droit public. Elles jouissent de l'autonomie administrative et financière pour la gestion des intérêts régionaux et locaux. Elles s'administrent librement par des conseils élus et dans les conditions fixées par la loi. Les conseils des collectivités territoriales décentralisées ont pour mission de promouvoir le développement économique, social, sanitaire, éducatif, culturel et sportif de ces collectivités.* ».

[827] Article 8 al 5 du Décret n°2014/2343/PM du 31 Juillet 2014, modifiant et complétant certaines dispositions du décret n°2008/0115/PM du 24 janvier 2008 précisant les modalités d'application de la loi n°2006/012 du 29 décembre 2006 fixant le régime général des contrats de partenariat.

[828] Article R2212-10 du code de la commande publique qui dispose : « Le ministre chargé du budget, auquel l'évaluation du mode de réalisation du projet est communiquée, émet un avis motivé sur l'étude de soutenabilité budgétaire. Il se prononce dans un délai de six semaines suivant sa saisine. A défaut, son avis est réputé favorable. ».

conséquences de ce silence. Pouvons-nous en déduire que le silence vaut acception ? Il apparaît dès lors important que le législateur camerounais se préoccupe de cette question.

S'agissant de l'incomplétude des dispositions relatives à la procédure de passation, celle-ci s'illustre particulièrement en droit camerounais par l'absence de dispositifs relatifs aux mesures de publicité, ou encore par l'absence de dispositions contraignantes sur la disponibilité des sites.

Concernant les dispositifs relatifs aux mesures de publicité, c'est dans un souci de transparence et de liberté d'accès au marché que les personnes publiques se trouvent tenues lorsque la valeur de l'offre l'exige à une obligation de publicité. En droit français, ces mesures de publicité sont prévues par la Directive Européenne 2014 applicable aux marchés publics[829]. Au sens de l'article 49 de cette directive, les pouvoirs adjudicateurs peuvent faire connaître leurs intentions en matière de passation de marchés par le biais de la publication d'un avis de pré information. Ces avis de marché doivent contenir toutes les informations relatives au projet et peuvent être publiés soit par l'Office des Publications de l'Union européenne, soit par les pouvoirs adjudicateurs sur leur profil d'acheteur.

Lorsque la publication de l'avis de pré information est faite par les pouvoirs adjudicateurs sur leur profil d'acheteur, ils envoient à l'Office des Publications de l'Union européenne un avis de publication sur leur profil d'acheteur.

Ceux-ci doivent obligatoirement contenir toutes les informations relatives au projet et sa durée maximale est de douze mois à compter de sa date de transmission pour publication[830].

En droit camerounais, le recours au contrat de partenariat est également soumis à des règles de mise en concurrence et de publicité permettant le libre accès, l'égalité de traitement des candidats et l'objectivité des procédures[831].

Ainsi, le décret de 2008 prévoit dans la phase de sélection du candidat, que l'appel à manifestation d'intérêt « *fait l'objet d'une large publicité recourant à toutes les formes de communication. Il est assorti d'une fiche technique du*

---

[829] Directive 2014/24/UE du Parlement européen et du Conseil du 26 février 2014 sur la passation des marchés publics et abrogeant la directive 2004/18/CE Texte présentant de l'intérêt pour l'EEE.

[830] Article 49 de la directive 2014/24/UE du Parlement européen et du Conseil du 26 février 2014 sur la passation des marchés publics.

[831] Article 12 du décret n°2008/0115/PM du 24 Janvier 2008.

projet à réaliser[832]. » Cependant ce dispositif normatif ne permet pas l'efficacité de ces mesures de publicité.

Une reformulation de ces textes serait par conséquent bien accueillie. Elle permettra la mise en œuvre efficace de ces mesures de publicité, notamment des instruments de publicité appropriés pour chaque type d'offre (les supports, la mise en place de délais de publicité des offres) de manière à permettre la célérité des procédures de passation des contrats.

Enfin concernant l'absence de dispositions contraignantes relative la disponibilité du site, les dispositions juridiques en matière de PPP, ne font aucune mention sur l'obligation pour la personne publique initiatrice du projet, d'avoir un site disponible lors de la passation du marché. Cette difficulté liée à la passation du contrat de partenariat est pointée du doigt par le CARPA dans son plan de développement des PPP[833].

Tout comme le CARPA[834], nous relevons l'incomplétude de l'article 9 al 1er de la loi sur les PPP au Cameroun[835] qui dispose que : « *le dossier de faisabilité assorti de l'avis du Ministre chargé des finances est soumis à l'organisme expert par l'Administration publique initiatrice du projet* ».

En effet, le dossier de faisabilité assorti de l'avis du ministre remis à l'organisme expert, ne démontre en réalité que l'intérêt économique et social du projet, le montage technique et financier, le montage juridique, le coût global, la technologie existante, la liste de potentiels partenaires qualifiés. Cette disposition est donc incomplète car, il est indispensable de faire de la disponibilité du terrain d'assiette du projet, un préalable devant figurer dans le dossier de faisabilité du projet préparé et monté par l'administration initiatrice du projet qui devra être soumis à évaluation du CARPA.

---

[832] Article 17du décret n°2008/0115/PM du 24 Janvier 2008.

[833] Voir en ce sens le Plan stratégique pour le développement des partenariat public-privé au Cameroun, p. 19.

[834] Il s'agit d'une contrainte relevée par le CARPA lors de l'établissement du Plan stratégique pour le développement des partenariat public-privé au Cameroun.

[835] *Ibid.*

3 - Les difficultés du régime fiscal, financier et comptable des contrats de partenariat au Cameroun

Au Cameroun, c'est la loi du 16 juillet 2008 qui fixe le régime fiscal, financier et comptable applicable aux contrats de partenariat au Cameroun[836]. Depuis la publication cette loi, son décret d'application reste attendu afin de préciser la procédure à suivre pour bénéficier des avantages consentis.

En outre, il serait nécessaire d'établir une compétitivité certaine des avantages de la loi du 16 juillet 2008 portant régime fiscal, financier et comptable applicable au contrat de partenariat avec ceux de la loi du 18 avril 2013 portant incitations à l'investissement privé.[837] A défaut, il conviendrait de décloisonner le régime fiscal des contrats de Partenariat et celui du 18 avril 2013, et établir une unicité de ce régime car, dans les deux cas, l'objectif est le même : investir, créer la richesse et la croissance[838]. Par ailleurs ce texte est très incitatif à l'investissement privé car, il organise l'ensemble des avantages auxquels pourront bénéficier les opérateurs économiques pendant la durée de leur contrat mais, il renferme quelques lacunes, notamment l'absence de disposition règlementant l'octroi d'avantages fiscaux.

La lecture de la loi du 18 avril 2013 révèle qu'aucune disposition ne précise la procédure que doit suivre les opérateurs économiques afin de bénéficier des avantages consentis par ce texte. Cependant, la loi du 18 avril 2013 portant incitation à l'investissement privé va bien plus loin en offrant plus d'avantages que celle sur les contrats de partenariat car, elle vise des domaines spécifiques, notamment tout ce qui est lié à l'ouverture des comptes en devises ou encore à l'expatriation des fonds[839].

Pourtant, les dispositions de celle-ci ne s'appliquent pas aux investissements dans les secteurs régis par des textes particuliers, notamment le régime général des contrats de partenariat[840]. Il apparait donc nécessaire d'établir une compétitivité certaine des avantages de la loi du 18 juillet 2008

---

[836] Loi n° 2008/009 du 16 juillet 2008 fixant le régime fiscal, financier et comptable applicable aux contrats de partenariat.

[837] Loi n° 2017/015 du 12 juillet 2017 modifiant et complétant certaines dispositions de la loi N° 2013/004 du 18 avril 2013 fixant les incitations à l'investissement privé en République du Cameroun.

[838] Plan stratégique pour le développement des partenariat public-privé au Cameroun p.28.

[839] Article 12 de la loi n°-2013-004 du 18 avril 2013 portant incitations à l'investissement privé.

[840] Article 2 al 3 de la loi n°-2013-004 du 18 avril 2013.

portant régime fiscal, financier et comptable applicable au contrat de partenariat avec ceux de la loi du 18 avril 2013 portant incitations à l'investissement privé[841].

Cette compétitivité ne peut qu'être enrichissante en ce qu'elle conduit tout d'abord à un décloisonnement de ces deux lois et, plus encore à l'adoption d'un texte unique sur le régime fiscal. En somme, l'analyse descriptive des difficultés du contrat de partenariat démontre une réelle fragilité du cadre juridique du contrat de partenariat, qui à notre sens plonge les parties dans un environnement peu sécuritaire.

B - L'environnement incertain des parties au contrat de partenariat

Au regard de la fragilité du cadre réglementaire dans lequel évoluent les parties au contrat de partenariat public-privé au Cameroun, celles-ci craignent d'être sujettes à des comportements opportunistes venant de leurs cocontractants (1) qui profiteraient des faiblesses de ce cadre pour imposer leur volonté mais également de voir leur contrat être propice à une intrusion des tiers (2).

1 - Un environnement propice aux stratégies opportunistes des parties.

L'une des principales difficultés pouvant être attachée à la pratique du contrat de partenariat est l'opportunisme des parties. Il peut provenir de la personne publique ou de l'opérateur privé.

Dans la plupart pays où la demande en infrastructure est forte et les ressources financières moindres, le recours au contrat de partenariat est très vite perçu comme une bouée de sauvetage due au fait qu'il fait qu'il autorise un paiement différé de l'opérateur privé.

---

[841]Plan stratégique pour le développement des partenariat public-privé au Cameroun, p.28.

Seulement, le recours à ce nouvel instrument est souvent mal maîtrisé dans la plupart de ces pays et particulièrement dans les pays émergents[842], au point d'y être considérés comme des terrains propices à des comportements opportunistes de la part des parties prenantes à ce contrat.

L'opportunisme se définit comme une politique qui consiste à tirer parti des circonstances[843]. La doctrine lui donne une définition plus explicite. S. Saussier y voit la recherche d'intérêt personnel qui comprend la notion de tromperie[844]. Pour B. Coriat et O. Weinstein, le comportement opportuniste consiste *« à rechercher son intérêt personnel en recourant à la ruse et à diverses formes de tricherie. L'opportunisme repose sur une révélation incomplète, déformée ou falsifiée de l'information par un agent, notamment sur ses capacités, ses préférences, ou ses intentions et donc sur l'existence d'asymétries d'information entre les agents. (La qualité d'un produit ou sur les aléas de sa production) ; Il peut aller jusqu'au pur et simple manquement à ses obligations[845] ».*

L'opportunisme s'apparente donc à un acte de mauvaise foi par lequel, un agent dégage un profit individuel supérieur à celui prévu normalement dans l'échange ou dans le contrat[846].

Le comportement opportuniste des parties dans le contrat de partenariat public-privé peut donc être perçu comme l'attitude des parties à tirer profit des insuffisances du contrat de partenariat pour satisfaire leur seul intérêt. Il est donc assimilable à la mauvaise foi.

Selon la théorie de Williamson sur l'opportunisme, celle-ci recouvre deux formes à savoir : - l'opportunisme *ex ante* et l'opportunisme *ex post*[847]. D'après lui, l'opportunisme *ex ante* se manifeste lorsqu'il y'a tricherie avant passation du contrat, par exemple la communication d'informations fausses

---

[842] C'est le cas de nombreux pays africains, Cameroun, Guinée, Bénin. Voir en ce sens Charly Hessoun « Partenariat Public-privé au Bénin : Toujours des déclarations, pas d'actions », in la nouvelle tribune. https://lanouvelletribune.info/2018/02/ppp-benin-toujours-declarations/;

[843] Définition tirée du dictionnaire le Robert poche +, nouvelle édition, Le Robert, 2020, p.500.

[844] SAUSSIER Stéphane, *Économie des partenariats publics privé*, 1e éd, *De Boeck,* 2015, p. 169.

[845] CORIAT Benjamin et WEINSTEIN Olivier, *Les nouvelles théories de l'entreprise, LGF,* 1995, p. 55.

[846] Lobez, 1997, p.141

[847] Une présentation détaillée de l'argumentation de WILLIAMSON Olivier E. est disponible dans son ouvrage intitulé : *The Economic Institutions of Capitalism,* New York, *Free Press,* 1985, p. 172.

ou erronées de la part de l'opérateur privé. Pour cet auteur, cet opportunisme n'est rendu possible que par l'asymétrie d'information entre les parties.

- L'opportunisme *ex post* quant à lui, se présente quand il y'a tricherie dans la phase d'exécution du contrat. Il peut s'agir par exemple de la diminution de la qualité des prestations rendues. Cet opportunisme n'est possible qu'en cas d'incomplétude du contrat et à la difficulté de déterminer si les parties ont bien respecté les termes du contrat.

- L'opportuniste dans un contrat de partenariat pourra donc émaner à la fois de l'opérateur privé, mais aussi de l'acheteur.

Bien que la satisfaction de l'intérêt général soit le but premier rechercher par la personne publique, à laquelle s'associe l'opérateur économique dans un contrat de partenariat, il n'en demeure pas moins que l'opérateur économique, lorsqu'il passe des marchés, recherche d'abord son profit ou sa propre rente. De ce fait, il cherchera inéluctablement à tirer profit des insuffisances du contrat de partenariat ou encore de l'inexpérience de la personne publique.

Plusieurs cas de figure permettent de démontrer l'opportunisme de l'opérateur économique. C'est le cas des enchères agressives et des offres spontanées « opportunistes ». Dans ce cas de figure, l'opérateur privé peut, de façon spontanée, procéder à l'identification des besoins de la personne publique et adresser aux autorités publiques des offres spontanées.

Très souvent, les gouvernements voient dans ces offres le moyen de surmonter les contraintes liées au manque de capacité du secteur public. Mais, la gestion de ces offres, même si elles représentent une opportunité pour la personne publique peut très vite s'avérer être une source de difficultés. D. Bondoma Yokono président du CARPA relevait d'ailleurs, lors d'un colloque sur les PPP, la difficulté pour les personnes publiques au Cameroun de gérer des offres spontanées. Selon lui, l'afflux d'offres spontanées détourne souvent les fonctionnaires des priorités définies par leur administration et peut avoir pour effet de mettre sous tension des ressources financières et humaines qui déjà sont limitées[848].

[848] Le plus souvent, les autorités contractantes qui reçoivent et évaluent les offres relatives à des projets de PPP ne disposent pas des moyens nécessaires au traitement des offres spontanées. Il n'est pas facile d'anticiper le nombre d'offres spontanées qui seront soumises au cours d'un exercice budgétaire ; or, cette information est nécessaire pour justifier l'allocation des ressources disponibles, le cas échéant. Le Chapitre 3 des Retours d'expérience présente d'autres exemples des difficultés institutionnelles rencontrées dans le cadre de la soumission des offres spontanées.

De même, alors qu'elles consistent à favoriser les initiatives privées, ces offres spontanées peuvent être source de difficultés pour les projets en partenariat public-privé.

Le partenaire privé peut craindre un dessaisissement abusif de son idée de projet par la personne publique et l'acheteur peut voir en ces offres un véritable comportement opportuniste de l'opérateur économique qui ne cherche qu'à obtenir un marché.

Ce comportement opportuniste de l'opérateur économique consiste alors à remettre son offre à la personne publique. Il s'en suit une asymétrie d'informations entre les deux parties, de sorte que l'opérateur économique ayant une meilleure connaissance du projet, dispose d'un pouvoir de négociation plus fort durant les phases de développement du projet et de passation du marché.

De plus, la mise en concurrence des candidats dans le cadre d'une offre spontanée n'est pas chose aisée, car l'initiateur de l'offre dispose d'une facilité d'information, d'une maîtrise accrue du projet, en plus de la bonification[849] qui peut lui être accordée par l'autorité publique. Toute chose qui lui procure un avantage considérable sur les autres concurrents.

Cette situation a pour effet de pousser les autres candidats à renoncer à l'appel d'offre, car ils estiment que l'opérateur privé, initiateur du projet possède un avantage considérable sur eux, non parce qu'il a eu le temps de réfléchir et de concevoir la solution la plus adaptée, mais parce que les délais sont souvent très courts et l'asymétrie d'informations auxquels ils peuvent se heurter ne leur permettent pas de répondre à l'appel d'offre.

A côté des offres spontanées opportunistes, il existe une autre forme d'opportunisme : les enchères agressives[850]. Elles interviennent au moment de la mise en concurrence et consistent pour l'opérateur privé à proposer l'offre la plus basse afin de remporter le marché et écarter les autres concurrents.

Par la suite, ce dernier tirerait à la fois profit de la disparition de la pression de ses concurrents et de l'information acquise lors des premiers mois de

---

[849] Voir en ce sens l'article 5 al 2 du décret du 24 janvier 2008 précisant les modalités d'application de la loi du 29 décembre 2006 relative aux contrats de partenariat au Cameroun. « Les dispositions de l'alinéa précédent demeure valable même quand la proposition du projet est faite par une personne privée. Dans ce cas, l'opérateur privé concerné peut bénéficier d'une bonification dans le cadre de l'appel public à concurrence pour la sélection du partenaire de la personne publique.

[850] SAUSSIER Stéphane, *op.cit.*, p. 171.

contrats pour engager des investissements spécifiques et ensuite renégocier le contrat en position de force. C'est ce qu'on appelle le phénomène de « *holdup*[851] ».

Le *hold-up*, consiste donc à exploiter une position de force pour s'approprier une partie des profits générés par les investissements de son partenaire. Le partenaire privé peut par exemple imposer des coûts élevés pour rallonger la durée des contrats ou encore menacer de rompre volontairement le contrat. Dans ce cas de figure, il est très difficile pour la personne publique, garante en dernier ressort de la continuité du service public de refuser cette négociation. Elle s'incline et accepte ces demandes, car elle a conscience que la sélection d'un nouveau partenaire engendrait des coûts très élevés qu'elle n'est pas capable de supporter[852].

L'opportunisme peut également émaner de l'acheteur. Très souvent, le déficit en infrastructures et la contrainte budgétaire sont de nature à pousser la personne publique à recourir au contrat de partenariat public-privé. Cependant, il est des situations dans lesquelles, pour des raisons autres que d'efficacité économique, les personnes publiques décident de recourir aux contrats de partenariat. Ce recours peut être qualifié d'opportuniste, car la personne publique ne recherche que son intérêt personnel. A titre d'exemple, nous avons la stratégie des décideurs politiques évoquée par Stéphane Saussier dans son ouvrage, et qui consiste à envisager des projets dont la finalisation est prévue durant les deux années qui précèdent la tenue des élections[853]. Au regard des dépenses importantes en infrastructures réalisées au cours de son mandat aura plus de chance de se faire réélire[854].

Pareillement, les problèmes d'incertitudes du cadre règlementaire et institutionnel du contrat de partenariat public privé peuvent également être source d'opportunisme pour la personne publique.

L'opportunisme de l'acheteur peut être relevé en cas de changement de législation, ou encore des élus ou membres du gouvernement en cours d'exécution du contrat. Ils profitent alors de cette période pour proposer des

---

851 *Ibid.*, p. 170.

852 BEUVE Jean, LE LANNIER Aude et LE SQUEREN Zoé, « La renégociation dans les PPPs : risques et opportunités », EPPP DP No. 2014-09, p. 6.

853 Cet exemple tiré de SAUSSIER Stéphane se base plus précisément sur une étude de E. Chong (2015) faite à l'aide des données françaises portant sur le secteur de la construction. Il qualifiera l'attitude des politiciens d'effet « ruban rouge ».

854 C'est également le point de vue partagé par les auteurs Eduardo Engel, Ronald Fischer, Alexander Galetovic « SOFT BUDGETS AND RENEGOTIATION IN PUBLIC-PRIVATE PARTNERSHIPS » Cowles foundation discussion papers 1723, Cowles foundation for research in Economics, August 21, 2009.

modifications contractuelles ou encore des travaux supplémentaires non prévus au contrat.

Les prérogatives de puissance publique reconnues à l'acheteur, lui donnent la possibilité d'user de son pouvoir discrétionnaire et par là, la possibilité de changer unilatéralement les règles initiales du contrat.

S. Saussier nous donne des exemples de cet opportunisme de la personne publique notamment, dans le cas d'un gouvernement, en rendant le contrat illégal, et dans le cas d'une collectivité territoriale, en décidant de la baisse des prix pour les usagers[855].

Cette illustration avait auparavant été faite par les auteurs Levy et Spiller en 1994[856] et Guash en 2004[857], ils considéraient cet opportunisme comme *« un holdup contractuel »* de l'autorité publique sur des investissements spécifiques réalisés par l'opérateur économique en cours de contrat.

La manifestation de cet opportunisme consiste par exemple pour la personne publique, à refuser d'appliquer les augmentations de tarifs consenties dans le contrat de départ, ou encore à baisser des subventions promises[858].

L'opportunisme des parties est donc un véritable fléau dans la pratique du contrat de partenariat. S'il est considéré comme un risque pour les parties au contrat de partenariat, il n'est pas le seul. D'autres risques sont également perceptibles dans ce contrat.

2 - Un environnement propice au délit de favoritisme ou à la corruption.

Le contrat de partenariat a cette particularité d'être un contrat de longue durée. Il représente de ce fait pour les opérateurs économiques une occasion unique de s'assurer une source de revenus garantie par les personnes

---

855 SAUSSIER Stéphane, *op.cit.*, p. 174.
856 BRIAN Levy et SPILLER Pablo, *« The Institutional Foundations of Regulatory Commitment», Journal of Law, Economics and Organization,* 9, 1994, pp. 201-246.
857 GUASH José Luis, *"Granting and Renegotiating Infrastructure Concessions: Doing it Right", World Bank Institute, WBI Development Studies,* 2004.
858 HUET Freddy, « Partenariats publics-privés et concurrence pour le marché : quelles avancées depuis Demsetz (1968) ? », 2007, p.7.

publiques. A cet égard, il est perçu comme le sésame que souhaite s'arroger tout opérateur économique et, devient un terrain de jeu favorable à la corruption sur lequel les politiques et opérateurs économiques s'adonnent pour obtenir le contrat.

Outre le volume des transactions et les intérêts financiers en jeu, les risques de corruption sont exacerbés par la complexité du processus, l'interaction étroite entre les agents de la fonction publique et les entreprises, et la multitude de parties prenantes[859].

A titre d'exemple, le ministère des Marchés Publics a été classé en 2018 par la Commission Nationale Anti-corruption (CONAC) comme Ministère le plus corrompu au Cameroun en 2018[860].

La corruption s'entend dans son sens strict comme, le fait pour une personne investie d'une fonction déterminée (publique ou privée) de solliciter ou d'accepter un don ou un avantage quelconque en vue d'accomplir ou de s'abstenir d'accomplir, un acte entrant dans le cadre de ses fonctions[861]. Il peut également s'agir *« d'un détournement à des fins privés d'un pouvoir reçu en délégation*[862] *»*.

Plus encore, dans la conception large de l'opinion camerounaise, la corruption *n'est plus seulement la simple sollicitation, une offre-réception de dons et promesses en vue de faire, de s'abstenir de faire, d'ajourner un acte à poser, elle n'est plus seulement rétribution d'une action ou d'une abstention passée*, elle est également le *fait qu'une taxe payée par un contribuable n'est pas ou n'est que partiellement versée dans les caisses de l'Etat* [863].

Il s'agit « *un phénomène qui a existé depuis que les êtres humains ont commencé à s'organiser en société*[864] *»*.

Elle existe dans le secteur des marchés publics et peut intervenir à n'importe quel stade de son processus dès la suggestion d'une nécessité de

---

859 Voir l'article d'AETIC-ADMIN sur « Corruption dans les marchés publics - Sensibilisation et dénonciation » sur le site https://www.aetic.org/

860 Voir le blog Ecomatin « Classement Conac 2018 : le Minmap, ministère le plus corrompu au Cameroun ».

861 Conf Article 134 bis du code du code pénal Camerounais.

862 Definition proposée par l'agence Transparency International. https://transparency-france.org/wp-content/uploads/2017/09/fait-de-corruption-fiche-informative.pdf.

863 TITI NWEL Pierre (sous dir.), *De la corruption au Cameroun,* GERDDES Cameroun et Friedrich – Ebert – Stiftung, juin 1999, p. 7.

864 *Ibid.*

projet jusqu'à son achèvement, en passant par la rédaction du dossier d'Appel d'Offres (DAO) au lancement de l'appel d'offres et l'attribution du marché et son exécution.

Au Cameroun, le secteur public subit des pertes annuelles dues à la mauvaise exécution des projets du fait de l'attribution opaque de certains marchés publics de l'Etat[865].

La corruption dans ce secteur d'activité (marchés publics) s'observe globalement par la quasi-généralisation des besoins fictifs qui font l'objet d'inscription budgétaire[866], la certification et la signature complaisante de procès-verbaux de réception des marchés[867], les prestations tardivement réalisées ou mal réalisées ou encore l'enrichissement illicite[868].

La Commission Nationale Anti-Corruption (CONAC) relevait à ce sujet que : « *la corruption dans les marchés publics constitue un frein au développement et figure parmi les principales causes de pauvreté dans le pays*[869] ». Et, comme l'a si bien résumé P. Krugman, Prix Nobel d'économie (parlant des États-Unis) : « *Alors que de plus en plus de fonctions gouvernementales sont privatisées, les États se transforment en paradis du principe de l'utilisateur payeur, selon lequel les contributions politiques et l'attribution de contrats au profit d'amis ou de parents deviennent une contrepartie pour gagner des marchés d'État... un lien corrompu entre privatisation et clientélisme qui décrédibilise le gouvernement aux yeux d'une partie de la nation*[870] ».

Force est donc de constater que dans de nombreux pays africains dont le Cameroun, ce fléau qui constitue un frein au développement et porte atteinte aux droits fondamentaux des citoyens et des entreprises, affecte la crédibilité des institutions et la suprématie de l'État.

Il semble donc urgent de sensibiliser les acteurs des marchés publics et les entreprises sur la lutte contre la corruption dans ce secteur.

---

[865] DONGMO Magloire et BAYANG David, *Corruption : comment pouvons-nous envisager une lutte préventive pour une société camerounaise plus Juste ? Éd. Gamma print,* 2015, p. 56.

[866] *Ibid.*

[867] *Ibid.*, p. 57.

[868] *Ibid.*

[869] *Ibid.*

[870] KRUGMAN Paul, *Privatization can lead to patronage and corruption Sacramento Bee 23 June 2012*, 19 *Warner, C.M.*, 2007.

3 - L'intrusion des tiers dans le contrat de partenariat.

Dans le cadre de cette analyse, l'intrusion des tiers dans le contrat de partenariat se comprend différemment de l'admission des tiers à ce contrat, à savoir de la sous-traitance comme exception à l'effet relatif du contrat. Cette immixtion concerne les tiers non-parties au contrat sur lesquels la passation du marché peut avoir un impact sur la sauvegarde de leurs intérêts.

En effet, en droit administratif, le Conseil d'Etat, bien conscient que les contrats impliquant la personne publique peuvent avoir un impact allant au-delà des seules parties contractantes, a reconnu aux tiers la possibilité d'intervenir dans un contrat dès lors que cette intervention est nécessaire à la sauvegarde de leurs intérêts.

C'est ainsi, que dans un arrêt du 4 juin 2014, *Département de Tarn et Garonne*, le Conseil d'Etat a reconnu que *« tout tiers à un contrat administratif susceptible d'être lésé dans ses intérêts de façon suffisamment directe et certaine par sa passation ou ses clauses, est recevable à former devant le juge du contrat, un recours de pleine juridiction contestant la validité du contrat ou de certaines de ses clauses non réglementaires qui en sont divisibles* [871]».

Cette position du Conseil d'Etat semble aller à l'encontre principe de l'opposabilité du contrat tel que prévu en droit privé à l'article 1200 du code civil selon lequel : « *Les tiers doivent respecter la situation juridique créée par le contrat. Ils peuvent s'en prévaloir notamment pour apporter la preuve d'un fait* ».

En effet, dans ces contrats, l'intrusion de tiers peut relever, soit d'une mobilisation du droit pour défendre des intérêts collectifs dépassant ceux des deux contractants, soit d'une stratégie opportuniste d'utilisation des leviers du contentieux pour nuire à ces derniers[872].

Les tiers au contrat pourront être soit, des concurrents évincés du marché, soit encore toutes parties intéressées dès lors que ce contrat engage des fonds publics. Il peut s'agir entre autres, des opposants politiques, des syndicats, ou encore des associations [873].

---

[871] CE Ass., 4 avril 2014, *Département de Tarn-et-Garonne*, n° 358994.
[872] KIRAT Thierry, MARTY Frédéric, « Le contrat de PPP à l'épreuve des contentieux : Retours d'expérience sur le cas français », *Chaire EPP,* mars 2017, p. 10.
[873] SAUSSIER Stéphane, *op.cit.,* p. 175.

Toutefois, dans bien des cas, le recours des tiers dans un contrat de partenariat peut s'avérer utile. C'est le cas notamment lorsque les personnes publiques ne justifient pas suffisamment leur choix de recourir aux contrats de partenariat au mépris des règles d'évaluation préalable et de soutenabilité budgétaire (principales conditions de recours au marché de partenariat en France), ou encore que le recours au contrat de partenariat n'est pas justifié par l'urgence, la complexité et l'efficience économique telle que prévue en droit camerounais. Les tiers au contrat peuvent, dans ce cas de figure, estimer que le recours au contrat de partenariat est contraire à la bonne gestion des deniers publics.

La plus grande crainte pour les parties au contrat de partenariat serait de voir en cette intrusion des tiers, une « intrusion opportuniste » lorsque celle-ci ne sert que des intérêts privés et non l'intérêt général.

La théorie de l'opportunisme des tiers dans le contrat de partenariat a été avancée par Spiller[874] en 2008, et ensuite par Moszoro et Spiller[875] en 2012. Ces auteurs ont démontré que les comportements stratégiques pouvant apparaitre dans le contrat de partenariat n'émanent pas uniquement des parties au contrat, mais proviennent également des tiers au contrat.

Cela peut être le cas, lorsque les candidats évincés du marché ou encore les opposants politiques, veulent tirer profit d'une rupture du contrat. Le tiers au contrat, plus précisément l'opérateur, remettra notamment en cause la probité de la personne publique contractante lorsque ceux-ci sont en concurrence sur « un marché politique[876] ».

En France, l'affaire « Écotaxe poids lourds », est l'illustration parfaite d'une intrusion des tiers au contrat ayant entravé le bon déroulement d'un marché. Dans son rapport annuel[877], la Cour des Comptes avait qualifié l'échec du contrat Eco taxe poids lourd, d'« échec stratégique, et d'abandon couteux[878]».

---

874 SPILLER Pablo T., « *An institutional theory of publics contracts: Regulatory implications* », Rapport technique, *National Bureau of Economics Research, Inc.*, 2008.

875 Marian W. Moszoro & Pablo T. Spiller, 2012. " Third-Party Opportunism and the Nature of Public Contracts ", NBER Working Papers 18636, National Bureau of Economic Research, Inc.

876 *Ibid.*

877 *Rapport public annuel 2017, Cour des comptes française,* « L'écotaxe *poids lourds : un échec stratégique, un abandon coûteux »,* – février 2017, p.199. https://www.actu-environnement.com/media/pdf/news-28423-ecotaxe-cour-comptes.pdf.

878 *Ibid.*

L'écotaxe poids lourds était l'un des grands projets issus du « Grenelle de l'environnement » en 2008. Votée à la quasi-unanimité par le parlement en 2009, elle avait un double objectif, inciter l'usage du transport moins polluant et faire participer ce secteur à l'entretien des moyens et infrastructures de transports. Une ambition forte de politique des transports de répondre aux besoins de financement des infrastructures de transport. C'est ainsi que l'Etat a lancé en 2009 un appel d'offre, remporté par le consortium Écomouv', lequel qui s'est vu confier en octobre 2011, sa mise en œuvre sous forme de contrat de partenariat public-privé.

Cependant, l'unanimité qui avait entouré la création de l'écotaxe poids lourds a, très vite, cédé la place à diverses contestations sectorielles et géographiques à partir du printemps 2013 ; à la fois des élus locaux qui remettaient en cause plusieurs aspect de ce contrat, et des « bonnets rouges » bretons qui militaient pour la suppression pure et simple de l'écotaxe. Toute chose qui conduisit à la « suspension » de l'écotaxe par le premier ministre le 29 octobre 2013.

Ces contestations découlaient pour partie de fragilités intrinsèques du dispositif juridique de l'écotaxe, comme la mise en œuvre du principe de répercussion tarifaire visant à la neutralité pour les transporteurs, mais également des oppositions locales et sectorielles qui faisaient de l'écotaxe poids lourds, un bouc-émissaire.

Devant cette impasse, il fallut rechercher des solutions contractuelles. Deux options étaient alors envisageables, la résiliation du contrat de partenariat pour motif d'intérêt général, ou sa continuation. Ce n'est qu'à l'issue des négociations de juin 2014 que l'État procèdera à la résiliation de ce contrat le 30 octobre 2014.

Plus récemment encore, un contrat de partenariat de plus d'un milliard d'euros pour la reconstruction de 28 écoles et la réalisation de six nouveaux bâtiments, a été contesté par trois contribuables marseillais et par l'ordre national des architectes, lesquels faisaient valoir « *à juste titre que le choix du recours à un marché de partenariat modifiait les conditions d'exercice de la profession d'architecte* ». La délibération de la mairie actant le PPP avait été annulée par le tribunal administratif en février 2019[879]. Par décision du 27 décembre 2019, la Cour administrative d'appel a confirmé le jugement du tribunal administratif aux motifs que l'évaluation préalable faite par la mairie de Marseille *« ne peut être regardée comme démontrant eu égard au caractère décisif du critère du cout global dans la construction de l'évaluation préalable*

[879] TA Marseille, 12 février 2019, n°s 1709848-1709963-1710044.

en faveur du recours au marché de partenariat, que le bilan de ce dernier est réellement plus favorable à celui de la maitrise d'ouvrage publique[880] ».

Nous retiendrons, au travers de cet exemple, que l'intrusion des tiers au contrat de partenariat peut avoir pour effet une renégociation d'un arrangement initial, voire entrainer la résiliation du contrat. L'intrusion du tiers dans le contrat de partenariat peut conduire à une rupture de la relation contractuelle, notamment en cas d'incompétence de l'une des parties signataires ou encore de recours des tiers contre la validité des clauses du contrat.

§2 - Les difficultés liées à la répartition du risque dans le contrat de partenariat.

Le risque, dans le langage courant se définit comme un danger prévisible[881]. Le doyen Cornu y voit « un événement dommageable dont la survenance est incertaine quant à sa réalisation ou à la date de cette réalisation[882] ». En droit privé, la théorie du risque s'applique de manière différente en matière contractuelle, et extracontractuelle[883].

En matière contractuelle, la théorie du risque répond à la question de savoir laquelle des parties supportera les risques en cas d'inexécution du contrat ou cas de force majeure.

Le législateur civil français de 2016 y apporte une réponse dans le cadre des contrats ayant pour objet l'aliénation de la propriété ou la cession d'un autre droit. A cet effet, l'article 1196 al 3e du code civil dispose que : « *le transfert de propriété emporte transfert des risques de la chose ».*

La charge du risque pèse donc sur la partie qui détient la propriété. A cet égard, le risque de la chose n'est supporté par le cessionnaire qu'en raison du transfert de propriété dès lors que celui-ci viendrait à être retardé, le transfert

---

880 CAA Marseille, 27 décembre 2019, n° 19MA01714.

881 Définition tirée du dictionnaire le Robert poche +, édition nouvelle, 2020, p.635.

882 CORNU Gérard, *op.cit.,* 2018, p.932.

883 En matière extracontractuelle ou délictuelle, la théorie des risques est un courant doctrinal initié par Saleilles au début du 19e siècle et développé par Josserand au 20e siècle. Ces auteurs fondaient leur théorie sur l'idée selon laquelle l'on ne maitrise plus nécessairement les dommages que l'on peut causer à autrui. Par conséquent ils basent leur théorie sur le préjudice de la victime en introduisant la responsabilité sans faute ou la faute objective.

de risque le sera également. En cas de la vente des marchandises par exemple, le risque reste à la charge du vendeur jusqu'à ce qu'elles soient pesées, comptées ou mesurées[884].

Néanmoins, en vertu de la liberté contractuelle, les parties peuvent inclure dans leur contrat une clause de risques. Elles décident par conséquent, dans un contrat translatif de propriété, de faire peser le risque de la chose sur le cocontractant qui est encore ou n'est plus propriétaire[885].

En droit civil camerounais comme en droit français, la gestion du risque est régie par le principe *Res perit debitori* selon lequel, le risque est supporté par le débiteur. Toutefois cette règle ne s'applique pas de manière générale à tous les contrats.

En effet, elle ne figure que dans quelques textes régissant divers contrats spéciaux, et non dans les règles applicables aux contrats en général. Conformément à l'article 1722 du code civil camerounais, dans un contrat de bail, en cas de destruction de la chose louée, le risque pèsera sur le bailleur.

Dans le contrat d'entreprise, la perte de la chose survenant en cas d'exécution du marché de travaux est supportée par l'entrepreneur si elle intervient avant la réception de l'ouvrage ou avant que le maître de l'ouvrage soit en demeure de la recevoir[886]. Cette solution est également celle retenue en droit français.

Dans les contrats translatifs de propriété, et contrairement à l'adage *« Res perit debitori »*, la charge du risque est ici supportée par l'acheteur. C'est ce qui ressort de l'article 1138 du code civil camerounais selon lequel *« l'obligation de livrer la chose est parfaite par le seul consentement des parties contractantes. Elle rend le créancier propriétaire et met la chose à ses risques dès l'instant où elle a dû être livrée, encore que la tradition n'en ait point été faite, à moins que le débiteur ne soit en demeure de la livrer ; auquel cas la chose reste aux risques de ce dernier »*.

Ainsi, la charge du risque n'est supportée par le débiteur qu'à chaque fois que l'on se trouve dans des contrats non translatifs de propriété. A moins que, contractuellement, les parties n'en conviennent autrement. Ramené au contrat de partenariat, son recours n'étant consécutif qu'à la réalisation des projets de grande envergure, le risque peut alors y être plus important. En effet, dans le contrat de partenariat, le risque peut être perçu comme un évènement, un

---

[884] Voir en ce sens l'article 1195 du Code civil.

[885] DESHAYES Olivier, « Théorie des risques des contrats translatifs de propriété », *Revue Dalloz*, juillet 2017, n°181.

[886] Voir en sens l'article 1788 du Code civil Camerounais.

facteur ou une influence qui menace la bonne marche d'un projet en agissant sur les délais, les coûts, ou la qualité des prestations réalisées[887].

Au regard de la taille du projet, le recours au contrat de partenariat nécessite nécessairement d'identifier les différents risques afin de bien les répartir car, une seule partie n'est pas en mesure de tous les assumer.
L'un des avantages du contrat de partenariat repose en effet sur ce partage des risques. Pour reprendre les mots de F. Marty, le contrat de partenariat est perçu comme *« un outil de maitrise de ces risques car la clé de voute de ces contrats repose sur le partage optimal de ces derniers*[888] ».

Cependant, nous verrons également que le partage des risques peut se révéler être une véritable source de difficultés surtout pour la personne publique lorsqu'il n'est pas bien maîtrisé. Ainsi, la gestion du risque dans le contrat de partenariat passe nécessairement par l'identification des différents risques dans le contrat de partenariat, et le partage des risques entre les parties.

A - L'identification des différents risques dans le contrat du partenariat.

La procédure du contrat de partenariat peut comporter d'énormes risques qu'il convient d'identifier. Aussi, que l'on se situe dans la phase dans la phase de conception, ou encore de réalisation du projet, la gestion de ces risques est d'une grande importance pour la réussite du projet.

A cet égard, il devient impératif pour l'Etat, comme pour les collectivités territoriales qui souhaitent recourir au contrat de partenariat, de se poser les questions suivantes : quels sont les risques que comporte ce projet ? Comment s'assurer que tous les risques sont identifiés ? Est-ce que l'impact des risques a bien été estimé ?

L'inexpérience constatée des collectivités territoriales ou des communes les amène lors de la conclusion du marché, à se baser sur des contrats précédents pour identifier les différents risques au contrat. Ce qui, dans bien des cas, pourrait se révéler être soit incompatible ou encore insuffisant avec le

---

[887] Les contrats de partenariat, principes et méthodes, MINEFI.
[888] MARTY Frédéric, « Une arme à double tranchant ? Le recours aux partenariats public-privé et la maîtrise des risques budgétaires », *Revue française d'administration publique,* n°163, 2017/3, pp. 613 – 630.

projet en cours car, l'identification du risque est propre à chaque projet et doit être faite au moment de l'évaluation préalable.

Cette évaluation préalable consiste en une évaluation complète de tous les risques encourus par les parties aux contrats, en tenant compte à la fois, des technologies mises en œuvre dans le cadre du projet, des cadres juridique et institutionnelle s'appliquant à ces ouvrages, et de toute autre variable jugée pertinente[889].

Dans le contrat de partenariat public-privé, ces risques sont très variés, l'on distingue les risques politiques, les risques d'interférences des pouvoirs publics, les risques liés à la mise en œuvre, les risques liés aux travaux de construction, les risques liés aux recettes d'exploitation, risques financiers, le cas de force majeure, les risques liés à l'environnement et les risques de coûts de fonctionnement et de non-performance.

1 - Les risques politiques.

Encore appelés « risques pays[890] », ces risques sont liés à la situation politique d'un Etat ou encore à l'ensemble des décisions prises par la personne publique et qui affectent directement ou indirectement la bonne exécution du projet[891].

A titre d'exemple, nous pouvons citer les réformes fiscales ou la survenance d'une guerre dans un Etat. Pendant l'évaluation préalable du projet, la personne publique énonce clairement sa politique concernant ces risques, notamment le degré de soutien de l'opinion publique dont bénéficiera le secteur privé dans le cadre de la fourniture des services publics.

Elle prend en compte le fait qu'un éventuel changement de gouvernement ou encore le retrait de son soutien en faveur des partenariats public-privé sont de nature à augmenter ce risque. Bien plus encore, elle précise sa capacité à prendre ou à partager les risques commerciaux du contrat[892]. L'appréciation de ces risques n'est toutefois pas chose facile, tant il semble assez compliqué de savoir quel sera l'état d'un pays sur une période de moyen ou de long terme.

---

[889] MAJZA Béatrice et CAMOUS David-André Camous, *op.cit.*, p. 121.
[890] LINGÈRES Paul, Partenariat public- privé, Paris, 2ème éd., *LexisNexis,* 2005, p. 234.
[891] *Ibid.*, p. 235.
[892] Voir en ce http://pppue.undp.2margraf.com/fr

Dans la plupart des cas, la réputation du pays servira à apprécier ce risque. Au Cameroun par exemple, au regard du taux d'endettement et des nombreux conflits actuels, l'opérateur économique peut être tenté d'augmenter le prix pour pouvoir se prémunir de ce risque politique.

A côté de ce risque, il est opportun d'évoquer le risque d'embargo du pays de l'acheteur. L'embargo se définit comme une mesure coercitive prise par un Etat ou une organisation internationale à l'encontre d'un autre Etat consistant en la suspension ou la rupture des échanges commerciaux avec ce dernier en totalité ou pour certains produits[893]. La mise en place d'un embargo sur un pays ou une région a pour conséquence d'empêcher les entreprises de commercer avec les acteurs issus de ce pays ou région.

2- Les risques d'immixtion des pouvoirs publics.

Il s'agit du risque de voir la personne publique imposer certaines contraintes en cours d'exécution du projet qui n'avaient pas été signalées au début. Ces contraintes peuvent toucher à la sécurité ou à l'environnement, et remettre considérablement en cause la rentabilité du projet.

3- Les risques liés aux travaux de construction

Ces risques englobent la mauvaise estimation du calendrier entraînant ainsi un retard dans la livraison ou encore, la mauvaise estimation du coût qui engendrent des conséquences financières remettant en cause l'équilibre du contrat. Dans les contrats de construction, ces coûts sont pris en charge par l'opérateur privé dès lors que le dépassement constaté lui est imputable.

Pour ce qui est des autres risques pouvant être recensés à savoir, le risque de retard dans l'obtention des autorisations administratives nécessaires au démarrage du projet, les risques archéologiques et météorologiques, les changements apportés à la législation et les nouvelles taxes feront l'objet d'une répartition contractuelle entre les parties.

893 Définition tirée GUINCHARD Serge et *al.* (Sous dir.), *Lexique des termes juridiques,* Paris, *Dalloz,* 2020-2021, p.426.

4- Les risques liés aux coûts d'exploitation

Ces risques se rapportent à la mauvaise estimation du coût de fourniture des services dus, de la maintenance de l'infrastructure, de la mauvaise estimation du coût de la gestion du personnel, de la variation des ressources liées à l'exploitation du service, aux risques de surcoût du fait de la mauvaise qualité des installations, ce qui nécessite des réparations et des remplacements et à la mauvaise estimation des revenus annexes.

Ainsi, dans le contrat de partenariat public-privé qui est un contrat à long terme, les parties aux contrats doivent pouvoir dans la phase d'évaluation de leur projet, se poser la question de savoir si les coûts d'exploitation sont susceptibles d'évoluer et, se prémunir en conséquence contre ce risque.

Il est cependant fréquent que ce risque se réalise lorsque, pour remporter le marché, l'opérateur économique a fait une offre très basse qu'il espère par la suite renégocier.

Dans ces risques nous engloberons les risques financiers, la force majeure et les risques liés aux recettes.

Les risques financiers. L'exécution du contrat de partenariat nécessite la levée d'un fonds de roulement important. Le risque financier se situe alors au niveau du taux d'intérêts pour des financements à taux variable et du taux change, plus particulièrement en ce qui concerne les opérations internationales.

La question que l'on se pose régulièrement est de savoir si la fluctuation du taux de change affectera le contrat de partenariat et si les taux d'intérêt peuvent varier.

La réponse à cette question permet aux parties au contrat d'éliminer ces risques. Les parties au contrat peuvent choisir lorsque cela leur est possible, un taux fixe dans la monnaie qui sera celle dans laquelle seront perçus les revenus du projet.

De même, le taux d'intérêts pour le financement dépend des arrangements financiers et du type de taux assortis à chaque prêt. Néanmoins, l'option prêts à taux fixes réduit considérablement ce risque.

Les risques liés aux recettes. Il s'agit du risque pour l'opérateur privé que le projet ne soit pas rentable. Les risques liés aux recettes invitent à s'interroger sur la probabilité d'une baisse de la demande et sur la question de savoir si l'usager est prêt à payer le prix commercial.

A cet égard, l'opérateur privé doit faire une étude de faisabilité du projet pour réduire ce risque.

Ainsi par exemple, Le fait de n'augmenter que très progressivement les prix que payera l'usager est mieux vécu qu'une hausse unique et réduit le risque d'impayés de la part des consommateurs.

B - Le partage des risques, un équilibre à maîtriser !

En recourant aux contrats de partenariats public-privé, les pouvoirs publics et les entreprises privées s'engagent à construire ou à gérer ensemble des infrastructures ou d'autres services, en se répartissant le partage des responsabilités, des droits et des risques.

En effet, les risques dans le contrat de partenariat public-privé, sont très variés et nombreux en fonction du type de projet.

Une seule partie est apte à l'assumer. La particularité du contrat de partenariat réside donc dans l'idée d'un partage de risques entre les différents acteurs.

Le code la commande publique prévoit à cet égard dans son article L2213-1 al 3 que le marché de partenariat « (…) fixe également les conditions dans lesquelles est établi le partage des risques entre l'acheteur et le titulaire[894] ».

Par ailleurs, il convient de préciser que les risques liés à ce contrat de partenariat ne doivent pas être sous-estimés et nécessitent une adaptation des procédures qui le régissent.

La question de la répartition des risques entre l'acheteur et le titulaire du marché est une question clé à laquelle dépend l'équilibre du contrat de partenariat tout entier.

---

[894] Au Cameroun, le partage des risques entre l'acheteur et le titulaire est prévu à l'article 5 al 2 de loi du 29 décembre 2006 fixant le régime général des contrats de partenariat.

A cet égard, l'identification et la répartition des risques entre les parties repose sur une construction appelée « la matrice des risques » recensant tous les risques susceptibles de se réaliser tout au long du contrat.

1- L'usage d'une matrice des risques

La matrice des risques est un outil qui permet de calculer le niveau de criticité d'un risque. Cette matrice peut être mise en place, soit dans le cadre d'un projet dont les risques doivent être évalués, soit dans le cadre d'une analyse des risques actuels d'une entreprise en vue de les maîtriser[895]. Dans le cadre d'un contrat de partenariat, il s'agit de tout document contractuel par lequel les parties au contrat s'engagent à supporter les risques qu'elles ont librement choisis, pendant toute la durée de leur contrat.

L'étape de réalisation de la matrice des risques est donc perçue comme la pierre angulaire du contrat de partenariat car, celle-ci permet à la personne publique d'identifier ses forces et ses faiblesses, d'apprécier l'enjeu du transfert des risques au partenaire privé en prenant le soin d'apprécier la capacité de ce dernier à le maitriser[896]. Elle vise « à faire supporter chacun des risques par le contractant le plus à même à les maitriser » au regard de ses habitudes, son expérience et ses compétences.

Le partage des risques dans un contrat consiste à faire supporter à chacune des parties les risques qu'elle est à même de supporter. Toutefois, procéder au partage des risques selon le principe de « la partie la plus apte à le maîtriser » soulève quelques interrogations.

Le risque doit-il être alloué à la partie la plus apte à prévenir sa réalisation ? ou alors sera-t-il attribué à la partie apte à gérer les conséquences de ce risque en cas de réalisation ? Ces interrogations ne sont pas anodines quand on sait qu'en pratique, l'opérateur économique du fait de son expertise et son savoir-faire, a une longueur d'avance sur les techniques de négociation et peut allouer indument certains risques à l'acheteur[897].

---

[895] Définition tirée du blog info qualité, https://www.infoqualite.fr/la-matrice-des-risques/, consulté en mars 2020.

[896] Lechevallier Eric, Rethore Pascal. VIII. Un partenariat public privé pour la construction et le fonctionnement d'un collège à Villemandeur (Loiret). In : *Annuaire des collectivités locales*. Tome 28, 2008. Où en est la gestion locale ? p. 125.

[897] NDIAYE ISSAKHA, *op.cit.,* p. 226.

De même, il semble difficile de procéder objectivement à une répartition des risques dans une évaluation préalable, car celle-ci ne repose pas sur des données identifiables et certains risques n'étant par ailleurs pas pris en compte lors de cette évaluation[898]. Aussi, une mauvaise répartition des risques faite en amont entre les parties est susceptible d'entrainer un déséquilibre dans le contrat de partenariat. Ce déséquilibre contractuel peut apparaître dans plusieurs cas de figure :

- En cas de transfert excessif des risques au partenaire privé. Lorsque dans un contrat de partenariat, la majorité des risques liés au projet est transférée au partenaire privé, ce transfert aura pour conséquence l'augmentation des loyers dus par la personne publique ou encore les redevances des usagers. Cette attitude du partenaire privé, se justifie par le besoin de ce dernier de se créer une sécurité financière pour faire face à une éventuelle réalisation des risques qui lui auront été alloués.

- De même, dans l'hypothèse où l'ensemble des risques qui lui ont été octroyés venaient à se réaliser simultanément ou encore dans un laps de temps très réduit, ceux-ci auraient pour conséquence de fragiliser financièrement le partenaire privé, et de remettre en cause l'équilibre économique du contrat.

- En cas de transfert de risque inadéquat à la personne publique, c'est-à-dire lorsque la personne publique se voit allouer des risques qu'elle n'est pas apte à assumer notamment des risques relevant étroitement de l'activité de l'opérateur économique tels que, les risques de financement et d'exploitation.

Les risques de financement, lorsqu'il est accordé à la personne publique et qu'il venait à se réaliser, la personne publique doit en plus des loyers prévus contractuellement, supporter le surcoût du projet.

Ceci a pour conséquence l'augmentation de son taux d'endettement et le déséquilibre du contrat.

La construction du nouveau Palais de Justice à Paris sous forme d'un contrat de partenariat peut être prise en exemple pour illustrer un contrat de partenariat ayant fait peser un risque excessif sur le secteur public, en ouvrant la voie à d'éventuels coûts supplémentaires.

En effet, ce contrat prévoyait que tous les coûts relatifs aux risques liés au projet, et ce, au-delà du seuil de 2 millions d'euros devaient être supportés par le partenaire public, depuis les grèves générales et les catastrophes nationales

---

[898] Voir en ce sens le rapport public annuel de la Cour des comptes, sur les partenariats public-privé : des risques à maitriser, fév. 2015, publié à la revue Le Moniteur.

jusqu'aux procédures légales de recours contre le contrat de partenariat public privé[899].

Tel est le cas en l'espèce, s'agissant de l'interruption du contrat de partenariat pendant près de huit mois à cause de l'introduction d'une demande d'annulation par l'association « justice dans la cité » devant le TA de Paris[900]. Celle-ci a eu pour conséquence une renégociation des coûts associés à l'interruption de la construction.

Le recours au partage des risques nécessite par conséquent la présence d'experts compétents tant aux cotés de la personne publique que de l'opérateur privé. Par ailleurs, le risque à partager doit également faire l'objet d'une valorisation.

2 - La nécessité d'une valorisation des risques dans le contrat de partenariat

La valorisation des risques consiste en une évaluation de la probabilité d'occurrence de chacun des risques et leur sévérité[901]. Pour la plupart des projets d'infrastructures passés en marché de partenariat, les risques à évaluer concernent le plus souvent ceux de la conception et de la réalisation, à savoir les risques liés à l'étude du terrain (ex : les risques géologique, archéologique, météorologique), à la modification de l'objet du projet (les dimensions, la qualité du matériel), le risque de défaillance technique d'un constructeur ou d'un financeur, les risques d'exploitation, mais aussi les risques liés à l'évolution du projet, à la mauvaise qualité des installations, à la relation entre les sous-traitants, à l'incapacité d'atteindre les objectifs de performance, aux risques de grève et de maintenance du projet.

Dans bien des cas, et particulièrement dans les pays en voie de développement comme le Cameroun, les autorités contractantes se retrouvent dans l'incapacité d'évaluer les risques attachés à leur projet, soit du fait de leur

---

899 Audit Court, Report on the real estate policy of the Ministry of Justice, December 2017, https://www.ccomptes.fr/sites/default/ files/2017-12/20171213-rapport-immobilier-ministere-justice_0.pdf, p.94.

900 TA de Paris, 17 mai 2013, association « LA JUSTICE DANS LA CITE » et M. B., n° 1206417.

901 HOFER Pierre-Olivier, « Marchés de partenariat : la valorisation monétaire des risques », dans Lois de finances et politiques nationales, Questions-Réponses. https://www.exfilo.fr/marches-de-partenariat-la-valorisation-monetaire-des-risques/.

inexpérience, soit encore parce que ces risques sont présentés autrement dans le document précontractuel.

La plupart du temps, les acteurs du projet se servent d'une matrice des risques élaborée par l'organe expert chargé des PPP (le CARPA pour le Cameroun) pour déterminer le risque pouvant être supporté par chacune des parties.

Cependant, la valorisation des risques est nettement plus complexe qu'un simple recensement des risques pouvant survenir dans le contrat. Elle exige un travail étroit entre l'économiste en charge de la valorisation et tous les acteurs du projet. Celle-ci nécessite en amont l'établissement et élaboration d'un scénario financier central duquel il découlera des scénarios alternatifs prenant en compte les risques significatifs auxquels est exposé le projet.

Ce travail pédagogique a pour objet de sensibiliser la personne publique au risque financier encouru lors de la réalisation de tel ou tel risque, en sachant qu'il sera apprécié au regard de sa probabilité et de sa gravité. Ce n'est qu'une fois que la valorisation de chacun de ces risques aura été faite et leur impact obtenu, qu'ils seront repartis objectivement entre la personne publique et la personne privée.

En France par exemple, pour préserver la personne publique, Fin Infra (nouvelle appellation de la MAPP) fournit une matrice statistique des risques, qui, sur la base de constatations nationales et d'études, fournit pour chaque risque et sa composante, les probabilités d'occurrence et de sévérité, et les lois statistiques applicables. En fonction de l'importance du projet, l'on pourra utiliser les valeurs moyennes ou analyser les résultats à partir de la méthode de Monte Carlo, pour en ressortir une valorisation monétaire des risques dans chacun des modes de réalisation[902]. Une matrice inspirée de cette méthode de valorisation du risque pourrait être plus rassurante pour les autorités contractantes au Cameroun.

De l'analyse descriptive des difficultés dans la passation du contrat de partenariat, il ressort qu'elles peuvent être de deux ordres. Elle peut être due, soit à un mauvais cadre juridique, celui-ci pouvant être obsolète ou incomplet et propice à comportement opportunismes tant de la part des tiers que des parties elles-mêmes, ou alors ces difficultés peuvent être dues à la gestion du risque et à son partage.

En effet, le partage des risques dans le contrat de partenariat est l'une des étapes les plus complexes de ce contrat. Elle appelle à une certaine expertise

---

902 *Ibid.*

de la part de tous les acteurs au projet. Ainsi, une bonne connaissance en amont des pièges à éviter lors de la rédaction du contrat ne peut que conduire à une meilleure relation contractuelle.

Seulement, les difficultés qui surviennent dans le contrat de partenariat public-privé ne se présentent pas seulement au moment de la passation du contrat de partenariat. Elles peuvent aussi être liées à son exécution.

Section 2 - Les difficultés liées à l'exécution du contrat de partenariat public-privé

Les contrats de partenariat public-privé ont toujours été considérés comme des contrats complexes au regard de leurs montages financiers, de ses procédures de passation, mais aussi, compte tenu de toutes les contraintes liées à son exécution. Ainsi, parler des difficultés liées à l'exécution du contrat de partenariat revient à faire ressortir les contraintes pouvant remettre en cause la poursuite de l'exécution du contrat du contrat de partenariat, tant pour l'acheteur que pour la personne publique.

Que se passera-t-il alors lorsque le titulaire du marché se trouvera en difficulté pendant l'exécution du marché de partenariat, de sorte qu'il ne soit en mesure d'achever les tâches qui lui ont été confiées ? Autrement dit quelles peuvent être les conséquences lorsque, en cours d'exécution du contrat de partenariat, l'opérateur économique justifie des difficultés l'empêchant de respecter ses obligations contractuelles ?

La réponse à cette interrogation fera l'objet de cette section. Ce sera l'occasion pour nous d'aborder la défaillance de l'opérateur économique (§2). Mais au préalable, il échet de préciser que les difficultés liées à l'exécution du contrat de contrat de partenariat n'émanent pas seulement de l'opérateur privé et peuvent également provenir de l'acheteur (§1).

§1 - Les difficultés émanant de la personne publique dans l'exécution du contrat

Que nous soyons en droit camerounais ou encore en droit français, la personne publique peut, comme c'est le cas de tout contractant, méconnaître ses obligations contractuelles et être à l'origine des difficultés d'exécution du contrat de partenariat.

Ainsi, il convient donc de faire une analyse de ces difficultés (A). Celle-ci n'est pas anodine car, bien souvent la défaillance de l'acheteur est à l'origine de la cessation de la relation contractuelle.

A - Les différents manquements de la personne publique aux obligations contractuelles.

L'acheteur dans un contrat de partenariat est soumis à des obligations qu'il se doit de respecter. Ces obligations peuvent être administratives ou financière. Cependant, il peut arriver qu'en cours d'exécution, l'acheteur soit défaillant entachant ainsi la bonne exécution du marché.

C'est le cas par exemple, en cas de non-respect de son obligation de diligence, de ses engagements financiers ou lorsque l'acheteur fait un mauvais usage de ses prérogatives de puissance publique (B).

1 - Le manquement à l'obligation de diligence par l'acheteur

L'obligation de diligence qui incombe à l'acheteur lui impose que les travaux soient exécutés dans de bonnes conditions. Pour ce faire, la personne publique a une obligation de fournir au titulaire du marché et en temps utile, toutes informations juridiques, techniques et administratives nécessaires à l'exécution du marché. Les lenteurs administratives se rapportant très souvent à la délivrance d'autorisation d'utilisation du domaine public et à la délivrance des permis de construire par exemple, sont quelques exemples de difficultés émanant de l'acheteur. Ainsi, l'acheteur sera défaillant lorsqu'il aura omis de donner des informations le concernant ou alors lorsqu'il aura communiqué des informations incomplètes au titulaire[903]. Cette défaillance est de nature à compromettre l'exécution du marché et est susceptible d'engager la responsabilité de l'Etat.

---

[903] CE, 9 janvier 2015, *Commune d'Agde,* req n° 370576, Inédit au recueil Lebon.

2- Le défaut de paiement de loyers

L'acheteur, dans le contrat de partenariat public privé, est soumis à une obligation financière. C'est de cette obligation que découlent généralement les difficultés liées à l'exécution. Il peut donc arriver que l'acheteur ne paye pas la somme qu'il s'est engagé à verser ou alors qu'il le fasse avec un retard. Ce retard dans le paiement de ses loyers est constitutif d'une faute.

A cet égard, l'article L2192-12 du code la commande publique dispose que « *le retard de paiement est constitué, lorsque les sommes dues au créancier qui a rempli ses obligations légales et contractuelles, ne sont pas versées par le pouvoir adjudicateur à l'échéance prévue* au marché ou à l'expiration du délai de paiement ».

La responsabilité pour faute de la personne publique pourra alors être engagée et l'acheteur redevable des intérêts moratoires au taux légal en vigueur[904]. Ainsi, les intérêts moratoires courront à compter du lendemain de l'expiration du délai de paiement ou de l'échéance prévue par le marché jusqu'à la date de mise en paiement du principal incluse[905].

3 – L'usage irrégulier des prérogatives de puissance publique par l'acheteur

Nous parlons d'usage irrégulier lorsqu'au cours de l'exécution du marché, l'acheteur inflige des sanctions injustifiées, qu'il décide unilatéralement de la modification du prix, qu'il résilie sans motif valable le contrat ou enfin qu'il en change de l'objet du contrat[906]. Il peut donc arriver qu'en cours d'exécution du contrat, l'acheteur fasse un usage abusif de ses pouvoirs en imposant des obligations injustifiées à la bonne exécution du marché. Ainsi, si les difficultés qui viennent d'être recensées participent à la mauvaise exécution du contrat de partenariat, elles ne sont cependant pas les seules. La personne publique pourra également nuire à l'exécution du contrat de partenariat en prononçant la cessation de la relation contractuelle.

---

[904] Voir en ce sens l'article 1 de l'arrêté du 23 décembre 2019 relatif à la fixation du taux de l'intérêt légal.

[905] Article R2192-32 du Code de la commande publique.

[906] RICHER Laurent et LICHÈRE François, *op.cit.*, p. 273.

B - La fin anticipée de la relation contractuelle par l'acheteur

Avant l'échéance, il peut être mis fin au contrat de partenariat public-privé. Lorsque cette cessation de la relation contractuelle intervient avant le terme du contrat elle peut entraîner des difficultés. On parle alors de la fin anticipée du contrat.

Cette fin anticipée obéit à un régime (1) et produit des conséquences entre les parties (2).

1 - La manifestation de la cessation contractuelle dans le contrat de partenariat

La fin anticipée peut être due, soit à une annulation du contrat, soit à sa résiliation. Il en est ainsi par exemple, du contrat de l'hôpital sud-francilien.

Il s'agit d'un projet qui avait été lancé en 2003 sous la forme d'un bail emphytéotique hospitalier (BEH), qui est une variante du contrat de partenariat. L'ensemble des difficultés attachées à ce contrat tient, entre autre, au manque de rigueur dans la préparation du projet et aux comportements peu coopératifs des parties pendant l'exécution du contrat, lequel se solda par une résiliation le 11 avril 2014.

La personne publique peut donc décider d'une fin anticipée du marché, soit dans l'intérêt général, soit pour sanctionner une faute du titulaire.

La résiliation du contrat résulte en principe, d'un consentement mutuel des parties au contrat, d'une décision unilatérale ou d'une décision judiciaire.

Elle est dite conventionnelle, lorsqu'elle est faite d'un commun accord des parties. C'est ce que D. Mazeaud appelle en droit privé *« le divorce contractuel*[907] ». En droit administratif, cette résiliation conventionnelle du marché, peut être spontanée ou « suggérée » par le juge[908]. Cependant, lorsqu'elle est imposée par l'acheteur, il s'agit d'une résiliation unilatérale.

---

[907] MAZEAUD Denis, « Durée et Rupture », *Revue des contrats*, n°1, Janvier 2004, p. 129

[908] HOEPFFNER Hélène, *op.cit.*, p. 664.

Elle peut être, la conséquence d'une faute grave du titulaire du marché ou encore, résulter d'un motif d'intérêt général[909].

Le pouvoir de résilier unilatéralement le contrat au motif d'intérêt général est reconnu depuis longtemps par la jurisprudence administrative. Celle-ci fait interdiction à la personne publique d'y renoncer contractuellement. Cependant elle lui réserve la possibilité d'aménager son exercice[910].

L'absence de motif d'intérêt général légitime par exemple, serait de nature à rendre la résiliation irrégulière. Les directives européennes[911] prévoient également quelques hypothèses dans lesquelles l'acheteur peut demander la résiliation du marché.

Tel est le cas par exemple, d'une modification irrégulière du contrat ou de manquements aux règles européennes de mise en concurrence[912].

Il est donc indispensable pour les parties au contrat dans cette hypothèse de s'assurer que les dispositions relatives à la fin anticipée du contrat ou à sa résiliation pour faute sont bien contenues dans le contrat.

L'article à l'article 5 de la loi camerounaise relative au contrat de partenariat dispose à cet égard que le contrat doit comporter des clauses relatives *« aux dispositions applicables en cas de manquement à ses obligations » mais également « aux conséquences de la fin, anticipée ou non, du contrat (...)*[913] ». Il s'agit là une mention obligatoire.

Au Cameroun, la jurisprudence n'a pas encore mis en exergue de cas de fin anticipée du contrat de partenariat. Par conséquent cette hypothèse est difficilement appréciable.

---

909 Conformément à l'article L.6, 5° du code de la commande publique « l'*autorité contractante peut résilier unilatéralement le contrat dans les conditions prévues par le présent code. Lorsque la résiliation intervient pour un motif d'intérêt général, le cocontractant a droit à une indemnisation, sous réserve des stipulations du contrat* ».

910 CE, 6 mais 1985, *Association Eurolat*, Rec., P.1985, *RFDA,* 1985, p.141, Concl. Génévois.

911 Voir en ce sens les directives "marchés publics" (2014/24/UE et 2014/25/UE) et "concessions" (2014/23/UE).

912 HOEPFFNER Hélène, Droit des contrats administratifs, *op.cit.,* p. 663. Voir également les articles L2195-5 et L2395 -1 et L 3136-5 du Code de la commande publique.

913 Voir l'article 5 de la loi n° 2006/012 DU 29 décembre 2006 de la loi relative aux contrats de partenariat.

2 - Les conséquences de la cessation de la relation contractuelle

Une des conséquences de la cessation de la relation contractuelle est la disparition du contrat. Le contrat de partenariat public-privé n'aura plus d'effet entre les parties.

Néanmoins, le contrat de partenariat lorsqu'il est résilié pour défaillance du partenaire ou unilatéralement, mais aussi dans les quelques cas où il est annulé, oblige malgré tout la personne publique, à verser au partenaire privé une indemnité et ce, en application du principe de l'équilibre financier du contrat. A cet égard, ces conséquences financières doivent clairement être définies entre la personne publique, le titulaire et les établissements financiers.

Cependant, force est de constater que dans la pratique, l'indemnité qui doit être allouée au partenaire privé ne respecte pas cet équilibre. Elle est plutôt dissuasive. C'est le cas par exemple du contrat de partenariat public-privé signé en février 2012 pour la construction de la Cité judiciaire de Paris dans le quartier des Batignolles. Malgré les réserves émises sur ce contrat, très coûteux, selon Christine Taubira[914], le gouvernement a préféré maintenir le chantier plutôt que de verser des indemnités à l'opérateur économique[915].

A côté des difficultés émanant de l'acheteur et qui sont de nature à perturber l'exécution du contrat, la défaillance du titulaire peut également produire le même effet.

§2 - La défaillance de l'opérateur économique pendant l'exécution du marché de partenariat.

Le contrat de partenariat public-privé est un contrat de longue durée. De ce fait, les parties, et plus précisément le partenaire privé, ne sont pas à l'abri de difficultés financières ou d'une faillite en cours d'exécution du marché.

A cet égard, il convient de poser la question des conséquences des difficultés de l'opérateur en cours d'exécution du marché et des mesures à mettre mise œuvre pour assurer la continuité du service public.

---

914 TAUBIRA Christiane lors d'un débat parlementaire sur les PPP.

915 Lecture faite du journal *L'OBS,* 11janvier 2013. « *Taubira obligée de céder à Bouygues : l'Etat en prend pour trente ans* ».

Aussi, une fois les difficultés du partenaire privé relevées, et son incapacité à faire face à son passif avec son actif disponible avérée, deux procédures s'ouvrent à son encontre : soit il est mis en redressement, soit il est placé en liquidation judiciaire (A).

L'ouverture de ces procédures à l'encontre du partenaire privé n'est pas sans conséquences tant pour le contrat lui-même, que pour les parties (B).

A - L'ouverture des procédures de redressement ou la liquidation judiciaire à l'encontre de l'opérateur économique en cours d'exécution du contrat

Le redressement judiciaire est organisé aux articles L631-1 à L631-22 du code de commerce en droit français.

Cette procédure consiste à réorganiser la situation juridique ou sociale de toute personne morale de droit privé ou de toute personne physique exerçant une activité professionnelle indépendante et se trouvant en cessation de paiements, c'est-à-dire, dans l'impossibilité de faire face au passif exigible avec son actif disponible[916].

La liquidation judiciaire quant à elle, est ouverte à tout débiteur mentionné à l'article L. 640-2 du code de commerce en cessation des paiements et dont le redressement est manifestement impossible.

Elle est destinée à mettre fin à l'activité de l'entreprise ou à réaliser le patrimoine du débiteur par une cession globale ou séparée de ses droits et de ses biens[917].

Au Cameroun, ces deux procédures sont règlementées à l'article 25 de l'acte uniforme OHADA, portant organisation des procédures collectives d'apurement du passif[918]. Et s'ouvrent également dès lors que l'entreprise est en cessation de paiement.

---

[916] Définition du redressement judiciaire tirée GUINCHARD Serge et *al.* (Sous dir.), *Lexique des termes juridiques,* Paris, *Dalloz,* 2020-2021, p884.

[917] Article L640-1 du Code de commerce.

[918] Article 25 al 1 de l'acte uniforme OHADA portant organisation des procédures collectives d'apurement du passif « La procédure de redressement judiciaire ou de liquidation des biens est ouverte à tout débiteur en état de cessation des paiements. ».

Cependant, la mise en redressement ou en liquidation judiciaire est décidée par la juridiction compétente et varie selon que la situation du titulaire est irrémédiablement compromise ou non[919].

La procédure de redressement commence par une période d'observation d'une durée maximale de six mois, renouvelable une fois et qui peut être exceptionnellement prolongée de six mois.

À l'issue de la période d'observation, lorsque l'entreprise a des chances d'être sauvée, le tribunal adopte un plan de redressement qui indique les mesures économiques de réorganisation de l'entreprise consistant en l'arrêt, à l'adjonction ou à la cession d'une ou plusieurs activités. La durée de ce plan ne peut excéder dix ans.

Ces procédures de redressement et de liquidation judiciaire ont des incidences sur l'exécution du contrat de partenariat qui méritent d'être analysées.

B- Les incidences de l'ouverture des procédures de redressement et liquidation judiciaire de l'opérateur économique sur l'exécution du contrat

Ces incidences diffèrent selon que l'opérateur se trouve en redressement (1) ou en liquidation judiciaire (2).

1- En cas de redressement judiciaire

Le code de la commande publique soumet l'opérateur économique en cas de changement de situation à une obligation d'information. Cette obligation d'information a été rédigée de manière très explicite à l'article L2195-4 du code la commande publique qui dispose que : *« Lorsque le titulaire est, au cours de l'exécution du marché, placé dans l'un des cas d'exclusion mentionné*

[919] En droit OHADA, le juge regardera si le concordat proposé par l'entreprise, conformément aux dispositions de l'article 27 al 1 de l'acte uniforme 0HADA est sérieux ou non. Si tel est le cas, il ouvre la procédure de redressement judiciaire autrement c'est la liquidation sui s'applique.

aux articles L. 2141-1 à L. 2141-11, il informe sans délai l'acheteur de ce changement de situation. L'acheteur peut alors résilier le marché pour ce motif ».

Il ressort de cet article que le défaut d'information est constitutif d'une faute justifiant la résiliation du contrat. Par ailleurs, l'alinéa 3 de cet article précise également que : *« L'acheteur ne peut prononcer la résiliation du marché lorsque l'opérateur économique fait l'objet d'une procédure de redressement judiciaire instituée par l'article L. 631-1 du code de commerce, à condition que celui-ci l'ait informé sans délai de son changement de situation »*.

Cet alinéa réitère l'exigence de l'obligation d'information qui est faite au titulaire du marché défaillant. En somme, le redressement judiciaire du titulaire du marché peut conduire à la résiliation du contrat sans qu'aucune indemnité ne lui soit versée, s'il n'a pas informé immédiatement l'acheteur de cette mise en redressement judiciaire.

Toutefois, la procédure de redressement judiciaire, lorsqu'elle est notifiée suffisamment tôt à l'acheteur, celui ne peut plus demander la résiliation du contrat. La question de la continuité du contrat en cas de redressement va alors se poser.

En effet, dans le contrat de partenariat, l'acheteur qui constate une défaillance du cocontractant peut prendre à son encontre des mesures coercitives[920]. Il peut par exemple, être décidé d'une mise en régie. La mise en régie consiste à exécuter tout ou partie du marché avec le matériel et le personnel du titulaire, elle peut être prononcée par la personne publique, même si elle n'avait pas été prévue par les stipulations contractuelles *« en raison de l'intérêt général qui s'attache à l'achèvement d'un ouvrage public*[921] ». Cependant, la mise en régie du contrat fait supporter la charge des risques et des frais au titulaire du marché. *Quid* alors du partenaire en redressement judiciaire ?

La jurisprudence administrative et la doctrine apportent quelques précisions à ce sujet. Ainsi par un arrêt de la Cour Administrative d'Appel de Paris du 6 février 2001, *Banque Tahiti,* le juge a considéré qu' « *application des articles 31 et 37 de la loi du 25 janvier 1985 relative au redressement et à la liquidation judiciaire des entreprises, l'administrateur désigné par le tribunal de commerce ou par le tribunal de grande instance, est chargé soit de surveiller les opérations de gestion, soit d'assister le débiteur, soit*

[920] Voir l'article 49 du CCAG Travaux 2009.

[921] CE Ass., 9 novembre 2016, req. n° 388806.

d'assurer entièrement ou en partie l'administration de l'entreprise et a seul la faculté d'exiger l'exécution des contrats en cours en fournissant la prestation promise par l'entreprise à l'administration qu'il s'ensuit que, lorsque la décision de mise en régie est prononcée pendant la période d'observation ouverte par le jugement de redressement judiciaire, sa notification n'est régulière que si elle a été faite auprès de l'administrateur ».

Au sens de cet arrêt, la mise en régie peut être faite pendant la période observation du titulaire en redressement judiciaire. Cependant, elle doit être notifiée non pas à ce dernier, mais au mandataire judiciaire. Il en résulte que le surcoût découlant d'une telle mise en régie ne peut constituer une créance de la personne publique intégrée dans le décompte général et définitif du marché[922].

2- En cas de liquidation judiciaire.

Cette procédure intervient dès lors que le titulaire se trouve en cessation de paiements et que le redressement judiciaire est impossible. Elle met donc fin à l'activité du titulaire du marché à la suite de quoi, sera nommé un liquidateur judiciaire chargé de vendre les biens, récupérer les créances et payer les dettes.

La clôture de la liquidation judiciaire n'interviendra qu'une fois l'actif entièrement réalisé. Cependant elle pourra également prendre fin par la cession de toute ou partie de l'entreprise titulaire du marché. Quel est le sort du contrat de partenariat et des biens en cas de fin anticipée du contrat ?

Lorsque le partenaire ou l'opérateur économique est mis en liquidation judiciaire, le contrat fait l'objet soit d'une cession, soit d'une résiliation. La cession consiste en la reprise d'un marché par une autre entreprise. Elle nécessite toutefois l'accord de la personne publique. Le contrat de partenariat peut donc être poursuivi si la personne publique donne son accord à la cession. Un avenant au contrat constatera à cet effet cette cession.

S'agissant du sort des biens en fin de contrat, la réponse à cette problématique est inspirée de la jurisprudence administrative, et plus principalement de l'arrêt du Conseil d'Etat du 29 juin 2018, *Ministre de*

---

922 ECKERT Gabriel, « Exécution - Incidence du droit des procédures collectives sur les prérogatives de l'administration à l'égard de son cocontractant », *Contrats et Marchés publics,* n° 8, Août 2001, comm. 136.

l'intérieur c/Communauté de communes de la vallée de l'Ubaye [923] qui, par trois considérants, rappelle de manière pédagogique les règles applicables aux biens de retour des concessions.

Le Conseil d'Etat, en se fondant sur l'arrêt *Commune de Douai*[924], a rappelé que « dans le cadre d'une concession de service public mettant à la charge du cocontractant les investissements correspondant à la création ou à l'acquisition des biens nécessaires au fonctionnement du service public, l'ensemble de ces biens, meubles ou immeubles, appartient, dans le silence de la convention, dès leur réalisation ou leur acquisition à la personne publique. »

Le Conseil d'Etat reconnaît dans un premier temps la propriété des biens à l'acheteur. Il ajoute également qu' *« à l'expiration de la convention, les biens qui sont entrés, en application de ces principes, dans la propriété de la personne publique et ont été amortis au cours de l'exécution du contrat font nécessairement retour à celle-ci gratuitement, sous réserve des clauses contractuelles permettant à la personne publique, dans les conditions qu'elles déterminent, de faire reprendre par son cocontractant les biens qui ne seraient plus nécessaires au fonctionnement du service public. Le contrat qui accorde au concessionnaire, pour la durée de la convention, la propriété des biens nécessaires au service public autres que les ouvrages établis sur la propriété d'une personne publique, ou certains droits réels sur ces biens, ne peut, sous les mêmes réserves, faire obstacle au retour gratuit de ces biens à la personne publique en fin de concession. »*.

Et enfin *« lorsque la convention arrive à son terme normal ou que la personne publique la résilie avant ce terme, le concessionnaire est fondé à demander l'indemnisation du préjudice qu'il subit à raison du retour des biens à titre gratuit dans le patrimoine de la collectivité publique, en application des principes énoncés ci-dessus, lorsqu'ils n'ont pu être totalement amortis, soit en raison d'une durée du contrat inférieure à la durée de l'amortissement de ces biens, soit en raison d'une résiliation à une date antérieure à leur complet amortissement. Lorsque l'amortissement de ces biens a été calculé sur la base d'une durée d'utilisation inférieure à la durée du contrat, cette indemnité est égale à leur valeur nette comptable inscrite au bilan. Dans le cas où leur durée d'utilisation était supérieure à la durée du contrat, l'indemnité est égale à la valeur nette comptable qui résulterait de l'amortissement de ces biens sur la durée du contrat. Si, en présence d'une convention conclue entre une personne publique et une personne privée, il est*

---

[923] CE, 29 juin 2018, *Ministre de l'intérieur c/ Communauté de communes de la vallée de l'Ubaye*, n°402251.

[924] Conseil d'Etat, 21 décembre 2012, *Commune de Douai*, n°342788.

loisible aux parties de déroger à ces principes, l'indemnité mise à la charge de la personne publique au titre de ces biens ne saurait en toute hypothèse excéder le montant calculé selon les modalités précisées ci-dessus. ».

Il ressort de cet arrêt que la propriété des biens revient à la personne publique. Mais, le titulaire du marché peut toujours demander une indemnisation du préjudice subi du fait du retour à titre gratuit des biens non amortis pendant l'exécution du contrat[925] .

Cette décision du Conseil d'Etat résume très bien le sort des biens en fin normale ou anticipée du contrat et trouve parfaitement à s'appliquer aux contrats de partenariat public-privé, ce d'autant plus que la concession est une forme de partenariat public-privé.

A ce titre et sans être exhaustif, ont pu être placés dans la catégorie des biens de retour et donc faire retour à la puissance publique : Les collections d'un musée acquises par le délégataire[926], les sous-stations, branchements, matériels électriques et mécaniques et les canalisations et branchements[927], et le terrain d'assiette de la centrale de production de chaleur dans une concession de réseau de chaleur[928]. Selon le professeur, Rozen Noguellou, certains biens de retour peuvent, en cours d'exécution du contrat, cesser d'être nécessaires au service public du fait de l'évolution de ses conditions d'exécution. Ils ne perdent pas pour autant leur qualité de biens de retour : dès lors qu'ils ont eu cette qualité à un moment quelconque, ils sont devenus propriété du délégant et doivent donc lui revenir, en principe gratuitement[929].

---

[925] CE, 23 avr. 2001, *SARL Beteru*, n°186424.

[926] CAA Bordeaux, 4 décembre 2000, Commune de Lourdes, BJCP n°17, p. 331.

[927] CE Ass. 21 décembre 2012, *Cne de Douai*, n°342788.

[928] CE 26 février 2016, Syndicat mixte de chauffage urbain de la Défense, n°384424.

[929] CE 26 février 2016, Syndicat mixte de chauffage urbain de la Défense, n°384424 comm. NOGUELLOU Rozen, « le régime des biens dans le contrat de concession », *les précis de l'IGD,* n°1, décembre 2019, p.12.

Conclusion Chapitre 1

Ce chapitre sur les difficultés de passation et d'exécution du contrat de partenariat nous a permis de mettre en exergue différentes difficultés pouvant affecter le contrat de partenariat public-privé tant au niveau de la passation, qu'à travers notamment, le comportement opportuniste des parties, l'indentification des différents risques pouvant se réaliser lors de l'exécution de ce contrat et le difficile partage des risques. Doivent également être citées les difficultés propres aux parties, telles que les manquements aux obligations de diligence par l'acheteur, le mauvais usage des prérogatives de puissance publique et l'hypothèse d'une défaillance de l'opérateur économique

A cet égard, il convient d'insister sur la nécessité pour la personne publique de recourir à des expertises pour identifier les risques dans les contrats qu'elle signe, car ce risque est propre à chaque contrat et une transposition des risques identifiés lors d'un précédent contrat à celui en cours serait inappropriée. Une expertise financière de la situation de l'opérateur économique serait de nature à diminuer les risques de redressement ou de liquidation judiciaire.

Néanmoins, l'ensemble ces difficultés telles que relevées dans le contrat de partenariat peut être éviter dès lors que les parties, mais surtout les personnes publiques, prennent des mesures nécessaires pour les anticiper.

CHAPITRE II

L'ANTICIPATION DES DIFFICULTÉS : UNE SOLUTION AUX PROBLÈMES SOULEVÉS DANS LE CONTRAT DE PARTENARIAT

Plusieurs difficultés peuvent apparaître tout au long de la vie du contrat. Pour éviter d'y être confrontées, les parties contractantes peuvent user de plusieurs méthodes afin de les anticiper ou encore lorsqu'elles surviennent, de mieux les gérer. Gérer les difficultés dans un contrat de partenariat passe avant tout par leur prévention, mais également par la mise en place des garanties en cas de survenance de celle-ci.

Ainsi, le chapitre sur l'anticipation des difficultés dans ce contrat sera l'occasion de répondre à la question de savoir comment prévenir ces difficultés, mais également à celle de savoir si les parties disposent de garanties financières contre la survenance de ces difficultés contractuelles.

Les réponses à ces interrogations seront apportées dans les différentes sections de ce chapitre. La première section, consacrée à la prévention raisonnable des difficultés dans le contrat de partenariat, nous conduira à démontrer l'exigence de rigueur tant dans la passation du contrat que dans sa rédaction (Section1) permettant ainsi de contourner ces difficultés. Dans la seconde partie, nous nous attèlerons à démontrer que l'équilibre dans le contrat de partenariat peut être préservé par la mise en jeu des garanties financières (Section2).

Section 1 - La prévention primaire des difficultés dans le contrat de partenariat

L'expression « *prévention primaire* » a été employée par l'OMS pour désigner l'ensemble des actes destinés à diminuer l'incidence d'un problème de santé et donc, réduire l'apparition de nouveaux cas dans une population saine. Cette expression, nous l'avons choisie, car sa définition cadre bien avec l'usage qui en sera fait dans le cadre de cette analyse. Ainsi, la prévention primaire des difficultés dans le contrat de partenariat est l'occasion de faire ressortir l'ensemble des solutions ou encore des mesures qui visent sinon à empêcher, du moins à réduire ces difficultés.

Prévenir les difficultés dans le contrat de partenariat reste donc possible, mais il serait illusoire de penser que cette prévention permettra de contourner toutes les difficultés existantes dans le contrat. Seulement, user de moyens de prévention permet de lutter efficacement contre celles-ci tant au niveau de la passation (§1), que de l'exécution (§2) du contrat de partenariat.

§1 - Les mesures de prévention des difficultés liées la passation du contrat de partenariat.

De nombreuses difficultés liées à la passation du contrat de partenariat proviennent pour l'essentiel de la fragilité du cadre juridique et de l'environnement incertain dans lesquels se trouvent les parties à ce contrat. Aussi, l'éradication de ces difficultés passe par l'adoption de mesures de prévention efficace de nature à protéger tant les opérateurs économiques, les acheteurs, que les tiers à ce contrat.

Ces mesures de prévention découlent entre autres, de la mise en place d'un cadre juridique solide (A) et l'admission de la réputation comme critère d'appréciation du choix du cocontractant (B).

A - La mise en place d'un cadre juridique solide.

L'efficacité du contrat de partenariat public-privé repose en effet sur un cadre juridique solide. Ce qui permet à la fois de prévenir les difficultés pouvant apparaître en cours de vie de ce contrat, mais également rend cette la pratique de ce contrat sécurisante pour les parties. Ainsi, rendre solide le cadre juridique du contrat de partenariat public privé nécessite en amont que plusieurs bases soient fixées.

Celles-ci consistent à faire une analyse comparative des différentes options en matière de marché public avant de recourir au contrat de partenariat (1), à harmoniser le cadre règlementaire de ces contrats (2) et à renforcer la transparence (3).

1 - L’analyse comparative de la meilleure option en matière de marché public comme fondement du recours au contrat de partenariat public privé

Les États ou encore les personnes publiques qui souhaitent recourir au contrat de partenariat devraient s’assurer du rôle que joue ce contrat dans leurs stratégies politiques d’investissement d’infrastructures.

Au Cameroun par exemple, aucune évaluation du projet en amont n’est faite afin de déterminer l’opportunité de recourir à ce type de contrat. La nécessité de mettre en place des outils d’identification et d’évaluation des projets se fait ressentir. Une cellule chargée de l’évaluation des projets en infrastructures permet alors de cibler les secteurs dans lesquels les besoins en infrastructures se font réellement ressentir, d’évaluer les avantages de cet outil en le comparant systématiquement à d’autres contrat relevant des marchés publics, ce qui éviterait par là même, tout recours abusif à cet outil contractuel.

La France « inscrit systématiquement ses PPP au bilan de l'administration publique, de sorte que le choix de ce type de partenariat repose sur les seules considérations en matière d'optimisation des ressources[930] ». Les quatre projets audités par la Cour des Comptes Européenne « étaient inscrits au bilan et, à l'exception de celui de Pau-Pyrénées, une analyse comparative avec d'autres options en matière de marchés publics avait été réalisée[931] ».

2 - L’harmonisation du cadre réglementaire des partenariats public- privé.

L’une des nombreuses difficultés relevées dans la pratique du contrat de partenariat, porte à la fois sur l’incomplétude et sur la diversité des textes en la matière. Dans un objectif de simplification de ces textes en matière de partenariat public-privé, il semble nécessaire de prévoir une harmonisation de ces textes en un seul qui fixe son régime juridique quelle qu'en soit la forme. Une telle harmonisation s’est faite en France qui, en 2019, a adopté un code de la commande publique, fixant un régime juridique de tous les marchés publics, et autres contrats de la commande publique. Ce code énonce par ailleurs les règles spécifiques applicables à chaque forme contractuelle. On y

[930] Cour des Comptes, Rapport cour des comptes européenne, *op.cit.*, p. 56.
[931] *Ibid.*

retrouve aux articles L2200-1 et suivants, les dispositions propres au marché de partenariat.

Au Cameroun, outre les difficultés d'application d'un certain nombre de dispositions relatives au régime actuel des contrats de partenariat pour des raisons d'imprécision ou de vide juridique, et la diversité des textes réglementant les PPP, se pose la question de leur mise à jour et de leur harmonisation.

En effet, nous constatons une diversité de textes en matière de PPP. Cette multitude de textes concernent de nombreux secteurs tels que les secteurs de l'électricité, du transport maritime, de l'hydraulique, pour ne citer que ceux dans lesquels il est question de concession sans en donner un contenu juridique complet. Il apparait donc important de systématiser toutes les formes de partenariats public-privé qui existent dans certains textes épars en un seul et même régime. Il s'agira d'un code qui viendrait compléter celui déjà existant, relatif au contrat de partenariat public-privé, incluant les règles de procédure et d'exécution du contrat et même celles du contentieux. Ce d'autant que la concession, tout comme l'affermage, sont des formes de partenariat public-privé ; et actuellement la concession est implémentée au CARPA sous l'appellation de contrats de partenariat de type concessif.

Par ailleurs nous relevons également au Cameroun une pluralité d'organes en charge des PPP. En effet, les Délégations de service public et les contrats de partenariat qui appartiennent pourtant à la même famille de PPP (les premiers étant des PPP concessifs et le deuxième un PPP à paiement public) ne disposent pas du même cadre institutionnel.

Nous avons alors le CARPA qui est en charge du contrôle a priori des contrats de partenariat public-privé, le ministère des marchés publics en charge du contrôle à priori des DSP, et l'ARMP chargée du contrôle a posteriori et du règlement des litiges[932].

Une harmonisation de ces institutions permettrait de mettre en place une seule cellule en charge des PPP au Cameroun, qu'ils soient concessifs ou à paiement public.

Il serait plaisant de voir une telle tâche dévolue au CARPA qui dispose déjà d'un bâtiment comprenant différents services allant de l'évaluation de la faisabilité des projets à l'élaboration des instruments juridiques et techniques d'analyse des projets. Une telle cellule permettrait un échange d'informations

---

932 Décret n° 2012/076 du 8 mars 2012 modifiant le Décret n° 2001/048 du 23 Février 2001 portant création de l'ARMP.

plus fluide, et un transfert de savoir-faire. Bien plus, pour assurer un contrôle continu, a priori et a postériori des PPP, il serait opportun d'élargir le champ d'intervention de l'ARMP aux contrats de partenariat. Cette idée nous est inspirée du Burkina-Faso qui a mis en place en 2014, l'Autorité de Régulation de la Commande Publique (ARCOP), qui a remplacé l'ARMP et dont le champ d'application fut élargi avec la prise en compte des partenariats public-privé[933].

L'heure est donc à la réforme des textes en matière de PPP au Cameroun. La mise en place d'un cadre juridique cohérent et rassurant permettra une meilleure approche de la pratique des partenariats public-privé au Cameroun. Et pourquoi pas l'idée d'une harmonisation réglementaire en matière de PPP dans la sous-région de l'Afrique centrale ?

En effet, force est de constater que, dans la plupart des pays de la sous-région (CEMAC), la passation des marchés publics présente de nombreuses faiblesses. Celles-ci résultent principalement de l'inadaptation du cadre institutionnel et juridique au contrat de partenariat public-privé qui, bien souvent est incomplet ou encore mal utilisé, du manque de définition des politiques et stratégies claires concernant les partenariats public-privé, de l'absence de mécanisme de contrôle, mais également de la corruption et de la fraude.

Il apparaît donc judicieux de mettre en place des textes juridiques d'encadrement des partenariats public-privé dans l'espace CEMAC[934], de manière à augmenter l'attractivité de la sous-région, et de préserver au mieux les intérêts des États membres. Une bonne formation d'experts juridiques pour pouvoir assurer une bonne préparation du projet et s'assurer que tous les facteurs clés du succès sont bien réunis serait très appréciée. Il peut être pris exemple sur l'espace UEMOA qui, depuis plusieurs années maintenant s'est doté d'experts et de moyens pour rédiger une directive régionale permettant d'encadrer le régime des partenariats public-privé dans ses huit états membres. L'idée étant de regrouper au niveau national de chaque Etat-membre des

---

933 Voir le décret n°2014-554/PRES/PM du 27 juin 2014 portant création, attribution, organisation et fonctionnement de l'Autorité de régulation de la commande publique (ARCOP) s'est substitué au décret n° 2007-243/PRES/PM/MFB du 09 mai 2007 portant création, attributions, organisation et fonctionnement de l'Autorité de régulation des marchés publics (ARMP) et son modificatif n°2009-849/PRES/PM/MEF du 24 décembre 2009 portant organisation, attributions et fonctionnement de l'ARMP.

934 CEMAC (Communauté Économique et Monétaire de l'Afrique centrale (CEMAC) regroupe six Etats de l'Afrique centrale suivants : Cameroun ; Centrafrique ; Congo ; Gabon ; Guinée-Équatoriale ; Tchad.

dispositions portant sur les délégations de service public, mais aussi sur les contrats de partenariats public-privé tout en réformant les directives marchés publics et délégation de service public 2005/004 et 2005/005[935], de manière à renforcer la sécurité juridique de ces contrats.

3 - Le renforcement de la transparence.

La transparence s'apprécie au niveau de l'égalité de traitement des candidats au contrat de partenariat mais également au niveau de l'accès à l'information concernant le projet.

La transparence pour la personne publique partie à un contrat de partenariat consiste en un partage d'information sur la gestion des deniers publics en permettant au public et aux communautés locales de s'assurer que les projets correspondent aux besoins de la population. Mais aussi par la mise en place des mécanismes d'évaluation et de contrôle du projet. Ce qui suppose la formation d'experts tant techniques que juridiques, pour mener à bien ses missions. Mais également un cadre législatif et institutionnel solide.

En effet, l'idée d'un seul et unique texte régissant les partenariats public-privé et leurs différents modes de passation serait un signal fort de transparence et de cohérence.

Par ailleurs, il ressort du rapport de *Transparency International* sur l'indice de perception de la corruption de 2020 dans le cadre de la crise de la covid-19 qu'il est important de garantir la transparence dans la passation des marchés car, de nombreux gouvernements ont considérablement assoupli les procédures de passation de marchés. Ces procédures précipitées et opaques offrent de nombreuses possibilités de corruption et de détournement des ressources publiques. Par conséquent, les processus de passation de marchés doivent rester ouverts et transparents afin, de lutter contre les malversations, d'identifier les conflits d'intérêts et de garantir une tarification équitable[936].

---

935 La directive n°04/2005/CM/UEMOA P portant procédure de passation, d'exécution et de règlement des marchés publics et des délégations de service public dans l'union économique et monétaire ouest-africaine Et La directive n°05/2005/CM/UEMOA portant contrôle et régulation des marchés publics et délégation de service public dans l'union économique et monétaire ouest-africaine.

936 *Transparency International, Rapport sur l'indice de perception de la corruption au Cameroun*, 2020.

Pour les candidats au contrat, la vulgarisation des documents relatifs procédures de passation du contrat, aux des appels d'offres, la nécessité d'une publicité des offres au moment de la préparation du projet, de sa mise en concurrence, de l'évaluation des candidats avec des règles claires et préétablies aura pour conséquence de mettre plus en confiance les investisseurs. Elle permettra ainsi à l'Etat ou ses démembrements de renforcer l'assurance que le recours au contrat de partenariat comme moyen de financement des projets en infrastructures, constitue la meilleure option, et que sa gestion est susceptible d'être bien maitrisée et par conséquent réduire les tentatives de corruption.

A côté de la mise en place d'un cadre réglementaire solide, l'usage de la réputation du candidat permet également de combattre les difficultés soulevées dans la pratique des contrats de partenariat.

B - L'usage de la réputation comme critère d'appréciation du choix du cocontractant.

Dans le langage courant, la réputation se définie comme la manière dont quelqu'un ou quelque chose est connu, considéré dans un public[937], en d'autres termes, comme l'idée commune sur quelqu'un ou sur quelque chose. Ainsi, recourir à la réputation des candidats comme un critère d'appréciation du choix du cocontractant consisterait à vérifier l'idée commune faite sur un opérateur économique qui soumissionne à un contrat de partenariat.

La directive sur les marchés publics offre à cet égard la possibilité à la personne publique d'exclure une entreprise soumissionnaire en cas de défaillance sur un contrat passé[938].

A cet égard, la personne publique avant de s'engager dans un contrat avec un opérateur privé, pourra se baser sur les anciens contrats qu'il aura passés

---

[937] Définition tirée du dictionnaire Larousse Maxi poche, nouvelle édition 2020, p. 1210.

[938] Voir en ce sens l'article 57(g) de la directive 2014-25-UE qui dispose que ces exclusions sont possibles lorsque, « *des défaillances importantes ou persistantes de l'opérateur économique ont été constatées lors de l'exécution d'une obligation essentielle qui lui incombait dans le cadre d'un marché public antérieur, d'un marché antérieur passé avec une entité adjudicatrice ou d'une concession antérieure, lorsque ces défaillances ont donné lieu à la résiliation dudit marché ou de la concession, à des dommages et intérêts ou à une autre sanction comparable* ».

afin d'évaluer s'il a eu un comportement opportuniste ou alors si son objectif premier visait à satisfaire l'intérêt général.

Il sera donc nécessaire de vérifier si pendant toute la durée de ce contrat, le candidat aura atteint les objectifs de performances qui lui auront été assignés, et, s'il a fait preuve de loyauté dans l'exécution de ses contrats.

La personne publique pourra toujours, lors de la réception des candidatures, demander des renseignements sur les précédents marchés qui auront été effectués par les candidats afin de vérifier la bonne foi de ces derniers.

Ce mécanisme permet une diminution des comportements opportunistes dans les marchés publics. En effet, il ressort d'une étude faite par S. Saussier des travaux réalisés par Zupan en 1989[939] et Prager en 1900 sur la concession de télévision par câble aux États-Unis, que les nombreuses possibilités d'opportunisme qu'autorise la concurrence pour le marché, ne sont pas exploitées par les opérateurs économiques qui, préfèrent conserver, voire améliorer leur capital réputation, plutôt que d'adopter des comportements opportunistes compromettant leurs relations contractuelles futures[940].

La doctrine semble donc mettre l'accent lors de l'évaluation de son offre sur la réputation des opérateurs économiques. C'est le cas de Kein et Leffler en 1981, Shapiro en 1983 et plus tard Wilson en 1985 pour qui, l'effet de réputation contribue à assurer le respect des engagements et la mise en œuvre des éléments informels du contrat. Ainsi, pour cet auteur, Il apparait donc nécessaire de prendre en considération la notoriété de l'opérateur économique lors de la sélection du cocontractant.

Toutefois, l'efficacité de ce mécanisme passe par la mise en place d'un système de notation des opérateurs économiques accessible aux pouvoirs publics et leur permettant ainsi de vérifier la réputation des entreprises soumissionnaires. Ainsi, *la centralisation et le partage facilité de l'information sur leurs performances sur les cinq dernières années, par le biais d'une plate-forme nationale dédiée ou d'une extension de la Plate-forme des achats de l'État (PLACE) existante, pourrait renforcer l'efficacité de la commande publique*[941].

---

939 ZUPAN Marck A., 1989 « *Cable franchise renewals: Do incumbent firms behave opportuniscally?* », *RAND, Journal of économics, 20 (4)*, pp. 473-482.
940 SAUSSIER Stéphane, *op.cit.*, p. 178.
941 SAUSSIER Stéphane et TIROLE Jean, « Renforcer l'efficacité de la commande publique », dans Notes du conseil d'analyse économique, n°22, 2015/3, pp. 1-12.

Ce partage d'informations entre les pouvoirs adjudicateurs a déjà été expérimenté en Corée du sud[942] et aux États Unis[943].

Néanmoins, cette réputation lorsqu'elle est inexistante, ne doit pas constituer un frein à la sélection de l'opérateur économique. Par exemple, la personne publique devra lors de la sélection du candidat, prendre en compte un opérateur novice ayant des compétences techniques, disposant des moyens humains mais dont la réputation reste à faire.

§2- Les mesures de prévention des difficultés liées à l'exécution du contrat.

Le contrat de partenariat public-privé étant un contrat à long terme, il n'est pas exclu qu'en cours d'exécution, des difficultés surviennent obligeant ainsi les parties à revoir ou encore à modifier certaines dispositions de leur contrat. Ainsi, les parties au contrat de partenariat, afin de prévenir un changement de circonstances économiques, pourront par exemple, insérer dans leur contrat des clauses autorisant la renégociation.

Cependant, une question demeure, celle de savoir s'il est possible de porter atteinte aux prévisions contractuelles des parties dès lors que les circonstances économiques sous-tendant le contrat ont changé.

Cette question nous rappelle la problématique de l'arrêt Canal de Craponne du 6 mars 1876[944] à laquelle la Cour de cassation a eu à répondre par la négative. La Cour de Cassation avait à cette époque, jugée « *qu'il n'appartient*

---

[942] Sous l'égide de l'agence publique qui regroupe les achats de l'État et des administrations publiques, les entreprises qui ne respectent pas les délais contractuels sont « blacklistées » pendant trois mois si le retard de livraison observé est inférieur à un mois, pendant six mois pour un retard inférieur à six mois, pendant un an pour un retard supérieur à six mois. En cas de non-respect de la qualité, l'entreprise est sanctionnée pendant un an.

[943] Aux États-Unis, depuis 2010, l'application *Internet Federal Awardee Performance and Integrity Information System (FAPIIS)* agrège de multiples sources d'informations (dont le *Past Performance Information Retrieval, PPIRS, et le Contractor Performance System, CPS)* et aide les services fédéraux chargés des achats à sélectionner les fournisseurs en leur communiquant des informations pertinentes et actualisées sur les antécédents d'une entreprise sur les cinq dernières années.

[944] CAPITANT Henri, TERRÉ François et LEQUETTE Yves, *Les grands arrêts de la jurisprudence civile, tome 2, Obligations, contrats spéciaux sûretés,* Paris, 12e éd., *Dalloz,* 2008 p.183

pas aux tribunaux de prendre en considération le temps et les circonstances pour modifier les conventions des parties et substituer des clauses nouvelles à celles qui ont été librement acceptées par les contractants ».

Elle faisait donc prévaloir le principe de la force obligatoire du contrat de l'article 1134 du Code civil selon lequel, « *les conventions légalement formées tiennent lieu de loi à ceux qui les ont faites* », et rejetait par conséquent l'idée de révision du contrat par le juge, même en cas de changement profond des circonstances affectant l'équité du contrat.

Au sens de cet arrêt, le contrat ne pouvait pas être modifié même si son exécution devenait difficile pour l'une des parties. Cette conception de l'immutabilité du contrat est celle qui demeure sous la loi camerounaise pour laquelle, le contrat reste la loi des parties et les oblige.

En France, la réforme des contrats de 2016 est venue assouplir quelque peu l'idée de l'intangibilité du contrat et a marqué par là même, le rejet de la jurisprudence de l'arrêt Craponne.

Désormais l'article 1195 du code civil dispose que : « *Si un changement de circonstances imprévisible lors de la conclusion du contrat rend l'exécution excessivement onéreuse pour une partie qui n'avait pas accepté d'en assumer le risque, celle-ci peut demander une renégociation du contrat à son cocontractant. Elle continue à exécuter ses obligations durant la renégociation* ».

Cependant, le contrat de partenariat, tout comme les contrats de droit administratif, sont des actes de prévision et d'anticipation[945]. Les parties ne peuvent prévoir à l'avance le changement de circonstances durant l'exécution du contrat. De même, au regard de la taille du projet, des évolutions technologiques (la durée de vie des équipements et leur complexité), et du marché ou encore le changement du consortium porteur du projet, l'ajustement des obligations de chacune des parties ne peut passer que par une renégociation du contrat.

La renégociation admise en droit privé vaut également en droit public. Dans le contrat de partenariat, qui est un contrat à long terme, cette renégociation est perçue comme une solution efficace pour la poursuite des relations contractuelles (A), mais également comme un outil d'adaptation du contrat (B)

---

945 UBAUD BERGERON Marion, *op.cit.*, p. 365.

A - Le recours à la renégociation, une solution adéquate pour la poursuite des relations contractuelles

La renégociation suppose un réaménagement des termes d'un contrat. La plupart du temps, elle est perçue comme le signe d'un manque d'engagement des parties et de leur incapacité à respecter les termes convenus dans leur contrat initial.

Pouvant être taxé de « *risqué* » pour la personne publique, car l'opérateur économique, ayant pris conscience du processus long et couteux du remplacement d'un titulaire du marché se mettra en position de force pour renégocier le contrat et imposera ses nouvelles règles contractuelles en défaveur de la personne publique. La renégociation apparaît comme un phénomène potentiellement conflictuel dans la mesure où la disparition de la pression concurrentielle qui s'exerçait sur le prestataire, avant l'attribution du contrat, a désormais disparu et ramène la discussion à une logique de monopole bilatéral[946].

Cependant, considérer la renégociation uniquement du point de vue de l'opportunisme peut s'avérer trompeur car, du fait de leur durée très longue, les contrats de partenariat public-privé sont par nature soumis à des modifications environnementales qui ne peuvent pas toujours être anticipées par les parties. Elle s'avère être solution efficace pour les deux parties qui, doivent néanmoins préciser dans leur contrat, des modalités flexibles de cette négociation. Comme a su l'indiquer Stéphane SAUSSIER, « il ne faut pas que le contrat soit trop flexible, dans le sens où l'opérateur doit s'engager sur un certain nombre de choses. Mais il ne faut pas non plus qu'il soit trop rigide car comme tout contrat de long terme, on sera amené à le renégocier, c'est certain. Il faut donc anticiper la manière avec laquelle on va le renégocier, comment on impliquera les tierces parties, les citoyens en particulier, et comment on communiquera dessus[947] ».

Ainsi, l'impossibilité pour les parties de rédiger des contrats complets, mais aussi, la nécessité d'adapter les prestations assurées par le partenariat dans des contrats à long terme supposent que, des renégociations soient périodiquement menées avec le consortium sélectionné.

---

[946] MARTY Frédéric et VOISIN Arnaud, *Les difficultés d'exécution des contrats de Private Finance Initiative*
Britanniques, 2007. ffhal-00163919f.

[947] Millénaire 3, entretien avec SAUSSIER Stéphane, le 17 février 2012 - http://www.millenaire3.com/Affichage-de-la6M.

Le recours à la renégociation est en lui-même un évènement tout à fait logique et souhaitable dans une perspective de contrats de très long terme, ce qui permet d'ajuster les termes de ces derniers à des évènements non anticipés lors sa rédaction et donc de redistribuer les surplus ou les charges additionnelles entre les parties[948].

Ainsi, afin de limiter tout recours intempestif à ces clauses, les parties au contrat devront préciser les conditions de mise en œuvre de ce processus de renégociation. Il convient pour les parties d'être très vigilantes sur la rédaction de leurs contrats. En effet, ces clauses étant d'interprétation stricte, elles ne pourront être mises en œuvre que conformément aux conditions contractuellement prévues.

C'est ce que confirme un arrêt de la Cour d'appel de Versailles[949] du 4 juillet 2017. En l'espèce, un contrat avait été conclu en 2011 entre le délégataire d'une mission de service public de traitement des déchets ménagers et un prestataire. Ce contrat prévoyait une clause de renégociation en cas de modification des conditions économiques modifiant fondamentalement l'équilibre du contrat, particulièrement en cas de nouvelles exigences réglementaires par rapport à celles en vigueur lors de la conclusion du contrat.

Dans cette affaire, la Cour d'appel de Versailles a refusé la mise en œuvre de la clause de renégociation contractuellement prévue, au motif que les conditions de sa mise en œuvre n'étaient pas remplies. Le rôle central du processus de renégociation du contrat de partenariat public-privé a été bien établi dans les directives européennes « Marchés publics » et « Concessions » de 2014 qui a su définir le cadre de la renégociation.

Ainsi, la renégociation est autorisée lorsque les parties rencontrent soit des sujétions techniques imprévues, mais également lorsque ces adaptations ont été préalablement prévues au contrat sous forme de clause de révision. Cette renégociation doit être considérée comme essentielle pour le bon déroulement du marché et ne devra pas dépasser 50% de la valeur initiale du marché.

La renégociation reste toutefois une option sans être une obligation de réviser le contrat. La Cour de Cassation a d'ailleurs estimé que la clause de renégociation « *n'oblige en aucune façon le cocontractant à accepter les modifications du contrat proposé par l'autre partie*[950] ».

---

[948] HART Olivier et MOORE Jhon., « Incomplete Contracts and Renegotiation », *Econometrica*, volume 56, 1998, pp. 509-540.
[949] CA Versailles, 4 juillet 2017, n°17/00244.
[950] Cass. com. 3 octobre 2006, n°04-13.214.

De plus, l'échec de la procédure de renégociation ne peut être sanctionné, sauf comportement abusif d'une des parties.

B - La renégociation, un outil d'adaptation du contrat aux circonstances nouvelles du contrat

Les renégociations contractuelles sont la plupart du temps perçues comme le signe d'un manque d'engagement des parties et leur incapacité à faire respecter les clauses du contrat initial[951]. Cette perception assez opportuniste de la renégociation est assez trompeuse, car dans des contrats à long terme à l'instar du partenariat public privé, les parties ne sont pas en mesures de déterminer avec précision toutes les contingences susceptibles d'apparaitre pendant la phase d'exécution. Ces évènements imprévus peuvent être exogènes.

Il peut s'agir des chocs économiques, des changements législatifs ou encore des innovations technologiques qui nécessitent une adaptation du contrat. Mais il peut également s'agir de besoins internes aux parties. C'est le cas par exemple lorsque la personne publique désire faire évoluer les prestations fournies par le partenaire privé. Il apparait donc indispensable de prévoir dans un contrat une clause d'adaptation, et *de facto* de renégociation[952].

La notion de renégociation peut recouvrir des situations différentes. Dans une optique plus ou moins positive, il peut s'agir d'une nécessité pour les parties d'ajuster les termes de leur contrat aux évolutions économiques extérieures qui bousculeraient l'économie du contrat et face auxquelles les parties tenteraient de rétablir l'équilibre contractuel.

A titre d'exemple, à la suite d'un projet de concession de l'autoroute de l'Avenir (SECAA SA) entre l'Etat sénégalais et la société Eiffage, la population se plaignait de la hausse de la redevance domaniale annuelle perçue par l'Etat sénégalais dans la gestion de l'autoroute à péage de Dakar – Diamniadio – aéroport international Blaise Diagne (AIBD).

---

951 GUASH J. Luis., Laffont Jean-Jacques et STRAUB Stéphane, « *Renegotiation of concession contracts in Latin America. Evidence from the water and transport sector* », *International Journal of Industrial Organization*, 26, 2008, pp. 421-442.

952 En outre, la législation française tient compte de cette nécessité d'adaptation depuis 1910 par l'intermédiaire du « principe de mutabilité ».

Dans le souci d'un partenariat équilibré pour l'intérêt de l'Etat et des usagers[953], le gouvernement a répondu favorablement en renégociant ce contrat. Une des clauses du nouvel accord, prévoit en outre le gel des tarifs des péages pour une période de 5 ans jusqu'en 2025.

Une renégociation considérée comme *« gagnant-gagnant »* par les autorités car elle consacre l'entrée de l'Etat du Sénégal dans le capital de la société concessionnaire à hauteur de 25 % pour un montant de 19 milliards FCFA (29 millions d'euros)[954].

En outre, dans les contrats incomplets[955], la renégociation s'explique également par le besoin de partager les gains issus d'innovations permettant de s'adapter à un environnement changeant, sans perte de surplus[956]. Ainsi, dans la renégociation contractuelle, les personnes publiques et les opérateurs privés ont des objectifs multiples leur permettant de satisfaire des intérêts divergents.

Toutefois, cette renégociation est très souvent perçue comme le théâtre de comportement opportuniste entre les parties[957]. Une attention particulière devra donc être mise sur le champ d'application de cette clause. Les parties devront préciser les cas d'ouverture du droit à la renégociation, la procédure de renégociation à savoir son objet, les conséquences lorsque les parties n'arriveraient pas à trouver un accord sur les nouvelles conditions du contrat et le sort du contrat pendant la procédure de négociation.

---

[953] Voire DAKARACTU.COM, « Renégociation du contrat de Concession de l'Autoroute à Péage : L'État percevra désormais une redevance domaniale annuelle d'un minimum de 800 millions par an, au lieu de 1.000 FCFA » consulté le 16 mars 2021.

[954] Voire l'article de l'Agence Ecofin « Sénégal : Macky Sall instruit la finalisation de la renégociation de la concession de l'autoroute de Dakar-AIBD » consultée le 11 mai 2021.

[955] Un contrat est incomplet quand il n'est pas possible de prévoir et donc d'écrire ce qui doit se passer dans tous les cas de figure possible. Cette théorie a été développée par HART Olivier et MOORE John en 1990 *in* HART Olivier et MOORE Jhon Moore, « P*roperty Rights and the Nature of the firm* », *Journal of political Economy*,1990, 98.).

[956] GROSSMAN Sanford Jay et HART Olivier Hart, « *The cost and benefits of ownership: A theory of vertical and lateral integration* », *Journal of Political Economy*, 94(4), 1986, pp. 691-719.

[957] CHASERANT Camille, « les fondements incomplets de l'incomplétude : une revue critique de la théorie des contrats incomplets », *L'actualité économique*, vol 83, n°2, 2007, p. 230.

Si la renégociation ne remet pas nécessairement en cause la continuité du service public, il n'en va pas de même, en cas d'annulation des contrats ou des infrastructures laissées en *déshérence* (pour reprendre les termes de la Banque Mondiale) à la suite de l'annonce de retrait du partenaire privé[958].

En conséquence, le maintien de relation contractuelle suppose son adaptation aux circonstances nouvelles conformément aux enseignements de la théorie des jeux, ce qui est perdu *via* la négociation d'une dimension peut être compensé *via* la renégociation d'une autre dimension évitant ainsi un jeu à somme nulle[959].

Section 2 : Le recours aux garanties, gage de la bonne exécution du contrat de partenariat

L'exécution d'un contrat de partenariat public-privé implique de nombreux enjeux financiers tant pour la personne publique que pour l'opérateur économique.

Pour se prémunir des défaillances qui pourraient survenir dans leur contrat, les parties ont mis en place des garanties.

La garantie s'entend comme l'obligation mise à la charge d'un cocontractant destinée à assurer la jouissance paisible de fait et de droit de la chose remise à l'autre partie[960].

Ces garanties devront être expressément prévues au contrat. On distingue ainsi les garanties légales (§1), des garanties financières (§2)

---

[958] Pour la banque mondiale, une annulation d'un contrat de partenariat correspond à une cessation d'activité par le prestataire privé ou à la reprise de l'infrastructure par une entité publique. Un partenariat est dit en déshérence lorsque le prestataire privé réclame l'annulation ou lorsqu'il demande un arbitrage international.

[959] BEUVE Jean, DE BRUX Julie et SAUSSIER Stéphane, « Renégocier pour durer : une analyse empirique des contrats de concessions », *Revue d'économie industrielle*, n° 141, 2013, pp. 117-148.

[960] Définition tirée de GUINCHARD Serge et *al.* (Sous dir.), *Lexique des termes juridiques,* Paris, *Dalloz,* 2020-2021, p.508.

§1 - Les garanties légales au contrat de partenariat.

Les garanties légales ou post-contractuelles trouvent leur origine en droit privé principalement aux articles 1792 et suivants du code civil.

Au sens de l'article 1792 du code civil, « *tout constructeur d'un ouvrage est responsable de plein droit, envers le maître ou l'acquéreur de l'ouvrage, des dommages, même résultant d'un vice du sol, qui compromettent la solidité de l'ouvrage ou qui, l'affectant dans l'un de ses éléments constitutifs ou l'un de ses éléments d'équipement, le rendent impropre à sa destination. Une telle responsabilité n'a point lieu si le constructeur prouve que les dommages proviennent d'une cause étrangère* ».

Ces garanties visent à protéger l'acquéreur des malfaçons ou des vices qui pourraient apparaitre dans le contrat mais qui, ne sont pas toujours visibles dès l'achèvement de celui-ci. En droit public, le régime de ces garanties s'inspire largement du droit privé sans en faire une application directe.

Par exemple, le juge administratif se réfère aux principes qui régissent la garantie des constructeurs[961] de droit civil pour reconnaître l'existence d'une garantie décennale et de bon fonctionnement applicables aux contrats publics, et dont les délais reprennent ceux prévus par les articles 1792-4-1 et 1792-3 du code civil[962].

Ainsi, parmi les garanties légales sus évoquées, nous retrouvons principalement, la garantie annuelle de parfait achèvement, de la garantie biennale de bon fonctionnement, la garantie décennale.

A - La garantie décennale

La garantie décennale peut être perçue comme une responsabilité qui s'établit entre le maître d'ouvrage et l'entreprise chargée de l'exécution d'un marché. Celle-ci permet ainsi aux parties de prendre conscience que leur responsabilité peut être engagée lorsqu'apparait des désordres de nature à perturber la solidité de l'ouvrage.

---

[961] CE 15 avril 2015, *Commune de Saint-Michel-sur-Orge,* req. n° 376229.

[962] Article 1792-3 du code civil « Les autres éléments d'équipement de l'ouvrage font l'objet d'une garantie de bon fonctionnement d'une durée minimale de deux ans à compter de sa réception ».

Dans la plupart des cas, cette responsabilité incombe à l'opérateur économique. Elle trouve son fondement en droit civil. Depuis la promulgation du code civil en mars 1804, l'article 1792 est la pierre angulaire du régime de garantie et de responsabilité dans le secteur de la construction en France. En complément, l'article 1792-4-1 du code civil prévoit un délai de prescription de 10 ans imposant ainsi le principe de la responsabilité décennale des constructeurs sur les ouvrages ou édifices qu'ils construisent ou font construire.

Cet article dispose en outre que « *toute personne physique ou morale dont la responsabilité peut être engagée en vertu des articles 1792 à 1792-4 du présent code est déchargée des responsabilités et garanties pesant sur elle, en application des articles 1792 à 1792-2, après dix ans à compter de la réception des travaux ou, en application de l'article 1792-3, à l'expiration du délai visé à cet article* ».

Sous la loi camerounaise, les actions en responsabilité dirigées contre l'opérateur économique en raison des dommages affectant un ouvrage ou des éléments d'équipement d'un ouvrage, se prescrivent également par dix ans à compter de la réception des travaux et, ceci pour les dommages affectants ceux des éléments d'équipement de l'ouvrage. C'est ce qui ressort de l'article 1792 du code civil au Cameroun aux termes duquel *« si l'édifice construit à prix fait, périt en tout ou en partie par le vice de la construction, même par vice du sol, les architectes et entrepreneurs en sont responsables pendant dix ans ».* Ainsi, que nous nous situons en droit français ou encore en droit camerounais, la garantie décennale pour être retenue, supposera à la fois l'existence d'un ouvrage susceptible d'être affecté par un vice de conception ou de construction, mais aussi, l'existence de désordres, qui, par de leur nature, donnent lieu à responsabilité.

La jurisprudence administrative française admet cependant que la responsabilité décennale puisse être engagée, à l'égard des vices, ne s'étend pas révélés dans toute leur étendue avant l'expiration dans un délai de dix ans.

C'est cette solution qui a été retenue par le Conseil d'État dans l'arrêt *Commune de Parnes* du 31 mai 2010 dans lequel, le juge a considéré qu'« *il résulte des principes dont s'inspirent les articles 1792 et 2270 du code civil, que des dommages apparus dans le délai d'épreuve de dix ans, de nature à compromettre la solidité de l'ouvrage ou à le rendre impropre à sa destination dans un délai prévisible, engagent la responsabilité des constructeurs sur le fondement de la garantie décennale, même s'ils ne se sont pas révélés dans toute leur étendue avant l'expiration du délai de dix ans...* ».

Cette responsabilité ne saurait toutefois être retenue pour des désordres connus au cours de l'exécution[963], ou encore ceux relevant d'une cause étrangère au constructeur. Cette cause étrangère est assimilée à une force majeure dont l'événement doit être complètement imprévisible, irrésistible et insurmontable pour le constructeur. L'application qui est faite de cette garantie en droit administratif montre que, contrairement au droit privé où elle est d'ordre public, elle peut faire l'objet d'un aménagement entre les parties [964] et ne peut par conséquent pas faire l'objet d'une renonciation par les parties[965] au contrat administratif.

B - Les garanties de parfait achèvement et de bon fonctionnement.

La garantie de parfait achèvement et celle de bon fonctionnement sont deux garanties mises en place dans le souci de préserver l'acheteur contre les malfaçons pouvant être relevés en cours d'exécution du contrat.

A l'instar de la garantie décennale, la garantie de parfait achèvement et de bon fonctionnement trouve également leur fondement en droit civil. Quelle peut donc être la portée de ces deux garanties ?

1-La garantie de parfait achèvement (GPA)

La GPA est une obligation de garantie faite principalement au titulaire du marché qui l'oblige à réparer tous les désordres signalés par l'acheteur au moment de la réception des travaux ainsi que, ceux qui sont relevés au cours de la période dite de parfait achèvement. Elle met donc à la charge du titulaire du marché une obligation de conformité de l'ouvrage par rapport aux prévisions contractuelles[966].

---

[963] CE, 9 décembre 2011, Commune d'Ales, req 342283.

[964] CE, 5 nov.1965, *société Ducassou* : Rec. CE 1965, P.389. -CE, juill.1974,

[965] CE,3 décembre 1986, ville de Béziers : : Rec. CE 1986, tables P.616 ; D.1987, somm.P.307, obs. Ph. Terneyre.

[966] CE, 29 septembre 2014, *commune de Nantes*, req. N°383203.

Toutefois, bien qu'elle ne soit pas totalement identique en droit privé et en droit administratif. La garantie de parfait achèvement applicable aux marchés publics trouve son fondement en droit privé principalement à article 1792-6 al 2 du code civil aux termes duquel, « *La garantie de parfait achèvement, à laquelle l'entrepreneur est tenu pendant un délai d'un an, à compter de la réception, s'étend à la réparation de tous les désordres signalés par le maître de l'ouvrage, soit au moyen de réserves mentionnées au procès-verbal de réception, soit par voie de notification écrite pour ceux révélés postérieurement à la réception* ».

Il ressort de cet article du code civil que la garantie de parfait achèvement ne trouve à s'appliquer qu'au sein d'une relation contractuelle de droit privé. Les désordres couverts par cette garantie sont les vices, les malfaçons, les dommages intermédiaires, les défauts de conformité et, plus généralement, tous les dommages qui peuvent affecter l'ouvrage quelles que soient leur nature et leur origine.

Ainsi, aussi bien dans les contrats de droit privé que dans les contrats relevant de la commande publique, cette garantie est d'ordre public.

A cet égard, toute clause contractuelle qui aurait pour objet d'exclure la garantie de parfait achèvement ou d'en limiter la portée doit être réputée non écrite. Et sa durée ne saurait être inférieure à un (01) an.

Dans les marchés publics de travaux comme le contrat de partenariat public-privé, la durée et les effets de la garantie de parfait achèvement pourront être spécialement aménagés par les parties dans des documents particuliers.

Aussi, selon, la nature des travaux, la durée de cette garantie pourra être réduite ou encore rallongée. En France par exemple, le CGAG-Travaux apporte tout de même des précisions quant à l'étendue de cette garantie. En effet, il ressort de l'article 44 du CGAG que la garantie de parfait achèvement est principalement annuelle mais, elle ne couvre pas les travaux nécessaires pour remédier aux effets de l'usage ou de l'usure normale de l'ouvrage[967].

Cette durée pourra néanmoins être prolongée si, à l'expiration du délai de garantie, le titulaire n'a pas procédé à l'exécution des travaux et prestations dont il est redevable au titre de la garantie. Ainsi, ce délai pourra être prolongé par « *décision du représentant du pouvoir adjudicateur jusqu'à l'exécution complète des travaux et prestations, que celle-ci soit assurée par le titulaire*

---

[967] Article 44 du CCAG.

ou qu'elle le soit d'office conformément aux stipulations de l'article 41.6 du CCAG -Travaux [968] *»*.

A l'instar du droit français, le droit camerounais fixe également à un an la durée de la garantie de parfait achèvement.

Aux termes de l'article 70 du CCAG-Travaux nous pouvons lire que : *« Le délai de garantie est, sauf stipulation contraire du CCAP et sauf prolongation jusqu'à l'exécution par l'entrepreneur de ses obligations, de quatre mois pour les travaux d'entretien, et d'un an pour les autres travaux* ».

Pendant cette période, le titulaire du marché est tenu de conserver en état et d'effectuer les réparations nécessaires pour assurer à l'achèvement de ce délai, la conformité en tous points de l'ouvrage aux stipulations du marché.

Ainsi, il devra également comme en droit français, remédier à tous les désordres et malfaçons signalés par la personne publique ou le Maître d'œuvre.

De telle sorte que, l'ouvrage soit conforme à l'état où il était lors de la réception provisoire ou après correction des imperfections constatées lors de celle-ci, à l'exclusion des usages et usures normales.

Il devra enfin rechercher la cause de tout défaut, imperfection ou vice de construction et procéder aux travaux confortatifs ou modificatifs propres à y remédier[969].

2- La garantie de bon fonctionnement

Tout comme la garantie de parfait achèvement, la garantie de fonctionnement est applicable aux marchés publics bien que ce soit le code civil qui en pose les principes. Selon l'article 1792-3 du code civil « *Les autres*

[968] Article 41.6 du CCAG « Lorsque la réception est assortie de réserves, le titulaire doit remédier aux imperfections et malfaçons correspondantes dans le délai fixé par le maître d'ouvrage dans la décision de réception ou, en l'absence d'un tel délai, trois mois avant l'expiration du délai de garantie défini à l'article 44.1. Au cas où ces travaux ne seraient pas faits dans le délai prescrit, le maître d'ouvrage peut les faire exécuter aux frais et risques du titulaire, après mise en demeure restée sans effet.

[969] Voir en ce sens l'article 71 du CCAG travaux au Cameroun.

éléments d'équipement de l'ouvrage font l'objet d'une garantie de bon fonctionnement d'une durée minimale de deux ans à compter de sa réception.»

Il s'agit d'une garantie post-contractuelle qui garantit le maître public d'ouvrage contre les dommages résultant de malfaçons affectant des éléments dissociables de l'ouvrage lui-même[970].

En droit privé, cette garantie est d'ordre public, mais, ce caractère d'ordre public n'a jamais été admis en droit administratif où le juge administratif n'en fait qu'une simple application en recourant à la formule usuelle des « principes » dont s'inspire le code civil[971].

Conformément aux dispositions de droit privé, la garantie de bon fonctionnement n'a qu'une durée minimale de deux ans[972]. Ainsi, dans le cadre des marchés publics de travaux, il convient de relever qu'une durée plus courte de cette garantie peut être envisageable.

Si le principe de cette garantie est d'ordre public, son régime ne l'est pas. Les parties au contrat pourront donc prévoir des aménagements de cette garantie admissibles par le juge administratif comme c'est le cas en matière de garantie de parfait achèvement.

Le point de départ de cette garantie est fixé à la réception des travaux. Elle impose aux constructeurs la réparation et le remplacement des éléments d'équipements dès lors que ces vices sont de nature à compromettre le bon fonctionnement de l'ouvrage.

L'expiration du délai prévu au contrat marquera la fin des rapports contractuels entre le maître de l'ouvrage et les constructeurs[973]

Ce délai pourra cependant être prolongé si les parties au contrat en conviennent expressément. Toutefois, cette garantie de bon fonctionnement ne saurait être retenue dans les cas où les vices invoqués sont étrangers à l'entrepreneur[974].

---

[970] GUIBAL Michel, « Droit des marchés publics », *la Semaine Juridique Entreprise et Affaires,* n° 15, 13 avril 2000, p. 651.
[971] CE, 17 déc.1980, *Min. Universités : Rec. CE* 1980, P.478 ; D.1981, inf. rap. p.115, obs. P. Delvolvé.
[972] Art. 1792-3 du Code civil.
[973] DELACOUR Éric, Marchés publics, « les contours de la garantie de parfait achèvement », Mon. TP, 17 sept. 1999, p. 48.
[974] CE, 14 mai 1990, *sté CGE Alsthom* : Rec. CE 1990, p. 124.

§2 - Les garanties financières.

Dans le contrat de partenariat public-privé, les parties pourront prévoir une obligation pour le titulaire du marché de constituer une ou plusieurs garanties. Ces garanties ont pour objet d'assurer la bonne exécution du marché par son titulaire et par conséquent, de se prémunir contre les difficultés pouvant naître en cours d'exécution du marché en renforçant les droits financiers de l'acheteur sur son cocontractant.

Ces garanties sont respectivement traitées dans le code des marchés publics au Cameroun et celui de la commande publique en France. Il s'agit de la retenue de garantie, la garantie à première demande et la caution personnelle et solidaire (A). Cependant, d'autres garanties peuvent faire l'objet d'un accord entre les parties (B).

A - Les principales garanties financières dans le contrat de partenariat public-privé

Les parties au contrat peuvent décider de prévoir une obligation pour le cocontractant de constituer une ou plusieurs garanties afin de prévenir une éventuelle défaillance du titulaire. Le mécanisme de ces garanties relève essentiellement de la liberté contractuelle et trouve à s'adapter aux spécificités du contrat de partenariat. L'article L2191-7 du CCP, dispose à cet égard que, « *les marchés peuvent prévoir, à la charge du titulaire, une retenue de garantie, une garantie à première demande ou une caution personnelle et solidaire, dans les conditions et sous réserve des exceptions prévues par décret en Conseil d'Etat* ».

Ainsi, hormis les marchés pour lesquels le Conseil d'Etat aura prévu des aménagements spécifiques de la garantie financière, le titulaire du marché pour garantir l'exécution de ces prestations pourra faire valoir tant la retenue de garantie, que la garantie à première demande, ou encore la caution personnelle et solidaire. Ces garanties s'appliquent à tous les marchés classiques au rang desquels se trouve le marché de partenariat.

Au Cameroun, ces garanties sont réglementées aux articles 137 et suivants du code des marchés publics. Il faut tout de même rappeler que le contrat de partenariat public-privé au Cameroun fait l'objet d'une règlementation spécifique.

Par conséquent, le code des marchés ne lui est pas applicable. Mais, en pratique les parties insèrent dans leur contrat des garanties et plus souvent, la garantie à première demande[975] dont les modalités trouvent leur fondement dans le code des marchés publics.

Parmi ces garanties l'on retrouve, la retenue de garantie, la garantie à première demande, ou encore la caution solidaire et personnelle règlementées aux articles R2191-32 et suivants du CCP[976]. S'il n'est pas exigé que ces garanties soient constituées dès la date de la signature du contrat de partenariat, il reste prudent de prévoir que la personne publique conserve la liberté d'accepter ou non les opérateurs économiques apportant leur garantie.

1 - La retenue de garantie

Généralement utilisée dans les marchés de travaux, cette garantie permet à l'acheteur de se prémunir contre la défaillance du titulaire. En effet, elle peut être retenue au cas où le titulaire du marché de partenariat ne remplirait pas son obligation de bonne exécution des prestations qui lui auront été confiées par l'acheteur.

Cependant, plusieurs interrogations surviennent concernant cette sûreté à savoir, l'objet de cette garantie, son champ d'application et sa mise en œuvre. Existe- t-il une alternative à cette garantie ?

Apporter des réponses à ces questions, ce sera également l'occasion de mesurer l'efficacité de cette garantie dans les contrats de partenariat. Ainsi, au sens de l'article R2191-32 du code de la commande publique, cette garantie a *« pour seul objet de couvrir les réserves formulées à la réception des prestations du marché et, le cas échéant, celles formulées pendant le délai de garantie lorsque les malfaçons n'étaient pas apparentes ou que leurs conséquences n'étaient pas identifiables au moment de la réception. »*

---

975 Article 47 sur les Garanties prévues dans le clausier-type au Cameroun.

976 Article R2191-32 du CPP « La retenue de garantie a pour seul objet de couvrir les réserves formulées à la réception des prestations du marché et, le cas échéant, celles formulées pendant le délai de garantie lorsque les malfaçons n'étaient pas apparentes ou que leurs conséquences n'étaient pas identifiables au moment de la réception. ».

L'objet de la retenue de garantie est exclusif. Elle ne peut être utilisée à d'autres fins que celle de garantir la réparation des malfaçons qui seraient constatées lors de la réception ou pendant le délai de garantie.

Ce caractère exclusif de la retenue de garantie a par ailleurs été reconnu par le Conseil d'État dans son arrêt *« Commune de Boissy-Saint-Léger »* du 2 juin 1989 dans lequel il considère *qu'« en vertu de l'article 1er de la loi du 16 juillet 1971, applicable au marché litigieux par l'effet de l'article 9-1 du cahier des clauses administratives particulières, la retenue de garantie applicable aux marchés de travaux a pour but exclusif de garantir* ***"contractuellement l'exécution des travaux, pour satisfaire, le cas échéant, aux réserves faites à la réception par le maître de l'ouvrage"*** *;* que l'article 3 de la même loi déclare nul et de nul effet, qu'elle qu'en soit la forme, les clauses, stipulations et arrangements qui auraient pour effet de faire échec aux dispositions de l'article 1er ».

En résumé, la garantie de retenue ne couvre que deux types de réserves : les réserves émises à la réception des travaux et celles formulées pendant le délai de garantie et qui sont relatives aux malfaçons constatées lors de la réception.

En droit français, cette retenue de garantie ne peut représenter un taux supérieur de 5 % du montant initial du marché augmenté, le cas échéant, du montant des modifications en cours d'exécution. Ce taux est ramené à 3% pour les marchés publics conclus par l'Etat et une PME[977].

Dans le contrat de partenariat, les parties peuvent librement déterminer le taux de prélèvement de la retenue de garantie. Mais, l'assiette de cette garantie devra respecter les plafonds de 5% et 3%. Ce qui signifie qu'elle pourra être réduite par les parties, mais celles-ci ne pourront pas l'augmenter. En droit camerounais, c'est le code des marchés publics qui règlemente les garanties financières et notamment la retenue de garantie.

A cet égard, le titulaire du marché est tenu de fournir à l'acheteur un cautionnement garantissant la bonne exécution du marché et le recouvrement des sommes dont il serait reconnu débiteur au titre du marché. Le législateur camerounais a toutefois prévu que cette retenue de garantie pourra être remplacée par un cautionnement à prélever sur les acomptes du cocontractant de l'administration. Ce cautionnement, tout comme la retenue de garantie, garantirait lui aussi la bonne exécution du marché et le recouvrement des sommes dont il serait reconnu débiteur au titre du marché. C'est ce

---

[977] Article R2191-33 du Code de la commande publique.

cautionnement que le législateur camerounais a qualifié de « *cautionnement de bonne exécution* »[978].

Toutefois, l'article 138 al 2 du CMP Camerounais dispose que « *la retenue de garantie prélevée ou le cautionnement de bonne exécution est constitué lorsque le marché est assorti d'une période de garantie ou d'entretien et ne peux être supérieur à dix pour cent (10%) du montant initial du marché augmenté le cas échéant du montant des avenants* ».

Ainsi, le taux de prélèvement de cette garantie, qu'il s'agisse de la retenue de garantie ou du cautionnement de bonne exécution, ne saurait être supérieur à 10% du marché initial.

En somme, que l'on soit en France ou encore au Cameroun, ce mécanisme consisterait à prélever au maximum 5% pour la France et 10% au Cameroun sur chaque somme versée entre les mains du titulaire du marché.

Cette somme pourra être prélevée sur les acomptes, les règlements partiels, définitifs, et sur le solde[979], dont elle vient en déduction, après application, en principe, des clauses de révision de prix et imputation de la TVA (prix de paiement).[980] Cette garantie sera prélevée par le comptable public après mandatement des sommes dues.

Il existe des cas pour lesquels la retenue de garantie ne s'applique pas. Si en droit camerounais aucune précision n'a été apportée par le code des marchés publics, la pratique française elle, pourrait se révéler formatrice à ce sujet.

Aussi, conformément aux dispositions de l'article L2191-7 du code de la commande publique, « *Les marchés peuvent prévoir, à la charge du titulaire, une retenue de garantie, une garantie à première demande ou une caution personnelle et solidaire, dans les conditions et sous réserve des exceptions prévues par décret en Conseil d'Etat.* »

Nous en déduisons que la retenue de garantie ne s'applique principalement au seul titulaire du marché. Elle ne peut par exemple pas être prélevée sur les sommes dues au sous-traitant.

---

978 Article 137 du code des marchés publics au Cameroun.

979 Article R2191-34 al 1er « *La retenue de garantie est prélevée par fractions sur les acomptes, les règlements partiels définitifs et le solde.* ».

980 Voir la fiche technique de la Direction des Affaires Juridiques sur « *Les garanties financières* »,

Le titulaire du marché est réputé être seul responsable, conformément aux dispositions de l'article L. 2191-3 du CCP[981], de l'ensemble des prestations exécutées au titre du marché, à la fois par lui-même et par ses sous-traitants[982].

L'acheteur devra donc être assez vigilent, lorsqu'une retenue de garantie est prévue au marché. Il devra porter une attention particulière au rapport entre le montant des prestations exécutées par le titulaire lui-même et celui des prestations qui doivent être exécutées par des sous-traitants payés directement.

Car, pour que la retenue de garantie prévue puisse être applicable au titulaire, le montant des prestations qui auront été confiées à ce dernier devra atteindre au moins le montant de la retenue de garantie initialement prévue au contrat[983].

Quid alors lorsque le montant des sommes dues au titulaire ne permet pas de procéder au prélèvement de la retenue de garantie ?

Le code de la commande publique français prévoit à l'article R. 2191-34 al 2 que « *dans l'hypothèse où le montant des sommes dues au titulaire ne permettrait pas de procéder au prélèvement de la retenue de garantie, celui-ci est tenu de constituer une garantie à première demande (...)* ».

Au sens de cet article, le montant de la retenue de garantie, lorsqu'il est insuffisant, oblige le titulaire du marché à constituer une garantie à première demande. C'est du moins la position adoptée par la Cour Administrative d'Appel de Douai dans son arrêt du 12 juin 2014, à l'occasion d'un litige né de l'exécution du lot gros œuvre d'une opération de construction d'une salle de spectacle. Le juge administratif soulignait à cet égard que : « *La retenue de garantie applicable aux marchés de travaux a pour but de garantir contractuellement l'exécution des travaux, pour satisfaire, le cas échéant, aux réserves faites à la réception par le maître d'ouvrage [;] en cas de carence de*

---

[981] Voir en ce sens l'article L 2191-3 du code de la commande publique qui dispose que « *Le titulaire d'un marché peut, sous sa responsabilité, sous-traiter l'exécution d'une partie des prestations de son marché, dans les conditions fixées par le présent chapitre.*
Toutefois, l'acheteur peut exiger que certaines tâches essentielles du marché soient effectuées directement par le titulaire.
Sont nuls et de nul effet, quelle qu'en soit la forme, les clauses, stipulations et arrangements qui auraient pour effet de faire échec aux dispositions du présent chapitre. »
[982] Article L.2193-3 et L.2393-1 du Code de la commande publique.
[983] MARTINEZ Benjamin et SERR Fabien, *Exécution des marchés publics. Mise en œuvre administrative et financière*, Paris, *Le Moniteur,* 3e éd., 2019, p. 297.

l'entreprise titulaire du marché, le maître d'ouvrage est en droit de prélever sur le montant des retenues de garantie pratiquées le coût des travaux effectués pour remédier aux malfaçons constatées lors de la réception des travaux ».

La retenue de garantie sera donc nécessaire chaque fois que le titulaire ne sera pas en mesure de respecter ses engagements contractuels. L'acheteur pourra alors récupérer auprès du comptable public les sommes qui auront été consignées. Celles -ci serviront à résoudre les désordres apparents en cours d'exécution ou encore à la réception de l'ouvrage

La personne publique qui souhaiterait bénéficier de la retenue de garantie pour réparer les désordres du titulaire devra justifier cette défaillance. L'acheteur devra par conséquent faire constater la défaillance de son cocontractant. Cette procédure passe par une notification au titulaire de la défectuosité de l'ouvrage, une demande d'intervention soumise à délais ou encore, une mise en demeure d'intervenir ou de de remplacer la prestation défaillante[984].

Cependant, l'acheteur ne devra alors prélever sur le montant de la retenue de garantie que le montant des sommes correspondant au coût des travaux nécessaires à l'achèvement de l'ouvrage[985], à l'exception de certaines défaillances qui elles sont susceptibles d'être prélevées sur la retenue de garantie. C'est le cas notamment, de la réparation des malfaçons persistantes à la réception définitive du marché[986], des réparations exécutées d'office et aux frais du titulaire qui conteste les réserves émises lors de la réception[987]. Tant que toutes ces réserves n'auront pas été levées, la retenue de garantie ne pourra être restituée.

L'acheteur ne pourra, pour justifier le prélèvement de la retenue de garantie, invoquer le paiement de pénalités de retard[988]; ou encore des frais de constat d'huissier et de publication dans un journal d'annonces légales (JAL) à la suite de l'abandon du chantier par le titulaire du marché public[989].

Dans l'hypothèse où aucune défaillance du titulaire du marché ou qu'aucune réserve n'aura été contractuellement ou post contractuellement

---

[984] *Ibid.*, p. 299.
[985] CAA de Douai du 12 juin 2014 n° 12DA00533.
[986] Voir en ce sens l'arrêt du CE, 27 mai 1983, *Commune de la Queue-en-Brie*, req n° 23757.
[987] Voir en ce sens l'arrêt du la CAA Lyon, 18 février 2010, req n° 07LY01299.
[988] Voir l'arrêt du la CAA Nancy, 31 mai 2010, req n° 08NC01369.
[989] Voir l'arrêt du la CAA Lyon, 8 mars 2018, req n° 17LY01827

constatée, la retenue de garantie pourra entièrement faire l'objet d'un remboursement. L'article R 2191-35 du code de la commande publique précise à cet égard que « lorsque le marché prévoit une retenue de garantie, celle-ci est remboursée dans un délai de trente jours à compter de la date d'expiration du délai de garantie.

Toutefois, si des réserves ont été notifiées au créancier pendant le délai de garantie et si elles n'ont pas été levées avant l'expiration de ce délai, la retenue de garantie est remboursée dans un délai de trente jours après la date de leur levée ».

Ainsi, lorsque les conditions auront été réunies, la libération de la retenue de garantie résultera de la décision du seul ordonnateur et non du comptable public. Il devra donc informer le comptable de sa décision de libérer la retenue de garantie[990].

Au Cameroun, Cette libération de la retenue de garantie incombe à l'organisme compétent. Elle est faite sur simple demande du cocontractant de l'acheteur. Ce dernier est tenu de restituer les cautionnements ou de libérer la retenue de garantie, sous un délai de de trente jours calendaires.[991]

Tout retard dans le remboursement de cette garantie produira des intérêts moratoires[992] qui seront par la suite versés selon des modalités règlementaires prévues à cet effet. En effet, il ressort de l'article Article R2192-33 du CCP que « *les intérêts moratoires appliqués aux acomptes ou au solde sont calculés sur le montant total de l'acompte ou du solde toutes taxes comprises, diminué de la retenue de garantie, et après application des clauses d'actualisation, de révision et de pénalisation* ».

Cet article fixe les modalités de calcul des intérêts moratoires applicables aux parties au marché. Ainsi, bien que la retenue de garantie constitue le mode de garantie le plus souvent usité dans les marchés publics, les parties au contrat de partenariat peuvent prévoir une obligation pour le partenaire de constituer une ou plusieurs garanties à première demande ou encore une caution personnelle solidaire.

---

[990] Voir la fiche technique de la Direction des Affaires Juridiques sur « Les garanties financières ».

[991] Article 141 du Code des marchés publics au Cameroun.

[992] Article R2192-32 du code de la commande publique dispose que « *Les intérêts moratoires courent à compter du lendemain de l'expiration du délai de paiement jusqu'à la date de mise en paiement du principal incluse.* » *et* 166 du code des marchés publics au Cameroun.

2 - La garantie à première demande et la caution personnelle et solidaire.

Considérée comme une sûreté conventionnelle, la garantie à première demande est un acte par lequel un garant (bien souvent une banque ou une compagnie d'assurance) s'engage à payer dès la 1ère réquisition du bénéficiaire (le pouvoir adjudicateur), une somme d'argent, sans soulever de contestation pour quelque motif que ce soit.

Bien connu du droit privé, la garantie à première demande ou encore la garantie autonome est prévue à l'article 2321 du code civil. Selon cet article, elle est « *l'engagement par lequel le garant s'oblige, en considération d'une obligation souscrite par un tiers, à verser une somme soit à première demande, soit suivant des modalités convenues* ».

Cette définition de la garantie autonome est la même qu'en droit camerounais. En effet, l'article 39 de l'acte uniforme portant organisation des sûretés en droit OHADA dispose que : « *La garantie autonome est l'engagement par lequel le garant s'oblige, en considération d'une obligation souscrite par le donneur d'ordre et sur instructions de ce donneur d'ordre, à payer une somme déterminée au bénéficiaire, soit sur première demande de la part de ce dernier, soit selon des modalités convenues* ».

Au sens des articles 39 de AUS[993] et 2321 du code civil, la garantie autonome suppose que le garant (banque ou une compagnie d'assurance) s'engage au profit du donneur d'ordre (l'opérateur économique), sans aucune condition, à payer la somme qui lui sera demandée par le bénéficiaire (acheteur). Ainsi, contrairement au cautionnement, la garantie autonome est indépendante du contrat principal qui lie le donneur d'ordre au bénéficiaire.

Dans une garantie autonome, le garant ne pourra alors opposer aucune des exceptions tenant à l'obligation principale souscrite envers le créancier. C'est cette position qui a été retenue par la Cour de cassation dans un arrêt de la chambre commerciale du 30 janvier 2019[994] dans lequel, elle devait définir si l'engagement du gérant d'une société était un cautionnement ou s'il s'agissait simplement d'une garantie à première demande, et par la suite elle devait déterminer si le devoir de mise en garde devait exister à l'égard du gérant.

---

[993] Acte uniforme révisé portant organisation des sûretés.

[994] Cass. Chambre commerciale, 30 janvier 2019, pourvoi n°17-21279, BICC n°904 du 15 juin 2019.

La Cour de Cassation, après avoir qualifié cette garantie de garantie à première demande, a jugé que *« le créancier bénéficiaire d'une garantie à première demande n'est débiteur d'aucune obligation de mise en garde à l'égard du garant autonome »*. Elle confirmait ainsi une fois de plus, que la garantie autonome obligeait le garant sans qu'il ne puisse objecter d'un motif susceptible de faire échec à l'exécution de cette convention.

Ramené au contrat de partenariat ou plus encore au droit des marchés publics, cette garantie encore appelée « garantie à première demande » est réglementée par le code de la commande publique en France et le code des marchés publics au Cameroun.

L'article R2191-36 du CCP, dispose à cet égard que : *« Le titulaire du marché a la possibilité, pendant toute la durée du marché, de substituer à la retenue de garantie une garantie à première demande ou, si l'acheteur ne s'y oppose pas, une caution personnelle et solidaire. L'objet de cette garantie de substitution est identique à celui de la retenue de garantie qu'elle remplace »*.

Ainsi, dans un marché public, les parties au contrat peuvent décider de remplacer la retenue de garantie par une garantie à première demande ou encore par une caution personnelle, à condition que l'objet de ces garanties soit identique à l'objet de la garantie à laquelle elle se substitue. Cette garantie de substitution devra être constituée pour le montant total du marché y compris les modifications en cours d'exécution. Et ce montant ne pourra être supérieur à celui de la retenue de garantie qu'elle remplace[995].

Lorsqu'elle n'est pas constituée ou complétée au plus tard à la date à laquelle le titulaire remet la demande de paiement correspondant au premier acompte, la fraction de la retenue de garantie correspondant à l'acompte est prélevée par l'acheteur. De même, lorsqu'elle a été constituée après la date fixée au premier alinéa, les montants déjà prélevés au titre de la retenue de garantie sont reversés au titulaire[996].

Par conséquent, les établissements ayant accordé leur caution ou leur garantie à première demande, sont libérés un mois au plus tard après l'expiration du délai de garantie. Toutefois, si des réserves ont été notifiées pendant le délai de garantie au titulaire du marché et aux établissements ayant accordé leur caution ou leur garantie à première demande et si elles n'ont pas été levées avant l'expiration de ce délai, les établissements sont libérés de leurs engagements un mois au plus tard après la date de leur levée. Ce mécanisme

[995] L'article R2191-38 du Code de la commande publique.
[996] Voir l'article R2191-40 du Code de la commande publique.

permet ainsi à la caution de se désengager sans qu'il n'ait à entreprendre de démarche particulière.

Au Cameroun, le cadre juridique relatif aux contrats de partenariat public-privé ne traite pas de manière explicite le mécanisme des garanties dans ce contrat. Cependant, seul le code des marchés publics nous apporte des précisions sur les garanties applicables certes aux marchés publics, mais néanmoins peuvent être appliquées au contrat de partenariat.

Aussi, le code des marchés publics précise que le cautionnement peut être remplacé par la garantie d'une caution d'un établissement bancaire agrée et émise au profit du maitre d'ouvrage ou par une caution personnelle et solidaire[997].

La caution d'un établissement bancaire agrée émise au profit du maître d'ouvrage rejoint ce que l'on appelle en droit français la garantie à première demande. Cette garantie apporte une sécurité complète à l'acheteur dans la mesure où il pourra très facilement la mettre en œuvre.

En effet, avec cette garantie, l'organisme agréé ne peut se prévaloir des exceptions que le titulaire est en droit d'opposer à l'acheteur. Dès la première réquisition de celui-ci, la caution sera tenue de payer. Cette garantie financière ne saurait être acceptée par les personnes publique que si, elle émane d'un organisme ayant obtenu l'agrément du ministre chargé des finances ou encore d'un correspondant local ayant reçu ledit agrément[998]. Autrement dit, seuls les établissements bancaires, les compagnies d'assurance ou encore leurs représentants installés dans le lieu d'exécution du marché et dont la qualité et les capacités financières auront été reconnues par ministre chargé de finances, pourront se porter garant du titulaire d'un marché au Cameroun.

Ceci s'explique car, l'acheteur mise le plus souvent sur la crédibilité du garant du titulaire du marché. Ainsi l'agrément, avant d'être délivré à cette caution, supposera qu'une vérification de sa solvabilité ait été faite en amont, ce qui évite d'avoir à faire face à des garants en redressement ou en liquidation judiciaire.

Dès lors qu'il s'est constitué garant, l'organisme financier s'engage à verser sur ordre du maître d'ouvrage jusqu'à concurrence du montant garanti, les sommes dont le cocontractant de la personne publique viendrait à se trouver débiteur. Toutefois, le garant se trouve libéré lorsque le titulaire du

[997] L'article 140 du Code des marchés publics au Cameroun.
[998] L'article 140 al 2 du Code des marchés publics au Cameroun.

marché a rempli toutes ses obligations contractuelles, c'est-à-dire que la réception du marché a été faite par le maître d'ouvrage sans qu'aucune réserve ne soit levée. Cette libération ne sera effective qu'à l'expiration du délai de 30 jours à compter de la réception définitive du marché. Au-delà de ce délai, la garantie cesse automatiquement de produire ses effets, même en l'absence de main levée[999]. Cependant, lorsque des réserves sont émises, et dument notifiées par le maître d'ouvrage à son cocontractant, seule une main levée délivrée par ce dernier pourra mettre fin à l'engagement de la caution ou du garant.

A côté de la garantie à première, titulaire du marché pour garantir, la bonne exécution de ses prestations, pourra faire appel à une caution personnelle et solidaire.

L'article 2288 du Code civil dispose que *« celui qui se rend caution d'une obligation se soumet envers le créancier à satisfaire cette obligation, si le débiteur n'y satisfait lui-même »*.

Ainsi, chaque fois que le débiteur ne sera pas en mesure de respecter ses obligations vis-à-vis du créancier, ce dernier pourra se retourner vers la caution afin qu'elle satisfasse aux engagements du débiteur défaillant. On distingue généralement deux types de cautionnement en droit privé à savoir, le cautionnement simple et le cautionnement solidaire. En droit public cependant, cette garantie trouve également à s'appliquer notamment dans les marchés publics[1000], mais seule la caution solidaire peut être admise.

L'obligation de fournir cette garantie incombe alors au titulaire du marché qui, dans certains cas, peut être un groupement. L'on distingue alors selon que le titulaire du marché est un groupement solidaire, ou un groupement conjoint. Dans le premier cas de figure, cette garantie de substitution sera fournie par le mandataire pour le montant total du marché. Lorsque le titulaire du marché est un groupement conjoint, chaque membre du groupement fournit une garantie de substitution correspondant aux prestations qui lui sont confiées. Si le mandataire du groupement conjoint est solidaire de chacun des membres du groupement, la garantie de substitution peut être fournie par le mandataire pour le montant total du marché[1001].

Toutefois, lorsque l'acheteur ne s'y oppose pas, le titulaire pourra remplacer la retenue de garantie par une caution personnelle et solidaire.

---

[999] L'article141 al 3 du Code des marchés publics

[1000] Voir en ce sens l'article 140 du code des marchés publics au Cameroun et l'article L2191-7 du Code de la commande publique.

[1001] L'article R2191-39 du Code de la commande publique.

L'Article R2191-44 du code de la commande publique reprend cette exigence en cas de résiliation d'un marché.

Ainsi, il ressort de cet article qu'en cas de résiliation d'un marché qui n'a pas prévu de retenue de garantie, lorsqu'un délai est accordé au titulaire pour reverser à l'acheteur 80 % du montant de l'éventuel solde créditeur apparu au profit de celui-ci, le titulaire peut fournir une garantie à première demande ou, si l'acheteur ne s'y oppose pas, une caution personnelle et solidaire.

Cette garantie, tout comme la garantie à première demande, devra avoir un objet identique à celui de la retenue de garantie qu'elles remplacent. Cet objet consiste à couvrir des réserves à la réception des travaux, de fournitures et services ainsi que celles formulées, le cas échéant, pendant le délai de garantie. Toutefois, elle ne permet pas à l'acheteur de récupérer d'autres sommes dont son contractant serait reconnu débiteur, telles que les pénalités de retard.

La caution personnelle et solidaire se distingue tout de même de la garantie à première demande car, contrairement à la garantie à première demande qui, nous l'avons vu, est une sureté « autonome », la caution personnelle et solidaire elle, est une sûreté à caractère accessoire.

Le Conseil d'Etat a par ailleurs tenu à le rappeler dans l'arrêt *Banque calédonienne d'investissement* du 10 juillet 2013, en précisant qu' *« une caution personnelle et solidaire constitue une garantie indépendante de la situation de l'entreprise titulaire du marché public et de son éventuel placement en redressement judiciaire, mais présente un caractère accessoire de l'obligation née de ce marché, qu'elle garantit ; qu'en revanche, une garantie à première demande se caractérise par son entière autonomie à l'égard de l'obligation principale née du marché »*.

Ainsi, un contrat de caution personnelle et solidaire, qui se conclut avec un organisme agréé, est par nature, accessoire au marché principal passé entre le titulaire et l'acheteur. Par conséquent, l'acheteur ne pourra exiger de la caution le versement de sommes faisant l'objet de son engagement que dans la mesure où il peut invoquer à l'égard du débiteur principal une créance certaine et exigible[1002].

De même, tout organisme ayant conclu un contrat de caution personnelle et solidaire avec un acheteur pourra opposer à ce dernier les termes du marché public pour contester tout ou partie des sommes mises à sa charge par l'acheteur, tout comme le ferait le titulaire du marché. S'ensuit le fait que la

[1002] CE Section, 17 mars 1972, *OPHLM de Nantes*, n° 76453.

circonstance dans laquelle l'acheteur méconnaît ses obligations contractuelles l'expose à une possible minoration du montant du cautionnement, voire à une irrecevabilité de sa demande de paiement adressée à l'organisme caution[1003].

Le montant de cette caution, à l'instar de celui de la retenue de garantie, ne peut être supérieur à 5 % du montant initial augmenté, le cas échéant, du montant de toutes les modifications en cours d'exécution.

Ce taux est fixé à 3 % lorsque l'acheteur conclut un marché public avec une petite et moyenne entreprise. En revanche, il peut être inférieur à ce taux.

Ce n'est que lorsque l'acheteur aura présenté à la caution un justificatif de la créance que celui-ci pourra obtenir son paiement.

En revanche, la caution personnelle et solidaire, tout comme la garantie à première demande, se trouve libérée un mois au plus tard après l'expiration du délai de garantie.

Si des réserves ont été notifiées au titulaire du marché public et à leur caution pendant le délai de garantie et si elles n'ont pas été levées avant l'expiration de ce délai[1004], les sûretés seront alors libérées un mois au plus tard après la date de leur levée[1005].

Le mécanisme de ces garanties laisse la pratique perplexe[1006]. Il est très souvent conseillé à la personne publique de ne pas imposer systématiquement de telles garanties lors de conclusion de leur contrat, car, elles sont pour la plupart très coûteuses et pourront in fine leur être refacturées par l'opérateur économique.

[1003] Voir, marchespublicspme.com, Distinction entre garantie à première demande et caution personnelle et solidaire en marchés publics.

[1004] CE Section, 19 novembre 1971, *OPHLM du Havre*, n° 73664 ; CAA Douai, 15 mai 2018, SAS PNSA, n° 15DA00354, réaffirmant le principe de l'absence de libération de la garantie à première demande en cas de réserves non levées.
Dans cette espèce, il a été jugé que l'établissement bancaire, qui a accordé sa garantie à première demande, ne peut être libéré de ses engagements si des réserves n'ont pas été levées avant l'expiration du délai de garantie, même un mois après l'expiration du délai de garantie.

[1005] Cass civ. (3 CH) 8 février 2018, n° 17-11135, publiée au Bulletin, en l'absence de levée des réserves formulées dans le procès-verbal de réception et notifiées au titulaire du marché public, l'établissement ayant accordé sa garantie demeure tenu de garantir le titulaire du marché public.

[1006] Voir en ce sens les recommandations prévues dans le clausier type au Cameroun.

B - Les autres garanties envisageables dans le contrat de partenariat

Le principe de la liberté contractuelle qui gouverne les contrats, autorise les parties à insérer dans leurs contrats des clauses qu'elles auront-elles-mêmes choisies pour organiser leur relation contractuelle. A cet effet, les parties au contrat de partenariat public-privé pourront donc librement aménager leurs clauses sans toutefois méconnaître les principes, les règles ou dispositions d'ordre public qui s'imposent à elles. Elles pourront à cet égard et ce, dans la mesure du possible, prévoir et négocier une clause visant à protéger le titulaire contre un quelconque désagrément pouvant survenir pendant la durée du contrat et limiter ainsi les risques financiers des parties.

Ces clauses de garantie peuvent être soit des garanties légales, des garanties financières règlementées au le code de la commande publique ou encore des clauses propres aux parties. Le CCP prévoit expressément à son article R2191-43 que « le marché peut prévoir d'autres garanties que celle prévues à la sous-section 1 pour l'exécution d'un engagement particulier ».

Les parties au contrat de partenariat peuvent, d'un commun accord, rajouter à leur contrat d'autres garanties. Le plus souvent il s'agit des garanties telles que la clause d'indemnisation et un accord indemnitaire visant à préserver le titulaire du marché.

La loi camerounaise prévoit d'ailleurs une obligation pour le titulaire de souscrire à une assurance. L'article 5 de loi fixant le régime général des contrats de partenariat précise à cet effet que l'obligation qui est faite au tiers de souscrire à une assurance, est une mention obligatoire au contrat de partenariat.

La souscription de cette assurance peut être faite auprès d'une ou de plusieurs compagnies d'assurance solvables et agréées par le ministre des Finances. Elle a pour objet de couvrir des risques inhérents aux activités confiées au titulaire pendant toute la durée du contrat[1007]. Le titulaire devra

[1007] Article 143 al 2 du CMP au Cameroun, précise qu'« *en tout état de cause, la police doit couvrir tous les dommages corporels, matériels et immatériels causés aux tiers ou aux ouvrages du lendemain de sa souscription à la réception définitive des prestations ou décennale le cas échéant* ».

transmettre dans un délai contractuellement prévu entre les parties, une attestation de son assurance. Et de plus, dans le cadre de son rapport annuel, le titulaire sera également tenu de fournir à l'acheteur, une copie des attestations d'assurances ainsi que le justificatif du paiement à l'échéance des primes d'assurance[1008].

Le titulaire est donc tenu d'informer dans les plus brefs délais, l'acheteur de toutes modifications ou suspension des garanties. Tout manquement du titulaire à de ces obligations (de souscription à une assurance et d'information) pourrait entraîner des sanctions allant des pénalités jusqu'à la résiliation du contrat pour faute. L'on distingue également d'autres garanties financières que sont la clause d'indemnisation et l'accord autonome.

1 - La clause d'indemnisation

Les parties au contrat de partenariat pourront, lors de la rédaction de leur contrat, prévoir des clauses d'indemnisation. Ces clauses visent à protéger le cocontractant en cas d'un recours initié par un tiers susceptible d'entraîner la résiliation ou encore l'annulation du contrat.

L'article du CCP prévoit à cet effet que « *en cas d'annulation ou de résiliation du contrat par le juge, faisant suite au recours d'un tiers, le titulaire du marché de partenariat peut prétendre à l'indemnisation des dépenses qu'il a engagées conformément au contrat dès lors qu'elles ont été utiles à l'acheteur* ».

Dès lors que les clauses du contrat le prévoient, le titulaire peut prétendre à une indemnisation pour les dépenses qu'il a engagées. Cette clause est réputée divisible des autres stipulations du contrat[1009] et pourra survivre en cas d'annulation ou de résiliation du contrat.

Ainsi, le titulaire pourra prétendre en cas de résiliation ou d'annulation du contrat de partenariat, à l'indemnisation des dépenses telles que les *frais liés au financement mis en place dans le cadre de l'exécution du contrat, y*

[1008] Voir en ce sens la clause 46-1 du clausier type contrat de partenariat public privé au Cameroun.

[1009] L'article L2235-3 « *Lorsqu'une clause du marché de partenariat fixe les modalités d'indemnisation du titulaire en cas d'annulation ou de résiliation du contrat par le juge, elle est réputée divisible des autres stipulations du contrat.* »

compris, le cas échéant, les coûts pour le titulaire afférent aux instruments de financement et résultant de la fin anticipée du contrat[1010].

Les parties doivent toutefois s'accorder sur le montant de l'indemnité à verser au titulaire en cas de résiliation du contrat. Si elles ne parviennent pas, dans un délai de six mois à compter de la date de la résiliation, à un accord sur le montant de l'indemnité, le titulaire perçoit, à sa demande, le montant que l'acheteur aura proposé[1011]. A côté de l'indemnisation, une autre garantie alternative visant à préserver le cocontractant de la personne publique est l'accord indemnitaire.

2- L'accord autonome

Le contexte de crise économique des pays africains et même européens dans lequel baigne le contrat de partenariat public-privé incite la pratique, notamment les prêteurs et les personnes publiques, à garantir au mieux le financement et l'exécution du contrat contre les risques d'annulation contentieuse.

Cette rencontre du souhait des organismes prêteurs de sécuriser le financement et de la volonté des personnes publiques de poursuivre l'exécution du contrat même lors de recours contre celui-ci ou ses actes détachables a conduit à la concrétisation de l'accord autonome[1012].

Cependant, le recours à cette sûreté est récent en droit français et reste encore méconnu du droit camerounais. En droit français, aucune disposition régissant le contrat de partenariat ne reconnait explicitement cette sûreté, toutefois, le code de la commande publique ne l'interdit pas. D'ailleurs, au sens de l'article R2191-43 du CCP, « *le marché peut prévoir d'autres garanties que celle prévues à la sous-section 1 pour l'exécution d'un engagement particulier* ».

Ainsi, le code de la commande publique autorise les parties à souscrire à une garantie autre que la retenue de garantie, la garantie à première demande ou encore la caution solidaire et personnelle. Cet article justifie par conséquent le recours à l'accord autonome dans les contrats de partenariat public-privé.

1010 Article L2235-2 du Code de la commande publique.

1011 L'article R2191-31 du Code de la commande publique.

1012 DERUY L., « Les accords autonomes », *in* Glamour G. et TERNEYRE P., (sous dir.), *Financement et contrats publics, CREAM*, mai 2014, p.172.

La licéité de cet accord autonome aura par ailleurs été remise en cause pendant des années avant d'être confirmée par jurisprudence administrative.

Le Conseil d'Etat, par décision du 11 mai 2016, confirmant la position du tribunal administratif de Bordeaux *Rouveyre* [1013] du 19 décembre 2012, avait retenu que, l'accord autonome conclu dans le cadre du contrat de partenariat public-privé, s'analysait comme une convention tripartite conclue entre la personne publique, le titulaire du marché et les prêteurs (les établissements de crédits) et, qu'elle avait pour objet « *de garantir la continuité du financement du projet, objet du contrat de partenariat, en cas de recours des tiers contre ce contrat ou l'un de ses actes détachables et d'annulation ou de déclaration ou de constatation de nullité du contrat de partenariat par le juge*[1014] ».

Ainsi, cet accord se veut être une sureté, tant pour le titulaire, que pour les établissements bancaires qui s'engagent à ne pas suspendre le tirage sur la dette, même en cas de recours contentieux.

Bien que qualifié de contrat accessoire au contrat de partenariat, il se distingue du caractère « accessoire » de l'obligation en droit civil, selon lequel, la nullité de l'obligation principale engendre celle des obligations accessoires, de telle sorte que la disparition du contrat de partenariat annulerait de ce seul fait l'accord autonome.

En effet, bien que l'accord autonome soit qualifié d' « accessoire » au contrat de partenariat public-privé, cette convention met à la charge des parties, des obligations indépendantes de celles nées du contrat de partenariat.

Les parties à l'accord autonome doivent à l'avance s'accorder sur les modalités d'un règlement d'indemnisation en cas d'annulation contentieuse.

Cet accord vise à garantir l'ensemble des créanciers contre une fin anticipée du contrat de partenariat consécutive au succès d'un éventuel recours ou à la défaillance de la société titulaire du contrat[1015].

Ainsi, en cas de nullité du contrat de partenariat, cet accord subsiste et règle les conséquences financières de cette nullité. L'accord fixera donc les indemnités dues au partenaire et aux créanciers.

[1013] TA Bordeaux, 19 déc. 2012, *Rouveyre*, n° 1105079.
[1014] CE, 11 mai 2016, req. n° 383768 et 383769.
[1015] BRACONNIER Stéphane, « L'accord autonome dans les contrats de partenariat public privé. De la pratique à la théorie », *in* Mélanges en l'honneur du professeur Laurent Richer, *À propos des contrats des personnes publiques*, Paris, LGDJ, 2013, pp. 511-528.

Le calcul de cette indemnité ne sera fait que sur la base des dépenses utilement exposées, y compris les frais financiers engagés[1016], de sorte que la personne publique ne paie pas une somme qu'elle ne doit pas[1017], tel que le précise l'interdiction pour les personnes publiques de consentir à des libéralités. Aucune disproportion manifeste ne devra exister entre l'indemnité fixée par les clauses contractuelles et le montant du préjudice.

L'accord autonome, dès lors qu'il est rigoureusement établi, peut s'avérer être un gage de sécurité pour les prêteurs, en ce qu'il leur garantit en cas de recours en annulation du contrat, le remboursement intégral des frais déboursés au profit la personne publique.

Cependant, le recours à l'accord autonome nécessite une certaine maîtrise de ce mécanisme par la personne publique. A cet égard, il suppose que les modalités de cet accord soient valablement négociées en amont entre les parties le cas échéant, la personne publique et les établissements bancaires. La personne publique devra veiller lors de la rédaction de l'accord que les clauses relatives à l'objet du litige, les événements déclencheurs de la garantie ainsi que l'ensemble des concessions établies par chacune des parties (renonciation à des poursuites judiciaires par exemple) soient clairement mentionnées et identifiables. Cependant, aucune d'entre elles ne devra méconnaitre les règles d'ordre public.

Ce mécanisme qui reste méconnu du droit camerounais, mériterait pourtant qu'on s'y intéresse car, il ne pourrait que contribuer à accroitre l'attractivité des contrats de partenariat au Cameroun.

1016 CE, 7 déc. 2012, n° 351752, *Cne de Castres*, concl. Pélissier : JurisData n° 2012-028740 ; CE, 4 mai 2011, n° 334280, *CCI de Nîmes, Uzès, Bagnols, Le Vigan* : JurisData n° 2011-007660 ; Rec. CE 2011, concl. Dacosta ; JCP A 2011, act. 358 ; Contrats-Marchés publ. 2011, comm. 216, note G. Eckert ; Dr. adm. 2011, comm. 67, note F. Brenet).

1017 CE, sect., 19 mars 1971, Sieur Mergui.

Conclusion chapitre 2

Les précédents développements auront permis de faire ressortir le caractère complexe du contrat de partenariat, ce nouvel outil contractuel de plus en plus privilégié par les pouvoirs publics pour le financement de leurs projets en infrastructures.

Toutefois, la technicité de ce contrat de partenariat est source de nombreuses difficultés, ce qui impose aux parties pour y faire face, beaucoup de rigueur et d'expertise tant dans sa rédaction que dans son exécution. Pour ce faire, les parties doivent se prémunir en amont d'un cadre juridique solide et cohérent, s'entourer d'une équipe d'experts techniques juridiques et financiers capables de procéder à une étude pertinente de la faisabilité des projets en ppp, et d'en évaluer les risques.

Plus encore, prévoir lors de la rédaction de leur contrat, des garanties, fussent-elles légales ou contractuelles afin de préserver leur contrat de toutes sortes d'aléas ou de tout évènement susceptible de porter atteinte à l'équilibre de ce contrat car, l'on ne saurait être à l'abri d'un éventuel contentieux.

Conclusion du titre I

L'étude des difficultés inhérentes à la pratique du contrat de partenariat public-privé provient de la nécessité d'alerter à la fois les opérateurs économiques, mais aussi les pouvoirs publics sur le caractère à risque de ce nouvel outil contractuel. En effet, s'il est perçu comme un outil de relance économique qui se distingue des autres contrats de droit commun, il n'empêche que, compte tenu de son atypisme et de sa complexité, son usage doit être réservé aux projets de grande envergure et demandera une parfaite maitrise à la fois juridique, financière et technique de cet outil contractuel. Une telle maîtrise permettrait d'éloigner les comportements opportunistes, la corruption, le délit de favoritisme pour n'en citer que ceux-là, créant ainsi un environnement sécurisant pour les parties.

Ainsi, une telle sécurité passe par l'anticipation de ces difficultés, notamment avec la mise en place de mesures de prévention, à savoir, un cadre juridique solide, l'usage de la réputation lors de la sélection du partenaire privé, la renégociation du contrat compte tenu des fluctuations économiques, mais aussi la mise en jeu des garanties, gage d'une bonne exécution contractuelle.

En somme, en gardant à l'esprit la célèbre phrase « le risque zéro n'existe pas ! », on en déduit qu'il y'a toujours une part d'incertitude dans l'innovation[1018]. Ceci est valable en matière contractuelle. Le contrat de partenariat étant un nouvel outil contractuel, sa pratique peut présenter des difficultés et le traitement de ces difficultés peut par conséquent être à son tour une source d'incertitudes.

[1018] Propos tenus par POMMARET Eugenia, répondant aux critiques adressées à son secteur, in https://www.terraeco.net/

TITRE II

LE CONTENTIEUX DU CONTRAT DE PARTENARIAT PUBLIC-PRIVÉ : UN TRAITEMENT COMPLEXE DES DIFFICULTÉS.

Qu'il s'agisse de la phase de passation ou de la phase d'exécution du marché, les parties au contrat de partenariat public-privé ne sont pas à l'abri de nombreuses difficultés, lesquelles, dès lors qu'elles ne sont pas suffisamment maitrisées par les parties, peuvent conduire à un contentieux.

Le législateur camerounais bien conscient de cette éventualité, a fait obligation à tout contrat de partenariat soumis à la loi camerounaise de contenir une clause relative *« aux modalités de prévention et de règlement des litiges, mais également aux conditions dans lesquelles il peut, le cas échéant, être fait recours à l'arbitrage, avec application de la loi camerounaise*[1019] ».

Pareillement en droit français, le code de la commande publique prévoit la possibilité pour les parties à un marché de partenariat, de régler leurs litiges en recourant à l'arbitrage[1020]. Ce dernier n'exclut cependant pas les autres modes de règlement des différends applicables aux contrats administratifs.

Le traitement des difficultés relatives au contrat de partenariat suppose de s'intéresser à tous les moyens permettant la résolution des litiges nées dans ce contrat principalement dans le cadre des procédures de passation et d'exécution du marché. A cet égard, il convient de distinguer deux types de contentieux à savoir le contentieux de la passation du contrat, qui touche à l'ensemble des problèmes liés à la validité du contrat, et aux problèmes de procédures de passation du marché (Chap.1) et le contentieux de l'exécution du marché qui s'intéresse au respect des obligations contractuelle de chaque partie (Chap. 2).

[1019] Voir en ce sens l'article 5 de loi N° 2006/012 du 29 Décembre 2006 relative aux contrats de partenariat au Cameroun.

[1020] Voir en ce sens l'article L 2236-1 et R 2236-1 du Code de la commande publique.

CHAPITRE I

LE RECOURS CONTENTIEUX LIÉ À LA PASSATION DU CONTRAT DE PARTENARIAT : LE CONTENTIEUX INITIÉ PAR LES TIERS

Le contentieux de la passation du contrat de partenariat traite de l'ensemble des litiges touchant à la validité du contrat, ou encore à la conformité des procédures de passation du marché.

En droit privé, l'application de l'effet relatif dans les contrats pose le principe selon lequel, le contrat est la loi des parties et ne produit d'effet qu'à leur égard[1021]. Par conséquent, le contrat ne nuit point aux tiers et ne leur profite guère.

L'application stricte de ce principe a pour conséquence, de restreindre la recevabilité du recours devant le juge judiciaire aux seules parties au contrat[1022]. De ce fait, les tiers doivent respecter la situation juridique créée par le contrat et ne peuvent s'en prévaloir que pour rapporter la preuve d'un fait[1023].

Toutefois, il en est autrement dans les contrats administratifs. En effet, le principe de l'effet relatif y est insoutenable car, depuis le 20e siècle, les tiers ont toujours exercé une influence sur la passation du contrat administratif[1024].

Ceci s'explique tout d'abord au regard de son but premier qui est « *de service public. Il n'est donc par hypothèse, pas conclu pour produire un effet égoïste vis-à-vis de l'administration ; il a en vue un intérêt collectif. Un*

1021 Voir en ce sens l'article 1199 du code civil « Le contrat ne crée d'obligations qu'entre les parties.
Les tiers ne peuvent ni demander l'exécution du contrat ni se voir contraints de l'exécuter, sous réserve des dispositions de la présente section et de celles du chapitre III du titre IV. ».

1022 CE Section, 8 novembre 1974, *Époux Figueras*, requête numéro 83517, rec. p. 545.

1023 Voir en ce sens l'article 1200 du Code civil.

1024 CE 4 août 1905, *Martin*, Rec. 749, GAJA n°15.

contrat administratif dont est titulaire une personne administrative déterminée, doit, en réalité, avoir effet vis-à-vis de tout le public intéressé à la gestion du service auquel se rapporte ce contrat [1025]».

Il est donc nécessaire de prendre en considération le fait que, le contrat administratif produit des effets matériels directs sur certains tiers, et que la légalité de ce contrat ou de la procédure préalable d'attribution n'intéresse pas que les parties[1026].

Par ailleurs, l'économie financière du contrat de partenariat, du fait qu'elle mobilise fortement l'argent public, fait de lui un acte qui, par sa structure, intéresse une multitude de tiers[1027].

Cependant, le tiers dont il est question dans le cadre de cette analyse n'englobe pas toutes les personnes étrangères au contrat. Il est simplement question de ceux qui s'estiment lésés par la procédure de passation du contrat de partenariat. L'occasion nous est donnée d'analyser les voies et moyens qui s'offrent à eux à la lumière du droit français et camerounais.

L'idée étant de déterminer si les voies de recours offertes aux tiers dans un contrat de partenariat ou de manière générale dans un contrat administratif déterminé, permettent de préserver aux mieux leurs intérêts.

Pour ce faire, nous aborderons d'abord les voies de recours urgentes du tiers lésé (Section1), avant de nous intéresser au recours de pleine juridiction (Section2).

Section 1- L'exercice des voies de recours urgentes par les tiers lésé lors la passation du contrat de partenariat

Les voies de recours urgentes permettent aux tiers évincés lors d'une procédure de passation du contrat. Cependant, dans le contrat de partenariat, ces voies de recours s'avèrent bien souvent peu protectrices des intérêts des tiers (§1), de sorte que l'on relève une perte d'efficacité du régime contentieux de ces procédure (§2).

[1025] CE 13 mars 1963, *Sté Deromedi*, Rec, p. 160.
[1026] UBAUD BERGERON Marion, *op.cit.*, p. 451.
[1027] *Ibid.*

§1 - Les voies de recours urgentes dans le contrat de partenariat : des voies de recours peu protectrices des intérêts des tiers

La conformité de la procédure de passation d'un contrat de partenariat peut être remise en cause lorsque les candidats constatent, lors de cette procédure, des comportements fautifs ou encore la prise d'acte illégal par l'acheteur, de nature à favoriser un candidat au détriment des autres ou encore en empêchant simplement la conclusion du marché.

En droit français, le contentieux lié à la passation des contrats administratifs s'est largement développé sous l'impulsion du droit de l'Union Européenne qui a imposé des mécanismes visant à garantir l'efficacité du recours aux marchés publics et parallèlement du marché de partenariat. Il s'agit notamment des directives 2007/66/CE du Parlement européen et du Conseil du 11 décembre 2007 modifiant les directives 89/665/CEE et 92/13/CEE du Conseil pour ce qui concerne l'amélioration de l'efficacité des procédures de recours en matière de passation des marchés publics.

Ainsi, plusieurs voies de recours s'ouvrent aux tiers lésés devant le juge administratif français, les principales étant : le recours en référé précontractuel et le référé contractuel.

Il est toutefois opportun de préciser que, lorsque le marché de partenariat est conclu par une personne morale de droit privé, c'est au juge civil qu'il revient de connaître des litiges relatifs à leur passation en application de l'article 1441-1 du code de procédure civile[1028], parce qu'ils sont considérés comme des contrats de droit privé.

En droit camerounais, cette difficulté ne se pose pas. Le contrat de partenariat est un contrat de droit public et de ce fait tout, recours relatif à ce contrat relève du juge administratif.

Le contentieux de la phase de passation du marché de partenariat est règlementé par le décret du 24 janvier 2008 précisant les modalités d'application de la loi fixant le régime des contrats de partenariat[1029]. Ce décret fixe de manière succincte les voies de recours ouvertes aux candidats évincés lors d'une procédure de passation du contrat.

[1028] Voir en ce sens Chapitre VI du code de procédure civile relatif au contentieux de la passation des contrats de droit privé de la commande publique aux articles 1441-1 à 1441-3-1.

[1029] Décret N°2008/0115/PM DU 24 Janvier 2008.

Cependant, les voies de recours ouvertes aux tiers lésés lors de la passation du contrat de partenariat ne sont pas soumises aux mêmes régimes juridiques selon que l'on se trouve en droit français ou camerounais. En effet, si dans l'une ces voies de recours sont en perte d'efficacité. Dans l'autre, elles restent encore à faire de sorte qu'aborder l'exercice des recours contre la passation du contrat de partenariat public-privé, se fera à la lumière du droit français, l'espoir étant de voir de un jour, une amélioration du système juridique au Cameroun.

Aussi, l'objectif de cette section sera de faire ressortir les insuffisances des procédures d'urgence tant au niveau de leur champ d'application (A), qu'au niveau de leur régime juridique(B).

A - La limitation du champ d'application des procédures d'urgence

Les voies de recours d'urgence sont ouvertes aux tiers lésés lors de la passation d'un contrat administratif afin de pallier à toutes irrégularités entachant cette procédure. Elles sont identiques dans tous les contrats publics d'affaires, et aussi dans les contrats administratifs de droit français.

Au Cameroun, la gestion du contentieux de passation du contrat de partenariat public-privé n'a pas été clairement définie, d'où la prudence de parler de voies de recours d'urgence dans le cas du Cameroun.

L'article 38 du décret de 2008 relatif au contrat de partenariat au Cameroun, ouvre effectivement une voie de recours à tout candidat qui s'estime lésé dans la procédure de passation d'un contrat de partenariat. Ce recours n'est cependant recevable que s'il porte sur la conformité des actes et procédures aux règles de concurrence. Il est assorti d'un délai « expéditif » de trois jours qui court à compter de notification des résultats de chacune des phases de passation du contrat de partenariat et est introduit auprès de l'autorité adjudicatrice[1030]. Un tel délai laisse penser que la recours doit être formulé en toute urgence, de quoi s'approprier la notion de procédure d'urgence de droit français. Seulement nous sommes en droit de se demander si un délai aussi court est de nature à préserver la personne publique contre

[1030] Article 38(2) du Décret N°2008/0115/PM DU 24 Janvier 2008.

d'éventuels litiges liés à la passation, ou alors vise-t-il réellement à protéger les candidats évincés ?

Surtout que le texte n'en dit pas plus. Aucune mention sur l'effet de ce recours, à savoir s'il a un effet suspensif, les moyens invocables, ou encore sur les sanctions, n'a été faite. Cela laisse penser que le régime de règlement des différends portant sur la passation des contrats de PPP au Cameroun reste encore incomplet et mérite à ce titre, d'être développé.

En droit Français, les procédures d'urgence ont été définies et ouvertes à toute personne lésée par une procédure de passation du marché de partenariat, *« en cas de manquement aux obligations de publicité et de mise en concurrence auxquelles est soumise la passation par les pouvoirs adjudicateurs de contrats administratifs ayant pour objet l'exécution de travaux, la livraison de fournitures ou la prestation de services, avec une contrepartie économique constituée par un prix ou un droit d'exploitation, ou la délégation d'un service public*[1031] ».

Ici également, les procédures d'urgence ne concernent que les manquements aux règles de publicité et de mise en concurrence et le recours des tiers doit être formé devant le juge administratif. La question de l'autorité compétente pour connaître des recours formés en urgence mérite que nous s'y attardions. Cette détermination varie selon que l'on se trouve en droit camerounais ou français.

En droit camerounais, les recours contre la passation du contrat de partenariat sont formés devant l'entité adjudicatrice et ce, à chaque étape de la procédure de passation du marché, autrement dit devant l'acheteur. Un tel recours semble se rapprocher du recours gracieux préalable, permettant à l'autorité habilitée à recevoir ledit recours, d'arrêter définitivement la position de l'Administration sur la question litigieuse[1032]. Il ne constitue pas en soi une voie contentieuse à proprement parlé, eu égard à son délai limité à trois jours, et à l'absence de procédure de recevabilité du recours. Il est perçu comme une protection non juridictionnelle de l'acheteur, mais certainement pas des candidats lésés. Aussi, le statut précaire des candidats lésés dans le contrat de partenariat en droit camerounais mérite que le législateur s'y intéresse. Il peut une fois de plus s'inspirer de la règlementation française en la matière.

Le droit français distingue deux types de procédures d'urgence, le référé précontractuel et le référé contractuel. Ainsi, que l'on soit dans l'une ou l'autre

---

[1031] Art. L.551-1 du Code de la justice administrative.

[1032] KEUTCHA TCHAPNGA Célestin, *Contentieux administratif,* Cours de Licence, Université de Dschang, 2006-2007.

des procédures, la question de l'autorité compétente pour connaître de ces recours ne se pose pas car, sous l'égide de la loi du 17 juin 2004, les contrats de partenariat étaient tous des contrats administratifs dont la compétence relevait du juge administratif. Cependant, cette qualification légale n'est pas totalement celle retenue par la récente réforme en la matière. Depuis quelques années, le code de la commande publique autorise la conclusion du marché de partenariat pour la réalisation d'une opération répondant aux besoins d'une autre personne morale de droit public ou privé en vue de l'exercice de ses missions[1033]. Aussi, le marché de partenariat peut être conclut par une personne morale de droit public ou une personne morale de droit privé. A cet égard, depuis la réforme de 2015 relative au marché de partenariat, la compétence des juges lors des procédures d'urgence est fonction de la qualification donnée au contrat.

La nature administrative du contrat suppose un critère organique, à savoir la présence d'une personne publique, et un critère fonctionnel. Ce qui signifie qu'il doit contenir une clause contractuelle justifiant qu'il relève d'un régime exorbitant de droit commun[1034] ou encore présenter un lien avec l'exécution d'un service public[1035].

Ce n'est que lorsque le marché est conclu par un acheteur personne morale de droit public que le juge administratif sera compétent pour connaitre de ces recours. Si toutefois, le contrat est passé par une personne morale de droit privé, c'est au juge judiciaire que revient cette compétence.

Cette distinction a été expressément posée à l'article 2 de l'ordonnance 7 mai 2009 relative aux procédures de recours applicables aux contrats de la commande publique selon lequel : « *En cas de manquement aux obligations de publicité et de mise en concurrence auxquelles est soumise la passation par des pouvoirs adjudicateurs des contrats de droit privé ayant pour objet l'exécution de travaux, la livraison de fournitures ou la prestation de services, avec une contrepartie économique constituée par un prix ou un droit d'exploitation, les personnes ayant intérêt à conclure l'un de ces contrats et susceptibles d'être lésées par ce manquement peuvent saisir le juge avant la conclusion du contrat. La demande est portée devant la juridiction judiciaire*[1036] ».

[1033] L'article L2211-2 du Code de la commande publique.

[1034] TC, 13 octobre 2017, société AXA France IARD, req. 3963.

[1035] CE, 20 avril 1956, *Bertin*, CAJA, p. 440.

[1036] Ordonnance n° 2009-515 du 7 mai 2009 relative aux procédures de recours applicables aux contrats de la commande publique.

Ainsi, le juge judiciaire dès qu'il est saisi, prend des mesures provisoires[1037] . Il doit au préalable, inviter les parties à présenter leurs observations. Les décisions prises par le juge judiciaire en la matière sont néanmoins susceptibles de faire l'objet d'un pourvoi en cassation[1038].

En droit français ou encore en droit camerounais, les procédures d'urgence ne sont limitées qu'au manquement aux règles de publicité et de mise en concurrence. Les parties ne sont pas recevables à formuler devant l'autorité compétente des violations autre que celles-là. Cependant, les conditions d'admission ou de recevabilité de ces procédures conduisent à forger l'idée selon laquelle ces procédures sont peu protectrices à l'égard des tiers.

B- Des procédures aux conditions de recevabilité contraignantes

Les procédures d'urgence que sont le référé précontractuel et le référé contractuel obéissent à des règles qui conditionnent leur recevabilité. Tous les candidats lésés ne sont pas toujours recevables à former un recours en référé. Ils devront avoir un intérêt à agir (1) et leur action doit être formée dans les délais impartis (2).

1- L'intérêt à agir dans les procédures d'urgence

En droit français, les personnes habilitées à agir dans le cadre des procédures d'urgence sont les mêmes dans le référé précontractuel ou encore dans le référé contractuel.

Dans le cadre d'un référé précontractuel, les personnes ayant un intérêt à agir sont celles qui, ont un avantage à conclure le contrat, ou sont susceptibles d'être lésées par le manquement aux obligations de publicité et de mise en concurrence. Il peut simplement s'agir de tout représentant de l'Etat dans le département dans le cas où le contrat est conclu ou doit être conclu par une

[1037] Ces mesures sont celles énoncées à l'article 3, 6, 15, 18 de l'ordonnance n° 2009-515 du 7 mai 2009 relative aux procédures de recours applicables aux contrats de la commande publique.
[1038] L'article 1441-1 al 3 du Code de procédure civile.

collectivité territoriale ou un établissement public local[1039]. Autrement dit, les candidats évincés de la procédure de passation, les candidats potentiels dont la violation des obligations de publicité et de mise en concurrence a dissuadé de soumissionner, peuvent former une action en référé auprès du juge. L'adéquation entre l'activité de l'entreprise candidate et les prestations attendues du marché suffissent à établir son intérêt à conclure un contrat, sans qu'elle ait à établir qu'elle a été empêchée d'être candidate[1040].

Le représentant de l'Etat dans le département ou encore du préfet, est recevable à former un recours en référé dans le cadre de l'exercice d'un contrôle de légalité, dès lors que le contrat est conclu par une collectivité territoriale ou par un établissement public local.

Il est également tenu de saisir le juge du référé précontractuel « lorsque la Commission européenne lui a notifié les raisons pour lesquelles, elle estime qu'une violation grave des obligations de publicité et de mise en concurrence applicables a été commise au cours de la procédure de passation[1041] ». A moins que cette demande ne porte sur des contrats passés par l'Etat.

L'analyse de cette première catégorie de tiers, nous amène à nous interroger sur la question de savoir si l'attributaire à un marché de partenariat a intérêt à agir contre une décision lui attribuant le marché. En réponse à cette la question, la jurisprudence administrative adopte deux positions.

Dans un premier temps, le Conseil d'Etat reconnait que l'attributaire d'un marché public est recevable à former un recours contre la décision de lui attribuer ce marché, lorsqu'il se trouve être le seul attributaire possible d'un marché litigieux passé sans publicité préalable, ni mise en concurrence. Le titulaire peut donc dans ce sens se sentir lésé par une violation des règles de publicité et de mise en concurrence[1042].

[1039] L'article L551-10 du Code de justice administrative

[1040] CE, 8 août 2008, n° 307143 « Le juge des référés a estimé que, compte tenu de leur spécialité, elles avaient intérêt à conclure le contrat au sens des dispositions de cet article, et, qu'en outre, elles avaient été effectivement empêchées de déposer leur offre par un problème télématique ; que la spécialité de ces deux sociétés suffisant à leur conférer un intérêt à conclure le contrat, les moyens dirigés contre le motif surabondant de l'ordonnance par laquelle le juge des référés a estimé qu'elles n'avaient pu déposer d'offre sont inopérants.

[1041] L'article L551-10 al 2 du Code de justice administrative.

[1042] CE, 19 septembre 2007, *Communauté d'agglomération de Saint Etienne Métropole,* n° 296192, *« Considérant que la société Sita FD a intérêt à conclure avec la COMMUNAUTE D'AGGLOMERATION DE SAINT-ETIENNE METROPOLE un marché de traitement des déchets ménagers et assimilés selon une procédure régulière ; que, dès lors, si elle se trouve être le seul attributaire possible*

Par la suite, le Conseil d'Etat est revenu sur sa position dans un arrêt du 23 décembre 2011, *département de la Guadeloupe*. Il considère désormais qu'une entreprise déclarée attributaire d'un marché n'est pas susceptible d'être lésé par des manquements aux obligations de publicité et de mise en concurrence auxquelles est soumis ce contrat, Par conséquent, son recours contre la décision de lui attribuer un marché ne peut être recevable, du fait d'un défaut d'intérêt à agir[1043].

Dans le référé contractuel, les personnes ayant un intérêt à agir sont les mêmes que dans le référé précontractuel. Toutefois, le candidat lésé lors de passation du marché n'est recevable à former un référé contractuel que s'il justifie qu'il n'a pas été en mesure de former un référé précontractuel. Il s'agit là de la protection du candidat évincé contre le risque d'irrecevabilité de son référé contractuel.

Le référé contractuel, nous l'avons vu, est admis à chaque fois que le référé précontractuel n'aura pas été diligenté. On peut distinguer trois hypothèses justifiant la recevabilité du recours contractuel alors que le référé précontractuel n'aura pas été engagé.

L'article L. 551-14 du code de justice administrative dispose à cet effet que « *toutefois, le recours régi par la présente section n'est pas ouvert au demandeur ayant fait usage du recours prévu à l'article L. 551-1 ou à l'article L. 551-5 dès lors que le pouvoir adjudicateur ou l'entité adjudicatrice a respecté la suspension prévue à l'article L. 551-4 ou à l'article L. 551-9 et s'est conformé à la décision juridictionnelle rendue sur ce recours* ».

---

du marché litigieux à l'issue de la procédure de passation négociée sans publicité préalable ni mise en concurrence engagée auprès d'elle, la société Sita FD n'en demeure moins susceptible d'être lésée par une violation des règles de publicité et de mise en concurrence applicables et doit donc être regardée comme étant au nombre des personnes ayant intérêt à agir au sens de l'article L. 551-1 du code de justice administrative ».

1043 CE dans un arrêt département de la Guadeloupe, du 23 décembre 2011 « *Considérant que l'entreprise déclarée attributaire d'un contrat à l'issue de la procédure de passation n'est pas susceptible d'être lésée par des manquements aux obligations de publicité et de mise en concurrence auxquelles est soumis ce contrat ; qu'elle n'a pas intérêt à agir à l'encontre de cette procédure de passation du contrat et n'est donc pas habilitée à en demander l'annulation sur le fondement des dispositions de l'article L. 551-1 du code de justice administrative ; que cette entreprise peut seulement, le cas échéant, si la procédure de passation est entachée d'une irrégularité susceptible de conduire à l'annulation du contrat, retirer son offre avant la conclusion du contrat* ».

A contrario, le référé contractuel reste ouvert dans certains cas de figure. Par exemple lorsque le candidat évincé est capable de prouver que la notification du rejet de la candidature ou de l'offre qui lui a été adressée par l'acheteur n'est pas accompagnée de l'indication du délai de suspension applicable[1044]. Il en est de même lorsque le délai indiqué est inférieur au délai minimum de suspension et ce, alors même que le contrat a été finalement signé dans le respect du délai minimum[1045] ; ou encore lorsque l'acheteur n'a pas respecté le délai de suspension qui s'impose à lui[1046].

En effet, un délai minimal de onze jours est respecté entre la date d'envoi de la notification et la date de signature du marché par l'acheteur. Lorsque cette notification n'a pas été transmisse par voie électronique, ce délai peut être rapporté à seize jours[1047].

Les procédures d'urgence telle que présentées en droit français, nous semblent quelque peu critiquables. En effet, de ce qui précède, le recours aux procédures d'urgence se trouve limité aux préfets[1048] et aux seules personnes « *qui ont un intérêt à conclure le contrant* » et qui sont susceptibles d'être lésées par des manquements aux obligations de publicité et de mise en concurrence[1049]. Il s'agit notamment des candidats évincés, à quelque stade que ce soit de la procédure, des candidats potentiels dont les manquements invoqués ont dissuadé de soumissionner.

Cette restriction est cependant récente car, la jurisprudence antérieure avait une vision plus souple en la matière. Le requérant était recevable à invoquer toutes violations aux obligations de publicité ou de mise en concurrence alors même que ces violations n'avaient pour lui aucune incidence pratique[1050].

1044 CE, 24 mai 2017, Ville de Paris, n° 407047.

1045 CE, 17 juin 2015, Société Proxiserve, n° 388457.

1046 CE, 17 décembre 2014, *Communauté de communes du canton de Varilhes*, n° 385033.

1047 L'article R2182-1 du Code de la commande publique.

1048 Dans le cas où le contrat doit être conclu par une collectivité territoriale ou un établissement public local.

1049 L'article L. 551-1 du CJA vise « *les contrats administratifs ayant pour objet l'exécution de travaux, la livraison de fournitures ou la prestation de services, avec une contrepartie économique constituée par un prix ou un droit d'exploitation, ou la délégation d'un service public* ».

1050 Période « *ball-trap* » évoquée par un commentateur, durant laquelle la moindre mention manquante dans un avis d'appel public à la concurrence (AAPC) entraînait, par exemple, l'invalidation de la procédure, même si la mention en question était parfaitement inutile ou si son contenu aurait pu être deviné par le candidat le moins aguerri (Philippe DELELIS, « Les insuffisances des procédures de référé », *Actualité Juridique du Droit Administratif*, n°6, 2011 p. 320).

Désormais, le requérant doit se prévaloir de manquements qui, « *eu égard à leur portée et au stade de la procédure* » sont « *susceptibles de l'avoir lésé ou qui risquent de le léser, fût-ce de façon indirecte en avantageant une entreprise concurrente* [1051] ». C'est cette condition que la jurisprudence aura précisée.[1052]

Le référé précontractuel est alors perçu comme le recours privilégié des candidats qui se sentent évincés par une procédure de passation du contrat de partenariat, car ils entraînent des sanctions à l'égard les contractants. Le référé contractuel quant à lui, est perçu comme un recours *exceptionnel*[1053], car il n'existe en principe pas de cumul entre les procédures de référé précontractuel et référé contractuel[1054]. Ceci s'explique par le fait que le référé précontractuel est introduit avant la signature du contrat, tandis que le référé contractuel ne peut l'être qu'après la signature du contrat et dans un délai bien précis.

Ainsi, le candidat qui engage un recours en référé précontractuel se ferme de ce fait, la voie contentieuse du référé contractuel. C'est de là que découle toutes les insuffisances de cet intérêt en agir.

Le candidat évincé à une procédure de passation d'un marché ne peut pas former un recours en référé contractuel, s'il n'a pas au préalable introduit un recours en référé précontractuel sauf, lorsqu'il est avéré que ce dernier a été dans l'impossibilité de former le recours précontractuel ou encore que le recours précontractuel se soit soldé par un échec du fait de la personne publique[1055].

1051 CE, 3 octobre 2008, s*mirgeomes,* n° 305420.

1052 Voir CE, 11 avril 2012, *Syndicat ODY 1218 Newline du Lloyd's de Londres*, req. n°354652 : un candidat ayant présenté une candidature irrecevable ou une bi n'est pas susceptible d'être lésé par une sélection illicite d'une offre concurrente.

1053 Glaser Emmanuel, « recevabilité du référé contractuel » note sous arrêt du Conseil d'Etat du 24 juin 2011 (n° 344665 et 446746, *Office public de l'habitat interdépartemental de l'Essonne, du Val d'Oise et des Yvelines et société SENI*) par lequel il a été jugé qu'un référé contractuel introduit par un concurrent évincé qui avait antérieurement présenté un référé précontractuel alors qu'il était dans l'ignorance du rejet de son offre et de la signature du marché par suite d'un manquement du pouvoir adjudicateur au respect des dispositions de l'article 80 du code des marchés publics, faute d'indication du délai de suspension n'est pas irrecevable, Revue Lamy collectivités territoriales.

1054 Voir en ce sens les articles L.551-14 et L.551-15 du Code de la justice administrative.

1055 CE, 29 juin 2012, req n° 357617.

Si ces deux voies permettent de contester devant le juge administratif une procédure de passation, il convient de relever de prime à bord que l'exercice de l'un de ces deux recours est en principe exclusif de l'autre[1056].

Plus encore, elles sont limitées aux seuls manquements aux obligations de publicité et de mise en concurrence auxquelles est soumise la passation du contrat. Le contrat de partenariat ayant cette particularité d'être de longue durée, il semble évident que chacune de ces étapes est alors susceptible de léser d'éventuels candidats.

Après avoir clairement déterminé les personnes ayant un intérêt à agir dans le cadre d'un recours en référé, une autre condition doit nécessairement être remplie pour que ce recours soit recevable, celle du délai pour agir.

2- Les délais pour agir dans les procédures d'urgence

Les délais de recours varient selon que l'on saisit le juge de référé contractuel ou alors le juge de référé précontractuel. Le juge du référé précontractuel peut être saisi jusqu'à la signature du contrat. La jurisprudence est d'ailleurs constante à ce sujet.[1057] La requête doit être enregistrée avant la signature du contrat.

Par conséquent, une requête qui intervient en cours d'instance est irrecevable pour défaut d'objet[1058]. Pour éviter cela, le référé doit être notifié aux pouvoirs adjudicateurs dès son dépôt[1059]. Lorsqu'il est fait dans les délais, le référé précontractuel a un effet suspensif. Le contrat ne devra alors pas être signé à compter de la saisine du juge, et ce, jusqu'à la notification à l'acheteur de la décision juridictionnelle[1060].

[1056] CE, 24 mai 2017, Ville de Paris, n° 407047.

[1057] Voir en ce sens, CE, Sect., 3 nov. 1995, *CCI de Tarbes et des Hautes-Pyrénées*, requête numéro 157304, Rec., p. 394, concl. C. Chantepy ; RFDA 1995, p. 1077, concl. C. Chantepy ; AJDA 1995, p. 888, chron. J.-H. Stahl et D. Chauvaux).

[1058] CE, 7 mars 2005, *Société Grandjouan-Saco*, n° 270778 ; CE, 17 octobre 2007, *Société Physical Network Software,* n° 300419.

[1059] Les articles R. 551-1 et R. 551-2 du code de justice administrative prévoient que l'auteur du recours doit notifier son recours à l'acheteur. Cette notification est réputée accomplie à la date de sa réception. La notification n'a ainsi pas à intervenir en même temps que le dépôt du recours à la juridiction et selon les mêmes modalités.

[1060] Voir en ce sens le code de justice administrative aux articles L.551-4 concernant le pouvoir adjudicateur et L.551-5 pour ce qui est des entités adjudicatrices.

Par ailleurs, le Conseil d'Etat, en se fondant sur une décision d'Assemblée de 2016, a jugé qu'au regard du principe de sécurité juridique, sauf circonstances particulières, une décision individuelle ne peut être contestée au-delà d'un délai raisonnable fixé à un an à compter du moment où son destinataire en a eu connaissance[1061].

Le Conseil d'Etat est revenu sur sa position dans une décision du 12 juillet 2017, *Société études créations et informatique* dans laquelle il a tenu à préciser qu'il n'existe pas de « *délais raisonnable* » pour saisir le juge d'un référé précontractuel et que, ne peut être regardée comme tardive une requête introduite plus de trois mois après que l'entreprise ait eu connaissance du manquement aux règles de passation.

Il relevait à cet effet « *qu'aucune disposition législative ou réglementaire n'implique que les personnes ayant intérêt à conclure le contrat et qui s'estiment susceptibles d'être lésées par des manquements aux règles de publicité et de mise en concurrence, soient tenues de saisir le juge du référé précontractuel dans un délai déterminé à compter du moment où elles ont connaissance de ces manquements et qu'une telle absence de délai ne conduit pas à ce que ces manquements puissent être contestés indéfiniment devant le juge du référé précontractuel dès lors que la signature du contrat met fin à la possibilité de saisir ce juge.* »

Le Conseil d'Etat retient également que *« la possibilité ainsi offerte aux personnes intéressées de former un référé précontractuel à tout moment de la procédure, en permettant que ces manquements soient, le cas échéant, corrigés avant la conclusion du contrat, tend à prévenir l'introduction de recours remettant en cause le contrat lui-même après sa signature et alors qu'il est en cours d'exécution[1062] ».*

Le Conseil d'Etat considère ainsi que, seule la signature du contrat termine le délai de saisine devant le juge de référé précontractuel. Dans le cadre d'un référé contractuel, les délais de saisine du juge varient selon que les mesures de publicité relatives à l'attribution du marché ont été mises en œuvre ou pas.

Il sera donc de 31 jours, à compter de la publication d'un avis d'attribution du contrat au Journal Officiel de l'Union européenne (JOUE)[1063]. Il est de six mois, à compter du lendemain du jour de la conclusion du contrat, si aucun

---

[1061] CE, Assemblée, 13 juillet 2016, M. C, n° 387763.
[1062] CE 12 juillet 2017, *Société études créations et informatique, n° 410832.*
[1063] Voir en ce sens l'article l'Art. R. 551-7 al 1er du Code de justice administrative.

avis d'attribution n'a été publié ou si aucune notification de la conclusion du contrat n'a été effectuée[1064].

Le caractère préventif du référé précontractuel apparaît comme l'une de ces principales restrictions. En effet, il découle d'une lecture linéaire des dispositions des articles L551-1 à L551-5 du CJA qu'aucune obligation n'est faite au candidat qui a été évincé d'une procédure de passation, de former un recours en référé.

Par conséquent, il peut décider de s'abstenir de le former. Cela peut être le cas, lorsqu'il estime ne pas avoir suffisamment d'informations pour soutenir sa requête. La communication au candidat évincé du motif du rejet de sa candidature ou de son offre peut être capitale dans sa décision de former un recours ou pas.

A cet égard, l'acheteur est dans l'obligation, bien qu'aucun délai ne lui soit imposé, d'avertir chaque candidat de la décision de rejet de son offre. C'est ce qui ressort expressément de l'article R 2181-1 du code de la commande publique qui dispose que : « *L'acheteur notifie sans délai à chaque candidat ou soumissionnaire concerné sa décision de rejeter sa candidature ou son offre.* »
Cette obligation est renforcée par la jurisprudence administrative qui relève que l'information des candidats évincés constitue une obligation de publicité et de mise en concurrence qui incombe à la personne responsable du marché.

Une méconnaissance de cette obligation, constitue une atteinte aux obligations de publicité et de mise en concurrence susceptible d'être sanctionnée par le juge des référés précontractuel et contractuel[1065].

Toutefois, bien que la méconnaissance de l'obligation d'information par l'acheteur soit considérée au sens de la jurisprudence comme un manquement aux règles de la commande publique, aucun texte ne permet cependant juridiquement de la préserver.

Outre le fait que les candidats s'abstiennent à recourir aux procédures d'urgence par manque d'informations au soutien de leur requête, le risque d'opportunisme de l'acheteur constitue une autre latitude pour ces derniers de recourir ces procédures. Le risque d'opportunisme de l'acheteur peut entre autres, émaner de la clause de « *stand- still* » encore appelée clause de suspension de la signature du contrat pendant un référé précontractuel.

[1064] Voir en ce sens l'article l'Art. R. 551-7 al 2 du Code de justice administrative.
[1065] CE, 21 janvier 2004, Sté Aquitaine Démolition, n° 253509.

En effet, le respect de cette clause dépend entièrement du bon-vouloir de l'acheteur. S'il est de mauvaise foi, il peut méconnaitre ce délai et signer prématurément le contrat. Le délai se trouverait ainsi écarté, rendant par là-même irrecevable le recours en référé précontractuel et ceci, sans toutefois que le juge puisse tirer les conséquences d'un tel comportement[1066].

Le juge se trouvera alors, incompétent pour connaitre de la signature du contrat, même si cette dernière a été faite dans le but de faire obstacle à sa saisine car, ses pouvoirs ne peuvent plus s'appliquer après la signature de l'acte incriminé par le pouvoir adjudicateur ou l'acheteur[1067].

En soumettant les procédures d'urgence (référé précontractuel et contractuel) à des conditions restrictives et en limitant|, comme l'a fait le législateur, les cas d'annulation du contrat de partenariat aux seules violations des règles de publicités et de concurrence, l'objectif premier du législateur n'a pas été de préserver les intérêts des tiers lésés, mais plutôt d'éviter les remises en cause trop fréquentes de ces contrats après leur signature et assurer ainsi la sécurité juridique des relations contractuelles. En agissant comme tel, il n'a fait que poursuivre un objectif d'intérêt général.
Toutefois, en analysant quelque peu le régime de ce contentieux, nous constatons une perte d'efficacité qui n'est pas de nature à sécuriser les intérêts des tiers.

§2- Le régime contentieux des procédures d'urgence, un régime en perte d'efficacité

A quelques exceptions près, le régime du contentieux est quasi identique dans le cadre d'un référé précontractuel que dans celui du référé contractuel. La différence entre ces deux procédures ne s'observe qu'au niveau du délai imparti au juge pour statuer.

Dans le référé précontractuel, le juge statue dans un délai de vingt jours à compter de sa saisine. Ce délai est porté un mois pour ce qui est du référé contractuel[1068].

1066 TALLET-PREUD'HOMME Laura, *op.cit.*, p. 75.
1067 C.E, 5e chambre, 6 mars 2017, n° 404873.
1068 L'article R551-9 du Code de justice administrative.

Cependant, ces décisions prises par le juge sont tout de même susceptibles de recours en cassation devant le Conseil d'Etat, dans la quinzaine de leur notification[1069]. Cependant, force est de constater que le juge, bien qu'étant doté de pouvoirs de sanctions (A), l'usage de ces pouvoirs est timoré (B).

A - Les pouvoirs du juge dans les procédures d'urgence

Le juge de référé contractuel et précontractuel dispose de nombreux pouvoir de sanctions contre le manquement aux obligations de publicité et de mise en concurrence.

Toutefois, la sanction du juge est conditionnée par la recevabilité de la requête du tiers lésé. En effet tous les moyens ne peuvent pas être invoqués devant le juge.

Ainsi, après avoir ressorti les différents pouvoirs reconnus au juge dans la procédure d'urgence (1), nous nous attarderons sur les moyens invocables (2).

1- Les différents pouvoirs du juge

Le juge dispose de plusieurs pouvoirs selon qu'il se trouve dans le cadre d'une procédure de référé précontractuel ou dans le référé contractuel. Le juge du référé précontractuel dispose de pouvoirs divers et variés pour assurer le respect des obligations de publicité et de mise en concurrence. Ces pouvoirs sont identiques à ceux d'un juge du fond.

A cet égard, le juge peut soit :

- Prononcer des injonctions pour que l'acheteur se conforme à ses obligations, Celle-ci pourra porter sur l'obligation de soumettre la candidature du requérant à la commission des appels d'offres, pour qu'il « *soit procédé à un réexamen de sa candidature et de prendre toute disposition garantissant que la procédure ultérieure se déroule dans des conditions qui assurent une égalité effective entre l'ensemble des candidats*[1070] » ;

[1069] L'article R551-6 du Code de justice administrative.
[1070] CE, 3 mars 2004, *commune de Châteaudun*, req. n°258602.

- Suspendre et annuler l'exécution de toute décision qui se rapporte à la passation du contrat[1071] .

Le juge peut ainsi prononcer la suspension de toute procédure jusqu'à la mise en œuvre de mesures de régularisation[1072].

Le juge est également fondé à annuler toutes les décisions se rapportant à la passation du contrat litigieux.

Il peut décider d'annuler une partie de la procédure ou encore la procédure dans son ensemble[1073], de supprimer les clauses ou prescriptions destinées à figurer dans le contrat et qui méconnaissent lesdites obligations. Dans le cadre du référé contractuel, le juge possède lui aussi une palette de pouvoirs.

Ceux-ci sont énoncés aux articles L551-17 à L551-20 du CJA desquels il ressort globalement que le juge du référé contractuel peut suspendre l'exécution du contrat, pour la durée de l'instance, sauf s'il estime, en considération de l'ensemble des intérêts susceptibles d'être lésés et notamment de l'intérêt public, que les conséquences négatives de cette mesure pourraient l'emporter sur ses avantages[1074].

Il peut également prononcer, soit la nullité du contrat[1075] ou dans certains cas la résiliation du contrat, la réduction de la durée du marché et enfin une pénalité financière dès lors que le prononcé de la nullité du contrat se heurte à une raison impérieuse d'intérêt général[1076].

Ces sanctions au manquement aux obligations de publicité et de mise en concurrence ne peuvent être prises que sur le fondement de moyens légaux.

[1071] L'article L551-2 du CJA qui dispose que « *Le juge peut ordonner à l'auteur du manquement de se conformer à ses obligations et suspendre l'exécution de toute décision qui se rapporte à la passation du contrat, sauf s'il estime, en considération de l'ensemble des intérêts susceptibles d'être lésés et notamment de l'intérêt public, que les conséquences négatives de ces mesures pourraient l'emporter sur leurs avantages.*
Il peut, en outre, annuler les décisions qui se rapportent à la passation du contrat et supprimer les clauses ou prescriptions destinées à figurer dans le contrat et qui méconnaissent lesdites obligations. ».
[1072] CE, 31 janvier 2004, *société aquitaine Démolition*, Req, n°235509.
[1073] CE, 30 juin 2004, *OPHLM de la ville de Nantes*, req. n° 261472.
[1074] L'article L551-17 du Code de la justice administrative.
[1075] L'article L551-18 du code de la justice administrative.
[1076] L'article L551-19 du Code de la justice administrative.

2 - Les moyens invocables lors des procédures d'urgence

Qu'il s'agisse du référé contractuel ou encore du référé précontractuel, les mesures prises par le juge, à savoir l'annulation, la résiliation, la suspension ou encore l'injonction, ne peuvent être prises que pour des motifs d'illégalités.

Le requérant n'invoque que des moyens tirés des manquements de l'acheteur à ses obligations de publicité et de mise en concurrence conformément à l'article L551-14 du CJA[1077]. Autrement dit, le requérant doit avoir un intérêt à agir dans cette procédure.

La jurisprudence administrative fait toutefois, une interprétation souple des dispositions de l'article L551-14 du CJA.

En effet, dans sa décision du 19 octobre 2001, *société Alstom*, par exemple, le Conseil d'Etat retient qu'une entreprise candidate à l'obtention d'un marché peut invoquer devant le juge du référé précontractuel *« tout manquement aux obligations de publicité et de mise en concurrence, même s'il n'a pas été commis à son détriment (...) »*.

Une simple omission dans l'avis d'appel public à concurrence, même si elle n'a pas été préjudiciable au requérant, peut emporter l'annulation de la procédure de passation du contrat. Cependant, la jurisprudence administrative est revenue sur son interprétation par un arrêt du 3 octobre 2008, *Smirgeomnes* dans lequel, le Conseil d'État exige désormais que l'irrégularité soit susceptible d'avoir lésé ou risque de léser l'entreprise, fût-ce de façon indirecte en avantageant une entreprise concurrente[1078].

Une entreprise ne peut désormais invoquer un manquement aux obligations de publicité et de concurrence que si elle démontre qu'elle est directement lésée. En effet, il appartient au juge des référés précontractuels de rechercher si l'entreprise qui le saisit se prévaut de manquements qui, eu égard au stade de la procédure auquel ils se rapportent, sont susceptibles de l'avoir lésée (ou

---

[1077] Il ressort de cet article que « *Les personnes habilitées à agir sont celles qui ont un intérêt à conclure le contrat et qui sont susceptibles d'être lésées par des manquements aux obligations de publicité et de mise en concurrence auxquelles sont soumis ces contrats, ainsi que le représentant de l'Etat dans le cas des contrats passés par une collectivité territoriale ou un établissement public local.* ».

[1078] CE 3 octobre 2008, Smirgeomes, req. n° 305420 : CP-ACCP, n° 83, décembre 2008, p. 41, note C. Cantié et G. Delaloy.

risquent de la léser) en avantageant une entreprise concurrente, fût-ce de façon indirecte.

Au regard de la jurisprudence en la matière, peuvent être admis à titre de moyens invocables, l'octroi aux candidats d'un délai insuffisant pour la présentation de leur offre[1079], l'insuffisance de renseignement sur la quantité et la nature des besoins de l'acheteur[1080], ou encore l'application de critères de sélection illégaux[1081] pour n'en citer que ceux-là.

Ne pourront par conséquent pas être invoqués, les moyens ne constituant pas un manquement à une obligation de publicité et de mise en concurrence. Sont donc irrecevables les moyens portant sur la compétence de la personne publique lors de la passation du marché ou encore le défaut de consultation du Comité Technique Paritaire[1082].

Dans le cadre d'un référé contractuel, les moyens sont moins étendus que dans le cadre du référé précontractuel. Les sanctions aux manquements de mesures de publicité et de mise en concurrence peuvent être prononcées dès lors que le contrat n'a pas fait l'objet de publicité requise, en absence totale de publicité, ou de publication au JOUE si celle-ci est obligatoire. Mais également en cas de violation du délai de *stands-till*, imposé après l'information des candidats malheureux de l'attribution du contrat ou encore, après la saisine la saisine du juge du référé précontractuel. Tout ceci à la double condition que « *la méconnaissance de ces obligations ait privé le demandeur de son droit d'exercer le recours en référé précontractuel, et les obligations de publicité et de mise en concurrence auxquelles sa passation est soumise ont été méconnues d'une manière affectant les chances de l'auteur du recours d'obtenir le contrat.*[1083] »

Il appartient au juge de vérifier que les manquements invoqués par le candidat évincé l'ont à la fois placé dans l'impossibilité d'exercer son recours précontractuel, mais également affecté ses chances d'obtenir le contrat[1084]. Ainsi, si les pouvoirs du juge sont de nature à rassurer les candidats qu'une réparation du préjudice qu'ils ont subi serait possible, nous verrons que la mise en œuvre de ses pouvoirs et plus précisément les sanctions, ne sont pas automatiques dans le cadre de ces procédures.

1079 CE, 5 Août 2009, *région du centre,* req. n°307117.

1080 CE,24 octobre 2008, *communauté agglomération de l'Artois*, req n° 313600.

1081 CE, 8 février 2010, *commune de la Rochelle*, req. n° 314075.

1082 CE, 24 octobre 2008, *syndicat intercommunal d'eau et d'assainissement de Mayotte*, req. n°300034.

1083 Voir l'article L551-18 du Code de la justice administrative.

1084 CE, 30 novembre 2011, *Société DPM Protection,* n° 350788.

B - La raréfaction des sanctions du juge dans les procédures d'urgence

Si dans les contrats de droit privé, la preuve d'un vice affectant de manière essentielle la formation du contrat est rapportée, ce vice peut entraîner la nullité du contrat par le juge.

C'est le cas par exemple d'un vice affectant l'une des conditions de validité du contrat[1085].

Dans les marchés publics, cette règle est la même s'agissant des manquements aux obligations de publicité et de mise en concurrence. Ceux-ci constituent un vice du contrat entraînant par voie de conséquence la nullité du contrat.

En ce sens, l'article L551-18 précise que : « *le juge prononce la nullité du contrat lorsqu'aucune des mesures de publicité requises pour sa passation n'a été prise, ou lorsqu'à été omise une publication au Journal officiel de l'Union européenne dans le cas où une telle publication est prescrite* ».

Seulement, le juge des référés fait une application plus souple de ces sanctions. Dans le cadre d'un référé précontractuel, il ne met pas automatiquement en œuvre ses pouvoirs pour sanctionner les irrégularités contractuelles constatées (1).

Et, dans le cadre d'un référé contractuel, il dispose du pouvoir de moduler ses sanctions au regard de l'ampleur du manquement (2).

1 - L'exercice non- automatique des pouvoirs de sanction du juge dans le référé précontractuel

Le juge des référés n'use pas systématiquement de ses pouvoirs lorsqu'il est saisi d'une irrégularité de la personne publique.

En effet, le juge des référés peut décider de ne pas mettre en œuvre ses pouvoirs de sanction, même si le manquement de la personne publique à ses obligations de publicité et de mise en concurrence, lèse ou est susceptible de léser le requérant.

[1085] Voir l'article 1178 du Code civil.

D'ailleurs, il ressort de l'article L551-2 du code de la CJA que *« le juge peut ordonner à l'auteur du manquement de se conformer à ses obligations et suspendre l'exécution de toute décision qui se rapporte à la passation du contrat, sauf s'il estime, en considération de l'ensemble des intérêts susceptibles d'être lésés et notamment de l'intérêt public, que les conséquences négatives de ces mesures pourraient l'emporter sur leurs avantages ».*

De cette disposition nous en déduissons que le juge s'abstient de prononcer une sanction dès lors que, les conséquences négatives de ces mesures l'emportent sur leurs avantages.

L'article L551-7 de ce même code se veut encore plus clair à ce propos. Cet article précise que le juge, en considération de l'ensemble des intérêts susceptibles d'être lésés, et particulièrement de l'intérêt public, peut « *écarter les mesures énoncées au premier alinéa de l'article L551-6, lorsque leurs conséquences négatives pourraient l'emporter sur leurs avantages.* »

Le juge administratif a par conséquent la possibilité de ne pas mettre en ces pouvoirs pour des raisons qui tiennent de l'opportunité. Celle-ci s'apprécie en prenant compte des intérêts en présence.

Il s'agit en fait d'une sorte de bilan coûts et avantages des mesures demandées au juge[1086]. Si les inconvénients des mesures prononcées excèdent leurs avantages, le juge peut s'abstenir de les prononcer. La sanction par le juge des référés apparait donc très circonstanciée, de sorte qu'il ne saurait être perçu comme une garantie pour le candidat évincé.

2 - La modulation des sanctions par le juge de référé contractuel

Il est de principe que le candidat évincé qui forme devant le juge un recours en référé contractuel puisse demander la nullité du contrat qui méconnait les obligations de publicité et de mise en concurrence. L'article L551-18 du CJA précise à cet effet, l'ensemble des manquements corrigés par le prononcé de la nullité du contrat par le juge.

[1086] TALLET-PREUD'HOMME Laura, *op.cit.*, p. 66.

Cependant, il convient de relever que si le juge du référé contractuel doit prononcer la nullité du contrat en cas de manquement, la loi l'autorise également à adopter d'autres mesures.

L'article L. 551-19 al.1er du CJA précise que, « *le juge peut sanctionner le manquement soit par la résiliation du contrat, soit par la réduction de sa durée, soit par une pénalité financière imposée au pouvoir adjudicateur ou à l'entité adjudicatrice si le prononcé de la nullité du contrat se heurte à une raison impérieuse d'intérêt général. Ainsi, lorsque le juge contractuel, modérera sa sanction dès lors que celle-ci se heurte à des « raisons impérieuses d'intérêt général »*.

Toutefois, la notion « raisons impérieuses d'intérêt général » n'a pas été explicitée par le législateur français. L'alinéa 2 de l'article précité précise tout de même que cette raison impérieuse d'intérêt général *« ne peut être constituée par la prise en compte d'un intérêt économique que si la nullité du contrat entraîne des conséquences disproportionnées et que l'intérêt économique atteint n'est pas directement lié au contrat, ou si le contrat porte sur une délégation de service public ou encore si la nullité du contrat menace sérieusement l'existence même d'un programme de défense ou de sécurité plus large qui est essentiel pour les intérêts de sécurité de l'Etat*[1087]».

Il reste cependant constant qu'il appartient au juge des référés d'apprécier souverainement sous le contrôle du CE, la teneur de cette notion. A cet effet, par décision du 30 novembre 2011, « *Sté DPM Protection »,* le Conseil d'État estimait que pour apprécier la notion de « *raisons impérieuses d'intérêt général »*, le juge des référés pouvait prendre en compte « *notamment, la nature et l'ampleur de la méconnaissance constatée, ses conséquences pour l'auteur, le montant et la durée du contrat en cause et le comportement du pouvoir adjudicateur*[1088] ».

La nullité du contrat qui est la sanction de principe en cas de manquement aux obligations de publicité et de mise en concurrence, se trouve ainsi considérablement adoucie. Le juge des référés contractuels dispose ainsi d'une grande liberté de choix dans ses sanctions[1089].

[1087] L'article L. 551-19 al.2 du CJA.

[1088] CE, 30 nov. 2011, Sté DPM Protection, requête numéro 350788, Rec., p. 597 ; AJDA 2012, p. 270, note J.-D. Dreifuss ; Dr. adm. 2012, comm. 15, note E. Langelier.

[1089] Article L551-20 qui dispose que : *« Dans le cas où le contrat a été signé avant l'expiration du délai exigé après l'envoi de la décision d'attribution aux opérateurs économiques ayant présenté une candidature ou une offre ou pendant la suspension*

La liberté laissé au juge de choisir la sanction la plus adéquate, ou encore de la moduler pour des raisons impérieuses d'intérêt général à notre sens, vise à préserver la personne publique et son contrat et ne saurait être de nature à satisfaire entièrement le requérant.

De ce qui précède, la passation irrégulière d'un marché de partenariat peut être contestée par les tiers avant signature dans l'hypothèse d'un référé précontractuel. Après sa signature, on parle alors d'un référé contractuel. Cependant, ces voies de recours, si elles permettent aux tiers d'agir dans l'urgence, elle est soumise à certaines contraintes, à savoir l'intérêt à agir, les délais pour agir, qui semblent limiter l'action des tiers.

Par ailleurs, nous constatons de l'analyse du régime contentieux de ces procédures que, si le juge administratif dispose de pouvoirs étendus, force est de constater qu'il n'en fait pas une application automatique. En effet, le juge peut être amené à moduler ces sanctions. L'idée d'une préservation de l'intérêt général prime sur l'intérêt des tiers.

Les sanctions du juge administratif dans le cadre de ces procédures se font rares et son recours peu rassurant pour les tiers. Toutefois, la perte d'efficacité des procédures de référé précontractuel et contractuel, aura conduit à l'ouverture pour les tiers lésés, d'autres voies de recours. Celles-ci feront l'objet de notre prochaine section.

Section 2 - Les autres voies de recours contentieux ouvertes aux tiers dans le contrat de partenariat public-privé

L'analyse des procédures d'urgence a permis de ressortir les lacunes de celles-ci. En effet, les tiers lésés qui y recourent se trouvent de moins en moins protégés par le juge. Cependant, les tiers non satisfaits de ces procédures d'urgence, disposent d'autres voies de recours contentieux.

En effet, tout concurrent évincé de la conclusion d'un contrat administratif, a la possibilité de former devant le juge du contrat, un recours de pleine juridiction contestant la validité de ce contrat (§1), mais également de formuler devant ce juge des demandes indemnitaires en engageant la responsabilité de l'acheteur (§2).

---

prévue à l'article L. 551-4 ou à l'article L. 551-9, le juge peut prononcer la nullité du contrat, le résilier, en réduire la durée ou imposer une pénalité financière. ».

§1 - Le recours de pleine juridiction en contestation de validité du contrat : un recours salvateur pour les tiers

Le recours de pleine juridiction en contestation de la validité du contrat vise à faire reconnaître par le juge, des droits aux personnes qui le saisissent. Ouvert contre tous les contrats administratifs ou certaines de leurs clauses non règlementaires qui en sont divisibles, il a fait l'objet de plusieurs controverses au sein de la jurisprudence administrative française.

En effet, il est admis depuis longtemps que, le recours au contrat administratif ne pouvait être ouvert qu'à l'encontre des parties au contrat du fait de l'effet relatif des contrats. Les tiers au contrat en étaient, par voie de conséquence, exclus et ne pouvaient alors contester que les actes détachables du contrat devant le juge de l'excès de pouvoir[1090].

Au regard de la complexité du contentieux en la matière, qui n'offre aucune garantie sur l'issue du recours devant le juge de l'excès de pouvoir aux tiers, le juge administratif a décidé d'ouvrir à l'égard des tiers, sans considération de leur qualité, une voie de droit spécifique leur permettant de contester la validité du contrat ou certaines de ses clauses devant un juge de plein contentieux aux pouvoirs étendus[1091].

Par décision du Conseil d'Etat du 4 Avril 2014, *Département Tarn-et-Garonne*, le juge administratif reconnait que « *tout tiers à un contrat administratif susceptible d'être lésé dans ses intérêts de façon suffisamment directe et certaine par sa passation ou ses clauses est recevable à former devant le juge du contrat un recours de pleine juridiction contestant la validité du contrat ou de certaines de ses clauses non réglementaires qui en sont divisibles.*[1092] » Ce nouveau recours vient se substituer au recours « Tropic » dans lequel, le Conseil d'État admettait que, les concurrents évincés de la procédure d'attribution d'un contrat administratif puissent former directement un recours contre ce contrat. Seulement, ce recours n'est limité qu'aux seuls requérants justifiant avoir été lésés par la procédure.

L'arrêt « *Département de Tarn-et-Garonne* » vient donc harmoniser les conditions d'accès de tous les tiers au contrat, tout en fermant systématiquement la voie du recours pour excès de pouvoirs contre les actes détachables préalables à la signature du contrat. Il s'agit de la décision relative

---

[1090] CE,4 Août 1995, *Martin*, Rec. P.749.

[1091] C'est le sens de l'arrêt du CE, Ass, 4 avril 2014, Département de Tarn-et-Garonne, n° 358994.

[1092] CE, Ass., 4 avril 2014, *Département du Tarn et Garonne*, req. n° 358994.

au choix du cocontractant, ou encore la délibération autorisant la conclusion du contrat mais aussi la décision de le signer.

Nous nous intéresserons dès lors au champ d'application de ce recours (A) et à son régime contentieux (B).

A - Le champ d'application

Le champ d'application du recours en contestation de validité du contrat, s'analyse de manière différente au regard des jurisprudences l'ayant institué. La jurisprudence étant l'interprétation d'une règle déjà existante, celle-ci est d'application immédiate et n'admet aucun risque de rétroactivité sauf pour des cas où il s'opère un revirement de jurisprudence ou encore une adoption d'une loi nouvelle.

Dans ces cas-là, l'application immédiate de la jurisprudence aboutie à une rétroactivité de fait.

C'est la raison pour laquelle, le juge administratif, dans les jurisprudences « Tropic » et « Tarn et Garonne », a souhaité aménager dans le temps, les effets de ces décisions, afin qu'il ne soit pas porté atteinte de manière excessive aux relations contractuelles en cours.

De ce fait, le recours en contestation de la validité du contrat institué sous l'empire du « Recours Tropic », ne s'appliquait alors qu'aux seuls contrats dont la procédure avait été engagée postérieurement à cette décision à savoir qu'après la décision du 16 juillet 2007, seuls les tiers ayant été évincés dans la procédure d'attribution sont recevables pour former un tel recours.

Le recours institué sous l'égide de la jurisprudence « Tarn et Garonne » pour sa part, indique que le recours ne pourra être exercé que par « *les tiers qui n'en bénéficiaient pas et selon les modalités précitées qu'à l'encontre des contrats signés à compter de la lecture de la présente décision* ».

Cette décision du Conseil d'État laisse penser que le recours en contestation de validité du contrat s'applique différemment selon la qualité des tiers et selon qu'ils bénéficient d'un recours ou pas. Le concurrent évincé peut bénéficier de ce recours alors même que le contrat a déjà été conclu.

Toutefois, cette interprétation n'a pas été retenue par le conseil d'Etat qui a expressément jugé que le recours Tarn et Garonne ne trouve à s'appliquer qu'à l'encontre des contrats conclus après le 4 avril 2014 et ce « *quelle que soit la qualité dont se prévaut le tiers*[1093] ».

Cependant, qui peuvent être les tiers recevables à former un recours en contestation de la validité du contrat ? Et quels sont les délais pour agir ?

1 - L'intérêt à agir

Il est un vieil adage selon lequel « *pas d'intérêt, pas d'action* ». Ce qui revient à dire que la recevabilité d'une action en justice est subordonnée par l'existence d'un intérêt.

En droit civil par exemple, l'action est ouverte à tous ceux qui ont un intérêt légitime au succès ou au rejet d'une prétention, sous réserve des cas dans lesquels la loi attribue le droit d'agir aux seules personnes qu'elle qualifie pour élever ou combattre une prétention, ou pour défendre un intérêt déterminé[1094].

Cette disposition tirée du code de procédure civile soulève la question de la notion d'intérêt à agir. Et plus précisément la question de savoir, qui a intérêt à agir dans une procédure. Cet intérêt est-il légitime ?

Le professeur Guinchard, a défini cette notion comme *« une condition de recevabilité de l'action consistant dans l'avantage que procurerait au demandeur la reconnaissance par le juge du bien-fondé de sa prétention. L'intérêt doit être personnel, direct, né et actuel. Le défaut d'intérêt constitue une fin de non-recevoir que le juge peut soulever d'office* [1095] ».

Pour cet auteur, « *la personne à intérêt à agir si la demande formée est susceptible de modifier, en l'améliorant, sa condition juridique* »[1096]. Cette conception civiliste de la notion « d'intérêt à agir » est également partagée en

---

[1093] CE, 5 février 2016, *SMTC Hérault Transport*, req. n°383149

[1094] L'article 31 du Code de procédure civile.

[1095] DEBARD Thierry et GUINCHARD Serge, (sous dir.), *Lexique des termes juridiques*, Paris, *Dalloz,* 28ème éd., 2020, p. 582.

[1096] CHAINAIS Cécile, FERRAND Frédérique, GUINCHARD Serge et MEYER Lucie, P*rocédure civile. Droit interne et droit de l'union Européenne*, Paris, *Dalloz,* 34ème éd., 2018, p. 151.

droit administratif. En effet, il est admis de manière générale que toute décision administrative peut être portée devant le juge administratif.

Cependant pour éviter un engorgement des prétoires et permettre à l'administration de protéger au mieux les personnes qui bénéficieraient de cette décision, seul un nombre limité de personnes sont habilitées à contester une décision administrative. Il s'agit de celles qui y ont un intérêt personnel, légitime.

Cela vaut pour les contrats administratifs, y compris le contrat de partenariat public-privé. La jurisprudence *Tarn et Garonne* du 4 avril 2014 nous apporte une touche de précision concernant les personnes ayant « *un intérêt donnant qualité à agir* » dans le cadre d'un contrat administratif, pour reprendre l'expression du professeur Chapus[1097].

En effet, si traditionnellement seules les parties signataires peuvent contester directement la validité du contrat devant le juge administratif, le recours des tiers n'étant alors limité qu'aux seuls actes détachables du contrat[1098], désormais, « *tout tiers à un contrat administratif susceptible d'être lésé dans ses intérêts de façon suffisamment directe et certaine par sa passation ou ses clauses*[1099] » est recevable à former ce recours.

Par cette décision, le Conseil d'État élargit considérablement le recours direct contre le contrat à tous les tiers qui, lors de la passation du contrat, ont été ou sont susceptibles d'être lésés dans leur intérêt

Le recours en contestation de validité du contrat est ouvert aux tiers en général à savoir, les concurrents évincés, mais également à tous les autres tiers susceptibles d'être lésés dans un contrat. Les tiers susceptibles de former ce recours ne sont donc pas limités.

Il pourrait s'agir : du concurrent évincé, du sous-traitant d'un candidat évincé, et d'une tout autre catégorie de tiers, telle que, le préfet et l'organe délibérant de la collectivité territoriale ou du groupement de collectivités territoriales.

[1097] CHAPUS René, *Droit du contentieux administratif,* Paris, *Montchrétien,* 13e éd.,2008, p.467.
[1098] Voir en ce sens, CE, 4 Aout 1905, Martin pour les actes détachables relatifs à la conclusion du contrat et CE,24 avril 1964, SA LIC req. n° 53518 pour les actes détachables relatifs à l'exécution du contrat.
[1099] CE, 4 avril 2014, *Tarn et Garonne*, n°358994.

Concernant les concurrents évincés d'une procédure de passation d'un marché, la jurisprudence a fait preuve de beaucoup de souplesse en admettant que *« tout concurrent évincé de la conclusion d'un contrat administratif est recevable à former devant ce même juge un recours de pleine juridiction contestant la validité de ce contrat ou certaines clauses qui en sont divisibles*[1100] *»*. Le concurrent évincé représente tout requérant ayant un intérêt à agir alors même qu'il n'a pas posé sa candidature ou encore a présenté une offre inappropriée, irrégulière ou inacceptable[1101].

La jurisprudence administrative a eu à se pencher sur la recevabilité du recours en contestation de la validité d'un contrat formé par le sous-traitant d'un concurrent évincé. En effet, le Conseil d'État, par une décision *Réunion c/ société Pyxise* du 14 octobre 2015, a considéré que : *« Si la société requérante n'est pas un concurrent dont la candidature ou l'offre a été rejetée ou qui aurait été empêché de présenter sa candidature, et si en sa seule qualité de société susceptible d'intervenir en qualité de sous-traitante, elle ne justifie pas d'un intérêt lésé pouvant la rendre recevable à contester la validité du contrat en cause (...)*[1102] ».

Ainsi, le sous-traitant d'un concurrent évincé n'est pas recevable à introduire un recours en contestation de validité du contrat car ne justifiant pas d'un intérêt lésé. Néanmoins, si l'offre du candidat évincé repose sur la technologie du sous-traitant de sorte qu'aucun autre sous-traitant ne peut lui être substitué, ce sous-traitant justifie dans ces conditions, d'une lésion de façon suffisamment directe et certaine par la passation du contrat le rendant recevable à en contester la validité[1103].

S'agissant des autres tiers recevables à former un recours, il s'agit entre autres du préfet, de l'organe délibérant de la collectivité territoriale ou du groupement de collectivités territoriales.

En effet, ces derniers n'ont pas à démontrer leur intérêt agir, qui se présume par leur seule qualité, et dans le cadre du contrôle de légalité qu'ils exercent. Pareillement, les associations de défense d'intérêts collectifs peuvent être recevables à agir si la lésion des intérêts qu'elles défendent résulte directement du contrat ainsi que les instances représentatives du personnel d'une entreprise non retenue si le rejet de la candidature est de nature à affecter les conditions

---

[1100] CE, 16 juillet 2007, *Société Tropic Travaux Signalisation*, n°291545.
[1101] CE, 9 novembre 2018, n°420654.
[1102] CE, 14 octobre 2015, *Région Réunion c/ société Pyxise*, n° 391183. Concl. M. Gilles PELLISSIER, rapporteur public.
[1103] CE, Assemblée, 4 avril 2014, Département de Tarn-et-Garonne, n° 358994, p. 70.

d'emploi et de travail du personnel de l'entreprise[1104]. Le recours de pleine juridiction en contestation de validité du contrat permettait jusqu'ici aux tiers lésés dans une procédure de passation du marché de contester devant le juge la validité du contrat ou de certaines de ses clauses non réglementaires qui en sont divisibles.

Ce recours ouvert aux tiers[1105] le sera également à l'égard des parties. Dans sa décision communément appelée « *Commune de Béziers I*[1106] », le Conseil d'Etat avait redéfini l'office du juge du contrat saisi par l'une des parties d'un recours en contestation de la validité de ce dernier.

Plus récemment, le Conseil d'Etat a approfondi cette jurisprudence en précisant que le recours en contestation de la validité du contrat peut être exercé par les parties pendant toute la durée d'exécution du contrat.

Ainsi, par décision du 01 Juillet 2019, *Association pour le musée des Iles Saint-Pierre et Miquelon*, le juge reconnait expressément que : *« Les parties à un contrat administratif peuvent saisir le juge d'un recours de plein contentieux contestant la validité du contrat qui les lie. Il appartient alors au juge, lorsqu'il constate l'existence d'irrégularités, d'en apprécier l'importance et les conséquences, après avoir vérifié que les irrégularités dont se prévalent les parties sont de celles qu'elles peuvent, eu égard à l'exigence de loyauté des relations contractuelles, invoquer devant lui. Il lui revient, après avoir pris en considération la nature de l'illégalité commise et en tenant compte de l'objectif de stabilité des relations contractuelles, soit de décider que la poursuite de l'exécution du contrat est possible, éventuellement sous réserve de mesures de régularisation prises par la personne publique ou convenues entre les parties, soit de prononcer, le cas échéant avec un effet différé, après avoir vérifié que sa décision ne portera pas une atteinte excessive à l'intérêt général, la résiliation du contrat ou, en raison seulement d'une irrégularité invoquée par une partie ou relevée d'office par lui, tenant au caractère illicite du contenu du contrat ou à un vice d'une particulière gravité relatif notamment aux conditions dans lesquelles les parties ont donné leur consentement, son annulation. Cette action est ouverte aux parties au contrat pendant toute la durée d'exécution de celui-ci ».*

1104 CE, 3 mars 2006, *Société Oberthur,* req. n° 287960.

1105 Voir arrêt CE, Ass., du16 juillet 2007, *Société Tropic Travaux Signalisation*, n°291545

1106 CE, ass, 28 décembre 2009, Commune de Béziers (Béziers 1) requête n° 304802 rec. p. 509.

A côté de l'intérêt à agir qui est ouvert aux tiers ayant un intérêt légitime à contester la validité d'un marché ou d'un contrat de partenariat et récemment aux parties, il reste encore à s'interroger sur l'action en contestation qui n'est recevable que si elle est formulée dans les délais.

Il est donc nécessaire de s'intéresser aux délais pour agir en contestation de validité du contrat.

2- Les délais pour agir

Les tiers qui s'estiment lésés dans une procédure d'attribution d'un marché peuvent saisir le juge d'un recours en contestation de la validité du contrat dans un délai assez particulier.

En effet, les délais de recours en contestation de la validité du contrat, sont une création assez nouvelle de la haute juridiction administrative tenant à la sécurité juridique du contrat conclu. Le juge administratif entendait ne pas laisser subsister trop longtemps des incertitudes sur la validité du contrat et assurer une certaine sécurité juridique aux candidats *qui* ont un intérêt à ce que leurs contrats soient consolidés afin qu'ils puissent en assurer une exécution paisible.

De ce fait, le délai pour agir en contestation de la validité du contrat a d'abord été énoncé par le juge administratif dans l'arrêt « *Tropic* » qui le fixait déjà à deux mois à compter de l'accomplissement des mesures de publicités appropriées[1107], délai qui sera repris dans la jurisprudence Tarn et Garonne selon laquelle « *Le recours doit être exercé, y compris si le contrat contesté est relatif à des travaux publics, dans un délai de deux mois à compter de l'accomplissement des mesures de publicité appropriées, notamment au moyen d'un avis mentionnant à la fois la conclusion du contrat et les modalités de sa consultation dans le respect des secrets protégés par la loi*[1108] ».

[1107] CE, *société Tropic travaux signalisation*, 16 juillet 2007, req. n°291545. Voire COSSALTER Philippe, Le *recours direct des tiers contre le contrat administratif,* Conseil d'Etat, Assemblée, 16 juillet 2007, Société Tropic travaux signalisation, requête numéro 291545, conclusions Didier Casas ' : Revue générale du droit *on line*, 2007, numéro 2443 (www.revuegeneraledudroit.eu/?p=2443); BRENET François, *L'élargissement du recours "Tropic" aux tiers justifiant d'un intérêt lésé*, note sous CE, Ass, 4 avril 2014, Département de Tarn-et-Garonne, Dr. adm. 2014, comm. 36.
[1108] CE, Tarn *et Garonne*, 1er mars 2012, req. n° 355560.

Le marché de partenariat rentre dans la catégorie des marchés dont le montant est supérieur ou égal aux seuils des procédures formalisées tel qu'énoncé à l'article R2183-1 du CCP. La simple publication d'un avis d'attribution au JOUE a pour intérêt de faire courir les délais de recours.

Il faudrait cependant vérifier que cet avis contienne bien les informations dans sa rubrique « *autres informations* ».

Ainsi, la publication d'un avis d'attribution qui ne mentionnerait pas les noms des attributaires des marchés, ni les modalités de leur consultation dans le respect des secrets protégés par la loi ne fait pas courir les délais de recours contentieux. La jurisprudence du Conseil d'Etat est constante à ce sujet depuis 2007[1109].

Toutefois, le juge administratif vient par la suite compléter sa jurisprudence de 2007 en précisant que « *la circonstance qu'un avis d'attribution ne mentionne pas la date de conclusion d'un contrat est sans incidence sur le point de départ du délai du recours contentieux qui court à compter de la publication*[1110]».

Ainsi, cette jurisprudence confirme le point de départ du délai de recours du contentieux. Elle permet par ailleurs de rattraper la différence sémantique[1111] qui existait jusque-là entre le droit de l'Union Européenne et la jurisprudence administrative française.

Les formulaires d'avis d'attribution ne comportaient jusqu'ici qu'une rubrique intitulée « date d'attribution », on n'y retrouvait pas la mention « date de conclusion du contrat » exigée par la jurisprudence « Tropic » comme relevant des mesures de publicité appropriées.

Les acheteurs, sans se soucier de la différence qui existe entre la date d'attribution et la date de conclusion, s'en sont légitimement tenus à la publication de l'avis d'attribution pour faire courir ce délai. Ce qui pourtant semble être contraire à la règle de droit énoncée.

[1109] CE Ass.16 juillet 2007 *Sté Tropic Travaux Signalisation*, n°291545, CE Ass. 4 avril 2014, Département du Tarn et Garonne, n°358994.

[1110] CE, 3 juin 2020, *Centre hospitalier d'Avignon*, req. n°428845., conclusions de M. Gilles Pellissier, rapporteur public.

[1111] Cette différence n'est que « sémantique » car en droit Français, l'avis d'attribution n'a vocation à être publié que postérieurement à la notification du marché, par conséquent de sa signature par les deux parties.

Cette différence a été corrigée car, désormais les nouveaux avis d'attribution mentionnent expressément la date de conclusion. Les parties prenantes au marché de partenariat disposent alors d'un délai de deux mois pour former un recours en contestation de validité.

Cependant, la recevabilité de ce recours repose sur la pertinence des moyens invocables devant être appréciés par le juge.

Aussi, afin de cerner les moyens invocables par les tiers et les pouvoirs du juge, nous nous s'intéresserons au régime juridique du recours en contestation de la validité du contrat.

B - Le régime du recours en contestation de la validité du contrat

Le régime du recours en contestation de la validité du contrat de partenariat suppose que l'on s'intéresse aux moyens qui peuvent être invoqués devant le juge (1), mais également aux pouvoirs dont dispose le juge connaitre de ce recours (2).

1 - Les moyens invocables à l'appui d'un recours en contestation de validité du contrat.

Les moyens invocables par les tiers lésés lors d'une procédure de passation d'un contrat de partenariat, relèvent de l'ensemble des moyens susceptibles de remettre en cause la validité dudit contrat. Il peut s'agir de manquement aux obligations de publicité et de mise en concurrence, ou même de vice affectant le contrat lui-même.

Tous les moyens invoqués par le requérant ne sont pas toujours recevables devant le juge administratif. La jurisprudence administrative Tarn et Garonne a permis de réduire la liste des moyens pouvant être invoqués devant le juge. Désormais, hormis les moyens soulevés par le représentant de l'Etat, et les membres de l'organe délibérant de la collectivité territoriale dont la portée est large, les tiers au contrat ne peuvent se prévaloir que des vices en rapport direct avec l'intérêt lésé.

Autrement dit, il doit exister un lien entre la qualité du requérant et le moyen invoqué. Par conséquent le concurrent évincé ne pourra utilement invoquer, outre les vices d'ordre public, que les manquements aux règles applicables à la passation de ce contrat qui sont en rapport avec son éviction[1112].

Seuls deux moyens s'ouvrent donc au tiers lésé à savoir : les vices d'ordre public et les manquements aux règles applicables qui sont en rapport direct avec son éviction. Il ressort de la jurisprudence du Conseil d'État du 9 novembre 2018 que le tiers évincé d'un contrat pourra contester la décision par laquelle son offre serait écartée comme étant irrégulière. Qu'en revanche, ce moyen ne doit pas porter sur des motifs visant à critiquer l'appréciation des offres des autres candidats. Le requérant ne peut donc pas soutenir que les offres de ses concurrents sont irrégulières ou inacceptables, *« un tel manquement n'étant pas en rapport direct avec son éviction et n'étant pas en lui-même de ceux que le juge pourrait relever d'office »*[1113].

Concernant les vices d'ordre public, le Conseil d'État a retenu que le contenu d'un contrat ne présente un caractère illicite que si *« l'objet même du contrat, tel qu'il a été formulé par la personne publique contractante pour lancer la procédure de passation du contrat ou tel qu'il résulte des stipulations convenues entre les parties qui doivent être regardées comme le définissant, est, en lui-même, contraire à la loi, de sorte qu'en s'engageant pour un tel objet le cocontractant de la personne publique la méconnaît nécessairement*[1114]*»*.

Par conséquent, une erreur conduisant à une appréciation inexacte du coût d'achat par le pouvoir acheteur par exemple, ne serait pas en elle-même constitutive d'un vice d'ordre public[1115]. Ainsi, le juge administratif dispose des pouvoirs lui permettant dès lors qu'il constate que ces vices entachent la validité du contrat, d'en apprécier les conséquences.

1112 CE, dans sa décision du CE 5 février 2016, *SMTC Hérault Transport,* req.383149.
1113 Voir en ce sens la jurisprudence CE 9 novembre 2018, req. n° 420654. Par laquelle le Conseil d'Etat complétant l'arrêt *Tarn et Garonne* apporte des précisions sur les moyens invocables notamment lorsqu'ils se rapportes aux manquements à des règles applicables qui sont en rapport direct avec l'éviction du contrat, mais aussi par le fait que le contrat soit entaché d'un d'ordre public.
1114 CE, 9 novembre 2018, Société Cerba et Delapack Europe B.V., n° 420654, publié au Rec. CE.
1115 *Ibid.*

2- Les pouvoirs du juge

Le juge administratif dispose de pouvoirs étendus. Il peut rejeter le recours du tiers, ou encore l'adapter en fonction de la nature du vice entachant le contrat.

Le juge, lorsqu'il est saisi d'un recours en contestation de la validité du contrat, dispose de nombreuses mesures de sanctions qu'il pourra moduler en fonction de l'irrégularité constatée[1116]. Il peut soit prononcer la résiliation du contrat, soit modifier certaines de ses clauses, ou encore décider de la poursuite de son exécution, éventuellement sous réserve de mesures de régularisation par la personne publique contractante. La jurisprudence antérieure du Conseil d'État indique que le juge administratif, a en application du principe de bonne foi, dès lors que les parties se sont librement engagées, elles ne peuvent plus invoquées les irrégularités affectant la procédure de passation après la signature du contrat[1117].

De même, le juge se réserve le droit de déterminer si les irrégularités dont se prévalent les parties sont de celles qu'elles peuvent évoquer devant lui sur la base de la loyauté dans les relations contractuelles de sorte qu'un vice mineur ne doit être pris comme prétexte pour permettre à l'une des parties de sortir du contrat[1118].

Le juge, en cas d'irrégularités ne pouvant être couvertes par une mesure de régularisation et ne permettant pas la poursuite de l'exécution du contrat prononcer, le cas échéant avec un effet différé, et après avoir vérifié que sa décision ne portera pas une atteinte excessive à l'intérêt général, décide :

- Soit sur la résiliation du contrat[1119],

- Soit d'accorder des indemnisations en réparation des droits lésés, ou encore d'annuler, totalement ou partiellement, le cas échéant avec un effet différé, le contrat après vérification, ceci lorsque l'annulation du contrat ne

---

[1116] CE, ass., 28 décembre 2009, Cne de Béziers, req. n°304802, Lebon 509, concl E. Glaser, AJDA,2010. 4 et 142, Chron.S-J. Lieber et D. Botteghi.
[1117] CE, 10 février 2010, *scté prest'action*, req. n° 301116 , *Lebon* ; AJDA 2010.293 ; RDI 2010.265,obs, R.Noguellou ; Dr adm 2010.comm.52 note F.Brenet ; *rev.* CMP 2010. Comm.133, note G. Eckert.
[1118] Voir en ce sens CE, avis, 26 avr. 2018, relatif à la renonciation au projet d'aéroport Notre Dame- des- Landes, n°394398.
[1119] Voir la fiche sur « Les recours contentieux liés à la passation des contrats de la commande publique » Direction des affaires juridiques, p. 9.

porte pas une atteinte excessive à l'intérêt général ou aux droits du cocontractant.

Il est en droit demander l'indemnisation du requérant, tendant exclusivement à une indemnisation du préjudice subi à raison de l'illégalité de la conclusion du contrat dont il a été évincé. Cette demande d'indemnisation n'est pas enfermée dans un délai de deux mois[1120].

Le juge, après avoir vérifié que sa décision ne porte pas une atteinte excessive à l'intérêt général, relève d'office et prononce l'annulation totale ou encore partielle du contrat si le contenu est illicite, ou encore s'il se trouve affecté d'un vice de consentement ou de tout autre vice d'une particulière gravité.

Le recours de pleine juridiction en contestation de validité du contrat a permis au candidat lésé de saisir le juge administratif non plus uniquement des manquements aux règles de publicité et de mise en concurrence, mais également pour des irrégularités relevant de ce contrat.

L'étendue de cette voie de recours est salvatrice pour les tiers qui espèrent de ce recours, soit une annulation partielle ou totale de son contrat, soit une résiliation du contrat ou encore une indemnisation du préjudice qu'ils ont subi.

§2 - Le recours en responsabilité de l'acheteur lors de la passation du contrat de partenariat public-privé : un recours exclusivement indemnitaire

A côté des procédures urgences ouvertes aux parties prenantes et, à notre sens sont jugées peu satisfaisantes, une autre voie de recours s'ouvre à elles.

Il s'agit du recours en responsabilité contre l'acheteur dans le cadre de la passation du marché qui ne peut être recherchée que lorsque la personne publique a commis un acte illicite ou encore commis une faute au cours de cette procédure.

Ainsi, la responsabilité de l'acheteur ne peut être engagée que sur le fondement extracontractuel, car en vertu de l'effet relatif des contrats, le contrat n'a d'effet qu'entre les parties. De ce fait, les parties prenantes au

---

[1120] CE avis, 11 mai 2011, *Société Rébillon Schmit Prévot,* Req.n°347002.

contrat ne sont recevables qu'à introduire un recours indemnitaire au titre de la perte de chance[1121].

Cependant, le recours en responsabilité de l'acheteur n'est pas toujours évident à mettre en jeu. Il est soumis à la fois à une procédure préalable et au respect des délais (A) et à la survenance de deux principaux facteurs (B).

A - L'action en responsabilité de l'acheteur

Lorsque du fait d'un acte illégal pris lors de la passation du contrat de partenariat, ou encore d'un comportement fautif de l'acheteur, les parties prenantes ou encore le candidat attributaire subi un préjudice, la responsabilité de l'acheteur est recherchée sur le terrain indemnitaire. Cependant, cette action obéit à certaines règles procédurales relatives à l'exigence d'une demande préalable (1), aux délais de saisine du juge (2).

1- L'exigence d'une demande préalable

L'action en responsabilité de l'acheteur devant le juge doit obligatoirement être précédée d'une demande préalable. Il s'agit d'une procédure par laquelle le candidat évincé ou attributaire, adresse une demande à l'acheteur lui faisant part de ses prétentions.

L'article R 421-1 du CJA précise que la requête tendant au paiement d'une somme d'argent n'est recevable *« qu'après l'intervention de la décision prise par l'administration sur une demande préalablement formée devant elle »*. Aussi, le juge administratif ne peut être compétent pour faire droit à des demandes d'injonction sans annuler au préalable des actes administratifs. La jurisprudence est constante à ce sujet[1122] en se fondant sur le principe du « privilège du préalable » interdisant au juge d'émettre des injonctions qu'elle a pu faire.

[1121] CE, 18 juin 2003, *Gpt. Entr. Solidaires ETPO Guadeloupe*, n°249630, CMP 2003, comm 171, F. Olivier.

[1122] CE, 11 avril 2008, établissement français du sang, n°281374., CE, avis du 27 mars 2019, n°426472., CE, avis 19 février 2021, n°439366.

Néanmoins, il y'a un bon sens et nous reprendrons la formule de M. Nicolas Polge en ce que : *« Lorsqu'on subit un dommage engageant la responsabilité de l'administration, à n'en saisir le juge que si l'administration a déjà manifesté refus ou retard à le reconnaître et à en assumer les conséquences*[1123] ».

Cette demande ne doit pas être confondue avec de simples doléances car, seule une véritable demande, c'est-à-dire celle adressée à l'autorité compétente et par laquelle l'acheteur comprend ce qui lui est reproché, fait courir les délais.

2 - Les délais de saisine du juge

Le délai de saisine d'une action en responsabilité contre l'acheteur commence à courir dès le rejet de la demande préalable. Ce délai légal est fixé à deux mois à partir de la notification de la décision attaquée[1124]. Il est augmenté de deux mois lorsque le requérant réside à l'étranger[1125].

Cependant, la présentation de conclusions indemnitaires par le concurrent évincé d'une procédure de marché public en vue d'obtenir la réparation de ses droits lésés, n'est pas soumise au délai de deux mois suivant l'accomplissement des mesures de publicité du contrat, applicable aux seules conclusions tendant à sa résiliation ou à son annulation[1126].

B - La mise en jeu de la responsabilité de l'acheteur

Deux principaux facteurs permettent de mettre en jeu la responsabilité de l'administration dans la cadre de la passation d'un contrat de partenariat. Il peut s'agit : soit d'une responsabilité pour faute et dans ce cas, ce qui est regardé est le comportement fautif de l'acheteur ayant affecté ou empêché la passation du contrat (1), soit d'une responsabilité de l'acheteur pour d'un acte illégal dans cette figure, et dans cette hypothèse, ce qui est recherché, c'est

---

1123 Voir les conclusions de M. Nicolas Polge, rapporteur public, Section du contentieux Séance du 15 mars 2019 Lecture du 27 mars 2019.

1124 Voir l'article R421-1 du CJA.

1125 Voir l'article R421-7 du CJA.

1126 Voir l'arrêt n° 291545 du 16 juillet 2007 dite « Société Tropic Travaux », voir aussi CAA de Douai, 18 janv. 2018, n°16DA00206.

l'irrégularité de l'acte pris par l'acheteur ayant conduit à la passation du marché partenariat (2).

La personne publique peut voir sa responsabilité engagée lorsque, pour mener à bien une procédure de passation du marché, elle a pris des actes contraires à la légalité.

La responsabilité de la personne publique pour acte illégal s'apprécie dans deux cas de figures : en cas d'exclusion illégale d'un candidat et lorsque la signature ayant conduit au marché est illégale. L'exclusion d'un candidat du marché est une procédure par laquelle l'acheteur interdit à un partenaire privé ou même public de candidater ou encore de présenter une offre au marché public.

Hormis les interdictions de soumissionner mentionnées par le code de la commande publique en ses articles L. 2141-1 à L. 2141-5 relatifs aux exclusions de plein droit et, les articles L. 2141-7 à L. 2141-10, pour celles laissées à l'appréciation de l'acheteur, la responsabilité de l'acheteur est recherchée pour réparer le préjudice subi par le candidat du fait d'une éviction illégale.

Le juge administratif admet la responsabilité de l'acheteur pour éviction illégale mais, subordonne la réparation du préjudice subi par le candidat à l'existence d'une perte de chance. La jurisprudence de la « *commune d'Amiens* » du 27 janvier 2006 résume parfaitement la réparation accordée par le juge administratif en cas d'éviction irrégulière.

Il en ressort expressément que : « *lorsqu'une entreprise candidate à l'attribution d'un marché public demande la réparation du préjudice né de son éviction irrégulière de ce marché, il appartient au juge de vérifier d'abord si l'entreprise était* ***dépourvue de toute chance de remporter le marché*** *; que, dans l'affirmative, l'entreprise n'a droit à aucune indemnité ; que, dans la négative, elle a droit en principe au remboursement des frais qu'elle a engagés pour présenter son offre ; que, dans le cas où l'entreprise avait* ***des chances sérieuses d'emporter le marché****, elle a droit à l'indemnisation de l'intégralité du manque à gagner qu'elle a subi*[1127] ».

Ainsi, lorsque l'entreprise évincée n'avait aucune chance de remporter le marché, elle n'aura droit à aucune indemnité[1128] . C'est le cas par exemple lorsque l'entreprise illégale évincée ne disposait d'aucune garantie financière

---

[1127] CE, 27 janvier 2006, n° 259374.

[1128] CE, 4 juin 1976, « Desforêts », rec. 301.

et professionnelle de sorte que *« si le marché avait été attribué dans des conditions régulières, il n'est pas établi que la société aurait eu une chance sérieuse*[1129] ».

A contrario, le juge administratif fait droit à la demande d'indemnisation de l'entreprise évincée qui, pourtant, avait une chance faible d'obtenir le marché. Cette indemnisation n'a pour effet que de compenser la perte subie par celle-ci et non le gain qu'aurait engendré l'obtention du marché.[1130] Par ailleurs, dès lors qu'il est démontré que l'éviction a fait perdre à l'entreprise une chance sérieuse ou même très sérieuse d'obtenir le contrat, la réparation de ce préjudice prend en compte tant la perte de chance que le manque à gagner[1131].

C'est le cas par exemple lorsque l'offre du candidat qui a été évincé était meilleure que celle du candidat attributaire[1132]. Dans cette espèce, le calcul de l'indemnité sera fonction du montant du manque à gagner.

Toutefois, l'appréciation de la perte de chance sérieuse est très difficile à apprécier pour le juge. Le Conseil d'État oblige les juges du fond à se prononcer sur l'existence ou non d'une perte de chance, mais également à motiver cette appréciation sans se borner à invoquer le résultat de l'instruction.

Par exemple, dans l'espèce *Société Pradeau et Morin*, dans laquelle la société requérante soutenait qu'elle disposait d'une chance sérieuse de remporter le marché dès lors, en premier lieu, que le prix qu'elle proposait était inférieur à celui résultant de l'offre retenue, en deuxième lieu, que seules deux entreprises avaient manifesté leur intérêt pour le marché, en troisième lieu, que la valeur technique de son offre n'avait pu être comparée à celle de l'entreprise attributaire du marché, le Conseil d'État, pour annuler la décision de la Cour Administrative d'Appel, retiendra qu'en se bornant à relever qu'il ne résultait pas de l'instruction que la *Société Pradeau et Morin* disposait d'une chance sérieuse de se voir attribuer le marché, sans exposer les considérations de fait qui motivaient cette appréciation, la CAA a insuffisamment motivé son arrêt eu égard à l'argumentation développée devant elle[1133].

La signature d'un contrat par une personne incompétente constitue un vice d'une particulière gravité entachant la passation du contrat. Aussi, le

---

1129 1129 CE, 9 décembre 1987, « *Chambre d'agriculture des Deux-Sèvres* », n° 70836, publié au recueil Lebon.

1130 CE, 23 mars 1994, « Sivu du golf de Cognac », « CJEG » 1995, p. 27.

1131 Voir CE, 19 janv 2015, « *Sté Spie Est* », n° 384653.

1132 Voir en ce sens CE, 8 Fév. 2010, « Cne de la Rochelle », n° 314075.

1133 CE 27 octobre 2010 *Société Pradeau et Morin* req. n° 318023.

cocontractant de l'acheteur à qui la signature illégale a causé un préjudice pourra saisir le juge d'une demande en réparation.

Ce droit à réparation du cocontractant de l'acheteur dont le contrat est entaché d'une illégalité au niveau de la signature a été consacré par une jurisprudence administrative antérieure. En effet, par décision du CE du 23 mai 1979, *« Commune de Fontenay-le-Fleury »*, le juge administratif considérait que « *l'entrepreneur dont le contrat est entaché de nullité est fondé à réclamer, en tout état de cause, le remboursement de celles de ses dépenses qui ont été utiles à la collectivité envers laquelle il s'était engagé ; dans le cas où la nullité du contrat résulte... d'une faute de l'Administration, l'entrepreneur peut en outre prétendre à la réparation du dommage imputable à cette faute et, le cas échéant, demander à ce titre le paiement du bénéfice dont il a été privé par la nullité du contrat si, toutefois, le remboursement à l'entreprise de ses dépenses utiles ne lui assure pas une rémunération supérieure à celle à laquelle il aurait eu droit en application des stipulations du contrat* ».

Au sens de cette jurisprudence, dès lors que le dommage résulte d'une faute de l'acheteur, le titulaire du marché peut, sous certaines conditions, prétendre à une réparation du préjudice. Celle-ci ne doit par conséquent prendre en compte que les dépenses réellement engagées[1134] à hauteur de leur utilité. Ce qui suppose que l'indemnité soit limitée à l'enrichissement corrélatif de la collectivité[1135]. Autrement dit, il y'a de forte chance pour que l'entrepreneur ne puisse pas recouvrer la totalité des sommes qu'il a engagées. Cette solution fut également consacrée relativement au marché de partenariat par le code de la commande publique française notamment à l'article L2235-1 aux termes duquel : *« En cas d'annulation ou de résiliation du contrat par le juge, faisant suite au recours d'un tiers, le titulaire du marché de partenariat peut prétendre à l'indemnisation des dépenses qu'il a engagées conformément au contrat dès lors qu'elles ont été utiles à l'acheteur »*.

Il y'a lieu d'opérer un tri entre les sommes ayant réellement servi à l'administration et celles qui ne l'ont pas été. Pour ce faire, le juge exerce un

---

1134 CE, 16 avril, 1958, Mas : Lebon, p. 209.

1135 CE 18 juin 1980, Léon Duparc : Rec., p. 279 ; CAA Nancy 18 juin 1992, Commune d'Aulnoy-lez-Valenciennes et autres : Rec., T., p. 1100 et s. ; CE S. 20 octobre 2000, Citécâble Est, préc. Ainsi, en l'absence d'enrichissement de la collectivité, la demande d'indemnité est nécessairement rejetée (CE 30 janvier 1935, Dame Blot : Rec., p. 133 ; CE 29 mars 1944, Hospices civils de Méru: Rec., T., p. 432 ; CAA Paris 13 juin 1989, Association Pro Arte: Rec., T., p. 902). Voir également, Nil SYMCHOWICZ et Philippe PROOT, « Développements jurisprudentiels récents autour de la nullité des contrats publics », *BJCP, n*°58, mai-juin 2008, p.175.

contrôle sur les opérations d'expertise. De sorte que, les experts ne puissent céder à la facilité en considérant l'ensemble des dépenses engagées par le cocontractant dans le cadre du contrat[1136]. Néanmoins, la responsabilité pour faute de l'acheteur est atténuée, voire supprimée dès lors qu'il est démontré que le titulaire du marché a commis une faute ayant contribué à asseoir ce préjudice[1137].

La responsabilité pour faute de l'acheteur peut être retenue dès lors que des agissements matériels de celui-ci portent atteinte à la régularité de la procédure de passation du marché. Deux types de fautes sont à distinguer à ce sujet : en cas d'entraves à la conclusion du contrat ou encore lorsque par ses agissements incitent à une exécution anticipée du marché.

La faute de l'acheteur pour entraves à la conclusion peut être recherchée dès lors que l'acheteur, après avoir engagé des pourparlers avec un candidat de nature à créer chez lui une attente légitime[1138], rompt ensuite brutalement les discussions.

Dans ce cas de figure la responsabilité de l'acheteur est très difficile à mettre en œuvre. En effet, le juge administratif se montre très restrictif lorsque la faute de l'acheteur consiste en la rupture des pourparlers contractuels, ceci en vertu du principe liberté contractuelle, et donc de la liberté de contracter. Ce n'est qu'exceptionnellement en se fondant sur la mauvaise foi de l'acheteur[1139] ou encore sur l'absence de motif d'intérêt général, que le juge engage la responsabilité de l'acheteur. Cette hypothèse fut très bien résumée dans l'arrêt du 9 décembre 2016 « *société Foncière d'Europe* » dans lequel le Conseil d'État considérait que « *si la rupture unilatérale, par la personne publique, pour un motif d'intérêt général, des négociations préalables à la passation d'un contrat n'est pas de nature à engager sa responsabilité pour faute, cette responsabilité peut, toutefois, être mise en cause lorsque la personne publique, au cours des négociations, a incité son partenaire à engager des dépenses en lui donnant, à tort, l'assurance qu'un tel contrat serait signé, sous réserve que ce dernier n'ait pu légitimement ignorer le risque auquel il s'exposait(...)* [1140]».

1136 Voir en ce sens SYMCHOWICZ Nil, « *Les conséquences financières de la nullité des contrats publics* » commentaire fait de l'arrêt CAA Douai, 1re chambre - formation à 5, du 12 février 2004, 02DA00230, *in contrats publics*, n° 53 mars 2006, p. 49.

1137 CE, 10 avril 2008, « *Société Decaux, département des Alpes-Maritimes* », n°s 244 950, 284 439, 284 607.

1138 LICHEÈRE François et RICHER Laurent, *op.cit.*, p. 213.

1139 CE, 7 avril 1965, « *Sté Air Couzinet Transocéane* », rec. 229.

1140 CE, 9 décembre 2016 « *société Foncière d'Europe* », req n°391840.

Ainsi, eu égard à cette jurisprudence, nous notons une absence de réciprocité entre la personne publique et le partenaire privé car, contrairement à ce qui prévaut pour la personne publique, le partenaire privé qui rompt brusquement les pourparlers en retirant son offre avant la conclusion du contrat, engage sa responsabilité envers l'acheteur[1141].

Il faudrait également rappeler que les litiges opposant une personne morale de droit public à une entreprise ayant répondu à un appel d'offre préalable à la passation d'un marché public, nés à l'occasion du déroulement de la procédure de passation de ce marché public, relèvent, comme ceux relatifs à l'exécution d'un tel marché, de la compétence des juridictions administratives[1142].

Par conséquent, le cas échéant, la responsabilité du partenaire privé sera recherchée devant les juridictions administratives.

Il s'agit ici de l'hypothèse dans laquelle l'acheteur incite le candidat à commencer l'exécution du marché avant même que le contrat ne soit signé. Dans cette hypothèse, en se fondant sur le principe de l'enrichissement sans cause, la responsabilité de l'acheteur peut être expressément retenue bien qu'aucune faute n'ait été commise par lui dès lors que lesdits travaux ont reçu l'assentiment de l'acheteur et lui ont profité[1143].

La responsabilité de l'acheteur l'est également, s'il est démontré qu'il a encouragé le candidat à engager des dépenses qui ne se sont en fin de compte pas suivie de la conclusion du contrat[1144]. Le juge administratif se montre d'ailleurs très exigeant à ce sujet. Aussi, pour reconnaitre la faute de l'acheteur, le caractère sérieux du comportement incitatif de l'acheteur doit être recherché pour que le quasi contractant de l'acheteur puisse obtenir une indemnisation. Dans bien des cas, le juge administratif s'est borné à limiter la responsabilité de la personne publique en retenant la responsabilité partagée des parties[1145].

1141 CE, 9 décembre 1988, *syndicat intercommunal pour le ramassage d'ordures ménagères de Château-Salins et sa région,* req n° 72465. Publié au recueil Lebon.
1142 TC, 23 mai 2005, *Dpt Savoie, C3450,* publié au recueil Lebon.
1143 CE, 10 mai 1939, « *commune de chassien* », Rec.310.
1144 CE, 26 juillet, 1947, « *exposition internationale de paris* », rec. 350. Et plus récemment, CE 9 décembre 2016, « *Société Foncière Europe* », 391840 ; AJDA 2017, P. 690, note Glamour.
1145 CE, 26 décembre 2007, Soc. Procédé et Matériel de Construction 247, 277, BJCP, 2007, 466 concl. Boulouis.

En effet, pour limiter au mieux la responsabilité de l'acheteur, le juge administratif considère comme fautif le titulaire qui commet une imprudence en ne vérifiant pas la validité du contrat le liant à l'acheteur[1146].

Ainsi, l'imprudence du titulaire compensera pour partie, le fait que l'administration l'ait incitée à l'exécution du contrat « non définitif ». C'est du moins ce qui ressort de la jurisprudence antérieure.

Par décision du 26 février 1988, *OPHLM de Villeneuve-St-Georges c/ Courteille* par laquelle, le CE considérait « *qu'en l'absence de signature de l'acte d'engagement et de notification du marché, aucun lien contractuel ne s'est formé entre les parties ; qu'un tel contrat eut d'ailleurs été entaché de nullité, (...) l'office a commis une faute de nature à engager sa responsabilité en laissant croire à M. Courteille qu'il était titulaire d'un contrat de longue durée ; qu'il y a toutefois lieu de tenir compte de l'imprudence qu'a de son côté commise M. Courteille en effectuant des investissements et en recrutant du personnel sur le fondement d'actes qui ne pouvaient tenir lieu de marché ; qu'il sera fait une juste appréciation des circonstances de l'espèce en mettant à la charge de l'OFFICE PUBLIC D'HABITATIONS A LOYER MODERE DE VILLENEUVE-SAINT-GEORGES les trois quarts du préjudice indemnisable*[1147] ».

L'indemnisation du préjudice subi par le titulaire ne couvre alors que les dépenses réellement engagées à hauteur de leur utilité[1148].

1146 CE, 17 mai 1963, « Commune de Monein » ; CE, 29 septembre 1982, « Perez », rec. T. 673.

1147 CE, 26 février 1988, « *OPHLM de Villeneuve-St-Georges c/ Courteille* » n° 78530.

1148 Voir l'article sur les *« Marchés publics et délégations La responsabilité de l'Administration dans la passation d'un contrat »,* publié le *23/11/2001, Le Moniteur.*

Conclusion du Chapitre 1

L'étude du recours contentieux lié à la passation du contrat de partenariat public-privé aura été l'occasion d'analyser l'ensemble des procédures qui s'ouvrent à un tiers lésé lors de la passation du marché et, d'apprécier le caractère protecteur de celles-ci à l'égard des tiers. Le tout à la lumière des droits français et camerounais.

De celle-ci, il découle principalement une incomplétude du droit camerounais en la matière, le législateur camerounais ayant été très vague sur les voies de recours ouvertes au candidat lésé lors d'une procédure de passation du marché. Le recours y est essentiellement non juridictionnel, les délais de saisine expéditifs et les sanctions des irrégularités quasi-inexistantes. De sorte que, l'on peut dire sans risque de se tromper qu'en droit camerounais, les voies de recours du candidat évincé d'un contrat de partenariat public-privé sont limitées et très peu sécurisantes pour les tiers.

Aussi, notre étude a été faite essentiellement à la lumière du droit français duquel il ressort que, les tiers lésés ont la possibilité de saisir le juge administratif en urgence lorsqu'ils constatent des irrégularités lors de la procédure de passation. A cet égard ils ont recours au référé précontractuel avant la signature du contrat et au référé contractuel après signature.

Cependant, ces voies de recours sont soumises à des contraintes procédurales, compte tenu des gardes fous posés par la jurisprudence, tant au niveau de l'intérêt à agir, qu'au niveau de l'opérance des moyens et bien plus encore de la raréfaction des sanctions du juge, les rendant ainsi difficiles et peu rassurants pour les tiers.

Toutefois, la mise en place d'autres voies de recours, à savoir le recours de pleine juridiction en contestation de validité du contrat et le recours en responsabilité de l'acheteur est perçue comme salvatrice pour les tiers. En plus de pouvoir contester les autres irrégularités affectant la validité du contrat et obtenir lorsque le vice entachant la validité est très grave l'annulation du contrat, le tiers lésé peut également obtenir de l'acheteur le paiement de dommage et intérêt pour le préjudice subi du fait de son éviction du contrat.

Ainsi, même si le contentieux des tiers en droit français présente certaines lacunes, celles-ci ne permettent pas d'affirmer que les tiers au contrat se trouvent lésés dans cette procédure ou qu'elle est peu sécurisante. D'autant plus qu'au regard des nombreuses jurisprudences en la matière, ces voies de recours sont en constante évolution. Une évolution qui serait d'ailleurs la bienvenue en droit camerounais.

CHAPITRE II

LE CONTENTIEUX DE L'EXÉCUTION DU CONTRAT DE PARTENARIAT

Le contentieux de la passation du contrat de partenariat public-privé a été l'occasion de ressortir l'ensemble des voies de recours ouvert aux tiers qui se sentent lésés par la passation du contrat. Ce contentieux ne concerne que les tiers lésés, le titulaire du marché n'ayant quant à lui, aucun intérêt à demander l'annulation du marché.

Cependant, du fait de la complexité et de la très longue durée de ce contrat, les contractants se trouvent exposés à un risque de contentieux.

Ce contentieux peut se réaliser au cours de trois principales étapes de l'exécution du marché que sont : la phase de préparatoire, durant laquelle les divergences d'interprétation des prescriptions techniques élaborées en amont par la maîtrise d'ouvrage publique aboutissent à un contentieux ; la phase de réception des travaux, les litiges peuvent porter sur les désordres apparus en cours d'exécution et la levée des réserves.

Enfin la phase d'établissement du décompte général et définitif, celle-ci faisant apparaitre la problématique des désordres que la personne publique n'a pas pu régler ou encore n'a pas su déceler pendant l'exécution du marché.

D'autres situations conflictuelles subviennent également en cours d'exécution du contrat de partenariat, celle relative aux délais, aux travaux supplémentaires ou même à l'interruption des travaux.

Ainsi, lorsqu'un litige survient en cours d'exécution entre les parties, deux alternatives s'ouvrent à elles. Elles décident de saisir le juge du contrat, et ouvrent une procédure contentieuse devant la juridiction administrative (Section 2) ou encore, elles recherchent une alternative au procès par le biais d'un accord amiable (Section1).

Section 1 - Les modes alternatifs de résolution des litiges dans le contrat de partenariat public-privé

« *Un mauvais arrangement vaut mieux qu'un bon procès*[1149] ». Cet adage d'honoré de Balzac[1150] pose clairement le problème des alternatives au procès, une solution de substitution au règlement des litiges, particulièrement souple à mettre en œuvre, sécurisant et moins coûteux pour les parties. Plus connus en France et au Cameroun sous le terme de *« modes alternatifs de résolution des litiges »,* ces procédés qui pendant longtemps trouvaient à s'appliquer au contrat, *ont* de plus en plus un écho favorable auprès des personnes publiques[1151] qui y recourent particulièrement pour résoudre les litiges survenant en cours d'exécution du marché.

Bien que ces procédés ne soient pas propres au droit public ou encore au droit administratif, le recours à ces modes de règlement a été facilité par l'instauration d'une obligation précontentieuse de saisine de la personne publique[1152], celle-ci ayant pour but d'inciter les parties au marché à rechercher préalablement une solution amiable à leur différend. Ce n'est que lorsque le conflit persiste que les parties font appel au juge du contrat.

En principe dans les contrats administratifs, tout contentieux de l'exécution passe d'abord par une procédure obligatoire de réclamation préalable par laquelle les parties fixent les termes du litige. Le succès de toute action en justice dépend du bien-fondé de cette réclamation.

De même, le code de la commande publique reconnait et autorise les parties à recourir soit à la conciliation, à la médiation à la transaction ou encore à l'arbitrage pour résoudre les litiges survenant en cours d'exécution du marché[1153].

Ainsi la recherche d'une solution amiable des litiges entre les parties peut se regrouper en deux options, la première étant celle par laquelle les parties décident de résoudre elles même leur différend. Ici, le mémoire en réclamation

---

1149 CORREA Jean-Louis, « La médiation et la conciliation en droit sénégalais : libre propos sur un texte règlementaire », *Bulletin de droit économique*, 2017/2, p. 1.
1150 DE BALZAC Honoré, *Illusions perdues, éd Flammarion,* 2010, p. 688.
1151 Voir le point 22.2 de la Circulaire du 14 février 2012 relative au Guide de bonnes pratiques en matière de marchés publics.
1152 L'article 50 du CCAG travaux issus de l'arrêté du 8 septembre 2009.
1153 Voir en ce sens le Chapitre VII relatif au Règlement alternatif des différends : Article L2197-1 et suivant du code de la commande publique en France.

suffit pour trouver un accord. La deuxième est celle par laquelle elles font intervenir un tiers chargé de les aider à trouver une solution à leur litige.

Les parties opteront ici, soit pour une conciliation ou une médiation, ou alors pour une transaction. Elles peuvent également d'un commun accord décider de confier le règlement de ce litige à un tribunal arbitral.

Au Cameroun, comme en France ces modes alternatifs de règlement de litiges sont reconnus pour la résolution des litiges mettant aux prises l'administration sans avoir à recourir au juge. Ceci afin de garantir la sécurité juridique des activités économiques, favoriser l'essor de celles-ci et encourager l'investissement. Aussi, dans le cadre des contrats de partenariat public-privé, l'article 5 de la loi du 29 décembre 2006 prévoit que le contrat devra obligatoirement comporter des clauses relatives *« aux modalités de prévention et de règlement des litiges et aux conditions dans lesquelles il peut, le cas échéant, être fait recours à l'arbitrage avec application de la loi camerounaise »*.

Cette disposition tend à la fois à protéger les opérateurs économiques acteurs majeurs de l'économie, mais aussi de permettre à l'État de se munir des ressources nécessaires pour jouer son rôle de régulateur tant par le biais des procédures simplifiées, qu'humanisées, permettant ainsi aux parties soumises à un litige d'y mettre fin rapidement[1154]. Dans la pratique camerounaise, parmi les modes de résolutions des litiges sus cités, les procédures de médiation, et d'arbitrage sont les plus utilisées.

Dans le cadre de notre étude, l'analyse des modes alternatifs de résolution des litiges dans le contrat de partenariat public-privé nécessite de s'intéresser à la procédure contractuelle de réclamation préalable, étape obligatoire avant tout recours contentieux (§1) et aux modes alternatifs de règlement des litiges proprement dits (§2).

§1 - Le mémoire en réclamation, un préalable au contentieux

Qu'il s'agisse de la France ou du Cameroun, la procédure de réclamation préalable est une procédure obligatoire en droit des marchés publics, et par conséquent pour le contrat de partenariat public-privé. Il s'agit d'une étape

[1154] BIAKAN Jacques, *Précis de contentieux des contrats publics au Cameroun*, Paris, *L'Harmattan*, 2017, p. 53.

importante par laquelle les parties contractantes tentent de régler à l'amiable les différends survenant en cours d'exécution de leur contrat.

En effet, dans ce contrat, des différends subviennent entre les parties et ce, pour différentes raisons telles que, le non-respect des délais, des objectifs de performance non atteints, ou encore des malfaçons.

Pour être en mesure de réclamer ses droits, la partie requérante engage une procédure spécifique, celle du mémoire en réclamation.

Le mémoire en réclamation est document notifié par le titulaire du marché comportant l'énoncé d'un différend et exposant, de façon précise et détaillée, les chefs de la contestation en indiquant, d'une part les montants des sommes dont le paiement est demandé et, d'autre part, les motifs de ces demandes, notamment les bases de calcul des sommes réclamées[1155]. Ainsi, quel est le régime juridique de cette procédure (A), et quelle peut être sa conséquence sur le marché (B).

A - Le régime juridique du mémoire en réclamation préalable

En droit camerounais, tout comme en droit français, tout différend entre le prestataire et le chef de service du marché doit faire l'objet, de la part du prestataire, d'un mémoire de réclamation[1156]. Par conséquent, tout litige entre les parties à un marché public peut faire l'objet d'une réclamation.

Cette réclamation porte le plus souvent sur des demandes d'indemnisation en raison d'un retard sur le chantier ou encore de travaux supplémentaires réalisés en l'absence d'ordre de service[1157].

Il en est de même pour les litiges qui naissent en cours d'exécution du contrat, à l'instar des différends relatifs à la mise en œuvre d'une procédure de résiliation du contrat. Le mémoire en réclamation apparaît donc comme l'étape obligatoire à respecter avant toute instance contentieuse.

[1155] CE, 31 octobre 2012, *communauté d'agglomération Reims métropole*, n°349281, et voir également CE, 15 février 2012, *commune de Souclin,* n°3462255.

[1156] C'est du moins ce qui ressort de l'article 79-1 du CCAG applicable aux marchés publics au Cameroun.

[1157] MARTINEZ Benjamin et SERR Fabien, *op.cit.,* p. 388.

En droit français, l'absence de mémoire en réclamation[1158] en cas de différend entre les parties, fait obstacle à la recevabilité du recours contentieux. L'analyse du régime juridique de la procédure de réclamation préalable pose le problème du contenu d'un mémoire en réclamation, sa forme, mais aussi ses délais. Nous envisagerons donc dans notre analyse les conditions de fond (1) et de forme (2) de ce mémoire en réclamation.

1 - Les conditions de « fond » d'un mémoire en réclamation

Le contenu du mémoire en réclamation est précisé à l'article 55.1.1. du CCAG travaux 2021 aux termes duquel, *« Si un différend survient entre le titulaire et le maître d'œuvre, sous la forme de réserves faites à un ordre de service ou sous toute autre forme, ou entre le titulaire et le représentant du pouvoir adjudicateur, le titulaire rédige un mémoire en réclamation. Dans son mémoire en réclamation, le titulaire expose les motifs de son différend, indique, le cas échéant, les montants de ses réclamations et fournit les justifications nécessaires correspondant à ces montants »*.

Ainsi, au sens de cet article, un mémoire en réclamation respecte quatre (4) conditions cumulatives qui sont : l'énoncé du différend, l'énumération des chefs d'accusation, le montant des sommes demandées et la base de calcul.

L'énoncé du différend consiste pour la partie requérante de rappeler de manière détaillée tous les faits à l'origine du différend. L'énumération des chefs de contestation fait ressortir les différents postes concernés entre autres, les quantités réalisées et non rémunérées, les préjudices liés à la mauvaise réalisation des études et aux défaillances dans l'exécution du chantier, notamment ceux liés à la prolongation des délais contractuels, en listant toutes les pièces justificatives démontrant le bienfondé de la réclamation.

Comme justificatifs, il peut être produit les ordres de services, les réserves émises par le requérant, les avenants, les constats, ou encore les comptes rendus de chantier. S'agissant du montant des sommes demandées, il est décliné selon les différents postes identifiables, auxquels s'ajoutent une estimation des éventuels intérêts moratoires et le montant total de l'indemnisation.

[1158] CAA paris, 05 février 2020, 6e chambre, n° 17PA20539.

La base de calcul est prise sur la référence aux prix initiaux du marché et en indiquant leur référence, leur numéro (dans les documents financiers) et le libellé de sa demande, ainsi que les index de révision associés – en fonction des périodes concernées.

Ainsi, la jurisprudence administrative estime qu'une lettre du requérant demandant le paiement d'une somme globale qu'il pense lui rester due, et qui ne comporte aucune autre précision sur ses motifs, notamment sur les bases de calcul de la somme demandée, ne peut être regardée comme un mémoire de réclamation au sens des stipulations[1159].

2 - Les conditions de « forme » d'un mémoire en réclamation

Les conditions de forme du mémoire en réclamation sont relatives à la conformité des délais et du destinataire du mémoire en réclamation. En droit français, le CCAG-travaux distingue deux types de délais, celui relatif à la transmission du mémoire de réclamation et un délai de « réponse » de l'acheteur.

Aux termes de l'article 50.1.1 du CCAG- travaux en France, lorsqu'un différend survient entre le titulaire et l'acheteur en cours d'exécution du contrat, le titulaire rédige un mémoire de réclamation[1160].

Ainsi, lorsque la réclamation porte sur le décompte général, le mémoire en réclamation doit être transmis dans un délai de trente jours à compter de la date de notification du décompte général. Le point de départ du délai de contestation correspond à la date de notification du décompte général au titulaire ou encore à son mandataire [1161].

Ce délai commence à courir à minuit, le lendemain du jour où s'est produit le fait qui sert de point de départ à ce délai à savoir du jour où la notification a été reçue et expire à la fin du dernier jour de la durée prévue, à la même heure[1162].

[1159] CE, 31 mai 2010, n°313184.
[1160] L'article 55.1.1 du CCAG- travaux en France.
[1161] *Ibid.*
[1162] L'art 3.2.1 du CCAG travaux 2021.

Cependant, lorsque le délai est fixé en jours, il s'entend en jours calendaires et il expire à minuit le dernier jour du délai[1163]. Le titulaire rapporte la preuve de la date de l'envoi de son mémoire en réclamation par le cachet de la poste ou bien par le rapport d'émission de la télécopie ou encore par la date apparaissant sur la copie du courriel[1164].

En effet, au sens de l'article 55.1.2 du CCAG-Travaux en France, « *après avis du maître d'œuvre, le représentant du pouvoir adjudicateur notifie au titulaire sa décision motivée dans un délai de trente jours à compter de la date de réception du mémoire en réclamation* ».

L'absence de notification d'une décision dans ce délai équivaut à un rejet de la demande du titulaire[1165]. Contrairement au CCAG-travaux français, la loi camerounaise n'a pas fixé de délai pour la notification d'un mémoire en réclamation. Cependant, le délai de réponse de l'acheteur se trouve tout de même encadré.

Au Cameroun, le chef de service du marché dispose alors d'un délai de deux (2) mois à partir de la réception du mémoire de réclamation pour notifier la décision du maître d'ouvrage[1166].

Toutefois, lorsque le représentant du pouvoir adjudicateur n'a pas donné suite ou n'a pas donné une suite favorable à une demande du titulaire, le règlement définitif du différend relève des procédures contentieuses[1167].

B - Les conséquences de la procédure de réclamation préalable

La mise en œuvre de la procédure de réclamation préalable aboutit inéluctable à trois cas de figure à savoir, le recours par le titulaire à une procédure contentieuse (1), la saisine d'un tiers pour tenter un règlement à l'amiable du différend (2) ou encore la prise en compte des réclamations par l'acheteur (3).

[1163] L'art 3.2.2. du CCAG travaux2021.
[1164] CAA Bordeaux 3 mars 2015, Société *Area Impianti*, req. n° 12BX00902.
[1165] L'article 55.1.3 du CCAG- Travaux 2021.
[1166] Voir en ce sens l'article 48.2du CCAG-Travaux au Cameroun.
[1167] L'art 55.1.4. du CCAG-Travaux 2021 en France.

1 - L'ouverture d'une procédure contentieuse

Au terme de la procédure de réclamation préalable, si aucun n'accord n'a été trouvé entre les parties au contrat, le titulaire du marché saisit le tribunal administratif compétent.

Cependant, il ne porte devant cette juridiction que les chefs et motifs énoncés dans les mémoires en réclamation[1168].

Le titulaire dispose alors d'un délai de six mois à compter, de la notification de la décision prise par le représentant du pouvoir adjudicateur, ou de la décision implicite de rejet pour porter ses réclamations devant le tribunal administratif compétent lorsque, ces réclamations portent sur le décompte général du marché.

2 - L'intervention d'un tiers dans le règlement amiable du différend

Lorsque les parties n'ont pas su trouver un accord pendant la procédure de réclamation préalable, elles peuvent soit décider de poursuivre la tentative de règlement à l'amiable par l'intervention d'un tiers.

C'est le cas lors d'une médiation ou d'une conciliation, ou même d'un recours à un arbitre.

3 - L'acceptation de la réclamation par l'acheteur

Ce troisième cas de figure est l'issue la plus favorable pour le titulaire du marché, car l'acheteur accepte ses réclamations. A cet effet, il procède par voie d'avenant à la prise en compte des réclamations du titulaire[1169].

Cet avenant permet de fixer le montant exact des indemnisations acceptées au profit du titulaire[1170].

[1168] L'art 55.3.1 du CCAG-Travaux2021 en France.
[1169] CE, 25 mars 2002, *Société GTM International*, req. N°187885.
[1170] MARTNEZ Benjamin et SERR Fabien, *op.cit.*, p. 391.

§ 2 - Le règlement amiable des litiges nécessitant l'intervention d'un tiers

La longue durée du contrat de partenariat et sa complexité n'excluent pas la survenance de différends entre les parties en cours d'exécution du marché.

Pour y faire, les parties au contrat bien souvent parviennent à un accord en sollicitant l'intervention d'un tiers.

Plusieurs voies de règlement nécessitant l'intervention d'un tiers s'ouvrent alors à elles : la médiation, le recours au comité consultatif de règlement amiable, (A) et la transaction (B).

A - La médiation administrative et le recours au comité consultatif de règlement à l'amiable dans le contrat de partenariat public-privé.

La procédure administrative contentieuse reconnaît aux parties le droit de recourir à la médiation et même à un comité consultatif de règlement à l'amiable pour régler leurs différends.

A cet effet, chaque fois que le contrat de partenariat public-privé relève du droit public, les parties à ce contrat recourent à un tiers conciliateur ou encore à un médiateur dans les conditions fixées par les chapitres I et II du titre II du livre IV du code des relations entre le public et l'administration[1171].

Lorsqu'au contraire, ce contrat relèverait du droit privé, ce sont les conditions prévues aux dispositions du chapitre Ier du titre VI du livre Ier et du chapitre II du titre Ier du livre V du code de procédure civile qui seront respectées[1172].

Le recours à la médiation ou à la conciliation est autorisé pour le règlement des différends survenant dans le contrat de partenariat public-privé. Dans le cadre de notre étude cependant, nous nous intéresserons uniquement à la médiation. En effet, la loi de modernisation de la justice du XXIe du 18

[1171] L'article L2197-1 du Code de la commande publique.
[1172] L'article L2197-2 du code de la commande publique.

novembre 2016[1173] en abrogeant l'article L 211-4 du CJA[1174] relative au recours à la conciliation dans les tribunaux administratifs, a retiré cet outil de l'arsenal du contentieux administratif et, par la même occasion, elle a institué en son article 5 la procédure de « médiation[1175] ».

Les parties au contrat de partenariat peuvent donc, dans le cadre de leur tentative de règlement amiable de leur différend, soit recourir à la médiation (1), soit demander l'aide du comité consultatif de règlement à l'amiable des litiges (2).

1 -Le recours à la médiation administrative dans le contrat de partenariat

Au sens, l'article L 213-1 du CJA, *« la médiation régie par le présent chapitre s'entend de tout processus structuré, quelle qu'en soit la dénomination, par lequel deux ou plusieurs parties tentent de parvenir à un accord en vue de la résolution amiable de leurs différends, avec l'aide d'un tiers, le médiateur, choisi par elles ou désigné, avec leur accord, par la juridiction ».*

La médiation est un mode alternatif de différend par lequel les parties tentent de résoudre leur différend avec l'aide d'un tiers. Ce mode de règlement à l'amiable est une pratique plus ancienne en droit français[1176] que camerounais. En droit camerounais, c'est l'acte uniforme relatif à la médiation en droit OHADA adopté le 23 novembre 2017, qui vient pallier l'incomplétude des textes existant dans la plupart des États-membres de cette organisation, ouvrant ainsi la voie à la médiation.

[1173] Loi n° 2016-1547 du 18 novembre 2016 de modernisation de la justice du XXIe siècle.

[1174] L'article L2111-4 « Dans les tribunaux administratifs et les cours administratives d'appel, les chefs de juridiction peuvent, si les parties en sont d'accord, organiser une mission de conciliation et désigner à cet effet la ou les personnes qui en seront chargées. »

[1175] GAZAGNES Philippe, « La médiation administrative », *AJDA,* n°141, 3 décembre 2018, p. 2334.

[1176] Le droit français, La *médiation conventionnelle* a fait son apparition en France dès le début des années 1980 tout d'abord dans les associations spontanées de soutien de la parentalité, et existe sous la forme de « médiation judiciaire » depuis la loi du 8 février 1995.

Ce nouvel acte s'inspire longuement de la loi-type de la CNUDCI sur la conciliation commerciale internationale[1177] qui sert alors de base à l'adoption des lois sur la médiation et au besoin, à l'application de la Convention des Nations Unies sur les accords de règlements internationaux issus de la médiation (également connue sous le nom de « Convention de Singapour sur la médiation »)[1178].

L'article 1 (a) de l'AUM (Acte uniforme relatif à la médiation)[1179]définit la « médiation» comme étant *« tout processus, quelle que soit son appellation, dans lequel les parties demandent à un tiers de les aider à parvenir à un règlement amiable d'un litige, d'un rapport conflictuel ou d'un désaccord (ci-après le « différend ») découlant d'un rapport juridique, contractuel ou autre ou lié à un tel rapport, impliquant des personnes physiques ou morales, y compris des entités publiques ou des États ».*

L'intérêt de la médiation est de parvenir à un accord entre les parties qui, une fois homologué par le juge administratif, lui donne force exécutoire. Les codes de la justice administrative française et AUM applicable au Cameroun distinguent plusieurs modes de recours à la médiation. Celle à l'initiative des parties et celle mise en œuvre par le juge administratif.

➢ **La médiation à l'initiative des parties.**

En dehors de toute procédure juridictionnelle, la mise en œuvre d'une procédure de médiation peut être organisée par les parties au contrat. Lorsqu'elle est initiée par les parties, elle prend la forme d'une médiation *ad hoc*, dans laquelle, les parties organisent librement les conditions de désignation du médiateur, les règles de conduite de la procédure, le lieu de la médiation et son coût.

En droit français par exemple, les parties peuvent designer elles-mêmes un médiateur ou encore demander en dehors de toute procédure juridictionnelle,

---

[1177] Cette loi-type de la CNUDCI sur la conciliation commerciale internationale Initialement adoptée en 2002 portait sur la procédure de conciliation. Elle fut rebaptisée en 2018, après l'ajout d'un nouveau chapitre sur les accords de règlement internationaux et leur exécution en « Loi type sur la médiation commerciale internationale et les accords de règlement internationaux issus de la médiation ».
[1178] Voir en ce sens, site web de l'ONU, texte de lois et ratifications plus précisément *« Loi type de la CNUDCI sur la médiation commerciale internationale et les accords de règlement internationaux issus de la médiation (2018) ».*
[1179] Acte Uniforme relatif à la médiation en droit OHADA qui trouve à s'appliquer au Cameroun.

l'assistance du président du tribunal ou de la cour administrative d'appel territorialement compétent[1180].

En droit OHADA en revanche, les parties demandent l'assistance de toute personne physique ou morale notamment, un centre ou une institution offrant des services de médiation, dénommée « autorité de désignation »[1181]. Le médiateur choisi par les parties accomplit sa mission en respectant les principes directeurs de cette procédure.

Ces principes ont été repris à l'article 8 de l'AUM en droit OHADA au sens duquel : « le médiateur et toute institution établie dans l'un des États parties offrant des services de médiation adhèrent aux principes garantissant le respect de la volonté des parties, l'intégrité morale, l'indépendance et l'impartialité du médiateur, la confidentialité et l'efficacité du processus de médiation. Le médiateur s'assure que la solution envisagée reflète réellement la volonté des parties dans le respect des règles d'ordre public ».

Ces principes sont les mêmes que prône le code de la justice administrative en France, qui exige du médiateur qu'il accomplisse sa mission avec impartialité, compétence et diligence[1182]. Ainsi, lorsqu'une personne est sollicitée en vue de sa désignation en qualité de médiateur, elle a l'obligation de signaler toutes circonstances de nature à soulever des doutes légitimes sur son impartialité ou son indépendance. À compter de la date de sa nomination et, durant toute la procédure de médiation, le médiateur est tenu de révéler aux parties, sans tarder, toutes circonstances nouvelles susceptibles de soulever des doutes légitimes sur son impartialité ou son indépendance[1183].

La médiation dans le cadre des marchés publics est frappée du sceau de la confidentialité[1184]. Toutes les informations et les correspondances échangées au cours de la médiation ne doivent par conséquent, pas être divulguées sauf accord contraire des parties[1185].

Cependant, l'accord auquel aboutit la médiation quant lui, peut être communiqué. Que nous soyons en droit français ou encore en droit OHADA pour le Cameroun, la procédure de médiation présente un double intérêt pour les parties.

1180 Voir l'article L213-5 du CJA.
1181 L'article 5 de l'AUM.
1182 Voir en ce sens l'article L213-2 du CJA.
1183 *Ibid.*
1184 L'article L.213-4 du CJA.
1185 L'article L.213-2 du CJA et article 10 du CJA.

Elle permet d'interrompre le recours contentieux et de suspendre les prescriptions. Ainsi, le début d'une procédure de médiation suspend les délais de prescription de l'action.

Autrement dit, les délais de recours contentieux sont interrompus et les prescriptions sont suspendues à compter du jour ou encore, après la survenance d'un différend, les parties conviennent de recourir à la médiation ou, à défaut d'écrit, à compter du jour de la première réunion de médiation Le droit OHADA précise néanmoins que les parties pourront en décider autrement[1186].

Ces délais recommencent à courir à compter de la date à laquelle soit l'une des parties ou les deux, soit le médiateur, déclarent que la médiation est terminée. Les délais de prescription recommencent à courir pour une durée qui ne peut être inférieure à six mois.

Chaque partie demeure libre de mettre un terme à la médiation [1187]. Ce qui aura pour effet de faire courir de nouveau les délais jusque-là interrompus.

Lorsque celle-ci se termine par un accord entre les parties, le médiateur demande l'homologation de cette décision au juge afin de lui donner force exécutoire[1188].

➢ La médiation sous l'égide du juge administratif.

En droit français, tout comme en droit OHADA, la procédure de médiation, peut être mise en œuvre sur demande ou invitation du juge administratif ou d'une juridiction étatique compétente.

En effet, le Président du Tribunal administratif ou de la Cour administrative territorialement compétent pourra organiser ou encore procéder à la désignation d'un médiateur. Il pourra, s'il le souhaite, déléguer sa compétence à un magistrat ou encore choisir une personne extérieure à la juridiction.

L'article L213-5 al 4 du CJA, prévoit à cet effet que « lorsque le président de la juridiction ou son délégataire est chargé d'organiser la médiation et qu'il choisit de la confier à une personne extérieure à la juridiction, il détermine s'il y a lieu d'en prévoir la rémunération et fixe le montant de celle-ci ».

[1186] L'article 4 de l'AUM.
[1187] L'article 12 (C) de l'AUM et l'article L.213-6 du CJA.
[1188] L'article 213-4 du CJA.

Il appartient donc au président du tribunal qui choisit un médiateur externe à la juridiction de prévoir la rémunération de ce dernier et d'en fixer le montant.

Tout comme dans la procédure de médiation initiée par les parties, lors de la médiation sous l'égide du juge administratif, les parties à la médiation peuvent librement mettre fin à la procédure de médiation. Cette procédure est largement encouragée pour le règlement des litiges contractuels impliquant les personnes morales de droit privé. Le code de la commande publique à son article L2197-1 dispose à cet effet que : *« Les parties à un contrat de droit privé peuvent recourir à un tiers conciliateur ou médiateur, dans les conditions fixées par les dispositions du chapitre Ier du titre VI du livre Ier et du chapitre II du titre Ier du livre V du code de procédure civile ».*

Le fait que le législateur français ait traité de ce sujet peut sans doute être perçu comme *« une incitation supplémentaire à l'attention des acheteurs et des autorités concédantes pour qu'ils recourent de manière accrue à ce mode non juridictionnel de règlement des différends*[1189] », pour reprendre les termes de David Subra et Emmanuel Tessier.

➢ L'intervention du médiateur des entreprises.

Dans la plupart des marchés publics, certaines décisions prises par l'acheteur peuvent générer de l'incompréhension et donc du contentieux. Le recours au médiateur des entreprises en cas de différend vise à instaurer un dialogue et à encourager les parties au contrat à trouver un accord.

Dans l'exécution du marché, le médiateur des entreprises agit comme une tierce partie, sans pouvoir décisionnel, afin d'aider les parties qui en ont exprimé la volonté, à trouver une solution mutuellement acceptable à leur différend[1190].

Le rôle de médiateur des entreprises est incarné par une personnalité nommée par décret du Président de la République et ce, pour une durée pouvant aller jusqu'à trois ans[1191].

[1189] SUBRA David et TESSIER Emmanuel, *Le droit des contrats administratifs,* Paris, *Enrick B. Editions,* 2019, p. 518.

[1190] L'article R2197-23 du CCP

[1191] Ce fut le cas du médiateur Pierre Pelouzet, qui fut nommé par décret du 14 janvier 2016 portant nomination du médiateur des entreprises - M. PELOUZET (Pierre) duquel il ressort :

« Par décret du Président de la République en date du 14 janvier 2016, M. Pierre Pelouzet est nommé médiateur des entreprises, placé auprès du ministre de l'économie, de l'industrie et du numérique pour une durée de trois ans.

La saisine du médiateur des entreprises suspend le cours des différentes prescriptions ou, lorsque le marché relève du droit privé, dans les conditions prévues par le code civil[1192].

2 - L'intervention du comité de consultatif de règlement à l'amiable (CCRA)

Dans le cadre du marché de partenariat comme dans la plupart des marchés publics, les comités consultatifs de règlement à l'amiable sont chargés de se prononcer en cas de différends survenant au cours de l'exécution du marché afin d'aider les parties à trouver une solution amiable et équitable à leur litige.

Le CCRA est un organisme bien connu du droit français, tant par le CCAG-travaux, que le code de la commande publique mais qui reste encore méconnu en droit camerounais. Ces comités consultatifs peuvent être nationaux ou locaux. Leur mission consiste à rechercher des éléments de droit ou de fait en vue d'un règlement à l'amiable des litiges entre les parties[1193]. Leur saisine peut être faite par toute partie au contrat de partenariat public-privé. La partie requérante adresse une note explicative du différend qui la lie à son cocontractant par lettre recommandée avec avis de réception postal ou déposée contre récépissé au secrétariat du comité.

Cette note doit être suffisamment détaillée. Par conséquent, elle y expose les motifs du différend, la nature et le montant des réclamations formulées[1194] et toutes les pièces contractuelles du marché et correspondances ayant été transmises relativement au différend.

Cette saisine du CCAR engendre un certain nombre de frais, notamment des frais d'indemnisation des membres du comité, l'article D2197-14 du code de la commande publique dispose à cet égard que : « les membres des comités ainsi que les rapporteurs sont indemnisés de leurs frais de déplacement et de séjour, dans les conditions prévues par la réglementation applicable aux personnels civils de l'Etat. » ne peut cependant être indemnisé que « les missions effectuées à la demande du président ou avec son autorisation ».

Il assure les fonctions précédemment exercées par le médiateur des relations interentreprises et par le médiateur des marchés publics. »

[1192] L'article L2197-4 du CCP

[1193] L'article R2197-1 du CCP

[1194] L'article D2197-15 al 1er du Code de la commande publique.

D'autres frais sont également à prendre en compte lors de la saisine di CCAR à savoir les frais relatifs à l'expertise s'il en est décidé une. Les présidents et les vice-présidents des comités consultatifs ne perçoivent une rémunération que pour chaque séance qu'ils président. Le montant versé pour une séance est égal au montant correspondant à trois vacations horaires dont le taux est fixé par arrêté conjoint du ministre chargé de l'économie et des finances et du ministre chargé du budget.

Néanmoins, le montant total annuel des rémunérations perçues par le président ou un vice-président d'un comité ne pourra excéder cent vacations horaires[1195]. Ces indemnités sont prises en charge par le ministère chargé de l'économie[1196]. S'agissant des frais d'expertise, lorsqu'elle est rendue nécessaire, le CCAG-travaux prévoit à son article 50.4.2 que « le cocontractant qui saisit d'un différend ou d'un litige le comité consultatif de règlement amiable compétent, supporte les frais de l'expertise, s'il en est décidé une. Toutefois, l'autre cocontractant peut en rembourser tout ou partie, après avis du comité ».

Ainsi, la charge des frais d'expertise repose prioritairement sur la partie requérante mais, ces frais peuvent être partagés entre les deux parties au litige. La médiation est une procédure confidentielle. A cet effet, les membres des comités de règlement amiable des différends et le rapporteur désigné ne doivent pas avoir eu à connaître antérieurement de l'affaire qui leur est soumise[1197]. Le comité siège à huis clos et son délibéré reste secret[1198].

La saisine du comité consultatif a pour effet de suspendre les délais de recours contentieux jusqu'à la notification de la décision prise par l'acheteur sur l'avis du comité[1199]. Ce délai suspendu repart ensuite pour la durée restant à courir au moment de la saisine du comité[1200].

Il ressort de l'article D 2197-21 du CCP que le comité notifie son avis, dans le délai de six mois à compter de sa saisine. Ce délai peut être prolongé,

---

[1195] Article 2 du Décret n°92-239 du 11 mars 1992 relatif aux indemnités susceptibles d'être allouées aux présidents, aux vice-présidents et aux rapporteurs du comité consultatif national et des comités consultatifs régionaux ou interrégionaux de règlement amiable des différends ou litiges relatifs aux marchés publics.
[1196] L'article D2197-15 al 3 du Code de la commande publique.
[1197] L'article D2197-19 du CCP.
[1198] L'article D2197-20 du CCP.
[1199] L'article R2197-16 du CCP.
[1200] L'article 50.4.1 du CCAG.

lorsque que des difficultés particulières d'instruction du dossier le justifient, par période d'un mois dans la limite d'une durée de trois mois.

Lorsque, le comité constate qu'une demande est irrecevable ou encore irrégulière ou qu'elle ne relève simplement pas de sa compétence, le président du comité rejette cette demande en la motivant.

« *Il peut également donner acte des désistements ou constater qu'il n'y a pas lieu pour le comité de rendre un avis*[1201] ».

L'avis est par la suite notifié à l'acheteur ainsi qu'au titulaire du marché mais également pour information, au ministre chargé de l'économie et, dans le cas des marchés des collectivités territoriales, de leurs groupements ou de leurs établissements publics, au préfet du département ou de la région du ressort de l'acheteur.

La décision prise par l'acheteur sur l'avis du comité est notifiée au titulaire du marché et au secrétaire du comité consultatif de règlement amiable des différends et transmise pour information, au ministre chargé de l'économie[1202].

B- La transaction

La transaction est définie aux articles 2044 du code civil français [1203] et 2045 du code civil camerounais. S'inspirant du droit civil, le législateur français, dans son article L423-1 du CRPA admet le recours à la transaction pour « *terminer une contestation née ou prévenir une contestation à naître avec l'administration* ».

Cette transaction n'est valide, que si elle porte sur un objet licite, contient des concessions réciproques et équilibrées et est formalisée par un contrat écrit[1204]. Autrement, la transaction se définit comme « *un contrat écrit,*

1201 L'article D2197-17 du CCP

1202 L'article D2197-22 du CCP.

1203 L'article 2044 du code civil définit la transaction comme « *un contrat par lequel les parties, par des concessions réciproques, terminent une contestation née, ou préviennent une contestation à naître. Ce contrat doit être rédigé par écrit.* ».

1204 Cour suprême du Cameroun, arrêt n° 103/CC du 29 juin 2000, affaire Mme Yondo née Berthe Marie C/Yondo Marcel comm. THIENTCHEU Solange, *Juridis,* pér. n°62, pp. 13-15.

permettant de terminer une contestation née ou de prévenir une contestation à naître[1205] ».

Ce mode de règlement des litiges est très apprécié de la doctrine, car il présente de nombreux avantages pour les parties, notamment un règlement rapide des litiges ; une gestion économe des deniers publics qui permet d'éviter de lourds intérêts moratoires ; une réduction de la charge de travail des juridictions[1206].

Pour des auteurs de l'ancien régime comme Domat, il y'a « *deux manières de terminer de gré à gré les procès, ou les prévenir. La première est la voie d'une convention entre les parties, qui règlent par elles-mêmes ou par le conseil et l'entremise de leurs amis, les conditions d'un accommodement, et qui s'y soumettent par un traité, et c'est ce qu'on appelle transaction. La seconde est un jugement d'arbitres dont on convient par un compromis*[1207] ».

Par ailleurs, en droit français comme en droit camerounais, bien souvent, les procédures conciliation ou encore la médiation qui aboutissent à une transaction.

La transaction a pour finalité de permettre aux parties de parvenir à un règlement complet de leur différend. Ce qui passe par la mise en place de concessions équilibrées[1208].

L'article 2.1 de la circulaire du 6 avril 2011 relative au recours à la transaction[1209] dispose que : « *l'administration doit veiller à ne pas rechercher, à tout prix, un règlement amiable du litige, qui la conduirait à des concessions excessives. Mais, elle ne doit pas non plus rechercher, par principe, un arrangement désavantageux pour son partenaire* ».

1205 Le point 1er de la Circulaire du 6 avril 2011 relative au développement du recours à la transaction pour régler amiablement les conflits.

1206 Cf. AUBY Jean-Marie, « La transaction en matière administrative » AJDA, 1956, P. 1 ; CHAVRIER (G), « Réflexions sur la transaction administrative », *RFDA,* 2000, pp. 548-566. Voir aussi, YAZI-ROMAN (M), « Transaction : la question des concessions réciproques », *AJ Collectivités Territoriales,* 2017, p. 432. Voir également, LE CHATELIER Gilles, « Liberté de transiger et respect des règles de la commande publique », *AJ Collectivités Territoriales,* 2017, p. 435.

1207 DOMAT Jean, *Œuvres complètes de J. Domat*, Firmin Didot Père et Fils, 1828, p. 351.

1208 L'article 2 de la circulaire du 6 avril 2011 relative au développement du recours à la transaction pour régler amiablement les conflits.

1209 Circulaire du 6 avril 2011 relative au développement du recours à la transaction pour régler amiablement les conflits.

L'acheteur qui recourt à une transaction devra veiller à un arrangement équilibré vis-à-vis du titulaire du marché. Aussi pour être valide, la transaction doit obéir à certaines conditions (1) qui, lorsqu'elles sont bien remplies produisent des effets (2).

1 - Les conditions de validité de la transaction

C'est vers la circulaire de 2011 précitée qu'il faut se tourner pour obtenir de manière explicite les conditions de validité de la transaction. Ces conditions reposent entre autres, sur la capacité de transiger des parties, sur l'objet licite de la transaction et, sur la condition que cette transaction prévienne ou termine une contestation effective.

➢ Sur la capacité de transiger.

L'article 2045 al 1er du code civil dispose que *« pour transiger, il faut avoir la capacité de disposer des objets compris dans la transaction »*. Autrement dit, les parties à une opération de transaction doivent avoir les compétences nécessaires pour exercer les droits et obligations compris dans cette transaction.

Dans le contrat de partenariat public-privé, l'acheteur et le titulaire d'un marché ou encore leurs représentants doivent posséder la compétence ou encore l'aptitude nécessaire pour transiger.

Lorsque le titulaire du marché est une personne morale de droit public ou de droit privé, l'acheteur devra vérifier que son représentant détient bien la capacité de transiger, en demandant soit la production des statuts de l'entreprise, soit lorsque la transaction a été confiée à *« un organisme collégial la compétence en matière de transaction, la délibération habilitant le mandataire social à négocier et à conclure la transaction*[1210] *»*. Si, le titulaire du marché fait l'objet d'une procédure collective, la compétence pour transiger appartient respectivement au juge commissaire en cas de redressement judiciaire et au mandataire-liquidateur après autorisation du juge commissaire en cas de liquidation judiciaire[1211].

[1210] Le point 1.3.1.1.1 de la Circulaire du 6 avril 2011 relative au développement du recours à la transaction pour régler amiablement les conflits.
[1211] *Ibid*

La capacité de l'acheteur à transiger varie selon que l'acheteur est l'Etat lui-même ou, les établissements publics d'Etat, une collectivité territoriale ou même encore ses établissements publics. Lorsqu'il s'agit de l'Etat, la circulaire du 6 avril 2011 relative au développement du recours à la transaction pour régler amiablement les conflits précise que : « *chaque ministre est compétent pour transiger au nom de l'Etat dans les matières qui relèvent de son département (CE 23 décembre 1887 de Dreux-Brézé, préc., et CE 8 avril 1921, Compagnie de la N'Goko-Sangha, Rec. p. 351).*[1212] ».

Le code des relations entre le public et l'administration apporte toutefois quelques précisions concernant la capacité de transiger des services de l'Etat.

En effet, il y est précisé que le principe du recours à la transaction et le montant de celle-ci peuvent être préalablement soumis à l'avis d'un comité dès lors que le montant en cause dépasse le seuil de 500 000 euros fixé par décret[1213].

Lorsqu'il s'agit des établissements publics de l'Etat, ils ne peuvent en principe, transiger qu'avec l'autorisation du Premier ministre[1214].

Pourtant, il ressort de cette circulaire[1215] que « la plupart des établissements publics sont désormais autorisés par leur statut, pris par décret, à transiger. Ce n'est que dans le silence des statuts qu'un décret du Premier ministre doit autoriser, au cas par cas, la signature de la transaction envisagée par l'établissement public[1216]».

Pour ce qui est de la capacité de transiger des collectivités territoriales et leurs établissements publics. Cette capacité est dévolue à l'exécutif de la collectivité territoriale ou de l'établissement public. Seulement, la signature

---

1212 Le point 1.3.1.2.1 de la circulaire relative au développement du recours à la transaction pour régler amiablement les conflits.

1213 L'article L423-2 et R 423-3 du CRPA.

1214 Article 2045 du code civil dispose que : « *Pour transiger, il faut avoir la capacité de disposer des objets compris dans la transaction.*
Le tuteur ne peut transiger pour le mineur ou le majeur en tutelle que conformément à l'article 467 au titre " De la minorité, de la tutelle et de l'émancipation " ; et il ne peut transiger avec le mineur devenu majeur, sur le compte de tutelle, que conformément à l'article 472 au même titre.
Les établissements publics de l'Etat ne peuvent transiger qu'avec l'autorisation expresse du Premier ministre. »

1215 L'article 1.3.1.2.2 de la circulaire relative au développement du recours à la transaction pour régler amiablement les conflits.

1216 *CE, 23* avril 2001, *Ceccaldi-Raynaud, n° 215552.*

autorisant la conclusion de la transaction « *ne peut intervenir avant que la délibération de l'organe délibérant qui l'autorise lorsqu'elle est requise, n'ait acquis un caractère exécutoire (...)* [1217]».

Cette autorisation est elle-même soumise à la condition que l'organe délibérant dispose des éléments essentiels du contrat à intervenir à savoir, la nature, et l'étendue du différend, les sommes en jeu ainsi que les concessions réciproques que les parties se consentent à cette fin[1218].

➢ La licité de l'objet de la transaction.

Il est de principe qu'« on ne peut déroger, par des conventions particulières, aux lois qui intéressent l'ordre public et les bonnes mœurs[1219]». Cette règle est d'application générale à tous les contrats et par conséquent, à la transaction. Elle signifie que la transaction ne peut porter sur des questions illicites et contraires à l'ordre public.

Ainsi, dès lors que la transaction fait intervenir une ou plusieurs personnes publiques, comme dans cadre des marchés de partenariat par exemple, certaines limites qui découlent de la qualité de ces personnes publiques sont à prendre en compte.

La circulaire du 6 avril 2011 relative au développement du recours à la transaction pour régler amiablement les conflits fixe d'ailleurs quelques bases : « *l'administration ne peut pas, par voie transactionnelle, renoncer à une compétence. Elle ne peut davantage faire, par voie de transaction, des actions qui lui sont interdites par la loi*[1220] ».

Cette disposition trouve parfaitement à s'appliquer aux marchés de partenariat. Conformément à celle-ci, il est fait interdiction aux personnes publiques de consentir à des libéralités. Autrement dit, les personnes publiques ne peuvent s'obliger à payer des sommes dont elles ne sont pas redevables ou qui s'avèrent trop excessives, comparé au préjudice qu'elles tendent à réparer[1221].

1217 Article 1.3.1.2.3 de la circulaire relative au développement du recours à la transaction pour régler amiablement les conflits.

1218 Voir en ce sens la décision du CE, 11 septembre 2006, Commune de *Théoule-les -bains*, req n°255273 ; CAA Marseille 1er mars 2010 société Ingerop, req n°07MA02089.

1219 L'article 6 du code civil.

1220 Point 1.3.2.1de la circulaire du 06 Avril 2011 relative au développement du recours à la transaction pour régler amiablement les conflits.

1221 CE, 19 mars 1971, *Mergui*, req n°79962, CAA Marseille, 15 juin 2004, req, n°00MA01500.

Pourtant, dans le cadre d'une transaction, tous les préjudices sont indemnisables. Les préjudices résultant d'un enrichissement sans cause, de même que ceux trouvant leur origine dans la faute de l'acheteur ayant causé la nullité du marché[1222]. Seulement, le caractère excessif de l'indemnisation du préjudice lui, devra être appréciée, non pas pour chaque préjudice mais de manière globale[1223].

Il revient donc au juge, lorsqu'il est saisi d'une demande d'homologation d'une transaction ou encore lorsqu'il a à transiger sur un litige portant sur l'exécution du marché, de vérifier que les prétentions contre l'administration ayant servi de base à la négociation sont bien fondées.

Si celles-ci sont fondées, le juge procède alors à l'homologation de la transaction. En revanche, s'il estime que tel n'est pas le cas, il soulève d'office ce moyen, pour écarter l'application de l'accord intervenu[1224].

A côté de l'interdiction pour les personnes publiques de consentir aux libéralités qui, par ailleurs est une règle d'ordre public[1225], les personnes publiques ne peuvent non plus renoncer au paiement des intérêts moratoires exigibles.

Ainsi est réputée non écrite toute renonciation par le titulaire du paiement de ces intérêts[1226].

La jurisprudence administrative le rappelait déjà dans sa décision du 17 octobre 2003, *ministre de l'Intérieur et syndicat intercommunal d'assainissement du Beausset*[1227].

A l'occasion, le Conseil d'État admettait l'impossibilité pour les personnes publiques de transiger sur les intérêts qui sont dus en raison de l'exécution

---

[1222] CAA Marseille, 15 juin 2004, *SIVOM de la région de Pic saint Loup*, req. n° 00MA01500

[1223] CE, 9 décembre 2016, *Société Foncière Europe*, req. N°391840.

[1224] Point 1.3.4.2 de la circulaire du 06 Avril 2011 relative au développement du recours à la transaction pour régler amiablement les conflits.

[1225] CE 11 juillet 1980, *compagnie d'assurance La Concorde et M. Fourrel de Frettes*, req, n°16149

RDP p. 1088.

[1226] Voir en ce sens les termes de l'article L2192-14 du Code de la commande publique.

[1227] C E, 17 octobre 2003, ministre *de l'Intérieur et syndicat intercommunal d'assainissement du Beausset,* n°249822, publié au recueil Lebon.

d'un marché[1228]. L'administration ou encore les personnes publiques (acheteurs dans le marché de partenariat) ne peuvent pas transiger, en accordant une compensation financière permettant le maintien d'une décision illégale. Elles peuvent en revanche, transiger pour indemniser le préjudice né d'une décision illégale, qui aurait, par ailleurs, été abrogée ou retirée[1229]. En outre, il leur est également interdit de transiger sur les effets ayant autorité de la chose jugée[1230].

➢ L'existence d'un litige.

Une autre condition de la validité d'une transaction est que celle-ci puisse prévenir ou terminer une contestation effective. Le litige donnant lieu à un règlement à l'amiable entre les parties doit avoir un caractère certain. Ce qui suppose que la transaction ne doit pas avoir pour objet de résoudre des questions hypothétiques ou de réduire des incertitudes affectant l'exécution du marché.

➢ Des concessions réciproques doivent être consenties.

Cette condition nécessaire à la régularité de la transaction suppose que chaque partie à la transaction puisse faire des concessions d'ampleur équivalente. Pour cela, le juge vérifie dès qu'il est saisi pour l'homologation de la transaction ou encore d'un litige relatif à exécution de celle-ci, que l'accord exprimé dans le protocole transactionnel respecte bien la réciprocité et équilibre des concessions[1231].

La jurisprudence est assez souple en la matière. Elle considère que les engagements des parties ne doivent pas nécessairement être équivalents, ni de même nature[1232]. C'est ce qu'a admis le Conseil d'Etat dans une décision du 30 octobre 1974, *commune de Saint-Pierre-les-Bois c. sieur Gohin,* où le juge a estimé équilibrée et proportionnée la transaction par laquelle « *une partie peut renoncer à la réparation indemnitaire accordée par le juge contre l'engagement de l'autre partie d'accomplir elle-même les travaux que cette*

[1228] *Ibid.*

[1229] Point 1.3.2.2 de la circulaire du 06 avril 2011 relative au développement du recours à la transaction pour régler amiablement les conflits.

[1230] Point 1.3.2.3 de la circulaire du 06 avril 2011 relative au développement du recours à la transaction pour régler amiablement les conflits. V. aussi, CE 15 avril 1869, sct° de Saint-Lovand, S.1869.2.95.

[1231] CE, 29 décembre 2000, *M. Comparat,* Rec. p. 658, concl. Fombeur.

[1232] CE, Ass., 11 juillet 2008, *société Krupp Hazemag*, req. n°287354.

indemnité devait financer[1233] » bien que les concessions faites par les parties n'étaient pas équivalentes et de même nature.

Seulement, les concessions faites par les parties doivent représenter un sacrifice réel et appréciable pour chacune des parties[1234], car une transaction dans laquelle une seule des parties consentirait à abandonner unilatéralement toutes ses prétentions constituerait une libéralité.

La transaction, lorsqu'elle est choisie, produit à l'égard des parties plusieurs effets.

3 - Les effets de la transaction

Inspirée du code civil, la transaction dans le contrat de partenariat public-privé produit plusieurs effets appréciables. Elle a un effet relatif à l'égard des parties, extinctif de l'action contentieuse, et surtout une force exécutoire.

L'effet relatif de la transaction suppose que, la transaction à laquelle consentent les parties n'aura d'effet qu'à leur égard. L'article 2051 du code civil prévoit à cet effet que : « la transaction faite par l'un des intéressés ne lie point les autres intéressés et ne peut être opposée par eux[1235] ».

Ainsi, lorsque personne publique (acheteur) n'est pas partie à une transaction, celle-ci ne peut lui être opposable.

Toutefois, dans le cadre des contrats relevant la commande publique, les décisions prises par le mandataire d'un groupement d'entreprises engagent l'ensemble des membres de ce groupe[1236].

L'effet extinctif de la transaction, signifie que lorsqu'elle est régulièrement conclue, elle aboutit à l'extinction de l'objet d'éteindre du litige. Aux termes de l'article 2052 du code civil, *« la transaction fait obstacle à l'introduction ou à la poursuite entre les parties d'une action en justice ayant le même objet»*.

1233 CE, 30 octobre 1974, *commune de Saint-Pierre-les-Bois c. sieur Gohin*, Rec. p. 525.

1234 Cass. Soc. 19 février 1997 : Bull. V n° 74, voir également Cass. Soc., 3 novembre 1998, pourvoi n° 9642.510, et Cass. Soc., 7 février 2007, n° 05-41.623, inédit.

1235 Cet article est le même pour les codes civils Camerounais et Français.

1236 CE 21 janvier 1994, *SA Stefal* n° 64167.

Une fois conclue, elle emporte autorité de la chose jugée. Ainsi, dès lors que cet accord est régulièrement signé, il ne plus être remis en cause, ni être contesté pour cause d'erreur de droit, ni pour cause de lésion[1237]. Tout recours ultérieur concernant le même litige est jugé irrecevable[1238] .

Il apparaît donc important pour les parties à cet accord, d'être extrêmement vigilantes quant à la rédaction de cet accord car, la personne publique se trouve engagée juridiquement dès qu'elle adresse à la partie adverse une proposition écrite de transaction. En effet, dès la transmission de l'offre, la partie expéditrice ne pourra plus modifier son offre et ce, même en cas d'erreur matérielle sauf si, elle venait à être refusée[1239].

La transaction a surtout un effet exécutoire de plein droit *« sans qu'y fassent obstacle, notamment, les règles de la comptabilité publique[1240] ».* La personne publique est donc tenue d'exécuter les transactions conclues de bonne foi.

Les parties peuvent faire homologuer leur transaction auprès d'un juge. Cependant celle-ci n'est pas obligatoire.

Il est prévu au point 1.4.3 de la circulaire du 06 avril 2011 concernant les effets de la transaction que : « la transaction a pour objet non de faire naître de nouveaux droits pour les cocontractants, mais de constater ceux dont ils étaient déjà détenteurs avant la rédaction du contrat. C'est pourquoi, lorsque le litige portait sur des droits immobiliers, la transaction n'a pas à être transcrite ».

La transaction reste tout de même souhaitable pour les parties. Elles peuvent la faire auprès d'un juge administratif dans le but de lui donner un supplément d'autorité, ou simplement pour donner des gages de légalité au comptable public[1241].

1237 Cour suprême, arrêt n°32/CC du 15 janvier 1998, affaire Westaff realty Cameroun C/ Mes Nsoh et Telawo com de Jean Gatsi.

1238 CE 8 février 1956, *dame Germain*, Rec. p. 69 ; CE 31 mars 1971, sieur Baysse, Rec. p. 1116.

1239 Point 1.4 de la circulaire relative au développement du recours à la transaction pour régler amiablement les conflits.

1240 Voir avis d'assemblée du CE du 6 décembre 2002, Syndicat intercommunal des établissements du second degré de L'Hay-les-Roses, préc. et Ass. 11 juillet 2008, société Krupp Hazemag, préc.).

1241 BRENET François, « L'homologation des transactions », *Contrats et marchés publics,* mars 2009, pratique3.

Bien qu'aucun texte ne prévoit l'homologation d'une transaction devant le juge administratif, la recevabilité d'une telle demande a néanmoins été admise par la jurisprudence.

En effet, par un avis du 6 décembre 2002, le Conseil d'État a considéré qu'une demande d'homologation ne peut être valable que : « *dans l'intérêt général, lorsque la conclusion d'une transaction vise à remédier à une situation telle que celle créée par une annulation ou la constatation d'une illégalité qui ne peuvent donner lieu à régularisation ou lorsque son exécution se heurte à des difficultés particulières*[1242] ».

Ainsi, le juge administratif avant de procéder à une homologation, vérifie la licéité de l'objet de la transaction, l'absence de libéralité et la conformité à l'ordre public de la transaction. Tout refus d'homologation par le juge administratif entraine la nullité de la transaction[1243].

Section 2 - Le traitement juridictionnel des litiges relatifs à l'exécution du contrat de partenariat.

A côté du règlement non juridictionnel des différends relatifs à l'exécution du contrat, les parties disposent d'autres voies de recours. Il s'agit du règlement juridictionnel de leur différend. Ce règlement juridictionnel suppose l'intervention d'un organe tiers ayant pour mission de trancher le litige par une décision rendue sur la base du droit et qui s'impose aux parties.

Il existe donc deux formes de règlement juridictionnel en la matière, le règlement arbitral (§1) et le règlement judiciaire (§ 2).

§1- L'arbitrage, un mode exceptionnel pour le règlement des litiges relatifs à l'exécution des marchés de partenariat

Considéré comme une véritable justice privée d'origine conventionnelle, l'arbitrage, bien que perçu comme un mode alternatif de règlement des

---

[1242] CE Ass, du 6 décembre 2002, n°249153, publié au recueil Lebon.

[1243] Lyon 7 janvier 2010, société Brace ingénierie, req n° 08LY00326 ; CAA Paris 21 décembre 2018, société Baudin Châteauneuf, req. n°13PA04730.

différends, demeure toutefois en droit un véritable recours juridictionnel. Cette notion essentiellement définie en droit privé, est un mode juridictionnel de règlement des différends permettant, de confier à un tiers le pouvoir de juger d'une contestation.

Ainsi, c'est au code civil et au code de procédure civile (en France) et à l'acte uniforme OHADA sur l'arbitrage (au Cameroun) qu'il faut se référer pour connaître de cette clause compromissoire.

Son régime juridique paraît assez particulier car, il se situe à mi-chemin du règlement amiable et judiciaire du litige. En cela, l'arbitrage se détache fortement de la médiation et de la transaction. La médiation et l'arbitrage méritent d'être distingués au regard des fonctions des tiers, l'arbitre et le médiateur.

En effet, alors que l'arbitre a pour mission d'apporter une solution au litige qui oppose les parties, le médiateur quant à lui, n'intervient que pour aider les parties à trouver un accord et éviter ainsi un procès.

S'agissant de la transaction et de l'arbitrage, bien qu'ils tirent leur légitimité de la volonté des parties, sont par définition des contrats. La nature juridictionnelle de l'arbitrage dote l'arbitre de prérogatives identiques à celles du juge étatique.

Ainsi, la simple décision de l'arbitre suffit à mettre fin au litige, car la « sentence arbitrale » s'imposera aux parties. Alors que dans la procédure de transaction, seul l'accord des parties qui transigent permet de mettre fin au différend.

Le recours à l'arbitrage peut être librement choisi par les parties. Elles peuvent à cet effet, fixer librement les règles de droit sur le fondement desquelles l'arbitre tranchera le litige dont il est saisi[1244] ou à défaut, il établit lui-même les règles qu'il estime applicables à ce litige[1245]. Ainsi, ce recours résulte d'une clause d'arbitrage qui intervenaient soit antérieurement à la survenance d'un éventuel litige, on parle alors de « clause compromissoire »[1246], soit postérieurement à la survenance du litige, il s'agit là d'« un compromis »[1247].

[1244] L'article 1511 al. 1er du Code de procédure civile : « le tribunal arbitral tranche le litige conformément aux règles de droit que les parties choisies ».

[1245] Voir en ce sens la suite de l'article 1511 duquel il ressort qu'à défaut de choix des parties, l'arbitre tranchera le litige « conformément à celles qu'il estime appropriées. ».

[1246] Voir article 1442 du code de procédure civile.

[1247] L'article 1447 du code de procédure civile.

Du fait de la simplification de sa procédure et de sa rapidité, l'arbitrage apparait comme un mode privilégié de règlement des litiges pour les parties. Cependant, les différends entre les opérateurs économiques et l'Etat (acheteur public) soulèvent la particularité d'aborder des questions générales d'intérêt public moins fréquentes dans les différends relevant du droit privé. De sorte que, le juge du contentieux administratif, craignant une interruption de l'arbitre dans des pouvoirs qui lui sont propres, se trouvait très hostile à l'arbitrage. Mais, dans un souci de promouvoir l'investissement et d'inspirer confiance aux opérateurs économiques en sécurisant leurs apports, la plupart des personnes morales de droit public ont adopté le recours à l'arbitrage comme mode de règlement des litiges.

Pourtant, si l'arbitrage dans le contentieux administratif a été bien accueilli en droit camerounais, ce mode reste dans le cadre du contentieux administratif de droit français réservé à une catégorie de contrats administratifs au rang desquels s'inscrit le marché de partenariat. Il conviendra donc de s'intéresser à la singularité du règlement arbitral dans le contrat de partenariat en France (A), ce qui permettra par la suite de répondre à la problématique de l'opportunité du recours à l'arbitrage dans le contrat de partenariat public-privé (B).

A - Le règlement arbitral dans le contrat de partenariat public-privé, une limite à l'interdiction de compromettre des personnes publiques

La notion d'arbitrage n'a pas été clairement définie par les textes de lois. Elle revêt pourtant une multitude de définitions. Pour tenter de donner une définition juridique à cette notion, la doctrine n'a pas manqué d'inspiration.

Considérée tantôt comme « l'institution d'une justice privée grâce à laquelle les litiges sont soustraits aux juridictions de droit commun, pour être rendus par des individus revêtus pour la circonstance de la mission de juger[1248] *», ou bien comme un « jugement d'une contestation par des particuliers choisis en principe, par d'autres particuliers au moyen d'une convention*[1249] *»*

1248 ROBERT Jean et MOREAU Bertrand, *L'arbitrage, droit intermédiaire privé*, Paris, *Dalloz*, 5e éd.,1987, n°1.

1249 MOTULSKY Henri, Écrits, *Études et notes sur l'arbitrage*, Paris, *Dalloz,* 1974, p.3.

M. Weber considère le contrat d'arbitrage issu du contrat d'expiation comme « *la source non seulement de tout droit processuel, [...] mais aussi de tous les anciens types de contrats de droit privé*[1250] ».

L'arbitrage peut donc être défini comme une procédure dans le cadre de laquelle le litige est soumis, par convention entre les parties, à un ou plusieurs arbitres qui rendent une décision contraignante.

Bien connu de la sphère privée, l'arbitrage n'était, par le passé, réservé qu'aux matières civiles[1251], son recours étant alors proscrit pour les personnes morales de droit public.

Ainsi, pour envisager la possibilité de recourir à l'arbitrage dans un contrat de partenariat public privé qui est un contrat de droit administratif, il faut tout d'abord revoir le principe (1), et cerner ses limites (2).

1 - Exposé du principe de prohibition de l'arbitrage aux personnes morales du droit public

En droit français, l'article 2060 du code civil dispose qu': *« on ne peut compromettre sur les questions d'état et de capacité des personnes, sur celles relatives au divorce et à la séparation de corps ou sur les contestations intéressant les collectivités publiques et les établissements publics et plus généralement dans toutes les matières qui intéressent l'ordre public*[1252] ».

Ce principe pose de façon claire, l'interdiction pour toutes personnes morales de droit public, de recourir à l'arbitrage. Cette interdiction a par ailleurs été consacrée par la jurisprudence administrative dans un avis relatif à l'implantation *d'Euro Disney* dans lequel, le Conseil d'Etat avait retenu l'interdiction faite aux personnes publiques de se soustraire aux règles de compétence des juridictions nationales en soumettant leur litige à un arbitre, à

1250 WEBER Max, *Sociologie du droit,* trad, GROSCLAUDE Jacques, Paris, *PUF,* coll. « Quadrige », 2018, p. 928.

1251 Voir en ce sens les articles 576 à 601 du code de procédure civile et commerciale au Cameroun, ces textes traitaient spécialement « des arbitrages » au livre 3e dans un « titre unique ». Mais également l'article 1442 et suivant du code de procédure civile qui traite de l'arbitrage.

1252 Voir article 2060 du code civil Français et les articles 36 et 577 du code de procédure civile et commerciale au Cameroun.

l'exception des cas où le recours à l'arbitrage découle d'une loi ou une convention internationale[1253].

Cette prohibition de l'arbitrage pour les personnes publiques résulte des principes généraux de droit public français selon lesquels, sous réserve de dispositions législatives expresses ou encore de conventions internationales régulièrement incorporées dans l'ordre juridique interne, *« les personnes publiques ne peuvent se soustraire aux règles qui déterminent la compétence des juridictions nationales en remettant à la décision d'un arbitre la solution des litiges auxquelles elles sont parties*[1254] ».

Aussi, le recours à l'arbitrage est contraire à l'ordre public. Par conséquent, toute clause d'arbitrage souscrite par une personne publique sera de ce fait, déclarée nulle.

En droit camerounais, le principe général de l'interdiction faite aux personnes morales de recourir à l'arbitrage tire sa source du système juridique français.

En effet, au Cameroun où demeure applicable le code de procédure civile et commerciale français de 1804, l'inarbitrabilité des personnes morales de droit privé est érigé en principe.

Il ressort de l'article 576 du code de procédure civile et commerciale du Cameroun que : *« toutes personnes peuvent compromettre sur des droits dont elles ont la libre disposition ».*

La libre disposition dont il y est question est l'expression de la liberté qui appartient de droit à chacun, de donner de faire, ou de ne pas faire lorsque, l'acte juridique qu'on prévoit de réaliser n'est pas contraire au dictat de l'ordre public[1255]. Ainsi, chaque personne qui souhaite compromettre doit avoir la capacité contractuelle et plus encore, la libre disposition sur l'objet du compromis[1256].

La lecture combinée de ce texte et de l'article 577 de ce même code, duquel il ressort qu' « *on ne peut compromettre sur les dons, les legs [..], questions d'Etat, ni sur aucune des contestations qui ne seraient sujettes à communication au ministère public* » semble nécessaire à la détermination de la prohibition de l'arbitrage.

[1253] CE, ass. Gén., 6 mars 1986, avis n°339710 *: GACE*, Dalloz, 3e éd., 2008.

[1254] CE, 23 décembre 2015, *Territoire des îles de Wallis-et-Futuna*, n° 376018.

[1255] Cette définition est tirée du dictionnaire de droit privé de Serge Braudo.

[1256] FOKO Athanasane, « Rationalisation du domaine de l'arbitrage », *Revue Trimestrielle de droit Africain,* n°889, Rec. PENANT, p. 432.

En somme, il est donc interdit de compromettre sur des questions d'Etat ou encore sur des contestations qui seraient sujettes à communication au ministère public. Ainsi, sont considérées comme sujettes à communication, les causes qui concernent l'ordre public, l'Etat, le territoire, les domaines, les communes, les établissements publics[1257]. Les personnes morales de droit public ne sont donc pas comprises dans cette interdiction.

2 - L'admission de l'arbitrage à l'égard de la personne publique dans le contrat de partenariat public-privé

Les récentes évolutions économiques tant en France qu'au Cameroun et les inconvénients relevés lors de l'application du régime de la prohibition de l'arbitrage aux personnes publiques viendront réduire cette interdiction. En effet, les personnes publiques sont de plus en plus amenées à développer des activités touchant aux « affaires ». Celles-ci supposent de nombreuses collaborations y compris avec les opérateurs économiques (personnes privées), à l'instar de ce qui prévaut dans le marché de partenariat.

En droit français, toutes les restrictions faites en droit interne sur l'arbitrabilité des litiges impliquant une personne publique ont été écartées sur le plan international[1258]. Ainsi, pour préserver la relation de confiance qui existe entre les différentes parties contractantes, le législateur revient sur la question de l'arbitrabilité des contrats administratifs en droit interne et autorise des dérogations là où la nécessité se faisait sentir.

C'est ainsi que des hypothèses de dérogations ont été codifiées, notamment à l'article L331-6 du CJA, duquel il ressort de manière succincte qu'il est possible de recourir à l'arbitrage dans les cas prévus par les articles L. 2197-6 et L. 2236-1 du code de la commande publique. Il ressort de l'article L2197-6 du CCP que : « *Par dérogation aux dispositions du premier alinéa de*

[1257] L'article 36 du Code de procédure civile et commerciale.

[1258] Cour d'appel de paris, du 10 avril 1957, *Myrtoon steamship c/Ministère de la marine marchande*, cette décision de la cour d'appel de paris fut le point de départ de la dérogation à l'arbitrabilité en matière internationale, décision qui fut approuvée par la Cour de cassation d'abord dans l'affaire ONIC c/ Capitaine du San Carlos (Cass civ 1er., 14 avril 1964, San Carlo, JCP, 1965, II, 14406, note. P. Level) ensuite, dans l'affaire *Trésor Public, C/ Galakis* du 2 mai 1966, II, 14798, note de Ligneau.

l'article 2060 du code civil, le recours à l'arbitrage pour le règlement des litiges opposant les personnes publiques à leurs cocontractants dans l'exécution des marchés publics est possible pour les litiges relatifs à l'exécution financière des marchés publics de travaux et de fournitures de l'Etat, des collectivités territoriales et des établissements publics locaux ainsi que dans les autres cas où la loi le permet ».

Ainsi, le marché de partenariat relève des marchés publics de travaux. A cet effet, l'Etat, en cas de litiges l'opposant au partenaire privé, peut avoir recours à l'arbitrage dans les conditions fixées à l'article 2197-6 sus cité.

Cette solution est celle adoptée par la jurisprudence administrative du Conseil d'État du 29 octobre 2004, selon laquelle « *Compte tenu de la complexité des contrats de partenariat, liée notamment au caractère global de la mission confiée au cocontractant de l'administration, à la durée des engagements souscrits et aux mécanismes de financement à mettre en œuvre, rendant nécessaire la mise en place de modalités adaptées de règlement des litiges, les auteurs de l'ordonnance attaquée ont pu [...] sans qu'y fasse obstacle aucune règle ou aucun principe de valeur constitutionnelle, déroger, par les dispositions précitées, au principe général du droit en vertu duquel les personnes morales de droit public ne peuvent pas se soustraire aux règles qui déterminent la compétence des juridictions nationales en remettant à la décision d'un arbitre la solution des litiges auxquels elles sont parties et qui se rattachent à des rapports relevant de l'ordre juridique interne* [1259]».

Aussi de manière précise, le législateur français autorise le recours à l'arbitrage dans le contrat de partenariat public-privé. Au sens de l'article L.2236-1 du CCP : « *Les parties peuvent recourir à l'arbitrage pour le règlement des litiges relatifs à l'exécution des marchés de partenariat, avec application de la loi française* ».

Désormais, la personne publique, partie à un marché de partenariat, peut prévoir dans son contrat, une clause compromissoire dans laquelle elle choisit de recourir à l'arbitrage comme mode de règlement des litiges qui l'oppose à son cocontractant.

Au Cameroun, l'admission de l'arbitrage dans les contrats impliquant les personnes morales a été faite explicitement. La loi du 29 décembre 2006 fixant le régime général des contrats de partenariat rend obligatoire dans ces contrats.

[1259] CE 29 oct. 2004, Sueur e. a., req. n° 269814 , Lebon 394 ; AJDA 2004. 2383, chron. C. Landais et F. Lenica ; AJDA 2005. 16, étude D. Linotte ; D. 2005. 16 ; RDI 2004. 548, obs. J.-D. Dreyfus ; RFDA 2004. 1103, concl. Casas.

Il est prévu à l'article 5 une disposition relative « *aux modalités de prévention et de règlement des litiges et aux conditions dans lesquelles il peut le cas échéant être fait recours à l'arbitrage avec l'application de la loi camerounaise* [1260] ».

Nous pouvons en déduire que les personnes publiques en droit camerounais peuvent avoir recours à l'arbitrage en cas de litiges. Cette reconnaissance est confortée par les dispositions de l'acte uniforme OHADA qui, à son tour vient reconnaitre aux personnes morales de droit public, le droit de compromettre.

L'article 2 de cet acte précise que les États, les collectivités territoriales, les établissements publics et toute personne morale de droit public peuvent être partie à un arbitrage, quelle que soit la nature juridique du contrat et, sans que leur capacité à compromettre ne soit remise en cause[1261].

Une fois la liberté pour les personnes publiques de recourir à l'arbitrage dans les contrats, notamment le contrat de partenariat, admise, il reste encore à s'interroger sur la pertinence d'une clause compromissoire dans ce contrat.

B - L'arbitrage dans le contrat de partenariat, une réelle opportunité pour les parties ?

La possibilité pour une personne morale de droit public de recourir à l'arbitrage dans le cadre d'un contrat de partenariat public-privé a déjà été établie. Malgré cela, une autre question, celle de l'opportunité pour les parties d'inclure dans leur contrat une clause compromissoire, reste pendante.

Les parties à un contrat de partenariat sont-elles un réel intérêt à opter pour l'arbitrage comme mode de résolution de leurs litiges ? L'arbitrage est une justice privée. En reconnaissant le droit de compromettre à l'Etat et à ses démembrements, comme ils l'ont fait, les concepteurs du droit OHADA et le législateur français ont relayé ces derniers au rang de simple particulier, au même titre que les personnes morales de droit privé. Seulement, si cette conception de l'arbitrage entre les parties, est facilement applicable en droit

---

[1260] L'article 5 de la Loi n° 2006/012 du 29 décembre 2006 fixant le régime général des contrats de partenariat.

[1261] L'article 2 de l'AUA.

privé, celle-ci ne semble pas s'imposer aisément lorsqu'elle implique une personne publique.

Nul doute que le recours à l'arbitrage présente pour les parties, de nombreux avantages (1), mais, transposé aux contrats administratifs et plus particulièrement au contrat de partenariat public-privé, nous décelons certaines lacunes qui méritent que nous nous y attardions (2).

1 - Les avantages du recours à l'arbitrage par les parties

Recourir à l'arbitrage comme mode de résolution des litiges entre les parties au contrat de partenariat présente des avantages qui, comparés au règlement judiciaire sont plus avantageux pour les parties. Toutefois, nous axons notre analyse sur trois seulement d'entre eux, à savoir la liberté du choix de l'arbitre, la rapidité de la procédure et le caractère définitif de la sentence arbitrale.

Contrairement aux juridictions étatiques dans lesquelles la question de la composition du tribunal appelé statuer sur la demande des parties ne se pose pas, car elle est dévolue au président de la juridiction compétente, dans l'arbitrage, qu'il soit institutionnel ou *ad hoc*, les parties choisissent librement le ou les arbitres. En effet, du fait d'être une justice privée, l'arbitrage est, par essence, un mode contractuel de règlement des litiges. En tant que tel, il est largement gouverné par la volonté des parties[1262]. C'est cette de volonté, qui permet aux parties de designer les arbitres, mais elle est aussi toute-puissante en ce qui concerne le fonctionnement de la juridiction arbitrale[1263].

Cependant, si l'arbitrage a pour principale caractéristique la liberté du choix de l'arbitre, cette liberté n'est pas absolue.

En droit français, par exemple, certaines exigences encadrent cette liberté. Tout d'abord, le choix de l'arbitre doit impérativement être formulé par écrit[1264] sous peine de nullité. Les parties ont donc l'obligation de mentionner dans un document appelé « convention d'arbitrage » qui désigne « *le cas échéant par référence à un règlement d'arbitrage, le ou les arbitres, ou prévoit les modalités de leur désignation*[1265]» le ou les noms des arbitres qu'ils ont

---

[1262] Tr. Azzi, note sous CA Paris, 1re ch. C, 17 juin 2004, *Rev. arb.* 2006, p. 178.

[1263] JAEGER Laura, *Note sous divers arrêts*, *Rev. arb.* 2004, p. 878.

[1264] L'article 1443 du CPC en France.

[1265] L'article 1444 du CPC en France

choisi. Par ailleurs, la mission d'arbitrage ne peut être confiée qu'à une personne physique[1266]. Celle-ci doit avoir le plein exercice de ses droits civils.

Les arbitres sont désignés par nombre impair, la convention ne prévoyant pas une désignation en nombre pair. Par conséquent, lorsque les parties ne s'accordent pas sur la désignation d'un arbitre complémentaire, cette désignation est faite soit par le tribunal arbitral (les arbitres déjà choisis) dans un délai d'un mois à compter de leur désignation, soit par le juge d'appui[1267].

Ces mêmes exigences se retrouvent dans le droit OHADA. Il précise que la désignation des arbitres doit être prévue dans la convention d'arbitrage, par ailleurs, les parties ont la possibilité de choisir soit un, sinon trois arbitres qui devront composer le tribunal arbitral. Mais à défaut d'accord entre les parties, ce tribunal sera composé d'un arbitre unique[1268].

Il peut arriver que les parties au litige ne s'accordent pas sur la désignation du ou des arbitres. Ce désaccord a été réglé par les articles 1452 du CPC en France et l'article 6 de l'AUA applicable au Cameroun.

Lorsque le désaccord porte sur le choix d'un arbitre unique, celui-ci est désigné par la personne chargée d'organiser l'arbitrage ou, à défaut, par le juge d'appui. En revanche, dans le cas d'un arbitrage par trois arbitres, chaque partie en choisit un et les deux arbitres ainsi choisis, désignent le troisième ; si une partie ne choisit pas d'arbitre dans un délai d'un mois à compter de la réception de la demande qui lui en est faite par l'autre partie ou si les deux arbitres ne s'accordent pas sur le choix du troisième dans un délai d'un mois à compter de l'acceptation de leur désignation, la personne chargée d'organiser l'arbitrage ou, à défaut, le juge d'appui procède à cette désignation[1269].

Les parties à l'arbitrage ont certes plus de choix dans la désignation du tribunal chargé de connaître de leur litige que dans une juridiction classique. Toutefois, cette liberté est très relative et son efficacité passe par le respect des exigences légales. Nous pouvons donc en conclure que dans l'arbitrage « on est à la fois libre et assujetti ».

La rapidité de la procédure est un autre avantage du recours à l'arbitrage comme mode de résolution des litiges.

1266 Voir l'article 1451 du CPC en France.
1267 L'article 1451 du CPC en France.
1268 L'article 5 de l'AUA.
1269 Cette solution est la même en droit OHADA(Cameroun).

En droit français, comme en droit camerounais, la durée de l'arbitrage dépend en grande partie de la complexité, de la technicité du dossier, et de la diligence des parties peu importe qu'il soit, légal, conventionnel ou encore issu d'un calendrier de procédure fixé par le tribunal ou les parties à la procédure. Néanmoins, quelle que soit la complexité du litige, ou encore le temps de délibération et de rédaction de la sentence arbitrale, la mission du tribunal arbitral ne devra en principe pas excéder six mois.

C'est ce qui ressort des articles 1463 du CPC et 12 de l'AUA qui prévoient l'un comme l'autre, *que « si la convention d'arbitrage ne fixe pas de délai, la durée de la mission du tribunal arbitral est limitée à six mois. Il peut être prorogé, soit par accord des parties, soit à la demande de l'une d'elles ou du tribunal arbitral, par la juridiction compétente dans l'Etat partie ou juge d'appui*[1270]. ».

C'est donc aux parties qu'il revient de déterminer librement de la durée de la mission du tribunal arbitral. Il est coutume de dire que la procédure d'arbitrage est plus rapide que la justice des tribunaux étatiques du fait de l'encombrement de ces derniers.

Seulement, cette rapidité semble relative si l'on prend en compte la possibilité qu'ont les parties ou encore le juge d'appui de proroger la mission d'arbitrage. A ce moment, la durée totale de la mission du tribunal n'est pas forcément inférieure à celle d'un tribunal étatique.

Toutefois, l'avantage de cette procédure tient au fait qu'elle reste encadrée par des délais dans lesquels les arbitres choisis devront rendre leur décision et l'expiration de ce délai entraîne obligatoirement la fin de l'instance arbitrale[1271].

La sentence arbitrale a un caractère définitif. En effet, sauf disposition contraire des parties, elle n'est pas susceptible d'appel[1272]. Aussi, elle permet aux parties d'obtenir en peu de temps une décision définitive. Cette décision lourde de conséquence est prise à la majorité des voix des arbitres[1273] et emporte autorité de la chose jugée relativement à la contestation qu'elle tranche[1274].

[1270] Voire l'al 2 des article 1463 du CPC et 12 de l'AUA.

[1271] Voir l'article 1477 du Code de procédure civile et article 16 (d) de l'Acte uniforme OHADA.

[1272] Voir article 1489 du Code de procédure civile.

[1273] L'article 1480 du Code de procédure civile.

[1274] Voir article 1484 du code de procédure civile. Voir aussi, CE 21 avr. 1943, Sté *« Les ateliers de construction du Nord de la France », Lebon 107).*

En droit OHADA, comme en droit français, la sentence arbitrale est définitive. Cependant, la décision des arbitres est prise conformément à la volonté des parties, c'est à dire selon « les formes et les procédures des parties». Ce n'est que si rien n'est prévu dans la convention d'arbitrage que la décision sera rendue à la majorité des voix des arbitres (plus précisément en cas de pluralité d'arbitres)[1275].

L'article 25 de l'AUA dispose à cet égard qu'une fois rendue, la sentence arbitrale « *n'est pas susceptible d'opposition, d'appel, ni de pourvoi en cassation* [1276]». Par conséquent, est irrecevable, la sentence arbitrale attaquée par la voie d'un pourvoi en cassation dès lors que celle-ci est rendue en application de l'AUA[1277], une disposition valablement applicable aux sentences arbitrales rendues dans le cadre d'un contrat de partenariat public-privé.

Le caractère définitif de la sentence arbitrale s'apprécie également dans les contrats passés entre un Etat et un opérateur économique étranger. La France, comme la plupart des pays signataires de la convention de New York du 10juin 1958[1278], s'est vue obligée de reconnaitre et d'exécuter les sentences étrangères sur leur territoire au même titre que les sentences nationales.

S'il apparait évident du fait de la rapidité, du caractère définitif de sa sentence, et de la liberté qu'ont les parties de choisir le tribunal arbitral, que l'arbitrage permet d'atténuer le dépaysement que peut provoquer le recours aux institutions étatiques. Cette procédure présente cependant certaines lacunes une fois transposée au contrat administratif et plus précisément au contrat de partenariat public-privé.

2 - Les lacunes de la procédure d'arbitrage applicable au contrat de partenariat public privé

L'arbitrage est une justice privée aux nombreux avantages qui, au fil du temps, gagne du terrain en droit public. Ce nouveau mode de règlement des

---

1275 L'article 19 de AUA.

1276 L'article 25 de L'AUA.

1277 CCJA, 3e Ch. n°021/2015 du 09 Avril 2015, P n°030/2011/PC du 24 mars 2011 : *Scté EMCICA Congo SARL C/ Scté ELECTRA SA.* Ohadata J-16-21.

1278 Convention pour la reconnaissance et l'exécution des sentences arbitrales étrangères, Conclue à New York le 10 juin 1958 et ratifiée par la France.

litiges, bien qu'admis à l'égard des personnes publiques, reste très complexe et peu maitrisé par les autorités publiques. De plus, l'arbitrage présente plusieurs inconvénients.

Parmi ces inconvénients, trois d'entre elles méritent que nous y attardions. Il s'agit du coût quelque peu exorbitant de la procédure d'arbitrage, des voies de recours très limitées ouvertes aux parties et de la force exécutoire des sentences arbitrales.

S'agissant du coût exorbitant des frais d'arbitrage, les statistiques du CMAP[1279] élaborées sur la base des dossiers ouverts entre le 1er janvier 2015 et le 31 décembre 2016 relèvent qu'en moyenne, sur 28 dossiers soumis à l'arbitrage, et dont le montant du litige s'élève à 1.800.000 EUR, pour une procédure d'arbitrage qui dure huit mois, le coût de celle- ci s'élève à 66.000 EUR[1280].

En droit OHADA, les frais d'arbitrage « *comprennent tous les frais occasionnés par la procédure d'arbitrage savoir notamment les frais d'examen de la demande, les honoraires du tribunal arbitral, les frais administratifs du Centre, les débours éventuellement exposés par le tribunal arbitral et par le centre dans la conduite de leur mission. Ils peuvent aussi comprendre les débours des témoins, les honoraires et débours des experts, ainsi que des conseils des parties lorsqu'ils sont justifiés et raisonnables, les frais relatifs à l'enregistrement et à l'exécution de la sentence* ». Ces frais varient généralement en fonction du montant du litige.

Les voies de recours dans la procédure d'arbitrage sont limitées. En droit Français, comme en droit OHADA, il est de principe que les décisions rendues par voie d'arbitrage ne sont pas susceptibles d'appel sauf si, l'exercice de ce recours a été expressément prévu par les parties[1281]. Ainsi, la voie de recours de droit commun ouverte aux parties reste désormais l'annulation de la sentence arbitrale[1282]. Elle n'est cependant recevable qu'en raison des motifs limitativement énumérés à l'article 1492 du CPC.

Il faut néanmoins préciser que le recours contre une sentence arbitrale rendue dans le cadre d'un marché public, devra être formé devant une juridiction administrative.

1279 Centre de médiation et d'arbitrage de paris.
1280 Voir, https://www.cmap.fr/le-cmap/les-statistiques-du-cmap/ , (Base statistique 2015-2016 : 28 dossiers, élaboré en juin 2017).
1281 L'article 1489 du code de procédure civile.
1282 L'article 1489 du Code de procédure civile.

Cette solution est celle retenue dans l'arrêt du 19 avril 2013, par lequel le Conseil d'Etat affirmait sa compétence pour connaitre de tout recours contre les sentences arbitrales rendues en France. Il ressort de cette jurisprudence que, « *les marchés publics sont au nombre des contrats qui relèvent d'un régime administratif d'ordre public ; que, dans l'hypothèse où le litige né de l'exécution ou de la rupture d'un tel contrat, conclu entre une personne morale de droit public française et une personne de droit étranger, est soumis à l'arbitrage et donne lieu à une sentence arbitrale rendue en France, le recours dirigé contre cette sentence, qui implique le contrôle de sa conformité aux règles impératives du droit public français auxquelles sont nécessairement soumis de tels contrats, relève de la compétence du juge administratif et est porté devant le Conseil d'Etat en application de l'article L. 321-2 du code de justice administrative ; que, dans le cas où la sentence arbitrale a été rendue par une juridiction siégeant à l'étranger, la juridiction administrative française est en revanche incompétente pour connaître d'un recours dirigé contre cette sentence*[1283] ».

Cette compétence du Conseil d'État est également retenue dans le cadre du marché de partenariat. Cependant, les recours en annulation et en appel formés à l'encontre de la sentence arbitrale cesseront d'être recevables s'ils n'ont pas été exercés dans le mois suivant la notification de la sentence. Dorénavant, c'est la notification de la sentence qui est prise en compte et non plus, la signification de la sentence revêtue de l'exequatur[1284].

Cette disposition du code de procédure civile viserait à permettre aux parties d'avoir le plus tôt possible une sentence définitive, sans attendre la délivrance de l'exequatur.

Pour ce qui est des sentences rendues à l'étranger, l'ordonnance qui accorde l'exequatur de celle-ci n'est susceptible d'aucun recours[1285] sauf les motifs prévus à l'article 1520 du CPC.

Toutefois, l'appel et le recours en annulation emporte de plein droit le recours contre l'ordonnance ayant statué sur l'exéquatur de ladite sentence[1286]. En effet, « *le rejet de l'appel ou du recours en annulation confère l'exequatur à la sentence arbitrale ou à celle de ses dispositions qui ne sont pas atteinte de censure de la cour*[1287] ».

[1283] Conseil d'État, 7ème / 2ème SSR, 19/04/2013, 352750, Publié au recueil Lebon.
[1284] L'article 1494 du CPC.
[1285] L'article 1524 du CPC.
[1286] L'article 1499 du CPC.
[1287] L'article 1498 du CPC.

Il est de principe en droit privé que, la sentence arbitrale, dès lors qu'elle est rendue revêt autorité de la chose jugée relativement à la contestation qu'elle tranche devient obligatoire à l'égard des parties.

Pourtant, la sentence arbitrale n'a pas force exécutoire car, en matière d'arbitrage, si l'arbitre dispose du pouvoir de rendre des jugements pour résoudre des conflits à savoir la juridiction, il ne dispose alors pas de l'impérium lui permettant d'ordonner l'exécution des sentences arbitrales. Ce n'est que par une ordonnance d'exéquatur rendu par le juge que cette sentence acquiert force obligatoire.

Qu'elle soit interne ou internationale, les sentences arbitrales pour être exécutées, devront passer par la reconnaissance et l'exéquatur d'un juge.

C'est du moins ce qui ressort de l'article 1487 du code de procédure civile selon lequel : « *la sentence arbitrale n'est susceptible d'exécution forcée qu'en vertu d'une ordonnance d'exequatur émanant du tribunal de grande instance dans le ressort duquel cette sentence a été rendue* ».

Si cette compétence revient au président du tribunal judiciaire pour les contrats de droit privé. Cette compétence est reconnue au juge administratif dans les contrats administratifs et plus précisément dans le contrat de partenariat public-privé, *« quel que soit le siège de la juridiction arbitrale qui a statué sur un litige né d'un tel contrat. Le juge administratif est toujours compétent pour connaître d'une demande tendant à l'exequatur de la sentence, dont l'exécution forcée ne saurait être autorisée si elle est contraire à l'ordre public »*[1288].

En effet, c'est au juge administratif que revient la charge de contrôler la conformité d'une sentence arbitrale internationale aux règles impératives du droit public français relatives à l'occupation du domaine public ou à la commande publique[1289].

L'exéquatur de la sentence arbitrale soulève également le problème de savoir quelles sont les règles applicables lorsque la sentence arbitrale dont l'exéquatur est demandé est rendue sur le fondement des règles autres que celle prévue par l'AUA. L'article 34 de cet acte dispose que *« les sentences*

[1288] CE 19 avr. 2013, n° 352750.

[1289] CE, Assemblée, 9 novembre 2016, *Société Fosmax LNG*, n°388806. V. également BRENET François, Le contrôle du juge administratif sur les sentences arbitrales internationales, Dr. adm. 2017, comm.12, note sous CE, Ass, 9 novembre 2016, n°388806, *Sté Fosmax LNG*.

arbitrales rendues sur le fondement des règles différentes de celles prévues par le présent acte uniforme sont reconnues dans les États-parties, dans les conditions prévues par les conventions internationales éventuellement applicables, et a défaut, dans les mêmes conditions que celles prévues aux dispositions du présent Acte uniforme ».

Par ailleurs, sur le fondement de cet article, la CCJA dans une affaire GP CAM SA c/ TENGA SA du 27 juillet 2017, a cassé une ordonnance au motif que « *la sentence arbitrale dont l'*exequatur *était demandé au juge ayant été rendue sur le fondement des règles autres que celles prévues par l'Acte uniforme relatif au droit de l'arbitrage, la France comme le Cameroun étant liés par la convention des Nations Unies pour la reconnaissance et l'exécution des sentences arbitrales étrangères, c'est cette convention qui est applicable à cette procédure d'exequatur*[1290] ».

La question de la participation des personnes publiques à l'arbitrage , et plus encore la problématique de l'exécution des sentences arbitrales a réussi à diviser la doctrine. En effet, les personnes morales de droit public disposent de prérogatives à la fois immunitaires et non-immunitaires qui tendraient à déséquilibrer la procédure d'arbitrage.

A ce sujet, certains auteurs estiment que les prérogatives de puissance publique reconnues à la personne morale de droit public sont structurellement incompatibles avec le régime commun du droit de l'arbitrage[1291]. D'autres par contre, soutiennent que dès lors que l'Etat est impliqué dans des activités commerciales, il perd ses prérogatives et tombe sous le régime de droit commun de l'arbitrage[1292], à tel point qu'on pourrait parler de *« banalisation à outrance des prérogatives de puissance publique*[1293]*»*. Nous aurions pu penser, qu'en admettant comme l'ont fait les rédacteurs du droit OHADA et même du droit français aux personnes morales le droit de compromettre, ceux-ci avaient réussi à neutraliser les prérogatives de puissance publique reconnues à ces derniers[1294]. Seulement, l'article L111-1 du code de procédure

---

1290 CCJA, 1ere Ch., 27 juillet 2017, n°166/2017, GP CAM SA c/ TENGA SA, comm B. KAMENA, *L'exequatur des Sentences Arbitrales Étrangères Dans L'espace Ohada* | Actualités Du Droit | Wolters Kluwer France.

1291 SALAMI M. I., interview accordée à La nouvelle tribune, 28 mai 2012.

1292 Cette thèse est la ligne de défense adoptée par Me. J. DJOGBENOU, avocat de la S.A. Bénin Contrôle dans l'arrêt CCJA n° 103/2015, *Société Bénin Control S.A c. Etat du Bénin* ; CCJA, arrêt n° 104/2015, SCP et P. TALON c. Etat du Bénin.

1293 DE LA PRADELLE Géraud, « Banalisation de la partie publique dans l'arbitrage commercial international impliquant un Etat », *Gaz. Pal.*, 27-28 avril 2005, p. 977.

1294 La lecture faite de l'article 2 de l'AUA, ou encore de l'article L 2236-1 du code de la commande publique, reconnaissant un recours à l'arbitrage des personnes

civile d'exécution en France et la lecture combinée des articles 28, et 30 l'AUPSRVE viennent remettre en cause la perte de ces prorogatives de puissance publique.

Au sens de ces articles, tout créancier peut, à défaut d'exécution, contraindre son débiteur défaillant, à exécuter ses obligations à son égard ou encore pratiquer des mesures conservatoires. En revanche, l'exécution forcée et ces mesures conservatoires ne sont pas applicables aux personnes qui bénéficient d'une immunité d'exécution.

Cette disposition française, ainsi que celle du droit OHADA, énoncent clairement l'exonération des personnes publiques de toutes exécutions forcées et mesures conservatoires.

Dès lors, est-il utile pour le partenaire privé de se retrouver dans une procédure d'arbitrage dans laquelle il ne dispose pas de la garantie suffisante pour faire exécuter la sentence ?

De prime à bord, nous répondons à cette question par la négative. Néanmoins, des aménagements peuvent être possibles par voie contractuelle afin de palier ce déséquilibre.

Selon la doctrine, « le principe qui reconnaît aux États une immunité d'exécution n'est pas d'ordre public [1295] ». Partant de là, il est possible pour la personne publique d'envisager dans sa clause compromissoire, la renonciation à ces prérogatives de puissance publique.

De manière générale, le recours à l'arbitrage dans le contrat de partenariat public-privé, suscite une certaine méfiance pour les États, mais aussi pour les opérateurs économiques.

Cette méfiance est encore plus accentuée à la lecture du communiqué de presse paru sur le site de l'OHADA, institution chargée de la promotion de l'arbitrage qui, à notre sens répond clairement à la question posée en amont à savoir, si le recours à l'arbitrage constitue une réelle opportunité pour les parties.

---

publiques selon les dispositions du droit privé (code de procédure civile en France et OHADA au Cameroun)

1295 GAILLARD Emmanuel, « Effectivité des sentences arbitrales, immunité d'exécution des États et autonomie des personnes morales dépendant d'eux. Réflexion sur trois principes incompatibles » *in* VERHOEVEN Joc, (sous dir.), *Le droit international des immunités : contestation ou consolidation ?* Bruxelles, *Larcier, Bibliothèque de l'institut des hautes études internationales de Paris,* p. 122.

Ce communiqué indique qu'il faut être bien conscient que l'arbitrage, qui est une justice rendue par des juges privés, le plus souvent des avocats, n'est pas une panacée, malgré ses avantages évidents en termes de rapidité notamment. Très onéreux, l'arbitrage peut faire courir des risques considérables, insoupçonnés, aux parties qui doivent savoir que les voies de recours à l'encontre d'une sentence arbitrale sont extrêmement limitées.

Dans ce communiqué, un clin d'œil est particulièrement fait aux personnes morales qui donnent l'impression d'une mise en garde contre ce mode de règlements de litiges : « *quant aux États, ils doivent être particulièrement prudents, car ils sont extraordinairement vulnérables face à cette justice privée. Certaines condamnations arbitrales très lourdes rendues récemment par des arbitres (souvent issus des Barreaux) contre certains États OHADA en témoignent*[1296] ». En fin de texte l'on peut lire, « et *pour l'avenir (...) la recommandation de votre site OHADA est clairement que les États fassent leurs meilleurs efforts pour éviter de signer des clauses compromissoires et laissent ce mode privé de règlement des litiges aux seules entreprises privées*[1297]. » Ainsi, l'arbitrage semble plus adapté pour les contrats de droit privé. Son recours dans les contrats impliquant des personnes morales nécessite en amont un régime spécial de l'arbitrage afin que les parties se retrouvent dans une situation plus égalitaire.

A côté de ce mode hybride qu'est l'arbitrage, les parties qui ne trouvent pas d'accord peuvent recourir au juge pour le règlement de leur litige.

§2 - Le règlement judiciaire des litiges relatifs à l'exécution du contrat de partenariat public-privé

Le règlement alternatif des litiges a pour objectif principal de désengorger les juridictions étatiques en permettant aux parties de trouver une solution amiable à leur litige. Seulement les parties restent libres de recourir aux juridictions étatiques dès lors qu'aucun mode de résolution de litige n'a été stipulé au contrat.

Cependant, la pratique du contrat de partenariat public-privé a une préférence pour le règlement non juridictionnel, car le partenaire privé bien

---

[1296] « De grands dangers de l'arbitrage pour les États/recommandations du site aux États » *in* www.ohada.com, consulté le 16/09/20 à 14h 17.
[1297] *Ibid.*

souvent, remet en cause l'efficacité des juridictions étatiques. Cette méfiance du système judiciaire en place est dû à la fois à l'incomplétude des textes, la crainte du favoritisme de l'une des parties, mais également à la durée trop longue de ces procédures. Pourtant, l'échec des procédures amiables oblige dans bien des cas, les parties à passer devant un juge de façon classique[1298].

Ainsi, en fonction de la finalité de leur demande, les parties peuvent intenter une action en exécution du contrat (A) ou encore une action en responsabilité civile (B).

A - L'action en exécution du contrat

Il s'agit d'un recours réservé aux parties au contrat qui englobe toutes actions relatives à l'exécution directe du contrat. Qu'il s'agisse d'une exécution matérielle ou encore de la contestation d'une mesure d'exécution.

Toutefois, elle ne doit pas être confondue avec les actions liées à l'inexécution du contrat, car celles-ci n'ont pas tout à fait la même finalité. L'action pour inexécution du contrat consiste à saisir le juge d'une demande en réparation du préjudice subi du fait de l'inexécution par l'une des parties de ses obligations contractuelles. Elle est très facilement assimilable à une action en responsabilité contractuelle, et diffère de ce fait, de l'action en exécution qui participe quant à elle aux mesures de contrainte imposées aux cocontractants.

Ainsi, si le juge judiciaire est désormais compétent pour ordonner l'exécution forcée en nature des contrats de droit privé relevant de sa compétence, et, ce sur le fondement des articles 1104 et 1221 du code civil. Pour les contrats administratifs, le privilège du préalable, reconnu aux personnes publiques imposent que : *« l'administration est irrecevable à demander au juge de prononcer des mesures qu'elle a le pouvoir de décider*[1299]*»*. Ce principe permet ainsi aux administrations d'assurer le

---

[1298] TA Montreuil, 6e chambre, 7 juin 2018 - n° 1701759, sté *Eiffage* rail express. Dans cette affaire, Le contrat de partenariat public-privé conclu pour la construction, le fonctionnement, l'entretien, la maintenance, le renouvellement et le financement de la ligne ferroviaire à grande vitesse Bretagne - Pays de Loire a prévu que les différends devaient être soumis à un expert. Le contrat précisait qu'en cas de contestation de l'avis, le différend est tranché par le tribunal administratif territorialement compétent.

[1299] CE, 30 mai 1913, *préfet de l'Eure*, Rec. CE 1913, P.583 ; s. 1915, 3, P.9, note M. Hauriou : irrecevabilité d'une demande du préfet présentée au juge administratif, alors

caractère exécutoire des décisions qu'elles rendent, mais permet surtout d'éviter l'intrusion du juge dans les contrats qu'elles passent. Seulement, la personne publique ne dispose pas toujours de moyens d'agir contre son cocontractant défaillant et en dépit de l'exorbitance de ses pouvoirs, elle peut parfois trouver utile d'en appeler au juge[1300].

L'implication du juge dans le cadre d'une action en exécution variera selon que sa saisine est faite par l'acheteur (1) ou par l'opérateur économique (2).

1 - L'action en exécution du contrat, un « privilège » de l'acheteur

Les actions en exécution ouvertes à l'acheteur sont les mêmes selon que l'on se trouve dans un marché public classique ou encore dans un contrat de partenariat public-privé. Aussi, les mesures prises par le juge pour contraindre le cocontractant de l'acheteur sont fonction de demande initiale de celui-ci. La demande faite au juge administratif porte, soit sur une obligation de faire ou encore sur une obligation de payer.

L'obligation de faire consiste pour l'acheteur à demander au juge de contraindre le titulaire d'un marché de partenariat à exécuter ses obligations contractuelles, notamment une obligation de réaliser les travaux conformément au contrat, ou encore de réparer les désordres affectant l'ouvrage construit[1301]. Quant à l'obligation de payer, elle a pour objet de permettre à l'acheteur d'obtenir un titre exécutoire auprès du titulaire débiteur. Ces actions se conçoivent différemment selon qu'on se trouve en droit camerounais ou en droit français.

L'obligation de faire oblige la partie débitrice à exécuter sa part du marché. En droit privé, l'inexécution de l'obligation de faire se résout, soit par le paiement de dommages et intérêts, soit par une exécution forcée[1302] prononcé par le juge.

---

qu'il lui appartenait de délivrer un état de recouvrement à l'encontre d'une commune en remboursement des frais d'hospitalisation d'un enfant avancés par le département.

[1300] CE, 13 juillet 1956, *OPHLM du département de la Seine*, req. n° 37656 ; CE, 29 juillet 2002, *Centre hospitalier d'Armentières*, req. n° 243500 ; CE, 1er mars 2012, *Société Assistance conseil informatique*, req. n° 354628 ; CE, 25 juin 2018, *ADEME,* req. n° 418493).

[1301] CE, 9 juillet 2008, n°309880, *Sté Rhône vision câble,*

[1302] Voir l'article 1217, et 1221 du Code civil.

Nous pourrions croire que dans le cadre des contrats relevant de commande publique, notamment d'un contrat de partenariat, la résolution de l'inexécution d'une obligation contractuelle est similaire à celle du droit privé et, c'est à tort car, en vertu de la jurisprudence administrative « *Préfet de l'Eure* », il n'appartient pas au juge de prendre des mesures d'exécution que pourrait prendre l'acheteur lui-même, c'est le principe du « privilège du préalable ».

Conformément à ce principe, le juge administratif ne dispose en réalité d'aucun pouvoir pour obtenir de son cocontractant défaillant, l'exécution de ses obligations, sauf à le contraindre par des sanctions contractuelles[1303]. Seulement, ces sanctions lorsqu'elles sont prononcées, doivent être justifiées et proportionnelles à la faute. Mais dans tous les cas elles n'aboutissent pas à l'exécution du marché. Le privilège du préalable bien implanté en droit français, se retrouve également en droit camerounais.

En effet, il reste de principe en droit camerounais, que n'entre pas dans les pouvoirs du juge administratif, celui d'adresser des injonctions à l'administration[1304]. Ceci s'explique par le fait que l'Etat détient lui-même le monopole de la contrainte. A cet égard, il jouit d'une liberté totale d'exécuter ou de ne pas exécuter une décision de justice[1305].

Cette interdiction faite au juge administratif camerounais de contraindre l'administration se révèle longuement dans l'arrêt *Ekwalla Edoube Eyango Stéphane*[1306]. Dans cette espèce, le juge administratif déclare de manière explicite que : « *considérant que l'État du Cameroun qui s'oppose à l'annulation demandée, soutient que le problème soulevé par l'arrêt du conseil du contentieux en date du 25 février 1956 (...) avait été résolu de son temps par le même arrêté qui avait reconnu son incompétence pour adresser des injonctions à l'administration...* ».

Le juge administratif camerounais n'a alors compétence que pour constater les droits et obligations réciproques des parties et fixer le cas échéant, les dommages et intérêts auxquelles elles peuvent prétendre.

1303 UBAUD BERGERON Marion, *op.cit.,* p. 429.

1304 CE, 4 fév. 1976, Elissoude, p.1069. *RPDA* 1976 n° 89, dans le même sens CE, 15fev 1978, plantureux, p. 73 *AJDA,* 1978, p. 501. Voir également Jugement n°42/CS/CA du 22 fév. 1979 Monthé Robert C/ Etat du Cameroun.

1305 NGWESE Ngole Philip et BINYOUM Joseph, *Éléments de contentieux administratif camerounais*, *L'Harmattan,* 2010, p. 104.

1306 Voir l'Arrêt CA de douala, jugement n°189/CFJ/CAY, 29 mars 1972, *EKWALLA EDOUBE EYANGO*.

Si les législations camerounaise et française se rejoignent sur le principe interdisant de prendre des mesures que l'administration est elle-même, à mesure d'édicter, en droit français, le recours au juge administratif pour trancher d'une action en exécution se conçoit plus aisément dans le cadre d'une procédure d'urgence ou d'un référé dans la mesure où, elle a vocation à n'être mise en œuvre qu'à des moments où le besoin d'exécution du marché est devenu particulièrement aigu[1307].

L'acheteur ici, a la possibilité de saisir le juge des référés dans le cadre de « mesures-utiles » et ce, conformément à l'article 521-3 du CJA aux termes duquel « *en cas d'urgence et sur simple requête qui sera recevable même en l'absence de décision administrative préalable, le juge des référés peut ordonner toutes autres mesures utiles sans faire obstacle à l'exécution d'aucune décision administrative* ».

Le référé « mesures utiles » ou encore référé conservatoire dont il est question consistera pour l'acheteur à demander au juge d'ordonner toute mesures utiles sans faire obstacle à une décision administrative.

A cet effet, l'acheteur peut par exemple demander au juge d'ordonner la restitution du matériel nécessaire au service ou encore, la restitution des documents après la résiliation d'un contrat[1308].

Toutefois il lui revient de démontrer l'existence d'un blocage réel dans l'exécution des obligations contractuelles du fait de son cocontractant. A ce sujet, le Conseil d'Etat a tenu à poser l'ensemble des conditions nécessaires pour que la mesure sollicitée par l'acheteur puisse être prononcée.

Ainsi, « *en cas d'urgence, le juge des référés peut, sur le fondement des dispositions de l'article L. 521-3 du code de justice administrative, ordonner au cocontractant, éventuellement sous astreinte, de prendre à titre provisoire toute mesure nécessaire pour assurer la continuité du service public ou son bon fonctionnement, à condition que cette mesure soit utile, justifiée par l'urgence, qu'elle ne fasse obstacle à l'exécution d'aucune décision administrative et, ne se heurte à aucune contestation sérieuse*[1309] ». Pour que

---

[1307] ROUVEYRAN Thomas et DUCHÉ Pierre-Marie, « L'acheteur public bien armé pour faire exécuter le contrat », *Marchés publics, Le Moniteur,* 26 octobre 2012.
[1308] CE, Section, 13 juillet 1956, *OPHLM de la Seine*, requête numéro 37656, publié au recueil.
[1309] CE 29 juillet 2002, *Centre hospitalier d'Armentières*, req. n° 243500, publié au Recueil ; CE 1er mars 2012 *Société Assistance conseil informatique professionnelle*, req. n° 354628, mentionné aux Tables ; CE 5 juillet 2013, *Société Véolia Transport Valenciennes Transvilles*, req. n° 367760, mentionné aux Tables.

la demande de référé « mesures utiles » soit prononcée, il est indispensable que celle-ci soit urgente et utile. Ce qui revient à démontrer que la personne publique ne dispose d'aucun autre moyen de contrainte à l'égard de son cocontractant[1310]. Cette mesure doit revêtir un caractère provisoire, elle ne doit se heurter à aucune contestation sérieuse[1311], et enfin, elle ne doit pas faire obstacle à l'exécution d'une décision administrative déjà prise.

Le juge camerounais gagnerait-il alors à prendre exemple sur son homologue français en instaurant la possibilité pour l'acheteur de saisir le juge de l'urgence d'un référé « mesures utiles » ?

A notre sens, aucune difficulté réelle ne s'oppose à ce qu'un référé « mesures utiles » tel qu'instituée en droit français, puisse être initiée car, le plus souvent ces mesures sollicitées par l'administration sont nécessaires à la continuité et au bon fonctionnement du service public.

Le rapporteur public Bertrand Dacosta en convient d'ailleurs dans ses conclusions sous l'arrêt S*ociété assistance conseil informatique professionnelle.* Pour lui, « *une mesure nécessaire à la continuité et au bon fonctionnement du service public satisfait au critère de l'utilité et, a priori, à celui de l'urgence ; le juge du référé peut la prononcer dès lors qu'elle ne se heurte, dans son principe, à aucune contestation sérieuse* [1312] ».

De sorte que, l'instauration d'un référé « mesures utiles » en droit camerounais dans le cadre des partenariats public-privé, n'irait qu'en renforcement du principe de continuité du service public.

Cependant, l'efficacité de cette mesure ne peut être recherchée qu'en se référant au juge du contrat statuant au fond afin, de voir cette mesure revêtir un caractère définitif car, en l'état actuel, le pouvoir d'injonction détenus par

---

1310 CE 25 juin 2018 *Agence de l'environnement et de la maîtrise de l'énergie (ADEME*), req. n° 418493.

1311 La condition que la mesure ne se heurte a aucune contestation sérieuse a été explicité par le conseil d'Etat qui a tenu à rappeler que obligations contractuelles du cocontractant résulte non seulement du marché mais aussi de l'exercice des pouvoirs de puissance publique que détient la personne publique. À cet effet, les mesures que le juge des référés peut « ordonner au cocontractant de l'administration pour assurer la continuité du service public ou son bon fonctionnement ne sont pas seulement celles qui découlent des obligations prévues dans le contrat initialement signé par les parties, mais également celles qui résultent de l'exercice, par l'administration, de son pouvoir de modification unilatérale du contrat ». (CE 5 juillet 2013, Société Véolia Transport Valenciennes Transvilles, req. n° 367760).

1312 DACOSTA Bertrand, « La personne publique peut-elle saisir le juge des référés dans le cadre de l'exécution du contrat ? », *BJCP,* n° 82, 2012, p. 183.

le juge des référés n'est pas symétrique aux injonctions de faire ou de ne pas faire par ailleurs, la mesure prise par le juge des référés ne revêt en réalité qu'un caractère provisoire.

La question de la saisine du juge administratif par l'acheteur d'une demande portant sur une obligation de payer a également été posée. A ce sujet, le droit camerounais reste fidèle à son principe interdisant au juge administratif d'adresser des injonctions à l'administration.

En droit français en revanche, les nombreux débats sur le pouvoir du juge administratif[1313], sont de nature à faire oublier le principe consacré par la jurisprudence préfet *de l'Eure* de 1913. Plus récemment, ce principe fut réaffirmé par le Conseil d'État dans une décision du 24 février 2016, *Département de l'Eure*. Dans cet arrêt, le CE rappelle de façon « espiègle » qu'« *une collectivité publique est irrecevable à demander au juge administratif de prononcer une mesure qu'elle a le pouvoir de prendre. En particulier, les collectivités territoriales, qui peuvent émettre des titres exécutoires à l'encontre de leurs débiteurs, ne peuvent saisir directement le juge administratif d'une demande tendant au recouvrement de leur créance*[1314] ».

Quelques limites viennent néanmoins à l'appui de cette solution jurisprudentielle, notamment lorsque la créance est de nature contractuelle. Le CE retient à ce propos que « *(...) lorsque la créance trouve son origine dans un contrat, la faculté d'émettre un titre exécutoire dont dispose une personne publique ne fait pas obstacle à ce que celle-ci saisisse le juge administratif d'une demande tendant à son recouvrement, notamment dans le cadre d'un référé-provision engagé sur le fondement de l'article R.541-1 du code de justice administrative*».

Cette jurisprudence ouvre ainsi la possibilité à l'acheteur de saisir le juge français pour qu'il procède à une injonction de payer à l'encontre du cocontractant défaillant, dès lors que sa demande porte sur une créance contractuelle. Si cette créance avait une origine extracontractuelle, la personne publique demeurerait tenue à l'émission d'un titre exécutoire comme le lui impose le privilège du préalable[1315].

[1313] Voir notamment les jurisprudences, société Tropic travaux signalisation, Béziers 1 et Béziers II cités plus haut.

[1314] CE, 24 février 2016, département *de l'Eure,* req n° 395194, Publié au recueil Lebon.

[1315] Voir en ce sens CE, 31 mai 2010, *communauté d'agglomération vichy val d'allier* : rec. CE 2010, P. 173 ; Contrats- Marchés publ. 2010.

Cette avancée de la jurisprudence française peut servir d'aiguillage au juge administratif camerounais et aboutir à une modernisation en droit camerounais de l'office du juge, laissant entrevoir un juge qui serait libre de suspendre une mesure d'exécution du contrat, et prononcer des injonctions et même libre de faire obstacle à une décision[1316].

2 - L'insuffisance des actions en exécution ouvertes à l'opérateur économique

Dans le contrat de partenariat public-privé, l'opérateur économique ne peut contraindre son cocontractant à exécuter ses obligations.

L'exécution forcée consiste à contraindre le débiteur d'une obligation à l'exécuter. Pour les contrats de droit civil, l'exécution forcée est faite en nature, par opposition à une exécution en numéraire qui se résout par le paiement d'une indemnité telle que prévu à l'article 1217 du code civil. Cet article offre la possibilité à la partie envers laquelle l'engagement n'a pas été exécuté ou encore mal exécuté, soit de poursuivre l'exécution forcée en nature, soit de solliciter une réduction du prix ou encore demander la réparation des conséquences de l'inexécution.

Ainsi, l'exécution forcée en nature est demandée dès lors qu'elle est possible, et s'il n'existe aucune disproportion manifeste entre son coût pour le débiteur de bonne foi et son intérêt pour le créancier[1317].

La jurisprudence de la Cour de cassation saisie d'une demande en exécution forcée, justifiée par l'inexécution d'une SCI, des clauses contractuelles héritées d'un contrat auquel elle est devenue partie par voie de cession, est revenue sur cette exigence dans sa décision du 30 novembre 2017 par laquelle, le juge judiciaire déclarait expressément que « *la partie envers laquelle l'engagement contractuel n'a pas été exécuté a la faculté de forcer l'autre à l'exécution de la convention lorsque celle-ci est possible (..)* [1318] ».

Dans les contrats administratifs, la démarche est tout autre. Le cocontractant de l'acheteur dispose de moyens d'action en exécution moins

---

1316 POULET F, *Un office à renforcer dans le contentieux de l'exécution*, Compte-rendu de colloque : l'exécution des contrats administratifs, quelle(s) mutation(s) pour un droit adapté aux enjeux du XXIe siècle ? Mai 2017.
1317 Voir l'article 1221 du Code civil.
1318 C. cass., Chbre civ.3, 30 novembre 2017, 15-23188.

étendus que ceux de l'acheteur. Par exemple, l'opérateur économique ne peut exercer à l'encontre de l'acheteur un recours en exécution forcée.

La règlementation camerounaise en la matière reste très enracinée dans le principe interdisant à un juge administratif d'adresser des injonctions à l'administration.

De sorte que le cocontractant déchu, n'a pour seul recours que de saisir le juge du contrat pour mettre en jeu devant lui la responsabilité contractuelle de l'acheteur.

Pareillement en droit français, le principe de l'insaisissabilité des biens publics prévu à l'article L2311-1 du CGPPP[1319] s'oppose à ce que le titulaire du marché fasse application des voies d'exécution de droit commun telles que prévu à l'article L111-1 du code de procédures civiles d'exécution[1320].

Ainsi, le titulaire du marché ne pourra par exemple pas contraindre l'acheteur au paiement des prestations en faisant de la rétention des biens lui appartenant[1321].

Quelques voies de recours s'ouvrent néanmoins au cocontractant de droit français telles le référé provision ou encore l'action en reprise de relation contractuelle.

Le référé provision est une procédure d'urgence ouverte au cocontractant de la personne publique lui permettant ainsi d'obtenir une provision sur la créance qui lui est due conformément à l'article R. 541-1 du CJA au terme duquel, *« le juge des référés peut, même en l'absence d'une demande au fond, accorder une provision au créancier qui l'a saisi lorsque l'existence de l'obligation n'est pas sérieusement contestable. Il peut, même d'office, subordonner le versement de la provision à la constitution d'une garantie. (...) »*.

1319 Cet article L2311-1 du Code général de la propriété des personnes publiques dispose que « Les biens des personnes publiques mentionnées à l'article L.1 sont insaisissables. »

1320 Cet article l'article L111-1 du code de procédures civiles d'exécution dispose que : « *Tout créancier peut, dans les conditions prévues par la loi, contraindre son débiteur défaillant à exécuter ses obligations à son égard. Tout créancier peut pratiquer une mesure conservatoire pour assurer la sauvegarde de ses droits. L'exécution forcée et les mesures conservatoires ne sont pas applicables aux personnes qui bénéficient d'une immunité d'exécution.* ».

1321 CAA Paris (4ème chambre) 14 octobre 2008, *Fonds de développement des archipels, Sté Entrepôts et magasins généraux de Tahiti.*

Au sens de cet article, le cocontractant de la personne publique serait en mesure d'user de la procédure de référé provision, à condition que la créance ne soit pas sérieusement contestable[1322]. En effet, le titulaire d'un marché peut par exemple se voir opposer des pénalités de retard par l'acheteur rendant ce recours inefficace.

Une récente décision de la haute juridiction viendra d'ailleurs renforcer l'accès à cette voie de recours. Se fondant sur l'article R. 421-1du CJA, selon lequel : « *la juridiction ne peut être saisie que par voie de recours formé contre une décision, et ce, dans les deux mois à partir de la notification ou de la publication de la décision attaquée. / Lorsque la requête tend au paiement d'une somme d'argent, elle n'est recevable qu'après l'intervention de la décision prise par l'administration sur une demande préalablement formée devant elle.* »

Le Conseil d'Etat a, par décision du 23 septembre 2019, rappelé la règle du contentieux lié et, par la même occasion, il a jugé irrecevable le référé provision en l'absence de demande préalable faite à l'acheteur. Le juge a en effet conclut qu'« *en admettant la recevabilité de la demande de provision de M. A.... alors que l'intéressé n'avait pas saisi l'administration d'une demande préalable, le juge des référés du tribunal administratif de Poitiers a entaché l'ordonnance attaquée d'erreur de droit (..)*[1323] ».

Aussi, la recevabilité du recours en référé-provision formé par le titulaire du marché se trouve conditionnée par la saisine préalable de l'acheteur. Ce n'est alors qu'en cas de réponse de l'acheteur rejetant la demande formée devant lui, que le référé-provision pourra être porté devant le juge.

Le titulaire d'un marché qui souhaite saisir le juge d'un référé-provision se trouve soumis à deux conditions essentielles : avoir d'abord saisi l'administration et reçu une réponse négative et pouvoir démontrer que sa créance est incontestable[1324]. Cependant, ces deux conditions n'ont pas pour objectif de restreindre le recours à ce procédé, car la décision du juge des référés deviendra définitive en cas d'absence de litige sur le fond. Ce qui, à notre avis semble facile à mettre en pratique par l'acheteur. Ce dernier pourra se fonder sur des pénalités de retard ou encore des objectifs de performance non atteint pour justifier la contestation sérieuse.

1322 UBAUD BERGERON Marion, *op.cit.*, p. 417.

1323 CE, 10ème - 9ème chambres réunies, 23 septembre2019, 427923.

1324 CE, 6 décembre 2013, *M. T.*, 363290.

A côté de cette procédure, le cocontractant déchu a également la possibilité de demander au juge la reprise des relations contractuelles. Il s'agit d'une procédure par laquelle le titulaire d'un marché saisit le juge d'une demande tendant à la poursuite d'une relation contractuelle. Elle est généralement à l'initiative du titulaire et s'ouvre en cas de résiliation « abusive » du contrat par la personne publique. Cette procédure assez particulière en droit français, ne trouve pas d'équivalent en droit camerounais. La résiliation unilatérale d'un marché ouvre à l'égard du titulaire un droit à une indemnisation réparant ainsi les dommages causés du fait de la résiliation par l'acheteur.

En France par contre, le contentieux des contrats publics aura connu une grande mutation notamment avec l'évolution du juge guidée par l'exigence de loyauté des relations contractuelles consacrée en 2009 avec l'arrêt dit « Béziers I » [1325] et, par la suite par l'arrêt du 21 mars 2011, dit « Commune de Béziers II », par lequel le Conseil d'Etat a rompu définitivement avec sa traditionnelle jurisprudence selon laquelle le juge administratif ne disposait que du pouvoir de réparer les conséquences dommageable d'une résiliation[1326].

Désormais, le juge peut être saisi d'un recours de plein contentieux contestant la validité de la résiliation du contrat et tendant à la reprise des relations contractuelles.

De ce fait, en droit français, le contractant de la personne publique peut, en vertu de l'article R. 421-1 du CJA, dans un délai de deux mois à compter de la date à laquelle il aura été informé de la mesure de résiliation du contrat [1327], demander au juge la reprise des relations contractuelles[1328].

[1325] Voir en ce sens l'arrêt du CE , 28 décembre 2009, Commune de Béziers, par lequel le juge retiendra que «*lorsque les parties soumettent au juge un litige relatif à l'exécution du contrat qui les lie, il incombe en principe à celui-ci, eu égard à l' exigence de loyauté des relations contractuelles, de faire application du contrat ; que, toutefois, dans le cas seulement où il constate une irrégularité invoquée par une partie ou relevée d'office par lui, tenant au caractère illicite du contenu du contrat ou à un vice d'une particulière gravité relatif notamment aux conditions dans lesquelles les parties ont donné leur consentement, il doit écarter le contrat et ne peut régler le litige sur le terrain contractuel* ».

[1326] CE, Section, 21 mars 2011, Béziers II n° 304806, *Dalloz Actu Étudiant*, 11 avr. 2011, *Lebon* avec les conclusions ; *AJCT* 291, obs. Dreyfus.

[1327] Qui dispose que : « *Sauf en matière de travaux publics, la juridiction ne peut être saisie que par voie de recours formé contre une décision, et ce, dans les deux mois à partir de la notification ou de la publication de la décision attaquée* ».

[1328] TA, Lille 20 févr. 2013, sté Lyonnaise des eaux France, sté des eaux du Nord et préfet du Nord, req n°1005463, ADJA 2013, concl.c. Frackowiack.

Il n'est toutefois pas impératif pour l'acheteur de mentionner dans son courrier les voies et délais de recours ouvert au titulaire déchu en cas de résiliation.

Par conséquent, la cour d'appel de Douai du 09 juillet 2020 a tenu à préciser que toute contestation de résiliation du contrat faite en dehors du délai imparti ne saurait être justifiée par l'absence de précision dans le courrier de résiliation des voies de recours et délai imparti serait irrecevable devant le juge du contrat[1329].

La reprise des relations contractuelle n'est pas toujours systématique car, elle est laissée à la libre appréciation du juge. La jurisprudence administrative s'est attachée à apporter des précisions sur les conditions restrictives qui peuvent présider la reprise de relations contractuelles après une résiliation.

Le Conseil d'Etat a donc admis que ce n'est que lorsque la portée de la mesure de résiliation le justifie que le juge pourra ordonner la reprise des relations contractuelle[1330].

Aussi, pour apprécier le bien-fondé d'une demande en reprise des relations contractuelles, le juge vérifie que la demande n'est pas devenue sans objet. Il en est ainsi si le contrat est arrivé à terme ou si les obligations à la charge du cocontractant ont été exécutées.

Ensuite, il s'assure que le vice invoqué affecte la régularité ou le bien-fondé de la mesure de résiliation[1331].

Par ailleurs, le juge doit contrôler que la reprise des relations contractuelles n'est pas de nature à porter une atteinte excessive à l'intérêt général ou encore qu'elle ne porte pas atteinte aux droits d'un éventuel nouveau contractant venu remplacer le requérant car comme, ont pu le souligner certains auteurs « *la désignation d'un nouveau contractant fera à elle seule échec à la tentative de reprise* » [1332].

[1329] Lecture faite de la jurisprudence de la CAA de Douai, 3e chambre, 9 juillet 2020, n°19DA01695, inédit recueil Lebon.
[1330] Voir en ce sens, CE, Section, 21 mars 2011, Béziers II n° 304806, *Dalloz Actu Étudiant*, 11 avr. 2011, *Lebon* avec les conclusions ; *AJCT* 291, obs. Dreyfus.
[1331] En effet, la mesure de résiliation exempte de toute irrégularité n'ouvre au profit du cocontractant déchu qu'un droit à indemnité (CAA Bordeaux, 2 déc. 2014, n° 13BX00505 : JurisData n° 2014-033344).
[1332] LALLET Alexandre, « Résilier n'est pas jouer : l'action en reprise des relations contractuelles », *AJDA,* 2011, p. 670.

Cependant, si le juge constate l'existence d'une irrégularité entachant la validité du contrat, il devra refuser de faire droit à la demande du requérant déchu[1333].

Nous considérerons que, de manière paradoxale, la mutation qu'a subie le contentieux des contrats publics en droit français, notamment le renforcement des pouvoirs du juge, n'a pas eu pour effet de garantir les voies d'action du contractant de l'administration.

En effet, on observe un recul des moyens ouverts au titulaire du marché car, antérieurement à la jurisprudence Béziers II, les cocontractants avaient la possibilité de faire devant le juge, des conclusions tendant à l'annulation de la décision de résiliation, qui les annulait dès lors celles-ci étaient irrégulières[1334]. Désormais, le juge n'annule plus systématiquement le contrat litigieux, mais ordonne une reprise des relations contractuelles dès lors qu'au regard des éléments en cause, l'irrégularité ne présente aucune gravité particulière et que la reprise des relations contractuelles ne porte pas atteinte à l'intérêt général. L'irrégularité de la mesure n'est donc plus en soi un motif suffisant permettant de remettre en cause la décision de la personne publique[1335].

En reconnaissant au titulaire du marché, la possibilité de saisir le juge de l'urgence par la voie d'un référé-suspension lui permettant une reprise provisoire de la relation contractuelle jusqu'à ce qu'il soit statué sur le fond [1336], on a pu penser que le Conseil d'Etat offrait au titulaire la garantie de l'efficacité de l'action en reprise de relation contractuelle conformément à l'article L. 521-1 du code de justice administrative[1337]. Or, en l'espèce, le référé-suspension est assorti de deux conditions cumulatives :

[1333] Voir en ce sens, l'arrêt CE, 1er oct. 2013, n° 349099, *Sté Espace habitat construction* : JurisData n° 2013-021404. Mais également pour un refus : CAA Marseille, 17 janv. 2011, n° 08MA00362, Ville de Cannes.

[1334] TA Strasbourg, 23 mars 2004, n° 03-04212, n° 03-042328 et n° 03-04348, *Sté Amnéville loisirs SAS* : *AJDA*, 2004, p. 1135.

[1335] TASCIYAN Daniel, « Les insuffisances du recours en reprise des relations contractuelles *», CONTRATS ET MARCHÉS PUBLICS - Revue mensuelle LexisNexis Jurisclasseur, Août - septembre 2015,* pp .5-11.

[1336] Voir ainsi, CE, 17juin 2015, *Cne d'Aix en Provence, c/ SPA* : rec. CE 2015, tables, p.752 ; P 929, concl. G. Pélissier ; contrats- marchés publ. 2015, n° 221, note J-P. Piétri (suspension).

[1337] Selon lequel « *Quand une décision administrative, même de rejet, fait l'objet d'une requête en annulation ou en réformation, le juge des référés, saisi d'une demande en ce sens, peut ordonner la suspension de l'exécution de cette décision, ou de certains de ses effets, lorsque l'urgence le justifie et qu'il est fait état d'un moyen* propre *à créer, en l'état de l'instruction, un doute sérieux quant à la légalité de la décision* ».

- Celle de l'urgence qui s'apprécie au regard des intérêts du requérant, telle que sa situation financière par exemple, au regard de l'intérêt général, de celui des tiers, dans l'hypothèse d'un nouveau contractant[1338] ;

- Celle de l'existence d'un doute sérieux sur la validité de la mesure de résiliation.

Pour se faire, le juge vérifie si en l'état de l'instruction, les vices invoqués paraissent d'une gravité suffisante pour conduire à la reprise des relations contractuelles, et non à la seule indemnisation du requérant[1339]. Ces deux conditions mettent en exergue l'insuffisance de l'action en reprise des relations contractuelles, car en subordonnant, comme il l'a fait, l'urgence à la mise en péril de la situation économique du titulaire du marché, le juge du contrat a fait perdre à ce recours tout son intérêt. A notre sens le référé-provision ou encore la reprise des relations contractuelles comme moyens d'actions en exécution, ouverts au titulaire du marché en droit français, présentent des insuffisances de sorte que leur transposition en droit camerounais ne constituerait pas en soi une alternative au principe de l'interdiction d'adresser des injonctions à l'administration et encore moins une voie d'action en exécution efficace. Il convient de rechercher une solution alternative à l'exécution du contrat. Une autre solution alternative à l'exécution des obligations contractuelle est de songer à la saisine d'un Médiateur de la République.

Au Benin par exemple, l'inexécution d'une obligation contractuelle par l'administration se résout dans bien des cas, par la saisine du Médiateur de la République. Il s'agit d'un *organe* intercesseur gracieux entre l'administration

---

1338 CE, 16 nov.2016, *Cne d'Erstein* : *BJCP,* 2016, n°110, P.64, Concl O. Henrard ; contrats- marchés publ. 2016, n° 27, note M. Ubaud- Bergeron.

1339 Voir l'arrêt CE, 25 janv. 2019, *société Uni parc Cannes* n°424846 ; Dans cette affaire le juge a retiendra qu' « En s'abstenant de rechercher si les vices invoqués par la société Uni parc Cannes à l'encontre de la mesure de résiliation étaient d'une gravité suffisante pour conduire à la reprise des relations contractuelles et non à la seule indemnisation de la société, c'est-à-dire si, eu égard à leur gravité et, le cas échéant, à celle des manquements de la société à ses obligations contractuelles, ainsi qu'aux motifs de la résiliation, une telle reprise n'était pas de nature à porter une atteinte excessive à l'intérêt général, le juge des référés du tribunal administratif de Nice a entaché son ordonnance d'une erreur de droit, l'existence d'un motif d'intérêt général s'opposant à la reprise des relations contractuelles ne pouvant être appréciée indépendamment de la gravité des vices affectant la mesure de résiliation. Par suite, sans qu'il soit besoin d'examiner les autres moyens du pourvoi, la société Uni parc Cannes est fondée à en demander l'annulation. ».

publique et les usagers de la fonction publique. Une autorité indépendante dont la saisine est considérée comme une solution originale pour la résolution des conflits qui opposent le citoyen au service public, les forces socio-professionnelles au gouvernement, pour peu que pour la résolution de ces conflits, aucune juridiction ne se révèle compétente[1340].

Le Médiateur de la République, lorsqu'il est saisi d'un litige, enjoint à l'institution mise en cause, de se conformer à l'exécution de ses obligations dans un délai déterminé. Cette injonction prend alors la forme d'une « réparation négociée » pouvant se révéler efficace. Comme au Benin, au Mali, cette solution est de plus en plus utilisée et continue de faire ses preuves. En effet, le rapport du Médiateur de la République pour l'année 2018, note une poussée des réclamations pour des litiges liés aux contrats et marchés publics d'environ une vingtaine[1341]. Cette solution serait la bienvenue en droit camerounais.

A côté de la saisine du Médiateur de la République, les parties au contrat de partenariat public-privé qui n'ont pas obtenu l'exécution du marché, pourront toujours, sur fondement de la responsabilité contractuelle, demander la réparation du préjudice né de cette inexécution.

B – L'action en responsabilité civile ouverte aux parties dans le contrat de partenariat public privé

La responsabilité est une obligation faite à celui qui cause à autrui un dommage de le réparer, que l'on se situe dans la sphère du droit privé ou encore du droit public. Toutefois, plusieurs régimes de responsabilité coexistent à savoir la responsabilité contractuelle et la responsabilité extracontractuelle.

La responsabilité contractuelle se définit en droit privé, comme en droit public, comme *« l'obligation pour le cocontractant qui ne remplit pas totalement ou partiellement une obligation que le contrat mettait à sa charge, d'en supporter les conséquences devant la justice (en nature si possible ou à défaut, en argent), le dommage causé à l'autre partie*[1342] *»*.

[1340] Article 1 du décret n°2004.299 du 20 mai 2004 Portant transmission à l'Assemblée nationale du projet de loi instituant le Médiateur de la République au Benin.
[1341] Voire Rapport annuel 2018 : Le Médiateur de la République à Koulouba (Mali).
[1342] CORNU Gérard, *op.cit.*, p. 919.

Ainsi, la responsabilité contractuelle correspond à une obligation de réparation imposée à la personne publique ou au partenaire privé à la suite d'une inexécution ou d'une mauvaise exécution du contrat administratif. Autrement dit, cette responsabilité s'intéresse aux rapports entre les parties au contrat. A la différence de la responsabilité extracontractuelle qui, pour sa part, intervient entre l'auteur du dommage et la partie lésée hors du contrat, lui permettant ainsi d'obtenir l'indemnisation de celui à qui le préjudice a été causé.

Cependant, l'application de l'une ou l'autre de ces responsabilités à finalité réparatrice conduira, afin d'éviter un cumul de responsabilités, à l'adoption d'une frontière entre le droit des délits et le droit de l'inexécution du contrat de manière à interdire l'application de la responsabilité extracontractuelle ou délictuelle, dès lors que les conditions ouvrant droit à une réparation sur le terrain contractuel sont réunies. C'est le principe du non-cumul des responsabilités.

Admis en droit civil et en droit administratif[1343], la jurisprudence antérieure prônait depuis fort longtemps ce non-cumul de responsabilités. Dans sa décision du 11 janvier 1922, la Cour de cassation retenait déjà que : « *c'est seulement en matière de délit ou quasi-délit que toute faute quelconque oblige son auteur à réparer le dommage provenant de son fait ; Que les articles 1382 et suivants* », à savoir la responsabilité délictuelle, « *sont sans application lorsqu'il s'agit d'une faute commise dans l'exécution d'une obligation résultant d'un contrat ; Que le principe est alors posé par l'article 1137 du code civil qui décide que le débiteur ne répond que de la faute que ne commettrait pas un bon père de famille*[1344] ».

Cette position du juge civil fut également celle des tribunaux administratifs pour lesquels, lorsqu'un dommage se rattache à l'inexécution ou à la mauvaise exécution du contrat, seule l'action en responsabilité contractuelle est ouverte aux parties[1345]. Le cocontractant lésé ne peut par conséquent, rechercher la responsabilité de son cocontractant ni sur le terrain délictuel, encore moins sur le terrain quasi-contractuel.

Toutefois, le non-cumul des responsabilités qui a pour effet de privilégier l'action en responsabilité contractuelle, n'aboutit pas à l'exclusion totale d'une action en responsabilité délictuelle.

[1343] CE, 20 nov. 1891, Lefèvre, Lebon 685 ; CE, 1er dec.1976, *Berezowski*, Lebon, 521 et plus récemment CAA, Nantes, 22 avr.2017, n°15NT02096.
[1344] Cass. civ. 11 janvier 1922, D. 1922, 1, 16 ; S. 1924, 1, 105, n. R. Rodière.
[1345] CE, 20 novembre 1891, Lefebvre, Rec.685.

Il est opportun de préciser que la question du régime des responsabilités des parties dans le contrat de partenariat n'est que purement théorique. En pratique, les parties s'accordent généralement, dans un accord autonome, sur les conséquences financières à tirer en cas de disparition du contrat[1346].

Si, ce n'est pas le cas, il faut donc rappeler que, dans le contrat de partenariat public-privé comme dans la plupart des contrats administratifs, l'action en responsabilité contractuelle devient prioritaire, mais pas exclusive (1). Ainsi, l'ouverture d'une action en responsabilité quasi-contractuelle ou quasi délictuelle étant admise (2).

1 - Une action en responsabilité prioritairement fondée sur le contrat

L'action en responsabilité des parties à un contrat se fait en principe exclusivement sur le terrain contractuel.

Cependant, la mise en jeu de cette responsabilité suppose tout d'abord l'existence d'un contrat légal et en cours d'exécution. De plus, cette action ne peut être engagée principalement qu'en cas de manquement ou encore de mauvaise exécution par l'une des parties, à ses obligations contractuelles. A cet égard, est jugée irrecevable toute action en responsabilité contractuelle formée, soit à échéance du contrat du fait d'une résiliation unilatérale de la personne publique, ou encore sur simple décision du juge administratif. A l'exception des situations dans lesquelles la jurisprudence administrative admet que la responsabilité du contractant au-delà du contrat, puisse être retenue dès lors que le dommage trouve son origine dans l'exécution du contrat[1347].

Aussi, si le succès d'une action en responsabilité contractuelle repose sur la démonstration d'une faute et d'un préjudice qui se rattachent au contrat, il ne peut être exclu que cette responsabilité puisse être recherchée même en

[1346] Voir TA Bordeaux, 19 décembre 2012, n° 1105079 confirmé par CAA Bordeaux, 17 juin 2014, n° 13BX00564.

[1347] C'est la solution adoptée par le CE dans sa décision « *OPDHLM* » du 11 juillet 2008, req n° 285651, Inédit au recueil Lebon, par laquelle il reconnait que la société « CGST-SAVE a commis une faute contractuelle de nature à engager sa responsabilité, nonobstant la circonstance qu'au moment du dommage, le contrat était expiré ».

l'absence de faute des parties. La responsabilité pour faute des parties résulte généralement de la mauvaise exécution ou encore du manquement de celles-ci à leurs obligations. L'on distingue la faute de l'acheteur de celle du titulaire du marché.

Lorsqu'elle émane de l'acheteur, la faute contractuelle peut prendre plusieurs formes. Il peut s'agir d'une faute pour mauvais usage de ses prérogatives de puissance publique, d'un manquement à ses obligations financières ou encore d'un manquement à ses obligations de bonne foi et de loyauté dans le contrat.

L'acheteur qui abuse de ses prérogatives de puissance publique ou en fait un mauvais usage, peut voir sa responsabilité contractuelle engagée pour faute. Ce mauvais usage des prérogatives de puissance publique se perçoit notamment par des sanctions injustifiées infligées au cocontractant telle que la résiliation unilatérale du contrat par l'acheteur sans aucun motif valable.

Celle-ci peut être constitutive d'une faute dès lors que, la sanction prise à l'encontre du titulaire du marché, est disproportionnée à la faute commise.

Dans cette hypothèse, Il revient au juge administratif de vérifier que le manquement du titulaire du marché à ses obligations contractuelles justifie la sanction prononcée par l'acheteur.

Pour ce faire, le Conseil d'État, dans sa décision du 23 décembre 2016, a tenu à préciser que, « *seule une faute d'une gravité suffisante est de nature à justifier, en l'absence de clause prévue à cet effet, la résiliation d'un marché public aux torts exclusifs de son titulaire*[1348] ».

Voilà pourquoi les fautes comme les malfaçons de nature essentiellement esthétiques constatées en cours d'exécution du marché, même si elles sont considérées comme des manquements du titulaire à ses obligations contractuelles, ne peuvent justifier une résiliation du contrat aux torts exclusifs du titulaire marché[1349], car la résiliation du contrat serait disproportionnée par rapport à la faute commise, et constituerait alors une faute de l'acheteur ouvrant droit à une indemnisation. Néanmoins, le cocontractant aura tout de même « *commis une faute dont il doit être tenu compte dans l'appréciation du*

[1348] CE, 23 novembre 2016, Hospices civils de Beaune, req. n°392227, inédit au Lebon.

[1349] CE, 04 juillet 2014, *communauté d'agglomération Saint-Etienne Métropole*, Req.n°374032, tables du Lebon concl. B. Dacosta novembre 2014.

préjudice résultant de la résiliation injustifiée »[1350]. De sorte que, la réparation ne saurait être intégrale. La rémunération du titulaire du marché est la principale obligation contractuelle de l'acheteur. Ainsi, lorsque l'acheteur viendrait à manquer à cette obligation, en refusant par exemple de payer le prix convenu contractuellement, ou encore en ne respectant pas le délai de paiement, sa responsabilité pour faute pourra être retenue. Le juge administratif reconnait ainsi la faute de la collectivité territoriale qui ne paye pas la somme qu'elle s'est engagée à verser ou la verse en retard. Par contre, l'insuffisance de crédits ne saurait constituer une cause exonératoire[1351].

Comme c'est le cas pour l'acheteur, la responsabilité pour faute du titulaire du marché peut également être retenue lors de l'exécution du contrat. Plusieurs circonstances peuvent alors justifier cette responsabilité. Il s'agit du non-respect de son obligation d'exécution, du non-respect des délais contractuels et de son manquement aux obligations de conseil et d'information bien que celles-ci soient accessoires.

Le non-respect de l'obligation d'exécution se manifeste en cas de manquement du titulaire du marché à son obligation d'exécution ou encore en cas de mauvaise exécution technique[1352]. Il s'agit notamment des cas dans lesquels, le titulaire interrompt les travaux ou encore des cas d'abandon définitif du chantier. Le titulaire commet alors une faute contractuelle engageant sa responsabilité[1353]. Il en est de même lorsque celui-ci cède son contrat à un tiers sans autorisation préalable de la personne publique. En effet, le contrat de partenariat public-privé, comme la plupart des contrats de la commande publique, sont conclus *intuitu personae* au terme d'une procédure permettant de choisir l'offre la plus avantageuse justifiant l'importance d'une exécution personnelle du marché par son titulaire, de sorte que le manquement de ce dernier à son obligation d'exécuter personnellement le marché, constitue une faute[1354].

Dans bien des cas, la faute du titulaire peut être recherchée en cas de manquement à ses obligations d'information et de conseil. A cet effet, la Cour

---

1350 CE, 10 février 2016, commune de Bandol, req. n°387769, inédit, au Lebon ; Contrats et marchés publics avril 2016, p. 41, UBAUD BERGERON Marion.

1351 En ce sens, CE, 6 février 1874, *Foucaux, Rec. 143* et CE, 16 octobre 1968, *OPHLM de la seine*, *AJDA*, 1969, 119.

1352 CE, 9 décembre 1988, SIROM de Château-Salins et sa région, req. n°72465, tables du Lebon : résiliation illégale d'un contrat par une entreprise.

1353 CE,20 janvier 1988, *SERAF*, req. n°56503, Lebon.

1354 CE, 8 juin 2000, section des finances, avis n°364803, *BJCP* mars 2001, p.94, comm E. Glaser ; AJDA *2000* P.758, L. Richer ; *contrats marchés publics* 2000, chr.1, F. Llorens.

Administrative d'Appel de Douai, dans sa décision du 4 octobre 2018, a pu juger que « *le maître d'œuvre est tenu d'informer, par écrit, le maître de l'ouvrage dès lors qu'une nouvelle règlementation est applicable au projet en cours de réalisation en lui indiquant notamment les modifications techniques indispensables pour assurer la conformité de l'ouvrage à ladite règlementation*[1355] ».

Cette obligation d'information, même si elle n'est pas expressément stipulée dans le contrat, existe de plein droit et peut être prise comme accessoire des obligations contractuelles. Cette appréciation vaut également pour de l'obligation de conseil[1356].

A côté du manquement à l'obligation de conseil et d'information, la faute du titulaire du marché peut également être retenue en cas de non-respect des délais contractuels.

Le délai contractuel est une des mentions importantes au contrat de partenariat, l'on peut même dite qu'il conditionne la sélection de l'offre la plus avantageuse. Aussi, la faute du titulaire du marché peut être retenue pour non-respect des délais contractuels, ce qui justifie les sanctions coercitives reconnues à l'administration à l'exemple des pénalités de retard. Seulement, il existe des circonstances dans lesquelles, le non-respect des délais contractuels et bien d'autres manquements des parties à leurs obligations, causent un préjudice qui, même s'il ne résulte pas de la faute d'une des parties, devra néanmoins être réparé. L'on parle alors d'un cas de responsabilité sans faute des parties.

La responsabilité sans faute des parties consiste à engager la responsabilité des parties même en cas de faits non fautifs survenant pendant l'exécution du marché. Cette responsabilité peut être recherchée tant à l'égard de l'acheteur que du titulaire du marché.

1355 CAA Douai, 4 octobre 2018, n° 17DA00437.

1356 GUEZOU Olivier, *Traité de contentieux de la commande publique*, Paris, *Ed. Le Moniteur,* 2018, p. 467. Bien plus, la jurisprudence administrative du CE du 28 janvier 2011, *Société cabinet d'étude Marc Merlin* req .n° 330693 a d'ailleurs estimé que « *la responsabilité des maitres d'œuvre pour manquement à leur devoir de conseil peut être engagée, dès lors qu'ils se sont abstenus d'appeler l'attention du maitre d'ouvrage sur des désordres affectant l'ouvrage et dont ils pouvaient avoir connaissance, en sorte que la personne publique soit mise à même de ne pas réceptionner l'ouvrage ou d'assortir la réception de réserves qu'il importe peu, a cet égard que les vices en cause aient ou non présenté un caractère apparent lors de la réception des travaux, dès lors que le maitre d'œuvre en avait eu connaissance en cours de chantier.* ».

a - La responsabilité sans faute de l'acheteur.

Il existe des circonstances dans lesquelles l'administration, sans avoir réellement commis de faute, engage sa responsabilité par des actes qu'elle pose. C'est le cas en par exemple d'une modification du contrat faite unilatéralement, ou encore du cas de résiliation.

Quand bien même elle se justifie par l'intérêt général, la modification unilatérale du contrat de partenariat par l'acheteur peut engager sa responsabilité sans faute. Car, au regard du principe de l'égalité devant les charges publiques, et de l'équité, le partenaire privé ne peut supporter seul le coût de cette modification[1357].

Une telle modification, bien qu'elle soit légitime, entraînerait un déséquilibre contractuel que la personne publique se doit de rétablir car, en sa qualité de cocontractant de la personne publique, le titulaire du marché a droit « au maintien de l'équilibre financier[1358] » du contrat.

Bien souvent, ce droit à indemnisation en cas de modification du contrat est expressément stipulé au contrat.

La résiliation du contrat de partenariat public-privé, dès lors qu'elle émane de l'acheteur, et en l'absence de faute du titulaire, ce dernier a droit à une réparation intégrale du préjudice subi[1359].

En effet, le juge administratif reconnait à l'Etat le droit de mettre un terme à son contrat pour des motifs d'intérêt général tels que la faible rentabilité socio-économique du projet, ou encore de son coût très élevé.

Cependant, *« ses cocontractants sont en droit d'obtenir réparation du préjudice résultant de la résiliation unilatérale de ces contrats particuliers par l'Etat, même en l'absence de toute faute de ce dernier, dès lors qu'aucune stipulation contractuelle n'y fait obstacle*[1360] ».

1357 GUEZOU Olivier, *op.cit.*, p. 448.

1358 Voir en ce sens le CE 27 octobre 2010, *SITP Cannes, Le Cannet, Mandelieu La Napoule*, req. N°318617.

1359 CE, 6 février 1925, *Gouverneur général d'Algérie c/ Demouchy,* Rec. p.121.

1360 CE, 21 décembre 2007, *Région Limousin*, Req.n°293260, Lebon ; concl E. Prada-Bordenave, *BJCP avril* 2008 P.138 et *RJEP* avril 2008, P.15 ; *AJDA* 2008, P.481, J-D. Dreyfus ; *JCP A* 25 février 2008, P.32, J-M. Pontier.

En pratique, cette réparation concerne les pertes subies du fait de la résiliation, mais aussi les bénéfices qu'il aurait pu obtenir de ce marché[1361].

Autrement dit, à l'indemnisation des pertes subies *damnum emergens* comme celle des gains manqués dont le contractant devra démontrer le caractère certain, *lucrum cesssans*[1362]. Par ailleurs, la responsabilité de l'acheteur pourra également être retenue lors de la survenance d'un évènement pour « fait du prince ».

Le fait de prince relève d'une décision ou d'un comportement arbitraire de la personne publique ayant un impact sur l'exécution du marché en cours. Il prend la forme d'une loi, d'un décret ou encore de toutes mesures particulières ayant un effet direct ou indirect sur l'exécution du marché.

Ainsi, dès lors qu'une mesure prise par l'acheteur a pour conséquence de bouleverser l'équilibre du contrat, une réparation peut lui être demandée. Le titulaire du marché a en effet droit à la restauration de l'équilibre financier.

Ce qui passe par la réparation du préjudice qu'il aura subi du fait de cette mesure. Cette indemnisation n'a pas pour fondement une faute contractuelle de l'acheteur, mais engage sa responsabilité sans faute.

B- La responsabilité sans faute du titulaire du marché.

L'opérateur économique peut voir sa responsabilité contractuelle engagée pour des faits dont il n'est pas fautif. L'un des exemples de responsabilité pour faute qu'il est possible de retenir est la faute commise par un tiers à l'instar du sous-traitant.

En effet, dans le cadre d'une sous-traitance, il est important de souligner que la relation contractuelle qui existe entre le sous-traitant et le titulaire ne fait naître aucun lien contractuel à l'égard de l'acheteur. Aussi, le titulaire reste le

---

[1361] CAA Bordeaux 17 janvier 2017, req. n°14BX03409, société Imprimerie Ah sing, inédit au Lebon, mais aussi, CAA Paris, 24 octobre 2017, Société Wagram Voyages, req. n° 16PA034929, inédit au *Lebon.*

[1362] Voir jugement n°62/94-95 du 29 juin 1995, *The Big Brothers Trading Compagny C/ Etat du Cameroun*, V. également, le jugement n°59/04-05, du 23 mars 2005 *établissements LIPA-SPORT BTP c/ Etat du Cameroun* (ministère des travaux publics).

seul responsable des prestations exécutées dans le cadre du marché auquel il s'est engagé, y compris les prestations qui auront été sous traitées[1363].

Par conséquent, le titulaire ne peut invoquer les fautes commises par le sous-traitant dans l'exécution de ses obligations pour s'exonérer de la responsabilité qui lui incombe à l'égard de l'acheteur[1364].

Dans cette hypothèse, l'acheteur a doit à une indemnisation qui trouve sa source dans la responsabilité sans faute du titulaire du marché.

En somme, l'action en responsabilité des parties est une action exclusivement fondée sur contrat. Cette exclusivité n'est acquise qu'à condition que l'on soit face à un contrat légal et en cours d'exécution.

Aussi, le succès d'une action en responsabilité contractuelle repose sur la démonstration d'une faute et d'un préjudice qui se rattachent au contrat : le manquement aux obligations contractuelles, à savoir, le non-respect des obligations d'exécution par le titulaire, le non-respect des délais contractuels, le mauvais usage des prérogatives de puissance publique pour n'en citer que ceux-là.

Il ne peut cependant être exclu que cette responsabilité puisse être recherchée même en l'absence de faute des parties : en cas de résiliation unilatérale pour motifs d'intérêt général ou dans l'hypothèse d'un fait de prince, ou bien encore lorsque la faute est commise par un tiers (sous-traitant) est supportée par le cocontractant principal.

Toutefois, lorsque la responsabilité contractuelle ne peut plus être invoquée en raison de la disparition ou de l'inexistence du contrat, les parties pourront toujours rechercher cette responsabilité au-delà du contrat.

Dès lors que cette disparition cause l'enrichissement de l'une des parties et l'appauvrissement de l'autre, la partie lésée est fondée à demander la réparation du préjudice qu'elle a subi.

Il en est de même lorsque le préjudice relève d'une faute par imprudence ou négligence de son cocontractant. La partie lésée recherchera alors cette responsabilité non plus sur le terrain contractuel, mais sur le terrain de la responsabilité quasi-contractuelle et quasi-délictuelle.

[1363] Voir pour cela l'article 1er de la loi n° 75-1334 du 31 décembre 1975 relative à la sous-traitance.

[1364] CE, 26 novembre 2007, *Société Les Travaux du Midi*, n° 266423.

2 - L'admission d'une responsabilité civile au-delà dans le contrat de partenariat public-privé

S'il est constant en droit privé que la responsabilité contractuelle prime sur la responsabilité extracontractuelle[1365], il n'est cependant pas exclu pas que, lorsque l'inexécution du contrat cause à tiers un dommage, que celui-ci puisse demander une réparation sur le fondement de la responsabilité extracontractuelle[1366].

La responsabilité extracontractuelle telle que définie plus haut vise à obtenir réparation d'un préjudice née hors du contrat. Dans le cadre de notre étude, nous nous intéresserons plus précisément à la responsabilité quasi-contractuelle à laquelle peuvent prétendre les parties contractantes notamment, en se fondant sur l'enrichissement sans cause. Nous nous intéresserons également à la responsabilité quasi-délictuelle, en ce qu'elle constitue une quasi-protection pour l'acheteur dans un marché de partenariat.

A - La responsabilité quasi-contractuelle sur le fondement de l'enrichissement sans cause

L'enrichissement sans cause encore appelé action in *rem verso* est une création de la jurisprudence civiliste[1367] servant à régler les litiges nés hors du contrat. Cette théorie a été consacrée depuis la réforme du droit des obligations, aux articles 1303 à 1303-4 du code civil sous l'appellation d'« enrichissement injustifiée ». Est injustifié ce qui ne peut pas être justifié ou accepté. Le verbe justifier est le dérivé de *justus* (juste) et de *ficare* (faire) et signifie traiter avec justice ou déclarer juste[1368].

[1365] Voir l'article 1233 al 1 de la proposition de loi portant réforme de la responsabilité civile du 13 mars 2017. « En cas d'inexécution du contrat, ni le débiteur ni le créancier ne peuvent se soustraire à l'application des dispositions propres à la responsabilité contractuelle pour opter en faveur des règles spécifiques à la responsabilité extracontractuelle.

[1366] L'article 1234 de la proposition de loi portant réforme de la responsabilité civile du 13 mars 2017.

[1367] Cette théorie est issue de l'arrêt de la Cour de cassation du 15 juin 1892 dans l'affaire *Boudier c. Patureau-Mirand.*

[1368] REY Alain, (sous dir.), Dictionnaire culturel en langue française, *Le Robert*, 2006, p.2260.

Au sens du code civil, l'enrichissement est injustifié *« lorsqu'il ne procède ni de l'accomplissement d'une obligation par l'appauvri, ni de son intention libérale »*[1369].

Ainsi, dès lors que le patrimoine d'une personne s'est enrichi au détriment d'une autre et que l'appauvrissement corrélatif qui en est résulté ne trouve sa justification, ni dans une convention ou une libéralité, ni dans une disposition légale ou réglementaire, on parle d'enrichissement injustifié.

Par ailleurs, il ressort de ce même code qu'*« en dehors des cas de gestion d'affaires et de paiement de l'indu, celui qui bénéficie d'un enrichissement injustifié au détriment d'autrui, doit à celui qui s'en trouve appauvri, une indemnité égale à la moindre des deux valeurs de l'enrichissement et de l'appauvrissement*[1370] *»*. L'enrichissement injustifié ouvre par conséquent droit à une indemnisation au profit de l'appauvri.

Ramené au marché de partenariat, et de manière générale au contrat de droit administratif, la jurisprudence administrative empruntant au droit privé, a reconnu depuis de longue date, que lorsqu'un marché public est litigieux, le cocontractant peut rechercher la responsabilité quasi contractuelle de la personne publique, correspondant à son enrichissement sans cause, du fait des prestations dont elle a pu bénéficier et dont le règlement ne peut plus intervenir sur le fondement du contrat, mais également sa responsabilité quasi-délictuelle[1371].

La notion d' « *enrichissement sans cause* » en droit public n'a pas disparu. Elle s'emploie régulièrement par la jurisprudence[1372] et bien plus encore par le code de la commande publique. En effet, le code de la commande publique reconnait des circonstances pour lesquelles le requérant a droit au remboursement des dépenses qu'il aura engagées sur le fondement de l'enrichissement sans cause. L'article L2235-1 dispose à cet effet : *« En cas d'annulation ou de résiliation du contrat par le juge, faisant suite au recours d'un tiers, le titulaire du marché de partenariat peut prétendre à l'indemnisation des dépenses qu'il a engagées conformément au contrat dès lors qu'elles ont été utiles à l'acheteur. »*

1369 L'article 1303-1 du Code civil.

1370 L'article 1303 du Code civil.

1371 CE 19 avril 1974, *Société « Entreprises Louis Segrette »*, req. n° 82518 : Rec. CE p. 1052 ; CE 23 mai 1979 *Commune de Fontenay-le-Fleury*, req. n° 00063 : Rec. CE p. 226.

1372 Voir par exemple la jurisprudence de la CAA de Marseille 6ème chambre - formation à 3, du 18 juin 2018, 17MA00710, Inédit au recueil Lebon.

Cette disposition n'est toutefois que la concrétisation légale d'une jurisprudence constante du Conseil d'Etat selon laquelle, *« le cocontractant de l'administration dont le contrat est entaché de nullité ou annulé peut prétendre, sur un terrain quasi-contractuel, au remboursement de celles de ces dépenses qui ont été utiles à la collectivité envers laquelle il s'était engagé ».*[1373] Ainsi, l'indemnisation de l'appauvri est doublement encadrée. L'indemnisation ne concernera alors que les dépenses effectivement supportées par le requérant, encore faut-il qu'elles aient été utiles pour l'enrichi.

L'indemnisation des dépenses utiles se distingue de l'indemnisation de l'ensemble des charges du créancier car, elle ne concerne uniquement que les charges du titulaire ayant réellement profité à l'acheteur.

En effet, conformément au principe de l'interdiction faite aux personnes publiques de consentir des libéralités[1374], il apparait important que l'acheteur ne puisse reverser que les sommes correspondantes au montant dont il s'est enrichi. Seulement, cette action n'est pas des plus aisée car, il appartient au titulaire qui souhaite se faire indemniser de rapporter la preuve que ses dépenses ont été profitables et utiles à l'acheteur.

La jurisprudence est claire à ce sujet. En effet, il appartient à « celui qui prétend, sur le terrain quasi contractuel au remboursement de celles des dépenses qui ont été utiles à la collectivité envers laquelle il s'était engagé, d'en établir l'utilité »[1375].

L'indemnisation du titulaire sur le fondement de l'enrichissement sans cause dépend donc de sa capacité à distinguer parmi ses charges, celles qui ont été utiles à l'acheteur de celles qui ne l'ont pas été. Il est fort possible que cette action ne permette pas au créancier de recouvrer la totalité des sommes qu'il a engagées[1376]. Le code de la commande publique permet par ailleurs en son article L2235-2, de déterminer l'ensemble des dépenses engagées pouvant prises en compte dans le cadre du marché de partenariat. Cependant, aucune précision n'est apportée sur le caractère *« utile »* de ces dépenses.

[1373] CE 26 mars 2008, *Société Spie Batignolles*, req. n° 270772 ; CE, 7 décembre 2012, *Société Lyonnaise des eaux*, req. n° 351752.
[1374] CE, 22 juin 2012, req. n° 348676.
[1375] CE, 21 octobre 2009, *commune pointe noire*, req. n°312214, inédit au *Lebon.*
[1376] Conclusion de M. Savoie sur le CE section 20 octobre 2000, *Société citécables Est, req.* n° 196553, Publié au recueil Lebon.

L'incomplétude de ce texte sera comblée par une décision très récente du Conseil d'État, qui pour tenter de limiter le périmètre des dépenses utiles dues au cocontractant quand un contrat de partenariat est annulé, a admis que « *dans le cas d'un contrat tel que le contrat de partenariat [...], les dépenses utiles incluent, dès lors que la personne publique a fait le choix de faire financer par le cocontractant l'investissement requis, et dans la limite du coût normal d'une telle opération, les frais financiers découlant, en cas de résiliation du contrat, du remboursement anticipé de cet emprunt et des intérêts versés au titre de cet emprunt entre la date de la résiliation et la date à laquelle la personne publique a remboursé au co-contractant la valeur utile de l'ouvrage concerné* »[1377].

Aussi, dans le cadre d'un contrat de partenariat public-privé, financé par le titulaire, tous les frais financiers découlant du remboursement anticipé de cet emprunt, de même que les intérêts versés au titre de cet emprunt, pourront sous certaines conditions, être considérées comme des dépenses utiles.

La responsabilité quasi-contractuelle repose sur l'absence de faute de l'administration et du titulaire. L'indemnisation du titulaire ne saurait être la même lorsque le marché annulé ou résilié a été obtenu de manière frauduleuse par le titulaire. Dans cette hypothèse, le partage de responsabilité influencera cette indemnisation. En ce sens, le Conseil d'État relève dans ses arrêts du 22 février 2008 que : *« dans le cas où la nullité du contrat résulte d'une faute de l'administration, l'entrepreneur peut en outre, sous réserve du partage de responsabilités découlant le cas échéant de ses propres fautes, prétendre à la réparation du dommage imputable à la faute de l'administration ; qu'à ce titre il peut demander le paiement des sommes correspondant aux autres dépenses exposées par lui pour l'exécution du contrat et aux gains dont il a été effectivement privé par sa nullité, notamment du bénéfice auquel il pouvait prétendre, si toutefois l'indemnité à laquelle il a droit sur un terrain quasi-contractuel ne lui assure pas déjà une rémunération supérieure à celle que l'exécution du contrat lui aurait procurée »*[1378].

A côté de la responsabilité quasi-contractuelle au titre de l'enrichissement sans cause qui permet au cocontractant de la personne publique de recouvrer les sommes engagées, une autre voie de recours s'ouvre aux parties. Ainsi, les parties qui subissent un préjudice du fait de l'inexécution ou de la mauvaise exécution du marché, peuvent engager responsabilité quasi-délictuelle du cocontractant défaillant.

[1377] CE, 9 juin 2020, n° 420282, recueil *Lebon.*

[1378] CE, 10 avril 2008, Société Decaux, n° 244950, CE, 22 février 2008, n° 286174.

B - L'action en responsabilité quasi délictuelle, une quasi-protection pour l'acheteur

Contrairement à la responsabilité contractuelle qui suppose l'existence d'un contrat, la responsabilité délictuelle elle, nait en l'absence de tout contrat. Cette responsabilité se distingue quelque peu de la responsabilité quasi-délictuelle, objet de notre étude.

En effet, telle que définie à l'article 1240 du code civil, la responsabilité délictuelle consiste à réparer un dommage causé par un acte ou un fait intentionnel[1379].

Alors que, la responsabilité quasi-délictuelle, quant à elle, oblige de la même manière, à la réparation d'un dommage qui, cette fois-ci, relève de l'imprudence ou de la négligence.[1380]

Cette responsabilité quasi délictuelle trouve à s'appliquer sans restriction à toutes personnes morales ou physiques et par conséquent aux personnes morales de droit public au rang desquels on peut citer la personne publique, partie à un contrat de partenariat public-privé.

Pourtant, la responsabilité quasi-délictuelle des parties à un contrat litigieux, pour être recherchée, suppose l'existence d'une faute. La victime n'obtient réparation qu'à condition de prouver la faute de la personne assignée en réparation. Pour ce faire, elle doit prouver l'existence d'un fait générateur, du dommage et d'un lien de causalité.

A ce titre, il est un principe fondamental applicable en droit de responsabilité selon lequel, une faute n'entraîne la responsabilité de son auteur que si elle est la cause du dommage[1381].

Autrementdit, il faut un lien de causalité entre la faute et le dommage, l'existence de cette faute pouvant être prouvée par tous moyens.

Ramené au marché public, plus encore au marché de partenariat, le titulaire d'un marché pourra rechercher la responsabilité quasi-délictuelle en réparation du préjudice subi du fait de la faute commise par l'acheteur,

---

[1379] L'article 1240 du Code civil « *Tout fait quelconque de l'homme, qui cause à autrui un dommage, oblige celui par la faute duquel il est arrivé à le réparer.* ».

[1380] L'article 1241 du Code civil.

[1381] Cass. Civ. 2, 2 mars 1956, *Dalloz,* 1956, p. 341.

notamment en concluant un contrat illégal, et à condition qu'il subsiste un préjudice malgré le remboursement des dépenses qui ont été utiles à l'administration[1382].

Cette faute de l'acheteur ouvre droit à réparation au profit du titulaire du marché. Seulement, la jurisprudence administrative retient que cette indemnisation ne peut être due que si, conformément aux règles élémentaires de la responsabilité civile, le préjudice allégué présente un caractère certain et qu'il existe un lien de causalité direct entre la faute de l'administration et ce préjudice[1383].

L'inexistence ou la nullité du contrat n'exclut pas une responsabilité pour faute. Celle-ci pouvant alors être invoquée par l'une ou l'autre des parties. Ainsi, dès lors que la nullité du contrat a été constatée par le juge, la personne publique est également recevable à demander la réparation du préjudice qui lui aura été causé pendant l'exécution du contrat par son cocontractant sur le fondement de la responsabilité quasi délictuelle[1384].

La partie requérante n'a cependant pas toujours droit à une réparation intégrale du préjudice qu'elle aura subi. Il reviendra au juge d'apprécier s'il y'a lieu, la faute commise par la partie qui sollicite la réparation, A titre d'exemple, l'indemnité due en raison de la faute de l'administration le sera « sous *réserve du partage de responsabilités découlant le cas échéant de ses propres fautes* »[1385]

A côté de la responsabilité quasi-délictuelle des parties au contrat ou à un marché public de travaux, l'on constate également des situations dans lesquelles, la responsabilité d'un tiers, à l'instar du sous-traitant peut être recherchée.

Depuis longtemps, il est de principe que le contrat n'a d'effets qu'entre les parties, et par conséquent, ne saurait créer de charge à l'égard des tiers. Aussi, au sens de la jurisprudence *Commune de VOREPPE, « seules les personnes ayant passé avec le maître de l'ouvrage un contrat de louage d'ouvrage peuvent être condamnées envers le maître de l'ouvrage à réparer les*

1382 CE 19 avril 1974 Société « Entreprises Louis Segrette », req. n° 82518 : Rec. CE p. 1052 ; CE 23 mai 1979 Commune de Fontenay-le-Fleury, req. n° 00063 : Rec. CE p. 226.

1383 CE, 06 octobre 2017, n° 395268.

1384 CE, 22 févr. 2008, n° 286174, M. Schmeltz.

1385 CE Sect. 10 avril 2008 Société Decaux, Département des Alpes-Maritimes, req. n° 244950 : Rec. p. 151 ; BJCP 2008/59, p. 280, concl. Dacosta, obs. R.S. ; AJDA 2008, p. 1092, chron. Boucher et Bourgeois-Machureau.

conséquences dommageables d'un vice de cet ouvrage imputable à sa conception ou à son exécution »[1386].

Si jusque-là le juge administratif n'acceptait aucune action du maître d'ouvrage contre les personnes ayant participé à une opération de travaux publics de construction à l'exception de ceux avec qui il était lié par un contrat, alors même qu'elle se plaçait sur le terrain quasi-délictuel, les nombreuses évolutions en la matière ont permis de reconnaître au maître de l'ouvrage la possibilité d'engager la responsabilité quasi-délictuelle de toute personne ayant participé à l'opération de construction, avec ou sans contrat direct avec elle.

Le Conseil d'Etat a reconnu dans l'arrêt *Commune de Bihorel* du 7 décembre 2015, notamment dans le cadre d'une sous-traitance, la possibilité de rechercher la responsabilité du sous-traitant, avec lequel il n'a pas conclu de contrat de louage d'ouvrage, sur le terrain quasi-délictuel.

L'acheteur ou maître d'ouvrage peut à ce titre, « *invoquer, notamment, la violation des règles de l'art ou la méconnaissance de dispositions législatives et réglementaires. Il ne saurait toutefois, se prévaloir de fautes résultant de la seule inexécution par les personnes intéressées, de leurs propres obligations contractuelles*[1387] ».

Au sens de cette jurisprudence, le Conseil d'État admet que la responsabilité quasi- délictuelle des sous-traitants puisse être recherchée par l'acheteur, seulement de façon subsidiaire, et dans l'hypothèse où, la responsabilité du titulaire du marché public ne peut être utilement recherchée. En outre, il convient de préciser que, bien qu'il entende se placer sur le terrain quasi-délictuel, le maître d'ouvrage ne peut rechercher la responsabilité de participants à l'opération de construction pour des désordres apparus après la réception de l'ouvrage et qui ne sont pas de nature à compromettre la solidité de l'ouvrage ou à le rendre impropre à sa destination[1388].

Si la responsabilité quasi-délictuelle des sous-traitants d'un marché public a pu être admise par le juge administratif, les cas dans lesquels leur responsabilité pourrait être mise en cause restent mineurs.

La responsabilité quasi contractuelle tout comme la responsabilité quasi délictuelle, n'apparaissent dans le cadre d'un contrat que comme des responsabilités subsidiaires. En effet, compte tenu du fait que la responsabilité

[1386] Voir en ce sens la jurisprudence CE, 30 juin 1999, n° 163435, *rec.*, p. 225.

[1387] CE 7 décembre 2015, *Commune de Bihorel,* req. N°380419.

[1388] Voir le résumé de l'arrêt CE 7 décembre 2015, *Commune de Bihorel,* req. N°380419.

contractuelle absorbe la responsabilité extracontractuelle, ces responsabilités ne peuvent être recherchées que lorsque l'application de la responsabilité contractuelle s'avère impossible, en raison de l'inexistence ou de la nullité du contrat. Ce qui en pratique n'est pas très fréquent. Cependant, cette responsabilité extracontractuelle qui s'impose tant en droit privé qu'en droit public, oblige l'auteur d'un fait dommageable à réparer sa faute.

Elle peut être perçue comme une quasi-garantie pour le titulaire, en ce qu'elle permet de recouvrer des sommes qu'il aura engagées pour l'exécution du contrat litigieux au titre de l'enrichissement sans cause ou injustifié. Et également, lorsque la faute de l'acheteur est prouvée, d'obtenir réparation sur le terrain de la responsabilité quasi-délictuelle.

Elle apparaît également comme une quasi-protection pour l'acheteur, qui, non seulement recherche la responsabilité du titulaire du marché sur le terrain de responsabilité quasi-délictuelle, mais plus récemment encore, celle des sous-traitants dès lors que la responsabilité du titulaire du marché public ne peut être utilement recherchée.

Ainsi, il reste tout à fait possible pour les parties de combiner dans une seule et même action la responsabilité quasi-contractuelle et la responsabilité quasi-délictuelle.

Conclusion Chapitre 2

L'analyse du contentieux de passation du contrat de partenariat a été l'occasion ressortir les différentes voies de recours qui s'ouvrent aux tiers lésés lors de la passation du marché. Si le titulaire n'y trouve aucun intérêt dans ce contentieux, tel n'est pas le cas dans le contentieux de l'exécution du marché.

En effet, le contentieux de l'exécution du marché est relatif à toutes les malfaçons et désordres pouvant survenir au cours de l'exécution. Il peut s'agir notamment du non-respect des délais, du contentieux lié au partage des risques ou de manière générale de la non-exécution des obligations contractuelles. Les parties disposent alors à cet égard de deux modes distincts de règlement de leur différend. Un mode non juridictionnel encore appelé recours à l'amiable par lequel elles décident de régler leurs litiges sans l'intervention du juge. Les parties, dans ce cas de figure, recourent soit à la transaction, soit à la médiation. Toutefois, ces procédures ne sont ouvertes qu'à l'issue d'un mémoire en réclamation préalable infructueux.

A côté de ces procédures non juridictionnelles, les parties peuvent décider de faire intervenir un tiers compétent pour connaitre du litige qui les oppose. Il s'agit alors du traitement juridictionnel des différends. Ici, le tiers est soit un arbitre, ou un juge étatique.

La pratique révèle que les parties choisissent recourir à l'arbitrage, qui en soi est un mode mixte à mi-chemin entre le règlement juridictionnel et le règlement amiable des différends, mais elles peuvent toujours porter leur litige devant le juge étatique compétent.

Si jusqu'à lors la prohibition de l'arbitrage à l'égard des personnes publiques était de principe, la nécessité de recourir aux personnes morales de droit privé et le souci d'attirer les investisseurs auront conduit le législateur camerounais et même français à accorder une place de choix à l'arbitrage pour le règlement des litiges pouvant naître d'un contrat de partenariat. Cette procédure est non seulement rapide, mais elle a également l'avantage d'être insusceptible d'appel. Néanmoins, outre les avantages attachés à ce mode juridictionnel, il présente de nombreuses lacunes qui, à notre sens permettent remettre en cause l'ouverture d'une telle voie de recours à l'égard des personnes publiques. En effet, les parties se réservent le droit d'exercer soit une action en exécution du contrat devant le juge compétent, mais également une action en responsabilité civile, qu'elle soit prioritairement fondée sur le contrat ou même extracontractuelle.

Conclusion du titre II

Le traitement des difficultés relatives à la pratique du contrat de partenariat public-privé a été l'occasion pour nous de constater que celui-ci diffère selon qu'il est initié par les tiers ou par les parties. Mais encore selon qu'on se situe au niveau de la passation du marché ou encore de son exécution.

Il ressort principalement de cette analyse que, les tiers lésés lors de la passation du marché disposent de plusieurs voies de recours. Les premières encore appelées « procédures d'urgence ». Celles-ci visent à pallier les irrégularités pouvant entacher la procédure de passation. Ainsi, les tiers qui s'estiment lésés peuvent soit recourir au référé contractuel ou à un référé précontractuel. Cependant, force est de constater qu'au Cameroun ou encore en France, ces procédures se révèlent peu protectrices des intérêts des tiers notamment, au regard des conditions de recevabilité de l'action qui sont très contraignantes, du champ d'application de la procédure qui se trouve limitée aux seuls manquements aux règles de publicité et de mise en concurrence, aux délais très courts et plus encore à la raréfaction des sanctions juges. Tout ceci participe alors à décourager les candidats évincés.

Par ailleurs, en droit français, les candidats lésés par les procédures d'urgence disposent en plus d'un recours contentieux en contestation de validité du contrat. Si elle est ouverte aux seuls requérants justifiant d'un intérêt à agir, elle permet tout de même d'obtenir une réparation indemnitaire. Cette particularité du droit français mériterait d'être accueillie favorablement en droit camerounais où ce contentieux reste très rigide et peu sécurisant.

A côté du traitement initié par les tiers, d'autres difficultés liées à l'exécution du contrat de partenariat peuvent survenir. Le traitement de celles-ci est alors réservé aux seules parties. Celles-ci peuvent soit recourir à un règlement amiable de ces difficultés, par voie de transaction de médiation ou d'arbitrage, ou alors recourir aux juridictions étatiques dans le cadre d'un règlement juridictionnel de leurs litiges.

A cet effet, la pratique contractuelle du partenariat public-privé privilégie l'arbitrage comme mode de règlement des différends qui, à notre sens mériterait un meilleur encadrement juridique au regard des nombreuses lacunes qu'elle présente.

Conclusion de la deuxième partie

L'analyse des difficultés liées à la passation et à l'exécution du contrat de partenariat avait pour objectif d'alerter les parties sur le caractère à risque de ce contrat. Il a été démontré que, du fait sa complexité, le contrat de partenariat public-privé lorsqu'il n'est pas bien maîtrisé et ficelé par les parties est un terrain propice à de nombreuses difficultés.

Celles-ci peuvent émanées de l'acheteur, qui ne respecte pas ses obligations contractuelles ou encore qui fait un mauvais usage de ses prérogatives de puissance publique, mais également de la défaillance de l'opérateur économique en cours d'exécution du marché, ou même encore de l'intrusion des tiers à ce contrat dès lors que leurs intérêts se trouvent menacés.

Ainsi, une bonne prévention de ces difficultés repose à la fois sur un cadre juridique solide et d'une bonne synergie entre les parties et limite par là le risque de contentieux. En effet, le contrat de partenariat peut faire l'objet d'un vaste contentieux. Il peut être soit à l'initiative des tiers notamment les concurrents évincés de la passation du marché et qui ont intérêt et qualité à agir, ou encore les parties en cas de désaccord lors de l'exécution du marché.

Plusieurs voies de recours leurs sont donc ouvertes à savoir le référé précontractuel, le référé contractuel et le recours en contestation de validité du contrat pour les tiers et, la médiation, la transaction, l'arbitrage et le recours au juge étatique pour les parties. Des situations qui lorsqu'elles se réalisent mettent mal l'objectif premier du partenariat public -privé qui est de satisfaire l'intérêt général.

CONCLUSION GÉNÉRALE

La présente étude est le fruit d'une actualité brûlante du début des années 2000 vantant le recours aux PPP. Un dispositif conçu et imaginé qui prend son essor dans un contexte de contraintes budgétaires auxquelles font face les collectivités publiques des pays industrialisés depuis les années 1970 du fait de l'accroissement du déficit et de la dette[1389]. Si le PPP n'est ni une découverte, ni très moderne[1390], c'est au travers de sa forme la plus récente, à savoir le contrat de partenariat public-privé que débute son réel essor. D'abord en France au cours des années 2004 et puis par mimétisme au Cameroun dans les années 2006[1391].

En effet, à l'instar de la situation qui prévaut dans les pays développés comme la France, le gouvernement camerounais doit faire face à un effet de ciseau entre une demande sociale croissante d'infrastructures et de services publics et une limitation des ressources budgétaires disponibles. La tension est ici d'autant plus exacerbée que le besoin en infrastructures est par définition beaucoup plus fort dans un pays en voie de développement car, la capacité des États concernés à lever des fonds sur les marchés de capitaux internationaux est bien plus restreinte ou beaucoup plus coûteuse que pour un pays développé dont la viabilité financière n'est pas remise en cause. Néanmoins, dans l'un comme l'autre de ces États, le contrat de partenariat public-privé est perçu comme remède miracle à tous les maux affectant l'action publique.

Un tel engouement pour cet outil contractuel ne se justifie pas essentiellement par le désir de combler le déficit en infrastructures des États, mais résulte également de la volonté des pouvoirs publics d'attirer, non seulement des investisseurs directs étrangers afin de les orienter vers la construction des équipements lourds et ainsi, impulser le développement du secteur privé, mais également la volonté de bénéficier de leur expertise, de leur expérience, et de leur capacité d'innovation dans la réalisation des projets tout en évitant le dépassement du coût de l'ouvrage. Un autre attrait et non des moindres de cet outil contractuel est la rémunération du partenaire. En effet,

[1389] MARTY Frédéric, TROSA Sylvie et VOISIN Arnaud, *Les partenariats public-privé,* Paris, *Éditions La Découverte*, 2006, p. 122.

[1390] En effet, Les partenariats public-privé sont introduits sous le nom de Bail emphytéotique administratif (BEA) en 1988, mais englobe également l'AOT (autorisation d'occupation temporaire du domaine public) introduit vers 1994.

[1391] Nous l'avons dit plus haut, date d'adoption de la loi sur le contrat de partenariat public privé au Cameroun.

dans ce mode contractuel, le paiement du partenaire privé s'effectue en différé, et prend en compte les critères de performance économique obligeant ainsi le cocontractant à s'investir au maximum pour mener à bien sa mission.

En somme, le contrat de partenariat est perçu par les pouvoirs publics comme un excellent outil de relance économique car, il s'adapte parfaitement à la situation économique actuelle de ces États. Seulement, au-delà de ses avantages financiers, le contrat de partenariat est par essence un contrat administratif au montage juridique complexe qui porte sur une mission globale relative à la fois au financement d'investissements immatériels, d'ouvrages ou d'équipements nécessaires au service public, à la construction ou transformation des ouvrages ou équipements ainsi qu'à leur entretien, leur maintenance, leur exploitation ou leur gestion.

Ainsi, compte tenu des avantages qu'il procure, de son objet, de sa mission de service public, mais aussi du fait qu'il déroge par son régime aux règles de la commande publique, le contrat de partenariat public-privé emboîte le pas aux autres formes contractuelles classiques que sont la concession et la délégation de service public. Il est donc un contrat « spécial » et, c'est cette spécificité qu'il s'est agi d'analyser dans cette thèse.

Le contrat de partenariat public-privé est un contrat administratif par nature et qui, comme tous les autres contrats de droit administratif, s'est construit à l'image des contrats de droit privé. Cependant l'évolution de la pratique contractuelle a donné naissance à un contrat qui déroge aux règles classiques de la commande publique, de sorte que l'on en vient à s'interroger sur l'impact de ce caractère dérogatoire, plus précisément s'il tend à éloigner le contrat de partenariat des fondements de la théorie générale.

Notre étude s'est donc attardée sur le positionnement du contrat de partenariat au regard de la théorie générale du contrat. Celle-ci a été faite à la lumière des systèmes juridiques français et camerounais. Il en ressort que, s'agissant du droit camerounais ou français, le contrat de partenariat, comme tout contrat de droit administratif, s'inspire longuement des règles de droit privé et donc de la théorie générale du contrat.

Toutefois, s'il est aisé de relever des solutions et caractères communs entre les contrats administratifs (contrat de partenariat) et les contrats de droit privé, il serait osé de leur attribuer des fondements communs, du fait de la présence dans ce contrat de critères alternatifs que sont l'exécution d'un service public et la clause exorbitante et, rajouté à cela le régime dérogatoire de droit commun.

En conséquence, nous pouvons dire au regard de la spécificité de son régime juridique, que si le contrat de partenariat ne permet pas de répondre entièrement aux exigences de la théorie générale, en revanche, il ne s'en éloigne pas.

Loin de nous la perception administrativiste selon laquelle, dans le contrat de droit administratif, les prérogatives de puissance publique détenues par la personne publique semblent confiner le cocontractant privé dans une position fragile[1392] qui n'est, à notre avis, qu'une vue de l'esprit, car dans le contrat de partenariat, la réalité est tout autre. Le caractère inégalitaire des parties par exemple ne s'analyse plus dans ce contrat par la seule présence de la personne publique au contrat car, il est indubitable que les prérogatives de puissance publique se heurtent au principe de l'équilibre financier reconnu au cocontractant dans ce contrat[1393]. Nous assistons alors au sein de ce contrat à une sorte de cohabitation entre les règles de droit privé et de droit administratif.

Bien plus encore, la pratique démontre que la puissance financière de l'opérateur économique, son expérience et son expertise le placent en situation de supériorité par rapport aux personnes publiques. De sorte que bien souvent, la négociation contractuelle tourne en défaveur des autorités publiques qui se voient alors imposer des règles contractuelles.

Cet ouvrage nous a donc permis d'alerter, aussi bien les autorités publiques contractantes que les agents économiques, sur les difficultés de la pratique de cet outil contractuel au Cameroun, et sur la nécessité pour les parties à ce contrat de fonder leurs intérêts sur la collaboration.

Pour aboutir à cette conclusion, notre étude s'est organisée en deux temps, une première partie portant sur le caractère atypique de la théorie générale et une deuxième sur le caractère risqué de la pratique du contrat de partenariat public-privé.

Dans la première partie, il a pu être abordé la question du particularisme du contrat de partenariat au regard de la théorie générale. Les droits camerounais et français s'accordent à admettre que le contrat de partenariat du fait de ses régimes juridiques de passation et d'exécution, est un contrat « spécial » par opposition au contrat de droit privé et aux autres contrats de la commande

---

1392 SIKONDO Marcel, « La notion de contrat administratif : acte unilatéral à contenu contractuel ou civil de l'administration ? », *RTD Civ,* 1993, p. 239.

1393 En effet, s'il est reconnu à la personne publique pouvoir de direction et de contrôle, en contrepartie, le partenaire privé est en droit d'exiger des intérêts moratoires conformément à l'article 87 du code des marchés publics.

publique. En effet, il a pu être observé que les principes de liberté contractuelle et la force obligatoire qui gouvernent les contrats de droit privé sont également présents dans les contrats administratifs, à l'instar du contrat partenariat. Seulement, leur mise en œuvre diffère de celle d'un contrat classique.

En effet, la liberté contractuelle dont il est question dans le contrat de partenariat public-privé est celle relative à la liberté contractuelle des personnes publiques. Bien qu'admise difficilement, depuis de nombreuses années, cette liberté contractuelle reconnue aux personnes publiques subsiste car, elle constitue un enjeu majeur pour l'interventionnisme économique, mais surtout pour la qualité de la gestion publique.

Cependant, parce qu'elle met en jeu des deniers publics, la liberté contractuelle des personnes publiques dans le contrat de partenariat public-privé est strictement encadrée. Au-delà de la liberté de contracter ou de ne pas contracter, de choisir son cocontractant ou encore de déterminer le contenu du contrat, se greffent une possibilité de mettre en concurrence les cocontractants potentiels et une liberté d'adapter le contenu du contrat aux caractéristiques propres à l'administration qui sont des conditions tout aussi essentielles tant qu'elles sont faites de façon équilibrée[1394] et dans le respect des intérêts de chaque partie.

C'est dans cet état d'esprit que nous avons traité tour à tour de la singularité de la liberté contractuelle dans le contrat de partenariat, et de la place relative de celle-ci dans l'élaboration du contrat. Car, les conditions de recours au contrat de partenariat, les règles de publicité et de mise en concurrence, de même que la conformité des clauses contractuelles à l'ordre public, nous sont apparus comme des entraves à la liberté contractuelle. Cependant, elles ne conduisent pas à la négation de la liberté contractuelle dans le contrat de partenariat. Nous sommes plus enclins à y voir une nécessité pour les personnes publiques d'effectuer un « choix éclairé » dans le cadre des relations qu'elles noueront avec des personnes privées.

S'agissant du régime d'exécution du contrat de partenariat public-privé, le principe de la force obligatoire impose que les contrats légalement formés tiennent de loi à ceux qui les ont faits[1395]. En conséquence, comme c'est le cas pour tous les contrats de droit administratif, le contrat de partenariat public-privé met à la charge de chacune des parties un certain nombre d'obligations que celles-ci se doivent mutuellement d'exécuter.

[1394] MARCHANDIER Antoinette Hastings, « Les contrats de droit privés des personnes publiques et la liberté contractuelles », *ADJA,* 1998, p. 683.
[1395] Article 1103 du code civil français et 1134 du code civil camerounais.

Cette exécution est marquée par un déséquilibre significatif illustré par une disparité des garanties d'exécution et des sanctions accordées aux parties, celles-ci étant favorables à la personne publique. Ce qui conduit à une certaine inégalité dans les rapports contractuels. Néanmoins, il a pu être relevé l'existence de contrepoids visant à rétablir cet équilibre à l'instar de l'équilibre financier qui, bien souvent dans la pratique, dissuade ou encore limite l'usage de certaines de ces prérogatives par la personne publique.

Bien plus encore, ce pouvoir détenu par l'acheteur n'étant pas discrétionnaire, pour s'en servir, l'acheteur ne peut se fonder que sur des changements de circonstances des conditions de passation initiales du marché ou encore justifier l'usage de ce pouvoir par des motifs d'intérêt général.

En somme, le contrat de partenariat public-privé, au regard de son régime juridique de passation et d'exécution, ne répond pas aux exigences de la théorie générale. Il est atypique, et c'est ce qui rend sa pratique risquée.

Ainsi, la deuxième partie de cette thèse consacrée au contrat de partenariat en tant que pratique contractuelle à risque avait pour objectif d'attirer l'attention des autorités publiques et des opérateurs économiques sur les difficultés liées à la passation et à l'exécution de ce contrat, mais aussi sur le risque du contentieux en la matière.

En effet, la procédure de passation du contrat de partenariat est un terrain propice à des comportements opportunistes de la part des candidats, mais également des autorités publiques. Les ententes illicites, la corruption, le délit de favoritisme sont autant de fléaux qui entravent le bon déroulement de cette procédure.

Par ailleurs, l'exécution de ce contrat peut également être entachée par des difficultés tels que la faillite de l'opérateur économique, ou encore le manquement de la personne publique à ses obligations. La mise en place de garanties suffisantes permet bien souvent de pallier ces difficultés. Cependant, pour être évitées, celles-ci nécessitent une certaine rigueur, non seulement des parties contractantes, mais également du législateur.

À l'instar du Cameroun où la plupart des difficultés provenant de la pratique du contrat de partenariat sont dues soit à des règles juridiques obsolètes ou encore à l'incomplétude du cadre règlementaire entraînant ainsi pour les parties un risque de contentieux. Ce contentieux peut être non juridictionnel (transaction, médiation, arbitrage) ou encore juridictionnel, c'est-à-dire qu'il peut être fait soit à l'amiable, ou alors relever de la compétence des juges étatiques qui, le cas échéant, est le juge administratif. L'échec du contrat de partenariat dans de nombreux pays francophones est due à l'incompréhension de cet outil.

Le PPP ne permet pas d'accéder à plus de ressources financières. Il doit avant tout reposer sur une vision stratégique du développement avec des objectifs clairement définis et partagés. Ainsi, pour les rendre plus attractifs, il faudrait avant tout une vulgarisation de cet instrument contractuel, car l'une des principales faiblesses du système camerounais est la publicité faite autour de ce contrat qui est quasi inexistante.

Par ailleurs, les gouvernements devraient songer à une amélioration du cadre règlementaire avec une procédure initiale de sélection des candidats claire et transparente, une allocation des risques équilibrée entre les différentes parties à ce contrat.

Il apparaît nécessaire de fonder le recours au contrat de partenariat sur une approche rationnelle, car force est de constater que le secteur privé a toujours eu des conseillers pointus, ce qui joue en défaveur des personnes publiques qui, elles, manquent d'expertise. Ceci ne justifie pas l'effacement de la personne publique. Il faut donc une synergie des différents acteurs avec des projets bien structurés, priorisés et justifiant d'un impact socioéconomique. Autrement dit, le contrat de partenariat public-privé doit être utilisé pour des projets pertinents et viables tels que la santé, l'éducation, le logement. Ainsi, lors de la procédure de passation de contrat, il est important d'intégrer aux conditions de recours que sont l'urgence, la complexité et l'efficience économique, une justification socioéconomique. Celle-ci permettrait de juger du bénéfice du projet pour la collectivité et de comparer les différentes options étudiées.

Ce travail, s'il est effectué en amont c'est-à-dire avant le lancement de l'appel d'offre, permettrait autorités publiques de pallier les problématiques financières et même foncières.

Le succès du contrat de partenariat au Cameroun, plus précisément la réussite de l'exécution du marché, demande également une forte implication des sponsors, émanant soit du secteur bancaire, soit du public ou encore soit du privé. Ceci passe par la mise en place d'un cadre contractuel solide et de garanties incitatives telles que des lettres de confort, mais aussi un soutien financier et organisationnel du gouvernement.

Nous songeons également à la valorisation immobilière. Le marché génère des recettes annexes. Ces recettes sont désignées dans les travaux parlementaires préalables à la loi de 2008 comme des recettes que le cocontractant peut être autorisé à se procurer en exploitant le domaine, les ouvrages, équipements ou biens immatériels, à l'occasion d'activités étrangères aux missions de service public de la personne publique et qui ne leur portent pas préjudice[1396].L'Etat pourrait par exemple, adosser à un hôtel construit sous forme de partenariat public-privé, une école et demander au titulaire du marché de l'entretenir et de la maintenir pendant la durée de son contrat.

Une autre approche serait une combinaison du secteur marchand et non marchand permettant de réduire le coût de l'ouvrage. A titre d'exemple, des hôpitaux en PPP auxquels seraient alignés des hôtels. Une telle alliance permettrait au secteur non marchand (hôpitaux) de développer des activités connexes payantes qui puissent financer d'autres projets.

Il est évident que le montage contractuel du contrat de partenariat public-privé est complexe et très difficile à maîtriser, et dont la longévité pose d'autres défis. Cependant il reste outil de relance économique pour les États africains qui, lorsqu'ils l'auront bien maîtrisé et que les parties collaboreront sans perfidie et prédation, conduira inéluctablement à un partenariat « gagnant-gagnant ».

Néanmoins, il convient de faire attention à la gestion publique et à ce que l'Etat ne subissent pas de lourds investissements qui à long terme dépassent ses investissements initiaux. A cet égard, le contrat de partenariat est un *« outil dans une boite à outil qui en comporte plein d'autres ».* Ainsi, la soutenabilité budgétaire d'un projet, si elle ne permet pas sa réalisation sous forme de contrat de partenariat, d'autres options s'offrent à la personne publique telle que l'affermage qui permet à la collectivité publique de simplement confier à une personne morale tierce (de droit privé ou de droit public) la gestion d'un service public. Cette personne exploite et entretient l'ouvrage à ses risques et périls et agit pour son propre compte. Ce mode de PPP a l'avantage de transférer la responsabilité du service tout en gardant un droit de regard sur la gestion.

In fine, au regard de sa mission légitime d'organiser de façon optimale les services publics, l'État se présente comme le garant de la synthèse possible entre le partenaire public et privé. Il lui incombe donc la responsabilité de faire la part belle au mode de financement économique qui lui semble collectivement avantageux.

[1396] AN, *Rapport fait au nom de la commission des lois n°779 relatifs au contrat de partenariat,* adopté par le Sénat par M. Claude Goasguen.

BIBLIOGRAPHIE

OUVRAGES GENERAUX, MANUELS ET TRAITES

- AUBERT Jean-Luc, FLOUR Jacques FLOUR et SAVAUX Éric, *Droit civil : les obligations*, Paris, *Sirey université,* 16e éd., 2020, 540 p.

- AUBERT Jean-Luc, *Le contrat. Droit des obligations,* Paris, *Dalloz*, 2017, 180 p.

- BEZANÇON Xavier, COSSALTER Philippe, DE LAURIÈRES Jacques Fournier et CUCCHIARINI Christian, *Le guide de la commande publique : Marchés publics - Concessions*, Paris, *éd. Le Moniteur,* 4ème éd., 2017, 360 p.

- BEZANÇON Xavier, CUCCHIARINI Christian et COSSALTER Philippe, *Le guide de la commande publique,* Pari, *Le Moniteur,* 3ème éd., 2012, 395 p.

- BRACONNIER Stéphane, *Précis du droit de la commande publique : Marchés publics Concessions*, 6e éd., Le Moniteur, 2019, 640 p.

- BRAIBANT Guy et *al., Les grands arrêts de la jurisprudence administrative,* Paris, *Dalloz,* 22e éd., 2019, 1048 p.

- CABBRILLAC Rémy, *Droit des obligations,* Paris, *Dalloz,* 9ème éd., 2010, 474 p.

- CANS Chantal, PONTIER Jean-Marie, TOURE Thierry, *Traité de droit des risques naturels,* Paris, *éd. Le Moniteur*, 2014, 650 p.

- CARBONNIER Jean, *Droit civil t.4 les obligations,22e* édition refondue, *Paris*, 2000, *PUF,* 665 p.

- CHAPUS René, *Droit administratif général,* Tome 2, 14e éd., Montchrestien, 2000, 797 pages

- CHANTEPIE Gaël et LATINA Mathias, *Le nouveau droit des obligations : Commentaire théorique et pratique dans l'ordre du Code civil,* Paris, *LGDJ,* 2ème éd., 2018, 1144 p.

- CHARBREL Nicolas, *Code pratique des marchés publics,* Paris, *Le* Moniteur, 10ème éd., 2017, 1152 p.

- CHEVALLIER Jacques, *Le service public*, Paris, *PUF,* 11e éd., Que sais-je ? 2018, 128 p.

- Colin-GUALINO Frédéric, *L'essentiel des grands arrêts du droit administratif,* Paris, *éd. Gualino-les carres Rouge,* 2017, 214 p.

- DAMON Julien, (sous dir.), *Thomas Hobbes. Le contrat contre la guerre humaine. 100 penseurs de la société,* Paris, *PUF,* 2016, 224 p.

- DEBARD Thierry et GUINCHARD Serge, *Lexique des termes juridiques,* Paris, *Dalloz,* 21ème éd., 2020, 1120 p.

- DE BEAUMARCHAIS Pierre-Augustin Caron, Œuvres *Complètes de Pierre-Augustin Caron de Beaumarchais. Tome 7, éd. 1809,* Paris, *Hachette,* 2013, 376 p.

- DESREUMAUX Alain, *Introduction à la gestion des entreprises,* Paris, *Armand Colin,* 1997, 296 p.

- DE LAUBADÈRE André, MODERNE Franck et DELVOLVE Pierre, *Traité des contrats. Administratifs,* Paris, *LDGJ,* Tome 1, 2e éd., 1983, 808 p.

- DE LAUBADÈRE André, MODERNE Franck et DELVOLVE Pierre, *Traité des contrats. Administratifs,* Paris, *LDGJ,* Tome 2, 2 éd., 1984, 1124 p.

- DE LAUBADÈRE André, *Traité théorique et pratique des contrats administratifs*, Paris, *LGDJ,* Tome 1, 1956, 383 p.

- DIDEROT Denis, (1759-1774), *Lettres à Sophie Volland,* t.2, *coll., Lettres ouvertes*, 2020, 480 p.

- GAUDEMET Yves, *Droit administratif,* Paris, *LGDJ,* 23ème éd., 2020, 652 p.

- DUCRET Sylvie, *Lexique des marchés publics. Marchés publics, accords-cadres et autres contrats publics, éd Puits-Fleuri,* 2020.

- DUGUIT Léon, *Traité de droit constitutionnel*, Paris, *ZC édition,* tome III, 1923, 810p.

- GHESTIN Jacques, *Traité de droit civil,* Paris, *LGDJ,* 3ème éd., 2001, 1340 p.

- GIDDENS Anthony, *The Third Way: The Renewal of Social Democracy, Reprint edition, Malden, Mass, Polity Press,* 1998, 172 p.

- GNIMPIEBA TONNANG Edouard, *les grandes décisions annotées de la juridiction administrative du Cameroun,* Yaoundé, *L'Harmattan,* 2017, 728 p.

- GUETTIER Christophe, *Droit des contrats administratifs*, Paris, *PUF,* 3ème éd., 516 p.

- HOBBES Thomas, *Léviathan. Traité de la matière, de la forme et du pouvoir de la république ecclésiastique et civile, 1651,* collection « Les auteur(e)s classiques », 1998, 780 p.

- HOBBES Thomas, *Léviathan*, Paris, *Folio,* 2000, 1024 p.

- HOEPFFNER Hélène, *Droits des contrats administratifs, 2e édition* Paris, *Dalloz,* 2019, 984 p.

- JÈSE Gaston, *Les principes généraux de droit administratif*, tome III, Paris, *Dalloz,* 2011, 180 p.

- LACHIÈZE Christophe, *Droit des contrats*, Paris, *Ellipses,* 5ème éd., octobre 2020, 304 p.

- LAJOYE Christophe, *Droit des marchés publics*, Paris, *Gualino,* 6ème éd., 2017, 618 p.

- LARRIBAU-TERNEYRE Virginie, *« Droit* civil, *Les obligations »*, Paris, *Dalloz,* 16ème éd., 2018, 1 272 P

- LINGÈRES Paul, *partenariat public- privé*, Paris, *LexisNexis,* 2 éd, 440 p.

- LOISEL Antoine, *Institutes coutumières d'Antoine Loysel ; ou, Manuel de plusieurs et diverses règles : sentences et proverbes*, Durand, 1846, 536 p.

- LOISEL Antoine, *Institutes coutumières ou manuel de plusieurs et diverses règles, sentences, et proverbes, tant anciens que modernes, du droit coutumier et plus ordinaire de la France,* Paris, 1611, rééd. M. Reulos, *Sirey,* 1935, n° 342 (III, I, II), 178 p.

- MALAURIE Philippe et AYNES Laurent, Philippe Stoffel-Munck, *Droit des obligations, LDGJ*, Droit civil, 11e ed, 895 p.

- Montesquieu, *De l'esprit des lois*, Tome1, *Independently published, 2*019, 454 p.

- PROOT Philippe et SYMCHOWICZ Nil, *Partenariats public-privé et montages contractuels complexes : Analyse et aide à la décision*, Paris, *Le Moniteur,* 3ème éd., 2012, 642 p.

- PROUDHON, *Traité du domaine public,* Dijon, 1833, T. 1, 524 p.

- RICHER Laurent et LICHÈRE François, *Droit des contrats administratifs,* Paris, *LGDJ*, 11ème éd., 2019, 769 p.

- ROCHFELD Judith, *Les grandes notions du droit privé,* Paris, *PUF,* 2013, 592 p.

- ROLAND Louis, *Précis de droit administratif – Petit précis Dalloz,* Paris, *Dalloz,* 8ème éd., 1943, 711 p.

- RANOUIL Véronique, *L'autonomie de la volonté : naissance et évolution d'un concept*, Paris, *PUF,* 1980, 165 p.

- ROUSSEAU Jean Jacques, *Du contrat social*, Paris, *FLAMMARION,* 2011, 408 p.

- STENDHAL, *De l'Amour, Éditions Classiques Garnier, 2020,* 521 p.

- SYMCHOWICZ Nil, *Traité des montages contractuels complexes publics*, Paris, *Le Moniteur*, 4ème éd., 2017, 700 p.

- TERRE François, SILMER Philippe, LEQUETTE YVES, *Droit civil. Les obligations,* Paris, *Dalloz,* 10ème éd., 209, 1 542 p.

- WEBER Max, sociologie du droit, trad, J Grosclaude, Paris, *PUF,* coll Quadrige, 2013, 324 p.

DICTIONNAIRES ET CODES

Codes

- Code de la commande publique, *Dalloz,* 3ème éd., 2021, 2100 p.

- Code civil, *Dalloz,* 120ème éd., 2021, 3270 p.

- Code des marchés publics, *Dalloz,* 10ème éd., 2017, 2350 p.

- Acte uniforme relatif au relatif à la médiation, 15 mars 2018.

- Code marché public camerounais, 2018.

- Code civil Camerounais, 2020.

- Livre vert C100 2/005, sur les PPP et le droit communautaire des marchés publics et des concessions

Dictionnaires

- Dictionnaire Larousse maxipoche+Larousse collection, nouvelle édition 2020, 1619 p.
- Dictionnaire le Robert poche +, Le Robert, nouvelle édition 2020, 1138 p.
- BRAUDO-Alexis Serge, *Dictionnaire Juridique du droit privé,* Juripode, 2021
- CHABANOL Daniel, *Code des relations entre le public et l'administration,* Paris, *Le Moniteur,* 2016, 400 p.
- DEBARD Thierry et GUINCHARD Serge, *Lexique des termes juridiques,* Paris, *Dalloz,* 28ème éd., 2020, 1122 p.
- CORNU Gérard, *Vocabulaire juridique*, Paris, *PUF,* 13ème éd., 2020,1136 p.

- GASTI Jean, *Nouveau dictionnaire juridique,* Bruxelles, *Bruylant,* 3ème éd., 2020, 340 p.
- PUIGLIER Catherine, *Dictionnaire juridique*, Bruxelles, *Bruylant,* 3e éd., 2020, 1266 p.

OUVRAGES SPECIALISES, THESES ET MEMOIRES

Droit Français

Ouvrages spécialisés

- BRENET François et MELLERAY Fabrice, *les contrats de partenariat de l'ordonnance du 17 juin 2004*, Paris, *éd. Litec/Lexis Nexis,*2004, p. 278
- Briand Steven., *Délégations de service public : notion, passation, exécution, contentieux administratif, contentieux pénal, contrôle des chambres régionales des comptes*, *Paris, Litec,* 2000, 226 p.
- CAMUS Emmanuel et SERRANO-BENTCHICH Jessica, *Le contentieux précontractuel de A à Z, de la lettre de rejet à la décision de justice*, *éd. Berger-Levrault,* 2021, 600 p.
- CANS Chantal, DINIZ Inès, PONTIER Jean-Marie et TOURET Thierry, *Traité de droit des risques naturels,* Paris, *Le Moniteur,* 2014, 650 p.
- CHARREL Nicolas, *Code pratique des marchés publics*, Paris, *Le Moniteur*, 2017, 1152 p.
- COLIN Frédéric, *L'essentiel des grands arrêts du droit administrati*f, Paris, 13e *éd., Gualino,* 2021, Paris, 216 p.
- COLIN Frédéric, *L'essentiel des grands arrêts du droit administrati*f, Paris, 9e *éd., Gualino,* 2017, Paris, 214p.
- CORIAT Benjamin et WEINSTEIN Olivier, *les nouvelles théories de l'entreprise*, *LGF,* 1995, 220 p.
- DELELIS Philippe, *partenariat public- privé, 10 ans de jurisprudence*, *éd. Anne Rideau,* 2014, 214 p.
- DOMAT Jean, *Les lois civiles dans leur ordre naturel, le droit public et Legum delectus,* Paris, *Hachette Bnf,* 2012, 579 p.
- GODFRIN Philippe et DEGOFFE Michel, *Droit administratif des biens : domaine, travaux et expropriation,* Paris, *Dalloz,* 13e ème éd., 2020, 500 p.

- GODFRIN Philippe et DEGOFFE Michel, *Droit administratif des biens : domaine, travaux et expropriation,* Paris, *Dalloz,* 10e ème éd., 2012, 512 p.
- JEFFREY Delmon, *Programmes de Partenariats Public-Privé : Créer un Cadre pour les Investissements du Secteur Privé dans les Infrastructures, Groupe Banque mondiale, PPIAF,* 198 p
- MALAURIE Philippe, *Droit civil, contrats spéciaux, Les cours de droit*, Paris, LGDJ, 8e éd, 2016 ,750 p.
- MAJZA Béatrice et CAMOUS David-André, *L'Essentiel des contrats de partenariat public-privé : Fiches de cours et exercices corrigés*, Paris, *ELLIPSES,* 2013, 160 p.
- MORAND-DEVILLER Jacqueline et BOURDON Pierre, *Droit administratif*, Paris, *LGDJ,* 15e édition, 2017, 964 p.
- MOTULSKY Henri, *Écrits, études et notes sur l'arbitrage*, Dalloz 1972, 542 p.
- MARAQUIN Carine, *Handicap : pratiques professionnelles à domicile,* éd. Dunod, 2015, 272 p.
- SAUSSIER Stéphane, *Économie des partenariats publics privé, Boeck*, 1ère éd., 2015, 280 p.
- STRADY Fabrice, *Rédiger et instruire des appels d'offres - Le Moniteur - Grand format – Dalloz,* Paris, *Dalloz,* 2017, 750 p.
- TROTABAS Louis, *Finances publiques,* Paris, *Dalloz,* 3ème éd., 1969, 880 p.
- ROCHFELD Judith, *Les grandes notions du droit privé*, Paris, 1ère éd., *PUF,* 2011, 592 p.
- ROBERT Jean et MOREAU Bertrand, *L'arbitrage, droit intermédiaire privé*, 5e éd., *Dalloz,* 1987, n°1, p.478.

Thèses

- BELLISSENT Jean, *Contribution à l'analyse de la distinction des obligations de moyens et des obligations de résultat : à propos de l'évolution des ordres de responsabilité civile*, Thèse de doctorat, Montpellier 1, 1999, 527 p.
- BONTRON Marie-Charlotte, *Les fonctions des principes fondamentaux de la commande publique*, thèse de doctorat, Montpellier 2015, 627p.
- BUCHER Charles-Edouard, *L'inexécution du contrat de droit privé et du contrat administratif. Étude de droit comparé interne,* Paris, *Dalloz,* 2011, 500 p.

- MAZEAUD Denis, *La notion de clause pénale,* Thèse de doctorat, Bibliothèque de droit privé, Paris, *LGDJ,* 1992, 468 p.

- DIANE Galbois-Lehalle, *La notion de contrat : esquisse d'une théorie,* Thèse de doctorat, Université Paris Panthéon-Assas, Paris, *LGDJ*, 2018, 603 p.

- DINIZ Renata, *les partenariats publics privé dans la mondialisation juridique : Les modèles français et brésilien,* Thèse de doctorat, Université de panthéon- Assas (paris II), 2021, 542 p.

- ELDIN CAMAL Camal Camelia Salah, *Le partenariat public privé et le mécanisme de l'équilibre contractuelle en droit interne et international*, Thèse de doctorat. Lille, 2010, 504 p.

- FREDDY Huet, *Partenariat public-privé et performances. Théories et applications au secteur de l'approvisionnement d'eau potable en France,* Thèse de doctorat, Université Panthéon-Sorbonne - Paris I, 2006, 223p.

- HOEPFFNER Hélène, *La modification du contrat administratif*, LGDJ, coll. Thèses, Bibliothéque de droit public, Tome 260, 2009.

- HUEI-Tung Chang, *Contrat de partenariat public-privé : une nouvelle forme d'entente*, Thèse dacty. Paris 1, 2010.

- HUDON Pierre-André, *Le partenariat public-privé en infrastructure : évaluation de la performance administrative et des effets démocratiques dans le contexte québécois*, Thèse, Université d'Ottawa, 2013, 218 p.

- JACOMINO Faustine, *Le contrôle objectif de l'équilibre contractuel. Entre droit commun des contrats et droit des pratiques restrictives de concurrence*, Université Côte d'Azur, 2018, 776 p.

- KALFLECHE Grégory, *Des marchés publics à la commande publique : l'évolution du droit des marchés publics*, Thèse de doctorat, Université paris 2, 2004, 765p.

- LARROUMET Christian, *Les opérations juridiques à trois personnes en droit privé*, Thèse de doctorat : Droit, Université de Bordeaux, 1968, 659 p.

- MUHANNAD Ajjoub, *La notion de la liberté contractuelle en droit administratif français,* Thèse de doctorat en droit public, Université Panthéon-Assas, mai 2016, 602p.

- UBAUD BERGERON Marion, *La mutabilité du contrat administratif,* Thèse dactyl., Montpellier, 2004.

- NGUYEN Marie, *le modèle français du partenariat public-privé : enjeux et conséquences pour le Vietnam,* Thèse Université Toulouse 1 Capitole, 2016.

- RICARDI David, *Les sanctions contractuelles en droit administratif*, collec. Nouvelle Bibliothèque de Thèses, volume 189, 2019, 540 p.
- GUASH, J. Luis, « *Granting and Renegotiating Infrastructure Concessions: Doing it Right* », *World Bank Institute*, *WBI Development Studies*, 2004, p.212
- GUENZOUI Youssef, *La notion d'accord en droit privé,* Paris, *L.G.D.J*, 2009

Droit Africain

Ouvrages spécialisés

- AMBOULOU Hygin Didace, *Le droit des marchés financiers dans l'espace OHADA*, *L'Harmattan,*2015, 186 p.
- BIANKA Jacques, Droit des marchés publics au Cameroun : Contribution à l'étude des contrats publics, Paris, *L'Harmattan,* 2011, 130 p.
- DABIRÉ Kubeterzié Constantin, *Le partenariat public privé comme une alternative au financement des infrastructures publiques performantes : mythe ou réalité ? Cas des pays membres de l'union Économique et monétaire ouest Africaine*, coll. Business science institue. (2019), 213 p.
- DE GAUDUSSON Jean Du Bois, Gérard Conac, Maurice KAMTO...et al. *Les Cours suprêmes en Afrique*, vol 3., Paris, Economica, 1988.
- NGWESE NGOLE Philip et BINYOUM Joseph, *Éléments de contentieux administratif camerounais*, *L'Harmattan,* 2010, 264 p.
- KEUTCHA TCHAPNGA Célestin, *Précis de contentieux administratif au Cameroun : aspects de l'évolution récente,* Paris Harmattan, 2013, 324 p.
- MBONGO'O, Jean-Jacques, Les marchés de travaux publics au Cameroun, Lille, Agence nationale de reproduction des thèses, 1987.
- NGANGO YOUMBI, Eric, Les prérogatives de puissance publique au Cameroun : La part respective du droit et des perceptions psycho-sociales, Paris, l'Harmattan, 2014, 521 p.
- Nimrod Roger Tafotie Youmsi, Build, *Operate and Transfer, Modalité de partenariat public-privé – Approche Law and Economics*, 1ère éd., 2013, 870 p

- SEDJARI Ali, *Partenariat public-privé et gouvernance future*, Paris/Rabat, *L'Harmattan,* 2005, 522 p.

Thèses et mémoires

- BIDJA NKOTTO Thomas, *Les contrats de l'administration au Cameroun,* Thèse de doctorat, Université panthéon-Sorbonne, 2000, 600 p.
- NDIAYE Issakha, *Les contrats de partenariat public-privé et le développement des infrastructures au Sénégal,* Thèse, *L'Harmattan,* 2015, 314 p.
- NJOCKE Henri-Claude, *L'accès au juge administratif Camerounais*, Thèse de doctorat, Université panthéon-Sorbonne, 2005, 530 p.
- NKOU SONGUE Felix, « Marché publics au Cameroun : entre recherche d'efficacité et pesanteurs systémiques », Mémoire, Université de Strasbourg – École nationale de l'administration publique (ENA), 2014, 70 p.
- SAMB Seynabou, *Le droit de la commande publique en Afrique noire francophone : contribution à l'étude des mutations du droit des contrats administratifs au Sénégal, au Burkina Faso, en côte d'ivoire et au Cameroun*, thèse Université de Bordeaux, 2015, 875 p.
- SOW Mamadou, « Financement des projets infrastructures en PPP : le cas du Sénégal », Mémoire de maitrise, Université du Québec à Chicoutimi, 2020, 81 p

Articles

France

- AMILHAT Mathias, « La notion de contrat administratif et son régime : quelques évolutions », *JDA* 2018 chronique contrats publics 03 ; Art. 229.
- ANTONMATTEI Paul-Henri, « Contribution à l'étude de la force majeure », *in Revue internationale de droit comparé,* vol. 45, n° 1, pp. 276-277.
- AUBY Jean-Marie, « La transaction en matière administrative » *AJDA,* 1956, p. 1

- ARBOUSSET Hervé, « Mais oui, la reconnaissance d'un cas de force majeure est toujours possible : la preuve. », *in le JAC, Centre Européen de recherche sur le Risque*, le *Droit des Accidents Collectifs et des Catastrophes EA* n°3992. http://www.jac.cerdacc.uha.fr/mais-oui-la-reconnaissance-dun-cas-de-force-majeure-est-toujours-possible-la-preuve-h-arbousset/

- CAZAGNES Philippe, « La médiation administrative », *AJDA* n°141, 3 décembre 2018, p. 2334.

- BAMDÉ A, « L'échange des consentements ou l'offre et l'acceptation » *in Droit des contrats, droit des obligations,* janvier 2007.

- BÉAL Christophe, « John Stuart Mill et le paternalisme libéral », *Archives de Philosophie*, vol. 75, no. 2, 2012, pp. 279-290.

- BEUVE Jean, LE LANNIER Aude et LE SQUEREN Zoé, « La renégociation dans les PPPs : risques et opportunités », *EPPP DP No. 2014-09,* 24 p.

- BOUCHER J et BOURGEOIS-MACHUREAU B, « Les conséquences indemnitaires de la nullité des contrats administratifs : la morale et l'équité », *AJDA,* n°, 2008, p. 1092.

- BRECHON-MOULENES Christine, « Liberté contractuelle des personnes publiques », *AJDA,*1998, p. 643.

- BRENET François, « Marchés de partenariat de l'ordonnance du 23 juillet 2015 : un nouveau départ pour les partenariats public privé ? », *Dr. Adm.*2015, dossier 3.

- BRENET François, « L'homologation des transactions », *Contrats et marchés publics*, mars 2009, pratique3.

- CHASERANT Camille, « Les fondements incomplets de l'incomplétude : une revue critique de la théorie des contrats incomplets », *L'actualité économique*, vol 83, n°2, 2007, pp 227–253.

- CHAVRIER Géraldine, « Réflexions sur la transaction administrative », *RFDA,* 2000, pp. 548-566

- COLSON E et GUILMAIN P-O, « Exécution des marchés publics passés par les acheteurs publics : le référé-provision au secours des opérateurs économiques. », *Village de la Justice*, 26 mars 2019. https://www.village-justice.com/articles/execution-des-marches-publics-passes-par-les-acheteurs-publics-refere-provision,31063.html.

- DACOSTA Bertrand, « La personne publique peut-elle saisir le juge des référés dans le cadre de l'exécution du contrat ? », *BJCP,* 2012, n° 82, p. 183.

- DELACOUR Éric, Marchés publics, « les contours de la garantie de parfait achèvement », *Mon. TP,* 17 sept. 1999.

https://www.lemoniteur.fr/article/marches-publics-les-contours-de-la-garantie-de-bon-fonctionnement.190644.

- DELELIS Philippe, « Les insuffisances des procédures de référé », *Actualité Juridique du Droit Administratif*, n°6, 2011 p. 320

- DEROUESNÉ Ève et STEFANINI-COSTE Anna, « L'usage du pouvoir de modification unilatérale dans le cadre des marchés publics », *Contrats publics,* janv. 2018, p.60

- DESHAYES Olivier, « Théorie des risques des contrats translatifs de propriété », *revue Dalloz,* juillet 2007, n°143-188.

- ECKERT Gabriel, « Exécution - Incidence du droit des procédures collectives sur les prérogatives de l'administration à l'égard de son cocontractant », Contrats et Marchés publics n° 8, Août 2001, comm. 136.

- Lechevallier Eric, Rethore Pascal. VIII. « Un partenariat public privé pour la construction et le fonctionnement d'un collège à Villemandeur (Loiret) », In: *Annuaire des collectivités locales.* Tome 28, 2008. Où en est la gestion locale ? pp. 125

- FAURE-ABBAD Marianne, « Ce que l'on appelle en France le principe du non-cumul des responsabilités contractuelle et délictuelle », Rome, 2015, p.7

- FATÔME Etienne, « Les avenants », *AJDA,* 1998, p. 763.

- FANNY B, « *Intuitu personae* et contrats publics », *Publications Doc Du Juriste*, 1 juin 2002, p.1-8

- GERARD P, « La juridiction administrative », la documentation Française, Mai 2007, pp. 157-158

- GHESTIN Jacques, « le contrat en tant qu'échange économique », *Revue d'économie industrielle,* n°92, 2 et 3e trimestre 2000, pp. 81 – 100.

- Ghestin Jacques, « L'utile et le juste dans le contrat », D.1982, chron. PP.4et 5

- GUERERRO I., et PISSALOUX J-L, « contribution des contrats de PPP à la modernisation du secteur public local : phénomène de mode cosmétique, ou révolution culturelle ? », *Annuaire des collectivités territoriales,* n°28, 2008, pp. 105 121.

- GUIBAL Michel, « Droit des marchés publics », *la Semaine Juridique Entreprise et Affaires* n° 15, 13 avril 2000.

- GRIMALDI Cyril, « Les limites à la libre détermination du contenu du contrat dans le nouveau droit des contrats », *Actu-juridique*, 26 octobre2016.

- HUET Freddy, « Partenariats publics-privés et concurrence pour le marché : quelles avancées depuis Demsetz (1968) ? », fév. 2007, https://cemoi.univ-reunion.fr Consulté le 11 novembre 2021.

- HOFER Pierre-Olivier, « Marchés de partenariat : la valorisation monétaire des risques », dans *Lois de finances et politiques nationales*, Questions-Réponses. https://www.exfilo.fr/marches-de-partenariat-la-valorisation-monetaire-des-risques/

- KIRAT Thierry et MARTY Frédéric, « Le contrat de PPP à l'épreuve des contentieux : Retours d'expérience sur le cas français », *Chaire EPP,* mars 2017, p. 10.

- JEAN-GUY B, « La théorie générale des contrats. Pour sortir du dogmatisme », *Les Cahiers de droit*, 26-4, 12 avril 2005, p. 104.

- LALLET Alexandre, « Résilier n'est pas jouer : l'action en reprise des relations contractuelles », *AJDA,* 2011, p. 670.

- LEHOUX François, « La pénétration des notions civilistes d'objet et de cause du contrat dans le contentieux des marchés publics », *Contrats Publics*, n°169, octobre 2016, pp. 39 – 42.

- LE CHATELIER Gilles, « Liberté de transiger et respect des règles de la commande publique ». *AJ Collectivités Territoriales* 2017, p. 435.

- LE GAC-PECH Sophie, « Les nouveaux remèdes au déséquilibre contractuel dans la réforme du Code civil », *Actu-Juridique*, 15 août 2016, p.7

- LLORENS François et SOLER-COUTEAUX Pierre, « De l'exception d'inexécution et de quelques tendances du droit des contrats administratifs », *Contrats Marchés publics* 2014, repère 11, p.1-2.

- MAUGÜÉ Christine, « Les variations de la liberté contractuelle dans les contrats administratifs », *AJDA,* 1998, p. 696.

- MARTY Fréderic, « Une arme à double tranchant ? Le recours aux partenariats public-privé et la maîtrise des risques budgétaires », *Revue française d'administration publique* 2017/3 n° 163, pp. 613-630.

- MARTY Frédéric, « Le diable est-il dans l'annexe ? Les risques budgétaires des PPP saisis par le traitement des passifs éventuels », *Revue Française de Finances Publiques*, n°138, mai 2017, pp. 211-231.

- MARTY Frédéric, « Les contrats de partenariats public-privé : La soutenabilité budgétaire au détriment du partage optimal des risques ? », avec *Phuong Tra Tran, Business Management Review*, volume 4, n°1, janvier-mars 2015, pp.12-31.

- MARTY Frédéric, « Contrat de partenariat et mécanismes financiers de droit privé », avec Laurent Vidal, *Droit et Ville, Revue de l'Institut des Études Juridiques de l'Urbanisme et de la Construction,* n° 60-2005, pp.264-323, avril 2006.

- MARTY Frédéric et VOISIN Arnaud, « Les difficultés d'exécution des Partenariats Public-Privé : le retour d'expérience des contrats de *Private Finance Initiative* britanniques. », https://hal.archives-ouvertes.fr/hal-00163919

- MAZEAUD Denis, « Durée et Rupture », *Revue des contrats*, n°1, Janvier 2004, p.129

- MENARD Claude et OUDOT Jean-Michel, « L'évaluation préalable dans les contrats de partenariat », *Revue française d'administration publique*, 2009/2 (n° 130), pp.349 - 364.

- MESTRE Jacques, « La liberté de choisir son cocontractant : une liberté fondamentale mais non absolue », *Revue trimestrielle de droit civil*, 01, 15 mars 1999, p.280.

- MONTMERLE J, « Cession et sous-traité en matière de marché de travaux publics », *AJT* 1951, p.53.

- MULLER Étienne, « les modifications apportées au régime des marchés de partenariat », *contrats et marchés publics,* dossier 12, n°10, octobre 2015, dossier 12.

- PICARD Etienne, « la liberté contractuelle des personnes publiques constitue- elle un droit fondamental ? », *AJDA,* 1998, p.651.

- PIGNON Sophie, « L'évolutivité du contrat de partenariat public-privé : un atout pour les projets publics », *les petites affiches*, n° PA200811605, 10 juin 2008, p. 11.

- POUYAUD Dominique, « Concurrence, transparence et libre administration. A propos de la décision du conseil constitutionnel n°92-316 du 20 janvier 1993 », *RFDA*, septembre-octobre 1993, pp. 903-920.

- PROOT Philippe, *Modifications des contrats en cours d'exécution,* Contrats Publics, n°183, Janvier 2018, pp.31-35.

- ULRICH Peter et WETTSTEIN Florian, « le concept de « partenariat public-privé » est-il bien posé ? La coresponsabilité de l'économie privée en politique de développement », *Annuaire suisse de politique de développement*, pp. 43-55.

- RICHER Laurent, « délégations de service public : leur cession est-elle compatible avec la loi sapin ? » Le Moniteur des travaux publics et du bâtiment - n° 5023, 3 mars 2000, pp. 78-79

- RICHER Laurent, « Convergences parallèles », *Revue internationale de droit comparé*, 54-1, 2002, pp. 13 – 16.

- ROUHETTE Georges, « La force obligatoire du contrat, obs critiques », *in* TALLON Denis et HARIS Donald (dir.), « *Le contrat aujourd'hui : comparaisons franco-anglaises* », *LGDJ,* n°4, 1987.

- ROUVEYRAN Thomas et DUCHÉ Pierre-Marie, « L'acheteur public bien armé pour faire exécuter le contrat », *Marchés publics, Le Moniteur*, 26 octobre 2012.
- SACCO Rodolfo, « La liberté contractuelle et la volonté contractuelle », *Revue internationale de droit Comparé,* 2007, pp. 743-760
- SAUSSIER Stéphane, « Les PPP, une aubaine ou une malédiction pour l'État ? », *Décision- Achats.fr*, 16 février 2012. https://www.decision-achats.fr/Thematique/achats-publics-1230/Breves/Les-PPP-aubaine-malediction-etat-191703.htm
- SAUSSIER Stéphane et TIROLE Jean, « *Renforcer l'efficacité de la commande publique »,* dans Notes du conseil d'analyse économique 2015/3 (n° 22), pp.1 à 12
- TASCIYAN Daniel, « Les insuffisances du recours en reprise des relations contractuelles *»,* Contrats et marchés publics - *revue mensuelle LexisNexis Jurisclasseur,* n°9, Aout - septembre 2015, pp. 5-11.
- TISSEYRE Sandrine, « Fin du contrat : l'éventail élargi des sanctions », *in* LARRIBAU-TERNEYRE Virginie et Pellé Sébastien (sous dir*), Quel renouveau pour le droit des contrats ? Une reforme entre tradition et modernité, PUPPA*, 2016, p.187.
- VASSEUR Michel, « Un nouvel essor du concept contractuel. Les aspects juridiques de l'économie concertée et contractuelle », *RTD civ.* 1964, p.4.
- VIANDIER Alain, « La complaisance », *J.C.P*, 1980, I.2987, n°16 et s.,
- YAZI-ROMAN Mehdi, « Transaction : la question des concessions réciproques », *AJ Collectivités Territoriales,* n°, 2017, p. 432
- YVON GOUTAL et TOUCHRD Vincent, *« Contrats de partenariat : un outil dérogatoire à haut risque* », *La Gazette des communes,* 19 novembre 2012, pp. 60 – 63.

Cameroun

- BIPELE KEMFOUEDJO Jacques et FANDJI Olivier, « Le nouveau procès administratif au Cameroun : réflexion sur le recours gracieux en matière d'urgence », *Revue internationale de droit comparé*, 64-4, 2012, pp. 973 - 993.
- BIPOUN-WOUM Jean-Marie, « Recherches sur les aspects actuels de la réception du droit administratif dans les

États d'Afrique noire d'expression française : le cas du Cameroun », *RJPIC,* 1972, n° 3, p. 359.

- KALIEU ELONGO Yvette Rachel, « Cameroun : l'encadrement juridique des contrats de partenariat public-privé », https://www.actualitesdudroit.fr consulté le 22 novembre 2021.
- KAMTO Maurice, « La fonction administrative contentieuse de la Cour Suprême du Cameroun », *in* CONAC Gérard et DU BOIS DE GAUDUSSON Jean, *Les Cours suprêmes en Afrique,* vol 3., Paris, *Economica,* 1988.
- KEUTCHA TCHAPNGA Célestin, « Les mutations récentes du droit administratifs Camerounais », *Afrilex,* 2000/01
- KEUTCHA TCHAPNGA Célestin, « Contentieux administratif », Cours de Licence, Université de Dschang, 2006-2007.
- MANDESSI BELL Evelyne, « Du nouveau dans le paysage de la commande publique au Cameroun : les contrats de partenariat s'insèrent dans l'environnement légal Camerounais » *Village de la justice*, 18 août 2008.
- MEGAM Jacques, « Le régime juridique du contrat de PPP au Cameroun », *Penant,* n°878, pp.20-34.
- NDONGMO Magloire et BAYANG David, « Corruption : comment pouvons-nous envisager une lutte préventive pour une société camerounaise plus Juste ? », *Éd. Gamma print,* Avril 2015.
- OMBALLA M, « Les politiques publiques de lutte contre la corruption au Cameroun », *in* David ABOUEM A TCHOYI, Stéphane M'BAFOU, (sous dir.), *50 ans de réforme au Cameroun : stratégies, bilans et perspectives,* Paris, *L'Harmattan,* 2013, pp. 309-347.
- ONANA ETOUNDI Félix, « Cameroun : Contrat de partenariat, un sésame pour les projets d'investissement », *All Africa* du 3 Avril 2008. https://fr.allafrica.com/stories/200804030748.html, consulté le 12 décembre 2021.
- TJOUEN Alexandre-Dieudonné, « L'exécution provisoire des décisions judiciaires en matière non répressive en droit africain : l'exemple du Cameroun », *Revue internationale de droit comparé* 1987, vol.39, n° 1, pp. 111 – 134.
- TONYE A, « Le contrat de partenariat au Cameroun : Ce qui faut retenir en attendant le décret d'application », *Penant*, n°866, p.21- 44.

Étrangers

- CORREA J-L, « La médiation et la conciliation en droit sénégalais : libre propos sur un texte règlementaire », *Bulletin de droit économique*, 2017/2, pp.1-16

- CONSTANTINESCO L-J, Traité de droit comparé, t. I, Introduction au droit comparé », *Revue internationale de droit comparé*, 24-2, 1972, pp. 476-480.

- ENGEL E, FISCHER R et GALETOVIC A, « *Soft budgets and renegotiation in public-private partnerships* », *Cowles foundation discussion papers* 1723, *Cowles foundation for research in Economics, August* 21, 2009, p 34.

- FLINDERS M, « *THE Politics of private Partnerships* », *British Journal of politics and International Relations,* vol. 7, n°2, 2005, pp.215-239.

-

- HART Olivier et MOORE John, "Incomplete Contracts and renegotiation" *Econometrica,* volume 56, 1988, pp.509-540.

- KRUGMAN Paul, « *Privatization can lead to patronage and corruption Sacramento Bee* », 23 *June* 2012.

- MATTHEW F, « *The Politics of Public–Private Partnerships* », *The British Journal of Politics & International Relations*, 7-2, 2005, pp. 215-239

- MOSZORO Marian W. et SPILLER Pablo T., « *Third party opportunism and the (In) Efficiency of public contracts », SSRN eLibrary,* 2012, pp. 229-252.

- OUEDRAOGO Seni Mahamadou, « la promotion des contrats de partenariat public privé par le biais des aides-publiques dans l'espace UEMOA », sur Article consulté le 16 février 2020.

- SPILLER P T, « *An institutional theory of publics contracts: Regulatory implications »*, Rapport technique, *National Bureau of Economics Research, Inc.*, 2008.

- ZUPAN M A, « Cable franchise renewals: Do incumbent firms behave opportuniscally? "*RAND, Journal of économics,20 (4)*, 1989a, pp. 473-482.

Contributions aux melanges et actes de colloques

Contributions aux mélanges.

- BRACONNIER Stéphane, « L'accord autonome dans les contrats de partenariat public privé. De la pratique à la théorie », *in Mélanges en l'honneur du professeur Laurent Richer, Paris, LGJD*, nov. 2013, pp. 511--528.

- CLAMOUR Guylain et UBAUD BERGERON Marion, « Contrats publics », *in Mélanges en l'honneur du professeur MICHEL GUIBAL, Montpellier, Faculté de droit de Montpellier, coll. « Mélanges - Droit public »*, 2006.

- DRAGO Roland, « Paradoxe sur les contrats administratifs », *in Études offertes à Jacques Flour, t.1, Défrénois*,1979, p. 151-162

- DERUY Laurent, « Les accords autonomes », in CLAMOUR Guylain et TERNEYRE Philippe (sous dir.), *Financement et contrats publics, CREAM*, mai 2014, pp.208

- GAUDMET Yves, « Prolégomènes pour une théorie des obligations en droit administratifs français » *in nonagesimo anno, Mélange en hommage à Jean Gaudemet, Paris, PUF,* 1999, p 613.

- LLORENS François, « Le droit des contrats administratifs est-il un droit essentiellement jurisprudentiel ? » *In Mélanges offerts à Max Cluseau, Toulouse, Presses I.E.P.,* 1985, p 395.

- ROLIN Frédéric, « Habilitation à contracter » in contrats publics, *Mélanges en l'honneur du professeur M. Guibal, PU de la faculté de droit de Montpellie*r ,2006, Vol. l, p.187

- SAUTEL Gérard et BOULET-SAUTEL Marguerite, « *Verba ligant homines, taurorum cornua funes* », *in Mélanges P. Petot*, LGDJ, 1959, p. 507-517.

- SYMCHOWICZ Nil, « l'introuvable droit au maintien de l'équilibre financier dans les contrats administratifs », *Mélanges en l'honneur du professeur L. Richer*, Paris, *LGDJ,* 2013, p 464 -476.

Actes de colloques.

- LLORENS-FRAYSSE François et MORAND-DEVILLER Jacqueline, « le contrat de partenariat public privé », colloque organisé par l'institut d'études juridiques de l'urbanisme et de la construction de l'université des sciences sociales de Toulouse, les 2 et 3 juin 2005.

- POULET Florian, (Mai 2017) *Un office à renforcer dans le contentieux de l'exécution*, Compte-rendu du colloque : l'exécution des contrats administratifs, quelle(s) mutation(s) pour un droit adapté aux enjeux du XXIe siècle ? *Colloque organisé à Paris les 27 et 28 avril 2017, par l'université d'Évry-Val-d 'Essonne,* Éditions Le Moniteur, 2018.

- RAPP Lucien et REGOURG Serge, (2016), Du *contrat de partenariat au marché de partenariat* Études, CAYLET Sylvain et SOURZAT Lucie (sous dir.), *Acte de colloques organisé par l'institut de droit de l'espace, des territoires, de la culture et de la communication (25 et 26 septembre 2014) à Université de Toulouse 1 Capitole,* 376 p.

- SANDRINE Tisseyre, (2016) *La fin du contrat : l'éventail élargi des sanctions, in Quel renouveau pour le droit des contrats ? : une réforme entre tradition et modernité : actes du colloque, Pau le 20 mai 2016*, LARRIBAU-TERNEYRE Virginie et PELLÉ Sébastien (eds.), *Presses de l'Université de Pau et des Pays de l'Adour, Series "Droit en mouvement* ; 5" Pau, 187p.

- VINCENT BOUHIER et RICCARDI David, *l'exécution des contrats administratifs, quelle(s) mutation(s) pour un droit adapté aux enjeux du XXIe siècle ?* Le Moniteur, 2018, 284 p.

JURISPRUDENCE

Jurisprudence française

Conseil constitutionnel

- CC, décision n°10-107 QPC du 17 mars 2011, syndicat *mixte chargé de la gestion du contrat urbain de cohésion sociale de l'agglomération de Papeete.*

- CC, décision n°2006-543 DC, 30 novembre. 2006, Loi relative au secteur de l'énergie : Rec. cons. Const 2006, P. 120 ; RFD const. 2007, P 313 note X. Magnon ; RDP2007, P 845, note P-Y Gahdoun

- CC, décision n°92-316 DC 20 janv 1993, Loi relative à la prévention de la corruption et à la transparence de la vie économique et des procédures publiques - Non-conformité partielle

- CC, décision n° 86-207 DC du 26 juin 1986 sur la loi autorisant le Gouvernement à prendre diverses mesures d'ordre économique et social

- CC, décision 79-105 DC - 25 juillet 1979 - Loi modifiant les dispositions de la loi n° 74-696 du 7 août 1974 relatives à la continuité du service public de la radio et de la télévision en cas de cessation concertée du travail - Non-conformité partielle

Conseil d'Etat

- CE sect., 20 octobre 2000, *Société citécables Est, req.* 196553, Publié au recueil Lebon, Conclusion de M.

- CE, 3 juin 2020, *Centre hospitalier d'Avignon*, n°428845

- CE, 7ème - 2ème chbres réunies, 21 octobre 2019, n° 419155.

- CE, 10ème - 9ème chbres réunies, 23 septembrc2019, 427923

- CE, 7ème - 2ème chbres réunies, 15 mars 2019, n° 413584, Publié au recueil Lebon

- CE, 9 novembre 2018, n°420654

- CE, 29 juin 2018, *Ministre de l'intérieur c/ Communauté de communes de la vallée de l'Ubaye*, n°402251

- CE 25 juin 2018 *Agence de l'environnement et de la maîtrise de l'énergie (ADEME*), Rec. n° 418493

- CE, avis, 26 avr. 2018, relatif à la renonciation au projet d'aéroport Notre Dame- des- Landes, n°394398.

- CE, 06 octobre 2017, n° 395268

- *CE,* 19 juillet 2017, *Centre hospitalier de psychiatrie de l'enfant et de l'adolescent, n° 392707*

- CE, 24 mai 2017, *Ville de Paris*, n° 407047

- CE, 7ème - 2ème chbres réunies, 19 avril 2017, 397126, Inédit au recueil Lebon

- C.E, 5e chbre, 6 mars 2017, n° 404873

- *CE,* 9 décembre 2016 *« société Foncière d'Europe », req n°391840*

-

Ass., 09 novembre 2016, n° 388806, Publié au recueil Lebon

- CE, 23 novembre 2016, *Hospices civils de Beaune*, req. n°392227, inédit au Lebon.

- CE, 19 juill. 2016, *Sté Schaerer Mayfield France,* n° 399178, ContratsMarchés publ. 2017, comm. 238, obs. H. Hoepffner

- CE, Assemblée, 13 juillet 2016, M. C, n° 387763.

- CE, Assemblée, 13 juillet 2016, M. C, n° 387763.

- CE, 24 février 2016, *département de l'Eure,* req n° 395194, Publié au recueil Lebon

- CE, 10 février 2016, *commune de Bandol*, req. n°387769, inédit, au Lebon ; Contrats et marchés publics avril 2016, P.41, M. Ubaud Bergeron

- CE, 5 février 2016, *SMTC Hérault Transport*, n°383149

- CE, 23 décembre 2015, *Territoire des îles de Wallis-et-Futuna*, n° 376018

- CE 7 décembre 2015, *Commune de Bihorel,* Rec. n°380419

- CE, 9 juillet 2015, *FC Girondins de bordeaux*, n°375542. BJCP n°103, P.414, concl. B. Bourgeois-Machureau.

- CE, 1er juillet 2015, *Régie des eaux du canal de Belletrud*, n° 383613

- CE, 17 juin 2015, *Cne d'Aix en Provence, c/ SPA* : rec. CE 2015, tables, P.752 ; P 929, concl. G. Pélissier ; contrats- marchés publ. 2015, n° 221, note J-P. Piétri (suspension)

- CE, 17 juin 2015, *Société Proxiserve*, n° 388457.

- CE 15 avril 2015, *Commune de Saint-Michel-sur-Orge,* req. n° 376229

- CE, 19 janv 2015, « *Sté Spie Est* »*,* n° 384653

- CE, 9 janvier 2015, *Commune d'Agde*, req n° 370576, Inédit au recueil Lebon

- CE, 17 décembre 2014, *Communauté de communes du canton de Varilhes*, n° 385033.

- CE Ass 4 avril 2014, *Dpt du Tarn et Garonne*, n°358994.

- CE, 8 octobre 2014, n° 370644, *Sté Grenke location* : *ContratsMarchés publ*. 2014, repère 11, F.L. et P.S-C. et comm. 329, note G. Eckert ; *AJDA* 2015, p. 396, note F. Melleray *; BJCP* 2015, n° 98, p. 3, concl. G. Pellissier ; Dr. adm. 2015, comm. 12, note F. Brenet ; *RFDA* 2015, p. 47, Ch. Pros-Phalippon

- CE, 29 septembre 2014, *commune de Nantes*, Rec. n°383203

- CE, 30 juillet 2014, *commune de Biarritz*, Rec. CE 2014, tables,737.

- CE, 4 juillet 2014, *Société Orme*, n°371633.

- CE, 04 juillet 2014, *communauté d'agglomération Saint-Etienne Métropole,* Rec.n°374032, tables du Lebon concl. B. Dacosta novembre 2014

- CE, 6 décembre 2013, M. T., 363290

- CE, 10 juillet 2013, *Cne de Vias*, rec. CE 2013, tables, P.695

- CE, 10 juillet 2013, *Banque calédonienne d'investissement*, n° 361122, point 4.

- CE 19 avril 2013, n° 352750

- CE, 1er oct. 2013, *sté espace habitat construction*, Req. n° 349099 aux Tables

- CE 5 juillet 2013, *Société Véolia Transport Valenciennes Transvilles*, Rec n° 367760, mentionné aux Tables.

- CE, 7 décembre 2012, n° 351752, *Cne de Castres*, concl. Pélissier : JurisData n° 2012-028740.

- CE, 19 décembre 2012, société AB Trans, n° 350341, inédit ; Dr. adm. 2013, comm. 42, obs. Colson ; Contrats et Marchés publics 2013, comm. 29, note G. Eckert

- CE, 31 octobre 2012, *communauté d'agglomération Reims métropole*, n°349281

- CE, 22 juin 2012, Rec. n°348676

- CE juillet 2012, *communauté d'agglomération de chartres, métropole* (CACM), Rec.352417

- CE, 29 juin 2012, req n° 357617

- CE, 11 avril 2012, *Syndicat ODY 1218 Newline du Lloyd's de Londres*, Rec. n°354652

- CE 1er mars 2012 *Société Assistance conseil informatique professionnelle*, Rec. n° 354628, mentionné aux Tables

- CE, 15 février 2012, *commune de Souclin*, n°3462255.

- CE, 15 novembre 2012, n°350867, considérant. 5

- CE, *département de la Guadeloupe*, du 23 décembre 2011, n° 350231

- CE, 9 décembre 2011, *Commune d'Ales*, req 342283.

- CE, 30 novembre 2011, *Société DPM Protection*, n° 350788.

- CE, 30 novembre 2011, *Sté DPM Protection,* requête, n° 350788, Rec., p. 597 ; AJDA 2012, p. 270, note J.-D. Dreifuss ; Dr. adm. 2012, comm. 15, note E. Langelier

-

- CE, sect., 11 juillet 2011, n° 339409, Gilles : JurisData n° 2011-014032, comm. Gabriel ECKERT

-

- CE, 1 juin 2011, n° 345649, recueil Lebon.

-

- CE avis, 11 mai 2011, *Société Rébillon Schmit Prévot,* Req.n°347002

-

- CE, 4 mai 2011, n° 334280, *CCI de Nîmes, Uzès, Bagnols*, Le Vigan : JurisData n° 2011-007660 ; Rec. CE 2011, concl. Dacosta ; JCP A 2011, act. 358 ; Contrats-Marchés publ. 2011, comm. 216, note G. Eckert ; Dr. adm. 2011, comm. 67, note F. Brenet

-

- CE, 4 mai 2011 *Communauté De Communes Du Queyras*, req n° 340089, Publié au recueil Lebon

-

- CE, 4 mai 2011, *Chambre de commerce et d'industrie de Nîmes*, n° 334280, Rec. p. 205

- CE, Sect., 21 mars 2011, *Béziers II,* n° 304806, Publié au recueil Lebon

- CE, 28 janvier 2011, *Société cabinet d'étude Marc Merlin* req. n° 330693

- CE 27 octobre 2010 *Société Pradeau et Morin* req. n°318023

- CE, *Syndicat intercommunal des transports publics de cannes* 27 octobre 2010, n° 318617

- CE, 10 février 2010, *scté prest'action*, n° 301116, Lebon ; AJDA 2010.293 ; RDI
2010.265, obs, R. Noguellou ; Dr adm 2010. comm.52 note F. Brenet ; *rev. CMP* 2010.
Comm.133, note G. Eckert.

- CE, 31 mai 2010, *communauté d'agglomération vichy val d'allier* : rec. CE 2010, P. 173 ; Contrats- Marchés publ. 2010

- CE,8 février 2010, commune de Chartres, n°323158, BJCP 201/70, P.208, concl B. Dacosta, note R.S,

- CE, 8 février 2010, commune de la Rochelle, n° 314075

- CE,11 Aout 2009, société Maison Comba, n°303517, Rec. CE, P.833 ; BJCP, 2009/67, P.470, concl B. Dacosta, obs.C.M. ; JCP A, n°2261, note P. Le Bouedec ; AJDA, 2010, P.954, note P. Subra de Bieusses

- CE, 5 Août 2009, région du centre, n°307117

- CE, Ass 28 décembre 2009, *Cne de Béziers*, n°304802.

- CE, 21 octobre 2009, *commune pointe noire*, n°312214, inédit au *Lebon*

- CE, 29 décembre *2008, OPHLM de Puteaux c/ SARL SERBOIS, n° 296930*

- CE, 24 octobre 2008, *syndicat intercommunal d'eau et d'assainissement de Mayotte*, n°300034

- CE, 24 octobre 2008, *communauté agglomération de l'Artois, n° 313600*

- CE sect., 3 octobre 2008, *SMIRGEOMES, req n° 305420*

- CE, 10 avril 2008, *« Société Decaux, département des Alpes-Maritimes », n° 244 950, 284 439, 284 607.*

- CE 26 mars 2008, *Société Spie Batignolles, req. n° 270772 ; CE, 7 décembre 2012, Société Lyonnaise des eaux, n° 351752*

- CE, 22 février *2008, M. Schmeltz*, req n° 286174

- CE, 8 août 2008, n° 307143

- CE, Ass., 11 juillet 2008, *société Krupp Hazemag*, req. n°287354

- CE, 14 mai 2008, *collectivité territoriale de corse*, n°281312.

- CE, 21 décembre 2007, *Région Limousin*, n°293260, Lebon ; concl E. Prada-Bordenave, *BJCP avril* 2008 P.138 et *RJEP* avril 2008, P.15 ; *AJDA* 2008, P.481, J-D. Dreyfus ; *JCP A* 25 février 2008, P.32, J-M. Pontier.

- CE, 26 novembre 2007, *Société Les Travaux du Midi*, n° 266423

- CE, 17 octobre 2007, *Société Physical Network Software,* n° 300419.

- CE, 19 septembre 2007, *Communauté d'agglomération de Saint Etienne Métropole,* n° 296192,

- CE, 16 juillet 2007, *Société Tropic Travaux Signalisation*, n°291545.

- CE, 24 novembre 2006, *société Group 4 Falck* n° 275412

- CE, 11 septembre 2006, *Commune de Théoule-les -bains*, n°255273

- CE,11 septembre 2006, *Commune de Saran,* n° 257545

- CE, 3 mars 2006, *Société Oberthur*, n° 287960.

- CE, 29 octobre 2004, *union nationale des syndicats Français d'architecte*, req. n°269814.

- CE 29 octobre 2004, *Sueur e. a.*, n° 269814, Lebon 394 ; AJDA 2004. 2383, chron. C. Landais et F. Lenica ; *AJDA 2005.* 16, étude D. Linotte ; D. 2005. 16 ; *RDI* 2004. 548, obs. J.-D. Dreyfus ; *RFDA* 2004. 1103, concl. Casas

- CE, 30 juin 2004, *OPHLM de la ville de Nantes*, req. n° 261472

- CE, 3 mars 2004, *commune de Châteaudun*, req. n°258602

- CE, 21 janvier 2004, *Sté Aquitaine Démolition*, n° 253509.

- CE, 30 juillet 2003, *Cne de Lens*, n°223445, BJCP n°31/2003, P.462, Concl. D. Piveteau

- CE, 18 juin 2003, *Gpt. Entr. Solidaires ETPO Guadeloupe*, n°249630, CMP 2003, comm 171, F. Olivier

- CE, 17 octobre 2003, *Min. intérieur C/ syn. le Beausset,* Req n° 249822

- CE 29 juillet 2002, Centre *hospitalier d'Armentières*, req. n° 243500, publié au Recueil

- CE, 25 mars 2002, *Société GTM International*, req. n°187885

- CE, 23 avril 2001, *SARL Beteru*, n°186424.

- *CE, 23* avril *2001, Ceccaldi-Raynaud, n° 215552*

- CE, 16 octobre 2000, Société *Jean-Louis BERNARD consultants*, n° 222208

- CE, 29 décembre 2000, *M. Comparat,* Rec. p. 658, concl. Fombeur

- CE, avis, sect. fin., 8 juin 2000, n° 364803

- CE, 30 juin 1999, n° 163435

- CE 28 janvier 1998, *SOCIÉTÉ BORG WARNER*, req n° 138650, publié au recueil Lebon

- CE, 31 juill.1996, *Canac* : Rec. CE, 1996

- CE, 23 mars 1994, Sivu *du golf de Cognac, CJEG* 1995, p. 27.

- CE 21 janvier 1994, *SA Stefal,* n° 64167

- CE, 14 mai 1990*, sté CGE Alsthom* : Rec. CE 1990, P.124

- CE, 20 janvier 1989, *SA GBA Berry-Loire*, n° 49756, publié au recueil Lebon.

- CE, 9 décembre 1988, *syndicat intercommunal pour le ramassage d'ordures ménagères de Château-Salins et sa région,* n° 72465. Publié au recueil Lebon.

- CE, 26 février 1988, « *OPHLM de Villeneuve-St-Georges c/ Courteille* » n° 78530,

- CE,20 janvier 1988, *SERAF*, Rec. n°56503, Lebon

- CE, 9 décembre 1987, *Chambre d'agriculture des Deux-Sèvres*, rec. 404

- CE,3 décembre 1986, *ville de Béziers* : : Rec. CE 1986, tables P.616 ; D.1987, somm.P.307, obs. Ph. Terneyre.

- CE,7 février 1986, n°51268

- CE 6 mai 1985, OPHLM d'Avignon c/M. Guichgard, RDP 1985, p. 1706.

- CE, 6 mai 1985, Association Eurolat c./ Crédit Foncier de France. Rec. CE 1985, P.141 ; RFDA, 1986, P.21, concl B. Genevois ; ADJA 1985, P.620, note E. Fatôme et J. Moreau

- CE, 27 mai 1983, Commune de la Queue-en-Brie, req n° 23757

- CE, 2 février 1983, union des transports urbains et régionaux, Rec.33 ; RD publ.1984.212, note J-M Auby ; RFDA 1984, P.45, note Llorens

- CE, 10 décembre 1982, Loiselot, Rec., tables, p. 631

- CE, 29 septembre 1982, *Perez* rec. T. 673

- CE, 23 janv. 1981, *Cne Aunay-sur-Odon*, n° 06760 06806 06807, Rec. CE 1981, p. 25

- CE, 17 déc.1980, *Min. Universités : Rec. CE* 1980, P.478 ; D.1981, inf. rap. p.115, obs. Delvolvé.

- CE 11 juillet 1980, *compagnie d'assurance La Concorde et M. Fourrel de Frettes*, Rec, n° 16149

- CE, 22 déc. 1976, *Depussé* : Rec. CE 1976, p. 575

- CE Section, 8 novembre 1974, *Époux Figueras*, requête numéro 83517, Rec. p. 545

- CE, 30 octobre 1974, *commune de Saint-Pierre-les-Bois c. sieur Gohin*, Rec. p. 525

- C.E. Sect., 19 janvier 1973, *Société d'exploitation électrique de la rivière du Sant*, A.J.D.A., 1973, p. 358 chron.

- CE Section, 17 mars 1972, *OPHLM de Nantes*, n° 76453.

- CE, sect., 19 mars 1971, *Sieur Mergui*. n°79962

- CE 31 mars 1971, *sieur Baysse*, Rec. p. 1116

- CE, 2 octobre 1968, *ministre de l'Équipement C/ commune de la chapelle-vieille-foret et société auxiliaire de génie civil,* Rec. P.471

- CE, 5 novembre 1965, *société Ducassou* : Rec. CE 1965, P.389.

- CE, 7 avril 1965, « *Sté Air Couzinet Transocéane* », rec. 229.

- CE,24 avril 1964, *SA LIC* req. n° 53518

- CE, 17 mai 1963, *Commune de Monein et Sieur Labbarère*, Lebon, p. 305

- CE 13 mars 1963, *Sté Deromedi*, Rec, p. 160.

- CE Ass. 2 mai 1958, *Distillerie de Magnac-Laval*, Rec. p. 246.

- CE, 16 avril, 1958, *Mas,* Lebon, P.209,

- CE, sect., 20 avr. 1956, *ministre de l'Agriculture c/ consorts Grimouard,* n° 33961, Lebon

- CE, 20 avril 1956, *Bertin*, CAJA, P.440

- CE 8 février 1956, *dame Germain*, Rec. p. 69

- CE, 22 février 1952, *Société pour l'exploitation des procédés Ingrand*, Rec. p. 130

- CE,5 janv 1951, *commune de Lesparrou*, Lebon, p.3

- CE, 7 juin 1939, *Pichol*

- CE, du 30 mars 1916, n° 59928, publié au recueil Lebon

- CE, 30 mai 1913, *préfet de l'Eure*, Rec. CE 1913, P.583 ; s. 1915, 3, P.9, note M. Hauriou

- CE, du 31 juillet 1912, *société des granits porphyroïde de Vosges,* n°30701.concl Blum,

- CE, 29 janv. 1909, *Cie des messageries maritimes*, les conclusion, Tardieu DP 1910, 3, p. 89 ; GAJA, 14e éd., 2003, n° 20

- CE 4 août 1905, *Martin*, Rec. 749, GAJA n°15.

- CE, 20 janvier 1905 *Compagnie départementale des eaux et services municipaux C/ ville de Langres*, Rec. CE. P 54 concl de ROMIEU.

- CE 10 janvier 1902 *Compagnie nouvelle du gaz de Déville-lès-Rouen* n° 94624

- CE, 10 janv.1902, *compagnie nouvelle du gaz de Déville-Lès-Rouen* Rec,5 ; S.1902.3.17, note Hauriou.

- CE, 9 décembre 1987, *« Chambre d'agriculture des Deux-Sèvres »,* rec. 404

- CE, 6 mai 1985, *Association Eurolat c./ Crédit Foncier de France*. Rec. CE 1985, P.141 ; RFDA, 1986, P.21, concl B. Genevois ; ADJA 1985, P.620, note E. Fatôme et J. Moreau

- CE, 2 juillet 1982, *Soc. Routière colas,* rec. 261

- CE, 18 juin 1982, *Sté sud pacifique navigation* : Rec. CE 1982, tables, P.667

- CE, 29 avril 1981, *Bernard,* CJEG 1982, P.9, concl. Franc

- CE 23 mai 1979 *Commune de Fontenay-le-Fleury,* req. n° 00063 : Rec. CE p. 226

- CE, sect. 27 octobre 1978, *ville de Saint-Malo*, rec. 401

- CE 17 février 1978, *compagnie Française des entreprises* n° 99436.

- CE, 1er décembre 1976, *Berezowski,* Lebon, 521

- CE, 4 juin 1976, *Desforêts*, rec. 301

- CE, 4 février 1976, *Elissoude*, P.1069. RPDA 1976 n° 89

- CE, 15fevrier 1978, *plantureux,* P.73 AJDA 1978, P.501

- CE sect.17 octobre 1975, *commune de canari*, rec. 516

- CE 19 avril 1974, *Société « Entreprises Louis Segrette »,* rec. n° 82518 : Rec. CE p. 1052

- CE Section, 19 novembre 1971, *OPHLM du Havre,* n° 73664

- CE, 16 octobre 1968, *OPHLM de la seine,* 64023 6404, publié au recueil Lebon.

- CE, 24 avr. 1968, *Cie navigation Denis frères*, Lebon, p. 257

- CE, Sect.,13 juillet 1956, *OPHLM de la Seine*, rec. n° 37656, publié au recueil

- CE, 15 juillet 1949, *Ville d'Elbeuf,* Rec. p. 358

- CE, 29 avril 1949, *Sté les entrepôts frigorifiques lyonnais*, rec.190

- CE, 26 juillet, 1947, *exposition internationale de paris*, rec. 350

- CE, 10 mai 1939, *commune de chassien,* Rec.310

- CE, 9 décembre 1932, *Compagnie des tramways de Cherbourg,* cl JOSSE

- CE, 7 août 1926, *Bouxin* : Lebon, P.891

- CE, 6 février 1925, *Gouverneur général d'Algérie c/ Demouchy,* Rec. p.121

- CE, 29 janvier 1909, *Cie des messageries maritimes* : DP 1910, 3, p. 89 ; GAJA, 14e éd., 2003, n° 20

- CE, 29 janv. 1909, *compagnie des messageries maritimes et a* : REC.CE 1909, P111, concl. Tardieu.

- CE, 17 mars 1893, *Chemins de fer de l'est*, D. 1894, p. 119, concl. Romieu

- CE, 20 novembre 1891, *Lefebvre*, Rec.685

- CE, 6 février 1874, *Foucaux, Rec. 143*,

- CE, 18 déc. 1862, *Bonnafous :* Lebon, p. 828

Cours de cassation

- C. Cass Ass plénière, 14 avr. 2006, no 02-11168, M. X contre Consorts Z

- C.cass Ass plénière, 14 avr. 2006, n° 04-18902, M. X contre RATP

Chambres civiles

- Cass civ. 3e Ch. 8 février 2018, n° 17-11135, publiée au Bulletin

- Cass civ 3e ch. 30 novembre 2017, n° 15-23188

- Cass. Civ 1ère, 6 mai 2010, n°09-66-969

- Cass civ 1er., 14 avril 1964, San Carlo, JCP, 1965, II, 14406, note. P. Level

- Cass. civ. 3e Ch. 15 janvier 2003, req no 00-16.106

- Cass. Civ. 2, 2 mars 1956, D. 1956, 341

- Cass. civ., 6 mars 1876, *Canal de Craponne*, D. 76. 1. 193, note Ciboulot

Chambres sociales

- Cass. Soc., 16 mai 2012, pourvoi n° 10-17.726

- Cass. Soc., 7 février 2007, n° 05-41.623, inédit

- Cass. Soc., 3 novembre 1998, n° 9642.510

- Cass. Soc. 19 février 1997 : Bull. V n° 74

Chambres commerciales

- Cass. Chbre commerciale, 30 janvier 2019, pourvoi n°17-21279, BICC n°904 du 15 juin 2019

- Cass. Chbre commerciale, 10 juillet 2007, n° 06 -14.768

- Com.7avril.1998: Bull. civ. IV, n°126

- Cass. Chbre commerciale, du 7 avril 1998, 96-13.219, Publié au bulletin

- Cass. com. 30 janv. 1979, no 77-13.151.

- Cass. com. 12 janv. 1970, no 67-11.816

Chambre administrative d'appel et cours d'appel

- CAA de Douai, 3e chambre, 9 juillet 2020, n°19DA01695, inédit recueil Lebon.

- CAA paris, 05 février 2020, 6e chambre, n° 17PA20539

- CAA Douai, 4 octobre 2018, n° 17DA00437

- CAA Marseille 6ème chbre - formation à 3, du 18 juin 2018, 17MA00710, Inédit au recueil Lebon.

- CAA Douai, 15 mai 2018, SAS PNSA, n° 15DA00354

- CAA Lyon, 8 mars 2018, req n° 17LY01827

- CAA Paris, 24 octobre 2017, *Société Wagram Voyages*, req. n° 16PA034929, inédit au Lebon

- CAA, Nantes 22 avril 2017, n°15NT02096.

- CAA Nantes, 12 avril 2017, *A c/ Cne Rivière Saint-Sauveur* n° 16NT00758, ContratsMarchés publ. 2017, comm. 163, obs. H. Hoepffner

- CAA Bordeaux 17 janvier 2017, société *Imprimerie Ah sing,* inédit au Lebon, req. n°14BX03409

- CA Versailles, 4 juillet 2017, n°17/00244.

- CAA Marseille, 3 octobre 2016, société Cabra BTP, req. n°15MA03092

- CAA Nancy, 19 avr. 2016, n° 14NC01618, Sté Demathieu et Bard : JurisData n° 2016-010046 note de François LLORENS

- CAA Bordeaux 3 mars 2015, *Société Area Impianti*, req. n° 12BX00902

- CAA Douai du 12 juin 2014 n° 12DA00533

- CAA Lyon, 2 janv.2014, n° 12LY02827, Conseil régional de l'ordre des architectes d'auvergne et Bouesnard : AJDA 2014, P.985, obs. G. Chamming's ;

- CAA Bordeaux, 2 décembre 2014, n° 13BX00505 ; JurisData n° 2014-033344

- CAA Bordeaux, 17 juin 2014 n° 13BX00564

- CAA Nantes, 19 sept. 2014, n° 12NT03032, SNC EMCC : JurisData n° 2014-027854, contrats et Marchés publics n° 12, Décembre 2014, comm. 341

- CAA, Bordeaux, 6e chambre, 11 juin 2014 - n° 12BX01024 5

- CAA Bordeaux, 11 juin 2014, n° 12BX01024, *Sté SBTPC* : JurisData n° 2014-016402, obs., Marion Ubaud-Bergeron, Contrats et Marchés publics n° 8-9, Août 2014, comm. 226

- CAA de Nantes, 3ème Chambre, 31 octobre 2013, 12NT01444, Inédit au recueil Lebon

- CAA Marseille, 17 janv. 2011, n° 08MA00362, Ville de Cannes

- CAA Nancy, 31 mai 2010, req n° 08NC01369.

- CAA Nantes 22 octobre 2010, Ville de Quimper, req. n° 09NT01108.

- CAA Paris 4ème chambre, 14 octobre 2008, *Fonds de développement des archipels, Sté Entrepôts et magasins généraux de Tahiti.*

- CAA Versailles, 7 mars 2006, *Commune de Draveil*, n° 04VE01381, Rec. p. 591 ; *AJDA* 2006, p. 1044, concl. P. Besse ; Dr. adm. 2006, comm. 74, note A. Alonso Garcia

- CAA Nancy, 6 mai 2004, *Cne Henriville c/ Entreprise Alfred Koenig*, n° 98NC00713.

- CAA Lyon, 15 déc. 2001, *Association Lyonnais [CANOL]*, req. n°11LY00578

Tribunal de conflit & Tribunal administratif

Tribunal des conflits

- TC, 13 OCTOBRE 2017, SOCIETE AXA FRANCE IARD, REQ. 3963.

- TC, 23 MAI 2005, DPSAVOIE, C3450, PUBLIE AU RECUEIL LEBON

- TC 21 MARS 1983, UNION DES ASSURANCES DE PARIS, N°02256. CONCL. LABETOULLE

Tribunal administratif

- TA Montreuil, 6e chambre, 7 juin 2018 - n° 1701759, sté *Eiffage rail express*

- TA, Strasbourg, ord., 16 mai 2013, *sté Aastra c/Communauté urbaine de Strasbourg*, Contrats et marchés publics, 2013, n°214, note W. Zimmer.

- TA de Paris, 17 mai 2013, association « *LA JUSTICE DANS LA CITE* » et M. B., n° 1206417.

- TA, Lille 20 févr. 2013, *sté Lyonnaise des eaux France, sté des eaux du Nord et préfet du Nord,* req n°1005463, ADJA 2013, concl. C. Frackowiack,

- TA Bordeaux, 19 déc. 2012, n° 1105079, *Rouveyre*

- TA Bordeaux, 19 décembre 2012, n° 1105079

- TA Strasbourg, 26 septembre 2000, *préfet de la Moselle c/ District rural de Cattenom, sté Edmond Schnitzler*, Contrats et marchés publics 2001, comm. n°10, obs. F. Olivier.

- TA Versailles, 17 avril 2000, *société d'aménagement des monts* ; BJCP, 2000, n°14, P 79

Cour de justice de la communauté & l'union Européenne

Cour de justice de l'union Européenne

- CJUE, 22 octobre 2015. *Impressia Edilux Srl.* ; aff.C-425/14, *contrats et marchés publics*, 2015, comm.278, note W. Zimmer

- CJUE, 18 décembre 2014, *Generali-Providencia Biztosito Zrt*, aff.C-470/13, *contrats et marchés publics*, 2015, comm.35, note W. Zimmer

- CJUE, 15 juillet 2010, *WISAG, Produktionservice GmbH* ; aff.C-74/09 : à propos des motifs d'exclusion figurant dans la directive2004/18/CE

- CJCE 16 décembre 2008, *Michaniki AE c/Ethniko Symvoulio Radiotileorasis, Ypourgos*, aff.C-213 /07, *contrats et marchés publics* 2009, comm.35, note W. Zimmer ;

- CJCE, 19 juin 2008, Aff. C-454-06, pressetext Nachrichtenagentur GmbH : AJDA 2008, P.2008, note de J-D. Dreyfus.

- CJCE, 7 décembre 2000, affaire C-324/98, *Telaustria et Telefonadress*

- *Cour européenne des droits de l'homme*

- CEDH, 09 décembre 1994, *Affaires raffineries grecques stran et stratis andreadis c/ Grèce,* rec., Vol.301, P.65

-

Jurisprudence Camerounaise

- Jugement n°80/2008/CS-CA du 18 juin 2008, *Um Ntjam François c/. Etat du Cameroun (MINEPNA)*

- Jugement n°147/04-05/ADD du 31 Août 2005, *Um Ntjam François Désiré et Fils c/ Etat du Cameroun (MINEF)*

- Jugement n°132/04-05, du 27 juillet 2005, *Entreprise Camerounaise de construction et de nettoyage (ECCN) C/ Etat du Cameroun (MINMAP)*

- Jugement n°59/04-05, du 23 mars 2005 établissements LIPA-SPORT BTP c/ Etat du Cameroun (ministère des travaux publics)

- CS, arret n°34/cc du 22 novembre 2001 Aff. snec c/ Me Deffo 603

- CS/ CA, jugement N°139/04-05 du 25 juillet 2005, société SOTRACOMEC C/ Etat du Cameroun (METPS)

- CS Cameroun arret n° 103/CC du 29 juin 2000 aff. Mme Yondo née Berthe Marie C/Yondo Marcel comm. Solange Thientcheu, Juridis, pér. n°62, P 13-15

- CS/CA du 27 juillet 2000 : les ETABLISSEMENTS LE PAYSAN c/ Etat du Cameroun

- C.S, arret n°32/CC du 15 janvier 1998, aff. Westaff realty Cameroun C/ Mes Nsoh et Telawo com Jean Gatsi

- Jugement n°72 du 29 juin 1989 de la CS/CA FOUDA ETAMA c/ Etat du Cameroun

- Jugement n°62/94-95 du 29 juin 1995, The Big Brothers Trading Compagny C/ Etat du Cameroun

- CS du Cameroun oriental Arrêt n°62 du 23 mai 1972.Bull.des arrêt de la, n°26, P 3562

- CCJA n° 103/2015, Société Bénin Control S.A c. Etat du Bénin ; CCJA, arrêt n° 104/2015, SCP et P. TALON c. Etat du Bénin.

- Arrêt N°189/CFJ/CAY, 29 mars 1972. *EKWALLA EDOUBE EYANGO Stéphane*

- *CA. Jugement n°42/CS/CA du 22 fév. 1979 Monthé Robert C/ Etat du Cameroun*

TEXTES LEGISLATIFS, REGLEMENTAIRES ET TEXTES INTERNATIONAUX

France

- Constitution française du 4 octobre 1958.

- Avis n° 141654 du 8 juin 2000.

- Loi n° 2018-287 du 20 avril 2018 ratifiant l'ordonnance n° 2016-131 du 10 février 2016 portant réforme du droit des contrats, du régime général et de la preuve des obligations.

- LOI n°2016-1691 du 9 décembre 2016 relative à la transparence, à la lutte contre la corruption et à la modernisation de la vie économique.

- LOI n° 2015-991 du 7 août 2015 portant nouvelle organisation territoriale de la République.

- La loi du 27 janvier 2014 de modernisation de l'action publique territoriale et d'affirmation des métropoles (MAPTAM).

- La loi du 7 août 2015 portant nouvelle organisation territoriale de la République (NOTRe).

- LOI n° 2014-58 du 27 janvier 2014 de modernisation de l'action publique territoriale et d'affirmation des métropoles (1), 2014.

- LOI n° 2014-1653 du 29 décembre 2014 de programmation des finances publiques pour les années 2014 à 2019.

- LOI n° 2010-1645 du 28 décembre 2010 de programmation des finances publiques pour les années 2011 à 2014.

- LOI n° 2009-179 du 17 février 2009 pour l'accélération des programmes de construction et d'investissement publics et privés.
Loi n° 2000-1257 du 23 décembre 2000 de financement de la sécurité sociale pour 2001.
- Loi n° 2000-1257 du 23 décembre 2000 de financement de la sécurité sociale pour 2001.

- Loi n° 93-122 du 29 janvier 1993 relative à la prévention de la corruption et à la transparence de la vie économique et des procédures publiques.

- Ordonnance n° 2016-65 du 29 janvier 2016 relative aux contrats de concession. da preuve des obligations
- Ordonnance n° 2016-131 du 10 février 2016 portant réforme du droit des contrats, du régime général et de la preuve des obligations.

- Ordonnance n° 2015-899 du 23 juillet 2015 relative aux marchés publics

- Ordonnance n° 2004-559 du 17 juin 2004 sur les contrats de partenariat.

2015-899 du 23 juillet 2015 relative aux marchés public

- Ordonnance n° 2009-515 du 7 mai 2009 relative aux procédures de recours applicables aux contrats de la commande publique.

- Décret n° 2020-893 du 22 juillet 2020 portant relèvement temporaire du seuil de dispense de procédure pour les marchés publics de travaux et de fourniture de denrées alimentaires, 2020.

- Décret n° 2016-522 du 27 avril 2016 relatif à la mission d'appui au financement des infrastructures.

- Décret n° 2016-360 du 25 mars 2016 relatif aux marchés publics.

- Décret n° 2016-86 du 1er février 2016 relatif aux contrats de concession.

- Décret n°92-239 du 11 mars 1992 relatif aux indemnités susceptibles d'être allouées aux présidents, aux vice-présidents et aux rapporteurs du comité consultatif national et des comités consultatifs régionaux ou interrégionaux de règlement amiable des différends ou litiges relatifs aux marchés publics.

- Circulaire du 6 avril 2011 relative au développement du recours à la transaction pour régler amiablement les conflits.

- Déclaration des Droits de l'Homme et du Citoyen de 1789.

- Directive 2014/24/UE du Parlement européen et du Conseil du 26 février 2014 sur la passation des marchés publics et abrogeant la directive 2004/18/CE.

- Directive 2014/25/UE du parlement européen et du conseil du 26 février 2014 relative à la passation de marchés par des entités opérant dans les secteurs de l'eau, de l'énergie, des transports et des services postaux et abrogeant la directive 2004/17/CE.

- Mission d'appui aux réalisations des contrats de partenariat, *Les contrats de partenariat : Guide méthodologique version du 25 mars 2011.*

Cameroun

- Constitution de République camerounaise du 2 juin 1972 révisée le 18 janvier 1996.
- Loi n° 2017/015 du 12 juillet 2017 modifiant et complétant certaines dispositions de la loi n° 2013/004 du 18 avril 2013 fixant les incitations à l'investissement privé en République du Cameroun.
- Loi n° 2013/004 du 18 avril 2013 fixant les incitations à l'investissement privé en République du Cameroun.
- Loi n° 2011/022 du 14 décembre 2011 régissant le secteur de l'électricité abrogeant 98/022 du 24 décembre 1998 régissant le secteur de l'électricité.
- Loi n° 2006/012 fixant le régime général des contrats de partenariat dont les modalités d'application sont prévues par le décret n° 2008/0115/PM du 24 janvier 2008.
- Loi n° 2008/001 du 14 avril 2008 modifiant et complétant certaines dispositions de la loi n° 96/06 du 18 janvier 1996 portant révision de la constitution du 02 juin 1972.
- Loi n°2008-735 du 28 juillet 2008 relative aux contrats de partenariat au Cameroun.
- Loi n° 2008/009 du 16 juillet 2008 fixant le régime fiscal, financier et comptable applicable aux contrats de partenariat.
- Loi n° 2006/12 du 29 décembre 2006 fixant le régime général des contrats de partenariat au Cameroun.
- Loi n° 2004/017 du 22 juillet 2004, loi d'orientation de la décentralisation, Journal officiel, 2004-07, n° spécial, pp. 12-35.
- Loi n° 99/016 du 22 décembre 1999 portant statut général des établissements publics et des entreprises du secteur public et parapublic, (texte publié notamment sur le site de la chambre des comptes de la Cour suprême).
- Loi n° 98/013 du 14 juillet 1998 relative à la concurrence. http://www.art.cm/sites/default/files/documents/loi_98_013_1407_concurrence.pdf.
- Loi n°96/06 du 18 janvier 1996 Portant révision de la Constitution du 02 juin 1972, modifiée et complétée par la loi n°2008/001 du 14 avril 2008.

- Décret n° 2012/148 du 21 mars 2012 modifiant et complétant certaines dispositions du décret n°2008/035 du 23 janvier 2008 portant organisation et fonctionnement du Conseil d'Appui à la Réalisation des Contrats de Partenariat.

- Décret n° 2012/076 du 8 mars 2012 modifiant le décret n° 2001/048 du 23 Février 2001 portant création de l'ARMP.

- Décret n° 2012/075 du 08 mars 2012 portant organisation du ministère des Marchés Publics, publié sur le site de l'Agence de régulation des marchés publics.

- Décret n° 2008/0115/PM du 24 janvier 2008 précisant les modalités d'application de la loi n°2006/012 du 29 décembre 2006 fixant le régime général des contrats de partenariat.

- Décret n° 2008/035 du 23 janvier 2008 portant organisation et fonctionnement du Conseil d'Appui à la Réalisation des Contrats de Partenariat (CARPA).

- Décret n° 2006/088 du 11 mars 2006 portant création, organisation et fonctionnement de la commission nationale anti – corruption.

- Arrêté n°186/CAB/PM du 15 novembre 2011 fixant les taux et les modalités de perception des frais exigibles au titre des contrats de partenariat.

- Arrêté n° 038-CAB/PM du 15 mai 2014 mettant en vigueur les dossiers types d'appel d'offres pour la passation des marchés publics.

- Arrêté n°186/CAB/PM du 15 novembre 2011 fixant les taux et les modalités de perception des frais exigibles au titre des contrats de partenariat.

- Arrêté n° 004/CAB/PM du 30 décembre 2005 relative à l'application du Code des marchés publics, publié sur le site de l'ARMP, www.armp.cm ou de la présidence de la République :https://www.prc.cm/fr/investir/marches-publics/163-cameroun-l-application-du-code-des-marches. Consulté le 20 mars 2021.

- Circulaire n° 002/PM du 15 février 2012 portant instructions relatives aux modalités de promotion de la sous-traitance en matière de contrats de partenariat et de contrats négociés dans le cadre de l'application des autres régimes d'incitation à l'investissement.

- Ministre de l'économie, de la planification et de l'aménagement du territoire, « Communiqué n° 001/CAB/MINEPAT du 7 janvier 2013 Relatif aux contrats de partenariat dans la réalisation de grands projets d'infrastructures et d'équipement de service public », La lettre économique du Cameroun, n°0016 janvier-février 2013, p.8.

RAPPORTS, ETUDES, TRAVAUX ET AVIS

Rapport 2020 sur « L'évaluation du financement du développement au Cameroun »

Rapport de Transparence International sur l'indice de perception de la corruption de 2020

Rapport spécial de la cour des comptes Européennes sur les partenariats public-privé dans l'UE : de multiples insuffisances et des avantages limités, n°9 ; 2018

Rapport public annuel 2017, Cour des comptes, « L'écotaxe *poids lourds : un échec stratégique, un abandon coûteux »,* – février 2017

Rapport 2017 de la Commission Nationale Anti-corruption (**CONAC**) sur l'état de la corruption au Cameroun

Rapport public annuel de la Cour des comptes, sur les partenariats public-privé : des risques à maitriser, fév. 2015, publié à la revue Le Moniteur. Rapport d'information du Senat de MM. Jean-Pierre SUEUR et Hugues PORTELLI n°733, fait au nom de la commission des lois, juillet 2014.

Rapport du groupe de la Banque Africaine de développement, Environnement de l'investissement privé au Cameroun 2011

Rapport public 2008, Conseil d'État - Le contrat, mode d'action publique et de production de normes

Rapport n° 239 (2007-2008) de M. Laurent BÉTEILLE, fait au nom de la commission des lois, déposé le 26 mars 2008.

Rapport public du Conseil d'État de 1999.

Proposition de résolution de l'Assemblée nationale du 28 février 2012 tendant à la création d'une commission d'enquête sur le scandale du nouveau centre hospitalier sud-francilien construit en PPP, https://www.assemblee-nationale.fr/13/propositions/pion4414.asp , consulté le 4 avril 2020.

Plan stratégique pour le développement des partenariats public-privé au Cameroun (Plansdev-ppp Version finale-12122017. PDF)

Banque mondiale, Mémorandum économique du Cameroun (CEM), intitulé « *Marchés, administration publique et croissance* https://documents1.worldbank.org/curated/en/384011491285812386/pdf/110907-WP-Cameroun-Memorandum-Economique-PUBLIC-FRENCH.pdf , Consulté le 15 novembre 2021.

Millénaire 3, entretien avec Stéphane Saussier, « Les enjeux d'innovation liés aux partenariats public-privé (PPP) : Millenaire 3, Modes d'action le 17 février 2012 - http://www.millenaire3.com/Affichage-de-la6M. Consulté le 13 février 2020.

JURISCLASSEUR ENCYCLOPEDIES JURIDIQUES ET REPERTOIRE

- BENOIT F-P « le cas fortuit dans la jurisprudence administrative », JCP 1956, I, 1328

- BRENET François, « la cession du contrat JCl. Administratif, Fasc.780.

- GIACUZZO J-F, « Fasc. 406-10 : Domaine public. Protection juridique », Jurisclasseur Administratif, 15 mai 2017, § 63).

- GRUBER Anne, « CONTRAT ADMINISTRATIF », *Encyclopædia Universalis*, https://www.universalis.fr/encyclopedie/contrat-administratif/. Consulté le 07 octobre 2019.

- HOEPFFNER Hélène, Exécution du contrat administratif– Droits et obligations du cocontractant, J.C.A, septembre 2016.

WEBOGRAPHIE

- https://www.armp.cm/ (Agence de régulation des marchés publics Cameroun)
- https://www.ppp-cameroun.cm/ (Conseil d'appui à la réalisation des contrats de partenariat Cameroun)
- https://minmap.cm/ (ministère des Marchés publics au Cameroun)
- https://www.arcop.bf/ (Agence de régulation de la commande publique Burkina Faso)
- https://www.banquemondiale.org/
- https://www.assemblee-nationale.fr/ (France)

- https://www.prc.cm/fr/investir/marches-publics/163-cameroun-l-application-du-code-des-marches (Code des marchés publics au Cameroun)
- https://conac.cm/ (Commission Nationale anti-corruption Cameroun).

Table des matières

Structures éditoriales du groupe L'Harmattan

L'Harmattan Italie
Via degli Artisti, 15
10124 Torino
harmattan.italia@gmail.com

L'Harmattan Hongrie
Kossuth l. u. 14-16.
1053 Budapest
harmattan@harmattan.hu

L'Harmattan Sénégal
10 VDN en face Mermoz
BP 45034 Dakar-Fann
senharmattan@gmail.com

L'Harmattan Cameroun
TSINGA/FECAFOOT
BP 11486 Yaoundé
inkoukam@gmail.com

L'Harmattan Burkina Faso
Achille Somé – tengnule@hotmail.fr

L'Harmattan Guinée
Almamya, rue KA 028 OKB Agency
BP 3470 Conakry
harmattanguinee@yahoo.fr

L'Harmattan RDC
185, avenue Nyangwe
Commune de Lingwala – Kinshasa
matangilamusadila@yahoo.fr

L'Harmattan Congo
67, boulevard Denis-Sassou-N'Guesso
BP 2874 Brazzaville
harmattan.congo@yahoo.fr

L'Harmattan Mali
ACI 2000 - Immeuble Mgr Jean Marie Cisse
Bureau 10
BP 145 Bamako-Mali
mali@harmattan.fr

L'Harmattan Togo
Djidjole – Lomé
Maison Amela
face EPP BATOME
ddamela@aol.com

L'Harmattan Côte d'Ivoire
Résidence Karl – Cité des Arts
Abidjan-Cocody
03 BP 1588 Abidjan
espace_harmattan.ci@hotmail.fr

Nos librairies en France

Librairie internationale
16, rue des Écoles
75005 Paris
librairie.internationale@harmattan.fr
01 40 46 79 11
www.librairieharmattan.com

Librairie des savoirs
21, rue des Écoles
75005 Paris
librairie.sh@harmattan.fr
01 46 34 13 71
www.librairieharmattansh.com

Librairie Le Lucernaire
53, rue Notre-Dame-des-Champs
75006 Paris
librairie@lucernaire.fr
01 42 22 67 13

www.ingramcontent.com/pod-product-compliance
Lightning Source LLC
LaVergne TN
LVHW011226061026
849535LV00001BA/193
9782140299889